선지자와 그리스도

팔머 로벗슨 지음
한 정 건 옮김

개혁주의신학사

The Christ of the Prophets

by
O. Palmer Robertson

translated by
Jung-Geon Han

Copyright © 2004 by O. Palmer Robertson

Originally published in English under the title
as *The Christ of the Prophets* by O. Palmer Robertson.
Translated by permission of P & R Publishing Company,
1102 Marble Road. P. O. Box 817, Phillipsburg, New Jersey 08865, USA.

All rights reserved.

Korean Edition
Copyright © 2007 by Presbyterian and Reformed Publishing Company
Seoul, Korea

목 차
CONTENTS

본문개요 · 7
추천사 · 16
역자서문 · 18
서론 · 21

제1장 이스라엘 선지제도의 기원 · 29

제2장 선지제도의 기원과 관계된 독특한 양상들 · 51

제3장 선지자의 소명과 임명 · 85

제4장 참 선지자와 거짓 선지자 · 109

제5장 선지자들의 선포에 나타나는 언약과 율법 · 137

제6장 율법과 언약의 예언적 적용 · 159

제7장 이스라엘 선지서의 성경신학적 배경 · 207

제8장 포로 이전 시대의 예언: 주전 8세기의 선지자들 · 219

제9장 포로 이전 시대의 예언: 주전 7세기의 선지자들 · 273

CONTENTS

제10장 민족 포로기의 선지자 : 에스겔 · 299

제11장 포로 시대의 예언자 : 다니엘 · 337

제12장 회복기의 선지자들 · 377

제13장 예언 속의 예고 · 425

제14장 이스라엘 예언 운동의 핵심적 사건 · 471

   결 론 · 517
   참고문헌 · 521
   성구색인 · 539
   주제색인 · 559
   저자색인 · 572

본문개요

서론 · 21

제1장 이스라엘 선지제도의 기원 · 29
1. 이스라엘의 예언 기원에 대한 대안적 설명 · 30
    1) 무아경의 행위 · 30
    2) 제의식(祭儀式) · 32
    3) 고대 중동지방의 예언 · 33
        (1) 마리(Mari) · 34
        (2) 신 앗수르(Neo-Assyria) · 36
2. 이스라엘 예언의 기원에 관한 성경적 증거 · 41

제2장 선지제도의 기원과 관계된 독특한 양상들 · 51
1. 다른 모든 선지자와의 관계에서 모세의 우위권 · 51
    1) 모세의 대항세력 · 53
    2) 모세의 독특성 · 56
2. 하나님으로부터 온 선지자의 말 · 59
3. 하나님 말씀으로서의 선지자의 말 · 61

1) 수신 방법 · 63
   2) 전달 방법 · 64
   3) 예언적 말씀의 계시적 특성들 · 65
      (1) 계시의 권위 · 65
      (2) 계시의 단일성 · 66
4. 여호와의 뜻을 알리는 대안적 방법을 정죄함 · 67
5. 여호와의 선지자로부터 이탈할 위험 · 70
   1) 불순종으로 인한 이탈 · 71
   2) 거짓 선지자에 의한 이탈 · 72
6. 선지제도 종결로서의 예수 · 73
   1) 예언적 말씀의 창시자이신 예수 · 74
   2) 성령을 선물로 나누어 주는 자로서의 예수 · 74
   3) 예언적 말씀을 주시는 주(主)로서의 예수 · 77
   4) 완전한 선지자로서의 예수 · 78
7. 결론 · 83

제3장 선지자의 소명과 임명 · 85
1. 선지자의 소명의 역사적 상황 · 87
2. 하나님의 환상 · 92
3. 전능자로부터 받은 직무 · 96
4. 자신의 부족을 느낌 · 99
5. 백성들의 반응 · 101
6. 결론 · 104

제4장 참 선지자와 거짓 선지자 · 109
1. 참 예언과 거짓 예언의 근원 · 110
2. 참 선지자와 악한 선지자의 동기유발 · 112
3. 선지자의 인격과 사역 · 114

4. 참 선지자와 거짓 선지자를 구별하는 기준들 · 117
  1) 참 예언과 거짓 예언을 분별하는 성경적 기준들 · 118
  2) 참 선지자와 거짓 선지자를 구분하는 현대의 기준들 · 127
5. 참 선지자와 거짓 선지자의 사역의 결과 · 132
  1) 일반 백성들에게 · 132
  2) 거짓 선지자에게 · 134
  3) 참 선지자에게 · 135
6. 결론 · 136

제5장 선지자들의 선포에 나타나는 언약과 율법 · 137
1. 언약 그리고 율법과 선지자와의 관계 · 138
  1) 성경적 증거 · 138
  2) 재구성된 전승 역사 · 141
2. 율법의 핵심 요소 · 151
3. 언약의 핵심 요소 · 153
  1) 언약들의 단일성 · 153
  2) 언약들의 다양성 · 154

제6장 율법과 언약의 예언적 적용 · 159
1. 선지자에 의한 율법의 적용 · 159
  1) 선지자에 의한 일반적인 율법의 적용 · 160
  2) 선지자에 의한 세부적인 율법의 적용 · 165
    (1) 나 외에는 다른 신들을 네게 있게 말지니라(출 20:3) · 166
    (2) 너를 위하여 우상을 새긴 우상을 만들지 말라(출 20:4) · 166
    (3) 너의 여호와의 이름을 망령되이 일컫지 말라(출 20:7) · 167
    (4) 안식일을 기억하여 거룩히 지키라(출 20:8) · 168
    (5) 네 부모를 공경하라(출 20:12) · 170
    (6) 살인하지 말라(출 20:13) · 171

(7) 간음하지 말라(출 20:14) · 172

       (8) 도적질하지 말라(출 20:15) · 172

       (9) 거짓말하지 말라(출 20:16) · 174

       (10) 네 이웃의 집을 탐내지 말라(출 20:17) · 175

    3) 형식적인 법집행 너머, 율법 지키기의 함축적인 의미 · 178

       (1) 고아, 과부, 그리고 외국 나그네를 돌보는 것 · 178

       (2) 하나님과 사람을 사랑하는 것 · 181

    4) 열국에 대한 저주와 율법과의 관계 · 185

       (1) 교만, 우상숭배, 강포 · 186

       (2) 하나님의 백성들을 학대함 · 187

2. 선지자에 의한 언약의 적용 · 190

    1) 아담과 맺은 하나님의 언약 · 192

    2) 노아와 맺은 하나님의 언약 · 193

    3) 아브라함과 맺은 하나님의 언약 · 194

    4) 모세의 언약 · 196

    5) 다윗과 맺은 하나님의 언약 · 197

    6) 새 언약 · 200

    7) 요약 · 201

3. 선지서에서 언약과 율법의 내적 관계 · 201

제7장 이스라엘 선지서의 성경신학적 배경 · 207

1. 다수 편집자 이론 · 207

2. 대안 찾기 · 210

    1) 월터 브루그만 · 210

    2) 브레바드 차일즈 · 211

3. 전체 선지서들의 핵심 · 213

제8장 포로 이전 시대의 예언: 주전 8세기의 선지자들 · 219

1. 호세아 · 220
2. 아모스 · 225
3. 미가 · 229
4. 이사야 · 230
   1) 이사야의 소명 때에 나타나는 중요한 요소들 · 231
      (1) 여호와가 왕으로 높이 들림 · 231
      (2) 여호와의 거룩성 · 234
      (3) 하나님의 우주적인 통치 · 235
      (4) 하나님 백성의 죄악 · 236
      (5) 백성이 하나님의 말씀을 듣지 못함 · 237
      (6) 백성의 포로와 그들의 귀환 · 238
   2) 이사야서의 비평적인 재구성 · 245
5. 요엘 · 258
6. 오바댜 · 262
   1) 에돔의 죄 · 263
   2) 에돔의 심판 · 264
   3) 하나님의 백성에게 미치는 에돔 심판의 결과 · 264
7. 요나 · 266
8. 결론 · 271

제9장 포로 이전 시대의 예언: 주전 7세기의 선지자들 · 273

1. 나훔 · 276
2. 하박국 · 277
3. 스바냐 · 281
4. 예레미야 · 284
   1) 예레미야 1장: 선지자로 부름 · 287
   2) 예레미야 11-12장: 이스라엘과 열국을 위한 하나님의 언약 · 288

3) 예레미야 18-19장: 예레미야가 토기장이를 방문함 · 289

4) 예레미야 24장: 두 무화과 광주리의 환상 · 291

5) 예레미야 31장: 새 언약의 예언 · 293

6) 예레미야 42장: 살아 있는 남은 자에게 주는 말 · 295

7) 예레미야 45장: 바룩과 "두루마리의 전설" · 296

8) 결론 · 298

제10장 민족 포로기의 선지자: 에스겔 · 299

1. 포로기 백성의 상태 · 300

   1) 유배의 불충분한 흔적 · 300

   2) 포로지 이송민들의 경험 · 302

   3) 유배에 대한 이스라엘 사람들의 반응 · 305

2. 에스겔의 독특한 메시지 · 306

   1) 에스겔의 예언과 관련된 서론적 사항들 · 306

   2) 에스겔 예언의 결정적 순간들 · 310

   　　(1) 에스겔 소명의 이상(겔 1-3장) · 310

   　　(2) 영광이 떠남(겔 8-11장) · 313

   　　(3) 포로기 너머에 오는 회복(겔 34-48장) · 316

   　　① 신적 목자와 다윗 계열의 왕에 의한 회복(겔 34장) · 317

   　　② 언약들의 완성을 통한 회복(겔 36:24-28; 37:24-28) · 318

   　　③ 마른 뼈들의 재생을 통한 회복(겔 37:1-14) · 322

   　　④ 분열 왕국의 재통일을 성취시키는 회복(겔 37:15-28) · 324

   　　⑤ 모든 적대적인 세력들을 향한 최후 승리를 포함하는 회복
   　　　 (겔 38-39장) · 324

   　　⑥ 마지막 성전에 대한 계획을 포함하는 회복(겔 40-48장) · 326

   　　　　㉮ 이상의 배경 · 326

   　　　　㉯ 이상의 실질적 내용 · 327

   　　　　㉰ 이상의 의의 · 331

제11장 포로 시대의 예언자: 다니엘 · 337

1. 전반적으로 흐르는 주제: 하나님 나라의 우주적 통치권 · 338
2. 다섯 가지 중요한 요소들 · 342

   1) 느부갓네살의 거대한 신상(단 2:31-45) · 342

   2) 손으로 하지 아니한 뜨인 돌(단 2:34-35) · 347

   3) 네 짐승, 작은 뿔, 그리고 인자(단 7:2-28) · 348

   (1) 네 짐승 · 349

   (2) 작은 뿔 · 351

   (3) 인자 · 352

   4) 칠십 이레(단 9:24-27) · 356

   (1) 문맥 · 357

   (2) 칠십 이레의 본질 · 358

   (3) 칠십 이레의 연대기적 한계 · 359

   (4) 칠십 이레 내에서 구속의 성취 · 361

   (5) 칠십 번째 주의 독특성 · 362

   5) 엄격한 얼굴을 가진 왕(단 8:23; 11:36) · 365

3. 이스라엘 유배의 신학적 중요성 · 372

   1) 배교자들에 대하여 · 374

   2) 타협하고 불순종한 신자들에 대하여 · 374

   3) "여호와의 종"의 예표론적 역할을 하는 이스라엘에 대하여 · 375

   4) 신실한 남은 자들에 대하여 · 376

제12장 회복기의 선지자들 · 377

1. 회복기의 초기 선지자들: 학개와 스가랴 · 380

   1) 백성의 상태 · 380

   2) 열방들의 상태 · 388

   3) 미래에 대한 전망 · 391

   (1) 예루살렘과 성전이 재건될 것이다 · 391

        (2) 하나님께서 그들과 함께 살기 위해 직접 귀환하실 것이다 · 393
        (3) 더 많은 사람들이 귀환할 것이다 · 396
        (4) 죄가 제거될 것이다 · 397
        (5) 여호와의 제사장적 종인 메시아가 오실 것이다 · 400
   2. 구약의 마지막 선지자: 말라기 · 408
      1) 예배 명령 · 409
      2) 창조원리의 결혼 법령 · 415
      3) 노동제도 · 417
      4) 종말적 성취를 향한 대망, 권고, 실현 · 418

제13장 예언 속의 예고 · 425
1. 예언 속의 예고에 관한 중대한 시각들 · 426
2. 예언 속의 예고에 관한 성경적 개념 · 431
3. 예언적 예고의 범주들 · 439
   1) 가까운 미래에 관한 예고 · 440
        (1) 이스라엘 민족 역사의 중요한 순간들 · 442
        (2) 이스라엘 왕들의 흥망성쇠 · 443
        (3) 하나님의 선지자들의 삶의 행위 · 445
   2) 상황 조건적 예고 · 448
   3) 여러 나라들에 관한 예고 · 451
        (1) 포로기 이전의 선지자가 본 이방인의 참여 · 453
        (2) 포로기 선지가가 본 이방인의 참여 · 457
        (3) 포로 후기 선지가가 본 이방인의 참여 · 459
   4) 먼 미래에 대한 예고들 · 462

제14장 이스라엘 예언 운동의 핵심적 사건 · 471
1. 포로 및 회복과 관련된 예언의 중요성 · 472
2. 포로 및 회복의 예언에 관련된 주요한 개념들 · 476

1) 포로와 회복은 서로 밀접하게 연결되어 있다 · 476

　　2) 포로와 회복을 일으키는 원인이 각각 다르다 · 479

　　3) 포로와 회복이 출애굽, 광야여정, 가나안 정복과 연관되었다 · 480

　　4) 포로와 회복은 이스라엘 왕조를 끝내는 것이며, 메시아의 오심을 기대하게 한다 · 482

　　5) 포로와 회복 예언의 특별한 유형 · 489

　　　　(1) 미래적 예언에 대한 이사야의 도전 · 490

　　　　　① 이스라엘의 포로 귀환 · 492

　　　　　② 고레스의 이름이 이스라엘의 구원자로 등장함 · 495

　　　　　③ 여호와 고난의 종의 오심 · 497

　　2) 70년 포로에 대한 예레미야의 예언 · 502

3. 이스라엘 회복의 성경신학적 중요성 · 504

　　1) 이스라엘의 회복은 죄 용서를 포함한다 · 504

　　2) 이스라엘의 회복은 은혜의 새 생명을 포함한다 · 507

　　3) 이스라엘의 회복에 이방인들의 참여 · 510

　　4) 이스라엘의 회복은 땅의 갱신과 함께 죽은 자의 부활이 그 정점을 이룬다 · 512

결론 · 517

추천사

김의원 박사(구약학)
전 총신대학교 총장

 이 책은 이미 한글로 번역되어 많은 이들에게 읽히고 있는 팔머 로벗슨의 『계약신학과 그리스도』(CLC 간)의 후속편에 해당된다. 아브라함과 더불어 맺어진 언약(창 12:1-3)은 유기적으로 발전되면서 시내산에서 여호와와 이스라엘 민족 사이에 체결된 모세 언약(출 24장)으로 확장된다. 이에 따라 이스라엘 민족은 아브라함에게 주신 약속대로 가나안 땅을 기업으로 받았지만, 끝내 모세 언약의 규정을 제대로 지키지 못하고 배교한 일로 그곳을 완전하게 정복하지 못하였다. 아브라함 자손이 가나안 땅을 차지하리라는 언약은 하나님께서 아브라함에게 약속한 지 일천년이 지나서 다윗과 솔로몬 시대에 온전하게 성취되었다. 이후 여호와 하나님은 다윗과 더불어 그의 후손의 왕권과 이스라엘 통치에 관한 언약을 맺으셨다(삼하 7장). 그러나 다윗 왕국은 솔로몬에 이르러 남북왕국으로 분열되었다가 북쪽과 남쪽 왕국은 각각 722년, 586년에 멸망되어 역사 속으로 사라졌다. 언약 규정을 준수하지 못한 일로 주어진 저주로 인하여 성전은 파괴되었고, 백성들은 약속의 땅을 떠나 온 나라에 흩어졌다. 그럼 하나님의 약속은 어떻게 되는가? 이스라엘은 소망을 가질 수 있는가? 타락된 세상을 회복시키려는 하나님의 계획은 어찌되는가?

 국가 멸망을 전후하여 여러 시대를 걸쳐 선지자들이 일어나면서 이스라엘 백성들에게 국가의 멸망과 더불어 미래의 소망을 선포하였다. 그들이 선포한 메시지는 시대를 막론하고 동일한 주제, 곧 새 언약, 새로운 시온, 새 성전, 새 메시아, 열방과의 새로운 관계 등을 담고 있다. 이런 메시지들은 팔레스타인을 떠나 디아스포라로 살 수밖에 없었던 백성들에게 소망을 주었을 뿐 아니라 현 시대를 살아가는 신자들에게도 동일한 소망을 던져준다.

저자는 이스라엘에서 선지주의의 기원, 선지자의 소명과 사명, 이들의 선포에 나타난 율법과 언약의 관계를 면밀하게 검토한 뒤에 포로와 회복에 대한 성경신학적 의의를 집중적으로 연구하였다. 여기서 발견되는 기본적 원리인 포로, 고난, 남은 자, 회복과 오실 메시아 등의 주제들은 당시 백성들 뿐 아니라 오늘날 우리들에게도 적용된다. 저자는 이런 예견을 통해 그리스도 안에서 백성들의 고난과 영광스런 회복을 찾아내었다.

최근 구약성경, 특히 선지서를 잘못 해석하여 교회에 폐해를 끼치는 잘못된 무리들이 많다. 그들은 신구약성경 전체에 유기적이고 점진적으로 발전하는 계시의 특성에 따른 성경신학적 구도를 이해하지 못한 우를 범하고 있다. 성경이 통일성과 다양성의 양면성을 지닌 사실을 이해하지 못한 그들은 구약본문을 성경 전체의 통일된 구도 안에서 이해하기보다는 각각 단절된 구절로 떼어내어 원저자의 의도와는 관계없이 자신들이 가진 '렌즈'로 해석하여 선포한다. 그 결과 많은 이들이 그들의 잘못된 주장을 추종하면서 오늘날 한국교회에 혼란을 가중시키고 있다. 그들이 행한 잘못된 해석은 거의 '이스라엘', '성전', '땅'의 회복과 관련되어 있다. 어떤 이들은 이를 어떤 종말론적 틀에 끼워 맞추어 시도하려 하고, 또 다른 이들은 이를 어떤 특정한 시대 혹은 특정한 민족에게만 국한시키려 한다.

저자는 이 책에서 상기의 문제들을 성경 전체에 흐르는 계시의 발전에 따라 과거, 현재와 미래의 측면에서 균형 있게 다루었다. 그런 면에서 이 책은 독자들로 하여금 선지서를 쉽게 이해하는 입문서의 역할을 할 수 있기에, 신학생들과 목회자들뿐 아니라 성경을 공부하려는 많은 평신도들에게 큰 도움을 주리라 생각되어 적극 추천하는 바이다. 아울러 팔머 로벗슨의 귀한 저서를 계속 출판하는 사단법인 기독교문서선교회(CLC)에 감사를 드리는 바이다.

2007년 9월 15일

역자서문

『계약신학과 그리스도』(CLC 간)를 접한 많은 성경신학도들은 그 후속편을 기다려 왔다. 그런데 드디어 로벗슨은 『선지자와 그리스도』란 책을 출판함으로써 그 기대에 응답하였다. 『계약신학과 그리스도』가 여러 언약들을 통하여 예수 그리스도를 보여준 반면, 『선지자와 그리스도』는 선지자들의 예언을 통하여 예수 그리스도를 잘 보여준다.

이 책은 '선지서 개론'에 속하는 책이면서도 평범한 개론적인 책이 아니다. 다른 개론의 책들에서 흔히 볼 수 없는 이 책의 독특성들을 다음과 같이 정리할 수 있다.

1. 로벗슨은 성경의 영감설을 굳게 믿는 건전한 신학의 바탕에서 예언을 다룬다. 그는 이 책을 쓰면서 현대 신학에 대하여 민감하게 대응한다. 로벗슨은 선지서들을 논하면서, 책의 부분 부분들을 쪼개어 그 선지자의 저작이 아닌 후대의 작품들로 보는 비평학자들과, 최종적으로 완성된 형태의 성경을 그대로 받아들이고 읽음으로써 유익을 얻자는 정경비평학의 견해(신-전통주의 사상의 일환)에 대하여 그들의 주장이 얼마나 잘못되었는지를 논리성 있게 반박한다. 로벗슨은 특히 오늘날 복음주의 신학계에 만연한 정경비평학의 견해에 대하여 그 이론을 "선지가가 발한 미래에 대한 예언들은 이미 이루어진 후에 기록된 것을 마치 선지자가 말한 것처럼 꾸몄다는 것을 전제로 하고 있으며, 그럼에도 불구하고 선지자가 자신이 말하는 '것처럼' 취급하자는 것"이라고 밝히

면서, 그것은 하나님을 미래의 역사에 대하여 예언할 수 없는 우상과 같은 위치로 끌어내리는 것임을 꾸짖는다. 반면 로벗슨은 모든 예언은 선지자가 하나님의 말씀을 직접 받아 전하는 영감된 기록임을 순간순간 증명해 나간다.

2. 이 책은 구약 선지서들만 제한적으로 다루지 않는다. 로벗슨은 예언의 기원을 모세시대로 거슬러 올라가서 그 장면을 세밀하게 다룬다. 그리고 선지자의 예언에는 언약과 율법이 그 기본 바탕으로 자리잡고 있음을 밝히면서 오경의 부분을 세밀히 다루기도 한다. 또 심판 후의 회복을 다루면서 그 원리를 창조사역에서 찾기도 한다. 구약의 예언은 신약에서 성취된다. 따라서 로벗슨은 수시로 신약을 그 연구의 대상으로 삼기도 한다. 이 책은 이렇게 성경 전체를 아우르고 있다.

3. 그는 선지자들 예언의 중심을 포로와 회복으로 본다. 거의 모든 선지자들이 예언의 초점을 이스라엘이 앞으로 경험할 포로와 그 이후에 있을 회복에 맞추고 있음을 발견하고, 그것이 구약 이스라엘에게 어떠한 의미가 있으며, 신약 시대에 살고 있는 성도들에게도 또 어떤 의미가 있는지를 밝힌다.

4. 그는 무엇보다도 예수 그리스도에게 모든 초점을 집중시킨다. 고대 이스라엘 선지자들의 예언 목적은 바로 예수 그리스도를 통한 회복에 있음을 밝히며, 어떻게 선지자들이 그에 대하여 예언하고 있는지를 중요하게 다룬다. 이것은 다른 말로 '그가 선지서들을 성경신학적인 관점에서 다루고 있다' 고 표현할 수 있다. 그는 구약의 예언들이 어떻게 선지자 당시의 사람들에게 주어졌는지를 다룰 뿐만 아니라, 미래에 있을 포로와 회복을 거쳐 그 너머에 오실 예수 그리스도, 그리고 마지막 그의 재림으로 이루어질 가장 먼 미래의 완전한 회복들을 함께 다룬다. 그는 여러 세대들을 거쳐 진행되는 구속역사의 진전을 다루고 있으며, 그 중에서도 예수 그리스도에게 관심을 집중시키고 있다.

예언은 구약시대에 나타나는 하나의 단순한 현상이 아니다. 그것은 하나님이 이 세상 역사를 어떻게 계획하시고 이루어 나가시는지 그 구속의 계획과 목적, 그리고 실현에 대하여 하나님 자신이 선택한 선지자들을 통하여 계시로 주신 메시지이다. 따라서 예언은 계시의 그 본질이다. 그것을 통하여 우리는 하나님의 뜻과 목적을 이해하며 우리가 어떻게 구속받았으며, 또 우리에게 어떻게 영원한 구속이 이루어질 것인지를 바라본다. 로벗슨은 예언에 대한 이러한 개념을 가지고 그의 책을 써 나간다.

바라기는 이 책을 통하여 예언이 과연 무엇인지를 파악하고, 하나님의 계획하심과 그 목적을 이해하기를 바라며, 또한 오늘날 우리가 그 계속 진행되는 하나님의 구속역사 가운데 어떠한 위치에 서 있으며, 또 어디를 향하여 나아가고 있는지를 발견하는 것이다. 부디 독자들이 이 귀한 책을 통하여 성경을 더 깊이, 그리고 더 풍부하게 알게 되기를 바란다.

2007년 9월
고신대학교 신학대학원(고려신학대학원)
한 정 건 識

서론

선지자들이 무엇인가 기록하기 시작하였다. 그들의 기록이 완성되었을 때에 인류 역사에서 유례가 없는 문학적 작품이 만들어졌다. 그 이전에도, 그 이후에도 이스라엘 선지자들에 의해 만들어진 것과 같은 문학집성을 만들어 낸 일이 없다.[1] 그러나 무엇이 선지자들로 하여금 이와 같은 독보적인 저술의 집대성을 만들어 내도록 했을까?

현대 성경비평학자들은 원래 선지자들의 메시지는 간단한 선언과 같은 것이었으며, 그것이 구전으로 전해져 내려왔다고 주장해왔다. 그들에 의하면 원래는 불합리하고, 무아경에서 흘린 몇 마디의 말들이 나중에 기록되었고, 그 후에도 일련의 편집자들에 의해 계속해서 수정되어 그런 훌륭한 작품이 완성되었다는 것이다.[2] 그러나 최근에 와서는 선지자들이 원래 그들의 선지서들을 기록

---

1) "세계 유일한"이라는 Clements의 묘사가 선지자 작품의 특징을 가장 잘 표현한다. 그는 고대로부터 이와 같은 문학수집이 이루어진 곳은 어디에도 없다고 말한다. 구약을 이루고 있는 선지자의 문학은 고대 그 어느 것과 비교될 수 없는 독보적인 유산으로 남아 있다. Clements, *Old Testament Prophecy*, 203.

2) Mowinckel, *Prophecy and Tradition*; and Rowley, *Servant of the Lord*, 93을 보라. 학자들의 초기의 견해는 선지자들의 기록들은 오랜 진화 과정을 거쳐 완성되었다는 것이 일반적이었다. 이 철학적인 가설의 근거는 이스라엘 초기의 예언은 무아경 상태에서 중얼거린 형태였으며, 후에는 선지자들이 종교를 더 발전시켜 신앙을 더 체계화시키는 데 기여했다는 이론에 두었다. Von Rad(*Old Testament Theology*, 2.6)는 이 선지자 제도의 발전과정을 도식화했는데, 무아경을 경험한 선지자 무리에서부터 이사야와 예레미야 선지자에 이르기까지의 발전을 "믿을 수 없는 단순화"로 묘사하였다.

했다는 설이 더 지지를 받는다.[3] 명백한 사실은 어떤 시각에서 보든지 간에 이스라엘 역사에서 누군가가 어느 시기에 굉장한 분량의 작품, 즉 오늘날 우리가 알고 있는 선지서를 기록하였다는 사실은 부인할 수 없다.

물론 이 선지서들은 성령의 감동으로 쓰였으며, 따라서 하나님께서 말씀하신 것이라고 확실하게 말할 수 있다. 이사야가 본 스랍에 둘러싸여 "높이 들린 보좌에 앉으신 주"의 환상, "마지막 날에" 하나님께서 "그의 신을 모든 사람에게 부어줄 것"이며 그리하여 남녀노소가 환상을 보며 꿈을 꿀 것이라는 요엘의 예언, 에스겔이 본 "인자야, 이 뼈들이 살겠느냐"라고 물으시면서 에스겔의 믿음에 강한 도전을 던지던 마른 뼈들의 골짜기에 대한 환상 등등 선지서 전반에 걸쳐 나타나는 이와 같은 수많은 구절들을 어떻게 인간의 일상적인 저술로 볼 수 있겠는가? 독자가 어떤 편견이 없이 단순하게 읽는다면, 그 말씀들은 참으로 비범한 것이라는 인상을 가질 수밖에 없다.

그러나 반드시 다음의 질문을 던져야 한다. 그 이전에도 없었고, 그 이후에도 다시 반복된 적이 없는 이런 일목요연한 형태와 내용을 가진 영감된 작품들이 수십 년, 나아가서 수세기에 걸쳐서 어떻게 계속 쏟아져 나올 수 있었는가?

성경의 구조를 보면, 먼저 이스라엘이 국가의 형태를 가질 때까지의 구원역사가 기록되었고, 그 이후는 후대가 이것들의 중요성을 이해하는 것으로 짜여졌다. 모세오경에 의하면 한 민족이 이집트 노예상태의 속박에서 해방하여 극

---

3) Von Rad, *Old Testament Theology*, 2. 40-45와 Lindblom, *Prophecy in Ancient Israel*, 221을 보라. 그들은 선지자들 자신이 "때로는" 그들의 신탁을 썼다는 것은 "의심할 수 없는 사실"이라고 확인하였다. Fohrer(*Introduction to the Old Testament*, 359)는 "대부분"의 선지서들은 "그 선지자들이 아직 살아 있을 때에" 쓰였다고 말하였다. Zimmerli("From Prophetic Word to Prophetic Book," 430)는 에스겔에게 두루마리를 먹으라고 하신 하나님의 명령을 분석하면서, "선지자는 이러한 두루마리에 대해 이미 잘 알고 있었던 것이 명백하며, 이 두루마리는 선지자의 글들임이 분명하다"라고 진술한다. 최근의 한 학자는 이전의 견해를 바꾸어서, 포로 이전의 선지자와는 달리 포로 후기의 선지자는 자신의 메시지를 입으로 전하는 것 없이 바로 글로 기록하였다는 견해를 밝힌다. 최근의 학자들은 선지자들의 자료들을 더 심도 있게 연구함으로써 이전에 일반적으로 받아들여 오던 견해와 다른 증언들을 한다. "어떤 경우에는 선지자가 성령의 영감을 받아 그가 실제로 선포한 말보다 더 긴 메시지를 기록했을 수도 있다. 반대로 어떤 선지자들은 전혀 말로 전하지 않고 순수하게 책을 만들었을 수도 있다"(Young, *Introduction to the Old Testament*, 157-58).

적으로 탈출한 것은 하나의 평범한 사건이 아니었다. 이 위대한 사건은 하나님이 일으킨 구속의 역사였다. 하나님은 유월절 양의 피를 통해 자신이 택한 백성을 죄악의 오염에서부터 구출해 내셨다. 마찬가지로 이스라엘의 율법은 단순히 도덕적 완전성을 지향하거나 인간의 삶을 향상시키기 위하여 고안된 그 무엇이 아니다. 대신에 그 "열 가지의 말씀" 즉 십계명은 시내산에서 맺어진 언약의 상황에서 나왔다. 그 언약은 스스로 존재하시는 언약의 여호와 자신과 그의 백성 간에 채결된 영원한 것이며, 피로 맺은 엄숙한 상호결속이었다.

하나님께서는 자신이 택한 언약의 백성들을 위해 그들이 어떻게 살아갈 것인지를 신중하게 기록하였으며, 이것들은 그 뒤에 오는 모든 세대를 위해 영구히 보존되었다. 그 결과 뒤에 오는 모든 세대도 이 하나님과 이스라엘 간에 맺은 언약에 동참할 수 있게 되었으며, 그로써 그들은 세상 모든 나라를 위한 복의 근원이 될 수 있었다.

이와 비슷한 상황이 그 뒤의 역사에서도 재현되었는데, 하나님께서 이스라엘과 자신의 언약을 계속적으로 맺은 것이다. 이스라엘이 바로의 압제에서부터 해방된 후 약 400년이 지나, 다윗과 솔로몬 시대에 이러한 언약적 축복은 그 절정에 도달했다. 여호와께서 다윗과 그의 후손들에게 다시 맹세하심으로써 언약이 확립되었다. 하나님께서는 자신이 계실 "집", 곧 백성들이 그를 예배하게 하기 위해 백성들 한가운데 당당하게 세워질 성전을 가지시겠다고 함과 동시에 다윗도 "집", 즉 예루살렘에서 영원히 다스릴 왕위를 계승하는 왕조를 가질 것이라고 약속하셨다(삼하 7:10-16; 시 89:19-37; 132:1-18). 한 장소, 시온산에 이 두 "집"이 함께 확립됨으로써 하나님의 왕국이 건설되었다. 그리고 그 왕국은 세상의 모든 왕국을 포용하는 메시아적 왕국으로 확장되어 공평과 용서, 정의와 사랑으로 세상을 지배할 것이다. 하나님의 기름부음을 받은 메시아가 바다에서부터 바다에 이르기까지, 그리고 강에서부터 땅 끝까지 다스릴 것이다(시 72:1-17). 하나님께서 모든 적들을 메시아의 발 아래 복종시켜 그가 의와 공평으로 다스리게 할 것이다(시 2편). 예루살렘에 다윗의 왕조와 하나님의 왕권을 동시에 설립한 것은 이스라엘 왕국 역사에서 최고의 사건이었다. 메시아와 그의 왕국은 모든 나라들 중앙에 섰으며, 그로부터 죄에서 구속함을 받는 복음과 그 왕국에 참여하는 기쁜 소식이 모든 민족에게 전파될 수 있었다.

이 구속역사의 절정적인 사건은 이번에는 이스라엘의 시인들에 의하여 영감된 글로 기록되었다. 전 국민을 예배로 인도해 들이기 위해 영감된 시들은 백성의 마음을 움직일 수 있어야 한다. 그래서 "이스라엘의 감미로운 시편 작가"인 다윗은 하나님의 영광을 선포하는 하늘, 그리고 하나님의 구속역사를 찬양하는 창공을 말하였다. 그는 창조와 구속에서 인간의 위대함을 말하기를, "저를 천사보다 조금 못하게 하시고 영화와 존귀로 관을 씌우셨나이다"라고 표현하였다. 그는 죄사함과 허물을 벗은 자에 대한 축복을 묘사하였으며, 여호와께서 그의 빛이 되시며, 그의 구원이시며, 그의 삶에 강건함을 주시는 분임을 찬양하였다. 그리고 그는 거룩한 언덕 시온산에 서신 하나님의 아들 메시아에게 경의를 표한다. 그 메시아는 나라들을 상속받을 것이고, 이기적이고 권력을 남용하는 세상 왕들의 나라를 지배할 것이다. 다윗의 날들에 쓰인 이 시편들은 메시아와 그 왕국의 영광을 축하하는데, 그 왕국은 이미 도래하였으며 또 장차 올 것을 내다보고 있다.

그렇다면 구속역사의 진전에서 선지서들의 역할은 무엇이었나? 계시역사의 진전에서 어떤 특별한 계기가 이 위대하고 영광스러운 예언의 집대성을 만들게 하였는가? 만약 이스라엘 역사에서 최절정이 메시아 왕국의 설립이라는 것을 사람들이 명확히 깨달았다면, 그 외에 그들에게 무엇이 더 남았는가?

보스(Vos)가 진술하는 다음의 사실은 의심의 여지없이 옳다. "신정정치 국가였지만 인간이 다스리는 나라였기에 이스라엘 역사에 새 기구가 필요하였는데, 바로 신지직이었다."[4] 이 "획기적인 발전된 제도"가 하나님 대리인으로서의 왕에게 기름붓는 역할을 하며, 하나님의 구원 목적을 밝히면서 이스라엘 역사를 이끌어갔다. 사무엘은 사울과 다윗을 이스라엘 처음 왕들로 세움으로써 이 역할을 잘 수행하였다. 그 이후의 이스라엘 왕국의 역사에서 선지자들은 자주 유다와 이스라엘 통치자들에게 그들의 메시지를 선포함으로써 그 역할을 수행하였다.

그러나 엘리야나 엘리사 같은 초기 선지자들의 사역과 이사야, 에스겔로 대표되는 후기 선지자들의 것 사이에는 뚜렷한 차이가 있었다. 첫째로, 초기 선지

---

[4] Vos, *Biblical Theology*, 203.

자들은 자신들의 행위가 사역의 초점으로 나타나며, 말에 대한 기록이 거의 없다. 엘리야는 갈멜산에서 아합 왕과 극적인 대결을 벌였지만, 그의 말은 거의 기록되지 않았다. 엘리사는 18개의 이적을 베풀었다. 반면에 이사야, 예레미야 그리고 에스겔 등은 쓰인 형태의 메시지가 그들 사역의 중요한 부분을 차지하였다. 그 기록들은 그들 사역을 대변하는 핵심이었다.[5]

그러나 다시 한번 다음과 같은 질문을 할 수 있을 것이다. 이스라엘 역사의 진전과정에서 무엇이 선지자들의 사역을 기록하는 것에 초점을 옮기게 발전하는 계기가 되었는가?[6] 만약 옛 언약 아래에서 구속역사의 진전 목적이 왕국을 설립하는 것이었다면, 과연 다른 무슨 역할이 선지자에게 남았는가?

앞으로 있을 비극적인 멸망이 바로 그 남은 것이었다. 하나님의 언약으로 선택받은 그 민족은 그들의 임무에 실패하였다. 그 선택받은 민족이 열방에게 하나님의 빛의 역할을 감당하기보다는 다른 민족들보다 더 부패하였다. 그 결과 그들은 하나님으로부터 배척을 당해야 했고, 원래 그들 조상이 떠났던 강 너머의 옛 땅으로 유배되었다. 그들의 조상 아브라함이 갈대아 우르를 떠난 이후 1,400년 동안 하나님의 혜택을 많이 누려온 그 민족은 이제 그들의 계속된 반항에 대한 하나님의 의로운 심판으로 인해 다시 갈대아 땅으로 강제로 돌아가야만 하였다.

그러나 이 비극적인 결과에 대한 하나님의 목적이 무엇인가? 하나님께서 자신이 선택한 민족을 배척하는 것이 죄악에 빠진 인류를 구속하려는 하나님의 계획을 이루는 데 무슨 도움이 되는가? 어떻게 자기 백성을 버리는 것이 인류 구원인 하나님의 목적에 부합될 수 있는가? 만약 하나님의 백성이 "내 백성이 아님"으로 배척받는다면 고통 속에서 구속을 기다리는 우주적인 회복은 어떻게 이루어질 수 있을 것인가?

---

5) 이 주제에 대한 보다 깊은 토론은 Von Rad, *Old Testament Theology*, 2.33을 보라.
6) Fohrer(*Introduction to the Old Testament*, 360)는 "선지자들에 의해 선포된 말이 그 효율성을 보존하기 위하여 신속하게 기록되어져야 했을 것이다"라고 논한다. 기록되어진 것이 다시 예언적 능력으로 재생될 수 있게 하기 위함이다. 이러한 견해는 주권자이신 여호와의 역사를 드러내기보다는 말 자체에 예언적 능력을 부여하는 것처럼 보인다.

이스라엘의 기록 선지자들은 이스라엘의 포로와 그 후의 미래에 대하여 설명하기 위해 부르심을 받았다. 행동하는 것보다 말로 메시지를 전하도록 소명을 받았기 때문에 그들은 예언자였다. 그들은 모세의 영도 하에 일어났던 이집트로부터의 해방이나, 다윗의 통치하에서 이루어진 왕국의 통일과 같이 나라를 그러한 구속으로 이끌어가도록 부르심을 받은 것이 아니다. 그들은 예언자로서 앞으로 일어날 일을 먼저 말하기 위해 부름을 받았다. 그들은 율법을 범한 죄를 회개하도록 설교하였고, 하나님의 긍휼의 말씀으로 믿음을 가지도록 격려하였다.

그러나 이 그룹의 하나님의 종들은 기록하는 사명도 받았다. 그들에게 기록하도록 하신 이유는 그들이 살았던 그 시대의 역사적 상황 때문이었다. 바로 그 나라가 유린당하고, 파괴되며, 멸망하는 상황이다. 첫째로 북 왕국이 앗수르에 의해 침략당하여 저 멀리 포로로 잡혀갈 것이었다. 그러나 그 다음으로 실로 생각할 수도 없는 일이 일어났다. 유다 왕국이, 비록 하나님이 거하시는 성소가 한가운데 자리하고 있었음에도 불구하고, 이 지구상에서 사라져 버렸다. 이렇게 되면 하나님의 구원 계획이 어떻게 되는 것인가? 이스라엘에게 어떤 희망이 아직 남았는가? 그들이 세상을 향하여 구원의 복음을 전해야 하는 사명은 어떻게 된다는 말인가? 타락한 이 세상을 회복시킬 하나님의 위대한 계획은 이제 어디에 있는가?

이러한 절망 속에서 선지자들은 말하고, 또 기록하라는 부름을 받았다. 그들은 선포할 뿐만 아니라 반드시 기록해야만 했다. 회복에 대한 소망이 오는 여러 세대들에게까지 유지될 수 있게 하기 위해서였다. 이 시대가 시작될 무렵 "아시아에서 일어난 그 위대한 세계 제국들"은 그 택한 백성을 응징하기 위한 도구로 하나님의 부르심을 받았다.[7] 만약 오는 세대의 구속을 위한 완벽한 설계를 가진 예루살렘의 성전이 그 기능을 완전히 상실하게 된다면, 미래의 아들과 딸들의 가슴에 희망의 불씨를 붙일 수 있는 다른 그 무엇이 반드시 일어나야만 한다. 다른 그 무엇은 황폐함과 유배뿐만 아니라 그 후의 회복까지도 예언하는 영감으로 쓰여 보존된 기록이었다. 만약 선지자들의 기록에서 바벨론 유배가

---

7) Keil, *Introduction to the Old Testament*, 1.279.

예상된 것이었다면, 그 무서운 순간이 도래했을 때에 사람들은 그것이 하나님의 의도 안에서 이루어졌음을 깨달을 수 있었을 것이다. 그 때에 그들은 불신앙을 버리고 선지자들에 의해 말해진 또 하나의 예언, 즉 하나님께서 백성의 남은 자들을 통해 어떤 목적을 가지고 계신다는 그 약속에 대해서도 도전을 받아야만 하였다. "세상 권세들이 신정정치 국가에 대항하여 승리한 것처럼 나타났으며, 따라서 이교도의 신들이 마치 우월한 것처럼 드러난" 이 결정적인 순간에 한 분 살아 계신 하나님의 전능하심을 확립할 필요성이 강하게 요청되었다.[8]

이와 동시에 유배로 인한 황폐함 뒤에도 백성이 회복에 대한 희망을 가지도록 예언자들의 역할이 요청되었다. 만약 유배에 관한 하나님의 말씀이 진실하였다면, 회복에 관한 그의 말씀도 진실하리라고 기대할 수 있었다.

이 회복은 무엇일까? 그것은 단순히 유배에서부터 원래의 상태로 되돌아간다는 의미일까? 그리고 그들이 다시 범죄하고 그로 인한 하나님의 심판을 받는 계속적인 순환을 의미하는 것일까? 회복된 이스라엘의 미래에는 선지자들에 의해 비난받았던 과거의 왕들과는 근본적으로 나은 왕을 기대할 수 없을까?

유배를 예언한 동일한 선지자의 책에 의하면 미래는 그러한 순환 정도가 아니다. 거기에는 유배 이전의 것보다 훨씬 더 영광스러운 회복에 대한 기대가 있다. 새 언약, 새로운 시온, 새 성전, 새 메시아, 세상 나라들과 새로운 관계, 그러한 것들이 본토에서 추방당한 상처를 견뎌야 했던 백성을 위한 장래의 소망으로 주어졌다. 그러나 하나님의 계획을 담고 있는 이들 영감된 책들은 그들 자신의 세대를 위해서만 있는 것이 아니었다. 거기에는 마침내 이루어질 새 하늘과 새 땅의 창조에 대한 기대를 담고 있으며, 그 기대는 메시아가 임하실 그 때까지의 모든 세대들에게 필요한 것이었다.

그래서 선지자들의 영감으로 기록된 말씀은 오늘날까지 모든 세대들에게 계속 선포되고 있다. 하나님께로 돌아서는 회개와 믿음이 없이는 사람들이 선지자의 말씀을 바로 들을 수 없다. 그러나 사람들은 오직 믿음 안에서 그 글을 읽고 모든 세대들에게 주어진 영원한 소망과 회복의 메시지를 깨달을 수 있다.

이것을 위해 옛 선지자들이 글을 썼다. 그 글은 당시의 사람들에게 선포되었

---

[8] Ibid.

던 것처럼 오늘도 반드시 선포되어져야 한다. 오늘의 세대들도 믿음으로 이 예언적 메시지, 즉 오실 메시아와 다시 이루어질 그 영광스러운 왕국을 선포하는 그 메시지를 들어야 한다.

제1장

이스라엘 선지제도의 기원

"이스라엘에서 예언의 시작에 대하여 우리는 아무것도 모른다."
–Johannes Lindblom, *Prophecy in Ancient Israel*

"이스라엘 예언의 기원은 모호한 채로 남아 있다."
–Walther Zimmerli, *The Law and the Prophets*

"[성경은] 이스라엘에서 선지제도의 기원에 대한 어떤 해결의 실마리도 제공해 주지 않는다."
–Brevard S. Childs, *Biblical Theology of the Old and New Testaments*

"이스라엘에서 예언은…여호와의 계시의 말씀이라고 주장하는 개인적인 사람들이 나타남으로써 시작되었다… 그들의 출현이 어디서부터 왔는지 실로 수수께끼이고, 설명할 수 없다… 그들의 근원은 애매하며, 그 어떤 전례도 찾아볼 수 없다."
–Walter Brueggemann, *Theology of the Old Testament.*

이상의 경향을 볼 때에 오늘날 성경비평학에서는 이스라엘 선지제도의 기원에 관하여 불가지론의 견해에 모두 동의한다. 그들은 단순하게 어떻게 그 현상이 발생하였는지 모른다고 말한다. 그들에게 그 기원은 해결할 수 없는 신비이다. 하나님이 자신들에게 직접 전했던 것을 확신한 사람들의 줄기가 어떻게 200년 동안 길게 이어질 수 있었는지는 비평학자들에게 해결할 수 없는 수수께끼이다. 그러나 이스라엘의 기원에 대하여 계속 증언하는 분명한 자료들이 있다. 먼저 이스라엘 예언의 기원에 관한 성경의 증언들을 고찰하기 전에 예언의 기원에 대한 대안적인 설명을 먼저 조사해 보아야 한다.

1. 이스라엘의 예언 기원에 대한 대안적 설명

1) 무아경의 행위

간혹 성경이 보여주는 증거를 살펴보면 이스라엘의 예언이 어떤 형태의 무아경 경험과 연관되어 있음을 시사하는 것 같다. 이러한 예언적 경험은 초기에 사울의 행동에서 시작하여(주전 11세기) 에스겔이 환상을 본 후에 넋을 잃은 듯한 행동에 이르기까지(주전 6세기) 계속 이어진다. 사울의 경우를 보면, 하나님의 영이 사울에게 임하여 그가 겉옷을 벗고 사무엘 앞에서 "예언하였다"(삼상 19:23-24)는 기록이 있다. 에스겔의 경우에는, 그가 환상을 보고 난 후 7일 동안 압도당하여 주저앉았다(겔 3:15). 수세기 후 사도 베드로도(주후 1세기) 광활한 이방세계로 선교하러 나가게 한 환상을 볼 때 "무아경"(*ekstasis*)에 빠졌다고 한다(행 10:10). 이 증거들을 관찰해 볼 때에 이스라엘의 예언은 진화의 현상과 유사하게 발전한 것같이 비취는데, 초기에는 가나안인들과 그 외의 이방종교에서 볼 수 있었던 원시적인(primitive) 황홀경의 방식에서 시작하여 이스라엘 역사 후기 선지자들에게는 보다 복잡해진 말과 행동으로 발전한 듯이 보인다.

하지만 무아경의 경험이 바로 성경적 선지자의 기원이라고 주장하는 사람들이 제시하는 증거들은 설득력을 얻기 극히 어렵다. 이 견해는 이스라엘이 유목생활의 환경에서부터 가지고 온 것에 가나안인 고유의 예언이 흡수 합병되었다는 설인데, 그들은 이것이 이스라엘 선지자의 기원이라고 주장한다. 이 견해는 "대부분 가설이며 또한 몇 개의 문제를 일으킨다."[1] 이 학설은 "그 본문 자체의 지지를 받지 못하는 검증되지 않은 진화론자의 가설"에 근거를 두고 있다.[2] 차일즈는 "예언의 발전 과정에서 양자(황홀경과 예언-역주)를 연결시키는 [예언을 위한] 특별한 용어가 없다는 여론이 점차로 증가한다"는 사실을 지적한다.[3]

더구나 모든 황홀경이 동일한 성격을 가지는 것이 아니다. 황홀경의 경험들은 무의식적인 예언적 행위에서부터 강력한 영적통찰력까지 그 범위가 다양하다. 성경에 나타나는 많은 예언적인 꿈과 환상들의 사례에서 성경의 선지자가 예언하면서 정신적 통찰력을 잃어버렸다는 그 어떤 증거도 찾을 수 없다. 반대로, 성경의 예언과 연관된 황홀경은 "인간의 마음이 하나님과 교감하는 최고 높은 단계로 들어 올려진" 경험으로 더 잘 이해되어진다.[4] 성경의 선지자가 자신의 환상 경험에서 나올 때 그가 보고 들었던 것들을 완벽하게 기억하고 있다는 것을 성경이 증언한다. 비록 이사야가 스랍들로 둘러싸인 하나님 앞에 섰어도 그는 자신의 죄에 대한 고통을 의식할 만큼 완전한 자의식을 가지고 있었다 (사 6:5). 따라서 의식이 없는 상태로 들어가는 황홀경은 "진실하고 독창적인 이스라엘 예언의 요소는 결코 아니었다."[5]

그런데 만약 우리가 이스라엘 선지자의 기원을 무의식적인 황홀경에서부터 이성을 가진 연설에 이르기까지의 발전 과정에서 찾을 수 없다면, 과연 이스라엘에서 그렇게 만연하였고 또 지속되었던 선지제도의 기원은 어디에서 왔을까? 두 번째 제안은 이스라엘의 선지제도는 제의식 행위(Cultic Practice)와 연관하여 일어났다는 것이다.

---

1) Porter, "Origins of Prophecy in Israel," 13.
2) Ibid., 14.
3) Childs, *Biblical Theology of the Old and New Testaments*, 168.
4) Vos, *Biblical Theology*, 245.
5) Ibid., 14.

2) 제의식(祭儀式)

이스라엘의 선지직이 제사장직과는 전혀 다른 줄기라고 주장하던 시대는 지났다. 선지자들이 이스라엘의 제사제도에 대해 비판한 성경구절들에 대하여 오늘날에 이르러서는 예배의 외면적인 형식보다도 그들의 도덕적 삶에 대한 책망으로 바로 이해한다. 선지자들이 이스라엘이 드리는 희생제물에 대하여 비난하는 만큼이나 그들의 외식적인 기도에 대하여도 격렬하게 비판하고 있다는 단순한 관찰만으로도 이 결론에 도달한다.[6] 그러나 선지자가 제사장처럼 이스라엘 예배의식의 한가운데에서 역할을 하였는가? 제의식이 이스라엘 예언의 기원으로 이해되어질 수 있는가?

이 질문에 대한 솔직한 대답은 선지제도가 이스라엘의 제의식(祭儀式)과 관련하여 시작 하였다는 어떤 증거도 없다는 것이다. 선지자들이 이스라엘의 예배행위에 참여하는 것이 그들의 정상적인 삶의 일부였다는 것은 분명한 사실이다. 약간의 성경구절들에서 선지자가 성전과 성전에서의 제의식에 적극적인 역할을 하였을 가능성을 시사한다.[7] 그러나 파우텔이 관찰하는 것처럼 비록 몇몇의 경우에서 선지자가 제사와 관련이 있다는 어떤 근거를 제시한다 하더라도

---

6) Harrison, *Introduction to the Old Testament*, 746-47.
7) 예레미야 35:4은 하나님의 집에 있었던 익다랴의 아들 "하나님의 사람" 하난의 아들들의 "방"을 언급하고 있다. 이 문구는 선지 직분자의 자손들이 성전에 상설시설을 가지고 있었다는 의미로 해석할 수 있다. 그러나 이스라엘에서 선지자들의 제의적인 역할의 성립을 주장하는 것은 아직 이르다.
Bright(*Jeremiah*, 189)는 "하나님의 사람"이라는 용어가 "예레미야서에서 오직 이곳에만 나타나며, 주전 7세기 말에 이 단어가 *nābī* (선지자)라는 단어와 구별되는 어떤 특별한 뜻을 함축하고 있었는지 우리는 알 수 없다"고 언급한다. 그리고 Bright는 하난이 "일종의 제의식 기능직원"이었을 가능성을 시인한다. 예레미야서의 어떤 구절들을 언급함에 있어서 Johnson은 그의 저서 *Cultic Prophet in Ancient Israel*, 62에서 "선지자들은 성전 안에 특별한 처소(하지만 상설 거주지일 필요성은 없다)를 가졌다"는 증거에 주목한다. 이것을 근거로 그는 "인용문이 성전 직원의 일부를 형성하는 선지자들의 특정한 학파나 조합을 가리키는 것으로 추측하지 않을 수 없다"고 주장한다. 이 본문에서 그러한 추측도 가능하지만, 그것은 물론 강제적인 것이 되어서는 안 된다. 선지자라는 단어를 여러 번 사용하고 있는 예레미야서에서 단 한 번 사용된 이 "하나님의 사람"이라는 용어를 두고, 그것을 단순히 한 경건한 사람이 아니라 반드시 선지자를 의미한다는 가정을 꼭 믿으려 하는 것에서 더욱 그렇다. 이스라엘에서 예배 형태의 선지자가 있었다는 것을 증명하기 위해서는 오히려 역대기서들이 잠재적인 근거가 될 수 있다. 역대기

"단적으로 말해서 제의식 가설이 확증될 가능성은 거의 없다."[8] 이스라엘에 선지제도와 제의식과의 관계를 논함에 있어서 "확실한 증거가 없이 그 설을 확증하는 것을 우리는 반드시 경계해야 한다."[9] 로우리는 이스라엘의 선지제도가 제의식에서 발달되었다는 견해는 성립하지 않는다고 주장함으로써 이 주제에 대하여 올바른 견해를 우리들에게 제공해 준다.[10]

3) 고대 중동지방의 예언

예언이라고 부를 수 있는 현상이 고대 중동지방의 여러 국가들에서 분명히 존재하였다.[11] 예레미야 자신은 유다 주변나라들에도 선지자들의 활동이 있다는 것을 인정한다(렘 27:2-4, 9-10). 특성상 예언서라고 지적할 수 있는 많은

서의 어떤 부분은 "예언을 성령의 능력 안에서 행하여진 하나님을 송축하기 위한 노래와 연주로 광의적인 정의를" 내리고 있는 것으로 이해된다(Keil, *Chronicles*, 270: 대상 25:1, 3; 대하 29:30; 35:15을 보라). 다른 예들에서 제사장들이 특별한 상황에의 응답으로 하나님께서 계시한 예언적 말씀을 전달하기 위하여 하나님께서 사용하신 자들로 나타난다(대하 20:14; 24:20). 그러나 이 두 구절에서도 우리는 이 제사장들이 제의식에 필요한 하나님의 말씀의 대언자로 예언하도록 능력을 부여받았다는 증거를 확실히 찾을 수 없다.

8) Vawter, "Introduction to Prophetic Literature," 193.
9) Rowley, *Servant of the Lord*, 105.
10) Harrison, *Introduction to the Old Testament*, 746-47에서 증거들을 논평하는 것을 참조하라. 제의식 가설의 발전과정을 위해 Johnson, *Cultic Prophet in Ancient Israel*을 보라. 성경적 자료들을 살펴본 후 존슨은 다음과 같이 결론을 맺었다. "제사장들과 마찬가지로 선지자들도 성전의 제사들과 공식적(직무상)으로 연관되어 있었다는 견해에 반대한다는 것은 어려운 일이다"(61). 그러나 그는 그의 서문에 자신을 "성경의 선지자들이 제의식 선지자들로 고려되어져야 하는지 그렇지 않은지에 대한 복잡한 질문"에 관하여서는 거리를 두고 있다(v). 그는 다음과 같이 언급한다. "사실은 우리가 이 질문에 관해 만족할 만한 답을 얻기 위해 토론할 단계가 아직 아니다." 예루살렘에서 선지자들이 성전과 관계하여 활동하였다는 것은 부인할 수 없다. 그러나 그들이 제사직무를 수행하였을 것이라는 가정은 거의 성립하기 힘들다.
11) Vawter("Introduction to Prophetic Literature," 186-87)는 모든 종교에서가 아니라면 적어도 대부분의 종교는 "예언의 현상을 가졌었다"는 것에 주목한다. Huffmon("Origin of Prophecy," 176)은 성경에서 밝히는 바와 같은 예언은 고대 중동지방의 세계에서 "특이하거나 혹은 독창적인 사건이 아니다"라고 언급한다. 그러나 나중에 토론되겠지만, 성경적 예언의 현상은 명백하게 독특한 것으로 나타난다.

고대 문서들이 발굴되었는데, 특히 주전 18세기 유프라테스 중부에 위치한 마리와 주전 17세기 신 앗수르 제국에서 나온 자료들이 그것들이다.[12]

(1) 마리(Mari)

유프라테스 중부지역 마리에서 나온 주전 18세기의 자료들 중 성경적 예언과 비교할 수 있는 것으로서 두 개의 제의식 문서들 곧 약 8,000개의 편지 중 50개, 약 12,000개의 경제적 혹은 행정적 문서 중 12개가 있다.[13] 이 문서들은 여러 직책의 사람들로부터 온 편지들로서 예언에 대해 간접적인 참고문헌의 형태로 나타나는데, 일차적으로 그들이 섬기는 신의 계시를 알리는 목적으로 왕에게 제출되었다.[14] 이 문서들은 신적 존재로부터 메시지를 받았다고 주장하는 다양한 사람들을 언급한다. 이 자료는 구약의 선지서와 약간의 유사점이 있음에도 불구하고, 그 내용에서 선지서와 사뭇 다른 다음의 특성들을 지니고 있다.

- 관심의 범위: 성경의 선지자들은 사회적, 윤리적 그리고 종교적인 것들에 대하여 폭넓은 관심을 보여주는 반면, 마리의 본문들은 주로 왕의 복지에 관계된 문제들을 다룰 뿐이므로 그 관심의 폭이 좁다.[15]
- 예언자 사역의 중심적 역할: 성경의 선지자는 이스라엘 사회에서 중앙 무대에서의 역할을 담당한다. 그러나 마리에서 이따금씩 행한 선지자의 계시는 그 공동체 생활에 작은 기여만을 할 뿐이다.[16]

---

12) Nissinen("Socioreligious Role of the Neo-Assyrian Prophets" 89)의 분석에 의하면 130개 이상의 예언적 현상들에 관한 고대 중동지방의 문서가 확인되었다고 한다. 그는 이중 약 반이 마리에서, 그리고 반보다 약간 작은 양이 앗수르에서 나왔다고 지적한다.
13) 마리 문서에 관한 전체적인 설명은 Durand, *Archives epistolaires de Mari*, 377-452를 보라. 역시 Huffmon, "Company of Prophets," 48-49을 보라.
14) Malamat, "Forerunner of Biblical Prophecy," 37.
15) Malamat(Ibid., 36)는 "마리 문서는 군사적 사건들을 많이 언급하고 있고, 왕의 복지를 배려하는 것이 주를 이루고 있으며, 이것은 격식을 제대로 갖춘 제의식의 형태, 사회 윤리 문제를 표명, 그리고 미래에 대한 예견과 함께 국가적 장래 등에 관심을 보이는 성경의 예언과 두드러지게 다르다"는 것을 주지시킨다.
16) Huffmon("Company of Prophets," 49)은 마리에서 예언적 메시지들은 다른 것에 대한 부수적인 것이 명백하며, 대부분 신과 사람의 교류수단이라는 사실을 주목한다.

- 왕과 백성에 대하여 비판함: "마리와는 반대로 성경에는 왕과 백성들에게 비판적인 예언들이 많은 분량을 차지한다."[17] 마리 문서가 왕을 응원하고 격려하려는 의도를 가지는 반면, 구약의 예언적 선포들은 대부분 그 사회의 최고 높은 권력자들을 칭찬하기보다는 오히려 비난한다.
- 제의식의 방법으로 예언적 계시를 확인함: 마리에서 만약 예언적 말에 정당성이 의심을 받게 되면, 왕에게 상소한 사람은 제의식의 방법으로 계시의 진정성을 증명해야 한다. 이스라엘에서는 말을 받는 자가 믿든지 않든지 간에 선지자의 말을 증명하기 위하여 이와 같은 제의적인 매체가 사용되지 않았다.[18]
- 예언자적 행동의 조잡성: 마리문서에서 한 예언자가 새끼 양을 날것으로 삼켜버린다. 그리고는 그 나라에서 "게걸스럽게 먹는" 행위를 공표하였다. 마리 문서는 이것이 선지자의 계시 중에서 "가장 사람을 계몽하는 예문"이라고 극찬한다. 반면 "이스라엘 선지자는 지나치게 조잡한 행동을 삼갔다."[19] 성경 선지자들의 행동이 별나다고 볼 수 있지만 조잡하지는 않았다.
- 왕궁으로부터 물질을 부양받음: 마리 선지자는 때때로 왕궁으로부터 옷이나 은반지, 또는 나귀 같은 것을 선물로 받았으며, 물질적인 부양을 받았다. 어떤 때는 선지자가 직접 선물을 요구하기도 하였다.[20] 엘리사의

---

17) Malamat("Forerunner of Biblical Prophecy," 42)와 Huffmon("Origin of Prophecy," 173-74)은 마리의 계시들이 종종 왕이 여러 신과 신전에 의무를 다하지 못하는 것을 비판하는 것에 주목한다. 그리고 정의를 증진해야 할 왕의 의무를 상기시키려 한 경우도 있다는 것을 언급한다. 하지만 Huffmon은 마리 문서는 대부분 왕에게 호의적임을 지적한다. 그것은 이스라엘 예언서들이 왕과 백성을 철저하게 책망하는 모습과 전혀 다르다.
18) Malamat("Forerunner of Biblical Prophecy," 47)는 마리와 대조적으로 이스라엘 선지자의 말은 "제의식을 통한 확증을 전혀 거치지 않았다. 다만 예언의 성취에 의해 그 진실함을 입증받았다"(cf. Deut. 18:22; Jer. 28:9; Ezel. 33:33)라고 지적한다. Parker("Official Attitudes toward Prophecy," 68)는 선지자가 하나님으로부터 말씀을 가지고 오는 자라는 기본상식에서는 마리에서나 이스라엘에서 "본질적으로 같다"고 확인하면서도 이스라엘에서는 선지자의 말씀을 점검하기 위해 마리에서 사용한 전조(Omens)와 같은 방법은 사용하지 않았음을 지적한다.
19) Gordon, "From Mari to Moses," 69.
20) Huffmon, "Company of Prophets," 54; Malamat, "Forerunner of Biblical Prohercy," 39.

종 게하시의 탈선적인 탐욕의 경우 외에는 이스라엘의 선지자가 왕궁으로부터 부양을 받거나 물질적인 도움을 요청한 일이 없다. 이 사실은 마리의 선지자들의 역할과 이스라엘 선지자들이 그 사회에서 가졌던 역할이 전적으로 다르다는 것을 보여준다.

- 다양한 신의 이름으로 말하는 것: 이스라엘에서 진실한 선지자는 오로지 유일한 하나님, 만물의 창조주이시며 약속의 하나님 한 분의 이름으로만 말하였다. 그러나 마리의 선지자들은 각각의 관심사에 따라 다양한 신들의 이름을 내세운다.[21]

그렇다면 마리의 예언서과 이스라엘 선지서의 기원 사이에 어떤 상관관계가 있는가? 이 두 영역들을 서로 "비교할 길이 없다"고는 말할 수 없다.[22] 가장 기본적인 단계에서 보면 양 그룹 다 선지자들이 하나님(혹은 신들)으로부터 받은 메시지를 전달하려는 의도를 가지고 있다.

그럼에도 불구하고 양자는 근본적인 차이점들을 보인다. 그러므로 이스라엘 선지자의 근원을 그보다 일천년 전에 마리에서 활동했던 선지자에서 발견할 수 있다는 주장을 지지하기는 어렵다. 자료들을 충분히 검토한 후 최근의 한 비평가는 다음과 같이 진술한다. "그러므로 이스라엘 선지서의 가장 초기 형태는 본질적으로 이스라엘 백성들 자신들이 처해 있던 독특한 환경에 의해 발생한 지역 고유의 현상이었다고 결론짓는 것이 가장 안전한 것같이 보인다."[23] 마리 문서들은 유용한 자료들이지만, 마리의 예언자가 "이스라엘 선지자의 원조"라고 결론내리는 것은 성급하다.[24]

(2) 신 앗수르(Neo-Assyria)

주전 7세기 신 앗수르인의 예언서 원본들은 "역사적 그리고 현상적인 분석에서 고대 이스라엘의 선지서에 가장 가깝다"고 알려졌다.[25] 이들 원본들은 니느

---

21) Huffmon("Company of Prophets," 56)은 이것과 관련된 마리의 자료들을 제시하고 있다.
22) Gordon, "From Mari to Moses," 76.
23) Blenkinsopp, *History of Prophecy in Israel*, 48.
24) Malamat, "Forerunner of Biblical Prophecy," 36.
25) Nissinen, "Socioreligious Role of the Neo-Assyrian Prophets," 114.

웨에서 발견된 진기한 설형문자 서판들인데, 1875년 조지 스미스가 "[앗수르 왕] 에살핫돈을 격려하기 위한 연설"이라고 표지를 붙여 출판함으로써 세상에 알려졌다.[26] 에살핫돈은 주전 680-669년에 통치한 앗수르 왕이다. 1915년에는 공개된 자료들이 전집으로 묶여 영어, 불어 그리고 독일어로 출판되었다. 세계 제1차 대전 후 학계는 이 원본들에 거의 관심을 보이지 않았는데, 이러한 상태는 21세기 말까지 사실상 계속되었다. 비록 이 원본들은 이용할 가치가 충분히 있었음에도 불구하고, 제대로 주목받지 못하였다.

그러나 1997년에 서판의 원본이 완전하게 번역되어 광범위한 기록들과 함께 출판됨으로써 다시 관심의 대상이 되었다.[27] 이들 7세기 원본들은 여러 개의 이스라엘 선지서 작품들과 동일한 기간에, 그리고 앗수르가 피지배국이었던 이스라엘과 폭넓은 접촉을 가졌던 시기에 기록되었다. 이 이유 하나만으로도 이 자료들은 일천여 년 더 앞서 기록된 마리 원본들보다 성경과의 비교연구에 더 큰 가치가 있는 것으로 간주된다.

이 앗수르 문서들의 전집은 네 명의 남자와 아홉 명의 여자 선지자들에 의해 기록된 28개의 신탁들로 구성되어 있다.[28] 대충 훑어본 바에 의하면 이 원본들의 단어들이 성경의 선지서의 것과 1% 정도가 동일한 것으로 나타난다. 마리 문서는 예언자가 왕에게 보낸 편지형식으로 이루어져 있지만, 앗수르 서판들은 대부분 한 서판에 5-10개의 짧은 신탁들을 담고 있는 "집성된 서판"이며, 실제로 예언자들이 한 말들을 보존하고 있다.

약간의 예외가 있긴 하지만 이들 예언적 선포들은 왕이나 왕의 가족들을 안심시키는 말로 이루어져 있다. 한 예언은 에살핫돈 왕이 그의 모든 대적들을 이길 것이며, 그의 아들이 왕위를 계승할 것이라는 확신을 갖게 만든다.[29] 한 해석에 의하면, "그 왕의 개인적 관심 여부에 따라" 예언자의 예언이 "진실인지 아니면 거짓인지가 결정된다."[30]

---

26) Parpola, *Assyrian Prophecies*, ix.
27) Parpola의 *Assyrian Prophecies*는 이 분야의 광범위한 연구를 위해 생기를 불러일으킬 만한 자료들이다. 그 서판들 원본은 현재 대영 박물관에 보관되어 있다.
28) Ibid., xlviii.
29) Ibid., 4-11.
30) Huffmon, "Company of Prophets," 62.

또한 이쉬탈(Ishtar) 여신에게 예배를 드리는 것이 "앗수르 예언자들의 사회 종교적인 역할"이었다.[31] 이쉬탈에게 헌신한 예언자는 대다수가 여성이었으며, 그들은 그 여신을 "왕을 위해 싸울 뿐만 아니라 그를 돌보는 모성적인 면"을 드러낸다.[32] 또한 이 예언자들과 여선지자들은 이쉬탈뿐 아니라 다른 신들로부터도 말씀을 받았다고 선포한다.

이들 문서들이 비슷한 시기에 만들어진 이스라엘의 예언들과 어떠한 상관관계가 있는가? 참으로 이 문서들은 "만들어진 시대가 비슷하며, 또 현상학적인 면에서도 고대 이스라엘/유대의 선지서와 가장 가깝다." 그리고 자신들의 말은 신이 준 말씀의 선언이라고 주장하는 것에서도 유사성을 볼 수 있다. 이 신탁의 서판들은 왕실 기록실에 보관될 정도로 그 가치를 인정받았다. 그러나 우리에게는 이스라엘 백성과 앗수르 예언문서와의 사이에 무슨 연관이 있었는가를 알아내는 것이 더 중요하다. 앗수르의 예언행위가 이스라엘에서 일어난 유사한 현상의 기원으로 작용하였을까?

파폴라는 "앗수르의 것과 성경의 예언은 종교가 가진 기본적인 개념에서 그리고 교리적인 관점에서 서로의 유사성이" 나타날 수 있지만, 한쪽이 다른 쪽에 영향을 주었다든지 혹은 직접적으로 빌어 왔다든지 하는 상호관계는 가설에 불과하다고 제안한다.[33] 파폴라의 의견에 의하면 앗수르 예언문서가 이스라엘 선지서 생성의 근원으로 고려될 수 없음을 의미한다. 더 나아가 파폴라는 앗수르 예언문서가 성경의 예언적 자료들에 직접적으로 영향을 미친 것으로 생각할 수 없다고 결론을 내린다.

그러면서도 파폴라는 종교의 비슷한 점들이 앗수르와 이스라엘 선지서 간의 유사성을 설명해 줄 수 있다고 제안한다. 예를 들어 신탁 1.4에서 먼저 벨(Bel)로서 예언하고, 그 다음은 알베라(Arbela)의 이쉬탈(Ishtar)로서, 그리고 끝으로 벨의 아들 느부(Nebu)로서 예언하는데, 그는 "기독교의 삼위일체를 생각하지 아니할 수 없다"라고 결론을 맺는다.[34] "주전 1,000년대에 형성된 유대의 유

---

31) Nissinen, "Socioreligious Role of the Neo-Assyrian Prophets," 104; see also 95.
32) Ibid., 99.
33) Parpola, *Assyrian Prophecies*, xvi.
34) Ibid., xviii.

일신교는" 고대 근동지방에 나타나는 "신들의 총 집합체"로서의 하나님 개념에 속한 "한 꾸러미였고, 또한 그것의 한 부분이었다."[35] 이 점에서 파폴라는 "유대교와 기독교가 가지고 있는 다신론적인 개념과 특성들이 앗수르인의 종교와 공유한다"고 확신한다.[36] 예를 들면 앗수르에서 여신 이쉬탈은 모성애적인 양상(mother-aspect)으로 나타나기 때문에 "그녀는 성경의 하나님의 영과 같은 역할을 한다"고 말한다.[37] 상호간 존재하는 유사점들을 중요하게 다룬 후 파폴라는 "모든 것들을 고려하여 볼 때 앗수르 예언문서의 개념적 구조는 고대 이스라엘 선지서와 대부분 동일한 것으로 나타난다"고 주장한다.[38]

이러한 비교 방법에서 두드러지게 사용된 다신론적 개념의 유사성은 유일신 사상에 관한 성경적 증언을 잘못 이해한 것임을 밝힐 필요가 있다. 바라기는 유대-기독교 전통의 이 근본 진리에 대하여 또다시 증거들을 정리할 필요가 없기를 바란다. 그러나 만약 이와 같은 비논리적인 비교가 앗수르와 이스라엘 선지서 간의 유사성 주장의 근거가 된다면, 우리는 성경적 선지서의 유일무이한 특성을 더욱더 강조하여야 한다. 만약 고대 근동지방에서 이 앗수르 예언문서들이 성경의 선지서에 가장 유사하다고 평가된다면 성경의 특성은 두 곱으로 더 강조되어야 한다.

이런 방법으로 성경적 선지제도의 기원을 외국적 정황에서 찾는 그들의 주장을 정밀히 조사할 필요성이 있다. 원칙적인 질문을 던진다면, 이스라엘 선지서를 연구함에 있어서 그들은 외국적 기원을 그 나라 자체가 가지는 고유한 발전 과정보다 왜 더 호의적으로 취급하는가?[39] 마리(Mari)나 앗수르의 역사 혹은

---

35) Ibid., xxi.
36) Ibid., xxvi.
37) Ibid., xxvi.
38) Ibid., xxiv. 앗수르 선지서 원본 판을 이용할 수 있게 한 Parpola에게 학계는 깊은 신세를 진 반면, 성경적 원본들과의 비교를 위한 그의 철학적 논거는 반드시 비판적인 눈으로 고찰되어져야 한다. Parpola는 유사점들을 발견하는 데 사용한 그의 방법을 명백하게 기술하고 있다. "분석하고, 해석하고, 그리고 이들 앞뒤가 맞지 않는 단편적인 증거조각들을 함께 꿰매는 데 보조물로 사용한 '표지그림'은 종교적 그리고 철학적인 체계의 연관성에 의해 증거로 제공되었다"(xvii). Parpola는 개인적인 분석, 특히 그의 편집 주석에 기초하여 그와 같은 결론을 맺는데, 그때에 사용한 하나님의 본성에 관한 성경의 인용은 심각한 남용과 오용이다.
39) Vos, *Biblical Theology*, 224.

사회에서 이스라엘보다 더 선지제도의 기원이 될 만한 무슨 증거가 있는가? 그와 반대로 만약에 출애굽, 시내산, 가나안 정복 그리고 이스라엘 왕들의 사건들에 관한 성경의 증거들을 믿는다면 이스라엘에서 선지제도가 하나의 운동으로 일어나야 할 명백한 이유가 있음을 알게 된다. 이와 유사한 종류의 이유들을 다른 나라의 역사에서 찾기는 어렵다.

보다 설득력 있는 비교법은 다섯 개의 간단한 신탁들을 포함하고 있는 앗수르 예언문서 전집 가운데 수집 3호(Collection Three)라고 명명하는 자료들에서 발견할 수 있다. "앗수르 계약"이라고 제목을 붙인 두 번째의 신탁은 다음 구절들을 포함하고 있다.

> [당신]의 [왕]은 그의 원수를 그의 발 [아래] 두었다.
>
> 해가 뜨는 곳에서부터 해가 지는 곳까지 그에게 버금갈 만한 왕이 없다.
>
> 앗수르의 이 언약 석판은 방석위에 놓여 왕 앞으로 들어간다. 향기로운 기름이 뿌려지고, 희생물들이 드려지고, 향이 태워지고, 그리고 그들은 왕 앞에서 이 석판을 읽는다.[40]

이것과 비교되는 시편 2편과 7편의 표현은 상당히 인상적이며, 더 깊은 연구를 할 가치가 있다. 그러나 이 성경구절들은 7세기의 앗수르 원본들보다 훨씬 더 이전에 쓰였다는 사실을 주목해야 한다.[41] 그러므로 나중에 쓰인 이 앗수르 문서들이 시편의 자원으로 사용되었다는 주장은 받아들이기 어렵다.

수집 3호의 제3신탁은 "앗수르의 언약 석판"이라고 하고 그리고 이것은 "왕

---

40) Parpola, *Assyrian Prophecies*, 23, 25.
41) Dahood(*Psalms*, 1.7)는 시편 2편에 대하여 다음과 같이 말한다. "순수하며, 형태가 오래된 언어의 운치는 그것이 아주 초기 시대(아마 10세기 정도)의 작품임을 시사한다." Kraus(*Psalms*, 2.77)는 시편 72편에 관하여 "이 노래는 의심의 여지없이 포로 이전의 것이고 비교적 초기 시대의 것에 돌릴 수 있을 것이다"라고 말한다. 시편의 연대에 관한 일반적인 주석에서 Weiser(*Psalms*, 91)는 "시편의 대부분은 이스라엘 역사에서 포로 이전에 존재하였다"고 말한다.

앞에서 낭독하는" 것이라 쓴다.[42] "언약의 식사"라고 이름하는 제4신탁은 "언[약]에 [들어가다]"라는 구절을 포함하고 있다.[43] 이 본문은 더 나아가 빵을 먹고 물을 마시는 것을 쓰는데, 언약을 잊어버린 사람에게 이 물을 마시게 하여 에살핫돈을 위한 언약을 지킬 책임을 기억하도록 하는 것을 언급하고 있다. 이 신탁을 선포한 여신은 그 다음 자신의 연회를 위한 음식이 없다고 불평한다.[44]

다시 한번 강조하고자 하는 것은 이들 자료들이 성경 본문들에 미친 영향, 특히 이것들이 성경의 언약을 만드는 데 관계하였다는 설에 대하여 조심스럽게 접근할 필요가 있다는 것이다. 많은 비교들이 즉흥적으로 제시되고 있지만, 확실한 연관성을 규정하는 데는 신중해야 한다. 특히 성경에서 언약을 맺는 장면은 이스라엘의 가장 오래된 몇 개의 전통들 중에 나타나고 있다는 사실을 반드시 고려해야 한다. 성경의 자료는 이 앗수르 자료들보다 수세기 더 오래된 것이다.[45]

2. 이스라엘 예언의 기원에 관한 성경적 증거

이스라엘 예언의 기원에 관한 다양한 대안적인 설명들은 만족스럽지 못한 것으로 증명되었다. 따라서 우리는 성경 자체의 증거들에 더 큰 관심을 가져야 한다. 이상스럽게도 예언의 기원 연구에서 이 성경의 증거들이 제외되거나 과소평가되어 왔다. 그러나 우리는 이 기록들에서 놀랍고도 독특한 이스라엘 선지제도의 기원에 대하여 일관되고 납득할 만한 설명을 발견하게 된다. 이 자료는 이스라엘 역사 발전과정에서 예언의 기원에 관한 필요한 정보를 제공하고 있고, 동시에 이 현상의 그 독특성을 확실하게 드러낸다.

성경에 따르면 예언은 우주의 하나님이시며 유일신이신 하나님에 의해 만물이 목적 있게 창조되었다는 만물의 기원을 말해 준다. 선지서의 여러 구절들은 유일하신 하나님의 창조역사를 당신의 종 선지자들을 통해 계시하시면서, 당

---

42) Parpola, *Assyrian Prophecies*, 25.
43) Ibid.
44) Ibid., 25-26.
45) Von Rad는 그의 주해(*Genesis*, 189)에서 창세기 15장의 언약에 관한 설화는 "족장들의 전통에서 아마도 가장 오래된 설화들 중의 하나이다"라고 말한다.

신이 주시는 말씀의 목적도 함께 주신다.

> 산들을 지으며,
> 바람을 창조하며,
> 자기 뜻을 사람에게 보이며…
> 땅의 높은 데를 밟는 자는
> 그 이름이 만군의 하나님 여호와니라(암 4:13).[46]

그리고 다시,

> 하늘을 창조하여 펴시고
> 땅과 그 소산을 베푸시며
> 땅 위의 백성에게 호흡을 주시며
> 땅에 행하는 자에게 신을 주시는 하나님 여호와께서
> 이같이 말씀하시되(사 42:5).

그리고 또다시,

> 이스라엘에 관한 여호와의 말씀의 경고라
> 여호와 곧 하늘을 펴시며
> 땅의 터를 세우시며

---

46) 이 구절의 정확한 의미는 논쟁의 대상이 되어왔다. 해석에 있어서 "그의"라는 대명사의 모호한 특성으로 인해 문제가 일어난다. 이것이 하나님의 생각을 말 하는가 혹은 사람의 생각을 가리키는가? Anderson and Freedman은 그들의 저서(*Amos*, 456)에서 이것을 사람에게 나타내시는 분은 하나님 자신의 생각이라고 결론을 내린다. "이것은 그가 나타내시는 그의 비밀스러운 생각, 그의 내적 명상으로서" 참으로 성경에서 가장 놀라운 자기 계시이다. Wolf(*Joel and Amos*, 224)는 **hapax legax legomenon shekho**(그의 계획)와 그리고 분사 maggid(선포하는 자)는 계시되는 것, 그것이 하나님의 계획이라는 의견을 지지한다. 비록 문맥상 하나님의 심판이라는 정황이라 할지라도 하나님께서 한 개인 자신의 생각을 그에게 선포한다는 것이 필요 이상의 것으로 보인다. 또 다른 견해를 위해 Niehaus의 "Amos," 407을 보라.

사람 안에 심령을 지으신 자가 가라사대,
"보라 내가 예루살렘으로 그 사면 국민에게
혼취케 하는 잔이 되게 할 것이라
예루살렘이 에워싸일 때에 유다에까지 미치리라"(슥 12:1-2).

하나님의 창조 목적과 예언과의 연관성의 그 절정은 말 못하는 이교도 우상을 조롱하는 문맥에서 나타난다(사 44:9-20). 숭배의 대상이 되는 우상들이 벙어리인 상태와 전혀 다르게 이스라엘의 하나님은 일이 일어나기 전에 장래의 사건까지도 미리 선포하신다.

네 구속자요
모태에서 너를 조성한
나 여호와가 말하노라
나는 만물을 지은 여호와라
나와 함께한 자 없이 홀로 하늘을 폈으며
땅을 베풀었고
거짓말하는 자의 징조를 폐하며
점치는 자를 미치게 하며
지혜로운 자들을 물리쳐 그 지식을 어리석게 하며
내 종의 말을 응하게 하며
내 사자의 모략을 성취하게 하며
예루살렘에 대하여는 이르기를
거기 사람이 살리라 하며
유다 성읍들에 대하여는 이르기를
중건될 것이라
내가 그 황폐한 곳들을 복구시키리라 하며(사 44:24-26).

목적이 있는 창조와 계획된 구속의 이 광대한 정황만으로도 이스라엘에서 예언의 출현의 필요성을 설명해 준다. 다른 "무의미한 신들"(nothing-gods)과 대조적으로 이 한 분, 유일하신 하나님은 선지자적 대변인을 통하여 택한 백성들에게 자신의 계획을 계시하신다. 하나님은 자신이 스스로 맺은 일련의 언약을 통하여, 그리고 여러 역사의 진행 과정에서 계시하심으로써 그의 백성과 세상 나라들을 위한 그의 인격, 그의 목적 그리고 그의 뜻을 알리신다.

이스라엘의 선지자들은 자신들이 하나님과 그의 백성들 사이에 언약의 중재자로 세워졌음을 깨달았다. 그들은 백성을 하나님과 언약의 밀접한 관계에 들어가도록 할 임무가 있음을 자각하였다. 이 특별한 임무를 가진 선지자는 창조주이시며 언약의 하나님이신 그분의 도덕적 바람과 구속의 목적, 이 두 분야를 명령적으로 선포하였다. 이 역할에서 선지자들은 백성이 선택한 행동의 결과에 따라 축복이나 저주를 선포하였다. 더구나 하나님의 계시에 의해 그들은 하나님의 심판과 축복의 역사를 예견하는 능력을 받았다. 이 역사는 임박한 미래일 수도 있으며, 먼 미래의 사건일 수도 있었다. 그들은 구원목적을 완성하실 여호와의 계획을 백성에게 알리는 역할을 감당하였다.

이스라엘의 예언 운동은 창조와 구원목적에서 궁극적인 기원을 가졌다. 그렇다면 역사의 언제쯤에 이스라엘 나라 안에서 예언이 시작되었는가?

이스라엘에서 예언 운동의 기원은 이사야, 미가, 호세아 그리고 아모스와 같은 주전 8세기 선지자들의 시대라고 추측할 것이다. 여러 면에서 이 기간은 이스라엘 예언의 역사에서 최절정의 위치를 차지한다. 그러나 호세아(호 6:5; 9:7-8; 12:10, 13)와 아모스(암 2:11-12)는 그 시대 이전의 예언적 활동에 대하여 증거하고 있다. 다르게 생각해 볼 수 있는 것은 이스라엘에서의 예언은 엘리야와 엘리사의[47] 사역이나, 혹은 군주정치 설립 때에 활약했던 사무엘의 사역에서 시작되었다고 제안할 수 있다.[48] 그러나 "하나님의 말씀이 희귀하였고(사무엘의 소년 시기에) 이상이 흔하지 않았다"라는 기록은 예언적 직무가 사무엘의 시대 이전에 있었다는 사실을 추측하게 한다(삼상 3:1).

성경의 자체 증거에 의하면 예언의 기원은 왕정 시대보다 훨씬 더 위로 올라간다. 초기 기록 선지자인 호세아의 말에서 이스라엘 예언의 실제적인 기원에 대하여 찾아볼 수 있다. "여호와께서는 선지자로 이스라엘을 애굽에서 인도하여 내시며 선지자로 저를 보호하셨거늘"(호 12:13). 이 구절에서 '선지자' 라는

---

47) See Von Rad, *Old Testament Theology*, 2.6.

48) Huffman("Origines of Prophecy," 177)은 이것이 성경에 나타난 그림이라고 말하며, 이것이 "정확한 것같이 보인다"라고 말한다.

단어는 모세 사역의 특성을 가장 잘 나타내기 위하여 선택된 단어이다. 모세는 비록 그 백성에게 위대한 권력을 행사하였으나 왕은 아니었다. 그는 비록 제사장 가족 출신이었지만 제사장으로서 역할을 하지 않았다. 그는 하나님의 계시의 말씀을 백성들에게 전달하는 선지자였다. 모세 시대 이전에는 하나님께서 족장들에게 환상이나 꿈으로, 혹은 하나님의 현현 등으로 직접 교통하셨다. 족장 아브라함, 이삭, 야곱 그리고 요셉은 모두 개인적으로 계시를 받았다. 하나님의 말씀을 백성에게 전달할 또 다른 사람을 두는 대신 하나님께서 다양한 방법으로 직접 나타나셨다. 호세아는 바로 같은 구절에서 하나님 계시의 고대적 방식에 관해 더 말하고 있다.

> (야곱이) 천사와 힘을 겨루어 이기고 울며
> 그에게 간구하였으며,
> 하나님은 벧엘에서 저를 만나셨고
> 거기서 우리에게 말씀하셨나니,
> 저는 만군의 하나님 여호와시라
> 여호와는 그의 기념 칭호니라(호 12:4-5).

그러나 모세 시대 당시 그 나라는 육십만 가정을 가진 대규모의 인구로 이루어져 있었다. 어떻게 하나님께서 당신의 뜻을 수많은 백성에게 알게 하셨을까? 육십만 각 가정의 가장에게 환상이나 꿈 혹은 신의 현현으로 동시에 나타나게 하기보다는 하나님께서 자신의 선지자로 지명한 한 사람을 통해 나라 전체에 말씀하셨다. 모든 백성 개개인에게 초자연적 현현이나 혹은 천사를 통하여 말씀하시기보다는 하나님께서 당신의 뜻이나 메시지를 자신이 지명한 한 사람을 통해 전달하신 것이다.

성경은 하나님께서 선지자 모세를 통해 당신의 백성을 이집트에서 데리고 나오는 위대한 구원역사를 이루셨다고 증언한다. 더구나 선지자 직의 정식 설립이 시내광야의 사건과 관련하여 일어났다. 그때 백성은 스스로 중재인을 요구하였다(출 20:18-21; 신 5:22-27). 산 위에 나타난 하나님 임재의 모습을 백성이 두려워하여 모세에게 산 위에 올라가서 자기들을 위하여 하나님을 만나달라고 요청하였다. 이 백성의 이 요구가 이스라엘에 선지자 직책을 설립하게 하는 계기가 되었다. 신명기서에서 이 사건을 다음과 같이 회상한다.

> 네 하나님 여호와께서 네 형제 중에서 나와 같은 선지자 하나를 너를 위하여 일으키시리니 너희는 그를 들을지니라. 이것이 곧 네가 총회의 날에 호렙산에서 너의 하나님 여호와께 구한 것이라. 곧 네가 말하기를 나로 다시는 나의 하나님 여호와의 음성을 듣지 않게 하시고 다시는 이 큰 불을 보지 않게 하소서 두렵건대 내가 죽을까 하나이다 하매(신 18:15-16).

성경의 증거에 의하면 시내광야 시절 총회에서 백성이 하였던 이 요청이 이스라엘 선지자 직분의 기원이었다. 백성은 하나님 임재의 현시(顯示)를 무서워 하였고, 하나님은 당신의 뜻을 계시하실 때에 나타난 그 장엄함으로부터 백성을 격리시키기 위하여 선지자적인 중재인을 임명하였다. 그 결과 성경의 선지자는 은혜가 넘치는 중재자의 역할을 하게 되었다. 그는 하나님과 백성의 중간에서 서서 하나님의 말씀을 전달하였다. 선지자는 하나님의 탁월하심에 감히 도전할 수 없지만, 반대로 인간적인 연약한 속성 때문에 백성으로부터 거절과 학대를 당하였다. 하나님의 영광이 큰 두려움으로 나타났을 때에 아무도 시내산의 하나님을 무시하려 하지 않았다. 다만 하나님의 은혜의 관대함 때문에 그분의 대변자가 그들로부터 희생을 당한다. 그러나 이 직위의 취약성에도 불구하고 하나님으로부터 임명된 선지자는 은혜의 언약에서 주어지는 그분의 중요한 메시지를 전달하였다. 그들이 하나님으로부터 말씀을 받는 큰 특권을 남용하였지만, 그 자멸적인 심각한 죄로부터 구속받음으로써 하나님의 은혜를 체험하였다. 하나님께서 자기의 종인 그 선지자들을 학대한 그들에 대하여 인내심을 발휘하였기 때문이었다.

예언의 기원에 관한 이 성경의 증언에서 몇 가지 선지자의 특성을 관찰할 수 있다.

첫째, 이 직무를 감당하는 사람과 그 역할의 위대함에 특별한 관심이 모아져야 한다. 그 선지자는 전능하신 하나님의 임재를 대변한다. 그의 외침은 작고 고독한 것처럼 보이지만 하나님께서 시내산에 임재하실 때에 동원되었던 그 무시무시한 모든 표적들을 대신하는 것이었다. 연기, 산의 흔들림, 강력한 불꽃 그리고 나팔소리 등은 이제 한 사람이 그 형제들에게 말하는 음성으로 대치되었다.

둘째, 참된 예언적 말씀의 근원은 그 선지자의 주관적인 경험에서 나온 것이 아니다. 비록 하나님의 말씀이 선지자의 내적 경험을 통하여 그에게 전달된 경우가 있더라도 그 말씀 자체는 하나님으로부터 온 것이며 하나님의 임재를 대신한다.

이러한 예언적 말씀의 절대적인 독립성은 왕과 제사장직과 같은 대를 잇는 직무계승이 없다는 사실에서도 확인된다. 왕이나 제사장직은 아들이 그 아버지의 직책을 계승하는 것이 정상적이다. 그러나 성경에서 선지자의 아들이 그 아버지의 직무를 물려받았다는 예를 볼 수 없다. 다만 하나님께서 부르시고 임명하심으로써 개인이 합법적으로 선지자 직무를 수행하게 된다. 설령 그렇더라도 그 선지자는 하나님의 말씀이 그에게 임하도록 기다려야만 하였다. 그는 비록 어떤 특별한 이슈를 가지고 하나님께 계시해 주시기를 간절히 요구하는 경우가 있다 할지라도 자신이 주관적으로 예언의 말씀을 만들 수 없었다.[49]

셋째, 선지자의 말씀은 미래적인 예언(prediction)에 그 우선순위를 두지 않았다. 시내산에서 율법을 전달함에 있어서 모세의 주된 임무는 미래를 예언하는 것이 아니었으며, 그에게 나타난 하나님의 뜻을 백성에게 선포하는 것이었다. 십계명은 단 한 개의 미래에 대한 예언도 포함하고 있지 않지만 그것은 모세가 전달한 핵심적인 계시였다.

이런 맥락에서 볼 때 선지자가 말씀을 발하는 것(forth-telling)과 그 선지자가 미래에 대하여 예언하는 것과의 일반적인 차이점이 조심스럽게 살펴져야 한다. 처음부터 선지자가 말씀을 발하는 것이 미래에 대한 예언만큼이나 하나님 계시의 말씀이었다. 그 시대의 다양한 쟁점들에 대하여 선지자가 발하는 말은 일종의 퇴색된 권위를 가지고 설교하는 것이고, 반면 그의 장래에 대한 예언은 보다 높은 감각의 영감으로 이루어진 것이라고 간주하는 것은 잘못된 생각이다. 예언의 본질은 미래에 대한 것과 관계가 있든 없든 하나님의 말씀을 발하는 것이라고 정의를 내리는 것이 합당하다. 어떤 특정한 상황이 주어진다면 선지자는 미래의 사건을 예언할 것이다. 이와 같은 관점은 그의 말이 오직 하나님으

---

49) 하나님의 집을 세우기 위한 다윗의 희망에 대해 선지자 나단이 선한 의도로 대답하였지만, 곧 하나님으로부터 직접 나온 말씀에 의해 그것이 수정되어야만 하였다(삼하 7:1-5).

로부터 온 계시임을 전제로 할 때에 가능하다. 예언의 본질은 미래에 대한 요소가 있느냐에 의해 결정되는 것이 아니라 하나님으로부터 받은 계시를 선지자가 말한다는 특성에 의해 결정된다.

예언의 본질에 대한 이러한 견해는 예언이 오늘날까지 계속되느냐 하는 질문을 논하는 데에 있어서도 중요하다. 오늘날 미래에 대한 구체적인 예언을 전혀 오류 없이 할 수 있는 사람은 아무도 없다. 미래를 말하는 자(foreteller)이든지, 말을 발하는 자(forth-teller)이든지 선지자는 하나님으로부터 받은 계시를 전달하였다. 만약 성경적 예언의 기본적 형태가 하나님 계시의 말씀을 발하는 것이라면 오늘날도 그러한 예언이 계속된다고 할 것이다. 그러나 오늘날 한 설교자가 "예언적" 사역을 하고 있다고 말할 때에 성경적 예언과 동일한 것을 하고 있다는 것은 아니다. 오늘날 한 설교자가 사도적일 수는 있으나 사도가 아닌 것 같이, 또한 그는 선지자적일 수는 있으나 선지자가 아니다.

넷째, 이스라엘 나라는 독특한 선지자의 사역으로 인하여 세상 나라들 중에 특별한 위치에 설 수 있었다. 신명기서는 그들이 계시된 율법을 받은 자로서 특권적인 위치에 있음을 지적한다. "오늘 내가 너희에게 선포하는 이 율법과 같이 그 규례와 법도가 공의로운 큰 나라가 어디 있느냐"(신 4:8). 시내산에서 선지자의 역할을 한 모세를 통하여 전달된 특별한 계시로 말미암아 이스라엘은 세상 나라들 중 특별한 민족이 되었다. 하나님의 계획과 목적에 들어 있는 이 이스라엘의 특별성은 세상의 어느 나라의 것과 비교될 수 없는 이스라엘만 가진 선지제도로써 이룩된 것이다. 앞서 주지하였던 것처럼 하나님 계시의 수혜자로서 이스라엘은 참으로 유일무이한 존재가 되었다. 따라서 이 계시를 모르는 현대 비평학자가 이스라엘 예인의 기원에 관하여 불가지론인 것은 놀랄 일이 아니다. 이스라엘 예언적 자료들의 특수성은 그 자료 자체가 증명하고 있다. 사도 바울은 유대인의 독특성을 말하면서 "범사에 많으니 첫째는 저희가 하나님의 말씀을 맡았음이니라"고 증언한다(롬 3:2).

이 이스라엘의 독특성 때문에 하나님께서 세상의 다른 나라들에 관심이 없었다고 단언해서는 안 된다. 오히려 선지자가 처음 나타날 때부터 아브라함이 모든 나라들에 대하여 복의 근원이 될 것임을 말했다(창 12:3). 하나님이 처음에 아브라함과 그의 후손들을 그들이 속하였던 세상에서부터 떼어 낼 때에, 어느 민족이든지 아브라함의 약속에 참여하여 그의 후손이 될 수 있는 특권을 주었으며, 그것은 육체적 후손과 똑같은 축복이었다(창 17:12-13). 흥미롭게도 성경에 "선지자"가 처음 언급된 곳은 아브라함이 세상 나라를 위해 축복할 수 있는 중보자 역할의 장면에서였다(창 20:7).

다섯째, 선지자 기원의 문맥에서 선지자의 중보적 직무가 위대한 것으로 인식될 수 있었던 만큼, 하나님 언약의 완성을 위해서도 그 직무가 중요함을 인식해야 한다. 언약의 본질은 하나님과 그의 백성간에 긴밀한 연합을 맺는 것이다. "나는 너의 하나님이 되고 너는 나의 백성이 될 것이다"라는 문구는 언약을 통한 친밀한 관계를 잘 요약한 것이다. 그러나 그들에게 언약의 여호와의 임재가 너무 무서웠으므로 백성은 하나님의 말씀을 그들에게 중재해 줄 누군가를 요청하였다. 백성이 하나님과 그들 사이에 중재인이 필요하다고 느꼈다면 언약의 궁극적 목적이 이루어지지 못한 것이 된다. 이 점은 바울서신에서도 강조되고 있다. "중재인은 한편만을 대변하는 자가 아니었습니다. 그러나 하나님은 한 분이십니다"(갈 3:20, NIV에 맞게 번역함-역주). 중재자가 있다는 것은 상호간의 분리를 의미한다. 예를 들면, 만약 남편과 부인이 서로 중재자를 통해서만 대화한다면 그들의 결혼관계는 하나 되지 못했다는 증거이다.

구속역사의 진전에서 드디어 하나님 자신이 직접 말씀을 중재한다면 언약이 의도한 하나 됨이 성취되었다 할 수 있다. 하나님 자신이 중재자가 된다면 중재인 역할을 했던 선지자의 기능도 끝나게 된다. 따라서 새 언약은 선지자 직분의 최종적 목적을 완성한 것이다. 히브리서 저자는 예수님이 마지막 선지자로서 계시를 말씀하신 것으로 증언한다. 전에는 하나님이 많은 선지자적인 중재자를 통하여 여러 다른 방법으로 말씀하셨다. 그러나 이제 그는 드디어 자기 아들을 통해 말씀하셨다(히 1:1-2). 그는 하나님과 사람 사이의 유일한 중재자이다(딤전 2:5). 아들을 통하여 하나님의 계시를 경험하는 것은 하나님과 하나가 됨을 의미한다.

성경은 선지자 제도의 기원을 신정정치 국가가 설립되었던 모세 시대로 증언한다. 바로 언약의 기본 율법이 계시되었을 때에 선지자 직책이 생겨났다. 뒤이어 진행된 긴 계시 역사 동안 선지자가 부정적이고 비판적일 때도 있었지만, 율법과 예언은 언제나 상호 대립관계에 있었던 것은 아니다. 반대로 선지자는 하나님 율법의 중재자로서의 역할을 감당하였다.

THE
Christ
OF THE
PROPHETS

제2장

선지제도의 기원과 관계된 독특한 양상들

이스라엘에서 선지제도의 기원과 밀접한 관계를 가진 모세오경의 여러 구절들은 선지제도의 출현과 관계한 중요한 의미들을 제공해 준다. 그 본문들은 다음과 같다. 출애굽기 4:14-16; 7:1-5; 민수기 11:21-30; 12:1-8; 신명기 13:1-5; 18:9-22. 이들 중에서 가장 뛰어난 양상은 바로 모세의 우위권이다.

1. 다른 모든 선지자와의 관계에서 모세의 우위권

성경이 모세오경의 율법은 선지자의 기능을 가진 모세를 통하여 주어진 것임을 증언하지만, 19세기 말의 벨하우젠(Wellhausen) 이후로 오경은 이스라엘 종교의 진화적 발달에 의한 산물로서 단계적으로 작성된 한참 뒤의 자료로 간주되어 왔다(제5장 중 '재구성된 전승 역사'를 참조하라). 성경에 모세의 율법이 이스라엘 선지자 사역에 기초를 제공하는 것으로 나타남에도 불구하고, 이 단계적 발전 이론은 성경 기록의 순서와 내용을 바꾸어 버린다. 그 이론에 의하면 이스라엘 선지자가 먼저 있었고, 그 뒤에 율법체계가 뒤따라왔다는 것이다. 벨하우젠에 의하면 신명기서는 주전 약 627년경 유다 왕 요시야 시대에 발견된 율법책이며, 그것은 요시야 종교개혁 당시에 쓰인 것이라고 주장한다. 당시 좋은 의도를 가진 관리들이 모세 시대에 쓰인 것처럼 보이도록 이 책(신명기)을 구성하였고, 예루살렘 성전의 허물어진 잡석들 속에 방치해 두었는데, 그것을 요시야의 성전 수리 때에 다시 발견하였다는 것이다. 이 모든 것은 요시야 왕의 종교개혁을 지원하기 위한 목적으로 이루어졌다는 것이다.

만약 신명기서의 기원을 조사해야 할 필요가 있다면, 우리는 벨하우젠의 논리도 동일하게 살펴보아야 한다. 벨하우젠은 앞으로 복음사역을 감당할 학생들을 준비시키는 일에 불편함을 느끼면서, 양심상 신학 교수진에서 자진 사퇴하였다. 그는 젊은 학도 시절에 모세오경에 들어 있는 율법 부분의 기원에 관하여 의심을 가졌다고 고백하였다. 이스라엘 선지자의 기록에는 모세의 율법이 소리만 있지 전혀 실체가 나타나지 않는 "유령과 같은"(like a ghost) 것으로 느낀다고 하였다. 그 후 23세 때에 그는 율법이 이스라엘 선지자들의 사역에 앞서기보다는 뒤에 나타났다는 흐라프(Graf)의 이론을 들었다. 벨하우젠은 "그의 이론에 대한 이성적인 판단을 해볼 여유도 없이 나는 그것에 설득당하였다"고 증언한다.[1]

백년이 넘도록 학계는 그의 제안에 대하여 이성적인 판단을 해보려고 하지 않은 채 모세오경의 기원에 대한 벨하우젠의 이론을 그대로 받아들여 왔다. 그 이후의 연구에서 조금의 수정은 있었는데, 모세오경의 율법 부분을 주전 7세기 후반보다는 오래된 것으로 인정하는 정도였다. 그러나 성경비평학의 세계에서 신명기서가 요시야 통치 시대(주전 640-609년)에 발견된 율법이며, 그것은 그 당시에 쓰인 것이라는 중심 사상은 변함이 없다. 그 결과 하나님 율법의 증인으로서의 역사적 모세는 그의 선지자적 사역과 함께 유령으로 빠져버린 반면, 신명기 저자라는 무명의 사람과 신명기사학파(申命記史學派)라는 저자 집단이 비할 바 없는 영광의 자리를 차지했다. 이 유령과 같은 존재는 신명기를 썼을 뿐 아니라, 여호수아, 사사기, 사무엘서 그리고 열왕기서 등을 썼다는 신뢰까지 얻었다. 더 나아가 무명의 이 신명기 저자는 증명되지도 않는 신명기사학파들과 함께 호세아서, 예레미야서와 같은 상당 부분의 선지서들도 함께 썼다는 명성까지 얻었다.

그러나 성경 자체는 이스라엘에서 율법과 선지자의 관계에 관한 보다 설득력

---

1) Wellhausen의 가설의 기원에 대하여, Zimmerli, *Law and the Prophets*, 23을 보라.

있는 증언들을 하고 있다. 모세는 이스라엘에서 선지적 활동의 최고봉에 서 있다. 이스라엘 선지제도의 시작 초기에 그 최고봉이 이루어졌다. 다른 선지자들은 모세의 후광을 입고 있다. 모세는 하나님의 백성에게 율법을 전달하는 선지자로서의 탁월한 역할을 수행했다.

물론 모세를 이스라엘 선지자의 수장으로 본다고 해서 우리는 계시의 발전을 부정하지 않는다. 이사야와 같은 선지자는 오실 메시아와 그의 왕국 건설에 관해 모세가 가졌던 것보다 훨씬 풍부한 지식을 가지고 있었다. 우리의 죄를 위해 고난당하시는 종에 대한 이사야의 그림은 모세가 보여준 유월절 양의 이미지보다 그리스도를 더 잘 보여준다. 그러나 모세는 하나님 율법 계시의 원천적인 역할을 수행했다. 이것은 이스라엘의 선지제도가 사람들의 경험 속에서 자연적으로 진화하였다는 이론과 반대된다. 만약 모세가 선지제도의 시작이었다면 이스라엘 종교는 사람에 의해 진화하면서 만들어진 것이 아니라, 하나님이 모세를 통하여 선포한 계시에 의해 이루어진 것으로 받아들여진다.

모세오경 중 민수기 12장과 신명기 18장의 옛 언약의 계시에서 모세의 수위권(首位權)을 보여준다. 이 두 장들은 다른 모든 선지자들과의 관계에서 모세의 우위적인 역할을 보여줄 뿐만 아니라, 대항세력을 다루면서 모세의 수위권을 확실히 말해 준다.

1) 모세의 대항세력

누가 감히 모세를 반대하겠는가? 하나님께서 이스라엘을 이집트에서 탈출시킬 때에 모세를 도구로 사용하지 않으셨는가? 모세는 시내산에서 하나님 율법의 중재자가 아니었는가? 왜 그가 저항을 받아야 했는가? 인간의 자기중심주의가 모세에 대한 반대 사건들을 설명한다.

모세에 대한 대항은 모세의 가족 내에서 발생하였다. 민족의 지도자였던 미리암(모세의 자매)과 아론(모세의 형제)이 모세의 역할에 반기를 들었다(민 12:1). 성경은 미리암이 이 반기의 주모자라고 밝힌다. 미리암이 아론의 이름 앞에 나왔고, 또 모세에 대한 반기를 설명하는 동사가 여성형 단수임이 그것을 증명한다. "미리암과 아론이 모세를 비방하나라(3인칭 여성단수형태의 동사임)"(민 12:1하). 그리고 이 사건의 마지막에 미리암 홀로 문둥병에 걸린 것에서도 그것이 확인된다(민 12:10).

칼빈은 미리암과 아론이 그의 형제에 대하여 불평한 것은 당시의 지도자 구조가 백성들에게 족벌주의 체계라는 인식을 불식시키기 위한 것이며, 오히려 모세의 지도력에 도움을 주기 위함이었다는 긍정적인 판단을 내린다.[2] 그러나 사람이 인위적으로 그러한 지도력을 세울 필요가 없다. 모세가 백성들에게 하나님 말씀의 중재자가 된 것은 전적으로 하나님께서 임명한 것이었기 때문이다. 이 사건을 통하여 모세는 선지자로서의 우월성이 확실히 증명되었다.

모세에 대한 이 최초의 반기는 그가 구스 여자와 결혼한 것이 계기가 되었다(민 12:1). 모세에 대한 불평은 모세가 일부다처의 죄를 범했다는 것 때문인가? 혹은 모세가 이스라엘 사람이 아닌 외국 여자와 결혼했음에 대한 비난인가? 하나님께서 직접 그의 비방자들로부터 모세를 변호한 것으로 보아 그가 일부다처의 죄를 범한 것은 아닌 것 같다. 또 외국 여자와 결혼했다는 것 자체가 나쁜 것이 아니다. 이방 여자가 이스라엘의 하나님을 자신의 하나님으로 고백하였다면, 그는 이스라엘 회중 안으로 받아들여진 것으로 볼 수 있다. 아마 이 구스 여인은 모세의 아내였을 것이고, 그렇다면 미디안 사람 십보라 외에는 생각할 수 없다. 여기서 구스인과 미디안인은 동일 용어라는 증거도 있다[3] 그런데 모세가 십보라와 결혼한 것은 아주 오래 전의 일이었으므로, 이제 와서 가족들이 이 결혼에 반대하는 것은 핑계에 불과한 것으로 보인다.

반대의 진짜 이유는 두 번째 비방에서 나타난다. "그들이 이르되 여호와께서 모세와만 말씀하셨느냐 우리와도 말씀하지 아니하셨느냐 하매"(민 12:2). 미리암과 아론은 선지자적 중재자로서의 모세의 사역을 시기하고 있다. 그들이 비록 형제이기는 해도 모세에게만 주어진 그 직분의 우위권에 대항하고 있다. 그들은 모세의 결혼을 비방함으로써 그를 끌어내리려 시도했으며, 그 자신들도 그 직분의 우월한 위치에 올라설 수 있다고 생각했다. 비록 그들 자신이 걸출한 위치를 가지고 있었음에도 불구하고, 미리암과 아론은 지위와 권력에 대한 인간의 욕망을 질투로 불태우고 있다. 출애굽 이래로 이스라엘에서 미리암은 여

---

2) Calvin, *Four Last Books of Moses*, 4.41.
3) 하박국의 병행구법으로 된 시는 다음과 같이 선포한다. "내가 본즉 구산의 장막이 환난을 당하고 미디안 땅의 휘장이 흔들리도다"(합 3:7).

선지자로 알려졌다(출 15:20). 하나님의 말씀이 그녀를 통해 왔었다. 아론도 하나님에 의해 이스라엘의 대제사장으로 임명되었다. 오직 그만이 하나님의 뜻을 알아내기 위해 우림과 둠밈을 이용할 수 있었다(출 28:30; 레 8:8; 민 27:21; 신 33:8; 스 2:63; 느 7:65). 더구나 모세의 경우 선지자 직분이 자신의 자손들에게 이어진다는 보장도 없었다. 그러나 아론의 경우는 아들들이 그의 대제사장 직을 계승할 것으로 결정되어 있었다. 미리암이나 아론 모두 하나님께서 모세를 통해 일하시는 것을 불평할 이유가 없었다. 사실 후대의 성경에서 아론과 미리암이 이스라엘에 대한 하나님의 구원사역에 중요한 역할을 했음을 지적한다(미 6:4). 아론과 미리암은 그들이 하나님 계시의 도구로 사용되는 특권을 가진 자로서 겸손해야만 했다. 그러나 그들이 보여주어야 했던 그러한 겸손의 자세를 오히려 모세가 취하였다.

미리암과 아론의 이 실패를 주석하면서 칼빈은 다음과 같이 말했다. "권력에 대한 야망이 인간의 마음을 지배할 때에 정의에 대한 사랑이 없어질 뿐만 아니라, 인간성이 완전히 소멸되며, 형제끼리도 서로 싸우고 분노한다. 야망은 예나 지금이나 모든 실수의 어머니이며, 모든 소란과 분쟁의 어머니이다."[4]

슬프게도 하나님께 드리는 봉사의 우월권에 대한 질투의 죄는 신약시대에도 계속된다. 자신이 부여받은 세상을 향한 복음사역이 충분함에도 불구하고, 성도들, 장로들 그리고 목사들이 서로를 물어뜯고 삼킨다. 이것은 자기중심적 욕구 때문이다. 이 자기중심적인 접근 대신 주 예수님의 종은 주님의 지체로서의 다양한 구성원들에게 주어진 각자의 선물에 대하여 마땅히 기뻐해야 한다.

다시 모세로 돌아가서, 모세는 그 상황에서 자신을 변호하지 않고 그 모든 원인이 자신의 아집에서부터 왔다고 고백하였다. 이것은 매우 이례적인 것처럼 보이지만, 그는 "지상에서 가장 온순한 사람"이었다는 묘사에 가장 합당한 모습이었다(민 12:3). 그의 이러한 내향적인 성격은 자신 스스로의 의지로 이 직무를 수행하고 있지 않았음을 확인케 한다.[5]

---

[4] Calvin, *Four Last Books of Moses*, 4.42.
[5] 부정적인 비평학은 이 구절을 오경의 모세 저작설을 부인하는 근거로 삼는다. 왜냐하면 모세 자신이 이러한 자신에 대한 평가를 직접 쓸 수 없다는 것이다. 그러나 이것은 인간 모세의 진실성을 잘 대변한 묘사이다. 그는 이집트에서부터 이스라엘을 데리고 나올 때부터 반대 세력들 속에서 과묵함으로써 자신의 역할을 잘 감당했기 때문이다.

그러나 여호와께서는 자신의 종을 이 무모한 형제들로부터 학대당하게 버려두지 않으셨다. 하나님이 "그것을 듣고" 그리고 "급히 말씀하셨다"(민 12:3-4). 하나님은 미리암과 아론과 모세를 성막 앞으로 불러내었고, 거기서 어떻게 사람이 직책을 맡을 수 있는지에 대한 근원적인 점을 상기시켰다. 하나님은 주권적 선택에 의해 자신의 사역자를 결정하신다는 것을 명백하게 밝히셨다. 그리고 선지자는 무엇을 말할 것이며, 또 자신의 말씀의 사역자가 어떤 위치에 설 것인지도 분명히 밝히셨다.

2) 모세의 독특성

미리암과 아론이 잘못 주장한 것처럼(민 12:2) 하나님의 계시를 맡게 될 사람은 모세 한 사람만이 아니었다. 하나님께서는 모세 이후 이스라엘에 다른 선지자들을 일으킬 것임을 명백하게 밝힘으로써 그들의 불평에 응답하셨다. 하나님은 이 다양한 선지자들을 통하여 자신의 계시를 나타내실 것이다.[6] 그들이 전하는 예언적 말씀은 그들 자신이 만들어 내는 것이 아니라, 꿈이나 환상을 통하여 하나님으로부터 받을 것이다(민 12:6). 하나님께서는 다른 모든 선지자들

---

[6] 민수기 12:6에 대하여 비평학자들은 이 구절의 해석을 위해 다음 3가지 원칙을 그 바탕으로 삼는다. (1) 히브리 원본은 틀린 곳이 많아 수정이 필요하다(Gesenius, *Hebrew Grammar* §128d; McNeile, *Numbers*, 66). 대다수의 비평학자들은 본문을 다음과 같이 읽는다. "만일 너희 중에 선지자가 있다면 [nabi bakem], 나 야훼가 그에게 말할 것이다." 그 중 어떤 사람은 '야훼'를 생략할 것을 제안한다. (2) 이 구절은 언어 구조가 깨어진 본보기이다. 그래서 다음과 같이 읽기를 제안한다. "만약 너희 중에 야훼의 선지자가 있다면"(Freedman, *Pottery, Poetry, and Prophecy*, 237; Wenham, *Numbers*, 112). Ashley(*Numbers*, 220 n. 7)은 마소라 본문은 "문장의 구조에서 인칭대명사 접미요소가 그것의 소유격 사이에 끼어든 깨어진 형태임을 인정해야 한다"고 말한다. (3) 마소라 원본은 보다 일반적인 상식으로 이해되어져야 한다. Johnson(*Cultic Prophet in Ancient Israel*, 46 n. 7)은 "히브리어를 단순히 해석하면 '너의 선지자는 야훼이다'를 일반적으로 동의한다"고 말한다. 그리고 Johnson은 "대부분의 사람들은 이 문장을 드러나는 그대로 보는 것은 비상식적이라 하며 그런 태도를 쉽게 묵살하고 마는데, 드러나는 그대로 보는 것이 과연 비상식적인 것일까?"라고 오히려 반문한다. 본문은 참 선지자는 메시지를 전달할 때에 "야훼의 천사"와 같을 수 있음을 지적한다. 더 나아가 일인칭과 삼인칭 사이에 왔다 갔다 하는 혼란은 "선지자의 선포에서 흔히 나타나는 현상이다"라고 말한다. 이 점에 대해 도움이 되는 토론은 Young, *My Servants the Prophets*, 47-49를 보라(『선지자 연구』, 정충하 역, CLC 역간).

과는 이와 같은 중간 매체를 통하여 교류를 이루지만, 모세에게는 "그렇지 않다(lo-ken)"고 말씀하시면서(민 12:7) 그에게는 직접 대면하여 말하겠다고 하셨다.

하나님은 모세를 이스라엘 모든 선지자들과는 다른 범주에 두셨다. 하나님의 계시를 받는 자로서의 그의 특별한 위치는 홀로 우뚝 서 있다. 미리암과 아론의 질투 사건은 모세의 차별성을 강조할 기회가 되었다. 사실상 하나님은 다음과 같이 말씀하신다. "너희 생각에 모세가 너무 고귀한 위치를 차지한다고 생각하느냐? 그가 얼마나 고귀한지 내가 설명해 주마! 그는 너희 두 사람보다 더 높을 뿐 아니라, 이스라엘 역사상 있을 어떤 선지자보다 전혀 다른 범주에 서있다. 그는 특별하다. 그는 모든 구약 선지제도의 근원이 된다. 그의 뒤에 일어날 선지자들은 모세의 그림자에 가려질 것이다."

하나님의 으뜸 선지자로서 모세의 차별성은 "입과 입으로" 하나님이 그에게 말씀하시는 것으로 강조되고 있다(민 12:8). 이것은 다른 선지자들이 받는 계시의 정확성이나 현실성을 부인하려는 의도가 아니다. 단지 모세가 이스라엘의 다른 모든 선지자들보다 우위에 있음을 말하고자 하는 것이다.

모세에 관하여 하나님은 말씀하신다. "그는 나의 온 집에 충성됨이라"(민 12:7하). 이 구절은 모세가 하나님께서 주시는 메시지를 충실하게 짊어지고 갈 믿을 수 있는 사람임을 입증하려는 의도로 보인다. 그러나 이 "하나님의 집"은 무엇인가? 이 단어는 그 뒤 계속 나타나는 광야에서의 "장막"을 의미하는가(삿 18:31; 19:18; 삼상 1:7, 24; 삼하 12:20)? 이 해석은 너무 제한적인 것같이 보인다. 하나님의 예언적 대변인으로서 모세의 사역은 장막과 관계된 제의식적(祭儀式的)인 활동보다 훨씬 그 이상의 것이기 때문이다. 구약에서 "집"이라는 단어가 사용될 때에 때로는 가족단위를 나타낸다. 이것은 "아브라함이 집"에서 예로 볼 수 있다(창 18:19; 신 25:9). 그러나 또 한편으로 "집"은 모세오경에서 이스라엘 백성을 지칭할 때에도 사용된다(창 46:27; 출 16:31; 19:3; 40:38; 레 10:6; 17:3, 8, 10; 22:18; 민 20:29). 민수기 본문의 문맥에서 "집"은 이스라엘 백성을 가리킨다. 이 구절은 이스라엘을 "나(하나님)의 집"이라고 지칭하고 있다. 이스라엘 나라는 하나님 자신이 거하시는 처소이다. 그리고 모세는 이 "집"에서 가장 책임 있는 위치를 부여받았다.

여기에 더하여 본문은 모세에 관해 "그는 또 여호와의 형상을 보겠거늘"이라고 말한다(민 12:8중). 성경의 또 다른 곳에서는 사람이 하나님을 보지 못할 것이며, 만약 보면 살지 못한다고 말한다(출 33:18-19). 그런데 선지자로서 모세는 하나님의 형상을 볼 것이다. 이런 문구는 서로 모순되는 것이 아니다. 모세는 하나님의 본체는 보지 않을 것이다. 그러나 하나님의 본질이 유한한 인간이 이해할 수 있도록 외형적인 형태로 그에게 나타날 것이다. 역시 모세의 이 경험은 다른 모든 선지자들로부터 구별되는 범주에 그를 놓는다. 그는 이스라엘 선지자 중에서 특별하다. 그는 어느 선지자 그룹에 소속될 수 없는 우위권을 하나님으로부터 부여받았다.

모세의 차별성을 주장하는 두 번째 구절로서 신명기 18:9-22을 들 수 있다. 이 구절에서 모세는 선지자 직무를 수행할 다른 선지자들의 전형으로 나타날 뿐만 아니라, 이스라엘 선지자들의 첫 주자로 나타난다. 시내산에서 모세 혼자만이 백성을 위한 중재자로 인정을 받았다. 산 아래서 공포에 질린 백성은 모세에게 산에 올라가서 하나님 율법의 계시를 받아올 것을 간청하였다. 이렇게 모세는 하나님의 말씀을 백성에게 가져오는 선지자의 역할을 하고 있다. 그것은 이후에 나올 모든 선지자 역할의 본보기가 된다. 후세의 선지자들은 "모세처럼" 되려고 하였다. 아론이나 그 나라의 다른 어떤 사람에게서 이와 같은 선지자의 모습을 보지 못한다. 오직 모세만이 이 역할을 수행하였다. 이런 점에서 모세는 이스라엘 역사에서 구별되고 특별한 존재였다. 이스라엘에서 그와 같은 사람은 아무도 없었다. 신명기서는 "모세와 같은 선지자가 이스라엘에 다시 일어나지 않았다"(신 34:10, 12)고 말한다.

요약하면 민수기 12장과 신명기 18장은 선지제도에서 모세의 우위권을 확립시킨다. 모세는 선지제도의 열쇠를 제공한다. 그 이후에 일어나는 선지자들은 지위에 있어서나 경험에 있어서 아무도 모세를 뛰어넘을 수 없다. 이어서 주어질 많은 선자자의 글들은 모세가 이미 하나님의 백성에게 선포한 것들의 확장이다. 모세를 통해 계시되어 기록된 모세오경은 미래의 하나님 나라에 주어질 계시 전체를 위한 기초적인 역할을 한다. 후대 선지자들의 많은 작업은 모세가 언약의 백성들을 위해 깔아놓은 계시의 바탕 위에 지어지는 것이다.

현대 비평학자들이 선지자 제도의 기원을 자연적 발달에 의한 것으로 먼저 설정해 놓고 거기에서 찾을 수 없게 되자 선지제도의 기원에 대하여 아무것도 알 수 없다고 고백하는 것은 조금도 놀랄 일이 아니다. 그들은 이스라엘 예언에서 모세의 독특한 기능에 관한 성경적 증언을 인정하지 않기 때문에 선지제도 전체에 대한 열쇠를 잃어버린 것이다. 그들은 부정적인 비평에 근거하여 모세의 자료를 뜯어 재배열시킴으로써 성경의 일관성 있는 구성을 파괴시킨다. 그들은 모세의 글들이 하나님으로부터 온 계시임을 부정함으로써 이스라엘 종교를 자연주의에 의한 인간의 산물로 받아들인다. 그러나 계시는 최초로 선지자의 최정상에 있었던 한 사람, 모세에 의해 그 기초가 놓였고, 마지막 선지자인 한 사람, 예수 그리스도 안에서 그 완성을 이룬다. 그들은 사람과 하나님 사이의 중재자였으며, 계시의 전달자였다.

2. 하나님으로부터 온 선지자의 말

이스라엘은 약속의 땅으로 들어가기 전에 가나안 사람들의 유혹이 있을 것임을 경고받았다(신 18:9-11). 그들은 나라의 장래를 알아내려고 애쓸 것이며, 그때에 이스라엘은 이방인의 방법에 의지하려는 끊임없는 유혹을 받을 것이다. 그러나 하나님의 백성은 그 방법들이 가증스러운 특성들을 가졌음을 반드시 인식해야 한다. 선지자들은 이스라엘 백성이 이 금지된 방법들에 의지하지 않도록 만드는 것이 필수적이었다. 이 지속적인 위협에 적절하게 대처하기 위하여 이스라엘에는 선지자가 계속적으로 나타나서 그 역할을 감당해야 한다.

그러나 그 백성들에게 선지자 사역이 계속 이어질 수 있도록 하는 요인이 무엇일까? 선지직의 대를 이어 끊어지지 않게 할 그 어떤 제도적 장치를 만들어야 할까? 이스라엘에서 왕과 제사장의 직무는 모세의 규례에 의해 제도화되었다(신 17:14-20; 18:1-8). 그 직무들은 대를 이어 지속되었다. 따라서 그 직들은 영구직이었다. 이에 대등한 선지자 직무도 영구적으로 지속될 수 있는가? 제사장직은 레위 지파가 계속 이어가고, 또 왕위는 유다 지파가 이어가듯이 선지직을 계승하기 위해 이스라엘의 어떤 특정한 지파를 지명해야 할까? 앞선 선지자가 자신의 뒤를 이어갈 사람을 세울 능력이 있을까? 혹은 이스라엘에 잠재적 선지자를 양성하기 위한 "직업훈련소"를 만들어야 할까?

처음에는 "모세와 같은 선지자"가 많이 출현할 것을 기대했던 것이 분명하다. 하나님의 뜻을 알려고 할 때에 오히려 가나안 신을 선택하도록 유혹이 계속되는 상황에서 이스라엘에 정기적인 선지자의 존재가 필요하였다. 그러나 실제 이스라엘에서 선지자의 대를 잇게 하는 제도적 장치가 없었으므로, 그 대가 이어질 보장은 없었다.

다만 이스라엘에서 선지자의 대를 잇게 할 하나의 조항이 만들어졌다. 하나님 스스로가 주도권을 가지는 것이었다. 오직 그분만이 홀로 이스라엘에 모세 같은 선지자를 "일으킬 수" 있었다. "내가 한 선지자를 일으키리라"(신 18:18)는 구절은 선지자 직책을 유지함에 있어서 하나님의 주도적인 역할을 강조한다. 모세를 통한 계시의 말씀에 추가적인 계시가 주어지는 것도 하나님께서 주도적 행사를 하심으로 이루어진다. 백성을 위해 당신의 뜻을 밝힐 추가적 계시가 필요할 때를 결정하는 것도 하나님께서 홀로 하신다. 만약 모세의 율법에서 발견할 수 없는 그 이상의 말씀이나, 혹은 우림과 둠밈을 통해 그들에게 줄 수 있는 지혜 그 이상의 것이 이스라엘에게 필요하다면 그들은 반드시 하나님께서 주실 때까지 기다려야만 하였다. 이 예언의 원리는 하나님이 선지제도의 원천이라는 것을 깨닫게 한다.

하나님이 선지자를 일으키는 데 주권적 행사를 하신다는 증거는 모세가 이스라엘 무리를 다스림에 있어서 자신의 무능함에 좌절할 때에 하나님께서 반응하신 것에서 나타난다(민 11:11-12). 하나님은 모세와 함께 백성을 지도하였던 장로 칠십 명을 세워 그들에게 성령을 부어주어 예언하게 하였다(민 11:25). 선지제도의 역사에서 모세만큼 위대한 사람도 없었지만, 모세도 예언적 선물을 다른 사람에게 부여할 능력이 없었다. 하나님 홀로 여러 사람에게 그의 성령을 부으셔서 예언하게 하실 수 있다. 사람은 자기가 언제든지, 그리고 어디서든지 예언을 해야겠다고 결정할 수 없다. 한 개인이 자의로 어떤 사람을 선지자로 세울 수 없다. 오직 하나님만이 주권적인 행사를 하여 자기의 종을 세우고 또 예언하게 할 수 있다.

바로 그때에 일어난 사건을 통하여 하나님만이 예언의 영을 지배할 수 있다는 것을 보여준다. 모세와 70인의 장로들이 회막에 모여 있는 동안 두 명은 백성의 진에서 계속 예언하였다(민 11:26). 이때에 여호수아가 모세를 섬기는 열심에서 그들을 제지하라고 촉구하였다(민 11:28). 여호수아의 생각은 모세의 감독 없이 예언적 행동을 하는 일이 있어서는 안 된다는 것이었다.

그러나 모세의 위대함은 자신이 하나님 집에서 주인이 아니라 종으로 있음을 알고 있는 것이었다. 여호수아가 예언하는 두 사람을 중지시키라고 재촉할 때에 모세는 하나님의 모든 백성이 다 선지자가 되며, 하나님께서 모든 백성에게 성령을 부어주어 예언하게 하시기를 원한다고 대답한다(민 11:29). 모세는 자기로 하여금 예언하게 한 성령을 자신도 지배할 수 없음을 이해하고 있었다. 그것은 하나님의 선물이었다. 더 나아가 그는 자신의 탁월함을 유지하는 일에는 별 관심이 없었다. 이 성령은 사람에게서 난 것이 아니며, 하나님의 가장 위대한 종도 그것을 지배할 수 없었다. 오직 하나님이 참된 예언의 말씀을 일으킬 능력이 있다.

오늘날 어떤 사람이 마치 성령의 선물을 다른 사람에게 나누어 줄 수 있는 것처럼 행세한다. 세례를 주는 물을 이용하여, 혹은 안수함으로, 혹은 특별 기도를 드림으로써 모세조차 행할 능력이 없다고 인식했던 그것을 할 수 있다고 서슴없이 생각한다. 예언을 포함한 성령의 선물들이 마치 그들 손안에 있어서 그들 마음대로 사용할 수 있는 것처럼 착각한다. 그러나 세례나 안수와 같은 외형적인 의식은 성령역사에 대한 표적과 상징의 목적으로 사용될 뿐이다.

모세가 하나님께서 모든 백성에서 성령을 부어주시기를 원했던 그 바람은 약 1,400년 후 오순절에 성령이 모든 육체에 부어짐으로써 현실화된 것을 발견하게 된다(행 2:17). 그 시점에서 어떻게 예언을 위해 성령이 만민에게 부어짐이 현실화될 수 있었겠는가? 그것은 성령의 능력으로 사도들이 그곳에 모였던 군중들에게 여러 언어로 말함으로써 복음이 모든 나라에 퍼져나갈 것이 예상되었기 때문에 충분히 가능하였다. 오순절 사건에서도 모세 시대와 같이 하나님께서 홀로 예언의 성령을 부어주심으로써 시작되었다. 인간은 오순절 경험들을 일으키는 데에 어떤 일도 할 수 없다는 사실이 명백하다.

3. 하나님 말씀으로서의 선지자의 말

일찍부터 성경은 이스라엘 선지자가 하나님으로부터 계시된 말씀의 사역자이며, 단순히 그 개인의 관찰에 의해 말하는 것이 아님을 강조한다. 여호와께서 선지자에게 "나 자신을 알리겠다"고 하며, 또 그에게 "내가 말하겠다"고 하는 것은 선지자의 계시적인 경험의 성격을 잘 묘사한 것이다(민 12:6하). 선지자의 메시지는 자신이 창안한 것이 아니며, 개인의 통찰력에 의해 말하는 것이 아니다. 대신에 하나님께서 그에게 말해 줌으로써 하나님과 그의 뜻을 알게 하셨다.

종종 앞에 언급한 본문의 구절이 잘못 해석된다. 70인의 장로에게 성령이 임하는 사건에서 그들이 예언하였다. 그러나 "그들은 더하지 않았다!"(민 11:25 하)라는 구절을 두고 어떤 학자는 이것이 70인의 장로들이 예언하는 것을 자의적으로 기권할 수 있음을 의미한다고 해석한다. 따라서 선지자 개인이 계시에 대하여 인식할 수 있었고 또 자신의 의지로 그것을 더하고 감할 수 있는 것으로 이해한다. 그러나 다른 해석자는 이 구절에서 그들이 처음에 성령의 감동으로 예언을 하였고, 그 뒤에는 다시 예언하지 않았음을 의미하는 것으로 해석한다.[7] 즉 하나님께서 그들의 입술에 말씀을 놓아줌으로써 그들이 하나님과 교제하였고, 그 하나님의 역사가 지나간 후에 그들은 그 말씀에 혼돈을 가져올 만한 어떤 문장도 첨가하려고 하지 않았다는 것이다.[8]

그 장로들이 "더하지 않았다"는 것의 이러한 이해는 신명기서에서 여러 번 다시 확인된다. 모세가 "더하지 않았다"(not adding)라고 표현함으로써 계시적 말씀의 종결성을 나타내 주는 경우들이다. 첫 구절은 십계명을 주는 곳에서 발견된다. 모세는 신명기에서 십계명을 반복한 후 하나님 자신도 십계명에 어떤 말도 "첨가하지 않았다"(did not add)는 사실을 분명히 하였다(신 5:22). 십계명은 하나님 백성을 위한 하나님의 뜻을 영구히 보존하도록 두 돌 판에 새겨졌다. 두 번째 구절에서, 모세는 자신에게 계시된 하나님의 율법에 관하여 백성들에게 경고하였다. "내가 너희에게 명하는 말을 너희는 가감하지 말고…"(신 4:2). 신명기서에서 세 번째 기록은 거짓 선지자에 대하여 논할 때에 나타난다. 이스라엘 백성은 다른 신들을 따르고 종용하는 거짓 선지자의 말을 듣지 않아야 한다. 이스라엘 백성은 선지자 모세를 통해 전달된 하나님의 계명에 어떤 것도 보태어서는 안 된다(신 12:32).

예언하였던 70인의 장로들이 계시로 온 하나님의 말씀에 자신의 것을 첨가

---

7) 이 해석을 위해 Young, *My Servants the Prophets*, 69를 보라(『선지자 연구』, 정충하 역, CLC 역간).
8) 70인역의 *kai ouketi prosethento*(그런 후 그들은 보태지 않았다)는 마소라 본문의 의미가 무엇인지를 잘 보여준다. 장로들이 예언한 후 그들은 자신의 생각에서 나오는 어떤 말로 그 예언에 더하지 않았다는 의미이다.

하지 않았다. 예언의 말씀을 받는 자는 그들에게 나타나는 하나님의 말씀과 자신의 생각에서 나오는 것을 구별할 능력을 충분히 가지고 있었다. 예언은 명확하게 하나님으로부터 오는 직접 계시의 범주에 속하였고, 인간이 흘리는 단순한 말과는 반드시 구별되어졌다.

예언이 계시적 특성을 가진 것이라는 더 확실한 증거는 선지자 자신이 하나님으로부터 계시적 말씀을 받았다는 자기 인식을 분명히 가지고 있었다는 데서 찾을 수 있다. 이것은 거짓 선지자를 처형하라는 명령에서도 확인할 수 있다(신 13:5). 만약 선지자가 자기에게 주어진 말씀이 하나님께로부터 왔는지 혹은 자신의 내적 충동에 의한 발언인지를 구별할 능력이 없다면, 그런 자를 극형에 처하는 것은 부적절하다. 선지자의 말이 계시적 특성을 가졌다는 것은 그 예언적 메시지의 수신 방법과 전달 방법의 묘사에 의해서도 나타난다.

1) 수신 방법

이스라엘 선지자의 사역을 예견하는 구절에서 여호와는 당신의 말씀을 두 가지 방법으로 전달할 것이라고 말씀하셨다. 그것은 환상과 꿈이다(민 12:6). 이러한 전달 방법은 그 이후의 선지자들에게 일관되게 사용되었다. 환상이나 꿈을 통해 메시지를 받는다는 것은 사람의 인식에서가 아닌 하나님으로부터 계시가 주어진다는 것을 명백히 나타낸다. 비록 모세는 특이한 방법, 즉 하나님과 직접 대화하는 것으로 교통하였지만(민 12:7), 다른 모든 선지자들은 계시적 경험에 의해 메시지를 받게 될 것이며, 여기에 예외가 있을 수 없다.

예언적 메시지가 하나님의 영감된 꿈과 환상으로 주어졌다는 것은 선지서들에서 확인된다. 선지자 이사야의 "기록들"은 그가 "본" "환상"이라고 묘사된다(사 1:1). 이사야는 또 자신이 받은 특정한 메시지를 자신이 "본" "말씀"으로 말한다(사 2:1; 또한 13:1도 보라). 아모스와 미가 역시 여호와로부터 온 말씀을 "보았다"(암 1:1; 미 1:1). 하박국은 그가 쓰는 책 전체를 그가 "본" "무거운 짐"이라고 말한다(합 1:1). 이 계시적 경험들은 그들의 말이 인간의 잠재의식에서 나오지 않았음을 확인한다. 환상과 꿈은 하나님으로부터 나온 것이며, 그것들은 하나님이 계시를 전달하는 도구로 사용된 것이었다.

2) 전달 방법

이집트의 바로를 대항하여 사역했던 모세와 아론의 관계는 이스라엘 선지자의 모습이 어떠해야 하는지를 잘 보여주는 한 예이다. 하나님은 모세의 약점을 관대하게 시인하셨다. 그의 수줍음으로 인해 그의 형 아론이 대신하여 말할 것이다. "너는 그에게 말하고 그 입에 말을 주라. 내가 네 입과 그의 입에 함께 있어서 너의 행할 일을 가르치리라. 그가 너를 대신하여 백성에게 말할 것이니 그는 네 입을 대신할 것이요 너는 그에게 하나님같이 되리라"(출 4:15-16).

모세를 위한 선지자적 대변인으로서 아론은 반드시 창의적이지 않아야 했다. 그는 절대로 자신의 생각을 전달하려고 시도하지 않아야 했다. 그가 해야 할 말은 그의 입에 정확하게 그대로 넣어질 것이다. 예언적 말씀의 창시자에 의해 그에게 직접적으로 주어진 말만 할 수 있다. 이것은 선지자가 어떠한 태도로 예언적 말씀에 수종들어야 함을 암시한다. 하나님의 계시는 선지자의 입으로 바로 간다. 그 결과 선지자의 말은 바로 하나님의 말씀이 된다. 하나님은 자신의 계시를 "생각에서 생각으로" 혹은 "마음에서 마음으로" 선지자에게 전달하지 않고 "입에서 입으로" 전달한다.

이것은 선지자가 단순히 하나님의 말씀을 받는 것이 중요한 것이 아니라, 이것을 백성에게 전달하는 것 또한 매우 중요함을 보여준다.[9] 어떤 면에서 예언적 말씀을 받는 것과 전달하는 것은 서로 떨어질 수가 없다. 예언적 경험 전체는 하나의 사건으로 나타난다. 선지자가 받은 메시지를 그대로 전달하는 것이 없다면 그의 직무를 완수하였다고 할 수 없다.

예언적 말씀의 전달에 관한 초기의 묘사에서 선지자가 말씀을 대변함에 있어

---

9) 신약에서 예언을 말하면서 선지자가 하나님으로부터 말씀을 받을 때에 영감되었고, 무오하며, 틀린 것이 없는 것으로 시작한다. 그러나 전달자가 예언을 반대의 의미로 잘못 전달할 때에 말씀의 신적인 권위 상실된다. 이 원리는 구약의 예언까지도 해당된다(Grudem, *Gift of Prophecy*, 135, 137, 139. 또한 110-11도 보라). 그러나 이 구절이 신약의 예언이 구약의 것과 비교할 때에 그 질에서 열등함을 나타낸다고 생각하는 비평학적 견해는 놀라울 뿐이다. 우리는 다음과 같은 질문을 할 것이다. 만약 하나님께서 백성을 위해 선지자에게 준 자신의 무오한 말을, 전달자가 잘 못하여 무오성을 상실할 때에 하나님의 말씀의 무오성이 무슨 의미가 있는가? 신약의 예언에 관한 이러한 견해에 대하여 Robertson, *Final Word*, 85-126을 보라.

서 절대적으로 완벽해야 할 것을 강조하고 있다. 선지자의 입에 넣어준 말씀이 백성에게 그대로 잘 전달될 때에 말씀의 완전한 상태가 확실하게 보존된다.

3) 예언적 말씀의 계시적 특성들

예언적 말씀의 계시적 특성들은 우리가 꼭 주지해야 할 사항이다. 즉 계시의 권위와 단일성인데, 선지자가 하나님으로부터 온 계시를 받아서 전해 준 말에는 이 두 가지 특성이 담겨 있다.

(1) 계시의 권위

이스라엘 선지제도와 관련되어 주어진 초기의 구절은 말씀이 선지자를 거쳐서 주어진다 해서 그 권위가 어떤 형태로든지 감소되지 않음을 강조한다. 모세를 위임할 때에 하나님은 다음과 같이 선포하신다. "여호와께서 모세에게 이르시되 볼지어다 내가 너로 바로에게 신이 되게 하였은즉 네 형 아론은 네 대언자가 되리니 내가 네게 명한 바를 너는 네 형 아론에게 말하고 그는 바로에게 말하여 그로 이스라엘 자손을 그 땅에서 보내게 할지니라"(출 7:1-2).

이 상황에서 모세는 바로에게 하나님 역할을 하고 아론은 모세의 선지자 역할을, 그리고 바로는 예언적 말씀을 받는 자의 역할을 한다. 모세는 하나님처럼 그의 선지자로 봉사하는 아론을 통해 바로에게 메시지를 전달하고 있다. 그러나 아론을 통해 전달되는 말씀은 전적으로 하나님 자신의 것으로서의 권위를 가졌다. 바로는 인간에 의해 말씀이 전달되기 때문에 강한 감동을 받지 못하였고, 그 때문에 그 말씀에 대하여 절충해 보려고 시도한다. 바로는 그 땅에서 희생 드리라고 했다가, 광야로 너무 많이 나가지 말라고 제안한다(출 8:25-28). 그리고 가족은 두고 남자만 예배하러 가라고 제안한다(출 10:11, 24). 그러나 아론을 통해 전달된 모세의 계시적 말씀은 절대적 권위를 가진 것이었다. 그것은 실로 하나님의 말씀이었다. 비록 중개자를 통해 전달되었지만, 하나님의 말씀 본질은 그대로 보존되었고, 그 말씀의 본래 권위는 어떤 형태로든지 감소되지 않았다.

이스라엘 선지제도의 시초에서부터 선지자의 말씀은 전적으로 하나님 말씀으로서의 권위를 가지고 있었다. 선지자의 중재역할 때문에 그 말씀의 권위는 약화되지 않는다. 따라서 성경은 선지자가 영감을 받아 한 말을 글의 형태로 최종적으로 보존한 것이므로 하나님의 말씀으로서의 권위를 가진 것으로 존중되어야 한다.

(2) 계시의 단일성
예언적 말씀의 두 번째 계시적 특성은 단일성이다. 다양한 선지자의 말들이라도 모두 창조자이시요 유일하신 한 분에서 나온 것이기 때문에 단일성을 가진다. 그러므로 한 쪽의 말은 다른 쪽의 것과 모순될 수가 없다. 이는 이스라엘 장로들에게 성령이 임하여 예언을 하게 하신 사건에서 처음 묘사되었다.

> 모세가 나가서 여호와의 말씀을 백성에게 고하고 백성의 장로 칠십 인을 모아 장막에 둘러 세우매 여호와께서 구름 가운데 강림하사 모세에게 말씀하시고 그에게 임한 신을 칠십 장로에게도 임하게 하시니 신이 임하신 때에 그들이 예언을 하다가 다시는 아니하였더라(민 11:24-25).

모세는 이에 앞서 이 큰 무리들의 짐을 홀로 질 수 없음을 고백하였다(민 11:13-14). 그래서 하나님은 모세에게 임하게 하셨던 성령을 70인의 장로들에 분배함으로써 해결책을 제공한다. 이 정황에서 70인에게 임한 성령이 이전에 모세에게 임했던 성령보다 축소되었다고 암시하는 것은 아무것도 없다. 율법학자들은 불을 한 촛불에서 여러 촛불로 켜는 것에 비교하였다. 옮겨간 다른 촛불의 숫자가 얼마나 많든 간에 본래 촛불의 불꽃은 약화되지 않는다. 모세가 경험하였던 그 성령을 70인도 약화됨이 없이 그대로 경험하였다.

모세에게 있던 성령은 감소됨이 없이 당시 발생하였던 위기 상황을 대처하기에 충분한 수준으로 재분배되었다. 새롭다거나 부가된 성령이 70인의 장로에게 임한 것이 아니었다. 인간 모세도 연약한 존재였다. 비록 그에게 임재하였던 성령이 완벽하고 적절하였다고 해도, 모세 자신은 성령의 역사를 이룰 유일한 도구로 쓰임 받기에 충분하지 않았다.

성령이 장로들에게 분산된 방법은 예언적 성령의 단일성을 보여준다. 모든 진실한 예언은 한 근원에서 시작된다. 성령이 여러 사람에게 분산되어 임한 그 중요한 사건에서 예언의 영의 단일성이 강조된다. 그 결과 한 예언적 말씀이 다른 것과 절대로 모순되지 않을 것이다.

4. 여호와의 뜻을 알려는 대안적 방법을 정죄함

출애굽 당시 모세는 하나님의 선지자로서 바로에게 말했던 사람이었다. 계속된 광야 생활에서 모세는 백성에게 하나님의 말씀을 전달하는 선지자의 역할을 계속하였다. 그리고 앞으로 이스라엘이 가나안 땅에서 하나님의 백성으로 보전되기 위하여 하나님의 뜻을 전달하는 선지자가 반드시 있어야 하였다. 그래서 하나님은 가나안인들의 혐오스런 방법에 대항하여 자신의 뜻을 전달할 "모세 같은 선지자"를 일으킬 것이다. 이스라엘은 가나안인의 대안적인 방법들의 유혹을 계속 받을 것이다. 이러한 유혹은 수세기에 걸쳐 계속 나타날 것이므로 그것을 대항하여 일련의 선지자들이 계속 일어나야 한다. 참 선지자가 아닌 이방의 예언적 행위에 대하여 결코 관용을 베풀지 말아야 한다(신 18:9).

이스라엘 선지자로부터가 아닌 다른 방법은 이미 가나안인들에 의해 사용되고 있었다. 이 다양한 예언적 행위들은 이스라엘의 참 선지직을 손상시킬 잠재력을 가지고 있었다. 하나님은 이러한 행위들을 아홉 가지나 열거하면서 그것들을 "혐오스러운 것"으로 규정한다(신 18:10-11). 이 가증한 행위들은 가나안인들이 그들의 신의 뜻을 알기 위해 추구하였던 방법이다. 칼빈은 다음과 같이 말한다. "이 구절에서 우리는 사탄이 얼마나 극악무도하고 유혹하는 더러운 영인지, 하나님께서 자기 백성을 묶고 있는 사슬을 조그만 느슨하게 풀면 그들을 당장 매혹할 것이다. 사탄은 얼마나 거짓말을 잘하는 능력을 가졌는지, 사람의 눈을 멀게 하여 불신하도록 함으로써 하나님께 보복할 것이다."[10]

앞에서 주지한 바와 같이 마리와 앗수르 예언자들은 하나의 신이 아닌 여러 신의 대변자로 봉사할 자유가 있었다. 그 신들의 도덕성과, 그 신이 얼마나 장수하느냐 하는 것도 예언자의 말에 의해 좌우되었다. 그러나 이스라엘 하나님의 주장은 하늘과 땅을 창조하신 자는 오직 한 분이시며, 다수의 신을 섬기는 것을 결단코 용납하지 않는다는 것이다. 다른 신들과 그 신을 위한 주술적 행위

---

10) Calvin, *Four Last Books of Moses*, 1.429.

를 정죄하는 것은 그것을 행하는 자가 우상과 같이 가증하기 때문이다. 이것은 호세아 선지자가 선포하는 것과 같다.

> 저희가 바알브올에 가서 부끄러운 우상에게 몸을 드림으로
> 저희의 사랑하는 우상같이 가증하여졌도다
> (호 9:10; 시 115:4-8도 보라).

그러한 이방 신들은 필연적으로 관용보다는 탐욕을, 진실보다는 거짓을, 순결보다는 성적 부도덕함을, 권위에 대한 복종보다는 반항을, 생명보다는 죽음을 조장한다.

신명기가 기록한 목록 중에 첫 번째로 혐오스러운 행위는 이방 신에 대한 종교가 얼마나 유치한 것인지를 잘 보여준다. "그 아들이나 딸을 불 가운데로 지나게 하는 자나…"(신 18:10). 가나안 예배자들은 인간을 제물로 바침으로써 신에 대한 자신의 헌신을 보이려고 했다. 자신의 개인적 욕심을 이룰 목적으로 남의 희생을 강요한 것이다. 사실 예배자들은 사람을 제물로 바치는 혐오스런 행위를 통해 자신들이 원하는 대로 장래가 보장되기를 기대하였다.

성경은 아들이나 딸을 "불 가운데로 지나게" 하는 이 행위에 대해 더 이상 상세한 것을 제공하지 않는다. 그러나 이러한 제의식은 고대 근동지방에서 흔히 있었던 일이다. 카르타고인의 신 몰렉의 신상은 소의 머리를 가진 인간의 모습이다. 그의 딸은 제물로 드려지는 아이들을 받으려고 팔을 길게 뻗고 있다. 이 금속 신상의 안쪽에 불을 붙여 그것이 뜨겁게 데워지면, 아이들은 그 신상의 팔에 뉘어져서 그 신상의 불타는 뱃속으로 굴러들어간다. 피리와 북 소리는 희생자들의 외침을 상쇄시키기 위해 요란하게 울려 퍼졌다. 어머니들은 쾌히 제물을 바친다는 모습을 보여주기 위해 눈물 한 방울 흘리지 않고 서 있다.[11] 이 혐오스러운 의식(儀式)은 넓게 말해서 인간이 미래의 진로를 바꾸어보려는 시도로 행하는 것으로 볼 수 있다.

현대인들은 저 고대인들의 잔인한 모습과 자신들은 상관이 없다고 생각한다. 그러나 현대인이 자행하는 유산 행위는 개인적 욕심을 만족시키기 위해 아이들

---

11) Nicol, "molech, Moloch," 2075.

을 제물로 바쳤던 고대의 방법과 그리 다르지 않다. 하나님이 싫어하는 혐오스러운 행동으로 자신의 미래 진로를 좋게 하려고 애쓰는 모습은 고대사회뿐만 아니라 오늘날에도 뿌리 깊게 박혀 있다.

신명기 18:10-11은 미래를 알려고 하거나, 미래를 바꾸어보려고 시도하는 여러 혐오스러운 방법들을 지적한다. 고대 가나안에서의 이러한 행위가 구체적으로 어떠했는지는 잘 알려지지 않았다.[12] 그러나 그것들은 구름의 모양 분석하기, 뱀 이용하기, 점괘 던지기, 주문 외우기, 영의 세계에 들어가기 그리고 죽은 자와 대화하기 등과 같은 다양한 형태의 점치기이다. 고대 근동지방에서 시행하던 이러한 주술행위가 이스라엘 선지자에게서 사용될 가능성이 있기 때문에, 신명기는 이런 행위는 호리라도 용납되지 않음을 엄격히 말하고 있다. 이 모든 행위들은 여호와의 눈에 혐오스러운 것으로 규정되었다. 여호와로 인해 구속받은 사람은 장래를 알거나 바꾸어 보려고 시도해서는 안 된다. 백성은 이런 유의 어떤 방법에도 접근해서는 안 된다.

이 모든 고대의 관습들이 과거에만 있었던 미신적인 습관이라고 몰아붙일 것이 아니다. 현대 문명 속에서도 흔히 유행하는 점치는 방책들이 이들 고대사회의 혐오스러운 행위들과 동일하다. 별로 점괘를 본다든지, 점쟁이를 찾는다든지, 마법의 행위나 무당들의 굿 등은 모두 신비적인 방법으로 미래를 바꾸어보려는 노력들이다. 이러한 장래를 알려는 충동은 자신이 하나님같이 되려는 열망을 만든다. 이 모든 현대의 예언적 관습들도 고대 사회에 있었던 것과 같이 정죄함을 받아야 한다. 그것은 모두 여호와께 혐오스러운 것들이다. 오직 유일하신 하나님을 믿는 사람은 그의 종 선지자들을 통해 전해 준 영감된 계시 외에 어느 것에도 물어서는 안 된다.

이러한 가증스런 것들을 찾는 사람들이 어떤 결과를 맞이할 것인지에 대하여 하나님은 엄중하게 선포하신다. "무릇 이런 일을 행하는 자는 여호와께서 가증히 여기시나니 이런 가증한 일로 인하여 네 하나님 여호와께서 그들을 네 앞에서 쫓아내시느니라"(신 18:12). 그러한 관습뿐만 아니라 그러한 방법을 사용하는 사람들도 여호와 앞에서 가증하다. 그 결과로 아브라함 이전부터 팔레스틴

---

12) 이 용어들에 관한 분석은 Young, *My Servants the Prophets*, 22-23을 보라(『선지자 연구』, 정충하 역, CLC 역간).

지역에 살았던 사람들은 쫓겨날 것이다. 이방인들조차도 이런 가증한 행위에 대한 책임에서 벗어날 수 없음을 말한 것이다.

가나안 족속들이 쫓겨나게 된 죄가 우상숭배나 부도덕성, 혹은 잔인함 때문이 아니라는 사실에 유의해야 한다. 지나친 식욕이나 거짓말이나 탐욕도 아니었다. 가나안 주민들에게 하나님이 심판을 내리신 가증한 죄는 혐오스러운 방법을 사용해서 그들 자신이 스스로 미래를 바꾸어 나가려고 한 죄이다. 종교적인 죄, 즉 하나님께서 정하신 방법이 아닌 것들로 하나님의 뜻을 알려고 추구한 죄이다.

과거 모든 세대가 그러했듯이 오늘날도 마찬가지이다. 현대 사람들이 원하는 신은 관용의 신이며, 그들이 원하는 것은 그들의 요구에 부응해 주는 종교이다. 그러나 신은 오직 유일하신 하나님밖에 없으며, 그분만이 진리의 근원이심을 깨달아야 한다.

가나안 인들과 반대로 이스라엘은 여호와께 대한 한결같은 헌신과 하나님의 종 선지자에 대한 의심 없는 충성심을 가져야 한다. 그들은 하나님의 뜻을 알려는 어떠한 시도도 단호히 거절해야 한다. "네게는 네 하나님 여호와께서 이런 일을 용납지 아니하시느니라"(신 18:14). 하나님의 말씀은 하나님의 뜻을 알려는 그 모든 방법을 용납하지 않는다는 것이다. 이스라엘에서 하나님의 뜻을 아는 길은 오직 선지자를 통해서이다. 그 외에 어떤 다른 방법으로 유일하신 창조주 하나님의 뜻을 알려고 하는 것은 단호히 거부된다.

결론적으로 선지제도에 대항하는 세력들은 오랜 세월 동안 있어 왔다. 하나님이 제정하신 선지제도를 인간이 대신하려는 시도는 셀 수 없이 계속되어 왔으며, 오늘날과 이후에도 계속 나타날 것이다. 어떤 때에는 비록 약하게 나타나기도 하지만, 하나님의 말씀은 그 모든 것에 대하여 심판이 있다고 선언한다.

5. 여호와의 선지자로부터 이탈할 위험

이스라엘이 여호와가 위임한 선지자로부터 이탈함으로써 개인뿐만 아니라 나라가 멸망하는 결과를 초래하였다. 이 선지자로부터의 이탈은 다음 두 가지 중 하나의 원인으로 발생한다. 그것은 불순종함과 거짓 선지자의 유혹이다.

1) 불순종으로 인한 이탈

선지자의 메시지에 대한 불순종은 하나님의 이름으로 선지자가 말하는 그 말씀에 대하여 "듣지 아니함"이라고 묘사된다(신 18:19). 이 듣지 아니함은 선지자가 계시를 전달할 때에 주의를 기울이는 데에 실패했다는 의미가 아니다. 사실 선지가가 하나님의 말씀을 전달할 때에 매우 생생하게 전달하므로, 사람들이 그 말에 유의하지 않았다는 것을 상상하기 어렵다. 반대로 "듣지 아니함"은 그 말을 거부한 것을 의미하며, 선지자가 제시한 길과 반대 방향으로 가려고 결심한 것을 나타낸다.

모세에 의해 전달되었던 원래 예언의 핵심이 십계명에 요약되어졌다는 사실을 반드시 기억해야 한다. 하나님의 백성에게 준 이 삶의 지침들은 선지자 메시지의 근본을 제공한다. 이 근본 계명에 대한 불순종은 궁극적으로 이스라엘 나라에 재앙을 부른다.

하나님은 자신의 선지자를 거절한 사람들을 심판하는 데 있어서 단순히 인간 심판자의 손에만 맡겨두지 않는다. 혹은 삶의 형편이 어려워질 것이라고만 추측해서도 안 된다. 대신에 하나님 자신이 직접 그 책임을 추궁할 것이다. 성경 초기인 노아의 시대에 하나님은 직접 악한 자들의 범죄에 대한 책임을 물으셨다(창 9:5). 그와 동일하게 하나님은 말씀을 청종하지 아니하는 사람에게 그 책임을 물을 것이다(신 18:19). 하나님 말씀을 듣지 않을 때에 하나님은 그 사람에 대한 사법적 절차를 시작할 것이다.

선지제도가 시작될 때에 명기하였던 이 책임은 궁극적으로 예수님 당대의 사람들에게 전가되었다. 예수님께서 그들에게 엄중하게 하신 경고에는 옛 선지자들의 말씀을 거절한 그 결과가 어떠함을 확실하게 보여준다.

> 이러므로 하나님의 지혜가 일렀으되 내가 선지자와 사도들을 저희에게 보내리니 그 중에 더러는 죽이며 또 핍박하리라 하였으니 창세 이후로 흘린 모든 선지자의 피를 이 세대가 담당하되 곧 아벨의 피로부터 제단과 성전 사이에서 죽임을 당한 사가랴의 피까지 하리라 내가 너희에게 이르노니 과연 이 세대가 담당하리라(눅 11:49-51).

하나님께서는 당신의 선지자들을 학대한 자들에게 반드시 그 대가를 치르게 하신다. 예수님은 이 원칙에 입각하여 단호히 선포하신다. "내가 너희에게 이르노니 과연 이 세대가 담당하리라." 모세와 같은 특별한 선지자, 최종적인 그 선지자를 거절한 세대는 아벨에서부터 스가랴에 이르기까지 모든 선지자를 거절한 것과 같은 책임을 질 것이다.

신약성경에서 예수님은 당대의 사람들에게 여호와의 말씀을 들을 기회를 가졌음에도 불구하고 그 말을 듣지 않음에 대한 책임을 엄중히 물을 것임을 강조한다. "나를 저버리고 내 말을 받지 아니하는 자를 심판할 이가 있으니 곧 나의 한 그 말이 마지막 날에 저를 심판하리라. 내가 내 자의로 말한 것이 아니요 나를 보내신 아버지께서 나의 말할 것과 이를 것을 친히 명령하여 주셨으니"(요 12:48-49). 예수님은 자신의 말은 아버지께로부터 온 것임을 지적한다. 따라서 그를 거절하고 그의 말씀을 받지 않는 자는 하나님을 거절하는 것이며, 그런 자는 거기에 합당한 심판을 받을 것이다. 사람이 감히 선지자를 거절한다는 그 자체가 바로 심판의 근거가 된다. 그것은 무서운 심판이 될 것이다.

2) 거짓 선지자에 의한 이탈

선지자로부터의 또 하나의 이탈의 양상은 거짓 선지자로 인해 발생할 것이다. 거짓 선지자는 여호와께서 명령하지 않는데도 그가 스스로 하나님의 말씀을 선포한다고 착각한다. 이런 거짓 예언에 대한 위법성이 얼마나 심각한지는 그는 반드시 죽으리라고 하신 말씀에서 볼 수 있다(신 18:20-22). 오경에서 백성 중에 거짓 선지자의 출현이 예견되었는데, 실제 그 후대의 긴 역사에서 그것은 현실로 나타났다(제4장 중 '참 선지자와 거짓 선지자를 구별하는 기준들'을 보라). 이스라엘 역사는 그들이 여호와의 명령에 따라 참 선지자로부터 거짓 선지자를 구별하는 데에 실패함으로써 백성이 포로로 잡혀가는 결과가 초래되었음을 보여준다.

그들의 목소리는 동일하다. 따라서 참과 거짓 사이에 갈등은 이미 예견되었다. 그래서 여호와께서는 참 선지자로부터 거짓 선지자를 구별하는 기준을 제공하셨다. 그것을 구별하는 가장 간단한 기준은 그 사람이 다른 신의 이름으로 말하는가를 보는 것이다(신 18:20). 다른 신의 이름을 부르는 자는 반드시 거짓 선지자이다. 신은 오직 살아 계신 하나님 한 분뿐이므로 혼합주의가 용납되지 않는다. 두 번째 기준은 만약 그의 예언이 성취되지 않으면 거짓 선지자로 판단해야 한다(신 18:22). 거짓 선지자도 하나님의 이름으로 말할 수 있다. 그러나 그의 예언이 성취되지 않으면 가짜이며, 그는 반드시 죽어야 한다.

참 선지자와 거짓 선지자를 구별하는 세 번째 기준은 모세의 예언적 말씀의 기본적 성격에서 나타난다. "너희는 너희 하나님 여호와를 순종하며 그를 경외하며 그 명령을 지키며 그 목소리를 청종하며 그를 섬기며 그에게 부종하고 그 선지자나 꿈꾸는 자는 죽이라 이는 그가 너희로 너희를 애굽 땅에서 인도하여 내시며 종 되었던 집에서 속량하여 취하신 너희 하나님 여호와를 배반케 하려 하며 너희 하나님 여호와께서 네게 행하라 명하신 도에서 너를 꾀어내려고 말하였음이라"(신 13:4-5). 참 예언은 모세가 이미 말한 율법과 항상 조화를 이룬다. 모세의 율법과 대치되는 것은 참 예언일 수 없다.

하나님은 이스라엘 선지제도의 시작 때부터 참 선지자와 거짓 선지자에 대한 구분을 분명히 규정했으며, 하나님의 백성들로 하여금 선지자가 하나님으로부터 나온 말을 하는지 아닌지를 구분하도록 충분한 주의를 주었다.

6. 선지제도 종결로서의 예수

우리는 이미 시내산에서 중재자가 세워짐으로써 야기되었던 하나님과 백성 사이의 분리가 장래의 어느 시점에서 끝나야 할 필요성을 지적하였다. 하나님이 시내산 위에서 빽빽한 연기 가운데 자신의 영광을 나타내시면서 나팔소리와 같은 목소리로 말씀하실 때에 산 아래에 있던 백성은 두려워 떨며 모세에게 하나님의 말씀을 중재해 줄 것을 탄원하였다. 하나님의 말씀을 전달하기 위해 선지자적인 중재인이 필수적인 반면, 이로 인하여 하나님과 백성 사이에 맺었던 언약적인 친밀한 관계는 깨어지게 되었다. 그러나 이러한 상황은 언젠가는 바뀌어야 한다.

계시 역사의 전체 구도에서 볼 때에 미래에 그 문제는 해결되어야 한다. 언약을 맺으셨던 하나님의 목적이 좌초되어서는 안 된다. 언약에 의해 맺어진 여호와와 그 백성 간의 관계는 반드시 회복되어야 한다. 그렇다고 해서 전능자로서의 여호와 하나님의 영광과 그 위대함이 감소되어서는 안 된다. 그러한 감소함이 없이 모세의 중재 역할로 나타난 문제는 해결되어야 한다. 그 해답은 참 선지자로서 오신 나사렛 예수에 의해 이루어질 것이다. 따라서 그가 주신 새 언약의 말씀은 높이 평가되어야 한다.

1) 예언적 말씀의 창시자이신 예수

모세가 예언적 말씀을 창시한 것이 아니다. 그는 다만 전달자이며, 하나님의 말씀을 백성에게 전하는 중재자로서 수종들었다. 구약의 모든 선지자들은 이 제한된 범위 내에서 활동하였다. 선지자들은 "이와 같이 여호와께서 말씀하시다"라는 문구를 일상적으로 사용하였다. 이 문구는 백성에게 선포하는 말씀을 자신이 창시하지 않았음을 나타낸다. 그들은 오직 여호와께서 그들에게 주신 말씀을 전달할 뿐이었다.

모세와 그 뒤를 이은 선지자들의 중재적 역할과 대조적으로 예수님은 예언적 말씀의 창시자로서 나타나신다. 복음서에는 "이와 같이 여호와께서 말씀하시다"라는 문구와 함께 예수님이 말씀을 시작하는 것이 전혀 없다. 그러한 선지자의 일상적인 문구와 대조적으로 예수님은 자주 "진실로 진실로 내가 너희에게 말한다"는 것으로 말씀을 시작한다. 그의 말의 권위는 자신에게서부터 나오고 있다. 선지자적 중재자의 한계가 다 제거되었다. 예수님의 말씀을 들음으로써 백성은 하나님의 말씀을 친히 듣는다. 그 자신이 하나님 말씀의 창시자이기 때문이다.

2) 성령을 선물로 나누어 주는 자로서의 예수

최초로 예언의 영이 분배될 당시 그것을 지배한 것은 모세가 아니다. 모세에게 임하였던 성령을 70인의 장로들에게 나눈 일은 하나님이 직접 하신 것이다. 하나님은 자신의 영을 주심으로 그들이 예언하도록 하셨다(민 11:25). 엘닷과 메닷이 전적으로 모세의 감독 밖에서 예언하였다(민 11:26-27). 예언적 사역을 위한 선물(영)의 분배는 모세의 의지와는 전혀 상관이 없었다.

신약성경에서 이와 관련된 구절들은 모세 시대의 것과 대비를 이룬다. 예수님이 성령을 선물로 주는 자로 확인된다. 이때에 예수님의 제자 요한은 모세에게 충성하였던 여호수아에 해당하는 역할을 한다. 요한은 예수님의 이름으로 귀신을 쫓아내는 어떤 사람이 제자들과 함께하지 않으므로 그 일을 금지시켰다(막 9:38). 그러나 예수님의 반응은 요한이 기대했던 것과 달랐다. "예수께서 가라사대 금하지 말라 내 이름을 의탁하여 능한 일을 행하고 즉시로 나를 비방할 자가 없느니라"(막 9:39).

이 사건을 민수기 11장에 기록된 사건과 비교해 보면 선지자의 직무에 대한 이해와 함께, 계시의 진전에 대하여 잘 알 수 있다. 양쪽 다 하나님 성령의 선물에 대해 말해 준다. 작은 차이는 구약의 것은 예언의 선물이 중심이 되는 반면, 신약의 것은 치유의 선물과 관계된다. 양쪽 다 대표적인 선지자가 아닌 주변의 사람들에게 주어진 성령의 선물에 관해 보고하고 있다. 옛 언약의 상황에서 모세는 70인의 장로를 이스라엘 진 밖에 있는 그의 회막에 모았다. 그러나 모세가 지배할 수 있는 범위 밖에서 예언적 성령이 직접 나타났다. 마가의 이야기에서 예수님은 제자들을 자신의 주변에 있게 하였다. 여기서도 성령은 지도자의 영향 밖에서 일하셨다.

그러나 이 양자는 중요한 점에서 서로 차이가 난다. 첫 번째의 경우, 모세는 예언적 말씀을 수종드는 데에 한계점을 느끼고 있었다. 그는 백성에 대한 짐을 홀로 질 수 없었다. 모세의 주변 사람에게 예언의 선물이 주어진 것은 모세의 한계를 인정한 것이다. 물론 모세는 언약이 맺어질 때에 그 위대함의 진가가 드러났다. 모세 혼자만이 백성에게 하나님의 율법을 선포하였다. 그는 언약의 문서를 전하는 중재자로서 모든 사람들 위에 서 있었다. 그러나 그는 영원히 예언적 말씀에 대한 봉사자로 남아 있으며, 자기 밖에서 주어지는 예언을 통제하거나 관리하는 행사를 할 수 없었다.

모세와 대조적으로 예수님은 예언적 말씀을 주는 주(LORD, 여호와를 의미함-역주)로서 역할을 하신다. 마가복음 본문은 두 번이나 예수님의 이름을 언급한다. 예수님의 이름으로 귀신을 쫓아내며, 그의 이름으로 능한 일을 하는 것을 말하는 것이다(막 9:38-39).

이 두 구절에서 예수님을 모세와 비교할 때에 예수님의 우월성이 드러난다. 모세가 할 수 없었던 예언적 선물을 직접 분배하시는 큰 선지자가 나타남으로써 구속역사가 성취되었다. 모세는 엘닷과 메닷이 예언하는 것을 통제할 능력을 가지지 못했다. 그러나 예수님은 그의 이름으로 기적을 행하였던 사람들을 명백하게 지배하였다. 그들은 예수님의 이름을 빌어 기적을 행하는 것 외에는 아무것도 할 수 없었다.

예언적 말씀에 대한 이 권위는 더 나아가서 예수님의 왕적인 역할과 연관시켜 강조된다. 신약성경에 따르면, 예수님은 그리스도로서 하나님 우편에 앉기 위해 "높이 승천하셨다"(엡 4:8; 시 68:18). 하나님의 백성을 위해 사탄을 이기심으로 그는 "사로잡힌 자를 사로잡고" 사람들을 죄의 속박에서 자유케 하셨다. 그리고 그들을 "하나님의 자녀들의 영광의 자유에 이르게" 하셨다(롬 8:21). 구약의 견해에서 보면 정복자 여호와가 백성에게 분배할 날들을 예상하여 선물들을 받았다(시 68:18 [LXX는 67:19]). 이제 하나님의 기름부음 받은 자로서 높아지신 예수 그리스도는 자기가 원하는 대로 사역의 선물을 분배하신다. 곧 자신의 성령을 쏟아 부으시는 것이다(엡 4:8). 에베소서 4장의 본문은 시편 68편의 본문과 선물을 말하는 데에서 약간 차이를 보인다. 시편 68:18은 "그가 사람으로부터 선물을 받았다"(laqakhtah mattanot baadam)고 말한다. 70인역본도 이와 같은 내용으로 번역한다. "사람들 중에서 당신은 선물을 받았다"(elabes domata en anthropo). 이와 대조적으로 에베소서 4:8은 "그가 사람들에게 선물을 주었다"(edoken domata tois anthropois)고 말한다.

이 시점에서 신약에서 구약을 인용하는 방법론에 관해 의문을 제기해 보는 것이 적절하다. 사도 바울은 시편의 글을 수정하여 "선물을 받았다" 대신 "선물을 주었다"로 만드는데, 그것이 정당한 방법인가? 시편 기자의 시대에서부터 새 언약 성취의 시대로 연결되는 구속역사의 진전이라는 견해에서 볼 때에 바울의 논법이 완전히 적절하다. 새 언약 시대에는 기름부음 받은 왕의 성취된 위대한 날이 왔기 때문에 옛 언약 때의 상황은 발전될 수 있으며, 따라서 신약은 메시아의 높아지신 새 날에 맞는 새 상황을 반영하고 있는 것이다. 오늘날 이 정복하는 메시아는 "사람들로부터 선물을 받기"보다는 "사람들에게 선물을 주었다." 옛 언약의 관점에서 보면 오실 메시아는 자기 왕국의 백성에게 나누어 줄 선물을 아직 받아야 할 분이었다. 그러나 새 언약의 관점에서 보면 예수님은 세례를 받을 때에 성령의 능력을 입었고, 또 부활함으로써 무한한 성령의 선물을 이미 받았다. 그리하여 그는 그의 나라에 참여한 백성에게 성령의 선물을 나누어 줄 수 있게 되었다. 이 성령의 선물을 분배함으로써 그는 교회 안에서 사도들, 선지자들 그리고 목사들과 선생들을 세웠다(엡 4:11).

그의 높아지신 지위에서 예수 그리스도는 확실히 선지자였던 모세나 왕이었던 다윗보다 더 크신 분이시다. 그는 하나님의 무오한 말씀을 전달하는 대변인으로서의 선지자인 모세와 같다. 그러나 그는 자신이 원하시는 대로 예언적 말씀을 할 성령을 선물로 나누어 주시는 분이라는 점에서 모세보다 더 크시다. 그는 모든 나라가 드리는 공물을 받으시기에 합당하신 분으로서 다윗과 같으시다. 그러나 그는 과거 어느 왕 때에 받았던 것보다 더 많은 선물을 주권적으로, 그리고 인자함으로 나누어 주시는 점에서 다윗보다 더 크시다.

3) 예언적 말씀을 주시는 주(主)로서의 예수

하나님의 대변자로서 지위가 높아진 모세에게 미리암과 아론이 도전하였을 때에 하나님은 탁월한 선지자 역할을 하는 모세를 직접 변호하였다(민 12:4). 그들은 모세를 대항하지 말아야 했다. 왜냐하면 그는 하나님 집의 모든 사람들 중에서 가장 신실하였기 때문이다(민 12:7-8). 모세의 신실한 사역으로 인해 하나님은 자신이 임재한 그 공동체 중에서 높임을 받으셨다.

신약에서 예수님에 대하여 역시 "저가 자기를 세우신 이에게 충성하기를 모세가 하나님의 온 집에서 한 것과 같으니"라고 지적한다(히 3:2). 모세와 예수, 두 분 다 하나님의 "집"인 하나님의 백성을 위해 주어진 일을 신실하게 감당하였다. 그러나 두 분이 집을 위해 행한 역할의 비교에서 히브리서는 예수님의 대한 놀라운 점을 지적한다. 모든 집은 어떤 사람에 의해 지어졌음이 분명하다. 궁극적으로 모든 것은 하나님이 지으셨다. 모세가 이 집 안에서 종의 역할을 감당하였던 반면, 예수님은 특별한 아들로서 집을 지으신 하나님 옆에 서 계셨다(히 3:3-6).

모세는 그 당시의 사람들과 비교할 때에 최고의 높은 지위를 가졌었다. 걸출한 선지자로서 비할 데 없는 그의 역할은 그 뒤에 일어날 이스라엘의 선지자들의 범주 밖에 있는 분으로서 특별하였다. 이와 비슷한 양상으로 신약에서 예수님은 모세와는 전적으로 다른 범주에 있는 분으로 제시된다. 그는 하나님의 아들로서 하나님이 만물을 창조할 때에 함께 계셨던 분이시며, 그는 예언적 말씀의 창시자이시다. 그는 곧 말씀이시다(요 1:1). 그는 그 집에 속한 사람들의 범주에 해당하지 않는다. 대신 그는 그 집을 지으신 하나님 편에 계신다. 독생자이신 예수는 모든 만물의 창조자이며, 종이었던 모세와 전적으로 다른 본질이시다. "옛적에 선지자들로 여러 부분과 여러 모양으로 우리 조상들에게 말씀하신 하나님이 이 모든 날 마지막에 아들로 우리에게 말씀하셨으니 이 아들을 만유의 후사로 세우시고 또 저로 말미암아 모든 세계를 지으셨느니라. 이는 하나님의 영광의 광채시요 그 본체의 형상이시라. 그의 능력의 말씀으로 만물을 붙드시며 죄를 정결케 하는 일을 하시고 높은 곳에 계신 위엄의 우편에 앉으셨느니라."(히 1:1-3). 그리스도는 그 본질에 있어서 모든 선지자보다 독특하시다. 그는 집을 지으신 바로 그 하나님과 나란히 계시고 또 그 집을 관리하시는 아들이기 때문에, 그의 말씀은 바로 하나님의 말씀과 전혀 다름이 없다.

4) 완전한 선지자로서의 예수

하나님은 가나안의 가증한 예언자들과 다른 모세와 같은 한 선지자가 일어나서 하나님을 섬길 것을 예견하셨다(신 18:15). 그러나 이 예언에서 역시 한 개인을 바라보는 의도가 있음을 알 수 있다.

- 복수 형태가 아닌 "한 선지자"라고 단수형이 사용되었다는 점에서 이것은 미래의 그 어떤 선지자적 인물을 일으키는 것으로 추측하게 한다.
- 우리는 성경 전체를 볼 때에 모세는 다른 모든 선지자들과 비교해서 독특함을 인정한다(민 12:1-8). 그런데 "모세와 같은 선지자"라고 공표될 때에 다음과 같은 질문이 따라온다. 누가 "~같다"라고 할 때에 독특성이 훼손되지 않는가? 독특성은 "유사성"이 없다는 의미이다. 실제 그러한 선지자가 나타났다면 모세의 독특성은 없어져야 한다. 그래서 그 선지자는 어떤 점에서 비슷하겠지만 모세와 동등할 수는 없어야 한다. 모세의 탁월함을 안전하게 지키면서 또한 그도 탁월해야 하는 어느 한 개인의 출현을 본문이 지적하는 것이 아닐까? 모세는 다른 선지자들보다 확실히 다른 양상으로 하나님으로부터 계시를 받았다. 그래서 충분하게 모세와 같은 선지자가 되려면 그도 반드시 "모세와 같이 하나님의 계시를 받는 사람"이어야 한다.[13]

드라이버(Driver)는 이 본문 자체는 확실하게 모세와 같은 한 개인에 관하여 예언하고 있을 가능성이 있다고 본다. 그 문장의 서술어들이 이상적인 선지자를 가리키는 것으로 보는 것이 합리적이다. 그 이상적인 선지자는 탁월한 정도에서 반드시 모세와 "같은" 분이어야 한다. 이어지는 선지자의 대(代)가 그에게서 정점을 이룰 것이고, 그는 최고 완벽한 선지자의 특성을 가져야만 한다.[14] 폰 라드 역시 탁월한 한 선지자에 대한 견해를 표명하는데, 그는 이 구절이 심판과 멸망을 예언하는 일반적인 선지자가 아닌 모세와 같은 종말적 선지자를 말하는 것으로 해석한다. 그리고 그는 하나님과 백성사이를 중재할 뿐만 아니라, 고통을 당하고 백성을 위해 죽기까지 하시는 자임이 모세와 같을 것이다. 그 선지자의 삶이 그의 메시지를 구체적으로 표현할 것이다. 폰 라드에 따르면 이 선지자는 "제2 이사야에 있는 하나님의 고난당하는 종과 일치"한다.[15]

이러한 관찰들은 충분히 고려할 가치가 있다. 고난 받는 선지자로서의 모세는 이사야의 종을 예견한다. 이사야서에서 여호와 종의 개념은 "다수"와 "하나"의 상호작용을 보여주는데, 신명기 18장에 예견한 것처럼 계속 일어날 전체 선지자들과 단수인 선지자 사이의 상호관계와 같은 것이다.

하나님이 모세와 같은 한 선지자를 일으킨다고 할 때에 하나님의 백성을 위하여 독특하게 고난당하실 단수인 선지자 개념이 포함된다. 이스라엘에서 오랫동안 대를 이은 선지자들은 여러 면에서 모세를 닮았다. 그러나 충만한 지각에서 아무도 모세와 같을 수 없다. "그 후에는 이스라엘에 모세와 같은 선지자가 일어나지 못하였나니 모세는 여호와께서 대면하여 아시던 자요"(신 34:10). 그의 계시는 많은 표적을 통하여 확인되었으며, 하나님의 백성을 위해 율법을 주는 자로서 모세와 같은 특별한 역할을 한 선지자는 단 한 사람도 없었다(신 34:12). 그 뒤의 선지자는 모세의 선지직을 이어갈 것이지만, 모세와는 같지 않다는 제한성 때문에 미래에 모세와 같은 선지자가 와야 할 가능성을 열어놓았다. 이스라엘의 특유한 희망 중의 하나는 모세와 같은 능력을 가진 선지자, 그리고 "얼굴과 얼굴로 대면하여 말씀하실" 마지막 선지자에 대한 기대이다.

---

13) Fairbairn, *Interpretation Prophecy*, 498.

14) Driver, *Deuteronomy*, 29.

15) Von Rad, *Deuteronomy*, 124.

신약성경의 많은 곳에서 사람들이 모세와 같은 선지자의 출현에 관한 기대를 가지고 있음을 보여준다. 사람들이 세례 요한에게 "당신이 그 선지자인가?"라고 질문한다(요 1:21). 요한이 그리스도나 엘리야 혹은 "그 선지자"가 아니라면, 그가 어떻게 사람들을 광야로 인도하고, 회개하게 하며, 세례를 주는지 많은 사람들에게 의문이었다(요 1:25). 나중에 예수님이 물고기와 떡으로 군중들을 먹였을 때에 그들은 "참으로 이분은 세상에 오실 그 선지자이다"라고 성급하게 결론짓는다(요 6:14). 모세가 그들의 조상에게 떡을 제공하였던 것처럼, 예수님도 그렇게 기적으로 떡을 제공하였다. 그때에 사람들이 예수를 왕으로 삼으려 했다(요 6:15). 모세가 선지자와 왕의 역할을 함께 가졌던 것처럼, 역시 오실 선지자도 왕적인 메시아로 예견하였기 때문이었을 것이다.[16] 그리고 예수님은 극적인 장면에서 자기에게 나오는 자에게 생명의 물을 공급해 주겠노라고 선언하였다. 옛 광야의 방랑을 기념하는 초막절 마지막에 모세가 광야에서 물을 공급하였던 것처럼 물을 공급하시겠다고 한 것이다. "명절 끝 날 곧 큰 날에 예수께서 서서 외쳐 가라사대 누구든지 목마르거든 내게로 와서 마시라"(요 7:37). 백성이 이 말씀을 들었을 때에 많은 사람들이 "참으로 이 사람은 그 선지자로다"라고 결론을 내렸다(요 7:40). 이 사람들은 예수에게서 "모세와 같은 선지자"를 보았고, 예수님은 이 정체성으로 그들을 격려하였다.

베드로가 절름발이를 치유한 후 성전에서 행한 설교에서 예수님을 특별히 약속된 선지자로 규정하였다(행 3:19-26).[17] 먼저 베드로는 예수님이 모세가 예언한 그 선지자임을 확인하였다. "모세가 말하되 주 하나님이 너희를 위하여 너희 형제 가운데서 나 같은 선지자 하나를 세울 것이니 너희가 무엇이든지 그 모든 말씀을 들을 것이라"(행 3:22). 그러나 베드로는 모세만이 마지막 날에 있을 역사의 완성을 예견한 사람이 아님을 지적한다. 베드로는 여러 세기를 걸쳐 온 선지자들의 메시지 요약도 모세와 같은 선지자의 도래에 관한 예언임을 확인한다. "또한 사무엘 때부터 옴으로 말한 모든 선지자도 이때를 가리켜 말하였느니라"(행 3:24). 바로 그 선지자 예언은 예수님의 생애와 죽음, 그리고 부활에서 성취되었다.

---

16) Cullmann, *Christology of the New Testament*, 23.
17) 초대교회의 설교에 약속된 선지자로서의 예수님의 정체성은 스데반 집사가 행한 설교의 마지막 부분에서도 나타난다(행 7:37-38).

일찍이 베드로는 그의 메시지에서 예수님의 치유적인 기적을 통해 하나님은 그의 *pais*를 영화롭게 하였다고 지적하였다(행 3:13). *pais*는 원래 두 가지 뜻을 가지고 있는데, "아들"이나 혹은 "종"이라는 의미이다. 본절에서 이 단어는 두 의미를 다 가지고 있는 것처럼 보인다.[18] 베드로는 이 병 고치는 기적으로 "하나님은 그의 아들/종을 영광스럽게 하였는데" 그는 곧 예수이시라고 선포한다(행 3:13). 그러나 여호와의 종들인 선지자들이 이스라엘 사람들로부터 계속 거절당하였던 것처럼, 예수님도 하나님의 아들/종으로서 백성들에 의해 배신당하여 빌라도에게로 끌려갔다. 비록 로마 총독은 그를 무죄로 선포하였음에도 불구하고 그들은 그를 죽였다(행 3:13하).

사도행전 3:22과 3:26을 비교해 보면 베드로가 모세에 의해 예견된 선지자와 아들/종으로서의 예수를 대조시키고 있음을 볼 수 있다.

> 하나님께서는 한 선지자[*prophētēs*]를 일으키실 것이다(행 3:22; 신 18:15 인용).

> 하나님께서 그의 아들/종[*pais*]을 세우셨다(행 3:26; 신 18:15에 대한 주석을 가함).

베드로는 신명기 18:15에 대한 성경신학적 주해로 심오한 기독론을 제시하고 있다. 성경에 깊이 빠져 있는 그의 청취자는 아마 이 단어 *pais*를 이사야의 고난당하는 종과 관련시켰을 것이다. 왜냐하면 70인역의 이사야서 42:1; 52:13; 53:2에서 *pais*가 여호와의 종으로 사용되었기 때문이다. 그 구절들은 열국에게 진리를 선포하는 선지자적 역할을 수행하면서 고난당하는 종을 묘사한다.

이스라엘 역사에서 예언적 말씀에 대한 지속적인 저항은 단순히 선지자의 메시지를 수동적으로 거절하는 것으로만 나타나지 않는다. 오히려 백성들은 선지자들을 적극적으로 핍박하였다. 선지자가 백성에게 하나님의 말씀을 전하는

---

18) 성경에서 이와 비슷하게 이중의 의미로 쓰인 경우를 보면 시편 80:15에 사용된 *ben*을 들 수 있다. 이 히브리어 단어는 "아들" 혹은 "줄기"의 의미를 가질 수 있다. 이 시편의 문맥상 저자는 이 두 의미를 모두 전달하려는 의도를 가지고 있다고 보인다.

것 때문에 그들로부터 분노의 공격을 당하면서 고난을 받아야 하였다. 백성들로부터 거절당함과 말씀을 선포함으로써 고난을 당하는 것은 선지자의 한 직무가 되었다. 물론 마지막 선지자도 예외는 아니다.

이러한 배경을 가지고 볼 때에 아들/종을 모세와 같은 선지자와 교체시키며 사용하고 있는 베드로의 의도를 잘 알게 된다. 고난당하는 선지자, 그리고 고난 당하는 여호와의 종을 베드로는 *pais*라는 단어를 사용하여 융합시키고 있다. 예수님은 선지자시요 또한 아들/종이다. 그의 선지자 직에 이사야가 그리는 고난당하는 종의 개념을 흡수한다. 그리고 동시에 그는 아들(*pais*)로서 고귀한 메시아적 통치자의 직무를 충족시킨다. 베드로의 관점에서 예수님은 모세와 같은 선지자이다. 그는 이전에 있었던 오랜 선지자 전통에 의해 발전해 온 그 기대를 성취하신 분이시다. 그는 선지자 제도의 시작 때에 지적되었던 하나님의 뜻을 완성할 그 선지자이다.

이 상황에서 베드로는 이스라엘 선지자 사역에 대한 마땅한 반응을 사람들에게 요구한다. "그러므로 너희가 회개하고 돌이켜 너희 죄 없이함을 받으라"(행 3:19). 예수님이 승천하신 것은 겨우 40일 전이었다. 그러나 베드로는 사람들에게 회개를 외쳤고 그러면 주께서 "너희를 위하여 예정하신 그리스도 곧 예수를 보내시리니"라고 말하고 있다. 그는 벌써 그리스도의 영광스러운 재림과 "만유를 회복하실 때"를 기대하고 있다(행 3:20-21).[19]

비록 하나님께서 이 모세와 같은 선지자를 일으켜서 그의 백성을 축복하시기로 작정하셨지만, 반대로 큰 심판도 있을 수 있음을 반드시 인지해야 한다. "누구든지 그 선지자의 말을 듣지 아니하는 자는 백성 중에서 멸망받으리라 하였고"(행 3:23).[20] 베드로는 모세 같은 이 선지자 예수를 거절하는 결과가 얼마나

---

19) 사도행전 3:21에 있는 명사 *apokatastaseōs*는 선지자들에 의해 약속된 것처럼 만물의 회복을 의미하며, 이것은 1:6에 있는 동사 *apokathistaneis*와 반드시 비교되어야 한다. 이 두 구절 사이의 연관성 때문에 3:21의 만물의 회복은 1:6의 이스라엘 왕국의 회복에 대한 설명을 제공하는 것으로 간주될 수 있다. 선지자들의 예언에서 이스라엘의 회복은 단순히 이스라엘 나라의 재건뿐만 아니라 전 세계적인 부흥에 상당하는 것이다. Robertson, *Israel of God*, 141-42를 보라.

20) 사도행전 3:23의 뒷부분은 레위기 23:29(속죄의 날을 모독하는 사람의 운명을 묘사함)과 신명기 18:19을 결합시켜 인용한 것이다. 베드로가 인용한 구절에 레위기 23:29의 70인역에 나타나는 *exolethreuthēsetai*(완전히 파괴될 것이다)가 그대로 사용된다. 이 단어는 흔히 사용되는 단어가 아니며, 신명기 18:19에는 없다.

혹독할 것인지를 강조한다. 모세와 같은 선지자 예수를 거절하는 자는 누구든지 완전히 멸망할 것이며, 하나님의 백성으로부터 영원히 배제될 것이다. 이 베드로의 설교를 듣는 자들은 놀라지 않을 것이다. 왜냐하면 "모든 선지자도 이 때를 가리켜" 예언했기 때문이다(행 3:24).

베드로는 구약에서 두 번째 구절을 인용함으로써 그의 메시지를 결론짓는다. "너희는 선지자들의 자손이요 또 하나님이 너희 조상으로 더불어 세우신 언약의 자손이라 아브라함에게 이르시기를 땅 위의 모든 족속이 너의 씨를 인하여 복을 받으리라 하셨으니"(행 3:25; 창 22:18 인용). 아브라함에게 주어진 이 언약적 약속의 중요성을 설명하면서 베드로는 "하나님이 그 종을 세워 복 주시려고 너희에게 먼저 보내사 너희로 하여금 돌이켜 각각 그 악함을 버리게 하셨느니라"(행 3:26)고 선포한다. 아브라함과 맺은 언약의 축복은 그의 아들/종 예수를 보내심으로 종국적으로 실현되었다. 따라서 예수님은 모세와 같은 선지자의 역할을 성취하신 것이다. 학대당하는 선지자의 이미지는 모세와 함께 시작되었고, 이것도 예수에게서 완성되었다. 하나님의 언약 안에 계획된 모든 축복이 예수님을 통하여 흘러나오고, 그 반대의 저주도 그를 통하여 이루어진다.

7. 결론

선지제도가 시작될 때에 선지자를 통하여 주어지는 예언의 말씀에 중요성이 강조되었는데, 이것은 하나님의 백성이 그의 계시를 받는 유일한 방법이었다. 선지자를 통하지 아니한 그 어떤 방법으로 하나님의 뜻을 알아내려고 하는 노력은 하나님 보시기에 가증한 것이었다.

이스라엘에서 선지제도의 긴 역사 동안 모세와 같은 한 선지자가 나타날 것이 기대되어 왔다. 하나님의 선지자에게 어김없이 있었던 거절당함과 고난이 마지막 선지자에게도 찾아왔다. 여호와로부터 보냄을 받은 사자를 거절하는 모든 사람 위에 심판이 임할 것이다. 그러나 종말에 여호와께서 언약을 맺으셨던 모든 목적이 이루어질 것이다. 백성은 여호와와 영원히 하나가 될 것이다. 이 최후의 선지자는 그 자신이 하나님으로서 백성과 함께 있으면서 그의 백성에게 자신의 말씀을 선포할 것이다.

THE
Christ
OF THE
PROPHETS

제3장

선지자의 소명과 임명

하나님이 계획하시고 목적하신 선지자의 역할이 무엇인지를 이해하기 위하여 선지자의 소명과 임직 장면을 분석하는 것이 중요하다. 이 거룩한 직분에 오르는 자의 취임식을 살펴보는 것은 그의 역할을 이해하는 데에 큰 도움이 된다. 결혼 예식이나 안수식에서 그가 행해야 할 임무가 부여되는 것처럼 선지자를 부르시고 세우실 때에 그가 해야 할 책임이 규정되는 것이 필연적이다. 모든 선지자는 "하나님의 부르심에 대한 특별한 인식"을 가지고 자신의 일에 임하였다.[1] 하나님의 부르심이라는 인식은 그들의 사역에 큰 영향을 끼쳤다. 그들은 하나님에 의해 임명된 하나님의 사자라는 사실에 전혀 의심을 가지지 않았다. "선지자는 자신의 길을 자기 스스로가 선택한 것이 결코 아니다. 그는 하나님에 의해 선택되었다."[2] 선지자는 말하도록 세워졌는데, 그는 오직 하나님께서 그에게 계시한 말씀만 전해야 한다는 강박관념을 가지고 살았다. 만약 하나님에 의해 부르심을 받았고 또 하나님으로부터 직접 임명받았다는 자각이 없었다면 선지자들의 사역은 전혀 달랐을 것이다. 하나님으로부터 직접 부르심을 받았다는 인식이 있었기 때문에 선지자는 이스라엘 역사에서 완전히 독보적인 지

---

1) Bright, *Jeremiah*, xxiv.
2) Lindblom, *Prophecy in Ancient Israel*, 6.

위와 기능을 가졌었다.

성경은 여호와 하나님의 대변자로서 다양한 사람들의 부르심과 임직에 관하여 기록하고 있다. 기록 선지자들 외에 예언적 사역에 부르심을 받은 이름 있는 선지자를 보면, 모세(출 3-4), 사무엘(삼상 3:1-4:1상) 그리고 이사야서에 하나님의 종(사 49:1-6; 50:4-9) 등이 포함된다.[3] 기드온의 부르심(삿 6:11하-17)과 선지자 미가야의 임직(왕상 22:19-22)도 역시 선지자적 소명의 중요성을 이해하는 데 중요한 자료를 제공한다.[4] 성경에는 기록 선지자가 부르심을 받는 장면 네 경우가 기록되어 있다. 이사야(사 6장), 아모스(암 7:10-17), 예레미야(렘 1:4-10) 그리고 에스겔(겔 1:4-3:11) 등이다. 이사야와 아모스는 초기(주전 8세기) 기록 선지자에 속한다. 반대로 예레미야와 에스겔은 왕국 마지막 때에 사역하였는데, 주전 7세기 후반에서 6세기로 연결되는 시대였다. 이 선지자들이 사역하였던 기간이 합하여 150년 이상 걸쳐 있지만, 그들의 부르심과 임직에 관련된 상황은 본질적으로 동일하다.

하나님의 소명은 선지자 직무에 대해 일반적인 부르심으로 올 수 있고, 또는 어떤 특정한 역사적 상황에서 특별한 일을 수행하도록 임명받을 수도 있었다. 어느 경우이든지 선지자로의 부르심에는 하나님의 환상, 서론적 말씀, 임무부여, 사양하는 선지자의 모습, 하나님의 인도하심에 대한 약속, 확증하는 표적 등의 요소들이 포함된다.[5] 선지자로 부르심에 대한 기록들은 어떤 규격을 정할 수 없을 정도로 다양하게 나타난다.[6] 소명의 장면에서 같게 보이는 것들에 대

---

3) Habel("Form and Significance of the Call Narratives," 314-16)은 이사야 40장을 이사야 6장과 비교하면서 선지자 소명의 요소를 발견하려 시도한다. 그러나 이사야 40장은 6장과의 공통점이 거의 없다. Blenkinsopp(*Isaiah*, 1,226)가 40장에서는 "선지자적 사역으로 부르심 같은 것이 전혀 나타나지 않는다"라고 말하는 것이 옳다. 이사야 40장은 한 개인에게 말하는 것이 아니다. 그리고 그 장에는 부르심에 대한 환상, 자신의 부적절함에 대한 표현, 그리고 백성으로부터 거절당함에 대한 예견, 등과 같은 선지자 소명의 요소들을 하나도 가지고 있지 않다.
4) 열왕기상 22장 기사는 선지자 소명의 대표적인 예로 자주 인용되나, 그 구절은 "어려움을 가진" 소명 이야기로 불리는 것에 유의해야 한다. Seitz, *Isaiah* 1-39, 54.
5) 이 요소들은 Habel, "Form and Significance of the Call Narratives," 298에 기록되었다. 이 요소들의 대부분은 Clements(Ezekiel, 9-10)가 에스겔의 소명에서 확증한 것들이다.
6) Habel, "Form and Significance of the Call Narrative," 305; Zimmerli, *Ezekiel*, 1.97-98. Zimmerli는 선지자 소명을 위한 두 가지 기본 양식을 찾아낸다. 첫 양식은 모세, 기드온, 사울 그리고

하여도 더 깊은 고찰이 필요하다.

1. 선지자의 소명의 역사적 상황

이스라엘 선지제도의 궁극적 기원은 창조에 그 뿌리를 두고 있기 때문에 선지자의 부르심에도 창조주의 영원한 목적에 그 기원이 있음을 성경에서 찾아낸다는 것은 놀랄 만한 일이 아니다. 이것은 언약의 여호와께서 예레미야에게 다음과 같이 말씀하셨던 것에서 확인할 수 있다.

> 내가 너를 복중에 짓기 전에
> 너를 알았고
> 네가 태에서 나오기 전에
> 너를 구별하였고
> 너를 열방의 선지자로
> (너를) 세웠노라 하시기로(렘 1:5).

성경에서 시종일관 언약의 여호와는 이스라엘의 왕으로 나타날 뿐 아니라, 우주의 주재(主宰)로 나타난다.[7] 위엄한 보좌에서 그는 나라의 흥망성쇠를 다스리신다. 이 권위를 가지고 그는 자신의 계시적 말씀의 중재자가 될 사람을 선택하시고 임명하신다. 그는 자신의 선지자를 "열방 만국 위에 세우고 너를 뽑으며 파괴하며 파멸하며 넘어뜨리며 건설하며 심게" 하기 위하여 세우셨다(렘 1:10).

선지자의 선택에 관하여 태곳적에 이미 계획을 세우신 하나님의 의도를 볼 때에 선지자의 임명이 개인의 자질이나 그가 보여준 믿음과는 아무 상관이 없음을 알 수 있다.[8] 선지자 직무는 뜻을 가진 어떤 사람이 연구하고 배워서 직업

예레미야에서 발견되는데, 피소명자의 부적절한 느낌에 대하여 하나님께서 어떻게 극복하는지를 보고하고 있다. 두 번째 양식은 이사야, 미가야 그리고 에스겔의 부르심에서 나타나는데, 하나님의 회에 들어가는 것과 관련된다. Zimmerli는 이 양식이 선지자 소명을 볼 수 있는 "정해진 양식"이라고 말한다.

7) Baltzer, "Office and Calling of the Prophets," 569.
8) Von Rad, *Old Testament Theology*, 2.57을 보라.

처럼 얻게 되는 것이 아니다. 대신에 하나님의 주권적 부르심을 받은 자가 이 중대한 역할을 이루지 않고는 못 베길 사람이어야 한다.

이 원리에 따라 볼 때에 선지자의 개인적인 정보, 특히 소명 이전에 있었던 개인적인 삶에 관한 정보가 거의 주어지지 않는 것이 당연하다. 선지자 개인적인 배경에 관하여 성경의 극히 제한적인 정보만 주는 것에 대하여 한 주석가는 다음과 같이 말한다. "선자자의 생활, 활동 그리고 사회적 지위는 거의 중요성이 없는 것처럼 보인다."[9] 구약과 신약 사이의 과도기에 서 있는 사람의 경우에도 하나님의 선지자는 "목소리" 그 이상은 아무것도 아니었다(요 1:23). 그러나 그 목소리는 하나님의 목소리이다.

그런데 선지자의 소명은 어떤 특정한 역사적 상황에서 세워진다는 사실에 의심의 여지가 없다. 선지자가 소명을 받을 때는 대체로 선지자가 정상적인 생활을 하고 있던 중에, 나라에 위기가 발생하는 상황에서 일어난다. 모세가 부르심을 받을 때에 그는 시내광야에서 양을 먹이고 있던 중이었는데, 바로 그때에 이스라엘 백성은 이집트에서 노예생활로 신음하고 있었다(출 2:23-3:1).[10] 기드온이 천사로부터 부름을 받았을 때에 그는 포도주 틀에 숨어서 밀 타작을 하고 있었다. 그러나 그 때는 이스라엘이 미디안의 압박 아래에 고통당하고 있던 상황이었다(삿 6:11-12; 또한 6:2, 6도 보라). 아모스는 남쪽 유대에서 농부로 자신의 일에 바빴던 사람이었는데, 그는 부름을 받아 북 왕국의 타락을 외치며 그들이 결국 포로로 끌려갈 것을 외쳤다(암 7:14). 선지자의 부름에서 나타나는 현상은 국가적으로 위기에 처한 때에 자신은 평범한 삶에 빠져 있는 상황이다. 이 상반된 두 상황이 결합되어 소명이 이루어지는 것을 볼 때에 선지자 개인적 삶의 배경은 별로 중요하게 여겨지지 않음을 알게 된다.

이스라엘 기록선지가 소명을 받은 4곳의 기록은 부르심을 둘러싼 각각의 특별한 역사적 상황이 기록되어 있다. 이 상황들은 선지자가 하나님에 대한 불명료한 사상을 가지고 하나님에 대하여 논하는 추상적인 철학자가 아님을 암시한다. 그들의 사역은 역사적 상황과 연관되었으며, 그들의 외침은 역사를 이끄

---

9) Blenkinsopp(*History of Prophecy in Israel*, 34)는 선지자 에스겔은 "자신의 이름을 가진 책 뒤로 완전히 숨어버렸다"(Blenkinsopp, *Ezekiel*, 15)라고 진술한다.

10) Habel, "Form and Significance of the Call Narratives," 298을 보라.

시는 하나님의 목적을 위해서였다. 선지자는 이스라엘 백성을 위한 하나님의 구속계획을 전달하기 위해 선택된 도구였다.

이사야, 아모스, 예레미야 그리고 에스겔의 소명 기록에서 선지자 자신들이 일인칭으로 그 상황을 보고하고 있다. 그들의 소명에 대하여 그들 외에 아무도 증명할 사람이 없다. 그러나 이 보고서들을 단순히 자서전적인 기록으로만 보아서는 안 된다. 이 보고서는 선지자를 "공적으로 인준"하는 기능을 한다. 이 공적인 인준을 통하여 그들은 "하나님의 임명을 알릴뿐만 아니라, 공개적으로 하나님의 강권에 자신을 맡긴다."[11] 그들의 그 주장은 받아들이기를 거부하는 공동체에게 경고의 메시지를 주는 역할도 한다. 이러한 하나님의 부르심은 객관적으로 증명되어질 수 없지만, 그 확실성 또한 부인되어질 수 없다.

구체적으로 살피면, 이사야의 경우 "웃시야 왕이 죽던 해(약 주전 740년)에" 소명을 받았다(사 6:1).[12] 웃시야 왕은 마음이 교만해지기 전까지 유다에서 선한 왕이었다. 그가 모세의 율법에 어긋나게 자신이 직접 희생제물을 드리려 성전에 들어갔을 때에 문둥병이 발하였다. 대제사장이 여호와께 성결이라고 새긴 황금흉배를 달고 있어야 할 바로 그 장소에서 그것을 훼손한 왕은 하나님의 심판을 받은 것이다. 웃시야 왕은 문둥병자가 되어 "여호와의 전에서 끊어져서" "외떨어진 집"에서 생을 마감하였다(대하 26:16-21).

이 배경을 깔고 이사야는 그의 임무를 부여받았다. 웃시야 왕이 죽던 해에 이사야는 스랍들이 "거룩, 거룩, 거룩"이라고 반복하는 소리를 들었고, 여호와께서 그 땅에서 거룩한 씨를 일으키기 전에 깨끗케 하는 많은 심판이 있을 것임을

---

11) Ibid., 306.
12) 이사야 6장에 기록된 소명은 그의 사역 시초였는지 아니면 사역 중간이었는지 분간하기 힘들다. Young(*Isaiah*, 1.232, 『이사야 주석 I』, 장도선·정일오 역, CLC 역간)은 이사야 6장의 기사를 이사야에 대한 최초의 부름으로 본다. 앞장들은 그의 예언의 주제들을 밝히고 있기 때문에 최초의 부름과는 상관없는 구절들이라고 결론을 맺는다. Seitz(*Isaiah 1-39*, 55)는 이 구절이 선지자의 취임을 말하는 것인지 아닌지를 분별하기는 불가능하다고 말한다. 그는 이 환상의 시점을 "웃시야 왕이 죽던 해"라고 밝히는데 이사야 첫 시작은 그가 "웃시야 때에" 사역하였음을 언급하고 있음을(사 1:1) 주시한다. 그러나 이 본문은 웃시야가 죽던 날에 이사야가 환상을 보았다고 말하지 않는다는 사실을 알아야 한다. 본문은 단지 죽던 해라고만 말한다. 그것은 이사야 6장이 웃시야의 죽음 이전에 일어났었을 수도 있다는 가능성을 열어놓는다. 물론 대안적 가능성으로 이사야가 이 특별한 환상을 경험함으로써 자신의 소명을 확신하기 이전에 선지자로서 사역을 이미 하고 있었을 수도 있다.

전하라는 명령을 받았다(사 6:3, 13). 웃시야에 대한 심판은 불복종하는 나라가 어떻게 황폐될 것인지에 대한 징조가 되었다. 그리고 바로 그 시점에 이사야가 직무를 받게 됨으로써 그의 역할이 어떠할지가 확실히 드러나게 된다.

아모스가 소명을 받은 정확한 때에 대하여 성경은 말하지 않는다. 그러나 그는 주전 8세기 중반 이스라엘 왕 여로보암 2세 동안에 소명을 받았다고 말한다(암 7:10-15). 벧엘에 있는 거짓 예배처소의 제사장 아마샤가 아모스에게 남 왕국 유다에 있는 "집으로 돌아가라"고 권유하였다. 아마샤는 거기서 자유롭게 예언하며 빵을 벌었다. 이 거짓 선지자는 아모스의 예언에 관하여 정죄하면서 아모스가 모반하는 음모를 꾸몄다고 고발하였다(암 7:10). 그는 아모스의 "모든 말을 이 땅이 견딜 수 없나이다"고 비난하였다(암 7:10하). 아모스 사역의 강력한 영향력을 그가 인정하였던 것이다. 그는 아모스에게 자기 고향으로 돌아가라고 충고한다. 그리고 아모스가 북 왕국의 치리자들과 벧엘의 "왕의 거룩한 처소"에 대하여 비난하는 것을 더 이상 허용할 수 없다고 말한다(암 7:11, 13). 아모스는 자신의 선지자 직무는 스스로 만든 것이 아님을 지적하면서 응답한다. 그의 이 말은 세 개의 절들로 구성되었는데, 일인칭 대명사를 주어로 사용하면서 단호한 어조로 선지자 직무에 대한 그의 소명이 자기 개인적인 결심에 의해 얻은 것이 아님을 밝힌다.

    나는 선지자가 아니며
    선지자의 아들도 아니요
    나는 목자요 뽕나무를 배양하는 자로서(암 7:14).

그런 후 그는 선지자의 소명이 여호와 하나님의 주권에서 왔음을 단언하였다.

    양떼를 따를 때에
    여호와께서 나를 데려다가 내게 이르시기를
    가서 내 백성 이스라엘에게 예언하라 하셨나니
    이제 너는 여호와의 말씀을 들을지니라(암 7:15).[13]

---

13) 이 대조적인 주장의 발전에 대하여 Wolff, *Joel and Amos*, 312-13을 보라.

아모스는 자신의 결심에 의해 선지자가 되지 않았다. 물론 그는 선지자의 아들도 아니었다. 이것은 그의 선지자 됨이 부모에 대한 순종으로 되었을 수 있는 가능성을 배제한다.[14] 대신에 그는 목자였고 뽕나무를 기르는 농부였다. 하나님께서 그에게 자기 백성 이스라엘에 가서 예언하라고 말하였다(암 7:10-15). 그가 이스라엘 북 왕국에 머물렀던 것은 그의 선택이 아니었다. 이것은 하나님의 결정이었다. 아모스가 말해 주는 자신의 소명에 대한 이야기는 선지자 직무가 개인이 자의로 선택하여 성취된 것이 아니라는 사실을 강조한다.[15] 직접적인 계시에 의하여 하나님의 부르심을 입었을 때에 그는 여호와의 참 선지자임이 증명된다.

예레미야의 부름은 요시야 왕 제13년(약 주전 627년)에 있었던 것으로 년도가 주어진다(렘 1:2). 이때는 요시야가 북쪽지역에까지 걸친 대대적인 종교개혁을 시작하기 임박한 시기였다(대하 34:3-7). 그가 유다 왕국의 마지막 때인 가장 어려운 시기에 살았기 때문에 하나님으로부터 결혼하지 말라는 명령을 받는다(렘 16:2).[16] 그가 소명을 받았을 때는 북 왕국이 포로로 잡혀간 지 거의 100년이 지났다. 예레미야에게 주어진 힘든 임무는 남 왕국도 북 왕국과 마찬가지로 멸망당할 것을 선포하는 것이다.

에스겔의 부르심은 팔레스틴 땅 밖에서 일어났다. 여호야긴이 포로로 잡혀간 지 제5년(약 주전 593년)에 하나님의 부르심이 제사장 가문의 사람에게 임하였다(겔 1:2-3; 또한 33:21-22도 보라).[17] 그는 이스라엘의 파수꾼으로 사명을 받았다. 파수꾼은 악한 자에게 어떤 위험이 닥쳐오는지를 경고할 사명이 있다.

---

14) Ibid., 314.
15) 아모스 7:14에 "나는 선지자가 아니다"인지 "나는 선지자가 아니었다"인지를 가지고 강도 높은 논의가 있어왔다. Wolff는 다음과 같이 진술한다. "일반적으로 동사가 없는 문장은 현재적인 상태를 묘사하는 것이다. 그러나 15절에서 과거의 사건을 말하기 때문에 많은 사람들은 14절도 과거의 시제로 해석한다"(*Joel and Amos*, 312). 그리고 Wolff는 "반대적 논리"를 제안하면서 아모스는 자신이 비록 하나님의 말씀을 전하는 선지자적 사명을 가지고 있지만, 자신은 영구적인 선지자가 아니라는 의미에서 자신이 "선지자가 아님을 말한 것"으로 결론을 맺는다(312-13). Wolff의 반대적 논리는 그가 바로 앞에서 했던 문법적 고찰만큼 강한 인상을 주지 못한다.
16) 이러한 상황은 바울이 그 시대에 있을 환란을 대비하여 결혼하지 않는 것이 좋다고 견해를 밝힌 것과 비슷하다(고전 7:25-27).
17) 첫 시작의 구절에서 제30년이 언급된 것(겔 1:1)에 대하여 다양한 해석이 주어진다. 가장 단순한 해석은

만약 그가 이 사명을 잘 수행하지 못하면 그 닥쳐온 위험에 대한 책임은 자신이 져야 한다.[18]

바벨론에서 살고 있던 에스겔은 하나님의 영광이 예루살렘 성전을 떠나는 특별한 환상을 보았다. 그 결과 거룩한 곳은 파괴될 것이다. 그러나 마지막에 그는 성전이 재건되는 환상을 보았는데, 그 성전은 더 큰 영광으로 가득할 것이었다.

이상에서 살펴본 것처럼 여호와께서 다양한 역사적 상황에서 각 선지자를 불렀다. 하나님께서는 자신의 선지자에게 그 역사적 상황에 맞는 하나님의 대변인 역할을 부여한다. 선지자는 역사와 상관없는 추상적인 철학자로서 모호한 말들을 주기 위해 세워지지 않았다. 오히려 각 선지자가 처한 그 역사적 상황에서 그 시대의 사람들과 마주치게 하셨다. 그러나 각자가 다른 역사적인 배경을 가졌다고 해서 그의 메시지가 한 시대에 한정되어 있는 것은 아니다. 비록 그들이 동시대의 사람들을 향하여 메시지를 주고 있지만, 그들은 자주 미래를 내다본다. 선지자의 영감된 말은 자신의 특정한 시대에 선포되지만, 여러 세기 후에 대한 예언도 종종 있다.

2. 하나님의 환상

전능자의 환상이 모든 선지자의 소명에 필수적이라고 확언할 수는 없다. 왜냐하면 그 증거가 불확실하기 때문이다. 그러나 이사야와 에스겔의 경우 하나님이 자신의 영광을 부분적으로 보여주시면서 그들을 선지자로 부르셨다. 예레미야가 거짓 선지자들은 "여호와의 회의에 참여하지" 못한다고 주장한다(렘 23:18). 이것은 위엄찬 하나님의 회의에 대한 환상을 함축한 것일 수 있다(왕상 22:19-23을 보라).[19] 높이 들린 하나님의 환상은 이스라엘에서 많은 선지자들

선지자의 나이라는 것이다. 30세는 이스라엘에서 제사장으로 사역할 수 있는 최소한의 나이이다(민 4:3). 이를 위해 다음 책들을 보라. VanGemeren, *Interpreting the Prophetic Word*, 323; Blenkinsopp, *Ezekiel*, 16.

18) Brownlee, *Ezekiel*, 50.

19) Blenkinsopp(*History of Prophecy in Israel*, 34)는 "여호와께서 말씀하시느니라"는 문구는 여호와께

의 부르심에 중요한 역할을 한다. 이 환상적인 경험은 선지자에게 강력한 인상을 심어주었을 것이다.

하나님의 말씀이 "강한 손으로" 선지자에게 임했다(사 8:11). 그는 심한 요통이 와서 임산한 여인과 같은 고통을 느꼈으며, 또한 서광이 변하여 두려움으로 몰려왔다(사 21:3-4). 이러한 환상을 본 선지자는 혼절하였다(단 8:27). 그의 피부는 썩은 듯이 변하였고 힘이 다 빠졌다(단 10:8). 선지자가 하나님으로부터 메시지를 들을 때에 그의 심장은 두근거리고, 입술은 떨리고, 뼈가 썩는 듯하였고, 몸이 떨렸다(합 3:16). 소명을 받을 때에 선지자는 7일 동안 넋을 잃고 지냈다(겔 3:15). 이 말들은 단순히 선지자가 정신착란과 같은 경험을 했다는 것이 아니다. 강력한 환상을 받은 후 그들은 한결같이 창조주 하나님의 영광을 찬양했다.

이사야의 경우에 여호와는 성전에서 높은 보좌에 앉은 것으로 나타났다(사 6:1). 예루살렘 성전에서 있었던 이 환상은 우연한 것이 아니다. 왜냐하면 하나님이 다윗과 맺은 언약의 핵심이 하나님의 왕위와 함께 다윗의 왕위를 높이시겠다는 것이었기 때문이다(삼하 7:25-29; 대상 29:22-23). 다윗은 먼저 하나님의 집을 짓겠다고 했는데, 그것은 땅 위에 마련될 하나님의 보좌를 대변하는 것이다. 다윗은 그 보좌 곁에 자기의 궁전을 놓았다. 성전이 예루살렘에 위치해 있다는 것은 하나님께서 이스라엘의 왕으로 그의 위엄한 통치를 거기서 시행하고 계심을 상징적으로 나타낸다. 땅 위의 왕인 다윗은 통치자로서의 사명에 실패할 수도 있다. 그러나 여호와의 통치권은 결코 실패함이 없을 것이다.

이사야의 환상은 하늘의 거룩이 땅 위에 내려옴을 나타낸다. 스랍들이 스스로 자신을 가리고 여호와 앞에서 "거룩, 거룩, 거룩"이라고 외쳤다. 하나님의 거룩이 땅 위에 나타날 때에 성전 문지방의 터가 흔들렸다. 이것은 앞으로 이 성전이 오염으로 인하여 파괴될 것임을 미리 보여주는 징조이다. 선지자가 제단의 숯으로 정결함을 받고 난 후 보좌로부터의 부르심에 즉시 응답하였다. "내가 누구를 보내며, 누가 우리를 위하여 갈꼬"(사 6:8)라는 구절에서 어떤 사

서 왕의 자리에 앉은 하늘의 회의 장면을 전제한 것이라고 말한다. 선지자는 이 회의에 초청되어져서 거기서 그에게 메시지가 주어지며, 또 그것을 전달할 사명을 받는다. Blenkinsopp는 그 문구에서 너무 많은 것을 읽어내어, 그래서 지나치게 신비적인 장면을 그려낸다. 여하튼 선지자가 하나님의 회의에 불려가는 것은 선지자의 사명의 중대함을 시사한다.

람은 하늘에 있는 많은 신들이 발한 소리라며, 다신론을 주장한다.[20] 이것은 온 세상과 쓸모없는 우상들을 엄히 다스릴 우주적 통치권을 가진 여호와에 대한 생생한 그림을 무시한 것이다. 이사야의 환상에서 경배하는 자로 스랍들이 등장할 뿐이며, 이사야가 그 천사들이나 혹은 어떤 다른 누구로부터 사명을 받은 것이 결코 아니다. 오직 하나님만이 선지자를 택하여 자기의 대변인으로 삼았다. 하나님은 대변자를 파송하시는 "내가"이며, 선지자를 보내는 "우리"이다.

이사야가 성전에서 본 이스라엘의 거룩한 자의 영광은 누구인가? 그 바로 뒷장에서 선지자 이사야는 동정녀의 몸에서 태어날 다윗의 후손을 내다보는데, 바로 그의 이름이 "하나님이 우리와 함께하신다"는 이름을 가진 분이시다(사 7:14). 이새의 줄기인 그는 다윗의 보좌에 앉아 영원히 다스릴 것인데, 그는 "전능의 하나님"이요 "영원한 아버지"로 불릴 것이다(사 11:1; 9:6-7; 제8장 중 '여호와가 왕으로 높이 들림'을 보라). 이 구절들의 의미를 격하시키면서 그 중요성을 인정하지 않으려는 사람들은 신약성경이 "이사야가 이렇게 말한 것은 주의 영광을 보고 주를 가리켜 말한 것이라"(요 12:41)는 놀라운 증언을 외면하는 것이다. 하나이신 하나님 안에는 신성한 메시아의 개념도 포함되어 있다. 이것은 여러 인격이 하나, 그리고 한 하나님이라는 구조에서 이해되어야 한다.[21] 구약성경을 이렇게 이해할 때에 유일하신 하나님에 대한 개념과 함께 예수님의 신성도 인정할 수 있는 가장 적당한 설명이 될 수 있다.

이 시작 때에 보았던 하나님 영광의 환상은 이사야의 사역에 큰 영향을 주었다. 그에게 나타난 하나님은 "이스라엘의 거룩하신" 분이시다. 하나님에 대한 이 묘사는 이사야의 책에 25번 나타난다(1-39장에 12번, 20-66장에 13번). 하나님에 대한 이 특별한 묘사는 다른 선지서에서는 단지 두 번만(렘 50:29; 51:5) 나타나는 것과 비교될 수 있다.[22] 하나님에 대한 이사야의 이 사상 형성은 그의 소명 때에 보았던 환상에서 영향 받은 것이 확실하다. 이사야가 본 하나님

---

20) Brueggemann, *Isaiah*, 1.58.
21) Childs(*Isaiah*, 59)는 Calvin의 해석을 인용하며 말한다. "하나님은 자신을 결코 아버지들(the Fathers)로 나타내시지 않고 영원한 말씀, 그리고 독생하신 아들로 나타났다." 그래서 이사야가 그의 영광을 본 것을 요한복음은 예수님을 통하여 그 영광을 보는 것으로 확인한다. 차일즈의 이 말은 옳다. 그러나 이사야의 환상을 단지 그리스도의 영광에만 제한하는 것은 잘못이다(Calvin, *Isaiah*, 201).
22) 이 문구는 역사서에서 한번 나오고(왕하 19:22), 시편에 세 번 나타난다(시 71:22; 78:41; 89:18).

은 "공평하므로 높임을 받으시며" 또 "의로우시므로 거룩함을 인정받으시는" 분이시다(사 5:16).

에스겔은 선지자로 부름을 받을 때에 하나님 영광의 환상을 보았다. 그 결과 그의 책 전체는 "영광의 떠나심과 돌아오심"을 묘사하는 것으로 요약될 수 있다. 에스겔서 전반부에서 Shakihah가 예루살렘의 처소에서부터 올라와서 성전 산을 떠난다(겔 9:3; 10:13, 18-19; 11:22-23). 그러나 책의 후반부에는 이전보다 더 큰 성전이 재건되어 더 큰 하나님의 영광으로 채워질 것이다(겔 42:15-20; 43:2, 5).

그의 환상에서 에스겔은 네 생물들이 전능자의 보좌 아래에 위치해 있는 것을 보았다. 각 그룹은 바퀴를 가졌으며, 네 그룹의 바퀴 둘레가 다 눈(eyes)으로 덮였다. 바퀴들은 전능자가 가고자 하는 방향으로 움직였다. 이 환상은 "바퀴 달린 마차의 보좌"라고 불릴 수 있으며, 이 환상의 기본 개념은 보좌의 운동성을 나타낸다. 바퀴 안에 바퀴가 있는 모습은 전진(前進)과 측진(側進)을 나타낸다.[23] 불이 번쩍이며 물 흐르는 소리가 나는 것은 환상의 가시성(可視性)과 청음성(聽音性)을 나타낸다. 궁창 위에 사람의 모양이 있었는데, 그의 모양은 단쇠같이 빛났다. 그분은 남보석의 보좌에 앉았는데, 사면에 구름이 둘러싸고 무지개가 있었다. 이 여호와 영광의 생생한 환상으로부터 에스겔은 하나님의 말씀을 백성에게 전하기 위한 선지자로 부름을 받았다(겔 1:4-2:8).

에스겔에게 보인 하나님의 환상은 그의 사역을 위한 소명과 밀접하게 연관이 있다. 그에게 주어진 사명은 너무 커서, 그 앞에 자신이 도저히 설 수 없었던 하나님 영광의 찬란함에 결코 뒤지지 않는 것이었다. 이 선택받은 종이 계속하여 이룬 사역은 초기의 환상에 의해 평가되어야지 사람에 의해 평가되어서는 안 된다. 그가 섬기는 분은 이 위대하시고 영광스러운 하나님이지 결코 자기의 메시지를 받는 사람이 아니다. 그 환상은 선지자로서의 그 역할의 중요성을 인식시키며, 그에게 주어진 사명을 성실히 이행할 수 있게 하는 원동력이 될 것이다.

신약시대에도 비슷한 환상들이 하나님의 대변자로 부르시는 장면에서 나타났다. 예수님이 그의 공생애 사역을 위해 임명받을 때에 하늘이 열리고 비둘기

---

23) Blenkinsopp, *Ezekiel*, 21-22.

가 내려오는 것과 같은 환상이 나타났다(마 3:16). 동시에 음성이 하늘에서 소리가 나기를 "이는 내 사랑하는 아들이라"고 선언하였다(마 3:17). 예수님은 이 환상에 의해 인준을 받음으로써 하나님의 나라가 도래할 것을 선포하기 시작하였다. 사도 바울은 그가 사역을 준비하는 동안 "세 번째 하늘까지 들렸다"고 설명한다(고후 12:2-4). 그의 들림 받음의 환상에 대한 설명이 유대인과 이방인이 그리스도 안에서 하나됨을 설명하는 장면에서 그 절정을 이룬다(엡 2:6-역주). 그의 사역의 광대함은 그의 환상의 거대함과 조화를 이룬다.

구약과 신약의 문맥에서 하나님의 환상은 선지자의 부르심에 필수적인 요소였다. 그 환상은 앞으로 있을 선지자의 사역에 지대한 영향을 미쳤다. 하나님의 영광을 본 것은 그가 봉사해야 할 그분의 위대함을 인식하는 중요한 경험이었다. 그는 하나님과 대면한 감당할 수 없는 그 순간을 잠시라도 잊을 수 없었을 것이다. 그가 소명을 받을 때에 보았던 그 압도적인 전능의 하나님의 임재는 어떤 사람의 모습에서 결코 찾아볼 수 없는 것이다. 이 환상은 선지자 직분이 단순히 인간의 결심에 의해 얻을 수 있는 것이 아님을 분명히 확인시킨다. 하나님의 영광스러운 환상은 이 최고의 직분을 위하여 사람을 잘 준비시킬 수 있었을 것이다.

3. 전능자로부터 받은 직무

예레미야 선지자는 먼저 여호와께 성별되고 그 다음 메시지와 함께 소명을 받는다. "내가 너를 복중에 짓기 전에 너를 알았고 네가 태에서 나오기 전에 너를 구별하였고 너를 열방의 선지자로 세웠노라"(렘 1:5). 선지자는 그 자신이 스스로 된 것이 아니다. 그가 태어나기 전 창조주의 자의적인 행동에 의해 그가 성별되었고, 그의 몸과 영이 이스라엘의 여호와께 헌신되었다. 그것은 시내산에서 국가가 창설되던 때에 하나님이 레위인들을 뽑아 성막에서 일하도록 하신 것과 같다. 여호와께서는 이제 선지자를 세워 그를 자신의 사람으로 주장하시면서 그의 대변인으로 사명을 준다(민 8:16, 19).[24] 하나님은 선지자에게 "가

---

24) 이 양자의 비교를 위해 Kidner, *Message of Jeremiah*, 25를 보라.

라!"고 단호하게 명령하신다(사 6:9; 렘 1:7; 겔 2:3; 3:4; 암 7:15; 또한 삿 6:14도 보라). 선지자가 하나님의 말씀을 받고는 백성이 자신에게로 올 때까지 앉아서 기다릴 수 없다. 그는 백성이 그의 메시지를 잘 받아들이지 않을 것을 알면서도 먼저 그들을 향하여 담대하게 나간다.

하나님의 선지자가 누구에게로 보냄을 받는가? 첫째로 선지자는 여호와께로부터 자기 언약의 백성에게 메시지를 전하도록 보냄을 받는다. 그 백성은 아담, 노아, 아브라함, 모세 그리고 다윗을 통하여 맺은 언약의 결속에 들어온 자들이다. 그리고 언약에 따른 축복과 저주, 생명과 죽음이 그들 앞에 놓여 있다. 때로는 선지자가 타락한 북 왕국에게 보내어졌다(암 7:15). 때로는 하박국, 스바냐, 예레미야와 같이 남 왕국에만 제한적으로 보내어진다. 어떤 때에는 본국에서 쫓겨난 포로민들에게 메시지를 전할 사명을 받기도 한다. 에스겔과 다니엘이 여기에 해당한다. 그러나 이 모든 경우들에서 선지자의 메시지와 사역은 작고 별로 중요하지 않은 것 같은 공동체인 이스라엘에게 향한 것이다. 이 백성은 선택받은 사람들이었고 인류 중에서도 하나님이 기뻐하시는 종으로 사용되었다. 오늘날까지도 그들은 특별한 은총을 받은 사람들인데, 왜냐하면 그들은 하나님의 말씀을 맡은 자들이기 때문이다(롬 3:2).

그러나 선지자의 임무는 그것보다 훨씬 더 넓은 범위를 포함한다. 예레미야는 "열방의 선지자"로 세움을 입었다(렘 1:5). 동양에서 제국들이 일어났을 때에 하나님은 그의 외로운 선지자들을 그들에게로 보내어 말씀을 전하게 하였다. 선지자의 선포하는 말은 어떠한 사람의 군대보다 더 능력이 있다. 왜냐하면 그들이 선포하는 그 말은 천지를 지으시고 어거하시는 분의 말이기 때문이다. 선지자들은 만국 위에 세움을 입은 자이다(렘 1:10). 여호와께서는 자신의 말을 "관찰하고" 있다(렘 1:12). 마치 표범이 먹이를 계속 주시하고 있는 것과 같다. 표범은 풀 속에서 쭈그리고 있다가 어떤 기회가 포착되면 그 먹이를 향하여 뛰어 오른다(렘 5:6). 여호와는 자기의 선지자를 통하여 선포한 말이 어떻게 이루어져야 할 것인지를 세밀히 살필 것이다.[25] 그는 그 말이 이루어져야 할 순간이 포착되면 주저함 없이 행동에 옮길 것이다. 예루살렘 왕들의 경우, 그들은 여호

---

25) 표범은 사자와 달리 혼자서 사냥을 해야 하기 때문에 기회를 잡기위해 먹이가 움직이는 모든 순간을 놓치지 않고 노려본다.

와께서 메시지를 통하여 주신 계획이 무엇인지를 잘 살펴야만 하였다. 그러나 예루살렘 왕들은 오히려 자신의 생각을 우선시하였다. 그들은 자신들이 원하는 것을 할 자유를 가졌다고 생각하였다. 그러나 여호와께서 "관찰"하시므로 그의 말씀은 결코 무의미하거나 무효화되지 않을 것이며, 그 말대로 역사는 정확하게 흘러갈 것이다.[26]

여호와의 선지자는 파수꾼의 책임을 가졌다(겔 3:17). 그는 여호와의 심판이 오고 있음을 백성에게 정확하게 경고해야 한다. 그는 반역의 집에 보내어졌다. 그들이 그 말을 듣든지 거절하든지 간에 선지자는 거절하는 자에게 닥쳐올 심판을 예고해야 한다.

선지자의 말은 여호와께로부터 나왔으며 선지자는 도구로만 사용되었다. 그러므로 그 말은 "뽑으며 파괴하며 파멸하며 넘어뜨리며 건설하며 심게" 할 능력이 있다(렘 1:10). 여기에 나오는 네 개의 심판에 관한 말과 두 개의 축복의 말은 하나님이 선지자 예레미야를 통하여 선포될 메시지의 성격을 잘 규정한다. 결과적으로 예루살렘의 멸망은 "그 성이 스스로 살아남을 능력의 한도가 없었기 때문이 아니라, 하나님이 엄하신 뜻에 의하여 결정된 것이다."[27] 비록 여호와의 영광이 영원히 임재해 있을 거룩한 성전조차도 뽑으며 파괴하며 파멸하며 넘어뜨리겠다는 선지자의 말에 예외가 될 수 없었다. 왜냐하면 "어떠한 역사적인 중요성이나, 정치적이 정책이나, 군사적 방어의 준비도 여호와를 거슬러 그 공동체를 지킬 수 없기 때문이다."[28] 나라들은 만물의 창조주이시요 운행자이신 여호와의 목적에 따라 일어나고 넘어진다.

아주 흥미로운 것은 하나님의 성전을 무너뜨리고 일으킨다는 이 선지자의 어구가 예수님이 선지자적 사역을 시작할 때에도 역시 사용되었다는 점이다(요 2:19). 예수님은 자신의 몸인 성전을 가리켜 말씀하신 것이었다(요 2:21). 그가 죽음에서 부활한 후에 제자들이 그가 말한 이것을 회상하면서 "성경과 및 예수의 하신 말씀을 믿었다"(요 2:22). 이 경우 제자들이 믿었다는 성경은 멸망과 건설에 관한 선지자의 예언도 포함된 것임이 당연하다.[29]

---

26) Brueggemann, *Jeremiah*, 27.
27) Ibid., 26.
28) Ibid., 25.
29) Brueggemann(Ibid., 26)은 이와 매우 비슷한 진술을 한다. 그러나 그의 진술에는 불행하게도 심각한

선지자는 여호와로부터 위엄찬 사명을 받았다. 그들이 내어뱉는 말은 역사를 움직일 만한 능력이 있었다. 한번 그 말이 나간 후에는 어떤 힘도 그 성취를 막을 수 없다. 왜냐하면 선지자가 선포한 말은 바로 하나님 자신의 말과 일치하기 때문이다.

4. 자신의 부족을 느낌

선지자 에스겔이 처음 소명을 받을 때에 환상을 경험하고는 7일 동안 넋을 잃고 바벨론 포로민들 중에 앉아 있었다(겔 3:15)는 것은 크게 놀라운 일이 아니다. 어떻게 땅의 죽을 몸이 영원한 하나님의 영광을 바로 대면하면서 그로부터 직접 임무를 받을 수 있겠는가? 누가 감히 하나님의 환상 속에서 하나님의 놀라운 심판의 메시지를 받고 전하는 자로 세움을 입기에 충분하겠는가?

예레미야도 선지자로 부르시는 환상을 받을 때에 같은 경험을 하였다. 여호와께서 그를 부르실 때에 그는 결코 그것을 감당할 수 없다고 사양하였다. 모세가 여호와의 일을 위해 부름을 받을 때에 사양하였던 것과 똑같은 태도이다.[30] 예레미야는 자신이 단지 어린아이이며, 말할 줄도 모른다고 하였다. 그런 그가 어떻게 세상 만국에 보냄을 받는 선지자가 될 수 있겠는가(렘 1:6)?

하나님 거룩의 환상을 본 이사야는 아예 자신의 실망스러운 모습을 고백하였다. "그 때에 내가 말하되 화로다 나여 망하게 되었도다 나는 입술이 부정한 사람이요 입술이 부정한 백성 중에 거하면서 만군의 여호와이신 왕을 뵈었음이로다"(사 6:5). 나중에 백성의 부정함과 하나님의 화를 선포할 자인 그가, 지금은 자신에게 미치는 화를 고백한다. 그는 입술이 부정하기 때문에 하나님의 말씀

모호함을 일으킨다. "요한복음 2:19에 '헐다'와 '세우다'라는 단어들이 나타난다. 그것들은 예루살렘, 특히 성전에 관하여 사용된 말이다." 만약 Brueggemann이 예수님의 의도가 예루살렘과 성전 파괴에 대하여 말씀하셨다고 생각한다면, 그 바로 이어서 나오는 "그의 몸된 성전에 관한 말"이라는(요 2:21) 문구는 무엇인가? 예수님을 재판할 때에도 거짓 증인들이 "성전을 헐라"는 예수님의 말을 사용한다(마 26:61). 이러한 모호함에도 불구하고 Brueggemann이 이러한 예수님의 말을 예레미야의 파괴에 대한 구절과 일치시키는 것은 올바르다.

30) Habel, "Form and Significance of the Call Narratives," 308.

을 선포할 도구로서의 자격이 없다. 하나님의 이 환상은 그를 선지자로 세우기보다 오히려 단번에, 그리고 완전히 망하게 하였다.

죄에 대한 깊은 인식은 선지자의 부름에 공통적으로 나타난다. 오직 그가 자신의 죄를 충분히 깨닫고 하나님의 은혜로 회복함을 경험함으로써 죄로 오염된 사람들을 향한 하나님의 대변자의 역할을 감당할 수 있는 것이다. 시편 기자는 이러한 개념을 생생하게 표현한다.

> 우슬초로 나를 정결케 하소서,
> 내가 정하리이다.
> 나를 씻기소서,
> 내가 눈보다 희리이다…
> 그러하면 내가 범죄자에게
> 주의 도를 가르치리니,
> 죄인들이 주께 돌아오리이다(시 51:7, 13).

자신이 하나님의 선지자가 되기에 완전히 부족함을 인식하는 것은 선지자로 부름을 받을 때에 그가 반응하는 한 단계임이 분명하다. 제단에 있는 핀 숯으로 이사야의 입술에 닿게 함으로써 그의 죄가 사하여졌다. 하나님은 예레미야에게 메시지를 전달할 그 백성들을 두려워하지 말라고 권하며, 오히려 예레미야로 인하여 그들이 두려움을 당할 것이라고 말한다. 이때에 언어의 유희(word play)가 사용되었다(al-tekhat mippenehem pen-akhitteka lipnehem, 렘 1:17). 에스겔이 7일 동안 넋을 잃고 지낸 후 백성을 향한 파수꾼의 사명을 받았다. 그가 악한 자에게 경고하지 않을 때에 그에게 어떠한 영향이 미칠지를 여호와 영광의 환상을 통하여 개인적으로 경험하게 한 것이다(겔 3:18).

한 개인이 선지자로 부름을 받을 때에 그 직무가 얼마나 중요한지, 그리고 그가 섬기는 그분이 얼마나 영광스러운지를 이해하였다고 보아야 한다. 따라서 그가 비정상적인 사람이 아닌 이상 그 막중한 임무를 감당하기에 자신이 부족하고 가치 없는 사람임을 느끼는 것은 당연하다.

5. 백성들의 반응

선지자가 파송되는 곳의 백성은 하나님으로부터 보냄을 받은 선지자를 환영하고, 당연히 그 앞에서 자신들을 낮추어야 한다. 시내산 언약에서 하나님이 모세를 선지자로 처음 세운 계기는 백성이 모세에게 중재자가 되어달라는 호소에 대한 응답으로 이루어진 것이었다. 그 뒤의 선지자들도 이 최초에 있었던 백성의 태도를 기대하였지만, 일반적으로 말해서 백성은 그러한 수용의 자세로 선지자를 대하지 않았다.

그러한 상황은 하나님이 에스겔을 보내면서 이스라엘 집이 그의 말을 듣지 않을 것이라고 설명하는 것에서 잘 드러난다(겔 3:7). 선지자가 직무를 수행함에 있어서 장애 요소는 언어가 달랐기 때문이 아니라, 선지자의 말을 받아들이지 않는 그들의 강퍅한 마음 때문이었다. 비록 그들이 하나님의 선지자 앞에 대면하여 앉았을지라도 "그들의 마음은 이미 굳어져 있었고 뻔뻔스러웠다."[31] 그렇다고 해서 선지자의 책임이 없어지는 것이 아니다. 선지자는 그들이 듣든지 듣지 않든지 말씀을 전함으로써 자신의 소명을 완수해야 한다(겔 3:16-21). 만약 선지자가 여호와의 말씀을 전하지 않음으로써 죄인들이 피를 흘릴 때에 그 책임은 그가 져야 한다.

예레미야는 그가 전하는 메시지 때문에 강한 도전을 받을 것임이 예상되었다. 하나님은 그를 선지자로 부르실 때에 이 도전에 대한 준비를 이미 하고 있었다. "보라 내가 오늘날 너로 그 온 땅과 유다 왕들과 그 족장들과 그 제사장들과 그 땅 백성 앞에 견고한 성읍, 쇠기둥, 놋 성벽이 되게 하였은즉"(렘 1:18). 왕과 제사장, 그리고 백성은 한 마음이 되어 예레미야를 대항한다. 그러나 하나님은 그들이 예레미야에게 해를 끼치지 못하도록 보호할 것을 약속한다.

이사야는 자발적으로 메시지를 전하는 자로 나섰다(사 6:8). 그러나 그는 즉시 백성들이 그의 말에 어떻게 반응할지에 대한 말을 듣고 실망하였다(사 6:9-11). 사실로 하나님은 과거 수세기 동안 계속 말씀을 거역하는 백성을 향하여 선지자를 심판의 도구로 사용할 의도를 가졌었다. 그래서 이사야는 그들의 마음을 더 강퍅케 만들고, 그들의 눈을 멀게 할 임무를 맡았다. 이사야에게 부여

---

31) Fairbairn, *Ezekiel*, 36.

된 극단적인 요소는 그 백성이 그의 말을 거절한다는 것이 아니라, 오히려 그의 설교가 그들을 강퍅하게 만드는 하나님의 도구가 된다는 것이다.[32] 한 주석가는 이 구절을 "히브리 시에서 사용되는 전형적으로 과장된 언어"로 이해한다.[33] 그러나 이 문구들은 "심판의 장면이며 백성의 부패에 대한 정당한 보응"으로 이해되어야 한다.[34] 백성들의 굳은 마음은 은혜와 용서의 메시지에 의해 더 심화될 것이다.

선지자 사역에서 이 요소는 선지자에게 받아들이기가 실로 어려운 것이었다. 그 땅이 완전히 황폐하기까지 이사야는 백성의 마음을 강퍅케 만드는 이 엄중한 선지자 역할을 계속해야 한다(사 6:9-13상). 70인역본의 번역자들은 이 구절에서 신학적인 어려움을 느낀 것 같다. 그래서 그들은 다음과 같이 번역한다. "이 백성의 마음은 기름으로 찼고, 그들의 귀는 듣지 못하고, 그들의 눈은 감겼다."[35] 그러나 우리는 이 구절의 그 함축된 의미를 충분히 살려야 한다. 선지자는 지속적으로 그 백성에게 말씀을 제시함으로써 하나님의 은혜를 드러내어야 한다. 그러나 동시에 선지자의 말을 거역하는 백성에게 하나님이 심판하심도 밝혀야 한다. 왜냐하면 "그들이 말씀을 듣는 데 둔하여서 멸망을 향하여 나아가기 때문이다."[36]

신약은 이사야의 소명에 있는 이 어려운 구절을 반복하여 인용한다. 전형적인 문구인 "누가 우리를 위해 갈꼬?"와 뒤따라오는 "내가 여기 있나이다 나를 보내소서"(사 6:8)라는 문구는 신약에서 전혀 나타나지 않는다. 그러나 선지자의 말이 백성의 마음을 더 강퍅하게 한다는 것은 세 공관복음과 요한복음에서 모두 인용된다(마 13:13-15; 막 4:10-12; 눅 8:9-10; 요 12:39-41). 그리고 그것은 누가의 글에서 다시 나타나며(행 28:25-29), 바울의 글에도 나온다(롬 11:7-8). 이것을 보면 구약의 역사가 신약의 역사를 내다보고 있음을 알게 된다.

그러나 끝에 가서는 그 땅에 거룩한 씨가 있을 것이다. 하나님의 은혜는 그것

---

32) Lindblom, *Prophecy in Ancient Israel*, 188.
33) Gowan, *Theology of the Prophetic books*, 63.
34) Alexander, *Isaiah*, 1.91.
35) Seitz, *Isaiah 1-39*, 55를 보라.
36) Brueggemann, *Isaiah*, 63.

을 확실하게 만들 것이다. 베어진 둥치에서 싹이 돋아나는 것과 같이, 남은 자가 그 땅에 남아 있을 것이다(사 6:13). 비록 선지자가 많은 거역자들 속에서 살지만, 그가 전파한 메시지는 결코 헛되지 않을 것이다. 말씀에 대하여 거절하든지 수용하든지 하나님은 영화로워질 것이다.

이사야의 메시지는 선지자 당시와 같이 "오늘날"에도 "은혜로 선택받은 남은 자"가 있을 것임을 보증한다(롬 11:5). 백성이 은혜의 복음을 거절하는 굳은 마음을 계속 가지고 있음에도 불구하고, 하나님은 남은 자를 다시 모을 것이다.

선지자에 대한 백성의 냉담한 반응의 모습은 마지막 선지자인 예수님에 대한 반응을 내다보게 한다. 복음서에 기록된 예수와 그의 가르침을 거절하는 기사는 그 사역의 실패를 설명하기 위해 "편집자가 각색한 것"으로 보아서는 안 된다. 반대로 그것은 선지자들 사역 전반에 걸쳐서 나타나는 하나님이 그 백성과 벌이는 "악전고투의 실제적인 한 부분을" 대변하는 것으로 보아야 한다.[37] 예수의 선지자적인 말씀을 거절하는 것은 선지자 전체에 대한 이스라엘의 "강퍅케 함"의 "최절정"이다.[38] 하나님의 백성이었던 이스라엘이 바벨론으로 유배됨은 하나님의 심판이었으며, 그것은 하나님께서 주시는 회복의 은혜를 경험하기 이전에 반드시 치러야 하는 과정이었다. "선지자가 제시하는 드라마는 포로를 생략하고 [회복]으로 급하게 달려가도록 허락되지 않았다. 그것은 마치 복음서가 금요일을 뛰어넘어 주일로 쉽게 도달하도록 허락지 않은 것과 마찬가지이다."[39] 하나님께서 이끌어 가신 그러한 역사의 참 의미는 이스라엘 백성을 짊어진 예수 그리스도에 대한 거절과 회복에서 찾을 수 있다. 그는 먼저 하나님과 사람으로부터 버림받아야 하였다. 하나님으로부터의 버림받음은 심판적인 것이었다. 그 자신은 무죄하였지만 그 백성의 죄를 짊어진 자였기 때문이다. 그로 말미암아 그는 자신의 영광으로 들어갔으며, 인류의 역사를 죽음에서 부활(회복)로 전환시켰고, 타락한 세상을 새롭게 하였다.

---

37) Childs, *Isaiah*, 59.
38) Ibid.
39) Brueggemann, *Isaiah*, 63.

6. 결론

선지자들의 부름과 임직에 대한 기록은 그들이 여호와로부터 받은 책임이 얼마나 중요한지를 보여준다. 모든 선지자가 이사야와 에스겔과 같은 환상을 보았다는 증거는 없다. 그러나 선지자 직분은 항상 이러한 영광스러운 모습으로 부여받은 것을 추정할 수 있다. 선지자의 소명에서 중요한 핵심 요소들을 다음과 같이 지적할 수 있다.

첫째, 선지자는 종교적인 철학자로 그 기능을 하지 않는다. 그들은 하나님의 본성 혹은 그의 세상과의 관계 등의 명제들을 사고하면서 시간을 소비하지 않는다. 반대로 그들은 하나님께서 계시하신 메시지를 백성에게 전달하는 사명을 수행하였다. 그 메시지는 특별한 역사적 상황과 관계된 것이었다. 그러나 그 메시지는 그 시대에 국한되었거나 오늘날과는 상관없는 것이 아니었다. 그 메시지는 영원한 하나님으로부터 왔기 때문에 모든 시대에 의미 있게 적용되어야 한다. 그러나 선지자는 철학적이고 추상적인 것을 취급하도록 부름을 받지 않았다. 반대로 그는 그 시대의 백성에게 확실하게 적용되는 하나님의 말씀을 선포하였고, 오늘날도 계속 말하고 있다.

둘째, 선지자는 그가 가진 종교적인 경건심 혹은 그의 개인적인 자질 때문에 부름을 받은 것이 아니다. 아모스는 목자였고 뽕나무를 기르는 자였다. 에스겔은 하나님의 징계를 받아 유배를 당한 백성들 중에 살았다. 그는 동료들만큼 악하지는 않았을지라도 죄인으로서 죄인에게 말해야 하는 자였음에 틀림없다. 예레미야는 자신이 여호와를 위한 대변인으로서의 자질이 전혀 없음을 충분히 알았다. 그는 단지 여호와께서 입에 넣어주는 말만 전함으로써 선지자 직무를 수행하였다. 이사야는 부정한 입술을 가진 사람들 중에 한 사람임을 고백하였으며, 그것은 자신이 여호와의 대변인으로서 역할을 할 자격이 없음을 인정한 것이었다. 오늘날 여호와를 위해 말하겠다고 나서는 사람들이 많을 때에, 모든 사람은 근본적으로 그 일을 감당할 자격이 없음을 기억할 필요가 있다.

셋째, 선지자의 부름은 그가 어떤 종교적 기관에 소속된 사람이 아님을 보여준다.[40] 그들은 어떤 사람이나 단체로부터가 아닌 하나님으로부터 부름을 받았

---

40) Von Rad, *Old Testament Theology*, 2.53을 보라.

다. 왕이나 제사장, 그리고 다른 선지자가 그들에게 권한을 부여하지 않았다. 어느 누구도 그런 사람으로부터 직분을 받지 않았다. 그들의 권위는 오로지 그들을 직접 부르신 전능하신 하나님으로부터 온 것이다.

넷째, 하나님의 소명은 선지자가 사역하는 데에 강압성이 부여되었음을 보여준다. 아모스가 그 점을 잘 보여준다.

> 사자가 부르짖은즉,
> 누가 두려워하지 아니하겠느냐
> 주 여호와께서 말씀하신즉,
> 누가 예언하지 아니하겠느냐(암 3:8).

예레미야도 비슷한 고백을 한다.

> 여호와의 말씀으로 하여
> 내가 종일토록 치욕과 모욕거리가 됨이니이다.
> 내가 다시는 여호와를 선포하지 아니하며
> 그 이름으로 말하지 아니하리라 하면
> 나의 중심이 불붙는 것 같아서 골수에 사무치니
> 답답하여 견딜 수 없나이다(렘 20:8하-9).

선지자는 여호와께로부터 특별한 부르심을 통하여 말씀을 선포하는 자로서의 확신을 가지게 된다. "그가 받았던 그 부르심을 통하여 자신의 직무가 하나님으로부터 왔다는 강한 확신을 가질 수 있었으며, 동시에 거짓 선지자를 용감하게 정죄할 수도 있었다."[41]

다섯째로, 하나님의 부르심은 선지자 직분을 인준한 것이다. 이것에 근거하여 예레미야 선지자는 거짓 선지자들을 대항하여 그들은 하나님으로부터 직임을 받지 않았음을 강하게 꾸짖을 수 있었다.

---

41) Oehler, *Theology of the Old Testament*, 2.316.

> 이 선지자들은 내가 보내지 아니하였어도
> 달음질하며
> 내가 그들에게 이르지 아니하였어도
> 예언하였은즉
> 그들이 만일 나의 회의에 참여하였더면
> 내 백성에게 내 말을 들려서
> 그들로 악한 길과 악한 행위에서 돌이키게 하였으리라(렘 23:21).

이 구절은 거짓 선지자들과 달리 예레미야는 환상을 통하여 확실한 부름의 경험을 했으며 또 하나님의 신성한 회의에도 인도되었음을 암시한다. 더 나아가서 선지자를 부르시는 장면을 글로 기록함으로써 그의 직분의 진실성을 증명한다.[42] 선지자 소명을 기록한 제일의 목적은 "선지자를 하나님의 대변인으로 입증하는 것이며 공인하는 것이다."[43]

여섯째, 선지자의 부름을 출세로 간주해서는 안 된다. 하나님의 손이 예레미야 위에 얹힘으로써 그의 선지자 역할이 인준되었다(렘 15:17). 그 외에 사람의 어떠한 승인도 필요 없다. 소명의 장에서 보면 그는 거절을 당하고, 반대에 직면하고, 인간적인 면에서 보면 실패하는 것으로 예상되어진다. 이런 중에서도 그는 자신에게 주어진 하나님의 말씀을 전하는 일을 계속 감당해야 한다. 소명 때에 있었던 경험을 통해 선지자는 그가 백성을 설득하는 데에 실패할 것을 알고 미리 준비하였다.[44] 이 원리는 여러 세대를 통하여 하나님의 종들에게 그대로 적용된다. 칼빈은 이 점에 대하여 다음과 같이 말한다. "하나님은 그 사역에 성공할 어떤 희망이 없을 때에도 그의 종이 그 권위를 계속 지키기를 원한다… 비록 그의 사역이 아무 효과도 내지 못하겠지만, 그 사역 자체로 하나님을 기쁘시게 하기에 충분하다. 우리가 어떤 일을 하도록 사명 받을 때, 그 결과에 대해서는 하나님의 손에 맡겨야 한다."[45]

---

42) Von Rad, *Old Testament Theology*, 2.55; Bright, *Jeremiah*, 6; Lindblom, *Prophecy in Ancient Israel*, 182.

43) Baltzer, "Office and Calling of the Prophets," 568.

44) Von Rad, *Old Testament Theology*, 2.65.

45) Calvin, *Ezekiel*, 1.62.

일곱째, 구약시대에 여러 선지자에게 있었던 소명은 미래에 있을 그 특별한 선지자의 길을 준비하는 것이었다. 비록 그 소명이 다른 사람에 의해 왔든지, 아니면 하나님으로부터 직접 받았든지 간에 모두 이것에 해당된다. 엘리야가 엘리사를 부른 것과 모세가 여호수아에게 손을 얹은 것 외에는 구약에서 한 선지자가 다른 사람을 선지자로 세울 권한이 없었다. 그러나 예수님의 경우에는 달랐다. 그는 하늘의 환상을 경험하면서 자신이 하나님의 아들이요 종임을 인정받았다(마 3:17). 그가 이 특별한 방법으로 부르심을 받을 때에 다른 사람들이 비둘기가 내리고 하늘의 음성이 들린 것으로 증언한다(요 1:32-34). 이것으로 예수님은 자신이 선지자를 불러 세울 수 있고 여호와를 위한 대변자의 사명을 줄 수 있음을 증명하였다(마 4:18-22; 28:18-20; 요 1:33-50). 더 나아가서 그는 신약시대의 사명자를 세울 때에 자신이 하늘 환상의 중심 역할을 했다(행 9:1-9; 계 1:9-20). 이 점에서 예수님은 누구와도 비교될 수 없는 분이었다. 그는 모든 선지자보다 뛰어나며, 선지자들 중의 선지자였다.

예수님은 죽음과 부활로 자신의 사명을 완성함으로써, 그리고 신약성경을 완성하기 위하여 영감을 제공함으로써 하나님의 대변자로서의 선지자 직무를 완성했다. 전능자의 예언적 환상이 이 새로운 계시(신약성경)로 끝났기 때문에 오늘날 교회는 선지자 직무를 계속 유지해야 한다는 생각을 하지 말아야 한다. 그러나 그리스도의 사역자는 여호와의 말씀을 선포함으로써 선지자적인 사역을 계속해야 할 책임이 있다. 이런 이유 때문에 구약시대의 선지자의 소명과 사명으로부터 배울 필요가 있다. 여호와께서 주님이 영광 중에 다시 돌아올 때까지 모든 세대에서 선지자적인 봉사가 계속되도록 축복하시기를 바란다.

THE
Christ
OF THE
PROPHETS

제4장

참 선지자와 거짓 선지자

많은 시대들을 통하여 하나님 백성의 안녕에 가장 큰 위협을 준 것은 참 선지자가 아닌 자가 자칭 선지자라고 하면서 하나님의 이름으로 예언하는 것이었다. 그들은 하나님으로부터 계시된 진리를 전하는 것이 아니라 거짓을 말하면서 백성을 속였다.

하나님의 백성들 가운데는 항상 두 종류의 선지자 그룹들이 상존(常存)하여서 공동체 생활에 중요한 영향들을 끼쳤다. 양자는 자주 서로 충돌하였고, 각자 자신의 메시지가 하나님으로부터 온 것임을 주장하였다. 이러한 상황 가운데 백성들은 과연 어떤 부류의 주장을 따라야 하는가? 어떻게 하면 거짓 선지자들로부터 참 선지자를 구별해 낼 수 있는가? 백성들이 참 선지자와 거짓 선지자를 제대로 구별해 내는 것은 매우 중요하다. 왜냐하면 나라의 운명이 이들의 예언에 달렸기 때문이다.[1]

---

1) 참 선지자와 거짓 선지자에 관한 좋은 요약적인 토론을 위해 VanGemeren, *Interpreting the Prophetic Word*, 61-67을 보라. 그리고 역시 Sanders, "Hermeneutics in True and False Prophecy," 21-29를 보라.

1. 참 예언과 거짓 예언의 근원

참 예언은 유일하신 하나님의 목적 있는 창조에서 그 궁극적인 기원이 발견된다. 꿈이나 환상을 통한 계시로 창조자는 자신의 목적과 뜻을 자기 백성에게 전달한다. 그의 윤리적인 뜻과 그의 종말적인 목적은 모두 그의 종 선지자를 통하여 계시된다. 참 선지자의 말은 선지자 자신의 것이 아니다. 그들은 하나님으로부터 직접 계시를 받은 말을 전하였다. 하나님께서 자기의 뜻을 "입(하나님)에서 입(선지자)으로" 말씀하신 것이다. 선지자의 입은 단지 그의 도구로 사용될 뿐이다.

비록 성경은 죄의 궁극적인 기원에 대하여 거의 설명해 주지 않지만, 거짓과 죄가 이 세상에 들어오게 된 방법에 대하여 분명히 말해 준다. 그것은 바로 거짓의 도구에 의해서 전파되었다는 것이다. 성경은 죄가 하나님과 함께 영원 전부터 존재했다고 말하지 않는다. 그러나 죄는 사람이 무죄하게 창조된 바로 직후에 들어왔는데, 뱀이 하나님의 진리와 반대되는 거짓으로 도입한 것이었다(창 3:1, 4-5).[2] 이런 견해에서 볼 때에 뱀의 목소리는 거짓 선지자의 말에서 재현되었다. 만약 사탄의 의도가 자기 백성을 구원하고자 하는 하나님의 목적을 반대하는 것이라면, 사탄은 하나님의 선지자를 통하여 주어진 계시와 반대되는 거짓을 전파하기 위해 그 방법을 간구할 것이다. 그 방법으로 사탄은 백성의 신앙과 생활을 그릇되게 인도하여 백성을 향한 하나님의 계획을 뿌리째 흔든다. 사탄은 때로 넌지시 유혹하는 목소리로 말하며, 때로는 대담하게 덤벼든다. 이 방법은 선지자들의 시대뿐만 아니라 오늘날도 그대로 적용된다. 외경에 의하면 "마귀라고도 하고 혹 사탄이라고 하는 옛 뱀"은 마지막 날까지 하나님의 진리를 왜곡시킬 것이다(계 12:9 참조).

이 점에 있어서 거짓 선지자의 존재는 때로는 하나님에게는 "사악한" 것이

---

2) Crenshaw(*Prophetic Conflict*, 78)는 죄를 하나님의 잘못된 행위에 기인한 것으로 본다. 즉 하나님이 뱀을 창조하심으로써 죄의 원인자가 되셨다는 것이다. 그는 하나님이 창조하신 모든 것이 선하다고 선포된 것은 "얕은 속임수와 같은 것"이라고 주장한다. 그가 하나님을 이러한 원인자로 만드는 데에는 죄의 원인에 대한 성경의 증거 너머의 자의적인 추측에 근거하였다. 성경에 하나님이 창조하신 모든 것이 "좋았다"는 기록과 뱀이 유혹하는 사건은 분리되어 있으며, 그 사이의 관계에 대하여 침묵하고 있음을 명심해야 한다.

며, 거짓 예언은 하나님을 "마귀의 활동"으로 만드는 최고의 불경스러운 것이다.[3] 이스라엘의 거룩하신 분이 사람과 사탄의 악한 계획들을 자신의 목적을 성취하도록 명령하셨다고 말하는 것이 옳다. 만군의 여호와께서는 모든 것-사람과 사탄의 악한 행위까지도-을 자신의 목적에 맞게 이용하신다. 그러나 거짓 선지자의 존재를 이해하기 위하여 "하나님의 어두운 면, '사탄적인 것'을 고려해야 한다"고 주장하는 것은[4] 이스라엘의 거룩하신 분의 참 성격을 왜곡하는 것이다. 하나님의 본성을 왜곡하는 치명적인 잘못은 거짓 선지자들을 "진실이 아닌 메시지를 말하는데도 실로 참 선지자"라고[5] 두둔하는 것에 기인한다. 이것은 진실을 거짓으로, 그리고 거짓을 진실로 만드는 것이며, 악을 선하다 하며 선을 악하다 하는 이스라엘의 거짓 선지자의 말과 꼭 같다(사 5:20). 거짓을 말하는 자는 하나님이 아니라 거짓 선지자이다. 하나님은 그의 섭리적인 계획에서 거짓 선지자를 자신의 목적을 위해 사용한다는 것 때문에 하나님을 그들에게 거짓말을 하게 하였다는 불경스러운 범죄자로 취급할 수가 없다. 미가야 선지자가 하늘 법정에서 한 영이 "내가 나가 거짓말 하는 영이 되어" 아합의 선지자의 입에 거짓말을 하게 하겠다고 했을 때에(왕상 22:22), 이 거짓 영이 들어간 그 선지자들은 이미 가짜 신인 바알 우상을 위한 대변인 역할을 하고 있었다. 그들은 자신이 인식하고 있었든지 못하였든지 간에 이미 거짓에 빠져 있었다. 언약의 여호와께서는 단지 이 악한 선지자들의 거짓 예언을 자신의 올바른 목적을 이루기 위하여 사용한 것에 불과하다. 하나님이 악의 근원으로 비난받을 일이 아니다. 단지 이 거짓을 진리를 이루기 위해 사용하셨을 뿐이다. 거짓 선지자들은 그들이 여호와의 이름을 도용하여 거짓을 위해 사용한 책임을 져야 한다. 하나님은 결코 사람에게 거짓을 강요하지 않으신다.

참 선지자와 거짓 선지자의 근원은 서로 완전히 다르다. 참 선지자의 말은 참되시고 살아 계신 하나님으로부터 직접 왔으며, 그들은 하나님의 뜻을 백성들에게 전달하는 자이다. 그러나 거짓 선지자는 악한 목적에 그 기원이 있으며, 그들은 사람들을 잘못 인도하여 하나님이 만드신 세상을 황폐하게 만들려고 하는 자들이다.

---

3) Ibid., 78-79.
4) Ibid., 77.
5) Ibid., 76.

2. 참 선지자와 악한 선지자의 동기유발

무엇이 선지자가 되게 하는가? 내적인 강한 충동이 없이는 아무도 하나님의 대변인 역할을 할 수 없다. 그러나 참 선지자와 거짓 선지자의 동기유발은 전혀 다르다. 참 선지자는 하나님으로부터 보냄을 받았으며, 가서 하나님의 말씀을 전하도록 강한 압박을 받는다. 그것은 바울이 경험한 바와 같다. "내가 부득불 할 일임이라 만일 복음을 전하지 아니하면 내게 화가 있을 것임이로라"(고전 9:16). 예레미야의 경우 하나님의 말씀이 그의 입술에 불붙는 것과 같았다(렘 5:14). 그는 하나님의 말씀이 불붙는 것과 같은 감정을 억제하지 못하여 나가서 전해야만 하였다.

하나님 말씀의 부담에서 벗어나고자 하는 선지자 자신의 욕망에 더하여 선지자의 또 다른 동기는 백성의 필요를 느꼈기 때문이다. 백성이 죄악 가운데 계속 머물러 있는 것은 하나님의 큰 재앙을 불러오는 것임을 선지자들은 알았다. 그들은 죄에서 돌이킴으로써 혹시 하나님께서 작정하신 진노를 거두실 수 있기를 바랐다. 하나님은 이러한 선지자의 책임에 대하여 이미 말씀하셨다. "여호와의 집에 와서 경배하는 자에게 내가 네게 명하여 이르게 한 모든 말을 고하되 한 말도 감하지 말라 그들이 듣고 혹시 각각 그 악한 길에서 떠나리라 그리하면 내가 그들의 악행으로 인하여 재앙을 그들에게 내리려 하던 뜻을 돌이키리라"(겔 26:2하-3).

그러나 거짓 선지자의 동기유발은 전혀 다르다. 그들은 사람에 의해 선지자로 세움을 입었다. 왜냐하면 하나님의 말씀이 그들을 압박한 것이 아니기 때문이다. 그들은 두 가지 이유 때문에 하나님의 대변인 역할을 자칭한 것으로 추측할 수 있다. 첫째, 개인적인 유익을 얻기 위해서이며 둘째, 사람들에게 인정받기 위해서이다.

주전 8세기의 미가 선지자는 거짓 선지자들의 동기유발에 대한 하나님 말씀을 선포하였다. "거짓 예언자들아, 너희는 여호와의 백성을 잘못된 길로 인도하고 있다. 너희에게 먹을 것을 주는 자들에게는 너희가 평안을 말해 주고 먹을 것을 주지 않는 자들에게는 좋지 못한 말로 위협하고 있다"(미 3:5, NIV를 따라 번역된 현대인의 성경에서 인용함-역주). 여기에서 거짓 선지자의 동기가 분명하게 나타난다. 바로 양식을 얻기 위해서이다. 만약 어떤 사람이 하나님의 말씀을 묻고는 선지자가 적당하다고 생각하는 보수를 지불하지 않으면, 그는 선지자로부터 큰 봉변을 당할 것이다. 그리고 그 봉변이 얼마나 엄중한지 마치 전쟁을 방불하게 할 것이다. 가식적인 경건주의자는 그의 말에 진노를 담고 있다. 그 앞에 선 백성은 그의 열광적인 말에 위축감을 느낄 것이다. 자칭 의로운 자의 분노는 그 어떤 것보다 더한 힘을 가진다. 왜냐하면 그는 자신이 하나님의 대변인으로서 말하는 것으로 확신하기 때문이다.

하나님은 에스겔 선지자에게 백성 중에서 거짓 예언하는 여인들에게 "얼굴을 향하라"고 지시하였다. 그녀들은 백성들을 잘못 인도하여 재앙을 가져오게 하는데, 그 동기는 "두어 움큼 보리와 두어 조각 떡을" 위함이었다(겔 13:19). 그들은 백성의 안녕에는 전혀 관심이 없이 오직 자신의 유익을 얻기 위해 예언한다. 오랜 세월 동안 선지자들은 자신의 유익을 구하여 말하여 왔다. 그들은 백성에게 엄청난 손해를 끼치면서 자신의 영달(榮達)에만 관심이 있었다.

거짓 선지자들의 또 다른 동기유발은 백성들에 의해 그들이 선지자로 받아들여지고 또 그들의 메시지가 먹혀들기 때문이다. 불행하게도 백성은 오히려 이런 선지자를 선호하였다. 백성은 자신들이 원하는 것을 말해 주는 그러한 선지자를 좋아했다. 미가는 당시에 만연된 이런 상황을 다음과 같이 묘사한다. "이 백성은 어떤 사람이 속이고 거짓말하며 '내가 너희에게 포도주와 독주에 대하여 예언하겠다' 하면 그런 사람을 예언자로 생각하고 좋아한다"(미 2:11, NIV를 따라 번역된 현대인의 성경에서부터 인용함-역주). 그들에게는 하나님의 말씀을 그대로 전하는 참 선지자보다 그들이 듣기를 원하는 것을 말해 주는 그런 선지자가 적합하다. 이러한 상황은 모든 시대에 동일하다. 백성은 항상 자신들은 하나님으로부터 오는 말씀을 듣기 원한다고 주장한다. 그러나 실제 그들은 자신의 생각을 반영한 그런 말씀이기를 원하며, 또 자신들에게 유익을 주는 말을 바란다.

선지자의 동기유발은 그가 전달하는 메시지에 직접 영향을 끼친다. 만약 하나님의 말씀이 그에게 임하여 강권함으로써 그가 선지자가 되었으면, 그는 하나님으로부터 오는 말씀만 전할 것임에 틀림없다. 그러나 개인적인 유익과 백성에게 인정받고자 하는 동기에 의해 선지자가 된 자는 그의 사역도 자신을 유익을 위해 할 것이고, 또한 백성이 듣기 좋아하는 말만 해줄 것이다.

3. 선지자의 인격과 사역

거짓 선지자의 인격과 사역은 좋게 평가받을 수 없다. 그는 거짓말쟁이며, 그의 메시지는 거짓이다. 그는 거짓과 함께 살고 거짓을 말한다(미 2:11; 렘 23:14, 26). 거짓 선지자는 거짓에 무감각하다. 왜냐하면 그의 성격 자체가 거짓에 점철되어 있기 때문이다. 그는 하나님의 말씀이 자기를 속였다고 말하나, 하나님은 그에게 말씀하신 적이 없다. 오히려 그가 자신의 말을 하나님으로부터 온 말씀인 것처럼 전함으로써 백성들의 삶에 큰 해를 끼친다. 백성은 둘 중 하나를 선택해야 할 기로에 서 있다. 거짓 선지자의 메시지를 하나님으로부터 온 말씀으로 받아들여 귀를 기울이든지(그렇게 되면 그의 삶은 잘못될 것임), 아니면 그것을 거부함으로써 창조주 하나님에게 불복종한다는 꾸지람을 들어야 하는 위험을 안아야 할지를 선택해야 하는 부담에 직면하게 된다.

하나님의 이름으로 거짓말하는 죄의 배후에는 뻔뻔스럽고 완고한 마음의 태도가 있다. 거짓 선지자는 "여호와의 회의에 참여하지 않았다"(렘 23:16, 22). 이 거짓 선지자들은 하나님이 특별한 방법으로 자신에게 임하였다고 주장하면서 선포하기를 "내가 꿈을 보았다, 꿈을 보았다!"고 외친다(23:25). 그러나 실제로는 자신의 마음에서 일어난 망상에 불과하였다(23:26). 하나님은 그늘에게 메시지를 주지 않았다. 그런데도 그들은 마치 하나님이 직접 준 계시인 것처럼 주장하였다(23:21). 거짓 선지자는 선지 직책을 남용하였다(23:10하). 그는 그 직책을 자신의 거짓된 힘을 강화시키는 데에 사용하며, 참 선지자를 위협하며 죽이기까지 하였다(23:14).

참 선지자와 거짓 선지자를 구분하는 가장 기본적인 요소는 죄에 대한 책망이 있느냐는 것이다. 하나님의 참된 백성은 끊임없이 자신의 죄에 대한 책망을 듣고 회개해야 하였다. 반대로 거짓 선지자는 부드러운 말을 하며 그들이 하나님의 백성으로서 누릴 수 있는 긍정적인 말들만 한다. 참 선지자 미가는 자신의 상태를 다음과 같이 묘사한다. "그러나 여호와께서 나에게 성령과 권능으로 채워주시고 올바른 판단력을 주셨으므로 내가 이스라엘 백성의 죄를 과감하게 선언할 것이다"(미 3:8, NIV에 가까운 현대인의 성경에서 인용함-역주).

참 선지자의 이러한 특별한 경험을 보면 그는 하나님이 자신과 함께한다는 강한 확신을 가지고 있으며, 어떠한 위협이 이 확신을 무너뜨릴 수가 없음을 알게 된다. 그가 가지고 있는 능력은 자신의 한계를 넘어서 있다. 여호와의 성령, 진리의 성령이 그에게 충만하여 그는 하나님이 인도하는 생명의 길로 굳세게 나아갈 수 있었다. 그는 하나님의 정의가 그를 뒷받침해 주고 있다는 것과, 자신이 하나님의 회의에 서 있다는 확신과 자신감으로 가득하다. 이 모든 내적 강함은 선지자로서의 능력입음에서 오며, 그래서 "야곱의 범죄와 이스라엘의 죄악을 감히 꾸짖을 수 있다." 거짓 선지자는 무엇을 얻기 위해, 또 어떤 목적으로 백성의 비위를 맞추어 주면서 백성을 잘못 이끌고 있는가? 그는 백성들의 죄를 공개적으로 비난할 때에 자신에게 미칠 손해를 계산하며, 그래서 조금의 임금을 더 받기 위해 청중들의 마음을 잘못 인도하고 있는 것이다. 반면에 참 선지자는 마음 깊숙이 압박해 오는 내적 소명에 의해 하나님의 말씀을 전하며, 그의 관심은 오직 청중의 안녕과 희망에 있다.

참 선지자는 거짓 선지자의 저항을 자주 경험한다. 참 선지자와 거짓 선지자의 투쟁은 예레미야 시대에 극치를 이룬다. 그리고 그러한 상황은 사탄과 대결하시는 예수님의 이 땅에서의 사역과 비교할 수 있다. 사탄은 육신을 입고 세상에 오신 그분을 향하여 어느 시대보다 더 강력한 힘으로 대항한다. 예수님 시대에 귀신들린 사람이 다른 시대보다 훨씬 많았다. 그것은 사탄이 하나님의 아들을 대항하기 위해 최대한의 힘을 발휘하고 있는 증거이다.

같은 방법으로 예레미야 시대에 사탄은 거짓 선지자들을 많이 고용하였다. 그 현상은 구약의 어느 시대보다 두드러졌다. 선지자 예레미야는 바벨론이 쳐들어오며, 예루살렘이 멸망할 것을 선포하였다. 백성들은 그 선지자를 가장 악한 매국노처럼 보았다. 백성들에게 비겁하게 적에게 항복하도록 권하며, 나라가 적에게 망할 것을 말하기 때문이었다. 그 결과로 예레미야서의 많은 구절에서 예레미야는 거짓 선지자와 대항하는 장면을 생생하게 묘사하고 있으며, 가끔 그들에 의해 생명의 위협까지 받는다.

- 거짓 선지자들은 여호와를 인정치 아니하며 말하기를 여호와는 계신 것이 아닌즉 재앙이 우리에게 임하지 않을 것이라고 하나, 하나님은 선지자의 말이 불이 되게 하여 백성을 사를 것이라고 말한다(5:12-14).
- 선지자를 죽이려는 음모에서 예레미야는 마치 "순한 양처럼" 끌려갔다. 그러나 하나님이 그 음모에서 그를 구출하였고, 거짓 선지자들을 벌할

것이다(11:18-23).
- 거짓 선지자들은 "거짓 계시와 복술과 자기 마음의 속임으로" 예언한다. 그 결과 여호와께서 그들을 저주할 것이고 그들은 극심한 고난을 당할 것이다(14:13-16).
- 예레미야와 경쟁관계에 있는 제사장 바스훌이 선지자를 쳐서 착고에 채웠다. 예레미야는 바스훌과 그 가족이 바벨론으로 끌려가서 고난을 당하며 고향으로 돌아올 수 없을 것임을 예언하였다(20:1-8).
- 거짓 선지자들은 사특하고 하나님의 성전에서 악을 전파한다. 그러나 하나님이 그들을 보내지 않았으며, 그들은 하나님의 회의에 참석하지도 못하였다. 따라서 그들의 길은 미끄러울 것이고, 그들은 어두움으로 쫓겨날 것이다(23:9-40).
- 예레미야는 만약 그들이 선지자의 말을 거절하면, 예루살렘이 실로같이 황폐할 것임을 경고하였다. 백성은 선지자의 말을 듣기는커녕 거짓 선지자와 함께 그를 죽이려고 공모하였다(26:1-24).

여호와께서는 예레미야의 제자 바룩에게조차도 생명과 안녕에 위협이 되는 경고의 메시지를 주셨다. 여호와께서 바룩에게 물었다. "네가 자신을 위하여 대사(大事)를 경영하느냐? 너는 평안한 생애를 원하느냐? "그것들을 구하지 말라." 하나님이 그의 생명을 보존시키는 것은 어떤 나라를 심기도 하고 또 다른 나라를 뽑기도 하는 역할을 맡기기 위함이다. 그러므로 선지자는 자신이 기뻐하는 것을 추구하는 잘못을 범하지 않아야 하며, 생명을 안전하게 보존하려고 애쓰지 말아야 한다. 왜냐하면 그런 일들을 위해 하나님이 그를 부르신 이유가 아니기 때문이다(렘 45장).

참 선지자와 거짓 선지자의 차이점이 예레미야와 거짓 선지자 하나냐의 대립에서 가장 생생하게 나타난다(렘 28장). 유다의 마지막 왕 시드기야 시대에 여호와께서 예레미야에게 목에 멍에를 매고 나가 예언하라고 명령하였다. 그 멍에는 백성이 바벨론 왕에게 포로로 끌려갈 것을 상징하였다. 예레미야는 유다와 주변 모든 나라들은 자기 땅에 살지 못하고 그 멍에가 매인 것처럼 묶여서 바벨론으로 끌려갈 것을 예언하였다(렘 27:1-15).

그러나 하나냐는 그와 반대의 예언을 하였다. 이 나라가 바벨론의 침입으로부터 잘 견딜 수 있을 뿐만 아니라, 느부갓네살에 의해 빼앗겼던 성전의 모든 기구들이 이년 내에 예루살렘으로 돌아올 것을 말하였다. 그리고 포로로 잡혀간 여호야긴이 풀려 본국으로 돌아올 것이라고 했다. 자신의 예언을 극적으로 표현하기 위해 하나냐는 백성들이 보는 앞에서 예레미야가 목에 매고 있는 멍에를 빼앗아 부수었다. 여호와께서는 당신의 참 말씀과 반대되는 이 행위에 대하여 결코 참지 아니하셨다. 예레미야는 하나냐가 한 예언이 거짓임을 선포하였다. 하나냐가 하나님을 대항하여 거짓을 행하였기 때문에 그가 그 해에 죽을 것임이 선포되었다. 그리고 그것이 이루어졌다. 두 달 안에 거짓 선지자 하나냐는 죽었다(렘 28:17; 또한 28:1도 보라).

이 사건은 가장 힘 있는 실물 교훈이었다. 거짓 선지자는 자신이 상상하는 것을 여호와의 말씀인 것처럼 꾸민다. 그는 백성이 듣기 원하는 것이 무엇인지를 알고 그것을 선포한다. 그러나 이 거짓 예언은 백성이 하나님의 말씀을 따르지 못하게 할 뿐만 아니라, 그 거짓 예언을 따르도록 하여 그들에게 재난을 당하도록 한다. 거짓 선지자는 하나님의 저주 아래에 있다. 얼마 가지 못하여 그는 하나님의 백성을 잘못 인도한 죄에 대한 심판을 받을 것이다.

양자의 대조적인 모습은 아주 극적이다. 한편에서는 하나님의 선지자가 하나님 말씀의 진실을 말한다. 그러나 그 메시지가 하나님 백성에게는 슬프게 여겨질 수가 있다. 이와 반대로 거짓 선지자는 자신의 상상으로 만든 말을 마치 하나님으로부터 온 것처럼 꾸민다. 이 거짓 선지자의 동기는 물욕이며, 백성에게 잘 보이려는 욕망이다. 반면에 참 선지자는 백성이 듣기 싫어하는 것들을 말한다. 왜냐하면 하나님으로부터 그 말을 전하도록 강요를 받기 때문이다. 그는 백성의 호감을 사는 일에 관심이 없다.

4. 참 선지자와 거짓 선지자를 구별하는 기준들

어떻게 백성이 참 선지자와 거짓 선지자를 구별할 수 있을까? 족장들의 이야기에는 그런 문제가 전혀 나타나지 않는다. 아브라함과 이삭, 그리고 야곱은 간혹 믿음이 약해져서 여호와의 말씀을 충분히 깨닫지 못하고 의심할 때도 있었지만, 대부분의 경우 하나님이 그들에게 말씀하실 때에 그것을 분명히 알았다.

문제는 이스라엘에 선지제도가 확립되면서 발생하기 시작했다. 그 때에는 족장 시대처럼 하나님의 말씀이 직접 전달되지 않았다. 이제 하나님의 말씀은 한 형제가 다른 형제에게 전달하는 방식으로 전해졌다. 그냥 단순하고 평범한 한 사람의 목소리가 하나님의 계시의 말씀을 전하는 도구로 사용되었다. 그 결과로 그가 하나님으로부터 직접 보냄을 받은 선지자인지, 그리고 그의 말이 하나님의 말씀인지를 분별할 기준이 필요하였다. 이스라엘 선지제도가 처음 확립되었을 때에 백성들 스스로가 이 문제를 제기하였다(신 18:21). 그 문맥에서 하나님으로부터 온 참 선지자의 말을 분별하는 기준에 제시되었다. 이 기준을 적용함으로써 백성은 참 선지자를 거짓 선지자로부터 구분할 수 있었다.

1) 참 예언과 거짓 예언을 분별하는 성경적 기준들

기본적으로 참 예언과 거짓 예언을 분별하기 위해 세 가지의 평가 기준이 제공되었다. 첫째로, 만약 한 선지자가 다른 신의 이름으로 예언한다면 그가 아무리 이적과 기사를 보이더라도 거짓 선지자로 간주해야 하고, 그의 말에 귀를 기울이지 않아야 한다. "너희 중에 선지자나 꿈꾸는 자가 일어나서 이적과 기사를 네게 보이고 네게 말하기를 네가 본래 알지 못하던 다른 신들을 우리가 좇아 섬기자 하며 이적과 기사가 그 말대로 이룰지라도 너는 그 선지자나 꿈꾸는 자의 말을 청종하지 말라"(신 13:1-3상).

거짓 선지자도 참 선지자처럼 이적과 기사를 행할 능력이 있을 수 있다. 이스라엘은 이집트에 있을 때에 최초의 선지자 모세를 대항하여 바로의 마술사들이 거짓 기적을 행하는 것을 보았다.[6] 그들은 뱀의 최면술과 물을 피로 바꾸는 환각과, 수많은 개구리 떼들이 달려드는 것 등으로 진짜 능력을 행한 모세를 비웃었다. 그러나 후에 소위 "마술사"라고 불리는 자들도 모세의 큰 능력이 하나님의 권능으로 이루어진 것임을 인정하지 않을 수 없었다(출 8:18-19).

신약성경에서도 거짓 선지자에 의해 "거짓 기사와 표적"이 나타날 수 있음을 증거한다(살후 2:9).[7] 예수님도 거짓 선지자에 의해 표적과 기사가 일어날 수

---

6) 그것은 모세의 이적을 흉내낸 것, 즉 속임수이든지 환각으로 간주할 수 있다. 그들이 행한 것은 하나님의 창조 질서를 정말로 바꾸어 놓은 것으로 볼 수 없다.
7) 신약에 사용된 표적과 기사라는 용어는 신명기 13:1의 70인역에서 사용된 것이다.

있음을 말하였다. "거짓 그리스도들과 거짓 선지자들이 일어나 큰 표적과 기사를 보이어 할 수만 있으면 택하신 자들도 미혹하게 하리라"(마 24:24). 이 이유 때문에 오늘날도 참 선지자와 거짓 선지자를 분별하는 것이 중요하다. 오늘날 많은 사람은 목사가 놀라운 능력을 행하기를 기대한다. 그러나 성경의 증언에 의하면 비록 이적을 행한다고 해서 그것이 하나님의 참 선지자의 증거가 아니다.

표적과 기사를 행함으로써 거짓 선지자는 다른 신을 따르도록 유도하는 본색을 드러낸다. 사람들이 자신을 신뢰하게 되면 그는 "네가 본래 알지 못하던 다른 신들을 우리가 좇아 섬기자"(신 13:2하)고 유혹할 것이다. 이제 그가 이스라엘을 이집트로부터 구원한 그 하나님으로부터 메시지를 받은 것이 아님이 분명히 드러났다. 그는 오히려 이스라엘이 전혀 알지 못하는 신을 활성화시킨다. 그러나 이스라엘은 그러한 꿈꾸는 자의 말을 결코 들어서는 안 된다. 그가 어떤 놀라운 표적과 기사를 행하더라도 다른 신의 이름으로 말하는 자는 거짓 선지자임을 명심해야 한다.

참과 거짓에 대한 분별 기준은 다양한 방법으로 시험할 수 있다. 한 비평학자는 어떤 거짓 선지자가 바알에게 예배하고 있는 경우에 이 평가 기준을 적용시킬 수 있음을 인정하면서도, 일반적으로 성경이 제시하는 증거들은 이 기준을 "적용하기에 불가능하고 실제적이지 못하다"라고 평가한다.[8] 이 견해에 따르면 한 선지자가 언약의 하나님에게 충성을 맹세하면서 바알의 이름으로 계속 예언할 때에 이 평가 기준을 적용하기가 부적당하다는 것이다.[9]

더 나아가서 그는 극단적인 견해를 밝힌다. 참 하나님에게 충성하는지에 대한 이 평가 기준은 차츰 힘을 잃고 없어질 것이라고 말한다. 왜냐하면 "성경의 일부가 유일신 사상을 위해 투쟁하지만" 성경 큰 부분은 "철저한 유일 신앙"을 말하지 않기 때문이라는 것이다.[10] 만약 성경의 큰 부분이 유일 신앙을 말하지 않는다면, 언약의 여호와의 이름으로 말하는 참 선지자는 거짓된 자로 간주되어야 할 것이다.

그러나 성경 자체는 참 선지자와 거짓 선지자를 구분하기 위해 검증할 것을

---

8) Crenshaw, *Prphetic Conflict*, 55-56.
9) Ibid., 55.
10) Ibid., 40-41.

강하게 증거한다. 성경은 다른 신의 이름으로 말하는 것을 금한다. 그리고 바알의 이름으로 예언하면서 언약의 여호와께 예배하는 혼합주의를 용납하지 않는 것이다. 선지자들은 이러한 형태의 혼합주의를 광범위하게 정죄한다. 스바냐는 이 부분에 대하여 확실하게 선포한다.

> 내가 멸절하리니…
> 여호와께 맹세하면서
> 몰렉을 가리켜 맹세하는 자와(습 1:4하-5, 역자의 번역).[11]

만약 이스라엘의 여호와께서 보이는 것과 보이지 않는 모든 것을 창조했다면, 그의 독특한 이름의 자기 계시는 예언의 거짓과 진실성을 검증하는 기초가 된다. 차일즈가 다음과 같은 바른 견해를 밝힌다. "실제로 거짓 선지자에 대한 모든 문제는 하나님의 이름을 악용하는 것이다."[12] 이것을 이해할 때에 바알에게 충성하는 사람을 참 선지자로 인정할 수 없는 것이다. 이 첫 기준은 참 선지자와 거짓 선지자를 확실하게 구별하게 해주며, 종교혼합주의를 결코 용납하지 않는다.

둘째로, 참 선지자와 거짓 선지자에 대한 또 다른 확실한 평가 기준은 선지자가 예언한 말이 성취되었는지를 확인하는 것이다. 만약 그 선지자의 예언이 이루어지지 않았으면 그는 신뢰할 수 없는 자이며, 그의 말을 믿어서는 안 된다(신 18:22). 이 평가 기준은 예언이 확실하게 하나님으로부터 나왔다는 것을 전제로 한다. 왜냐하면 하나님만이 미래에 대하여 어떤 계획을 하실 수 있으며, 어떤 인간도 미래에 대하여 확실하게 알 수 없기 때문이다.

이 평가 기준은 단지 선지가가 발한 예언의 진위만을 평가하는 것이 아니라, 그 예언을 발하는 선지자의 인격이 거짓인지 참인지에 대한 평가도 된다. 어떤 특정한 예언이 그대로 성취되었으면 나머지 그의 예언도 참으로 받아들여진다. 만약 그의 예언이 빗나간다면 그는 거짓 선지자로 간주될 것이고, 그의 말은 하나님으로부터 오지 않은 것이 된다. 이 두 번째 평가 기준은 어떠한 "확률

---

11) 다음의 책을 참조하라. Robertson, *Nahum, Habakkuk, and Zephaniah*, 264-65.
12) Childs, *Old Testament Theology in a Canonical Context*, 69.

적인 고려"를 허용하지 않는다. 어떤 예언이라도 이루어지지 않았으면, 그는 거짓 선지자로 낙인찍혀야 한다.

이 평가 기준은 이스라엘의 참 선지자에게 큰 안심과 위로를 준다. 이러한 모습은 성경에서 여러 번 나타난다. 미가야 선지자는 아합의 죽음에 대하여 예언할 때에 위협을 받았다. 그러나 미가야는 단호한 입장에 서서 공개적으로 선포했다. "미가야가 가로되 왕이 참으로 평안히 돌아오시게 될진대 여호와께서 나로 말씀하지 아니하셨으리이다." 그리고 그는 또 백성들을 향하여도 선언하였다. "너희 백성들아 다 들을지어다"(왕상 22:28). 열왕기서 전체는 하나님의 종 선지자들의 예언이 어떻게 성취되었느냐 하는 관점에서 읽어도 좋다. 상, 하서를 통하여 스무 번이나 되는 미래의 예언이 기록되어 있다.[13]

이스라엘의 기록 선지자들은 자신들의 예언이 이루어질 것인지 그렇지 않을 것인지에 대한 정밀한 검증을 백성으로부터 받기를 원하였다. 이사야의 경우 백성은 여호와의 선지자에게 침묵할 것을 요구하였다(사 30:10). 그러나 하나님은 이사야에게 그가 선포한 하나님의 말씀을 영구적으로 보존하라고 명령했다. 하나님은 자신의 메시지가 오는 모든 세대에 영원한 증거가 되도록 기록하게 하였다(30:8). 이로써 미래의 후손들이 선지자의 말이 진실임을 확실히 볼 것이다.

예레미야는 계속되는 거짓 선지자의 위협적인 상황에서 참 선지자를 거짓 선지자에게서부터 구별하기 위하여 이 하나님이 주신 분별 기준을 사용하였다. "평화를 예언하는 선지자는 그 예언자의 말이 응한 후에야 그는 진실로 여호와의 보내신 선지자로 알게 되리라"(렘 28:9). 예언이 성취되는 확증 없이는 그가 하나님으로부터 보냄을 받은 선지자로 인정받을 수 없다. 다시 한번 강조할 것은, 이 평가는 단지 어떤 특별한 메시지에 한정되는 것이 아니라, 선지자 인격 자체를 확인하는 것이다.

에스겔 시대에 여호와는 백성이 선지자를 단지 고운 목소리로 사랑노래를 부르며 악기를 잘 다루는 사람으로밖에 보지 않는 태도에 대하여 실망의 뜻을 표현하였다(겔 33:32). 선지자의 예언에 대한 입증은 그가 단지 연극배우가 아님

---

13) 다음 책들을 참조하라. Robertson, *Christ of the Covenants*, 252-69; Von Rad, *Old Testament Theology*, 2,342-56.

을 확증해 주는 것이다. "그 말이 응하리니 응할 때에는 그들이 한 선지자가 자기 가운데 있었던 줄을 알리라"(33:33). 선지자는 그의 예언이 성취될 것을 의심하지 않았다.[14] 이 확신은 단지 그의 말이 자신의 것이 아니라 하나님으로부터 나왔다는 것을 앎으로써 가능하다. 미래 예언의 성취는 자신이 선지자라고 주장하는 모두에게 적용해야 할 평가 기준이다.

이 평가 기준에 대항하여 많은 반론이 제기된다. 그 중의 하나는 이 평가 기준은 과거에 대한 회상에서만 영향을 미친다는 것이다.[15] 오직 예언이 이루어진 후에 그것이 하나님으로부터 온 말임을 확인할 수 있기 때문이다. 그러므로 예언할 당시에는 그 기준이 적용될 수 없다는 것이다. 그러나 이 반론은 많은 요소들을 간과하고 있다. 성경의 예언은 임박한 미래에 일어날 것과 먼 미래에 대한 예언이 섞여 있음을 관찰해야 한다. 한편으로 그의 메시지의 진실성은 그리 오래지 않아 동시대 사람들에게 확증된다. 그러나 앞에서 언급하였듯이 이 평가 기준은 어떤 특정적인 예언에만 한정시켜서는 안 되며, 선지자의 인격에도 관계된 것이라고 했다. 그 선지자의 입에서 나온 임박한 미래에 관한 예언이 한 번 성취되었으면, 그는 여호와의 참 선지자로 확인된다. 그리고 백성은 그의 먼 미래에 대한 예언도 믿을 수 있다.

어떤 주석가는 예레미야가 하나냐와 대결할 때에 희망을 상실한 모습에 대하여 길게 설명한다.[16] 그에 의하여 주님의 참 선지자는 기가 죽은 겁쟁이로 묘사된다. 왜냐하면 하나냐의 예언이 그 자신의 것과 같이 좋게 보였기 때문이다. 아마도 예레미야는 자신의 예언에 의심하기 시작한 것 같다고 말한다.

그러나 서로 경쟁을 벌이고 있는 두 선지자 사이에 대한 이 견해는 그 뒤에 이어 전개되는 과정을 무시한 것이다. 여호와는 자기의 충성스런 종을 그렇게 당황스런 위치에 내어버려 두지 않는다. 예레미야는 모든 백성이 확인할 수 있는 짧은 기간의 예언으로 돌아섰다. 예레미야는 거짓 선지자 하나냐가 그해 안

---

14) Crenshaw(*Prophetic Conflict*, 14)는 선지자는 "그 생애 동안 확실성과 의혹성 사이에서 칼날 위로 걷는" 걸음으로 살아야만 했다고 말한다.
15) Ibid., 50.
16) Brueggemann(*Theology of the Old Testament*, 631)은 "학자들이 동의하는" 것은 예레미야와 하나냐의 주장 사이를 분별할 수 있는 "어떤 객관적인 평가기준이 없다"는 것이라고 주장한다(『구약신학』, 류호준·류호영 역, CLC 역간).

에 죽을 것임을 선언했다(렘 28:16). 그로부터 두 달이 못되어서 하나냐는 죽었다(28:17; 또한 28:1도 보라). 참 선지자와 그의 말이 하나님으로부터 왔다는 것을 확정하기 위해 이보다 더한 증거가 무엇이 있는가? 어떤 주석가가 이 두 선지자가 각자 막다른 골목에 직면했다고 제안하는 것은 이 다툼의 결론 부분을 무시했기 때문이다. 예레미야가 강력하게 선포한 임박한 미래의 예언이 성취된 것으로 그의 먼 미래의 예언도 보증된다. 그는 하나님의 참 선지자이다.

먼 미래 예언의 의의(意義)는 신약시대의 예언과 비교된다. 사도 베드로에 의하면 주님의 재림에 대한 약속은 의심의 여지가 없는 것이었다. 베드로는 이 예언을 받은 자가 "어떠한 사람이 되어야 하겠는가?"라고 반문한다(벧후 3:11). 주님 재림의 확실성은 하나님 백성이 경건하며 거룩하게 살도록 자극한다. 만약 신약시대의 재림과 같은 멀리 있을 예언도 그것을 믿는 백성의 생활 태도에 확실하게 영향을 미친다면, 구약성경에 있는 먼 미래의 예언에도 같이 적용되었어야 한다.

어떤 비평학자가 참 선지자의 많은 예언이 성취에 실패하였다고 주장하는 것은 이 평가 기준을 바르게 사용하지 못했기 때문이다.[17] 그가 비평적인 입장에서 주장하기를, "예언적 약속의 가장 확실한 실패는" 이사야서에서 발견되는데, "왜냐하면 이 시적인 걸작은 성취되지 않은 예언이 만연하기 때문이다"라고 말한다.[18] 그러나 이사야는 이스라엘의 하나님이 미래에 대한 예언의 능력이 있음을 반복하여 주장하고 있음을 유의하여야 한다. 따라서 그 비평학자가 한 "이 저자(이사야)가 준 과장된 예언들이 실현되지 못하였다"고[19] 비꼬는 말은 받아들이기 힘들다. 그는 사막이 동산과 같이 꽃이 필 것이라는 이사야의 예언과 함께, 바벨론이 멸망하고 고레스가 이스라엘의 하나님을 예배할 것이라는 이사야의 주장을 실패한 예언의 예로 든다.[20]

---

17) Crenshaw, *Prophetic Conflict*, 51-52.
18) Ibid., 51 n. 39. 그가 이사야서를 "성취되지 않은 예언들이 만연하다"고 묘사하면서도 "시적인 걸작"으로 평가한 것은 "옅은 칭찬을 가진 저주"(damning with faint praise)라고 표현하는 것이 옳다. 그는 자신의 판단을 뒷받침하기 위해 E. Osswald의 글을 인용한다. Osswald는 성취되지 않는 많은 예언을 살피면서 선지자들의 믿음이 "잘못된 믿음"이었다고 주장한다.
19) Ibid., 52 n. 41.
20) Ibid., 51. n. 39.

그는 여러 구절들에서 성경의 예언이 실패하였음을 증명한다.[21] 그러나 그가 실패한 예언의 한 예로 준 사막에서 꽃이 피는 예언은 문자 그대로 볼 것이 아니다. 이것은 땅에서 식물이 무성하게 자라는 비옥한 모습을 묘사한 것이다. 물론 모든 예언들을 합당하게 해석한다는 것에는 어려움이 있다. 그러나 성경 예언의 궁극적인 성취는 신약시대에 종말적으로 완성되는 것이며, 성취되지 않은 채 심각한 문제로 남는 것은 전혀 없다.

더욱이 그들이 주장하는 대로 만약 선지자의 예언들이 성취된 이후에 "수집되고 편집되었다"면,[22] 잘못된 예언들은 모두 제거되고 수정되었을 것이다. 만약에 기록된 예언이 성취된 이후에 마치 미래적 예언인 것처럼 다듬어졌다면, 그것은 하나님의 계시로서의 생명을 상실한다. 미래에 대한 예언들이 사건이 지난 이후 수정되었다면, 예언의 전체가 의심받을 수 있다. 선지서의 예언은 미래에 일어날 것으로 주어지고 있으며, 또한 선지자는 그 예언이 반드시 이루어질 것이라는 확신을 계속 가지고 있다. 양자가 자연스럽게 조화를 잘 이룬다. 만약 선지서의 예언들이 사건이 있은 후에 쓰인 것이라면, 어떻게 그러한 조화가 이루어질 수 있는지 실로 이상한 일이 아닐 수 없다.[23] 분명히 말해 두어야 할 것은 선지자는 "자신의 선포한 메시지와 그 의미를 결코 자기 임의로 바꿀 수 없다." 만약 그것이 허용된다면 그는 참 선지자가 아니다.[24] 그러면 선지자의 예언에서 서로 상반되는 말들이 나타나는 경우 어떻게 그것들이 서로 조화를 이루면서 유효한 것으로 간주될 수 있는가? 초기 이스라엘 선지자의 기록들이 공개되지 않고 비밀히 보존되어 왔다는 것은 거의 불가능하다. 따라서 그 선

---

21) Crenshaw는 예언이 실패한 것으로 나타난다는 12구절들의 목록을 준다(Ibid., 51 n. 39). 그의 성취에 대한 견해는 문자적인 해석에 근거하고 있으며, 에스겔 40-48장도 성취되지 않은 목록에 포함시킨다. 그는 훌다의 예언도 잘못된 것으로 보면서(왕하 22:18-20), 훌다가 요시야 왕이 그의 조상에게로 평화롭게 돌아갈 것으로 예언했지만 그러지 못하였다고 말한다. 그러나 실제로 여선지 훌다의 예언을 볼 때에 그것은 전혀 다른 무엇을 예언한 것이었다. 요시야는 그의 조상에게로 돌아갈 것이다(그것은 사실이다). 그는 평화롭게 장사된다(그것도 맞다). 그리고 그의 눈이 하나님께서 예루살렘에 내릴 재앙을 보지 않을 것이다(그것도 역시 맞다). 그리고 더 지적할 것은, 열왕기서가 편집자의 손을 거친 것임을 가정할 때 만약 앞선 기록에 오류가 있었으면 편집자는 반드시 고쳤을 것이다.

22) Childs, *Old Testament Theology in a Canonical Context*, 140.
23) Clements, *Old Testament Prophecy*, 210-11.
24) Idid., 210.

지자에 대한 존경심을 훼손하지 않은 채 다양한 진술들을 서로 조화시키기 위해 수정한다는 것은 불가능하다. 그 예언에 대한 신용을 떨어뜨리지 않으면서 조화를 목적으로 선지자 기록에 수정이 가해질 수가 없다. 만약 선지자가 자기의 권위를 담보로 하여 미래에 대한 예언을 했다면, 그 원 기록은 신성불가침의 것으로 간주되었어야 했으며, 어떤 수정이나 편집이 없이 처음 그대로 보존되었어야 한다.

원래의 형태가 그대로 보존됨으로써 참 선지자의 말은 계속 표적 역할을 할 수 있으며, 또한 그 예언이 하나님으로부터 직접 계시를 받은 것임이 확증된다. 우리는 창조 때에 이미 목적을 가진 여호와께서 미래의 과정을 충분히 알릴 수 있음을 믿는다.

참 선지자와 거짓 선지자를 구별하는 세 번째 평가 기준은 그의 예언이 선행하는 계시의 말씀과 일치하는가를 살피는 것이다. 참 선지자는 앞서 주어진 계시의 말씀, 특히 첫 성경적 예언의 창시자인 모세를 통해 주어진 말을 확인하면서 반복한다. 이스라엘은 출처가 다양한 자료들을 통하여 메시지를 받는 것보다, 언약으로 주어진 원래의 하나님 명령을 지키고, 그의 목소리에 귀를 기울여야 한다(신 13:4; 또한 사 8:20도 보라).

선지서에서 하나님의 명령을 지키라는 구절은 모세의 율법을 가리킨다.[25] 최초로 확립된 선지제도는 뒤에 따르는 선자자의 표본이 되며, 첫 선지자의 예언은 뒤에 따라올 선지자의 예언이 참인지 거짓인지의 기준이 된다. 앞에 주어진 명령(모세에 의해)은 뒤의 선지자 예언의 기초가 된다. 이스라엘의 선지자는 백성이 전혀 알지 못하는 새로운 무엇을 도입하는 것이 그의 임무가 아니다. 오히려 그는 모세에 의해 확립된 옛 기초 위에 서서 그것을 설명하는 것이 임무이다.[26] 비록 옛 계명과 규례와 법령에 따라 살라는 교훈이 놀라운 표적과 기사와 함께 선포되는 새로운 메시지보다 신선함을 주지 못하겠지만, 선지자에게는 모세의 율법이 항상 우선적이었다. 선행된 그 말씀은 후속되어지는 선지자의 모든 말씀을 시험하는 기준이 된다.

선지자의 삶의 형태나 그의 메시지는 모세에 의해 주어진 율법을 확립하는

---

25) Clements(*Prophecy and Tradition*, 52)는 참 선지자는 모세에 의해 주어진 토라를 가르치는 일을 하였다고 말한다.

26) Fairbairn, *Interpretation of Prophecy*, 14-15.

것이 되어야 한다. 선지자가 부도덕하게 살므로 다른 선지자로부터 비판을 받는다면 그는 참 선지자 일 수가 없다. 거짓 선지자의 탐욕은 참 선지자에 의해 정죄함을 받았다(미 3:5, 11; 렘 6:13). 그들의 부도덕한 행동은 여호와의 거룩한 성소를 부정(不淨)하게 하였다(렘 23:10-11, 13-14; 29:21, 23). 선지자가 모세의 율법에 일치하게 예언을 하는가 하는 이 세 번째 평가 기준은 백성과 선지자들을 부도덕한 행동, 간음, 탐욕, 불공정 그리고 폭행으로부터 지키는 역할을 한다. 이 이유 때문에 참 선지자의 사역에서 당시 백성의 잘못된 행위를 정죄하는 역할이 강하게 나타난다.

혹자는 선지자가 윤리적으로 문제가 없어야 한다는 점을 논하면서, 이사야가 "여선지자"와 성행위를 한 부도덕한 사람이었다고 주장한다. 그의 이 주장은 그 "여선지자"가 이사야의 법적 아내가 아니었다는 것을 가정한 것으로서 잘못되었다.[27] 그는 또 호세아의 문제도 지적한다. 음란한 여인과 결혼한 호세아가 부도덕한 것으로 지적받든지, 혹은 그 여자의 음란한 성향에 대한 정보를 주지 않은 하나님이 부도덕한 책임을 져야 한다고 말한다.[28] 호세아의 결혼은 "도덕적 민감성이 둔하다"는 비판을 받아야 한다고 말한다.[29] 이 주장은 하나님과 그의 종 선지자를 터무니없이 비난하는 것으로 평가받아야 한다.

예언에서 지적된 도덕적 율법의 중요성은 현대의 상황에도 그대로 적용되어야 한다. 오늘날도 모세의 도덕적 율법과 반대되는 메시지가 하나님의 말씀인 것처럼 가장하여 지속적으로 선포된다. 오늘날 소위 기독교 상담자라고 불리는 사람들이 엄격한 결혼관을 무너뜨리고 결혼 밖의 성관계를 부추긴다. 오늘날 성경의 땅에 세워진 이스라엘 국가는 이스라엘의 회복에 대한 예언의 성취라는 명목으로 남의 재산을 빼앗지 말라는 계명을 무시한다. 그러나 선지자가 준 예언과 약속, 그리고 성취에 대한 메시지는 모세를 통해 계시로 주신 하나님의 도덕적 율법과 반대될 수가 없고, 또한 반대되어서도 안 된다.

하나님은 선지자가 앞선 선배의 예언에 부합되는 행동을 하는지에 대하여 끊임없이 시험하신다. 거짓 선지자가 일어나는 것은 "너희 하나님 여호와께서 너희가 마음을 다하고 성품을 다하여 너희 하나님 여호와를 사랑하는 여부를 알

---

27) Crenshaw, *Prophetic Conflict*, 58.
28) Ibid., 57.
29) Ibid., 58.

려 하사 너희를" 시험하시기 위하여 허락되는 것이다(신 13:3). 예언적 활동은 전혀 새로운 것의 도입을 위함이 아니다. 항상 먼저 주어진 예언으로써 그 뒤의 선지자의 모든 활동을 시험한다.

이 세 가지 기준은 참 이스라엘의 선지자와 거짓 선지자를 분별하는 기준으로 사용되었다. 이 기준들 중에서 하나라도 부합하지 않을 때에 그 선지자는 거짓 선지자로 낙인찍히기에 충분하다. 만약 그가 그 조상의 하나님이 아닌 다른 신을 따르도록 부추긴다든지, 그의 미래에 대한 예언이 성취되지 않든지, 혹은 그의 말이나 행동이 모세 율법에 일치하지 않을 경우, 그는 거짓 선지자로 간주되어야 한다.

2) 참 선지자와 거짓 선지자를 구분하는 현대의 기준들

현대의 부정적 비평학은 이 성경적 평가 기준들이 정당한지에 대하여 의문을 제기한다. 브루그만은 "분명한 것은" 이스라엘의 선지자들이 스스로 주장하는 "권위를 증명하기가 불가능하다는 것이다"라고 말한다.[30] 크렌쇼는 "참 선지자와 거짓 선지자를 분별하는 모든 성경의 평가 기준은 부적절하다"라고 말한다.[31] 이스라엘에서 멸망을 경험한 사람들이 선지자의 타락이 나라의 멸망을 가져왔다 비난하게 되었으며, 그 결과 참 선지자와 거짓 선지자를 평가하고자 하는 기준을 제시하는 것으로까지 발전되었다고 한다. 이러한 관점에 의하면 그러한 평가 기준은 예언이 하나님으로부터 왔는지에 대한 검증을 전혀 해내지 못하게 된다.[32] 그들은 성경에서 밝히고 있는 기준이 참 선지자인지 거짓 선지자인지를 밝히는 효력이 없기 때문에 스스로 상상하는 다른 기준들을 제안한다.

- 꿈을 통하여 메시지를 받은 선지자는 "확실하게 거짓 선지자이다."[33] 물

---

30) Brueggemann, *Theology of the Old Testament*, 631(『구약신학』, 류호준·류호영 역, CLC 역간).
31) Crenshaw, *Prophetic Conflict*, 61.
32) Ibid., 103.
33) Ibid., 54. Crenshaw는 참 선지자 중에 꿈과 환상을 보는 경우가 선지서에 나타나는 것에 대하여도 자세히 살피면서 이러한 진술을 하고 있다.

론 이것은 성경에서 거짓 선지자로 규정하면서 밝히는 그 기준이다. 그러나 이 것은 "내가 몽사를 얻었다 몽사를 얻었다"(렘 23:25-28)라고 주장하는 거짓 선지자를 묘사한 구절을 잘못 해석한 것에 기초를 둔 것이다. 꿈과 환상은 선지자가 메시지를 받는 기본적인 방법이다(민 12:6). 예레미야의 그 구절은 거짓 선지자가 자신이 선지자인 체하며 과장하여 주장하는 것에 대하여 하나님의 선지자가 조롱하는 투로 말하는 장면이다. 이것을 참 선지자와 거짓 선지자를 판단하는 기준으로 세울 수 없다.

- 평화를 선포하는 자가 거짓 선지자이다. 참 선지자는 "화"를 선포하는 반면 거짓 선지자는 "평화"를 부르짖는다.[34] 그러나 이 축복과 저주라는 두 요소는 하나님이 이스라엘과 맺은 언약에서 기본적인 원리로 적용되어 왔던 것이다(제5장을 보라). 여러 선지서들을 자세히 살펴보면 여호와의 참 선지자들이 축복과 저주 양면을 다 제안하고 있음을 발견한다.
- 종교의식에 긍정적인 선지자는 거짓 선지자로 확인할 수 있다고 제안한다. 참 선지자는 반대로 종교의식에 대하여 심각하게 비판적이라는 것이다. 비록 예배의식에 대하여 선지자가 얼마나 관여하였는지에 대하여는 불명확한 것이 있다손 치더라도, 참 선지자들은 예배를 확립하는 네 이바지한 것이 확실하다. 이것은 마치 참 선지자는 황홀경에 든 사람이 아닌 것이 확실하지만, 모든 거짓 선지자가 다 황홀경에 빠졌다고 할 수 없는 것과 같다.[35] 거짓 선지자는 모두 황홀경에 빠진다거나, 모든 황홀경이 거짓 선지자의 것이라는 성경의 증거는 부족하다.[36]
- 참 선지자와 거짓 선지자 간의 분별은 이스라엘 고대 전통들의 해석의

---

34) 이 독특한 구별 기준은 미가 4:9-5:1에 근거하여 van der Woude("Micah in Dispute," 255)가 제안한 것이다. 비록 미가서의 본문이 양쪽 선지자 간의 다툼에서 "화"와 "평화"라는 확실한 형태가 나타나지 않지만 van der Woude는 거짓 선지자에게는 축복을, 참 선지자에게는 저주를 적용시켰다. 그는 이러한 형태는 전적으로 포로 직전 시대의 구절들로 간주되어져야 한다고 판단한다. 그러나 그러한 예언들이 꼭 포로 직전 시대로 확정지을 근거가 없다. 왜냐하면 이스라엘의 언약에서 축복과 저주는 미가 시대보다 훨씬 이전부터 지속적으로 알려져 온 것이기 때문이다.

35) Mowinckel, "'Spirit' and the 'Word'"를 보라.

36) Wilson, Prophecy and Society, 49.

차이에서 찾을 수 있다고 한다.[37] 선지자의 양 그룹은 같은 전통들에 호소하였다. 그러나 참 선지자는 하나님을 구속자일 뿐만 아니라 창조자로도 보았다. 그래서 하나님은 토기장이로 백성은 진흙으로 비유하기도 하였다. 반면에 거짓 선지자는 하나님을 마치 진흙으로 인식하여 그는 구원을 베풀어 주어야 하는 분으로 이해했으며, 백성을 하나님의 모습을 그들의 원하는 바대로 재단하는 토기장이 위치로 올려놓았다는 것이다. 이 분석은 거짓 선지자가 하나님을 마치 백성에게 구원의 축복을 가져줄 목적을 위해 존재하는 그 어떤 분으로만 인식하였던 점에 대하여 이해하는 데 도움을 준다. 그러나 그것은 하나님의 참 선지자가 하나님으로부터 직접 받은 계시적인 깨달음임을 지속적으로 밝히는 성경의 증언을 무시한다. 그것은 이전의 하나님의 말씀들을 그들 자신의 시대에 적용하는 해석학적 원리의 결과로 그러한 결론에 도달한 것이 아니다.

- 거짓 선지자는 선지자로서의 직업을 적절하게 수행하지 못하는 사람이라고 확증할 수 있다. 반면에 참 선지자는 그의 소명을 성공적으로 잘 수행하였다고 할 수 있다.[38] 그러나 이러한 평가 기준은 현대의 가치 기준을 고대의 문맥 속으로 적용시킨 결과에서 비롯된 것으로 볼 수 있다.
- 또한 사회적 요인들을 가지고 참 선지자와 거짓 선지자를 구분하는 잣대로 삼기도 한다. 각각 다른 이스라엘 사회는 선지자가 어떻게 행동해야 하느냐에 있어서 다른 개념들을 가지고 있었다는 것이다. 그 결과 "참 선지자인지 거짓 선지자인지에 대한 결정은 그 선지자의 주장이 자기 사회적 가치 기준에 부합되는지 안 되는지에 근거하여 판단된다는 것이다."[39] 예레미야의 경우를 보면 그는 당시에 확립된 사회적 가치판단에 의하여 "변두리적인 선지자"로 인식되었고, 반대로 하나냐는 "중심적인 선지자"로서 백성들의 지지를 받았다(렘 28장).[40] 그러나 비록 선지자들이 사회적 영역을 의식하였다 할지라도 참 선지자와 거짓 선지자의 관계가 수평적인 차원에서 사회적 그룹들 사이의 갈등이 본질이었다 할 수

---

37) Wilson, *Prophecy and Society*, 49.
38) Coggins, "Prophecy-True and False," 80-82.
39) Wilson, *Sociological Approaches*, 77.
40) Wilson은 선지자를 특정한 사회적 배경과 밀접한 관계가 있는 인간의 한 모습으로 분석했다

없다. 그러한 갈등은 근본적으로 하나님과 백성의 수직적 관계에서 일어 난 것으로 초점이 맞추어져야 하며, 이 근본적인 관계가 사회에 그룹들 사이에도 영향을 미친 것이다. 참 선지자는 먼저 자신의 사역을 언약의 하나님과의 관계위에 두며, 그것을 기초로 하여 백성과 합당한 관계를 만들어 나간다.

위와 같은 참 선지자와 거짓 선지자를 구별하는 다양한 가설들은 적절한 평가 기준으로 인정되기 힘들다. 만약 이스라엘에서 선지제도가 아주 자연스러운 현상이라면, 참 선지자와 거짓 선지자를 구별하는 것도 자연스러운 설명으로 이루어져야 한다. 만약 하나님의 계시가 참 선지자를 통하여 주어진 것이 사

(Prophecy and Society, 3). 예언의 사회적 위치를 고려하면서 윌슨은 모든 사회에서 "중개자들"은 그들을 그 사회에서 역할을 담당할 수 있도록 하는 "지지하는 세력"과 어떤 형태로든 관계될 수밖에 없다고 보았다(87). 그는 성경의 예언을 취급하면서 "에브라임"의 전승 사상에 크게 의존한다. 예언의 한 지류인 에브라임 전승은 성경본문에서 확실하게 증명될 수 있다는 것이다. 그는 에브라임 전승을 신명기적 역사(Deuteronomistic history)와 연관시킨다. 왜냐하면 이 모든 작품은 전승에서나 신학적인 조망에서 다 공통점이 있기 때문이다. 그는 이 공통적 전승을 "북 이스라엘의 조망"으로 확인한다(17). 그러나 그는 그 두 개의 공통성과 에브라임 족의 기원에 대한 어떤 증명도 내어놓지 못한다. 단지 그는 난외주에서만 어떤 자료들을 제공하는데, 그것들도 이 가설을 거의 지지하지 못한다. 에브라임의 예언적 공동체 사상을 위해 논하면서, 그는 nabi라는 명칭이 "에브라임 전승의 특징이다"라고 주장한다(256). 그러나 그는 곧 그 명칭은 역시 유다 지파의 저자들에 의해서도 간혹 사용되었음을 인정하면서, 이 유다적 예외는 약 70번 이상 나타난다고 말한다(63). 에브라임 전승을 가정하면서, Wilson은 이 북쪽 전승은 이스라엘 예언을 확립하는 데 있어서 주된 줄기가 아닌 변두리에 해당되는 것으로 말한다. 그러나 그 전승은 그것을 형성해 나간 그 사회의 산물이기 때문에 사회에서 충분한 역할을 하였다(17). 호세아는 에브라임의 변두리 선지자로서 확인되며, 신명기에 의해 영향을 받았고, 에브라임 전승을 만들어간 그 그룹에 의해 지지받은 것으로 가정된다(230). 반면에 이사야는 유다의 예언자 그룹에 지도자로 제시된다. 이 관점에서 그는 중심적인 선지자로 나타나며, 옛 전승들의 기초 위에서 안정을 추구하였다. 그러나 이사야가 제의를 심하게 비판할 때에는 역시 변두리적인 선지자로 나타난다. Wilson은 이 "모호한 그림"을 설명하기 위해 이사야는 그를 지지하는 그룹에서부터 다른 그룹으로 옮겨간 결과라고 주장한다(272-73). 이스라엘 선지자들의 역할에 대한 성경 기록들을 단순하게 읽는다면 그들 사역이 사회와 연관되었다는 이 이론을 발견하지 못한다. 선지자들이 왕, 선지자, 그리고 백성과 대면하면서 자신을 지지하는 그룹에 의지하고 있다는 증거를 주지 않는다. 왜냐하면 그들은 자신의 말이 천지의 주재이신 하나님으로부터 왔음을 확신하였으며, 또한 그들은 자신의 지지자가 정상적인 사회의 영역에서부터 열외의 그룹인 것을 알기 때문이다.

실이라면 참 선지자와 거짓 선지자를 구별하는 데는 성경적 기준이 가장 적절하다.

요약한다면, 부정적 비평학자들은 성경적 평가 기준이 실제 옛 이스라엘 삶의 현장에서 적용될 수 있는 바른 기준이라고 인정하지 않는다. 그러나 우리는 성경적 평가 기준을 적용할 때에 거짓 선지자들로부터 참 선지자를 잘 구별해 낼 수 있다고 확신한다. 간단히 말하면, 이스라엘의 예언이 붕괴되었기 때문에 참 선지자와 거짓 선지자 사이의 다툼을 해결할 수 있는 적절한 평가 기준이 없다고 말하는 것은 옳지 않다. 하나님은 계시적 말씀을 전하고 싶을 때에 언제든지 자신이 원하는 사람을 전달자로 선택할 수 있었다. 옛 언약 시대에 예언은 계속되었으며, 주님이 오시기 전 약 400년에 이르러서야 끝이 났다. 그러나 그 종결은 참 선지자와 거짓 선지자를 분별하는 기준이 없어서 계시를 더 이상 줄 수 없었던 것이 아니다. 이스라엘이 포로에서 돌아옴으로써 옛 언약에서의 구속역사가 끝났기 때문이다. 그러나 구약시대에 참 선지자와 거짓 선지자에 대한 본래의 분별 기준은 온전히 합당하였다.

하나님은 참 선지자와 거짓 선지자 사이를 분별하는 기준을 제시하는 차원을 넘어서 거짓 선지자에 대한 징계를 엄하게 시행하셨다. 하나님은 거짓 선지자를 "죽이라"고까지 명령하셨다(신 13:5). 선지자는 이스라엘에서 너무나 중요한 위치에 있기 때문에, 하나님으로부터 합법적으로 부름을 받지 않고 거짓으로 스스로 선지자 노릇을 하는 것을 죽음으로써 엄히 다스리도록 명하신 것이다. 이스라엘에서 왕이나 제사장이 직분을 잘못 이용할 때에 죽기까지 벌을 내리시지는 않으셨다. 그러나 거짓 선지자는 죽여야 하였다. 그와 같이 죽음이라는 심한 벌을 가한 것은 거짓 선지자가 하나님의 백성에기 미칠 피해가 크기 때문이다.

칼빈은 교회 역사에서 이러한 피해가 심각하였던 그 순간에 대하여 다음과 같이 말한다. "설교자가 자유를 주장하며 인간을 기쁘게 할 것들을 가르치고 있을 때에, 교회는 전적으로 타락한다. 그래서 빛과 어둠의 구분은 전혀 없어진다. 교회는 이 거짓 선생들 외에 참의 것을 용납하지 않게 되고, 진리가 거짓으로 대체되는 길을 막을 수 없게 된다."[41]

---

41) Calvin, *Twelve Minor Prophets*, 5.380.

오늘날 세상 정부는 신정정치 국가였던 구약시대의 이스라엘과 같이 법집행을 시행해서는 안 된다. 현대의 정부는 다양한 종교적 전통을 수용하고 있기 때문에, 정부가 어떤 사람이 참 선지자이고 또 거짓 선지자이라는 판단을 해주기를 기대해서는 안 된다. 또한 현대 정부가 거짓 선지자라고 판단되는 사람에게 사형을 집행해서도 안 된다. 그러나 신약시대의 교회는 교회에 속하여 있는 교인을 잘 감시하여 지도자가 하나님의 말씀으로부터 이탈되지 않았는지, 그리고 영감을 잘 받았는지를 살펴 거짓 지도자가 성도를 잘못 이끌어 가지 못하도록 해야 한다. 여호와의 말씀을 선포한다고 하면서 거짓으로 이끄는 자는 교회가 권징을 해야 하는데, 여기에는 권면, 충고 그리고 경우에 따라서는 출교도 포함될 수 있다.

5. 참 선지자와 거짓 선지자의 사역의 결과

"말하기는 쉽다"는 속담은 말이 행동보다 쉽게 튀어나옴을 강조한다. 그러나 여호와의 선지자에게 말은 그렇게 쉽게 나오는 것이 아니었다. 왜냐하면 말하는 자나 듣는 자가 그 말의 결과가 얼마나 심각한지를 알기 때문이다.

1) 일반 백성들에게

거짓 선지자는 선한 사람 악한 사람 모두에게 직접적인 영향을 미친다. "내가 슬프게 하지 아니한 의인의 마음을 너희가 거짓말로 근심하게 하며 너희가 또 악인의 손을 굳게 하여 그 악한 길에서 돌이켜 떠나 삶을 얻지 못하게 하였은즉"(겔 13:22).

하나님의 뜻을 따라 살려고 하는 사람은 스스로 하나님의 대변자라고 나서는 자에 의해 근심한다. 선지자 직의 위력이 사람을 이처럼 낙심시키는 힘을 발휘한다. 반면에 그 선지자는 백성의 죄성을 부추겨서 그들을 악한 길에서 돌아서지 못하게 용기를 준다. 백성이 죄악에서부터 구원받는 기회를 상실하게 하며, 그로 인한 비참한 결과를 벗어나지 못하게 만든다. 더욱이 악한 선지자는 자신들이 그 죄로 말미암아 죽을 것이며, 또 죽지 않아야 할 사람조차도 죽게 만든다(겔 13:19). 이 모든 결과의 책임은 거짓 선지자가 져야 한다. 그는 말로써 사람을 죽게도 하고 살게도 만든다.

선지자 예레미야는 거짓 선지자의 말의 결과가 백성들에게 얼마나 심각한 피해를 끼칠 것인지를 알았다. 사마리아 선지자들은 하나님의 백성을 잘못 인도했었다. 그러나 예루살렘 선지자들은 악한 자의 손을 더 굳게 하여 사람으로 그 악에서 돌이키지 못하게 만들었다(렘 23:13-14). 그리하여 "사악이…온 땅에" 퍼지게 하였다(렘 23:15). 선지자의 역할이 국가의 운명에 관하여 부차적인 영향을 끼치는 것 정도가 아니다. 그것은 백성의 선 혹은 악에 관하여 심각한 영향을 끼친다. 거짓 선지자는 백성들이 죄에 대하여 마음을 강퍅하게 만들어서 평화에 대한 거짓 희망을 가지게 하고, 그것이 얼마나 심각한 결과를 가져올 것인지 백성들로 하여금 무감각하게 만든다(렘 23:16-17).

거짓 선지자의 영향력은 악을 부추기는 정도를 넘어 의인을 낙담케 만든다. 거짓 선지자들은 사람들을 부추겨서 선한 사람을 죽이게 만든다. 전 국가의 장래는 참 선지자나 거짓 선지자의 말에 달렸다. 만약 거짓 선지자들의 활동이 계속된다면 대다수의 백성이 그들을 믿을 것이고, 국가 전체는 재앙을 맞을 것이다. "이러므로 너희로 인하여 시온은 밭같이 갊을 당하고 예루살렘은 무더기가 되고 성전의 산은 수풀의 높은 곳과 같게 되리라"(미 3:12). 가장 신성한 성전조차도 거짓 선지자의 불신앙 때문에 황폐화될 것이다. 그들은 대중의 찬동 없이 살 수 없다. 만약 그것을 얻지 못하면 그들은 직을 유지하지 못할 것이다. 그러나 불행하게도 나라 전체가 그들을 지지했다. 따라서 나라는 그들과 함께 완전히 황폐함을 당할 것이다. 하나님은 자기 백성을 온전히 잊어버리며, 자신의 면전에서 쫓아낼 것이다. 하나님은 그들에게 잊지 못할 영원한 수치를 당하게 하실 것이다(렘 23:39-40).

거짓 선지자에 대한 이러한 저주는 포로에 대한 메시지 속에서도 계속 발견된다. 예레미야의 애가에서 다음과 같이 말한다.

> 네 선지자들이 네게 대하여 헛되고 어리석은 묵시를 보았으므로
> 네 죄악을 드러내어서 네 사로잡힌 것을 돌이키지 못하였도다
> 저희가 거짓 경고와 미혹케 할 것만 보았도다(애 2:14).

그러나 참 선지자의 말은 죄인의 영혼을 새롭게 하고 부유하게 하며 건강하게 만드는 힘을 가졌다. 여호와의 말씀은 참 선지자를 통하여 매우 부드럽게 말해지나, 거짓 선지자의 무기력한 것과 대조하여 그것은 불과 같고 망치와 같은 능력을 가졌다(렘 23:29). 여호와의 참 말씀의 본성은 볏단을 사르듯이 악한 자를 소멸시킬 힘을 가졌다. 큰 바위를 부수는 망치처럼 참 선지자의 말은 완악한 죄인의 마음을 쪼갤 것이다.

오늘날 교회의 지도자는 동료나 백성들로부터 인정받고 싶어 하는 유혹에 대하여 주의해야 한다. 목사, 교사, 혹은 장로는 교회가 하나님의 말씀에 충실하지 못할 때에 재난을 당할 수 있음을 명심해야 한다. 자신과 남에 대하여 너무 관용적이고, 여호와의 말씀에 불충실할 때에 하나님의 백성이 멸망할 것이다.

2) 거짓 선지자에게

하나님은 그의 이름으로 말하는 거짓 선지자들에 대하여 특별한 경고를 주셨다. 그들의 길이 미끄러울 것이요, 그들은 흑암 속에 던져질 것이다(렘 23:12상). 그들 위에 있는 해가 져서, 그들은 어둠 속에 처할 것이다(미 3:6). 그들은 부끄러워하며, 수치를 당하며, 얼굴을 가리고 나갈 것이다(3:7). 그들은 하나님 백성의 회중에서 축출될 것이고, 이스라엘 집의 기록에서 제외될 것이다. 모세 시대에 불신하였던 세대와 같이 거짓 선지자들은 약속의 땅에 들어가지 못할 것이고, 여호와의 축복에 참여하지 못할 것이다(겔 13:8-9). 자기의 죄를 덮기 위하여 회칠한 자에게 끝내는 하나님의 노가 임할 것이다(13:15-16). 예레미야에게 반기를 들었던 거짓 선지자 하나냐와 같이, 그들은 결국 죽을 것이다. 스마야와 그의 후손들은 저주를 받아 그 백성 중에서 끊어질 것이다(렘 29:32).

거짓 예언은 거짓 선지자의 윤리적 인격에 끊임없이 영향을 준다는 것을 잊지 말아야 한다. 여호와께서는 거짓 선지자 아합과 시드기야가 이스라엘에서 망령되이 행하였음을 드러내셨다. 그들은 "이웃의 아내와 행음하며 내가 그들에게 명하지 아니한 거짓을 내 이름으로 말"하였다(29:23). 그 결과로 그들은 느부갓네살에 의해 불탈 것이고 그들의 이름은 이스라엘 중에서 저주거리가 될 것이다(29:21-22).

그래서 여호와의 이름으로 거짓을 예언하는 모든 자들에게 하나님은 경고의 말씀을 발하신다. 이 경고는 하나님의 계시가 아닌 것을 여호와의 말씀인 것처럼 선포하여 개인적인 유익을 구하는 자들에게 내려졌다.

3) 참 선지자에게

그러나 참 선지자에게는 어떤 결과가 일어났는가? 여호와의 말씀을 신실하게 선포한 자들에게 어떤 결과가 예상되는가? 겨와 밀이 어떻게 비교될 수 있는가(렘 23:28하)? 거짓 선지자의 겨는 알맹이가 없다. 그것으로 사람들의 영혼을 살찌게 하지 못한다. 겨에 해당하는 거짓 선지자의 말들은 여호와의 백성이 말씀의 기근에 허덕이게 만든다. 그와 반대로 참 선지자는 그의 사역에 자부심을 가질 것이며, 굶주린 하나님의 백성들은 그가 선포하는 말씀으로 먹여질 것이다.

거짓 선지자와 대조적으로 참 선지자는 어려움을 경험할 것이다. 참 선지자는 여호와의 말씀으로 인하여 중심이 상하며, 뼈가 떨리게 된다(렘 23:9). 그는 입을 닫고 집으로 가라는 비난을 당할 것이 예상된다(암 7:12-13). 제사장, 선지자와 방백들에 의해 공개적으로 비난을 받는다(렘 26:11). 그는 거짓 선지자들에 의해 생명의 위협도 받을 것이다(암 7:10; 렘 26:11). 때로는 육체적인 학대를 당하며, 심지어는 죽을 수도 있다. 어떤 경우는 예레미야와 미가처럼 죽을 고비에서 간신히 구출받기도 할 것이다(렘 26:17-19, 24). 어떤 때는 그가 이 국땅으로 도망가야 할 수도 있고, 우리아처럼 그곳까지 쫓아온 사람들에게 잡혀 죽임을 당하기도 할 것이다(렘 26:20-23). 참 선지자는 이 모든 일을 예상해야 한다.

그러나 그는 여호와와 교제를 나누며, 또 참 백성과 함께 거하는 즐거움을 매일 누릴 것이다. 그는 여호와의 말씀이 그의 배에 불과 같이 차오르는 경험을 가지며, 그의 영혼을 주님의 명령에 순종하게 맡길 것이다. 그는 하나님의 백성이 그의 말을 경청하여, 여호와께서 주신 사명을 이루어 가는 모습도 볼 것이다(학 1:12). 이런 경우 그는 하나님의 말씀을 선포하고 백성을 격려하고 축복하는 특권을 누릴 것이다(학 1:13-14). 이 모든 일은 여호와의 참 선지자가 그 직무를 수행함에서 얻는 결과이다.

6. 결론

시대들을 통하여 하나님의 백성 중에는 참 선지자뿐만 아니라 거짓 선지자와도 함께 살았다. 한편에서 선지자의 목소리가 그들을 심하게 책망할 것이나, 결과적으로는 그것이 그들에게 복이 될 것이다. 또 다른 편에서 거짓 선지자는 그들에게 좋은 말로 아첨할 것이나, 결과적으로 그것으로 인하여 멸망의 비극을 맞을 것이다.

말씀을 선포하는 선지자는 책임도 함께 져야 한다. 참 선지자와 거짓 선지자는 전쟁을 방불케 하는 투쟁을 벌인다. 그것은 마치 사탄과 그리스도 사이의 투쟁과 같을 것이다. 양자의 첨예한 대립과 경쟁은 선지자 사역에서 중요한 부분을 차지한다. 양자는 누가 진리를 선포하는가에 대하여 논쟁을 벌인다. 이 논쟁에서 판단자는 선지자의 원조가 되는 모세가 되어야 하며, 그가 준 율법의 잣대에 의해 참인지 거짓인지 판정이 내려져야 한다. 참 선지자의 역할은 하나님의 백성을 위해 극히 중요하였다.

제5장

선지자들의 선포에 나타나는 언약과 율법

이스라엘의 선지자는 동시대의 사람들에게 그들의 죄를 꾸짖고, 그들이 믿음과 거룩한 생활을 하도록 권면하는 책임을 가졌다. 그들에게 희망의 메시지를 전달하는 것과 함께 하나님 백성으로서의 생활 태도를 비판하는 것은 선지자의 고유 권한이며 또 임무이다. 하나님의 심판과 축복은 선지자 메시지의 큰 주제이다.

그러나 무엇에 근거하여 선지자들이 당시의 생활 태도를 비난하는가? 무엇이 그들에게 미래에 주어질 하나님 축복의 사상을 가지게 만드는가? 그들은 자신의 가치관에 따라 옳음과 잘못을 판단하는가? 미래에 대한 예언은 그들 개인의 정치적인 통찰력에 근거한 것인가? 선지자는 자신이 속해 있는 공동체의 기준에 맞추어 판단하는가? 이런 것들은 선지자 사역의 기본에 대한 의문들이며, 더 구체적으로 말하면 이스라엘 선지자의 메시지에 율법과 언약의 역할에 대한 기본적인 질문들이다. 이 점에 대하여 세 가지 기본 요소들을 특별하게 고찰해 볼 필요가 있다.

1. 언약 그리고 율법과 선지자와의 관계

1) 성경적 증거

언약 그리고 율법과 선지자와의 관계에 대한 문제는 매우 어려운 주제이다. 성경이 증거하는 바로는 선지자는 언약과 율법에 근거하여 백성의 과거, 현재 그리고 미래를 분석하고 조망한다. 율법은 시내산에서 하나님에 의해 계시된 것이며, 백성들과 맺은 언약은 족장들의 시대로 거슬러 올라간다. 이 율법과 언약은 선지자에게 이스라엘의 죄를 꾸짖는 기초가 되며 또 구속의 약속을 제공하는 근거가 된다. 만약 하나님의 율법과 하나님의 언약의 개념이 없다면 선지자는 상대론(relativism)의 바다에 허우적거릴 것이다. 다른 어떤 근거로도 선지자가 확신을 가지고 어떤 사람에게는 심판을 부르짖고 다른 사람에게는 축복의 메시지를 줄 수 없다.

이 단순하면서 또 단순하지 아니한 언약, 그리고 율법과 선지자와의 관계에 대한 질문과 대답은 성경해석의 역사에서 항상 중요하게 다루어져 왔다. 유대인 전승은 선지자 사역을 다음과 같이 요약한다. "선지자는 율법에 쓰인 것에 어떤 것도 더하거나 축소하지 않는다. 단지 에스더의 역할을 설명하는 것만 예외이다"(바벨론 탈무드, tractate Megillah 14a), "모세는 선지자의 모든 말을 이미 말했었다. 그리고 그 이후에 예언되는 모든 것은 모세의 예언으로부터 왔다"(Midrash Exodus Rabbah 42.8 on 32:7).[1]

칼빈은 다섯 페이지에 걸친 이사야서 서론에서 이스라엘 선지자의 사역에 대한 좋은 통찰력을 제공한다. 이것은 선지자 메시지 자료에 대한 수많은 현대 논쟁들보다 더 유익하다. 칼빈은 다음과 같이 말한다. "선지자 직에 대한 수많은 진술이나 연구 논문들이 의례적으로 만들어져 왔다. 그러나 나의 의견으로 이 주제를 취급하는 가장 빠른 지름길은 선지자를 율법에 비추어보는 것이다. 선지자는 율법에서부터 그의 가르침을 끌어낸다…선지자는 오직 율법과 관련하여서만 말한다."[2] 칼빈은 세 개의 구분으로 선지자 사역의 핵심을 정리한다. 각 구분에서 그는 선지자 사역이 율법에 근거함을 지적한다. ⑴ 선지자는 두 돌

---

1) Zimmerli, *Law and the Prophets*, 14에서 인용됨.
2) Cavin, *Twelve Minor Prophets*, 5. xxvi.

판에 기록된 율법의 명령을 보다 충분히 설명한다. (2) 선지자는 모세가 일반적인 용어로 선포한 약속과 심판을 더 발전시켜 나간다. (3) 선지자는 "모세가 모호하게 말한 그리스도와 그의 은혜에 대하여 더욱 분명히 밝힌다."[3]

선지자가 윤리적 책임을 이스라엘에게 설명할 때에 그는 새로운 것을 소개하기보다 잘못 이해되어지는 율법의 부분들을 설명한다. 약속과 심판이라는 용어에서 선지자는 율법이 무엇을 말하는지를 자세히 묘사한다. 예를 들면, 레위기 26장이 나라가 율법을 지키지 않을 때에 닥쳐올 위협에 대하여 말하면서, 선지자는 앗수르와 바벨론을 심판을 위한 하나님의 도구로 설명한다.[4] 그러나 축복의 약속 면에서 율법은 하나님이 이스라엘을 흩어진 곳에서 모아 본국으로 데리고 올 것을 선언하였다(신 30:4). 그래서 선지자는 이것을 더 구체화시켜 70년 내에 귀환이 있을 것을 선포한다.[5]

비록 극단적인 반대 의견이 있지만 선지자의 사역이 율법에 의존한다는 것은 다양한 학자들에 의해 거듭 확인된다. 와필드(Warfield)는 "시내산과 시내산 계시에 근거해서만이 과거 시내산에서 있었던 것과 같은 하나님 임재의 영광이 온 세상에 가득할 것이라는 기대가 창조될 수 있다"고 말한다.[6] 브라이트(Bright)는 대부분의 이스라엘 고대 전승이 언약과 관련하여 율법이 주어진 경험을 반영하고 있다고 본다. 그는 다음과 같이 진술한다. 이스라엘의 아들은 "언약의 하나님이 명령한 의무, 법령 그리고 율법이 무엇이냐"는 질문을 마음에 그린다. 그리고 다음과 같이 대답해야 한다. "우리가 옛적에 애굽에서 바로

---

3) Ibid., xxvii.
4) Calvin이 레위기의 구절을 취급한 사실은 잘 알려지지 않았다. 하나님의 미래적 예언을 믿지 않는 현대 비평학자들은 이 레위기 구절들이 이스라엘 포로 시대에 쓰인 것이라고 주장한다. 그 구절은 이스라엘이 열국에 흩어지고 그 땅은 버려진 체로 안식을 누릴 것이며, 그리고 여호와께서 궁극적으로 그들과 맺은 언약을 기억할 것이라는 그 날을 예고하였다(레 26:33-34, 40-42). 그 구절은 이스라엘의 미래를 분명하게 예고하였으며, Calvin이 제안하는 바와 같이 그것은 선지자의 정죄와 격려를 가져오는 기본으로 제공되었음을 알아야 한다. 비평학자들은 그 구절들이 모세 시대에 쓰였다는 자체 증거가 있는데도 불구하고, 그것들은 먼 후대에 쓰인 것으로 취급한다. 그 결과 그 구절들이 후대 선지자 메시지에 기본으로 제공된 것을 인정하지 않는다. 반대로 그것을 인정할 경우에는 선지자가 율법으로부터 그의 메시지를 발전시켰음을 확인할 수 있게 된다.
5) Von Rad(Old Testament Theology, 2.4 n. 2)는 Martin Luther의 말을 인용한다. "예언은 율법을 해석하고, 적용하고, 실천하는 것 외에는 아무것도 아니다."
6) Warfield, Christology and Criticism, 22.

의 종이 되었더니…우리를 애굽에서 인도하여 내셨나니…여호와께서 우리에게 이 모든 규례를 지키라 명하셨으니 이는 우리로…항상 복을 누리게 하기 위하심이며 또 여호와께서 우리로 오늘날과 같이 생활하게 하려 하심이라"(신 6:20-24). 브라이트는 "보다 확실한 것이 무엇인가?"라고 질문한다. 언약이라는 역사적 문맥에서 율법이 주어졌고, 그것이 선지자 사역의 기초가 되었다. 이스라엘 사람들은 언약과 율법에 근거하여 그들의 삶이 축복인지 저주인지를 설명한다.[7] 클레멘츠(Clements)가 말한다. "야훼에 의해 세워진 언약제도는 그 시초부터 이스라엘 사람 각자에게 부과되는 의무가 표현된 기본 법령을 포함한다."[8] 그는 선지자가 새로운 종교를 창조하든지 혹은 새로운 윤리를 도입한 것이 아니라고 확인한다. "선지자에게 언약이 우선적 요소였다는 것을 우리가 쉽게 인식할 수 있다."[9] 비슷한 형태로 폰 라드(Von Rad)는 "그 때와 다시"는 "하나님의 옛 율법 조항들을 당시 상황에 적용할 때에" 선지자에게 나타난 현상이라고 진술한다.[10] 차일즈(Childs)는 십계명이 "명령들이 확대되고 단축되는 오랜 발전 과정이 있었음"을 한편에서 말하면서,[11] 선지자 이전의 법의 전승 과정에 대하여 열심히 논한다. 그는 정경의 순서를 바꾼다는 것은 "상상할 수 없다"고 진술한다.[12] 브루그만(Brueggemann)은 "선지자들이 이스라엘에 대하여 꾸짖을 때에 시내산의 옛 계명들을 근거로 하고 있다"고 확인한다.[13]

---

7) Bright(*Covenant and Promise*, 29)는 여호수아 24장은 언약의 하나님이 언약과 율법을 근거로 하여 구원을 베푸시는 아마도 가장 확실한 예가 될 것이라고 말한다. 여호수아가 백성들과 언약을 맺으면서 법령과 율법을 끌어낸다. 그리고 하나님의 율법 책에 이 말들을 기록하였다. 이것은 이스라엘의 기록 선지자가 사역하기 훨씬 이전에 언약과 율법이 확립되었음을 보여준다.
8) Clement, *Old Testament Theology in a Canonical Context*, 63.
9) Ibid., 125-26. Clements의 견해에 의미 있는 변화가 있음이 그의 책 *Prophecy and Covenant*와 뒤의 작품인 *Prophecy and Tradition*을 비교해 보면 감지된다. 뒤의 작품에서 그는 그의 초반의 연구에서 제시하였던 일원화된 언약 신학을 "수정하기를" 원한다고 말한다. 그는 더 이상 언약이 신명기적 법전에서 표현된 것으로만 보지 않으며, 언약은 8세기 선지자들 이전에도 존재하였다는 것을 인정한다(22-23).
10) Von Rad, *Old Testament Theology*, 2. 179-80.
11) Childs, *Old Testament Theology in a Canonical Context*, 63.
12) Childs, *Biblical Theology of the Old and New Testaments*, 174.
13) Brueggemann, Theology of the Old Testament, 374(『구약신학』, 류호준·류호영 역, CLC 역간). Brueggemann은 나중에 이스라엘에게 율법을 준 자로서의 역사적인 모세의 역할을 강조했다. "이스라엘

그래서 그 문제는 확실하게 해결되는 것같이 보인다. 알트(Alt)에 의하면 이스라엘 율법의 기원에 대해 존재하는 유일한 전승은 구약의 정경적 책에서 발견되는 것뿐이다. 그 기록은 일관되고 명백한 것처럼 보인다. "이 전승에 따르면 이스라엘에서 발견되는 모든 법령은 야훼의 뜻에 의해 만들어졌고, 모세를 통한 언약에 의해 계시되었고, 또 팔레스틴에 들어가기 전 마지막 세대에게 계시되었다."[14] 그래서 성경 자체의 증거에 따라 선지자의 사역은 분명 시내산 율법의 계시에 근거한다는 것이 널리 인정되었다. 이 시내산의 역사적 경험은 이스라엘의 선지자들이 백성에게 정죄와 용서를 선포하는 기초가 되었다.

2) 재구성된 전승 역사

그러나 학적인 논쟁에서 율법과 선지자의 관계는 성경적 증거로부터 지지받

에게 선포된 율법은 실로 모세가 이스라엘에게 선포한 것이다. 그는 역사적인 인물이며 모세라고 불리는 사람이었다. 그는 야훼의 특별한 상대자로서 이스라엘을 인도했으며 또한 제도를 만든 자이다.

14) Alt(*Essays on Old Testament History and Religion*, 81)는 성경에서 발견되는 율법의 기원에 대한 논쟁에 더 깊이 들어간다. 그의 논문은 그 이후 70년 동안 이스라엘의 율법 연구에 기본이 될 정도로 영향을 크게 미쳤다. Alt는 양식사비평을 도입하여 다른 기원을 가진 두 형태의 율법을 밝혔다. 하나는 결의론적인 율법(판례법)으로서 가나안의 기원이고, 다른 하나는 필연적 율법(선언형 율법)으로서 이스라엘 자체에서 발생했다는 것이다. Alt의 이 결론은 주목을 받았으며, 그의 이론은 그 뒤의 율법 연구에 큰 영향력을 끼쳤다. 그는 "우리는 현재에 가나안 법의 연구를 위한 원본적인 자료를 가지고 있지 않으며," 더욱이 "이스라엘이 그것을 받아들여 어떻게 발전시켰는지 그 과정도 알 수가 없다"고 말한다(98-99). 결의론적인 율법은 순수하고 세속적이다. 왜냐하면 하나님에 대한 언급이 전혀 없기 때문이다. 그것은 다신교를 기본으로 하고 있으며, 다른 신들을 가진 여러 그룹들에 의해 시행되었던 것이다(98). 그래서 Alt는 결론 맺기를 이스라엘의 결의론적인 율법은 하나님을 언급하지 않기 때문에 그것은 다신교의 개념에 기초한 것임에 틀림없으며, 그러므로 그것들은 이스라엘이 아닌 가나안에서 기원된 것으로 보아야 한다고 주장한다. 필연적 율법에 관하여 Alt는 출애굽기 21:12을 첫 예로 채택한다(104). 이 구절에서 그 형태는 결의론적인 율법이 아니라 선언적인 율법이다. 사람을 살인한 자나 혹은 다른 비슷한 상황에서 결코 어떤 예외도 허용되지 않는다. 그러나 Alt의 말은 바로 뒤를 이어서 오는 두 구절을 전혀 무시한 주장이다. 그 구절들은 결의론적인 형태로서 특별한 예외규정을 말해 준다. 적어도 Alt가 말하는 두 종류의 율법은 오경에서 인정된다. 그러나 Alt가 두 종류를 다른 기원으로 밝히는 노력에서는 각각 다른 문맥에서 기인한 다양한 율법들을 왜곡하거나 아니면 그 문맥들에 대하여 침묵하고 있다.

는 것으로 항상 받아들여지는 것이 아니다. 이 논쟁과 관련하여 전승 역사를 재구성하는 작업을 오랫동안 벌여오고 있다.

이 작업에서 두드러진 업적은 역시 19세기 말의 유명한 벨하우젠(Wellhausen)에 의해 이루어졌다. 그는 율법과 관련하여 선지자의 역사를 재구성하였다. 벨하우젠은 이스라엘 종교 역사에서 선지자들이 율법을 앞선다는 흐라프(Graf)의 이론을 채택했다. 율법과 선지자의 관계를 논하는 그의 글에서 율법은 선지자에서 최초로 발견되며, 하나님을 높이기 위한 목적으로 사용되었다는 견해를 보이는데, 그 결론에서 그의 기발한 몇몇 진술이 나타난다. "예언은 그 교훈이 율법의 힘에 도달할 때에 죽는다(소멸된다). 선지자의 사상들은 그것들이 실현될 때에 그 순수성을 잃는다", "천지의 창조자가 사소한 구원계획의 경영자가 된다", "살아 계신 하나님이 그의 보좌에서부터 율법을 만들기 위해 내려왔다", "율법은 어느 곳에서나 그것 자체를 신뢰한다", "그것은 하늘에 오르기를 명령하고 또 저지한다."15) 이 글을 보면 벨하우젠은 율법과 선지자의 관계에 대한 학문적인 질문에 대해 매우 감정적인 관심을 가진 것처럼 보인다. 반면에 그는 성경에 있는 율법을 수수한 종교의 본질로 취급하면서도 완전히 부정적인 것으로 본다. 비록 그의 동기는 확실치 않지만 그가 양심상 신학 교수직을 결국 사임했다고 고백한다. 그 이유는 학생들이 복음을 위해 훈련받는 데에 "더 큰 무게를 두게 하기 위해서"였다는 그의 말은 매우 주목할 만하다.16)

벨하우젠이 선지자들로부터 율법을 완전히 단절시켜 놓은 이론은 다른 사람들에게 곧 그대로 받아들여졌다. 후기 비평학자들은 선지자들이 창조적인 종교적 재능을 발휘하여 앞서 존재했던 율법에서 분리된 단순한 종교를 만들었다는 그의 논문을 분석했다. 더 나아가서 오경에 있는 많은 분량의 법률적인 자료는 모세 시대로 거슬러 올라가지만, 의식적(儀式的) 자료와 신명기의 핵심 자료는 모세 시대보다 훨씬 뒤로 날짜를 잡아야 한다는 이론이 받아들여졌다.17)

벨하우젠 전체 가설의 지렛대는 신명기의 기원을 요시야가 주전 621년에 성전에서 발견한 "율법책"과 연관시키는 것이었다. 벨하우젠의 이론에 따르면 요시야의 종교개혁은 중앙 성소에 관한 법에 집중되었으며, 그것은 그 이전에 법

---

15) Wellhausen, *Prolegomena to the History of Israel*, 488, 509.
16) Zimmerli, *Law and the Prophets*, 22에서 Wellhausen을 인용함.
17) Ibid., 30, 42.

제화되지 않았던 새로운 것이었다. 벨하우젠은 단호하게 선언했다. "신명기의 기원에 대하여 더 이상 논쟁할 필요가 없다. 과학적인 관찰의 결과는 신명기는 그것이 발견되었던 바로 그 시대에 작성되었다는 사실에 이론의 여지가 없다."[18] 이 단호한 주장은 모든 논란의 여지를 없애버렸으며, 신명기를 제외한 나머지 오경의 책들은 논리적으로, 그리고 발전 과정을 따라 재배치되었다.

이 포괄적인 가설에 대하여 분석한 어떤 사람은 다음과 같이 아주 솔직하게 진술한다. 요시야 시대에 율법책이 발견된 것이 신명기서의 저작 년도를 확정할 수 있는 확실한 단서가 되지 못한다. "왜냐하면 발견되기 전에 그것이 얼마나 오랫동안 그곳에 놓여 있었는지 확실하지 않기 때문이다."[19] 이 분명한 결론은 몇 십 년 전에 미리 나왔어야 했다. 율법책을 발견했다는 단순한 기록만으로는 그 책의 나이와 내용을 확정짓기에 불충분하다. 이 학자는 더 확실하게, 그리고 단호하게 신명기의 저작연도는 주전 8세기에 사역한 선지자들 이후라고 주장한다. "신명기의 일부는 요시야 통치 시대와 같은 이른 시기에 쓰였을 수가 없다. 왜냐하면 그것이 주전 6세기에 예루살렘이 무너진 비극에 대한 암시를 담고 있기 때문이다(예, 신 29:21-28)."[20] 이 결론이 암시하는 것은 이 주제의 토론이 증명되지 않는 추론에 의해 지배당하고 있다는 사실이다. 그 진술은 이 세상을 창조하신 하나님이 그의 목적에 따라 세상의 일들을 운행하신다는 이스라엘 선지자들의 견해와 상반된다. 하나님은 자신이 선택한 선지자들에게 그의 계획과 목적을 계시하셔서, 그들이 이 세상에서 증인이 되도록 하신다.

벨하우젠이 일구어 놓은 율법과 선지자의 관계를 재구성하는 이론을 대치하기 위한 두 개의 대안들이 각각 제시되어 왔다. 그러나 이 두 이론도 성경비평학의 분야에서 완전한 일치를 이루어내지 못한다. 그 둘을 보면 다음과 같다.

첫째로, 여호수아서에서 열왕기하서까지를 한 권의 책으로 간주하며, 신명기 율법책의 중요한 역사철학이 그 책의 기본 사상을 이루고 있다는 이론이다. 이 역사책들은 한 저자에 의해서 "(여호수아에 의한) 가나안 정복에서부터 (포로로 빚어진) 옛 질서의 파괴에까지 이스라엘 역사의 참 의미를 가르치기 위한 목적으로 쓰였다. 저자가 발견한 것은 하나님이 이스라엘의 역사에서 행하셨던

---

18) Wellhausen, Ibid., 9.
19) Clements, "Book of Deuteronomy," 278.
20) Ibid.

일이었는데, 그것은 도덕적 타락을 경고하고 또 벌하시고, 마지막으로는 그 모든 노력이 수포로 돌아가자 완전히 멸망시켰다는 것이다."[21] 이 가설을 제안하면서 노드(Noth)는 이 신명기의 관점이 여호수아-열왕기하의 이스라엘 역사책들에 단순히 개략적으로 설명된 것이 아니라 아주 세밀한 세부항목의 묘사 속에까지 베어 있다고 주장한다. 어쩌다가 한 번씩 이 관점이 들어나는 것이 아니라, 지속적으로 나타난다. 이스라엘의 하나님은 이 역사를 통하여 그의 언약의 율법을 강요했다.

열왕기하서는 유다가 최후로 멸망한 주전 586년 이후에 쓰였다. 왜냐하면 열왕기서는 그 때까지 이스라엘의 역사가 기록되었기 때문이다. 그러나 신명기서가 이 세대의 기간에 혹은 포로 바로 직전에 작성된 것이라고 제안할 때에 열왕기서를 이루고 있는 "아주 세밀한 세부항목의 묘사에" 신명기의 관점이 포함되어 있다는 가설은 완전히 상반된다. 다시 한번 강조하는데, 역사의 하나님은 단순히 미래를 계획할 뿐만 아니라 자기의 종 선지자들의 입을 통하여 매우 세밀한 사건들을 예언하게 했다. 폰 라드는 선지자의 예언과 성취의 구조는 11개의 다른 특별한 예언과 성취의 경우를 통하여 증명된다고 말한다.[22]

그러면 신명기서가 어떻게 역사의 흐름을 결정하는 하나님의 예언적 말들인 이 역사책들의 구조에 관계하는가? 이 역사책들 속에 신명기 신학이 만연하다는 것을 부정하지 않는 이상 신명기서는 이 역사서들을 관장한다고 할 수 있다. 신명기서 그 자체가 하나님이 모세와 맺었던 언약을 갱신하는 문서이며, 그것은 바로 이 장정의 역사 시작부분에 위치한다. 이 책은 약속의 땅에 들어가기 바로 직접에 주어진 것으로서 언약의 하나님이 백성이 언약의 율법에 어떻게 응답하느냐에 따라 그들을 축복하거나 저주하시는 위협을 준다.

이 기초 위에서 역사서(여호수아-열왕기하)는 신명기 이후 8백 년 동안의 역사를 분석한다. 이스라엘의 선지자는 연속적인 역사책들을 통하여 역사 초기에 선포되었던 이 언약의 법을 그 백성이 어떻게 시행하는지 평가한다. 이러한 문맥에서 볼 때에 신명기서 첫 시작의 글은 매우 의미가 있다. "이는 모세가 요단 저편…에서 이스라엘 무리에게 선포한 말씀이니라…모세가 이스라엘 자손

---

21) Noth, *Deuteronomistic History*, 89.
22) Von Rad, *Studies in Deuteronomy*, 78. 그러나 실제로는 20번의 예언과 성취의 예들이 열왕기상과 열왕기하서에 나타난다. Robertson, *Christ of the Covenant*, 252-67을 보라.

에게 여호와께서 그들을 위하여 자기에게 주신 명령을 다 고하였으니…모세가 요단 저편 모압 땅에서 이 율법 설명하기를 시작하였더라"(신 1:1, 3, 5).

하나님은 이스라엘에게 특별한 역할을 주어 그 백성의 지위를 높이셨을 뿐만 아니라, "신명기에 기록된 법으로 그들에게 특별한 의무를 부여했다."[23] 그러나 신명기 법이 역사의 시작점에 위치해 있었다는 것을 부정할 때에 이 법에 기초를 둔 역사의 진전과 그 역사 신학의 진정한 실체는 부정된다. 언약의 하나님이 그의 언약의 법을 주실 때에 어떤 특정한 역사적 순간에만 예속된 것으로 주지 않고 그 순간을 초월하여 주셨으며, 그 법은 뒤에 이어질 모든 역사적 사건을 관장하도록 주셨다. 모든 역사서의 기록은 언약의 하나님이 언약에 계시된 원리에 따라 역사를 진행해 가신다는 것을 밝힌다. 신명기 신학이 모든 역사를 관장하는 것으로 볼 때에, 언약의 법은 이스라엘 선지자의 사역 이전에 있었어야 한다. 이 언약의 법은 모든 선지자의 메시지와 그들의 사역에 기초를 제공한다.

두 번째로 율법과 선지자의 관계에 관한 벨하우젠 이후에 발전된 중요한 업적은 신명기서의 언약양식에 관한 작업이다. 몇 십 년 동안 사람들은 법적 의무, 역사적 회상들, 저주와 축복 등이 섞여 있는 신명기의 양식에 대하여 혼란스러워 했다. 20세기 중간쯤에 이르러서 오경의 법전 부분은 주전 14-12세기에 나타나는 고대 근동지방의 계약 형태와 병행을 이룬다는 것을 발견했다.[24] 신명기서에 있는 요소들의 순서는 고대 히타이트 왕국의 계약양식에서 반복적으로 발견된다.[25] 몇몇 학자들은 이 요소들이 주전 8-7세기의 앗수르 문서들과 관계된 것으로 보기도 하지만, 성경의 자료들은 고대 히타이트 문서와 더 밀접하게 연관된 것임이 분명하다.[26]

이 연구의 결과는 율법과 언약의 선지자와의 관계에 대한 의문점을 분명히 답해 준다. 만약 신명기서의 구조가 기록 선지자들보다 5백년 이상 앞서는 고

---

23) Noth, Ibid., 89.
24) 이것을 위해 고전적 작품인 Mendenhall, "Ancient Oriental and Biblical Law"를 보라.
25) Kline, *Treaty of the Great King*, 27-44를 보라.
26) Weinfeld, "Deuteronomy," 27. 성경의 자료들이 주전 8-7세기의 언약형태와 일치한다는 견해에 대응하여, 초기에 속한 것이라는 반증을 위해 Kitchen, *Ancient Orient and the Old Testament*, 90-102를 보라. Weinfeld는 그것이 후대에 수정된 형태로 다시 만들어졌다고 말하면서도 신명기는 "확실하게 고대 언약 전승의 주제들을 보존한 것이다"고 인정한다.

대 근동지방의 계약양식을 반영한 것이 분명하다면, 선지자와 율법 중에 어느 것이 앞서느냐의 문제에 대한 더 이상의 토론은 무의미하다. 언약문서로서의 신명기 전체는 모세의 기원임이 확인된다. 그 어떤 단편적인 증거들이 그것을 뒤집을 수가 없다. 이러한 분명한 견해에서 볼 때에 율법과 언약은 이스라엘 선지자의 사역과 메시지에 기초가 되었음에 틀림없다.[27]

이상의 신명기 분석에 나타나는 두 다른 경향은 신명기를 각각 다른 방향으로 이끌고 간다. 한쪽에서는 신명기에서부터 여호수아-열왕기하를 하나의 작품으로 묶고, 신명기의 마지막 형태는 열왕기하의 마지막 기사를 쓴 때인 포로시대에 편집이 완성된 것으로 본다. 오경의 법전들이 선지자들보다 앞선다는 토론을 계속하면서도, 그들은 신명기를 이스라엘의 마지막 선지자 시대에 발전된 것으로 보는 것에 의견을 같이한다. 다른 한편에서, 신명기서의 양식이 히타이트 계약문서와 병행을 이룬다는 것을 증명함으로써 신명기서의 기원을 모세 시대 혹은 모세 자신에게 둔다. 이 경우에 신명기 신학이 이스라엘 역사 전 과정을 주관한다.

현대 비평학자들에게 신명기의 마지막 형태가 모세 시대에 완성되었다는 것을 인정하라고 요구하는 것은 가능하지 않은 희망사항이다. 신명기가 히타이트 계약양식과 병행을 이루고 있다는 점이 그것을 지지하는데도 불구하고, 그리고 여호수아-열왕기하가 신명기 신학과 연관되어 펼쳐진다는 성경의 메시지의 단일성을 인식하면서도 그들은 수긍하지 않는다. 그러나 언약과 율법이 선지자들의 활동에 앞선다는 결론은 분명히 확립되어야 한다.

더 나아가서, 신명기 율법책과 선지자들 사이의 관계에 관하여 두 개의 현대의 경향을 지적할 필요가 있다. 이 경향 중의 하나는 벨하우젠에서부터 현재의 연구에까지 직접 흘러오는 것으로서, 중앙 성소에 관한 가설이다. 이 이론에 의하면 이스라엘의 예배는 요시야의 개혁에 의해 중앙 성소에서 예배하는 것으로 극적으로 변화된(왕하 23:1-15, 19-20) 반면에, "언약의 책"(출 20-24장)에서 발견되는 것과 같은 이스라엘의 옛 율법들은 여러 장소에서 예배하는 것이 허용되었다는 것이다. 그러나 신명기 율법은 중앙화된 예배의 개념을 도입하는데, 그것은 오직 한곳에 백성들이 모여 제사 드리는 것을 요구한다는 것이다(신

---

27) 이러한 결론은 McConville, *Law and Theology in Deuteronomy*, 159에 진술되어 있다.

12:1-7, 13-14). 이 가설은 이스라엘 법의 두 전승 자료(출 20장; 신 12장)를 비교하여 본 결과 신명기 법이 모세 시대보다 수백 년 뒤에 만들어진 것임에 틀림없다고 한다. 그들이 내어놓은 결론은 신명기 자체가 증언하는 것과는 반대된다. 그들이 주장하는 바에 의하면 하나님의 율법이 이스라엘 왕들의 행위에 대하여 선과 악을 판단하였던 기준으로 사용되지 않았다는 것이 된다. 반대로 폰 라드가 말하는 것처럼 "중앙 성소에서만 예배할 것을 강요"한 이 요소만을 신명기사학파의 저자가 이스라엘과 유다 왕들의 행동에 대한 평가의 기준으로 삼았다는 것이 된다.[28]

그들의 주장에 대한 대답으로는 그들이 비교한 두 율법자료가 비록 특성의 차이는 있지만 서로 상반되는 것이 아니라는 증거로 충분하다.[29] 이스라엘 초기인 광야 시대에 비록 하나님이 자기 이름을 기념하게 하는 곳에는 어디에는 제단을 세우라고 허락하셨지만, 그 때부터 성막을 중심으로 한 중앙 성소의 개념이 이루어졌었다.[30] 그러나 이스라엘이 가나안에 들어가기 위해 가까이 접근했을 때에 그들에게 이방 제단들의 문제가 현실적으로 닥쳐왔다. 모든 가나안의 제단들은 파괴되어야 한다(신 12:2-3). 바로 그때에 국가는 "야훼에 대한 순수한 예배가 우상숭배에 의해 훼손되는 것을 방지하기 위해" 예배를 중앙화하였다.[31] 그 이유에서 신명기의 법은 영구적인 예배 장소인 "그곳"에 대하여 말한다(신 12:4-7). 중앙화는 이 법에서 분명한 한 요소인 동시에, 장소의 "영구화" 역시 꼭 같이 중요한 것이었다. 특별히 그곳은 "여호와께서 자기 이름을 두시

---

28) Von Rad, *Studies in Deuteronomy*, 76.
29) Noth(*Deuteronomistic History*, 95-96)는 여호수아-열왕기하서에서 중앙 성소가 아닌 다른 장소들에서 제사를 드린 모든 경우들을 찾아 설명하려고 시도한다. 예를 들면 엘리야 시대에 많은 제단들이 있었던 것과 같다(왕상 19:10). 그러나 이 역사서들에서 여러 제단들이 나타나는 예들은 역사서들을 신명기에 연결시켜 일원화하는 작업을 오히려 약화시켜 주며, 또한 "오직 중앙 성소"라는 사상을 파괴한다.
30) Von Rad(*Deuteronomy*, 16)는 신명기의 가장 중요한 특징은 "중앙에서 예배드리는 것을 요구한 것"이라는 그의 주장을 수정할 필요가 있음을 발견한다. "그러나 다른 한편으로 신명기의 모든 부분이 이것을 요구하는 것을 우리는 발견하지 못한다. 이 요구는 그 시대만을 위한 것이었는지도 모른다. 신명기에서 중앙 성소라는 이 요구에 대하는 알고 있는 것처럼 보이는 부분은 조금밖에 없다." 동시에 Von Rad는 신명기 이전시대의 문서 혹은 신명기적 문서가 아닌 자료에서는 중앙 성소에 대한 이론이 전혀 나타나지 않는다고 말한다. *Deuteronomy*, 115, 165; *Studies in Deuteronomy*, 86을 보라.
31) Kline, *Treaty of the Great King*, 80.

려고…택하신 곳인 그 거하실 곳"이다(신 12:5).[32] 성소의 영원한 장소는 하나님이 거주하기 위해 선택하실 이스라엘 영토 내의 한 장소를 의미한다. 이로 인해 이스라엘은 분명하게 하나님이 거주하시는 국가 형태가 된다.

폰 라드는 이스라엘과 유다 왕들에 대하여 "야훼의 명령, 법령, 법규"가 하나님의 평가 기준임을 신명기(15번)와 열왕기(11번)에서 반복적으로 나타난다고 말한다. 폰 라드는 "열왕기서는 한 왕이 '야훼의 명령, 법령, 법규'를 따르지 않았다는 것을 어색하게도 장황하게 진술한다"고 말한다. 자신의 이 말이 중앙성소화보다도 더 확실한 요소가 열왕기서에서 반복적으로 나타남을 증거함에도 불구하고, 폰 라드는 이것을 약화시켜 버린다.[33] 폰 라드가 만일 그러한 평가 기준이 반복되어 나온 것을 발견하였다면, 그는 하나님의 율법이 왕에 대한 판단 기준으로 중심 역할을 하고 있음을 오히려 강조해야 마땅하다.

율법과 선지자들과의 관계의 논쟁에 두 번째 나타나는 신명기 연구의 경향은 신명기가 혜성과 같이 등장하였다는 점이다. 학계는 신명기가 갑자기 등장하여 모든 성경 문서들에 실제적으로 영향을 끼친 것으로 취급한다. 최근에는 여기에 속하는 그룹의 책을 신명기적 전집(the Deuteronomistic corpus)으로 묶는데, 그 전집은 신명기서, 신명기적 역사책(Deuteronomistic history, 여호수아서에서 열왕기하서까지), 수정되어 편집된 몇 권의 선지서(호세아, 예레미야) 그리고 창세기-민수기에 들어 있는 무수한 설화들로 구성되었다.[34]

어떻게 하여 이런 일이 생겼는가? 벨하우젠이 신명기를 주전 7세기로 놓음으로써 이 퍼레이드(행진)가 시작되었다. 그는 요시야가 성전에서 율법책을 발견한 시기, 즉 호세아, 이사야, 아모스, 미가 등의 선지자가 활동한 시기(주전 8세기)를 지난 다음 세기에 신명기가 쓰였다고 했다. 그래서 그는 문서들을 시대별로 배열하였는데, 신명기보다 1세기 앞선 작품으로 창세기-민수기에 포함된 J와 E 문서들을 놓고 신명기, 그리고 그 다음에 만들어진 작품으로 포로 시대

---

32) Von Rad(*Studies in Deuteronomy*, 38)는 신명기에 특히 강조되는 것은 성소의 중앙화보다는 장소의 영구화에 있다는 것을 고백하는데, 이것은 우리의 이해와 매우 가깝게 접근한 것이다.
33) Ibid., 77. 이러한 그의 태도는 오경의 다른 법전을 취급하는 데서도 발견된다(출 15:26; 레 26:3, 15; 또한 창 26:5에서 믿음의 조상 아브라함의 생활 형태를 요약하면서).
34) Blenkinsopp, "Introduction to the Pentateuch," 317. 그는 "창세기-민수기에 들어 있는 의미심장한 D(신명기) 구성요소" 그리고 "J가 D학파로 병합된"이라는 표현을 사용한다(313).

의 것인 제사제도를 담고 있는 P 문서를 배열하였다. 그러나 최근에는 너무나 많은 신명기적 요소들이 소위 불리는 오경의 자료들에서 발견된다고 본다. 그래서 창세기-민수기의 전집이 신명기적인 분위기를 가지고 있는 것으로 본다. 어떤 단일화된 목적이 사경(창세기-민수기)을 신명기서에 묶고 있다.

학문의 세계에서 이 문제들은 아직도 토론이 진행 중에 있다. 그리고 다음의 말들을 듣는 것은 놀라운 일이 아니다. 벨하우젠이 세운 이론이 "심각하게 그리고 거의 결정적으로 종말의 위기에" 놓였다. 그리고 만약 이 새로운 견해들이 확고히 자리잡으면 "문서설이 옛 고전적 형태로 생존할 수 있는 것을 보기는 어렵게 되었다."[35] 동시에 또 한편에서는 벨하우젠이 "비현실적인 거짓" (pious fraud)으로 부르면서 신명기의 특징을 파렴치한 것으로 규정지은 것이 오늘날 학자들의 표현에서도 그대로 살아 있다. 폰 라드는 신명기의 내용 그 자체가 모세의 기원인 것을 나타낸다는 점에 대항하여 자신의 견해를 반복해서 말할 필요를 느낀다. "이 꾸며진 이야기(fiction)는 신명기 전체를 통하여 계속 유지된다. 그러나 그것은 실로 꾸며진 이야기이다(fiction)."[36]

신명기 자체가 언약의 문서로서 이스라엘 역사 시작점에서 만들어졌다고 증언하는 부분이 꾸며진 것이라는 주장은 심각한 결과를 초래한다. 그렇다면 오경의 다른 법전에서 발견되는 포로와 회복을 예상하는 다양한 진술의 년도도 신명기와 함께 이스라엘 포로의 바로 직전이나 직후로 잡혀야 한다는 추정이 예상되며, 그 결론은 자연적으로 다음과 같은 점들이 따라와야 한다.

- 이러한 재구축된 이론에 의하면 신명기에서 발견되는 언약적 기준이 이스라엘의 조상들에게 알려지지 않았으며, 국가를 세워나가는 데 지켜야 할 이 기본적 의무가 그들이 포로로 잡혀갈 때까지, 더 나아가서 포로 상태에 있는 그들에게까지 계시되지 않은 것인데, 마치 일찍 주어진 것처럼 가장(거짓으로)되어 쓰인 것이 된다. 그렇다면 이렇게 거짓투성이의 이스라엘의 하나님을 어떻게 블레셋이나 이집트의 신들보다 고귀하다고 간주할 수 있는가?

---

35) Ibid., 312-13.
36) Von Rad, *Deuteronomy*, 28.

- 이 재구축된 이론에 의하면 이스라엘의 하나님이 이스라엘에게 언약적 관계의 의무를 부과하거나 언약을 파기한 결과에 대한 경고를 주지 않은 것이 된다. 그렇다면 어떻게 이스라엘의 하나님이 에돔 혹은 모압의 신들보다 더 자기 백성들에게 정의로우신 신으로 간주될 수 있는가?
- 이 재구축된 이론에 의하면 이스라엘의 하나님은 언약적 기본 의무를 부과한 일도 없이 그들에게 포로의 비참함을 면하게 해주지 않았거나 혹은 면하게 해줄 수 없었던 것이 된다. 그렇다면 어떻게 이 하나님은 정복자인 앗수르나 바벨론의 신들보다 더 능력 있고 자비로우신 분으로 간주될 수 있는가?

만약 그것이 사실이라면 이스라엘 언약의 하나님이 실제로 인간이 상상할 수 있는 다른 신보다 더 능력이 없고, 더 자비롭지 못하고, 더 신실하지 못하고, 더 정의롭지 못한 것으로 나타난다. 그런데 왜 21세기에 사는 수많은 나라 사람들이 그에게 의지하고 희망을 가지고 있는가? 비록 그가 자신을 유일하신 세상의 창조주이시고, 창조물을 운행하시는 분이시며, 구속자로 나타내지만, 그가 자기 언약의 백성과 관계에서 무능력하고, 신실하지 못하고, 정의롭지 못하고, 자비로움이 없는 분으로 보였다면 어떻게 세상 사람들에게 믿을 가치가 있는 분이 되겠는가?

이스라엘의 하나님으로부터 온 계시로 자칭하는 성경책이 꾸며진 이야기로 취급되고 있는 현상을 볼 때에, 오늘날 성경을 연구하는 학자들이 신앙을 잃어가고 있다는 사실이 놀라운 것이 아니다. 선생 중의 선생이 윤리적인 율법이 하나님으로부터 왔다는 것을 믿지 않는 현상을 볼 때에, 교회에 유명론(唯名論)과 부도덕성이 만연하는 사실은 놀라운 것이 아니다.

언약적 율법과 선지자와 관계를 논하면서, 이제는 우리는 선지자 자신의 기록에 우리의 시선을 돌리는 것이 좋겠다. 선지서들에는 율법과 언약 모두 중심 요소로 나타난다는 사실을 우리는 먼저 살펴야 하겠다. 그리고 그 다음 장에서는 언약과 율법이 선지자들에 의해 어떻게 적용되는지를 살펴야 할 것이다.

2. 율법의 핵심 요소

이스라엘은 세상 모든 나라들 중에 특별한 민족으로 선언된다. 왜냐하면 어떤 다른 나라도 하나님이 그들 앞에 제시한 "이 모든 율법과 같은 바른 규례와 법도를 가진" 위대한 민족이 아무도 없기 때문이다(신 4:8). 그러나 선지자들은 광범위한 율법을 이용하는 것과 함께 하나의 특별한 금지법을 부각시키며 백성을 고발한다. 선지자가 당시의 백성들에게 적용하는 율법에서 그 핵심 요소는 우상숭배에 대한 금지이다.[37] 선지자들은 계속적으로 백성들에게 우상숭배의 죄를 책망한다. 우상숭배에 대한 책망은 신명기서의 금지법들 중에 첫 번째로 나타나며, 이것은 모세 언약의 문맥에서 주어진 율법 중에서 선지자들에게 가장 강력하게 적용되었다. 광야 생활 제40년에 모세는 시내산에서 주어진 계시를 반복하면서 그의 백성이 결코 우상숭배에 빠져들지 말아야 할 이유를 말한다.

> 여호와께서 호렙산 화염 중에서 너희에게 말씀하시던 날에 너희가 아무 형상도 보지 못하였은즉 너희는 깊이 삼가라 두렵건대 스스로 부패하여 자기를 위하여 아무 형상대로든지 우상을 새겨 만들되 남자의 형상이든지, 여자의 형상이든지, 땅 위에 있는 아무 짐승의 형상이든지, 하늘에 나는 아무 새의 형상이든지, 땅 위에 기는 아무 곤충의 형상이든지, 땅 아래 물속에 있는 아무 어족의 형상이든지 만들까 하노라(신 4:15-18).

특별한 경험을 가진 이스라엘은 "하나님 여호와께서 천하 만민을 위하여 분정하신 것을 보고" 미혹되지 말아야 한다(신 4:19). 이스라엘에게 특별한 것은, 보이지 않는 하나님이 이집트의 고난에서부터 건져 그들을 자기의 백성으로 삼으셨다는 것이다(신 4:20). 이 이유 때문에 그들은 눈에 보이는 우상들을 경배하기 위해 무릎을 꿇지 말아야 한다. 하나님은 모든 고난으로부터 그들을 구원하신 보이지 않는 분으로 자신을 그들에게 알리셨다. 그는 그 백성을 위해 능력의 일을 하시는 살아 계신 하나님이다. 그러므로 그들은 그를 눈에 보이는 어느

---

[37] Clements(*Old Testament Prophecy*, 111)는 그의 책에서 "우상숭배-최악의 죄"라는 제목으로 한 단원을 쓴다.

모양으로 그리거나 조각하는 모독을 해서는 안 된다.
　우상숭배를 금지하는 율법은 탐욕을 우상숭배의 뿌리로 규정한다. 왜냐하면 더 많은 것을 얻기 위한 욕망이 우상숭배를 일으키기 때문이다. 하나님이 만드신 피조물이 하나님의 자리에 대신 앉을 수 없다. 신약성경은 탐욕과 우상숭배의 관계를 정의하면서 "탐심은 우상숭배니라"는 말로 표현하고 있다(골 3:5). 하나님을 알고, 사랑하고, 섬기는 대신에 물질을 사랑하고 섬기는 것은 모든 인류가 대대로 거쳐 오면서 행한 중죄이다. 하나님의 율법이 어떤 형태든지 우상숭배를 금하는 것에 그 초점을 맞추고 있다는 것은 놀라운 일이 아니다.
　첫 번째 계명인 그들을 구원한 여호와 외에 다른 신을 섬기지 말라는 명령은 선지자들에게 제일의 관심사였다. 우상숭배의 금지법령은 그 사용하는 용어의 확실성으로 인하여 이스라엘 하나님의 독특성을 확실하게 드러내준다. 선지자들은 "우상들을 마음에 들이는 것"을 확실하게 정죄하였다(겔 14:3-4, 7). 그러나 우상숭배 금지법령의 구상적(具象的) 관념은 율법에서 고정하는 편과 같은 역할을 한다. 이 원리는 고대 이스라엘이 가나안 점령 때에 했던 것처럼 오늘날 포스트모던의 세계(in a post-modern world)에서도 역시 유용하게 적용된다. 랄프 왈도 에멀슨(Ralph Waldo Emerson)이 챈닝(W. H. Channing)에게 바치는 그의 "송시"(頌詩, Ode)에서 그것에 대하여 살 표현하고 있다. "그것들(우상숭배, 탐욕 등)이 안장 안에 있는데도 불구하고 인류는 그 위를 올라탄다." 고대이든지 현대이든지 사람들은 우상숭배 결과의 심각성을 경시하는 경향이 있다. 호세아 선지자는 우상숭배의 영향에 대하여 다음과 같은 말을 토해낸다.

　　저희가 바알브올에 가서
　　부끄러운 우상에게 몸을 드림으로
　　저희의 사랑하는 우상같이 가증하여졌도다(호 9:10하).

　호세아에 의하면 우상숭배자는 특별한 심판을 받는다. "그것(우상)"은 그것(우상)을 숭배하는 자와 꼭 같이 파멸될 것이다.

3. 언약의 핵심 요소

선지자가 메시지에서 율법을 선과 악, 그리고 옳은 것과 나쁜 것을 판단하는 기준으로 삼을 때에 결코 율법만 홀로 사용하지 않는다. 오히려 율법은 언약과 관계하여, 그리고 하나님과 백성과의 관계에서 그 기능을 발휘한다. 한 주석가가 그 관계에 대하여 다음과 같이 진술한다. "선지자는 단순하게 윤리의 선생일 뿐만 아니라 언약의 대변인으로 간주되어야 한다. 왜냐하면 그들이 가르친 윤리는 야훼와 이스라엘 사이의 독특한 계약이 존재함을 전제로 하고 있기 때문이다."[38]

1) 언약들의 단일성

율법이 언약과의 관계에서 큰 역할을 한다는 것은 개인의 삶을 하나님의 모든 명령에 집중해야 한다는 것을 더 드러낸다. 모든 언약의 중심은 "임마누엘"의 원리이다. "내가 너의 하나님이 되며, 너는 나의 백성이 될 것이다"는 말은 하나님의 언약적 관계를 나타내는 핵심적인 문구이다.[39] 모세 율법의 언약에서 임마누엘 원리가 축복이든지 아니면 저주이든지를 규정지어 주는 역할을 한다. 이 언약의 율법은 역시 범죄자와 하나님과의 화해를 위해 충분한 역할을 한다. 적절한 회개가 포함된 믿음으로 드리는 화목제사가 없다면, 언약에서 확립된 친밀한 관계는 오히려 백성의 삶에서 저주를 가져올 뿐이다. 그러나 계시된 율법의 참 목적은 저주를 위해서가 아니라, 구원을 일으키는 하나님의 은혜를 나타내는 것이다.

율법에 있는 은혜의 계시는 선지자 사역에서 희망의 메시지를 위한 근거가 된다. 이 하나님의 대변인들은 백성이 율법을 어긴 결과로 나라가 황폐해질 것

---

38) Clements, *Prophecy and Covenant*, 80. 그러나 Clements는 후기의 그의 저작에서 언약의 중요성을 약화시킨다. 그는 호세아와 아모스의 원자료에서는 언약과 율법에 관한 구절이 발견되지 않는다고 말한다. 오히려 그 책들에서 신명기적 언약의 편집이 강하게 발견된다고 한다. 그러면서도 그는 그 선지서들에서 원자료와 편집된 요소들을 구분하는 어떤 기준도 제시하지 않는다. *Prophecy and Tradition*, 42를 보라.

39) Robertson, *Christ of the Covenants*, 45-52를 보라.

을 예고한다. 그러나 선지자는 멸망 너머 있을 이스라엘의 회복에 대한 확신을 가진다. 이 회복은 오직 율법을 대치하는 언약으로서 가능하다. 징계받은 나라가 하나님에게 충분히 인정받을 수 있는 의로움을 획득했기 때문에 회복이 이루어지는 것이 아니라, 단지 하나님의 언약 가운데 있는 은혜로 말미암아 그들이 잃었던 땅으로 돌아오는 회복이 이루어질 것이다. 회복의 과정에서 그들에게는 온전히 하나님의 명령을 따를 수 있는 새로운 마음이 주어질 것이다. 언약의 은혜는 최종까지 영원히 유지될 것이다. 그들이 법을 지킴으로써 축복받는 것이 결코 아니다. 반대로 백성은 항상 언약에서 주어진 조건 없는 약속에 근거하여 겸손하게 호소할 수 있다.

2) 언약들의 다양성

성경에 나타나는 여러 언약들을 연구하는 데 있어서 오늘날의 경향은 주로 어떤 것이 조건적인 언약인지, 어떤 것이 무조건적인 것인지를 규정하는 것이 대부분이다. 그들의 이러한 경향은 선지자들의 메시지를 취급하면서도 그대로 반영된다. 하나님의 언약들을 이 두 종류로 철저하게 분리시키는 작업은 브라이트(Bright)의 분석에서 볼 수 있다. 그는 언약이 조건적인지 무조건적인지를 분류하여 그 언약의 개념을 발전시켜 나간다. 아브라함의 언약은 무조건적으로 나타나며, 이어서 맺는 모세의 언약은 분명히 조건적이었다가, 다음으로 연결되는 다윗의 언약은 무조건적인 것으로 분류한다.[40]

이 두 종류로 분류한 언약에 근거하여 브라이트는 선지자들의 메시지의 다른 점들을 설명한다. 호세아에게서 언약은 하나님이 모세와 시내산에서 맺은 조건적인 언약을 의미한다. 호세아에 관하여 브라이트는 다음과 같이 말한다. "호세아에게 있어 다윗과 맺은 여호와의 영원한 언약 신학은 전혀 의미가 없다."[41] 다른 편으로 이사야 선지자는 다윗과 맺은 무조건적인 언약을 보았다. 하나님은 "다윗에게 준 그의 무조건적인 약속에 근거하여 모든 미래를 결정하였다"고 말한다.[42]

---

40) Bright, *Covenant and Promise*, 26, 28, 142.
41) Ibid., 87. 또한 112도 보라.
42) Ibid., 113.

브라이트에 따르면 이 차이점들은 예레미야 시대에 참 선지자와 거짓 선지자 사이의 갈등에서도 나타난다. 예레미야는 오로지 신명기적인 조망으로 기울어졌다. 그것은 바로 조건적인 모세의 언약 사상에 근거한 것이다. 브라이트에 의하면 신명기에서 발견되는 언약의 개념은 다윗 언약의 무조건적인 성격과 충돌한다. "실로 우리는 신명기가 다윗의 언약을 손상시킨다고 말할 수 있는 데까지 가도 좋다. 그것은 왕조의 위치가 조건에 의해 무너져 내리는 상태까지 가게 한다."[43] 브라이트의 말은 요시야의 종교개혁을 "다윗 언약을 누른 모세 언약의 승리"라고 부르는 진술에서 그 절정을 이룬다.[44] 이와 비슷하게 그는 예레미야의 가장 큰 투쟁은 무조건적인 시온 사상과 다윗 언약(다윗의 가문이 왕위를 계승한다는 약속)을 붙들고 있는 거짓 선지자와의 다툼이었다고 본다. 브라이트는 이 문제를 다음과 같이 요약한다. "한편으로는 하나님의 무조건적인 약속에 근거하여 나라가 보존될 것으로 믿는 사람들이 섰고, 그들을 대항하여 그것이 잘못이라는 확신을 가진 선지자가 섰다."[45]

참 선지자와 거짓 선지자 사이에 이것을 근거로 한 구분은 단순하며 호소력이 있는 것 같다. 그러나 동시에 그것을 근거로 참 선지자와 거짓 선지자의 본질적 차이를 파악하는 것은 매우 위험하다. 예를 들어, 만약 이사야가 무조건적인 언약의 신학을 가졌다면, 그는 예레미야 시대에 잘못된 가르침을 준 거짓 선지자와 꼭 같은 비난을 받아야 한다. 그 반대로 만약에 호세아와 예레미야가 조건적 언약을 선포한 잘못을 범한 것으로 비난받아야 한다면, 누군가 다른 사람이 이스라엘 포로의 실상을 제시해야 하지 않는가?

언약과 언약 사이, 그리고 선지자와 선지자 사이에 이 이원론을 도입함으로써 브라이트는 선지자의 다양성(그의 가설에서는 서로 상반되는 요소들로 보임)을 무시하였다. 그래서 이스라엘의 미래의 회복을 바라보는 호세아 3:5의 "그들의 왕 다윗"이란 구절은 선지자 자신의 말이 아닌 것으로 규정하고, 그것은 제거되어야 한다고 주장한다. 그것은 후대에 호세아의 말들이 유다의 문맥

---

43) Ibid., 131.
44) Ibid., 135. 그것은 참으로 이상하다. 어떻게 다윗의 후손인 그가 자신의 목을 자르는 것과 같은 행동을 했겠는가? 어떻게 바로 자신과 자기 아들의 왕위를 유지시켜 줄 그 언약을 자신의 생명과 후손의 생명을 위태롭게 하는 그 언약으로 대치시키는 데에 그렇게 열심이었는가?
45) Ibid., 17; 또한 142도 보라.

속으로 넘어올 때에 더해진 것으로 취급된다.[46] 더 급진적으로, 그는 오실 다윗 왕에 대한 모든 구절을 제거되어야 하는 것으로 보든지 아니면 후대에 더해진 것으로 취급한다. 이스라엘에게 포로 이후에 희망을 제시하는 근거는 무엇인가? 브라이트는 다음과 같이 대답한다. "그것은 다윗 가문의 메시아적인 구속자가 오실 것에 대한 설명이 분명히 아니다." 다윗 계통과 관련된 어떤 기대도 "예레미야의 사상에는 전혀 없었다."[47] "내가 다윗에게 한 의로운 가지를 일으킬 것이라 그가 왕이 되어 지혜롭게 행사하며…"라는 예레미야에 있는 구절은 다윗 언약에 기대어 희망을 제시하는 "빗나간 언급"으로서, 제거되어야 한다. 예레미야 33:14-16에 있는 병행 구절은 70인역에 나타나지 않는다. "그래서 후대에 예레미야의 말에 더해진 것일 가능성이 많다." 이스라엘의 미래 회복을 묘사하는 "내가 너희를 위하여 일으킬 너희 왕 다윗"(렘 30:9) 구절은 "아마도 예레미야 자신의 것이 아니다." 브라이트의 글에는 이런 말들이 계속 이어진다.

이 모든 것을 볼 때에 이스라엘의 언약을 두 종류로 나누는 이원론을 전제로 한 신학은 역시 선지자들의 구절들을 진정성(저자 자신의 것)이 있는 것과 뒤에 더해진 것으로 나누는 작업을 동시에 한다. 끝에 가서 브라이트는 이 언약의 두 줄기(조건적인 것과 무조건 적인 것)가 새 언약에서 하나로 합쳐지는 것으로 본다.[48] 그러나 이러한 그의 노력은 일관성이 결핍되며, 설득되기가 힘들다. 하나님으로부터 주어진 언약의 약속은 조건적이면서도 동시에 무조건적일 수가 없다. 그 약속이 조건적이든지 아니면 무조건적이어야 한다.

이 문제를 해결하기 위하여 '성취의 확실성은 조건들을 없애버림으로써 오는 것이 아니다' 라는 말로부터 시작해야 한다. 다윗의 언약이 무조건적임을 주장하는 것은 전선지자들과 후선지자들 모두의 엄청난 예언적 메시지들을 무시하는 것이다. 다윗은 솔로몬에게 "그 법률과 계명과 율례와 증거를 모세의 율법에 기록된 대로 지키라"고 명령하면서 그리하면 하나님께서 그 하신 약속을 지키실 것이라고 말한다(왕상 2:3-4). 이 언약적 약속들은 그것들이 조건이 없

---

46) Ibid., 87 n. 16.
47) Ibid., 193. 뒤에 나올 Bright의 모든 인용구들은 이 페이지에 있다.
48) Ibid., 198-98.

기 때문이 아니라, 하나님 자신의 은혜로 모든 조건이 이루어지기 때문에 성취되는 것이다. 보스(Vos)는 이것을 정확하게 보았다. 보스는 이사야서는 "하나님 약속의 확실한 보장"을 강조하며, 그 강조는 요구되는 조건들의 부재(不在)에 근거한 것이 아니라고 말한다.[49] 선지자들이 암시하는 다양한 언약들에는 각각 특정적인 강조점이 있음을 분명히 인식해야 한다. 족장들과 맺은 언약은 약속의 말들로 단순화되었다. 그러나 그 언약에 생명의 약속과 사망의 위협을 가져올 의무가 없는 것이 아니다. 모세의 언약은 언약 참여자의 의무가 강조되었다. 그러나 은혜에 의한 죄사함과 회복이 없을 수 없다. 다윗의 언약은 지정된 왕의 오심으로 세워질 신정국가의 확립에 초점을 맞춘다. 그러나 모세를 통하여 확립된 언약적 조건들이 없이 이루어지는 것이 아니다.

이스라엘의 다양한 선지자들은 여러 언약들 속에서 한 언약의 양상에서 다른 언약의 양상으로 쉽게 옮겨가고, 또한 심판의 위협과 축복의 약속으로도 쉽게 움직인다. 선지자의 사역에 기초가 된 언약의 다양성과 통일성 양자를 모두 인식하여야 이스라엘 역사의 여러 다른 세대들을 통하여 활동한 선지자들의 메시지를 바로 이해할 수 있으며, 또한 그들 계시의 풍부함을 누릴 수 있다.

---

49) Vos, *Biblical Theology*, 277.

THE
Christ
OF THE
PROPHETS

제6장

율법과 언약의 예언적 적용

율법과 언약 양자가 선지자의 이해에서 중요한 요소들이라는 것을 인식하여야만 우리는 선지자들이 그들의 원리로 만든 확실한 적용으로 나아갈 수 있다. 율법과 언약은 때로는 일반화된 형식으로, 또 때로는 특정한 적용으로 선지자들에 의해 사용된다.

1. 선지자에 의한 율법의 적용

자연적인(세속적인) 법을 이스라엘 선지자의 윤리의 뿌리로 삼으려는 시도가 가끔 일어났다.[1] 그러나 선지자들이 모세를 통하여 중개된 율법에 계속 호소하

---

[1] Barton, "Ethics in Isaiah of Jerusalem," 85-86을 보라. 이사야서에서 자연 법의 역할을 확립하기 위한 그의 노력에서 Barton은 시내산에서 주어진 십계명이 8세기를 반영한 것으로 인식하는 실수를 범한다. 그가 백성의 주된 죄가 교만과 우상숭배에서 발전했다는 것으로 본 것은 옳다. 그러나 그는 세속 법이 하나님의 계시된 율법의 역할을 강화하게 만드는 데 기여했다고 본다. Von Rad는 선지자들이 백성을 정죄하는 것은 "일반 윤리적 원리들에 근거해서가 아니라 성스러운 법의 옛 전승(특히 언약의 책에 있는 것과 같은)에 근거한 것"이라고 말한다(Von Rad, *Old Testament Theology*, 2. 136). Clements(Prophecy and Tradition, 44)는 "계시된 토라"는 이스라엘 생활의 근본적 기초이며, 그래서 선지자의 정죄는 시내산에서 계시된 율법을 버렸음을 꾸짖는 것이라고 말한다.

는 사실을 본다면 그 전제는 성립되지 않는다. 선지자는 자기 시대 사람들의 생활 태도를 판단함에서 계속적으로 언약문서의 법적 자료들에 호소한다. 이 호소는 일반적이면서도 또 그 독특성을 가진 법과 관계된 것이다.

1) 선지자에 의한 일반적인 율법의 적용

예언의 초기 시대에서부터 마지막 시대까지 율법은 백성들에게 내려질 심판과 축복을 선포할 때에 항상 적용되었다. 8세기 선지자 호세아에 따르면, 하나님은 그들을 위해 무수한 법들을 썼다고 선포한다. 그러나 그들은 그것들을 자기들과 전혀 관계없는 것으로 여긴다. 그 결과 그들이 이집트로 다시 갈 것이라는 저주가 선포된다(호 8:12-13).[2] 그들은 하나님이 그들에게 준 지식을 거절했기 때문에 하나님도 그들을 거절하여 제사장이 되지 못하게 할 것이다. 그들이 하나님의 율법을 무시했기 때문에 하나님도 그들의 자녀들을 무시할 것이다(호 4:6). 이스라엘이 도매금으로 범죄하였다. 하나님의 눈에는 그 땅에서 오직 저주, 거짓, 살인, 도적, 간음만 가득 찬 것으로 보인다. 그 결과 그 땅이 슬퍼하며 무릇 거기 거하는 모든 생물이 쇠잔할 것이다(호 4:2-3).[3] 호세아에 의해 열거되는 위의 다섯 가지의 특정적인 죄는 문법적으로 모두 부정사 절대형으로 나타나는데, 그것들은 제3, 9, 6, 8, 7계명에 관계된 것이다.[4]

이스라엘 역사의 끝에 이르러 이와 같은 하나님의 율법을 무시하는 경향이 만연하였다. 여호와는 빨리 와서 백성을 대항하여 그들의 죄를 법정에서 증언할 것이다. 그는 그들을 대항하여 고발할 것이다. 왜냐하면 그들은 마술사이고, 음행자이고, 위증자이기 때문이다. 그들은 노동의 대가인 임금을 속이고, 고아

---

2) Phillips("Prophecy and Law," 223)는 호세아 8:12이 호세아 시대에 "야훼의 것으로 돌려야 하는 쓰인 율법"이 이미 있었음을 암시한다고 보았다.
3) 하나님이 그의 백성과 벌이는 논쟁(rib)은 "언약의 고발"로 규정지을 수 있다. 언약의 의무를 어긴 것을 근거로 하여 하나님은 그의 백성을 소송한다. 호세아의 다른 구절들에서 그의 백성에게 고소를 위해 다음의 법들을 적용시킨다. 7:1b-7(속임, 도적질, 거짓말, 음행)와 9:5(정해진 절기들).
4) Phillips("Prophecy and Law," 225)는 이 다섯 개의 부정사 절대형이 십계명의 다섯 개에 관계된 것임에 의심의 여지가 없다고 말한다. 그리고 그는 그것들이 호세아의 "신명기적 편집"에 기인한 것임이 "강하게 추론 된다"고 주장한다.

와 과부를 압제하고, 외국인에게 정의를 행세하지 않는다. 그들 조상의 시대부터 그들은 계속하여 여호와의 명령을 따르지 않았고, 그것들을 지키지 않았다(말 3:5-7). 이스라엘은 그 역사의 시작 때보다 끝날 때에 더 악하였다.

이사야는 하나님을 그의 영광 중에 높으신 분으로 묘사한다. 그러나 그는 역시 하나님의 법에 대한 경외심을 보여준다.[5] 이 점에서 이사야는 다음과 같이 질문한다. "우리 중에 누가 삼키는 불(하나님의 심판)과 함께 거하겠으며 우리 중에 누가 영영히 타는 것과 함께 거하리요"(사 33:14). 그는 자신의 수사학(修辭學)적인 질문에 스스로 대답한다. "오직 의롭게 행하는 자, 정직히 말하는 자, 토색한 재물을 가증히 여기는 자, 손을 흔들어 뇌물을 받지 아니하는 자, 귀를 막아 피 흘리려는 꾀를 듣지 아니하는 자, 눈을 감아 악을 보지 아니하는 자—그는 높은 곳에 거하리니 견고한 바위가 그 보장이 되며…너의 눈은 그 영광 중의 왕을 보며 광활한 땅을 목도하겠고"(사 33:15-17). 이사야의 견해에서 하나님 백성의 삶에 주어질 축복은 그들이 하나님의 율법에 얼마나 민감하게 반응하느냐에 달렸다.

이 율법에 대한 경외심은 이사야가 그 율법 자체의 성격을 반영할 때에 더욱 잘 설명된다. "여호와께서 자기 의로움을 나타내시려고 기쁨으로 그의 율법을 훌륭하고 존귀하게 하려 하셨으니"(사 42:21, NIV 번역을 반영한 현대인의 성경에서 인용함). 그러나 이스라엘은 그 율법을 순종하지 아니하였고, 그래서 여호와는 그들에게 그의 불붙는 진노를 쏟으셨다(사 42:24-25). 다시, 여호와는 자신을 그의 율법을 계시하신 분으로 밝히신다. "너희의 구속자시요 이스라엘의 거룩하신 자이신 여호와께서 가라사대 나는 네게 유익하도록 가르치고 너를 마땅히 행할 길로 인도하는 너희 하나님 여호와라 슬프다 네가 나의 명령을 듣지 아니하였도다 만일 들었더면 네 평강이 강과 같았겠고 네 의가 바다 물결 같았을 것이며, 네 자손이 모래 같았겠고 네 몸의 소생이 모래 알갱이 같아서 그 이름이 내 앞에서 끊어지지 아니하였겠고 없어지지 아니하였으리라 하셨느니

---

5) Von Rad가 말한다. "하나님의 율법을 위한 이사야의 관심은 강조할 필요가 없을 정도로 너무 강하였다"(Von Rad, *Old Testament*, 2. 149). 이러한 견해는 Bright가 제안하는 것과 대조적이다(Bright, *Covenant and Promise*, 113). Bright는 이사야의 사역은 다윗 언약에서 발견된 무조건적인 약속에 근거하여 이해되어야 한다고 제안한다. 그러나 그는 이사야를 조건들이 없는 약속을 전파한 선지자로 규정짓지 못하였다.

라"(사 48:17-19). 만약 이스라엘이 여호와의 율법을 따라 살기를 기뻐하면, 모든 언약의 축복이 그들에게 주어질 것이다. 그 백성은 궁극적으로 그들의 오직 희망은 택함 받은 여호와의 종에 의해 선포되는 율법에 대한 순종에 있을 것임을 발견할 것이다(사 42:4하).

이스라엘이 포로로 향한 막바지에 이르렀을 때에 선지자 예레미야는 하나님의 율법이 이스라엘에게 행복과 불행을 가져다주는 결정적인 역할을 할 것을 지적한다. 그들이 하나님의 뜻을 본능적으로 알 수 있음에도 불구하고, 오히려 서기관과 학자들이 그들을 잘못된 길로 이끈다. 이사야는 이 모습을 생생하게 묘사한다. "공중의 학은 그 정한 시기를 알고 반구와 제비와 두루미는 그 올 때를 지키거늘 내 백성은 여호와의 규례를 알지 못하도다"(렘 8:7). 하류의 창조물도 창조자가 정해 놓은 질서를 이해한다. 그러나 하나님 자신의 택한 백성은 하나님의 뜻에 맞추기를 잃어버렸다. 아직도 이스라엘은 하나님의 계시를 받은 자로서의 특권적인 위치에 대하여 자랑을 계속하고 있다. "너희가 어찌 우리는 지혜가 있고 우리에게는 여호와의 율법이 있다 말하겠느뇨 참으로 서기관의 거짓 붓이 거짓되게 하였나니"(렘 8:8).

만약 그들이 하나님의 말씀을 거절하면, 그들이 가진 지혜는 도대체 무엇인가(렘 8:9)? 그들은 그들이 지녔던 모든 것을 잃어버리고, 지기 스스로 세운 조언자들에 의해 혼란 속에서 방황한다. 그 땅이 황폐한 이유는 그날의 지혜자들에게 수수께끼가 된다. 그러나 여호와께서는 분명하게 대답한다. "여호와께서 말씀하시되 이는 그들이 내가 그들의 앞에 세운 나의 법을 버리고 내 목소리를 청종치 아니하며 그대로 행치 아니하고 그 마음의 강퍅함을 따라 그 열조가 자기에게 가르친 바알들을 좇았음이라"(렘 9:13-14). 이스라엘 문제의 뿌리는 그들이 단지 육신적인 할례만 행하는 것이었다. 그래서 하나님은 그들에게 더 이상 은혜를 베풀지 않으시기로 결심한다. "여호와께서 말씀하시되 날이 이르면 할례 받은 자와 할례 받지 못한 자를 내가 다 벌하리니 곧 애굽과 유다와 에돔과 암몬 자손과 모압과 및 광야에 거하여 그 머리털을 모지게 깎은 자들에게라 대저 열방은 할례를 받지 못하였고 이스라엘은 마음에 할례를 받지 못하였느니라"(렘 9:25-26).

참 선지자와 하나님의 율법 사이의 긴밀한 관계는 예레미야의 동료들이 그를 모욕하고 그의 말을 무효화시킬 음모를 꾸미는 데서 볼 수 있다. 그러한 계획을 짜면서도 악한 음모자들은 자신들이 율법의 가르침을 지키고 있다고 확신하였다. "그들이 말하기를 오라 우리가 꾀를 내어 예레미야를 치자 제사장에게서 율법이, 지혜로운 자에게서 모략이, 선지자에게서 말씀이 끊어지지 아니할 것이니 오라 우리가 혀로 그를 치고 그의 아무 말에도 주의치 말자 하나이다"(렘 18:18). 다른 말로 표현하면 그들은 자신들과 같은 선지자들과 제사장들을 가졌으며, 그들은 상대방이 듣기를 원하는 그것을 정확하게 선포하면서, 마치 그것이 하나님의 말인 것처럼 가장한다. 예레미야를 극단적으로 모욕하면서 그들은 자신들이 즐겨하지 않는 말의 근원에 대하여는 침묵한다.

이러한 현상은 모든 시대에 동일하게 나타난다. 사람들은 하나님에 의해 파송된 참 선지자의 말에 대하여는 침묵하고, 그들을 즐겁게 하는 말에는 반응한다. 오늘의 시대가 말세인지를 다음과 같은 징조로 분별할 수 있다. "사람들이 바른 교훈을 듣지 않고 오히려 자기 욕심을 따를 것이며 자기들의 귀를 즐겁게 하는 교사들의 말을 들으려고 그들에게 모여들 때가 올 것입니다"(딤후 4:3-4, NIV에 맞춘 현대인의 성경에서 인용함). 그의 유명한 성전 설교에서 예레미야는 그들의 가식적인 믿음을 폭로한다. 선지자는 특히 제1, 3, 6, 7, 8, 9계명들을 어겼음을 다시 꾸짖는다(렘 7:5-10). 그리하여 나라가 결국 멸망하였다. 그런데 남은 사람들이 이집트로 도망가서 살면서 "오늘날까지" 그들은 여호와께서 조상들 앞에서 세운 법과 그의 율례를 따르지 아니하였다(렘 44:10).

선지자 에스겔은 이스라엘이 하나님의 법을 광야에서 행한 것과 마찬가지로 "사람이 준행하면 그로 인하여 삶을 얻을" 여호와의 율법을 거절하였다고 지적한다(겔 20:13, 16). 그들이 생명을 주는 법을 지키지 않았기 때문에 여호와는 그들에게 "선하지 못한 율례와 능히 살게 하지 못할 규례를" 주었으며, 그들이 장자를 제물로 바치기를 요구하는 법을 주었다(겔 20:25). 에스겔은 백성들을 범죄자로 만드는 죄들을 자세하게 열거하였다. 그들은 피를 흘렸고, 우상을 만들었고, 부모를 업신여겼으며, 나그네를 학대하였으며, 고아와 과부를 해하였고, 여호와의 성물을 업신여겼고, 안식일을 더럽혔으며, 살인자에게 피난처를 제공하고, 음란을 행하고, 아비의 하체를 드러내고, 며느리를 더럽혀 음행하였고, 뇌물을 받고, 변전과 이식을 취하였으며, 주 여호와를 잊어버렸다(겔 22:3-12). 백성의 죄를 지적한 이 목록에 시내산에서 주어진 십계명이 주된 역할을 하고 있으며, 모압 평야에서 갱신된 율법(신명기)도 참여한다. 이스라엘을

판단하는 기준은 모세를 통하여 주어진 율법이다.[6]

다른 나라와 비교하여 하나님은 이스라엘에게 특별한 은혜를 보이셨다. 사실로 그는 예루살렘을 세상의 중심에 놓았으며, 예루살렘을 중심으로 다른 나라들이 편성되었다. 그러나 이스라엘은 주위에 둘러싼 모든 나라들보다 더 하나님의 법과 규례를 어겼다. 예루살렘은 이웃 나라들의 기준이 되지 못하였다(겔 5:5-7). 그러므로 주 여호와께서 이방 나라들 목전에서 이스라엘을 치고 징계한다(겔 5:8). 그의 의로운 기준들은 유지되어야 한다. 여호와의 율법을 소유한 이스라엘의 특권적인 위치는 오히려 더 큰 저주를 가져오게 했다. 이스라엘은 하나님의 심판을 경험한다. 왜냐하면 그들이 "내 율례를 행치 아니하며 규례를 지키지 아니하고 너희 사면에 있는 이방인의 규례대로" 행하였기 때문이다(겔 11:12). 그 결과로 선지자 에스겔은 여호와의 영광이 예루살렘 성전을 떠나 동편 산 쪽으로 옮겨가는 것을 환상으로 보았다(겔 11:23). 그들이 율법(세상의 다른 나라와 그들을 구별되게 만드는)을 따르기에 실패하였기 때문에, 그들은 여호와의 백성이라는 독특성을 잃었으며, 여호와의 영광이 그들 중에 거하시는 특별한 축복을 보존할 수 없었다.

이스라엘의 회복을 위한 하나님의 은혜가 시행되기 직전에 다니엘 선지자는 이스라엘 백성의 죄를 겸손하게 고백한다. 다니엘은 예루살렘이 황무하고 자신들이 포로로 잡혀오게 된 비극은 그들이 율법을 어겼기 때문에 언약의 저주가 나라에 내려진 것임을 고백한다.

> 우리는 이미 범죄하여 패역하며 행악하며 반역하여 주의 법도와 규례를 떠났사오며 우리가 또 주의 종 선지자들이 주의 이름으로 우리의 열왕과 우리의 방백과 열조와 온 국민에게 말씀한 것을 듣지 아니하였나이다.
> 우리 하나님 여호와의 목소리를 청종치 아니하며 여호와께서 그 종 선지자들에게 부탁하여 우리 앞에 세우신 율법을 행치 아니하였음이니이다 온 이스라엘이 주의 율법을 범하고 치우쳐 가서 주의 목소리를 청종치 아니하였으므로 이 저주가 우리에게 내렸으되 곧 하나님의 종 모세의 율법 가운데 기록된 맹세대로 되었사오니 이는 우리가 주께 범죄하였음이니이다.

---

6) "이스라엘의 행위를 측정하는 기준은 여호와께서 그 백성에게 주신 '법령' 과…그리고 '심판' 이다(겔 5:6 등)." Von Rad, *Old Testament Theology*, 2, 224.

모세의 율법에 기록된 대로 이 모든 재앙이 이미 우리에게 임하였사오나 우리는 우리의 죄악을 떠나고 주의 진리를 깨닫도록 우리 하나님 여호와의 은총을 간구치 아니하였나이다(단 9:5-6, 10-11, 13).

이 구절들에서 주목할 만한 것은 선지자의 사역이 모세에 의해 전해진 메시지와 밀접하게 연관되었음이 드러나는 것이다.[7] 이스라엘 선지자는 모세의 법을 자신의 당시 백성들의 삶에 적용시키는 것 그 이상이 아니다. 나라의 멸망 이유는 약 천 년 전에 모세와 맺었던 하나님의 언약에 쓰인 저주가 그대로 내려진 것이라는 것 외에 더 설명할 수가 없다. 선지자의 임무는 무슨 새로운 것을 창조하는 것이 아니라 모세의 율법을 당시 백성에게 적용하는 것이다.

모세의 율법과 옛 언약과 관계하여 이스라엘 미래를 예고하는 것에 대하여 마지막 선지자 말라기가 구약성경의 마지막 말로 분명히 지적한다. "너희는 내가 호렙에서 온 이스라엘을 위하여 내 종 모세에게 명한 법 곧 율례와 법도를 기억하라"(말 4:4). 옛 언약에 속한 마지막 선지자의 기대에 따라 어느 날 엘리야가 와서 백성들의 회개를 요청할 것이다. 그들이 그 요청에 바르게 반응하는지에 따라 여호와께서 오셔서 회복시키든지 아니면 저주로 그 땅을 칠 것인지 결정할 것이다(말 4:5-6). 구약성경은 하나님 백성의 삶에 율법의 역할이 확립되는 것으로서 결론 맺는다. 이스라엘 선지자의 모든 구절에서 하나님의 율법은 계속 하나님의 심판의 근거를 제공하고 있다.

2) 선지자에 의한 세부적인 율법의 적용

이스라엘 선지자는 일반적인 용어들로 모세의 율법에 호소할 뿐만 아니라, 때로는 하나님의 율법을 요약한 십계명의 각 법을 당시 그들의 백성에게 적용하기도 한다. 수세기에 걸친 선지자들의 사역에서 어떤 특정한 계명을 중요하게 다루면서 적용하는 경우가 많다.[8]

---

7) "다니엘에게서조차 이스라엘의 행복의 근거는 전통적인 계명들에 충성하는 것으로 나타난다. 이스라엘의 가장 큰 위험은 이 충성을 저해하는 것이다" (Von Rad, Ibid., 2. 309).
8) Phillips("Prophecy and Law," 230)는 십계명은 "지방의 장로들이 성문에서 행한 토착적인 법 집행에 의해 발생된 것"으로 제안한다. 그러나 안식일 법, 이웃 물건을 탐내는 법, 간음에 관한 법 등을 단순하

(1) 나 외에는 다른 신들을 네게 있게 말지니라(출 20:3)

여호와께서 예레미야를 통하여 "너희는 일찍이 이런 일이 있었는지를 한번 알아보아라"고 말한다. "어느 나라가 그 신을 신 아닌 것과 바꾸었는가?" 그리고 여호와는 선언한다. "내 백성이 두 가지 악을 행하였나니 곧 생수의 근원되는 나를 버린 것과 스스로 웅덩이를 판 것인데 그것은 물을 저축지 못할 터진 웅덩이니라"(렘 2:10-11, 13). 얼마나 이스라엘이 어리석은가! 그렇게도 놀라운 경험들을 많이 하고도 이방 나라들과 행동에 꼭 같이 따라가니 얼마나 우스꽝스러운가! 신을 바꾼다는 것은 역사를 다시 쓰려는 시도와 같다. 그것은 영국 문학 역사에서 셰익스피어를 제거하는 행위와 같으며, 미국 역사에서 조지 워싱턴을 제거하는 것과 같다.

이스라엘이 모세의 인도로 구출함을 받았고, 그 모세가 언약의 여호와의 이름을 백성들에게 알게 하였다. 그러나 이제 그들은 언약의 하나님을 다른 신들로 대치하려고 하니, 그들은 역사에서 자기의 근원에 대하여 어떻게 설명할 수 있는가? 이스라엘이 자신들을 구원한 그분이 아닌 다른 신으로 바꾸는 어리석음은 도저히 이해할 수가 없다.[9]

(2) 너를 위하여 우상을 새긴 우상을 만들지 말라(출 20:4)

게 이스라엘 땅에 있는 다양한 성문들에서 동시에 일어난 것으로 보는 것이 실제 가능한가? 성경에 나타나 있는 그대로의 십계의 배경에 대하여 추적하는 것이 과연 가능한가? 십계명은 전 인류의 윤리적 의무를 요약한 완벽한 법전이며, 이스라엘에서 삶의 기준으로 특별하게 역할을 했다. 어느 한 지역에서 만들어지거나 자연적으로 발생한 그런 것이 아니다. 이 모든 요소들은 인간이 만들어 낸 것이 아니라 하나님이 주신 것이다. 언제 이스라엘에 제7일에 안식하고 예배하는 생각이 발생했는가? 어떻게 그들이 우상에게 예배하는 것과 다른 하나님에게 드리는 독특한 예배의 개념이 발생했는가? 가나안의 부도덕한 환경 속에서 이스라엘이 어디에서 음행을 금지하는 개념을 얻었는가? 하나님 외에는 다른 신을 섬기지 말라는 첫 계명에서부터 이웃의 물건을 탐내지 말라는 마지막 계념까지 실로 이스라엘에만 있는 독특한 것이다.

9) 이 첫 계명을 어긴 것에 대하여 많은 선지자들이 책망하였다. 호세아 13:4은 특별히 이 계명을 어긴 것에 대하여 이스라엘을 책망한다. "그러나 네가 애굽 땅에서 나옴으로부터 나는 네 하나님 여호와라 나 밖에 네가 다른 신을 알지 말 것이라 나 외에는 구원자가 없느니라." 스바냐 1:4b-5은 언약의 여호와를 바알 우상과 결합시킨 것을 꾸짖는다. 포로로 잡혀간 후 예레미야는 44:15에서 이집트에 가 있는 아내들이 다른 신들에게 분향하는 것을 책망한다.

이스라엘이 만든 가장 으뜸 되는 우상은 북 왕국에서 예배하였던 송아지 형상이었다. 여호와께서 호세아를 통하여 말씀을 선포하신다. "저희가 또 그 은, 금으로 자기를 위하여 우상을 만들었나니 파멸을 이루리라…네 송아지는…이스라엘에서 나고 공장이 만든 것이라 참 신이 아니니 사마리아의 송아지가 부숴뜨리우리라"(호 8:4, 6). 우상숭배는 결국 북 왕국을 멸망하게 만들었다. 호세아에 의하면 우상숭배는 사람이 다른 사람을 짐승과 같이 취급하도록 만든다. 그들은 부끄러운 우상에게 몸을 드림으로써 저희의 사랑하는 우상같이 가증하여졌다(9:10). 그 결과로 그들의 딸들은 행음하고 그들의 며느리가 간음을 행하였다(4:13).

호세아서에 나타나는 이 우상숭배의 구절들은 이스라엘 역사에서 하나님을 우상과 바꾸는 악행의 시작에 불과하다. 그 뒤에 따라오는 15개의 선지서들은 (요엘, 학개, 말라기만 제외하고) 모두 우상에게 예배하는 것을 지적한다. 그 책들에서 우상들에 대하여 아홉 개의 다른 용어들이 사용되었고, 총 200번이나 이 문제를 다루고 있다. 우상숭배의 어리석음에 대하여 이사야 40-48장이 특별히 강조한다. 선지자는 우상들은 말을 할 수도 없고 미래에 대하여 예언하거나 그 예언을 이룰 수가 없음을 지적한다. 그러나 오직 언약의 하나님만이 미래에 대하여 예언할 수 있음을 강조한다. 보이지 않는 하나님을 사람이 만든 물건에 대치하는 죄는 이스라엘에서 지속적으로 행하여졌으며, 그것은 결국 그들을 파멸로 인도하고 포로로 잡혀가게 만들었다. 오늘날 우리는 그들 조상들처럼 보이는 우상을 만들지 않았다고 자축할 것이 못된다. 오늘의 사회에서는 소유에 대한 욕심이 더욱 강력하며, 이것은 우상숭배와 같은 죄에 해당한다.

(3) 너의 여호와의 이름을 망령되이 일컫지 말라(출 20:7)

선지자들은 이스라엘이 드리는 공허한 예배에 대하여 계속 꾸짖는다. 아모스는 다음과 같이 여호와의 말씀을 선포한다. "내가 너희 절기를 미워하여 멸시하며 너희 성회들을 기뻐하지 아니하나니 너희가 내게 번제나 소제를 드릴지라도 내가 받지 아니할 것이요 너희 살진 희생의 화목제도 내가 돌아보지 아니하리라 네 노래 소리를 내 앞에서 그칠지어다 네 비파 소리도 내가 듣지 아니하리라 오직 공법을 물같이, 정의를 하수같이 흘릴지로다"(암 5:21-24).

이스라엘이 드리는 제사를 정죄하는 것으로 인해 선지자와 제사장 사이에 큰 균열이 생겼다. 그러나 실제로는 그런 분열이 있을 수 없다. 그들이 살아 계신 하나님에게 진실한 마음을 보이지 않는 것이 선지자들 책망의 요점이다. 아모스는 그들이 하나님에게 예배드리면서 마음은 그로부터 먼 것을 지적하면서, 그들의 마음은 안식일 예배가 끝나기를 기다리며 그들의 사업을 위해 빨리 뛰어나가기를 고대함을 지적한다(암 8:5).

하나님께 대항하는 가장 큰 불경스러움 중의 하나는 하나님을 이방 신보다 더 힘이 없는 신으로 간주하는 것이다. 이사야는 하나님과 대조하여 오히려 이집트 신을 "아무것도 하지 못하는 라합"으로 규정한다(사 30:7). 스바냐에 따르면 백성이 마음에 스스로 생각하기를 "여호와께서는 복도 내리지 아니하시며 화도 내리지 아니하시리라"고 한다(습 1:12). 선지자 예레미야는 백성이 여호와에 대하여 거짓말하는 것을 꾸짖는다. "여호와는 계신 것이 아닌즉 재앙이 우리에게 임하지 않을 것이요"(렘 5:12). 그러나 결국에는 백성이 "자신들이 한 말을 먹을 것이다." 왜냐하면 이스라엘의 하나님이 "아무것도 하지 못하는 신"이 아니라 무엇이든지 하실 수 있는 분이기 때문이다. 그분은 자신의 죄를 계속 고집하는 백성에게 포로라는 심판을 내리심으로써 자신이 존재하심을 나타내실 것이다.[10]

(4) 안식일을 기억하여 거룩히 지키라(출 20:8)

이스라엘이 하나님 언약의 백성으로 유지하는 특유한 표지(標識)는 안식일을 지키는 것이다. 이날을 하나님은 그의 백성을 위한 언약의 표징으로 불렀다(출 31:13). "만일 안식일에 네 발을 금하여 내 성일에 오락을 행치 아니하고, 안식일을 일컬어 즐거운 날이라, 여호와의 성일을 존귀한 날이라 하여 이를 존귀히 여기고 네 길로 행치 아니하며 네 오락을 구치 아니하며 사사로운 말을 하지 아니하면, 네가 여호와의 안에서 즐거움을 얻을 것이며" 또 여호와께서는 그들을 조상 야곱에게 약속한 기업의 땅에서 큰 축제를 가지게 할 것이다(사 58:13-14). 에스겔 선지자에 따르면, 여호와께서는 그들에게 단지 율례와 규례만 주

---

10) 선지자들이 지적하는 "하나님의 이름을 망령되이 부르는" 백성의 죄에 해당하는 다른 예들을 보면, 의로움이 없이 여호와의 이름으로 맹세하는 것(사 48:1b), 하나님의 백성에게 선을 행하지 아니하면서 금식하는 것(사 58:3-12), 벧엘에 가서 우상적인 제사예배를 드리는 것(암 4:4), 거짓으로 맹세하는 것(슥 5:1-4; 8:17), 그리고 여호와의 이름을 멸시하는 것(말 1:6) 등을 들 수 있다.

지 않았고, 당신이 그들을 거룩하게 하는 여호와인 줄 그들로 하여금 알게 하려 하여 안식일을 주사 그들과 여호와 사이에 표징을 삼았다고 하였다"(겔 20:12). 그러나 이 축복은 이스라엘만 위한 것이 아니다. 이방인들도 이 같은 경험을 가질 것이다. "또 나 여호와에게 연합하여 섬기며…안식일을 지켜 더럽히지 아니하며 나의 언약을 굳게 지키는 이방인마다 내가 그를 나의 성산으로 인도하여 기도하는 내 집에서 그들을 기쁘게 할 것이며…이는 내 집은 만민의 기도하는 집이라 일컬음이 될 것임이라"(사 56:6-7).

그러나 오히려 이스라엘은 그들의 탐욕 때문에 이 안식일을 경히 여김으로써 스스로 특별한 백성이라는 표지를 잃게 되고, 안식일은 오히려 그들에게 짐이 되었다. 안식일에 대한 조급한 태도는 그들이 가난한 자를 억압하고 저울을 속이는 것으로 이어졌다. "안식일이 언제나 지나서 우리로 밀을 내게 할꼬 에바를 작게 하여 세겔을 크게 하며 거짓 저울로 속이며"(암 8:5). 아모스보다 100년 이후 선지자인 예레미야에게 여호와께서는 왕들이 예루살렘 성으로 들어가는 성문과 다른 모든 성문에 서게 하라고 말했다. 그 장소들에 선 예레미야는 백성들에게 명령하기를 "안식일에 짐을 지고 예루살렘 문으로 들어오지 말며 안식일에 너희 집에서 짐을 내지 말며 아무 일이든지 하지 말고 내가 너희 열조에게 명함같이 안식일을 거룩하게 하라"고 했다. 그러나 그들은 귀를 기울이지 아니하고 완악하여 교훈을 받지 아니하였다. 만약 그들이 여호와의 말을 듣고 "안식일에 짐을 지고 이 성문으로 들어오지 아니하며 안식일을 거룩히 하여 아무 일이든지 하지 아니하면 다윗의 위에 앉는 왕들과 방백들이 병거와 말을 타고 이 성문으로 들어오되 그들과 유다 모든 백성과 예루살렘 거민들이" 그러할 것이라고 약속하였다. 그러나 그들이 "안식일을 거룩케 아니하여 안식일에 짐을 지고 예루살렘 문으로 들어오면 내가 성문에 불을 놓아 예루살렘 궁전을 삼키게 하리니 그 불이 꺼지지 아니하리라"고 말씀하였다(렘 17:19-27). 이스라엘이 하나님의 율법을 배반하여 나라가 멸망할 정점에 와 있는 그 때에도 하나님은 안식일 계명과 관련한 약속을 계속 제안하고 있다. 그것은 이 계명이 그들에게 얼마나 중요하고 특별한지를 보여주는 것이다.

오늘날도 그와 같은 상황이 만연하다. 하나님의 백성이 여호와의 이 놀라운 안식의 축복을 상실하고 있다. 안식의 축복은 창조 때에 있었던 안식의 규정에서도 발견되고, 시내산에서 주어진 율법의 결론에서 반복하여 나타나며(레 25

장), 예수님의 부활에서도 구속의 완성으로 다시 활성화되었다.[11] 끝없이 전개되는 인간의 합리화는 살아 계신 하나님의 확실한 약속을 무력화시킨다.[12] 그러나 지금도 안식일의 안식규정을 준행하는 자는 하나님 백성의 칭호를 받을 것이며, 이 땅에서 풍부함과 야곱의 유업을 누릴 것이다.

(5) 네 부모를 공경하라(출 20:12)
선지자 미가는 하나님이 정해 놓으신 권위를 무시하면 이스라엘의 사회질서

---

11) 신약시대에 안식 법의 유효성에 대한 연구는 Murray, *Principles of Conduct*, 30-44; Robertson, *Christ of the Covenants*, 68-74를 보라.

12) Carson은 *From Sabbath to Lord's Day*에서 국제적 복음주의 학자들의 글들을 정리하여 창조 법에서 안식일의 역할을 뒤집어엎는 시도를 강력하게 하였다. 이 모음집의 마지막 소론(小論)에서 Lincoln은 안식이 창조의 법이었음을 확고히 하는 노력을 시도한다. "만약 안식일이 창조의 법이라는 가설이 확립될 수 있다면, 하루를 안식하는 임무는 하나님의 형상으로 창조된 인간에게 본래부터 있었다고 보아야 한다. 그리고 모세언약에서 안식일이 일시적인 성격을 가졌다할지라도, 아직도 안식은 그 영구성이 인정된다"(346). 그리고 그는 같은 책에 있는 Carson의 소논문을 예수님이 안식일을 창조 법령으로 확인한 주장에 대한 "자세한 반박"으로 규정하였다. 예수님은 "안식일이 사람을 위해[dia ton anthropon] 만들어졌다[egeneto]"고 말하였다(마 2:27). 이 구절에서 예수님이 말한 것뿐만 아니라 말하지 않은 것까지 관찰할 필요가 있나. 마가의 증언에 의하면 예수님은 "안식일이 이스라엘을 위해 만들어졌다"고 말하지 않았다. 반대로 예수님은 "안식일은 사람을 위해 만들어졌다"고 말하였다. 비록 Carson의 토론이 광범위하지만(62-66), 그것은 예수님의 이 말이 창조의 법령과 관련된 것임을 반증하는 데 실패한다. Carson은 "안식일이 만들어졌다"는 진술은 하나님의 행동을 암시하는 것임을 인정한다. 그러나 언제 안식일이 하나님에 의해 "만들어졌는가?" 시내산에서 율법이 선포될 때에 안식일은 "명령되었지", "만들어진" 것이 아니었다. 마가복음의 구절은 안식의 규정이 하나님의 창조적인 활동에 기인한 것임을 암시하고 있다. Carson은 마가복음에 "사람[anthropos]"라는 용어가 네 가지 용도로 사용되었음을 발견했다(89 n. 56). 첫 번째 용도는 "사람의 아들들"(sons of men, 한 번 사용되었음)이고, 두 번째 용도는 "인자"(Son of Man)가 메시아의 용어로서 사용된 경우이다. 마가복음 2:27에 나오는 "사람"은 이 두 범주에 속하지 않는다. 세 번째 용도는 "일반적인 사람"(men in general) 혹은 "인류"(mankind)를 가리키며, 네 번째는 어떤 특정한 사람을 가리킨다. Carson은 마가복음 2:27은 인류(mankind)를 가리키는 것이 아니라고 주장한다. 그러면 이 구절에 나오는 *anthropos*는 어떤 의미로 사용되었는가? 이 용어는 일반적인 사람 혹은 어떤 특정한 사람을 가리키는 것이 아님이 분명하다. 그러나 예수님이 어떤 특정한 사람을 위해 안식일이 만들어졌다고 말하지 않았다. 그러므로 이 구절은 세 번째 용도인 인류를 가리키는 것이다. 예수님이 안식일에 대하면 말씀하시면서 인류(mankind)를 위해 그것을 만드신 하나님의 행동을 지적하셨는데, 그것은 바로 안식이며 창조의 법령인 것을 암시한 것이다.

가 무너지는 혼란에 빠질 것임을 경고한다. "너희는 이웃을 믿지 말며 친구를 의지하지 말며 네 품에 누운 여인에게라도 네 입의 문을 지킬지어다 아들이 아비를 멸시하며 딸이 어미를 대적하며 며느리가 시어미를 대적하리니 사람의 원수가 곧 자기의 집안사람이리로다"(미 7:5-6).

부모를 공경하라는 계명은 얼른 보기에는 작은 일로 보이지만, 그것은 인류 역사의 흐름을 크게 바꾸어 놓을 수 있는 중요한 것이다. 하나님이 정하신 질서를 위한 존경이 무너지면 사회 전체는 다시 세울 수 없을 정도로 파괴되며, 사회의 근본인 안정성이 무너진다.[13] 예루살렘의 멸망을 초래한 그 성의 부패를 묘사하면서 선지자 에스겔은 피를 흘린 일, 우상숭배, 거짓말, 음행 그리고 뇌물을 받는 것 등을 열거한다(겔 22:1-12). 그리고 이 목록의 한가운데 "부모를 업신여기며"라는 가증스러운 죄를 더한다(22:7).

위와 비슷한 목록이 신약에서도 나타난다. 그 죄들을 보면 동성애, 살인, 하나님을 미워하는 것 등이 들어 있는데, 그 중에 역시 부모에게 불순종하는 죄도 포함된다(롬 1:24-32, 특히 1:30). 하나님의 진노가 이 불의한 자들에서 하늘로부터 내릴 것이다. 동시에 하나님은 부모를 공경하는 모든 사람에게 아직도 장수의 축복을 주신다(엡 6:1-3).

(6) 살인하지 말라(출 20:13)

이 법은 약한 나라를 점령하여 잔인하게 살해하는 무자비한 정복자에게만 해당되는 것이 아니다. 하박국은 그의 예언을 여호와께서 자기 백성의 행악을 가만히 놓아두는 것에 대한 불평으로 시작한다. "여호와여 내가 부르짖어도 주께서 듣지 아니하시니 어느 때까지리이까 내가 강포를 인하여 외쳐도 주께서 구원치 아니하시나이다"(합 1:2-4).

하박국보다 1세기 전에 선지자 아모스와 미가는 백성이 서로에 대하여 잔인한 것을 책망하였다. 그들은 힘없는 자를 짓밟고 가난한 자를 망하게 하는 행위를 자행했다(암 8:4). 부자들은 부와 지위, 그리고 힘의 고삐를 잡고 있으며 강

---

13) 부모공경에 대한 계명은 오경의 법전 부분에서 계속 강조된다(출 20:12; 21:17; 레 19:3; 20:9; 신 27:16). 이 계명에 대한 특별한 참고구절이 역시 포로 이전 선지자의 글과(미 7:5-6), 포로 중의 선지자(겔 22:7), 그리고 포로 이후의 선지자의 글에서 발견된다(말 1:6).

포가 가득하였다(미 6:12). 이것은 백성을 살육하지 말라는 율법을 무효화시키는 행위이다. 강포는 사회의 질서를 무너뜨린다.

(7) 간음하지 말라(출 20:14)
다윗 왕이 간음하였을 때에 하나님의 눈에 가증스럽게 보였다. 왜냐하면 하나님이 다윗에게 성욕을 채울 수 있는 모든 것을 주셨는데도 불구하고 그러한 범죄를 저질렀기 때문이다(삼하 12:7-8). 이와 꼭 같이 이스라엘 사람들은 여호와께서 모든 축복을 주었는데도 불구하고 총체적으로 호색적인 생활로 넘어졌다. "내가 그들을 배불리 먹인즉 그들이 행음하며 창기의 집에 허다히 모이며 그들은 살찌고 두루 다니는 수말같이 각기 이웃의 아내를 따라 부르짖는도다"(렘 5:B-8). 아모스 선지자도 역시 그 백성들의 음란한 행위를 정죄하였다. 그들 중에 아버지와 아들이 모두 한 여인을 좇기까지 하였다(암 2:7).

비록 여호와께서 이스라엘과 유다 민족의 부도덕성에 대하여 크게 인내하셨을지라도 그들의 부패한 생활 태도는 변하지 않았다. 여호와께서 자기 이름으로 출애굽시켜 자기에게 속하게 한 자신을 부끄러워하셨다. 우상숭배는 음란한 행위와 결합되었다. 하나님은 우상을 숭배하는 이스라엘과 유다를 음란한 매춘부와 같은 성격으로 말씀하신다. 그 결과는 군중들이 돌로 치고, 칼로 죽임을 당하고, 그들의 아들과 딸들이 살해당하며, 그들의 집이 불탈 것이다(겔 23:47). 여호와께서는 그 땅의 음란을 끝내게 할 것이다. 그래서 그 땅의 모든 여인들은 경성해야 한다(겔 23:48).

이스라엘과 유다의 멸망은 세상 역사의 실록에 기록되어 있다. 여호와의 선지자들이 경고했던 대로 일은 이루어졌다. 음란이 남북 두 나라들에서 어떤 결과를 가져다주었는지를 그들은 확실하게 배워야 했다.

(8) 도적질하지 말라(출 20:15)
도적질은 자신이 어떤 법을 어기는 것뿐만 아니라, 남에게도 피해를 입힌다. 도적질은 꼭 물건을 훔치는 것만이 아니다. 다른 사람이 가지고 있는 물건이나 지위를 빼앗는 것, 그리고 다른 사람에게 속해야 마땅한 것을 자신이 차지하는 것도 해당된다. 이사야 선지자는 그런 행동을 하는 사람에게 하나님의 진노가 있을 것임을 경고한다. "불의한 법령을 발포하며 불의한 말을 기록하며 빈핍한 자를 불공평하게 판결하여 내 백성의 가련한 자의 권리를 박탈하며 과부에게 토색하고 고아의 것을 약탈하는 자는 화 있을진저"(사 10:1-2). 이러한 현상은 시대와 나라를 초월하여 공통적으로 나타난다. 오늘날에도 세상의 많은 나라들의 관리들과 지도자들이 이사야의 고발에 유의해야 할 것이다. "네 방백들은 패역하여 도적과 짝하며 다 뇌물을 사랑하며 사례물을 구하며 고아를 위하여 신원치 아니하며 과부의 송사를 수리치 아니하는도다"(사 1:23).

다양한 직업인들은 거의 예외 없이 부정직한 행위에 개입한다. 어떤 선지자는 부정직한 저울에 대하여 꾸짖었다(사 12:7). 또 다른 선지자는 되(에바)를 작게 하고, 값을 올리고, 저울을 속이는 장사꾼을 비난하였다(암 8:5-6). 이러한 부정직은 성경 시대에만 있었던 것이 아니다. 오늘날도 상인들이 어떻게 하든지 고객들로부터 많이 챙기려고 온갖 수단을 부린다. 허리케인으로 물난리를 만나는 플로리다 주민들은 그 때마다 뛰어오르는 먹는 물 값에 고생한다. 아프리카에서 가뭄을 만나 먹을 것이 없는 여인들은 곡물이 떨어진 바닥에 무릎을 꿇고 곡식들을 모은다. 그들에게는 겨나 흙과 돌을 골라 낼 여유가 없다.

세상 모든 백성들은 초강대국 바벨론이 남의 것들을 강탈한 죄로 말미암아 하나님의 심판을 면할 수 없었던 사실에게 교훈을 얻어야 한다. "화 있을진저 자기 소유 아닌 것을 모으는 자여 언제까지 이르겠느냐 너를 물 자들이 홀연히 일어나지 않겠느냐…네가 그들에게 노략을 당하지 않겠느냐 네가 여러 나라를 노략하였으므로 그 모든 민족의 남은 자가 너를 노략하리니…"(합 2:6하-8상). 심지어 포로에서 귀환한 이스라엘의 남은 자들도 그들의 형제들에게 도적질의 죄를 범한다. 하나님은 스가랴에게 나르는 두루마리(하나님의 율법이 쓰인 두루마리를 대변함) 환상을 보여주었다. 이 나르는 두루마리가 오늘날 헬리콥터처럼 공중으로 올라 날았다. 두루마리는 모든 도적들의 집으로 들어가서 그 집의 나무와 돌을 불사른다(슥 5:3-4).

사람이 저지를 수 있는 가장 나쁜 도적질은 분명히 하나님의 것을 도적질하는 것이다. 이스라엘 사람들은 십일조를 바치지 않음으로써 끊임없이 하나님의 것을 훔치는 죄를 범했다(말 3:6-9). 만약 그들이 하나님에게 돌아와서 이 명령을 잘 지키면 하나님께서 하늘 문을 여시고 부어주시는 복을 누릴 것이다(말 3:10). 그러나 부자들이 오히려 십일조를 바치기를 주저한다. 이것을 보아서 부자들이 하나님을 바로 섬기기가 얼마나 힘든지를 알 수 있다.

(9) 거짓말하지 말라(출 20:16)

이스라엘의 남북 왕국 모두 넘쳐나는 백성의 거짓말 때문에 망하였다. 호세아서는 법정 고소에서 거짓이 만연한 모습을 증언한다. "저희가 헛된 말을 내며 거짓 맹세를 발하여 언약을 세우니 그 재판이 밭이랑에 돋는 독한 인진 같으리로다"(호 10:4). 심지어 법정 맹세에서까지 거짓이 만연한 결과 그들이 섬기던 우상들이 앗수르 대왕에게 공물로 드려져 앗수르로 옮겨지는 수치를 당할 것이다(호 10:6).

예레미야는 자신이 당한 쓴 경험들을 통하여 자기 동포들이 얼마나 거짓됨을 알았으며, 그 결과가 그들이 어떻게 될 것임을 경고한다.

"그들은 활을 당기듯,
혀를 놀려 거짓을 일삼는다.
진실은 없고,
그들만이 이 땅에서 판을 친다…
너희는 너희 친구를 조심하고
너희 형제를 함부로 믿지 말아라.
형제도 속이고 친구도 다니면서 비방한다.
그들은 다 자기 친구를 속이며
진실을 말하지 않고
자기들의 혀에게 거짓말을 하라고 가르치며
악을 행하는 데 지칠 줄 모른다.
너는 그들의 기만 가운데 살고 있다.
그들은 기만으로 나를 인정하려고 하지 않는다.
그들의 혀는 사람을 죽이는 화살과 같다.
그들은 항상 거짓을 말하고
입으로는 자기 이웃에게 다정히 말하면서도
마음속으로는 그를 잡을 덫을 놓고 있다.
내가 이런 일을 보고서도 어찌 그들을 벌하지 않겠느냐?
어찌 내가 이런 나라에 보복하지 않겠느냐?
내가 예루살렘을 폐허의 무더기로 만들며

이리의 소굴이 되게 하고
유다 성들로 황폐하게 하여
사람이 살지 않게 하겠다"(렘 9:3-6, 8-9, 11).
　　　[NIV에 따르는 현대인의 성경을 주로 택함. 일부는 역자의 번역]

　남 왕국의 멸망 시기에 거짓의 죄는 온 나라에 만연하였으며, 단 한 사람의 정직한 사람을 찾아볼 수 없을 정도였다. 아브라함이 소돔과 고모라를 위해 중보하였던 것처럼, 예레미야는 하나님에게 나라를 건져줄 것을 요청하였다. 하나님은 만약에 열 명의 의로운 사람이 골짜기의 백성 중에서 발견된다면 선지자의 호소를 들으시겠다고 동의하였다. 그리고 그보다 더 적은 숫자라도 발견된다면 예루살렘이 건짐을 받을 수 있다. "너희는 예루살렘 거리로 빨리 왕래하며 그 넓은 거리에서 찾아보고 알라 너희가 만일 공의를 행하며 진리를 구하는 자를 한 사람 이라도 찾으면 내가 이성을 사하리라 그들이 여호와의 사심으로 맹세할지라도 실상은 거짓 맹세니라"(렘 5:1-2). 예루살렘에 단 한 명의 진실을 말하는 사람을 발견할 수 없으므로, 여호와는 그 성을 멸하지 않을 도리가 없었다.
　바쁘게 돌아가는 오늘의 세계는 예레미야 시대 예루살렘의 상황보다 더 낫지 못할 것이다. 오늘 우리 주변에 진실만을 말하는 한 사람을 발견할 수 있는가? 그러나 선지자에게는 마지막 희망이 남아 있었다. "이스라엘의 남은 자는 악을 행치 아니하며 거짓을 말하지 아니하며 입에 궤휼한 혀가 없으며 먹으며 누우나 놀라게 할 자가 없으리라"(습 3:13). 마침내 한 분이 하나님의 이 거룩한 계명을 이룰 것이다(사 53:9; 벧전 2:22).

　(10) 네 이웃의 집을 탐내지 말라(출 20:17)
　일반적으로 사람들은 인간 마음에 있는 탐욕을 하나님께서는 크게 문제 삼지 않을 것으로 생각할 수 있다. 그러나 이사야는 하나님께서 백성의 탐욕을 크게 보시고 정죄하신다고 말한다(사 57:17). 그는 심지어 백성의 그 모습을 "그칠 줄 모르고 계속 찾는 개들의 탐욕"으로 비유한다(사 56:11).
　탐욕에 대하여 가장 심각하게 정죄하는 말들은 아모스서에서 발견된다. 주전 8세기에 살았던 아모스는 당시 남북 왕국에서 모두 국가적으로 만연한 팽창주의와 번영을 추구하는 모습을 지적한다. 그는 당시 백성들의 불필요한 곳에 과다하게 지출하는 호화로운 생활을 정죄한다.[14]

그들이 돈을 받고 의로운 사람을 팔고,
신 한 켤레 값에 빈민을 팔았다(2:6하).

호화로운 침대 생활을 하는 사마리아 사람들 가운데서도
소수의 사람들만 구출될 것이다(3:12하).

내가 겨울 별장과 여름 별장을 부수겠다.
상아로 꾸민 집들이 무너질 것이며
큰 저택들이 완전히 파괴될 것이다(3:15).

바산의 암소처럼 살진 사마리아 여인들아,
이 말을 들어라.
너희는 가난한 자를 학대하며 힘없는 자를 억압하고
남편에게 마실 술을 가져오라고 요구하고 있나(4:1).

너희가 가난한 사람을 짓밟고
그들에게서 곡물세를 착취하니,
너희가 훌륭한 석조 건물을 지어도
거기서 살지 못할 것이며
너희가 아름다운 포도원을 가꾸어도
그 포도주를 마시지 못할 것이다(5:11).

너희는 상아 침대에 눕고
호화스러운 안락의자에서 기지개를 켜며
제일 좋은 양고기와 송아지 고기를 먹고

---

14) 다음의 구절들은 성경 NIV에 따른 것이다.

비파에 맞추어 헛된 노래를 지절거리며
다윗처럼 자기를 위하여 악기를 제조하며…
대접으로 포도주를 퍼마시며,
가장 좋은 향유를 몸에 바르면서도
요셉의 집이 망하는 것은 걱정도 하지 않는다.
대접으로 포도주를 마시고
귀한 향수를 몸에 바르면서도
이스라엘이 당할 파멸에 대해서는 슬퍼하지 않는다.
그러므로 너희가 제일 먼저 사로잡혀갈 것이다.
호의호식하면서 빈둥거리던 너희 생활이 끝날 것이다(6:4-7).

가난한 자를 짓밟고
이 땅의 힘없는 자들을 못 살게 구는 자들아…
"물건은 적게 주면서 값은 올려 받고
저울눈을 속여 팔며
은으로 가난한 자를 사고
신 한 켤레로 빈곤한 자를 사며
찌꺼기 밀을 팔자."
여호와께서 야곱의 영광을 가리켜 맹세하시되,
"그들이 행한 일을 내가 절대로 잊지 않을 것이다"(8:4-7).

탐욕은 더욱 사치스러운 생활을 가져오게 한다. 부자는 가난한 자들의 가진 것을 빼앗고, 도움이 필요한 자들을 억압한다. 그러나 결국에는 그들이 가진 소유가 하나도 남지 않을 것이다. 이스라엘의 여로보암 2세와 유다의 웃시야 왕 시대에 나라에는 번영과 팽창주의가 만연하였으나, 머지않아 결국 그것은 끝날 것이다. 이 예언이 있은 지 25년 만에 북 왕국은 종말을 고하였다.

이스라엘 선지자들은 십계명을 당시의 백성들의 삶에 광범위하게 적용하였다. 개인적으로나 사회적으로 여호와의 이 계명들은 여호와께서 그의 백성을 심판할 기준이었다. 이 계명들이 선지자들의 메시지에 속속들이 배어 있는 현상은 눈여겨볼 만하다. 아마도 오늘의 교회와 사회에 가장 필요한 것은 이 십계명을 철저하게 살피고 적용하는 것이다. 만약 우리가 하나님께서 오늘도 자기 백성들이 죄를 회개하기를 원한다는 것을 안다면, 우리의 삶의 모습을 이 의로운 계명들에 철저히 비추어 살펴보아야 할 것이다.[15]

3) 형식적인 법집행 너머, 율법 지키기의 함축적인 의미

십계명을 하나님 백성의 삶에 철저하게 적용하는 것을 살펴보면, 선지자들이 율법주의자가 아니었다는 것이 명백하다. 그들은 하나님의 법이 삶의 길을 가르치는 것으로 이해했지, 유쾌한 생활을 구속하는 엄격한 법전으로 이해한 것이 아니다. 그들은 신명기서가 지적하는 것과 같이 율법을 "너희의 생명"으로 이해했다(신 32:45-47). 선지자들이 하나님의 율법을 적용함에 있어서 형식적인 법집행너머를 보았다. 선지자들은 여호와의 사역자로서 십계명을 형식적으로 지키는 것보다 더한 무엇을 내다본 것이 분명하다. 선지자들의 메시지는 청중들의 마음을 목표로 하였다. 특히 그들은 두 분야에 관심이 있었다. 첫째, 가난한 자, 고아, 과부, 타국인을 돌보는 것이며 둘째, 하나님과 사람을 사랑하는 것이다.

(1) 고아, 과부, 그리고 외국 나그네를 돌보는 것
가난한 사람을 돌보아야 하는 것은 오경의 율법에 광범위하게 나타난다.

- 나그네까지도 안식일의 안식을 즐기게 해야 한다(출 20:10).
- 외국 나그네를 압제하거나 학대하지 말 것은, 그들도 애굽 땅에서 나그네이었었기 때문이다(출 22:21; 23:9).
- 약간의 열매는 가난한 자와 외국 나그네를 위해 남겨두어야 한다(레 19:10; 23:22).
- 이스라엘 사람은 외국 나그네를 자신을 사랑하듯이 사랑해야 한다(레 19:34).

---

15) 10계명의 해석과 적용을 가장 잘 다룬 참고자료는 웨스트민스터 공회의 대 요리문답이다(98-152 문답).

- 하나님은 고아와 과부와 외국 나그네를 사랑하신다. 그러므로 이스라엘도 역시 그들을 사랑해야 한다(신 10:18-19).
- 레위인을 위해 십일조를 내어야 하는 것과 같이 고아와 과부와 외국 나그네를 위해 삼 년째에 십일조를 내야 한다(신 14:28-29; 26:12).
- 고아와 과부와 외국 나그네는 이스라엘 사람들과 함께 초막절 절기를 즐겨야 한다(신 16:11, 14).
- 고아와 과부와 외국 나그네가 재판에서 억울함을 당하지 않게 해야 한다(신 24:17).
- 밭이나 나무들, 포도의 이삭을 줍는 것은 고아와 과부와 외국 나그네의 몫이다(신 24:19-21).
- 고아와 과부와 외국 나그네의 송사를 억울케 하는 자는 저주를 받을 것이다(신 27:19).

위의 구절들에 따르면 하나님의 백성은 고아와 과부와 외국 나그네를 돌보아야 하는 특별한 책임을 가졌다. 선지자는 이스라엘 백성이 이 분야에서 실패한 것을 심각하게 정죄한다. 특히 그들이 외형적인 예배에는 열심이면서도 그들의 마음으로 이 명령들을 지키지 않는 것을 가증스러운 것으로 비난한다. 이사야는 당시 백성이 이 명령을 소홀히 한 것에 대하여 엄중하게 책망한다. 매일 그들은 여호와를 찾으며 그의 길을 알려고 열심을 내었다. 그들은 하나님의 명령을 버리지 않는 것으로써 자신들을 의로운 백성으로 간주했다. 그들은 어김없이 금식을 했으며 자신을 하나님 앞에 낮추는 일을 행했다(사 58:2-5). 그러나 이 행동들의 어느 것도 하나님을 기쁘시게 하지 못했다. 하나님은 다른 종류의 경건을 바라신다. 이사야가 그것을 다음과 같이 묘사한다. "나의 기뻐하는 금식은 흉악의 결박을 풀어주며 멍에의 줄을 끌러주며 압제당하는 자를 자유케 하며 모든 멍에를 꺾는 것이 아니겠느냐? 또 주린 자에게 네 식물을 나눠주며 유리하는 빈민을 네 집에 들이며 벗은 자를 보면 입히며 또 네 골육을 피하여 스스로 숨지 아니하는 것이 아니겠느냐"(사 58:6-7).

선지자 미가는 당시 제사장들의 봉사가 형식주의에 빠진 것을 다음과 같이 책망한다.

내가 무엇을 가지고 여호와 앞에 나아가며
높으신 하나님께 경배할까?
내가 번제물 일 년된 송아지를 가지고 그 앞에 나아갈까?
여호와께서 천천의 수양이나
강물처럼 많은 감람기름을 가지고 간다면 기뻐하실까?
사람들아, 여호와께서 선한 것이 무엇인지 너희에게 보이셨다.
그가 너희에게 요구하는 것은 옳은 일을 행하며,
한결같은 사랑을 보이고,
겸손한 마음으로 너희 하나님과 교제하며 사는 것이다(미 6:6-8).

사랑의 종교라는 이 특이성을 살리기 위해 선지자들은 모세의 법의 요구를 끊임없이 끌어올린다. 이사야는 그의 동시대 사람들에게 "학대 받는 자를 도와주며 고아를 위하여 신원하며 과부를 위하여 변호하라"고 호소한다(사 1:17). 호세아는 당시 북 왕국 사람들에게 고아를 가엾게 여기는 여호와의 모습을 따라 살 것을 호소한다(호 14:3). 그들보다 1세기 후에 예레미야는 여호와의 성전 문에 서서 외친다. "이방인과 고아와 과부를 압제하지 말며 무죄한 자의 피를 이곳에서 흘리지 아니하며 다른 신들을 좇아 스스로 해하지 아니하면 내가 너희를 이곳에 거하게 하리니 곧 너희 조상에게 영원 무궁히 준 이 땅에니라"(렘 7:6-7). 이스라엘이 이 분야에서 실패하였기 때문에 그들은 결국 포로로 잡혀가야 했다.

비록 포로라는 심한 징계 이후에도 포로 이후의 이스라엘 백성은 고아와 과부, 그리고 외국 나그네에 대한 의무가 강조되어야 하는 상황이었다. 스가랴는 과거 70년 동안의 포로와 예루살렘이 황폐된 경험에서 백성이 가난한 사람들을 돌보아야 한다는 이 중요한 사실에 대하여 깨달은 바가 무엇이냐고 불평한다. 그는 백성에게 다음과 같이 충고한다. "만군의 여호와가 이미 말하여 이르기를 너희는 진실한 재판을 행하며 피차에 인애와 긍휼을 베풀며 과부와 고아와 나그네와 궁핍한 자를 압제하지 말며 남을 해하려 하여 심중에 도모하지 말라 하였으나"(슥 7:9-10).

구약의 마지막 선지자 말라기도 같은 문제로 백성을 책망한다. 여호와께서 선언하시기를 "내가 심판하러 너희에게 임할 것이라…품군의 삯에 대하여 억울케 하며 과부와 고아를 압제하며 나그네를 억울케 하며 나를 경외치 아니하는 자들에게 속히 증거하리라"(말 3:5).

많은 세월 동안 이스라엘이 이 특별한 하나님 백성으로서의 특성을 소홀히 하였다면, 오늘날 크리스천의 세계에서도 같은 현상이 일어나지 않는다고 할 수 없다. 오늘날 복음주의와 개혁주의 교회들이 이 분야를 소홀히 하는 잘못을 범하고 있다는 비난을 받기에 합당하다. 그들은 건전한 교리를 부르짖으면서도 자주 종교에서 가장 중요한 이 본질적인 문제를 회피한다. 야고보가 말하는 바를 명심해야 한다. "하나님 아버지 앞에서 정결하고 더러움이 없는 경건은 곧 고아와 과부를 그 환난 중에 돌아보고 또 자기를 지켜 세속에 물들지 아니하는 이것이니라"(약 1:27).

(2) 하나님과 사람을 사랑하는 것

형식적인 법집행 너머 율법을 지키는 데에 있어서 함축적인 의미의 두 번째 중요한 요소는 하나님과 사람을 사랑하는 것이다. 이 요소는 모세 율법 자체에서도 많이 나타난다. 선지자들이 제안하는 것은 법조항을 백성에게 엄격히 적용시켜 그것을 지켜야 함을 우선적인 것으로 삼을 것이 아니었다. 또한 사랑에 대한 요구는 단지 새 언약의 조망 하에서 나타나는 것만도 아니다. 반대로 사랑의 큰 법은 최초로 율법이 주어진 모세로부터 왔다. 하나님의 백성은 마음과 뜻과 정성을 다하여 여호와, 그리고 자기 이웃을 사랑해야 한다.

이웃에 대한 사랑의 법은 레위기 책에서 처음으로 확실히 나타난다. 하나님의 법은 복수할 마음을 품고 있거나 남에 대한 원한을 지니고 있는 것에 대하여 경고한다. 반대로 하나님의 백성은 "이웃을 네 몸과 같이 사랑하라"는 명령을 받는다(레 19:18). 이 명령은 모든 사람에게 강요된다. 왜냐하면 바로 그 뒤에 "나는 (언약의) 여호와라"고 그 이유를 주고 있기 때문이다. 이 특별한 작은 문구는 레위기서에서 계속 나타나는데, 다음과 같은 긴 의미를 축소시킨 것이다. "나는 애굽 땅에서 종살이하던 너희를 이끌어 낸 너의 하나님 언약의 여호와이다." 여호와께서는 이스라엘이 계속 죄악 가운데 있는데도 불구하고 그들을 압박에서부터 구출해 내는 은혜를 베푸셨기 때문에, 그들은 그들의 형제에 대한 분개하는 마음을 억제해야 한다. 반대로 그들은 이웃을 자신을 사랑하는 것처럼 확실하게 그리고 강하게 사랑해야 한다.

이 사랑의 명령은 이스라엘 형제들에게만 한정되는 것이 아니다. 그 땅에 살고 있는 모든 외국인들도 본국인과 꼭 같이 대하여야 한다. 외국인을 학대해야 할 어떤 이유도 없다. 반대로 여호와는 다음과 같이 명령한다. "너희와 함께 있는 타국인을 너희 중에서 낳은 자같이 여기며 자기같이 사랑하라 너희도 애굽 땅에서 객이 되었더니라 나는 너희 하나님 여호와니라"(레 19:34; 또한 신 10:19도 보라). 여호와께서 주는 그 이유는 그들이 사백 년 동안 이국 땅 이집트에서 나그네로 살았다는 것이다. 그러므로 그들은 외국인을 사랑해야 하는 중요성을 충분히 인식할 수 있었다.

더 나아가서 율법은 그들이 온 마음을 다하여 하나님을 사랑해야 하며, 이것은 하나님의 백성으로서 마땅히 해야 할 의무이다. "샤마 이스라엘(이스라엘아 들으라!)" 구절은 하나님을 사랑하라는 이 대 명령을 맨 앞에 놓고 있다. "이스라엘아 들으라. 우리 하나님 여호와는 오직 하나인 여호와시니 너는 마음을 다하고 성품을 다하고 힘을 다하여 네 하나님 여호와를 사랑하라"(신 6:4-5). 이 특별한 명령은 다음의 지시로 이어지는데, 곧 그들은 이 법을 그들의 마음에 새겨야 하고, 그들의 자녀에게 가르쳐야 하고, 집에 앉았을 때나 길을 걸을 때나, 누울 때나 일어날 때에 강론해야 한다. 그들은 이 법을 그들은 손목에 매어 기호로 삼고, 그들의 미간에 붙여 표를 삼고, 집의 문설주와 바깥문에 기록해야 한다. 그리고 그들은 항상 이 법을 기억해야 한다(신 6:6-8).

여호와는 이 법(하나님을 사랑하는)과 또한 모든 율법을 항상 지키도록 확실하게 명령하였다(신 11:1). 전심으로 여호와를 사랑하라는 이 법대로 살 때에 여호와께서 모든 민족을 그들 앞에서 쫓아내고 약속의 땅을 그들에게 줄 것이다(신 11:22-25). 반복적으로 이 여호와를 사랑하라는 법은 핵심적인 요소로 강조된다.

- 나를 사랑하고 내 계명을 지키는 자에게는 천대까지 은혜를 베푸느니라(출 20:6).
- 그를 사랑하고 그 계명을 지키는 자에게는 천대까지 그 언약을 이행하시며 인애를 베푸시되(신 7:9).
- 이스라엘아 네 하나님 여호와께서 네게 요구하시는 것이 무엇이냐 곧 네 하나님 여호와를 경외하여 그 모든 도를 행하고 그를 사랑하며 마음

을 다하고 성품을 다하여 네 하나님 여호와를 섬기고(신 10:12).
- 그런즉 네 하나님 여호와를 사랑하여 그 직임과 법도와 규례와 명령을 항상 지키라(신 11:1).
- 내가 오늘날 너희에게 명하는 나의 명령을 너희가 만일 청종하고 너희의 하나님 여호와를 사랑하여 마음을 다하고 성품을 다하여 섬기면(신 11:13).
- 너희가 만일 내가 너희에게 명하는 이 모든 명령을 잘 지켜 행하여 너희 하나님 여호와를 사랑하고 그 모든 도를 행하여 그에게 부종하면 여호와께서 그 모든 나라 백성을 너희 앞에서 다 쫓아내실 것이라 너희가 너희보다 강대한 나라들을 얻을 것인즉(신 11:22-23).
- 이는 너희 하나님 여호와께서 너희가 마음을 다하고 성품을 다하여 너희 하나님 여호와를 사랑하는 여부를 알려 하사 너희를 시험하심이니라(신 13:3).
- 또 네가 나의 오늘날 네게 명하는 이 모든 명령을 지켜 행하여 네 하나님 여호와를 사랑하고 항상 그 길로 행할 때에는 이 셋 외에 세 성읍을 더하여(신 19:9).
- 마음에 할례를 베푸사 너로 마음을 다하며 성품을 다하여 네 하나님 여호와를 사랑하게 하사 너로 생명을 얻게 하실 것이며(신 30:6).
- 보라 내가 오늘날 생명과 복과 사망과 화를 네 앞에 두었나니 곧 내가 오 늘날 너를 명하여 네 하나님 여호와를 사랑하고 그 모든 길로 행하며…네 하나님 여호와께서 네가 가서 얻을 땅에서 네게 복을 주실 것임이니라(신 30:15-16).
- 너와 네 자손이 살기 위하여 생명을 택하고 네 하나님 여호와를 사랑하고…(신 30:19-20).

모세의 법전에서 하나님과 이웃을 사랑하는 것이 이스라엘이 하나님과 바른 관계를 유지하는 데 있어서 가장 중요한 역할을 하는 것이 분명하다. 그들이 이 신앙의 의무를 완수하는 것은 여호와에게 충성을 보이는 것이다.

놀랍게도 이스라엘의 선지자들은 이 사랑의 명령을 매우 제한적으로 사용한다. 이사야는 이방인들의 참여에 대하여 "여호와의 이름을 사랑하고 그에게 예배하는" 자로 제한한다(사 56:6).[16] 호세아는 "그 땅에서 진실도 없고, 사랑도 없고, 하나님을 아는 지식도 없다"고 불평한다(호 4:1). 그는 당시 사람들에게 다음과 같이 호소한다. "너희는 자신을 위해 의의 씨를 심고 사랑의 열매를 거두어라…지금은 나 여호와를 찾을 때이다"(호 10:12). 호세아는 "사랑과 정의의 원리대로 살라"고 하는데, 이것은 이웃에 대한 사랑의 의무를 말하는 것이다(호 12:6). 다니엘은 포로가 돌아가야 할 때가 되어 드린 기도에서 여호와를 "두려워할 주 하나님, 주를 사랑하고 주의 계명을 지키는 자를 위하여 언약을 지키시고 그에게 인자(사랑)를 베푸시는 자시여"라고 고백한다(단 9:4). 스가랴는 포로에서 돌아온 사람들에게 "진리와 평화를 사랑하라"고 충고한다(슥 8:19). 그러나 이 약간의 참고구절들은 모세의 책에 나타나는 사랑하라는 명령과 비교할 때에 매우 적은 분량이다.

선지자는 언약의 약정에서 사랑의 위치를 잊지 않은 것이 분명하다. 그러나 그들이 부패한 백성을 향하여 사랑을 권면하는 것은 그리 흔하지 않다. 아마도 선지자들은 사랑의 법에 호소하는 것으로는 그 당시 백성들의 의식을 빨리 바꿀 수 없다고 생각한 것 같다. 그들은 오히려 그 당시 백성들의 잘못된 사랑의 성격을 비꼬아서 지적한다.

- 그들은 모두 뇌물을 사랑한다(사 1:23).
- 거짓 선지자들은 잠자기를 사랑하고, 파수꾼으로서의 그들의 임무를 게을리 한다(사 56:10).
- 그들은 하나님을 사랑하기보다 우상들을 사랑하여 감람기름과 향품을 가지고 가서 몰렉 신에게 선물로 바친다(사 57:8-9).
- 그들은 이방 신을 사랑한다(렘 2:25).
- 그들은 사랑을 얻으려고 그들의 행위를 아름답게 꾸미고, 또 그 행위를 악한 여자들에게까지 가르친다(렘 2:33).
- 그들은 어그러진 길을 사랑한다(렘 14:10).
- 그들은 잘생긴 바벨론 사람들을 사랑하여 음란을 행한다(겔 23:14, 17).
- 그들은 다른 신을 섬기고 그 우상에게 바친 제물(건포도 빵)을 사랑한다

---

16) 원서에는 성경 인용을 모두 NIV에서 하고 있다.

(호 3:1).
- 그 지도자들은 부끄러운 길들을 사랑한다(호 4:18).
- 그들은 하나님을 떠나고 각 타작마당에서 음행의 값을 사랑한다(호 9:1).
- 그들은 벧엘과 길갈에 가서 우상을 사랑하여 아침마다 희생을 드리고, 삼일마다 십일조를 바친다(암 4:4).
- 그들은 선을 미워하고 악을 사랑한다(미 3:2).

만약 선지자들이 이 우선적인 대 명령(그들의 마음과 영과, 생각과 힘을 다하여 그들의 하나님을 사랑하는 것)에 대하여 거의 말하지 않는다면, 선지자들이 백성의 마음에 우상을 사랑하는 것에 가득 차서 그것을 우선적으로 깨끗이 해야 함을 보았기 때문일 것이다. 우상을 사랑하는 이 범죄로부터 진정으로 돌아설 때에 그들은 그들을 구속한 여호와를 전심으로 사랑할 수 있기 때문이다.

4) 열국에 대한 저주와 율법과의 관계

선지자의 사역에서 하나님 율법의 역할에 관하여 또 다른 의문점이 제기된다. 어떻게 선지자들이 언약의 백성들 주변에 있는 세상 나라들에 대하여 심판을 선언할까? 무슨 근거로 그들을 향하여 축복과 저주를 말할 수 있을까?
흥미롭게도 열국들이 십계명에 따른 심판을 받는 것으로는 나타나지 않는다.[17] 한 나라에 개별적인 도덕법을 적용한 경우는 하박국이 바벨론을 정죄하면서 노략질, 살해, 불의(不義)의 이(利)를 취함, 남의 피 흘린 것, 강압적으로 술 마시게 한 것, 우상숭배 등이다(합 2:6-20).

---

17) Phillips("Prophecy and Law", 220)는 아모스가 외국 나라들을 정죄할 때에 오경에서 발견되는 통치의 규례에 근거하였음을 발견하는데, 반대로 이것은 이스라엘을 정죄하는 데에는 "전혀 나타나지 않는 것"이다. 아모스의 유다에 대한 정죄는 특별히 "언약의 여호와의 율법을 거역하였기 때문인 것"으로 말하는 반면(암 2:4), 여섯 이방나라에 대한 선포에서는 토라(율법)가 전혀 언급되지 않는다. 이스라엘에 대한 정죄에서는 10계명 중 제1, 제3, 제7, 제9, 그리고 제10계명들이 적용된다(2:6-8). 다른 곳에서 아모스는 이스라엘이 제1과 제2계명을(5:5, 26), 그리고 제3계명을(8:14), 그리고 아주 엄격하게 안식일에 관한 제4계명을(8:5) 어긴 것을 지적한다. 그리고 역시 그는 제6(8:4), 제8(8:5b), 제9(5:10) 그리고 제10계명(4:1; 5:12)을 범한 것을 정죄한다. 반대로 이방 나라들은 압제(1:3), 노예 매매(1:6, 9), 잔인함(1:11, 13) 그리고 복수(2:1) 등에 대하여 정죄한다.

선지자들이 이방 나라들에 대한 심판에 적용한 범죄에서 첫째로 부도덕한 행위에 대하여 말하는 것을 세 영역으로 요약하면 교만, 우상숭배, 강포이다. 둘째로, 그들의 심판에서 적용되는 것으로는 그들이 하나님의 백성을 학대한 것이다. 하나님이 이방 나라들을 심판하는 기준으로 삼았던 이 두 요소들을 다시 세밀하게 살펴보자.

(1) 교만, 우상숭배, 강포

자만심은 이방 나라들의 죄로 자주 언급된다.[18] 지중해 연안에서 번성하였던 도시 두로는 그 마음에 "나는 신이다"라고 자랑스럽게 말하였다(겔 28:2). 그래서 두로는 그의 모든 영광을 잃고 낮아질 것이다(사 23:9). 바벨론은 교만하여 마음에 이르기를 "나뿐이라 나 외에 다른 이가 없도다"라고 하였다. 그런 그를 오직 한 분이신 여호와 하나님께서 손을 보셨다(사 47:8). 바벨론의 교만의 극치는 그가 마음에 이르기를 "내가 하늘에 올라 하나님의 뭇별 위에 나의 보좌를 높이리라…가장 높은 구름에 올라 지극히 높은 자와 비기리라 하도다"라고 스스로 높이는 것에서 나타난다(사 14:13-14). 그런 그를 하나님은 음부에까지 낮아지게 한다. 느부갓네살은 궁전 옥상에 올라가서 그 모든 영화는 자기 자신이 만든 것으로 마음에 생각하였다. 그래서 하나님은 그를 들에 짐승처럼 낮추셨다(단 4:29-30, 33). 느부갓네살의 아들 벨사살은 아버지의 경험을 다 알고 있었으면서도 그 교훈을 배우지 못하였다. 그는 자신을 겸손하게 낮추지 아니하고, 하늘 하나님의 성전기물로 술을 마심으로써 하나님을 모욕하였다. 그래서 손가락이 벽에 글을 써서 그의 날이 끝날 것을 예고하였고, 바로 그날 밤에 그는 멸망하였다(단 5:22-23, 30).

이사야 시대에 모압의 교만은 악명이 높다. "그의 거만하며 교만하며 분노함도 들었거니와 그 과장이 헛되도다." 그리하여 모압은 그 싹이 짓밟히고, 가지가 꺾일 것이다(사 16:6, 8). 이사야보다 100년 후에도 모압의 교만은 여전하였다. 그 결과 모압은 하나님의 심판으로 소돔과 같이 황폐할 것이다(습 2:8-10). 이집트 왕 바로가 스스로 이르기를 "이 강은 내 것이라 내가 만들었다"라고 교

---

18) Clements(Prophecy and Tradition, 65)는 자만(自慢)이 선지자들에 의한 열국들의 정죄에 가장 기본이 되었다고 본다. 이 자만심은 상대국보다 우위에서 무역을 주도하려는 것과 군사적인 지배를 하려고 하는 욕심으로 나타난다.

만하므로, 하나님은 이집트를 쳐서 사막과 황무지로 만들 것이다(겔 29:9). 태평성대를 누리던 앗수르의 수도 니느웨는 감히 "오직 나만 있고 나 외에는 다른 이가 없다"고 큰소리쳤다. 그 결과 그 성을 "지나가는 자마다 조소하고 손가락질할 것이다"(습 2:15). 블레셋의 교만도 역시 하나님께서 물리칠 것이다(슥 9:6).

열국들은 또한 그들의 강포와 우상숭배로 인하여 자주 정죄함을 받는다(암 2:1; 욘 3:8하; 나 3:1; 사 17:8; 19:1, 3; 47:12). 그러나 이러한 죄악들이 교만의 죄보다는 강조되지 않는다. 세상나라들은 자주 하나님의 자리에 대신 앉는다. 이 죄는 다수의 다른 악들을 가져오는 요인이 되고, 또 하나님 심판의 근거가 된다.

이 교만의 죄는 신약시대에도 흔히 볼 수 있다. 헤롯 왕은 가이사랴에서 왕복을 입고 군중들 앞에 나서서 연설할 때에 사람들은 그의 목소리의 신의 소리라고 찬탄하였다. 그가 하나님의 영광을 가로 챈 죄로 인하여 하나님의 천사가 쳐서 죽였다(행 12:21-23).

(2) 하나님의 백성들을 학대함

이방인들에게 하나님 심판이 임하게 한 죄에 대하여 교만과 함께 또 다른 하나가 선지자에 의해 반복적으로 지적된다. 그들이 하나님 언약의 백성을 학대함으로 인하여 하나님의 진노가 이웃 나라들에게 임할 것이다. 심지어는 하나님의 백성을 조롱하는 태도도 하나님의 진노를 불러온다. 이 주제는 선지서에서 흔히 등장한다. 기록 선지자 시대가 시작하기 천년 이전에 하나님은 자기가 택한 사람 아브라함과 그 후손을 대하는 이방 나라의 태도가 어떤 결과를 초래할 것인지를 미리 규정하였다. 어느 나라든지 하나님 언약의 백성을 저주하는 자는 여호와께서 그를 저주할 것이고, 어느 나라든지 자기 언약의 백성을 축복하는 자를 여호와가 축복할 것이다(창 12:3; 27:29).

수많은 세대를 통하여 이 구절이 잘못 적용되어 왔다. 그러므로 우리는 족장과 그 후손들과 관계하여 이방 나라들이 받는 축복과 저주에 관하여 주의 깊게 연구해야 한다. 세상 나라들의 운명은 외형적인 유대인들, 민족적인 차원에서의 이스라엘을 어떻게 취급하느냐에 따라 좌우되는 것이 아니다. 그것보다 하나님의 참 이스라엘을 어떻게 취급하느냐에 따라서 세상 나라의 운명이 좌우된다.[19] 바울은 "표면적 유대인이 유대인이 아니다"라고 분명히 말한다(롬 2:28-29). 반대로 이방인이 믿음으로 약속의 둥치에 접붙임됨으로써 유대인의 자격을 충분히 얻었다(롬 11:17, 19; 엡 3:6; 갈 3:26). 실로 어떤 유대인이든지 예수님을 약속된 메시아로 믿는 자는 다시 하나님 백성의 공동체에 접붙임을 받을 것이다(롬 11:23). 예수님을 메시아로 받아들이지 않는 불신앙의 유대인들은 외형적으로 유대인이지만 더 이상 세상 나라에 축복과 저주의 영향을 미칠 수 있는 하나님 언약의 백성이 아니다. 유대인들을 어떻게 대하느냐에 따라서 세상 나라들이 복을 받는 것이 아니다. 반대로 참 "하나님의 이스라엘"에 대한 태도에 따라 그들은 하나님으로부터 대우를 받을 것이다. 이 참 "하나님의 이스라엘"은 세상에 흩어진 유대인들과 이방인들 중에서 믿는 사람들이다.

이 하나님의 이스라엘과 관계하여 모든 나라들이 축복과 저주를 받는 주제는 선지자들에 의해 광범위하게 적용된다. 이사야는 바벨론에게 내려질 심판에 대하여 선포하면서, 하나님이 자신의 백성을 진노하여 바벨론 손에 넘기셨음을 먼저 인정한다. 그러나 이 하나님의 의도에 반하여 그 이방 나라는 하나님의 백성을 무자비하게 취급하였다(사 47:6). 그 결과로 그들은 하나님으로부터 무자비하게 취급당할 것이다. 예레미야는 바벨론에 내려질 진노의 날이 다가오고 있다고 외치면서, 그 이유는 바벨론이 "이스라엘의 뼈들을 꺾었기 때문이다"라고 말한다(렘 5:17-18). 하나님은 그들이 시온에서 행한 모든 악함대로 바벨론과 갈대아 사람들에게 갚으리라고 말씀하신다(렘 51:25).

선지자 아모스가 이스라엘 주변 국가들에 대한 심판을 선포할 때에 역시 이 주제를 반복한다. 에돔에 대한 정죄는 칼로 그 형제를 쫓아가며, 긍휼을 버리며, 노가 항상 맹렬하며 분을 끝없이 품음이었다(암 1:11). 다마스쿠스와 암몬의 죄는 철 타작기로 타작하듯 길르앗을 압박하였고, 자기 지경을 넓히고자 하여 길르앗의 아이 밴 여인의 배를 갈랐음이었다(암 1:3, 13). 가사와 두로는 모든 사로잡은 자를 끌어 에돔에 팔았기 때문에 정죄받았다(암 1:6, 9). 이스라엘의 이웃 나라들은 모두 여호와의 백성을 잘못 다루었기 때문에 정죄받았다.

비슷한 형태로 선지자 오바댜도 이스라엘의 이웃인 에돔 사람들을 정죄하는데, 그들이 그들의 형제 야곱에게 포학을 행하였기 때문이다(옵 1:10). 나훔은 니느웨의 멸망을 생생하게 묘사하는데, 니느웨가 유다를 향하여 악한 음모를

---

19) "하나님의 이스라엘"의 정체성에 관한 충분한 토론은 Robertson, Israel of God, 33-46을 보라.

꾸미고 유다 백성을 괴롭혔기 때문이다(나 1:11-12). 같은 선상에서 에스겔은 암몬에 대하여 심판을 선포하는데, 그들이 이스라엘이 환난을 당할 때에 멸시한 죄 때문이다. "네가 이스라엘 땅을 대하여 손뼉을 치며 발을 구르며 마음을 다하여 멸시하며 즐거워하였나니 그런즉 내가 손을 네 위에 펴서 너를 다른 민족에게 붙여 노략을 당하게 하며…"(겔 25:6하-7상). 에스겔이 에돔에 대하여 역시 하나님의 손에 의한 심판을 선포하는데, "에돔이 유다를 쳐서 원수를 갚았으나 에돔은 그것 때문에 크게" 범죄하였기 때문이다(겔 25:12). 하나님의 절대적 정의의 법이 에돔에게 철저하게 적용될 것이다. 에돔이 옛날부터 원한을 품고 이스라엘 백성이 자기들의 죄 때문에 벌을 받아 재난을 당할 때 그들을 적의 칼날에 넘겨주었다. 그 결과로 에돔 사람들이 칼날에 의해 죽고 시체가 산과 골짜기를 메울 것이다(겔 35:5, 8). 이스라엘과 유다가 망한 후에 에돔 사람들이 그 땅을 차지했다. 그래서 하나님은 그들에게 질투의 진노를 쏟을 것이다(겔 35:10-11). 그들이 이스라엘의 환난 때에 즐거워했기 때문에 그들의 땅이 황폐할 것이다(겔 35:15). 블레셋도 역시 하나님의 심판 아래에 놓일 것인데, 그들이 "옛날부터 복수하고자 앙심을 품고 악의와 적대감으로 유다를 멸망시키려고" 하였기 때문이다(겔 25:15). 본래 이집트는 이스라엘 사람들에게 있어 갈대 지팡이에 불과하였다. 그들이 이스라엘에게 손을 뻗으면 이스라엘의 어깨를 찢었고, 그들이 이스라엘에게 기대면 이스라엘의 허리가 부러졌다. 이렇게 이스라엘에게 피해를 준 이유 때문에 이집트는 땅이 황폐하여 불모지가 될 것이다(겔 26:6-9). 에스겔은 여호와께서 그의 백성에게 돌아오실 때에 주변에 악한 이웃이 더 이상 없을 것이라고 말한다. 왜냐하면 그가 이스라엘에게 악을 행한 그 모든 이웃 나라들을 징계하셨기 때문이다(겔 28:24, 26).

이방 나라들이 이스라엘에게 악을 행함으로써 심판을 받는 가장 극적인 그림은 요엘서의 예언에서 발견된다. 세상 모든 나라가 "여호사밧 골짜기"에 모일 것이다. 이 묘사는(욜 3:2) 여호사밧 시대에 적군들이 침입해 오는 사건을 암시한다(대하 20:1-30). 요엘서의 묘사에서 하나님 심판의 날에 많은 나라의 군사들이 판결의 골짜기에 모일 것이다. 그러나 그 판결은 사람의 권위에 의해 내려지는 것이 아니라 하나님이 결정권을 행사한다(욜 3:12-14).[20] 여호와께서 열

---

20) Robertson, *Prophet of the Coming Day of the Lord*, 110을 보라.

국을 심판하시는데, "이는 그들이 이스라엘을 열국 중에 흩고 나의 땅을 나누었"기 때문이다(욜 3:2). "애굽은 황무지가 되겠고 에돔은 황무한 들이 되리니 이는 그들이 유다 자손에게 강포를 행하여 무죄한 피를 그 땅에서 흘렸음이니라"(욜 3:19). 여호와에 의한 마지막 대 심판의 날에 만국은 그들이 하나님의 백성에게 잘못했기 때문에 심판을 받는다.

다시 한번 우리들이 기억해야 할 것은 하나님의 백성을 "육신적인" 이스라엘과 동일시할 수 없다는 사실이다. 참 하나님의 백성-이스라엘 사람이든 이방인이든-을 잘못 대하는 태도에 따라 세상 사람들은 하나님의 심판을 받는다. 세상 나라들은 이 점을 깊이 명심해야 한다. 세상에 흩어진 하나님의 백성에 대한 그들의 태도가 마지막 심판의 근거가 될 것이다. 십계명에 대한 책임도 전 세계적으로 적용되지만, 하나님의 백성에 대한 세상의 책임도 그들에게 축복이나 저주를 위한 근거가 될 것이다.

2. 선지자에 의한 언약의 적용

선지자의 메시지에서 율법에 대한 역할과 함께 하나님이 자기 백성과 맺으신 언약들도 중요한 위치를 차지한다. 선지서에서 일반적인 언약의 개념뿐만 아니라 계시 역사의 진행 과정에서 여호와께서 맺으신 여러 언약도 백성들의 삶에 중요한 역할로 작용한 것으로 나타난다.

어떤 경우에는 여러 언약들이 선지서의 한 구절 안에 집합적으로 나타나기도 한다. 에스겔은 나라의 희망을 묘사하면서 연속적인 언약들을 언급한다. "내 종 다윗이 그들의 왕이 되리니 그들에게 다 한 목자가 있을 것이라[다윗 언약을 암시함]. 그들이 내 규례를 준행하고 내 율례를 지켜 행하며[모세의 언약], 내가 내 종 야곱에게 준 땅 곧 그 열조가 거하던 땅에 그들이 거하되 그들과 그 자자손손이 영원히 거기 거할 것이요[아브라함의 언약], 내 종 다윗이 영원히 그 왕이 되리라[다윗의 언약]. 내가 그들과 화평의 언약을 세워서 영원한 언약이 되게 하고[새 언약]"(겔 37:24-26). 선지자 에스겔은 하나의 언약으로 미래의 회복을 설명하기에 부족함을 느낀다. 그는 하나님이 자기 백성과 이전에 맺었던 모든 언약들이 서로 어떻게 연결되어 이뤄지는지를 보았다. 앞의 언약은 뒤의 언약에 의해 대치되는 것이 아니다. 모세 언약의 요소인 법의 의무조항은 아브라함 언약의 약속에 마찰을 일으키지 않는다. 반대로 모든 연속적인 언약은 자기백성을 향한 하나님의 목적에 이바지한다.

예레미야의 한 구절은 언약의 단일성 원리를 강조한다. 나라의 멸망 바로 직전에 예레미야는 하나님께서 자기 언약의 약속에 얼마나 신실하시는지를 확인시켜준다. 예레미야는 여호와께서 다윗의 자손들과 레위인들을 "하늘의 별과 같이 셀 수 없으며 바다의 모래처럼 측량할 수 없도록" 번성케 하실 것이라고 선언한다(렘 33:22). 이 구절은 아브라함의 약속을 기초로 하고 있음이 분명하며, 거기에 다윗의 언약과 모세의 언약도 결합된다. 예레미야는 이 세 언약의 요소들을 함께 복합시켜 멸망 이후에 다가올 미래의 회복을 위한 근거로 제시한다.[21]

같은 유형으로 선지자 이사야는 아브라함과 다윗 언약을 함께 엮어서 땅이 원래의 에덴동산 상태로 회복될 것을 예언한다. 이스라엘은 그들의 조상 아브라함을 바라보면서 여호와께서 시온을 위로하고 광야를 에덴동산같이 회복시킬 것이라는 확신을 가져야 한다(사 51:2-3). 두 언약들은 궁극적으로 이 한 위대한 성취에서 합쳐질 것이다.

선지자들이 여러 언약들을 하나로 융합시켜서 전해주는 이 위로의 메시지는 포로 후기의 선지서들에서도 나타난다. 스가랴의 종말적인 예고에서, 초막절을 지키기 위해 이스라엘에 올라오지 않는 외국 나라들은 옛 이집트가 아브라함의 후손들을 학대함으로 받았던 재앙들을 받을 것이다(슥 14:16-19). 이 선지자는 이 구절에서 아브라함, 모세 그리고 새 언약의 요소들을 결합시켜 혼합형의 종말적인 대망을 말한다.

선지자들이 자주 다양한 언약들을 복합시켜 그것을 하나님 백성의 미래의 희망을 위한 근거로 삼기도 하고, 또한 시대별로 다르게 나타난 다양한 하나님 경영들을 서로 엄격히 분리하는 태도에 대하여 경고한다. 여러 다른 상황에서 주어진 언약들이 각각 특이성이 있는 것도 사실이지만, 하나님께서 주신 언약적 약속들은 근본적으로 하나이다.

---

21) 어떤 사람은 예레미야서에 오직 신명기적인 개념만 나타나는 것으로 엄격히 적용시켜 모세의 언약만 확인하지만, 본 구절(다른 구절들과 함께)은 그 주장을 뒤엎기에 충분하다.

다양한 선지자들의 메시지에서 나타나는 특정적인 언약들을 더 자세히 살펴 보면 특별한 강조점이 있음을 발견한다. 다양한 언약들이 선지자들의 메시지 에서 꼭 같은 역할을 하는 것이 아니다. 어떤 선지자에게는 어떤 언약이 우선적 으로 취급되고, 다른 선지자에게는 다른 언약이 중요하게 다루어지기도 한다. 하나님의 다양한 언약 중 특정한 언약이 선지자들의 다양한 메시지에서 특별한 역할을 하는 것으로 발견된다.

1) 아담과 맺은 하나님의 언약

어떤 사람들은 아담과 맺은 하나님의 언약은 성경에 나타나지 않는다고 주장 한다. 창세기의 첫 몇 장에서 인간 역사의 시작을 묘사하면서 "언약"이라는 단 어가 사용되지 않았다는 점은 인정한다. 그러나 호세아가 이스라엘과 유다를 다른 백성들과 조금도 다르지 않다고 꾸짖으면서, 그 이유를 "저희는 아담처럼 언약을 어기고 거기서 내게 패역을 행하였느니라"고 하였다(호 6:7). 이 문맥에 서 히브리어 "아담"은 일반적인 사람(인류)을 가리킬 수도 있고 인류의 시조 아 담을 의미할 수도 있다. 하나님은 인류와 언약을 맺으셨는데, 그것은 이스라엘 과 맺은 언약들과는 다르다.[22] 예레미야는 하나님이 "낮과 맺은 언약"과 "밤과 맺은 언약"의 변하지 않는 특성들을 설명하는데, 여기에 사용된 언약이라는 용 어는 천지창조 때에 만드신 규정에 적용한 것이다(렘 33:20).[23] 실제 창조 기사 에서는 언약이라는 단어가 나타나지 않는데도 선지자는 그 규정을 말하면서 언 약이라고 부르고 있다. 이 선지자들이 의도하는 바는 창조 때에 확립된 언약이 타락한 상태에 있는 자기 백성에게 하나님의 계속적인 구속사역의 근본을 제공 한다는 것이다.

이와 비슷하게 선지자 이사야는 그 언약을 어긴 이스라엘에 대한 하나님의 심판을 선언하면서 땅의 저주를 말하는데, 그것은 최초의 저주와 비교된다. 이 사야는 "질려와 형극"을 여러 번 언급하는데, 그것들이 여호와의 포도원을 망 가뜨린다(사 5:6; 7:24-25; 32:13). 불순종하는 이스라엘을 향해 사용된 질려 와 형극의 히브리어가 창세기 3:18에 사용된 것과 꼭 같은 단어는 아니지만, 이

---

22) kaadam에 관한 여러 해석들을 더 보려면 Robertson, *Christ of the Covenant*, 22-24를 참조하라.
23) 창조질서에 적용한 이 용어에 관한 토론은 Ibid., 19-21을 보라.

사야는 최초로 땅이 저주받은 상태를 묘사하려는 의도를 가진 것이 분명하다. 이와 유사한 구절이 호세아서에서 발견되는데, 거기에는 창세기 3:18에 있는 "가시와 엉겅퀴"와 꼭 같은 단어들이 사용되었다(호 10:8). 이사야의 구절이 최초의 언약의 저주와 연관된 것임을 뒷받침하는 것은 이스라엘의 징계와 대조시키는 회복의 장면에서 땅이 파라다이스적인 상황으로 돌아가는 모습을 그리고 있다는 데서 찾을 수 있다(사 32:15-20).

언약의 구조에서 하나님이 최초의 사람과 관계를 맺으신 것을 언급하는 선지서의 구절들이 많지는 않지만, 그것이 언급되어 있는 구절들은 의미가 깊다. 그 구절들은 하나님의 구속사역을 창조 언약의 구조 속에서 이해한다. 인간이 죄로 인해 타락한 점에서 뿐만 아니라, 땅의 회복에 대한 기대도 역시 그 언약에 근거하여 설명한다.

2) 노아와 맺은 하나님의 언약

하나님께서는 자기 백성을 향한 변함없는 사랑을 확인하기 위하여 노아와 맺은 언약을 상기시킨다. 노아의 언약에서 다시는 물이 땅을 덮지 않겠다고 약속하신 것처럼, 하나님이 자기 백성을 다시는 멸하지 않겠다고 약속하신다(사 54:9-10). 노아의 언약은 미래를 포함한 모든 시대에 계속적으로 유효하다. 이제 하나님께서 그와 같은 유형으로 그의 백성을 보존할 것임을 약속하신다. 노아와 언약을 맺으셨고, 궁극적인 완성 때까지 그 언약이 유효함을 유지하고 계시는 하나님의 속성이 자기 백성을 영원한 미래까지 축복하실 것을 보장하신다.

"작은 묵시록"이라고 불리는(사 24-27장) 본문에서 이사야는 노아시대에 있었던 물의 범람을 묘사한 언어를 다시 사용한다. "큰 깊음의 샘들이 터지며 하늘의 창들이 열려" 물이 땅 위를 덮었었다(창 7:11). 이사야는 같은 묘사로 다가오는 그 날을 예상한다. "위에 있는 문이 열리고…"(사 24:18). 이것은 두 번째 있을 우주적인 심판이 가져올 결과이다. 이사야는 마지막 날에 세상이 끝날 것임을 예고한다. 그의 메시지를 생생하게 표현하기 위해 하늘의 창이 열리는 옛 홍수의 용어를 사용하는 것이다. 노아의 시대에 악한 자들에게 하나님이 내린 천지개벽의 대 심판이 있었다. 미래에도 그와 비슷 대격변의 심판이 있을 것이다. 선지자는 그것을 다음과 같이 묘사한다. "땅이 취한 자같이 비틀비틀하며 침망같이 흔들리며 그 위의 죄악이 중하므로 떨어지고 다시 일지 못하리라"(사 24:20).[24]

좀 다른 조망으로서 선지자 호세아는 노아 언약의 은혜 부분을 회상하면서 그 언약의 우주적인 성취를 예고한다. 바알과 같은 신들이 땅의 풍족한 소산을 약속하였지만 그것들은 그 말을 시행할 능력이 없다. 그러나 언약의 하나님은 들의 짐승과 공중의 새와 땅의 모든 움직이는 생물들과 "언약을 맺을" 것이다(호 2:18). 헤아릴 수 없는 생물들은 창세기의 언어를 정확하게 반영하는 것이다. 하나님이 홍수 사건과 관련하여 그 생물들에 대한 약속을 계속 반복하였었다(창 6:7; 8:17, 19; 9:2). 호세아가 땅 위의 생물들의 번성을 예고하는 것은 홍수 심판과 대조적인 것이고, 땅의 회복과 그리고 백성의 축복과 함께 주어지는 약속이다(호 2:21-23).[25]

선지서에서 발견되는 또 다른 노아의 언약과 관계된 메시지는 낮과 밤의 질서와 관련된 구절에서 볼 수 있다(렘 33:20). 이 구절의 내용은 하나님께서 노아와의 언약을 통하여 자연 질서를 다시 확고히 하겠다고 한 약속을 반영한 것이 분명하다. 노아의 언약에서 확립된 이 자연 질서는 하나님께서 자기 백성에 대한 약속의 신실하심을 확인하는 근거로 제공된다. 선지자들의 마음에 노아의 언약이 아직도 유효하다는 점을 계속 가지고 있음이 확인된다.

3) 아브라함과 맺은 하나님의 언약

선지자들은 아브라함 언약의 약속에 근거한 이스라엘의 미래 축복을 계속적으로 말한다. "아브라함을 구속한" 여호와께서 야곱의 집이 다시는 부끄러워하

---

24) 노아의 언약에서 하나님께서 세상을 다시는 홍수로 심판하지 않겠다고 약속하셨는데(창 9:11), 과연 선지자가 그런 심판이 또다시 세상에 있을 것으로 예고하는가? 그러나 양쪽이 서로 충돌하는 것으로 볼 필요는 없다. 왜냐하면 원래의 약속은 "땅이 있는 동안" 온 세상에 가득한 홍수의 심판은 없을 것이라고 약속하였기 때문이다(8:22). 더 나아가서 이사야의 홍수심판 묘사는 단지 미래에 다가올 우주적인 심판의 형태를 설명한 것이다.

25) 비평학자들은 창세기의 이 짐승에 대한 구절들을 제사장 문서(P)로 분류한다. 그들이 말하는 P문서는 주전 6세기에 만들어진 것이다. 그러나 호세아는 주전 8세기에 이미 이 옛 전승을 그대로 반영하고 있다.

지 아니하겠다고 말씀하신다(사 29:22). "아브라함의 후손"으로서 이스라엘은 하나님의 택함 받은 종이다(사 41:8). 이스라엘은 언약의 약속을 가지고 있는 "그들의 조상 아브라함을 바라보아야" 한다(사 51:2). 아직도 이스라엘에게 향하고 있는 여호와의 "변함없는 사랑"은 "아브라함과 맺으신 언약의 맹세"에 기인한다(미 7:20). 선지자들은 아브라함에게 준 씨(후손)의 약속을 계속 언급한다(사 6:13; 41:8-10; 43:3; 45:19, 25; 48:19; 53:10; 54:3; 59:21; 61:9; 65:9, 23; 렘 30:10; 31:36-37; 33:22; 46:27; 겔 20:5; 슥 10:9). 이와 유사하게 하나님께서 아브라함에게 주신 땅에 대한 약속도 선지자들에 의해 계속 강조되는데, 특히 포로에서 돌아오는 주제와 관련된 곳에서 많이 나타난다. 또한 아브라함에게 주신, 그로 말미암아 "천하 만민이 복을 받으리라"는 약속도 선지자들의 메시지의 중요한 기초가 되는데, 이것은 특히 미래의 회복에 대한 구절에서 주를 이룬다.

선지서들 중에 단일 주제로 아브라함의 언약을 충분하게 다루고 있는 것은 유다의 마지막 왕 시드기야 시대에 언약갱신의 의식을 행하는 극적인 장면에서 발견된다(렘 34장). 바벨론 군대가 성을 에워싸고 있을 때에 시드기야는 언약을 갱신하라고 명령하는데, 그 언약갱신의 의식에 "쪼갠 고기사이로 지나는" 의식이 포함되어 있다(렘 34:18-19). 이것은 아브라함 언약에서 있었던 의식을 정확하게 반복한 것이다(창 15:10, 17-18). 시드기야 왕에 의한 이 언약의 의식에는 아브라함의 언약 의식을 반영한 것도 있지만, 이와 함께 모세 언약갱신의 형태도 들어 있다. 그것은 바로 모세 율법을 낭독하고 백성이 그것에 순종하겠다고 맹세하는 것이다. 시드기야는 "언약의 책"에 명시된 바, 안식년에 종을 풀어주어야 하는 규례를 당시 백성들이 어기고 있음을 질책하면서 그들이 그것을 시행하겠다고 맹세하도록 하였다(출 21:1-3; 렘 34:12-17).[26]

이 두 언약을 함께 합치고 있다는 것은 이스라엘의 선지자들이 이스라엘을 향한 축복과 저주에 대하여 함께 관심을 가지고 있다는 증거가 된다. 저주는 언약의 법을 어겼기 때문에 임하는 것이다. 그러나 언약의 저주는 항상 축복으로 마친다. 왜냐하면 축복은 하나님은 그들이 받을 자격이 전혀 없는 때에 하나님

---

26) 예레미야 34장이 담고 있는 아브라함과 모세의 언약 요소들에 대한 충분한 토론은 Robertson, *Christ of the Covenant*, 131-37을 보라.

편에서 일반적으로 베푸시는 은혜에 근거하기 때문이다. 우리는 선지자들이 여러 언약을 충분히 이해했고, 그것들을 함께 합쳐서 사용하고 있음을 발견할 수 있다.

4) 모세의 언약

선지서에서 이스라엘에 대한 임박한 심판을 선포할 때에는 모세의 언약에 그 근거를 둔다. 율법을 근거로 하지 않고는 안식일을 어긴 것, 다른 신을 섬기는 것, 우상을 만들어 세우는 것, 결혼 밖에서의 성적 관계를 가지는 것 등의 죄악들을 꾸짖을 수가 없다. 왜냐하면 이러한 것들은 그들 주위에 있는 이방문화에서 그대로 수용되는 것이기 때문이다.[27] 예레미야의 예언은 이런 죄악들에 대한 책망이 다수를 이루고 있는데, 책망을 시작하면서 그는 그들의 삶에 적용되어야 할 모세 언약의 역할을 요약하여 말한다.

> 그들에게 이르기를 이스라엘의 하나님 여호와께서 이같이 말씀하시되 이 언약의 말을 좇지 않는 자는 저주를 받을 것이니라 이 언약은 내가 너희 열조를 쇠풀무 애굽 땅에서 이끌어 내던 날에 그들에게 명한 것이라 곧 내가 이르기를 너희는 나의 목소리를 청종하고 나의 모든 명령을 좇아 행하라 그리하면 너희는 내 백성이 되겠고 나는 너희 하나님이 되리라 내가 또 너희 열조에게 한 맹세 곧 그들에게 젖과 꿀이 흐르는 땅을 주리라 한 언약을 이루리라(렘 11:3-5).

모세 언약에서 주어진 명령은 선지자 메시지의 기초를 이룬다. 사실 그들이 말하는 "모든 것은 모세의 유전에서 발견된다"고 할 만하다.[28] 동시에 모세의 언약을 마음에 가지고 있는 선지자들은 그 다음에 따라온 다윗의 언약과 분리해서 보지 않았다. 이스라엘의 기록 선지자들은 특별히 다윗의 언약이 영향을 미치고 있던 시대에 사역하였다. 이 역사적 환경 속에서 그들이 옛 것인 모세

---

27) Bright, *Covenant and Promise*, 84 n. 6.
28) Lindblom, *Prophecy in Ancient Israel*, 314.

언약에 기초하여 사역하였다는 것은 더욱 놀라운 일이다. 그들 대부분의 메시지가 모세 언약에 근거하고 있지만 다윗 언약의 중요성을 그들이 결코 잊은 것은 아니다.

5) 다윗과 맺은 하나님의 언약

다윗의 언약도 선지자들의 사역에 중요한 역할을 한다. 이 언약은 이스라엘이 역사적으로 경험한 마지막이고 가장 잘 발전한 언약이었다. 여기에 덧붙여서 선지자들은 주로 이스라엘 왕들에게 메시지를 선포했으며, 또 예루살렘을 중앙에 둔 유다 나라를 향하여 사역했으므로 당연히 다윗 언약에 관심을 기울일 수밖에 없었다. 왜냐하면 왕과 예루살렘 이 두 요소는 다윗 언약의 핵심이기 때문이다. 주전 8-5세기에 사역하였던 이스라엘의 선지자에게 이 언약이 중요한 역할을 했다. 모든 선지자들이 이스라엘의 미래에 관한 희망을 말할 때에 다윗 언약의 중요한 두 가지 약속으로부터 그것을 이끌어 내었다. (1) 다윗 후손이 왕위를 계승해간다. (2) 하나님께서 예루살렘 성을 보호하겠다.[29]

북 왕국의 왕위는 원래 다윗의 줄기와 관계없이 세워졌다. 이스라엘 사람들은 그 때에 다음과 같이 부르짖었다.

> 온 이스라엘이 자기들의 말을 왕이 듣지 아니함을 보고 왕에게 대답하여 가로되 우리가 다윗과 무슨 관계가 있느뇨 이새의 아들에게서 업이 없도다 이스라엘아 너희의 장막으로 돌아가라 다윗이여 이제 너는 네 집이나 돌아보라 하고 이스라엘이 그 장막으로 돌아가니라(왕상 12:16).

이스라엘이 다윗 계통에서 떠날 때 뿌리 깊은 원한을 맺었음에도 불구하고 호세아는 미래에 이 반란을 일으킨 왕국이 다시 약속의 왕권으로 돌아갈 것을 바라보았다. 이스라엘의 죄 때문에 그들은 "나의 백성이 아님"이 될 것이다. 그

---

29) Clements, *Prophecy and Covenant*, 56; Bright, *Covenant and Promise*, 55, 70. Bright는 시편에서 다윗 언약에서의 이 두 주제를 더 확대하여 다룬다(58-72). 다윗 왕위에 관한 선포는 왕위가 영원할 것임을 말한다. 그의 왕위는 태양과 달이 하늘에 있는 한 영원히 머물러 있음과 같이 영원할 것이다 (60).

러나 "그 후에 저희가 돌아와서 그 하나님 여호와와 그 왕 다윗을 구하고 말일에는 경외하므로 여호와께로 와 그 은총으로" 나아갈 것이다(호 3:5).[30]

한때 에브라임은 시리아와 함께 다윗 후손의 왕위를 "다브엘의 아들"로 교체하려는 음모를 꾸몄다. 그 상황이 동정녀 탄생 예언의 원인이 되었다(사 7:6-7, 14). 하나님이 다윗에게 주신 언약의 약속은 결코 깨어지지 않을 것이다. 포로 이전, 포로 시대 그리고 포로 이후의 모든 선지자들은 다윗의 언약을 반영하여 그의 후손이 이스라엘 왕위를 계승할 것을 예언하였다. 이 약속은 포로의 징계 이후에 있을 메시아 왕적인 미래 회복에 기초로 제공된다(사 9:6-7; 11:1-10; 16:5; 22:20-25; 25:6-12; 33:20-21; 37:31-32; 55:3하-4; 렘 23:5-6; 33:14-26; 겔 34:23-24; 호 3:5; 암 9:11-12; 미 5:2; 슥 6:9-15).

동시에 모든 선지서에서 나타나는 예루살렘/시온과 성전에 관한 특별한 메시지는 다윗 언약에 근거하고 있다. 선지자 나단은 다윗의 아들이 여호와를 위한 "집"을 다윗이 선택한 "그 장소"에서 세울 것을 약속하였다. 그 장소는 다윗이 선택했지만 궁극적으로는 하나님이 결정한 것이었다(삼하 7:13; 또한 시 78:67-72도 보라). 선지자들이 시온/예루살렘과 성전에 관한 역할을 말할 때마다 이 언약의 약속을 근거로 하고 있다.

남 왕국에서 온 농부였던 아모스는 북쪽 주민들에게 시온과 예루살렘의 변함없는 역할을 강조한다. "여호와께서 시온에서부터 부르짖으시며 예루살렘에서부터 음성을 발하시리니"(암 1:2). 그는 북 왕국 이스라엘에 대한 심판의 말에 이어 그들의 회복을 말할 때에 다윗의 무너진 장막의 회복과 예루살렘 성의 재건을 지적한다(9:11-12).

이사야가 주는 희망의 메시지에는 하나님이 다윗에 준 시온/예루살렘과 성전의 높임에 관한 이 약속이 중심 역할을 한다. "말일에 여호와의 전의 산이 모든 산꼭대기에 굳게 설 것이요…이는 율법이 시온에서부터 나올 것이요 여호와의 말씀이 예루살렘에서부터 나올 것임이니라"(사 2:2-3).[31] 마지막 날에 예루살렘/시온의 남은 자가 "거룩하다 불릴 것이요," 여호와께서 시온산 위에 "낮이면 구름과 연기, 밤이면 화염의 빛을 만드시고 그 모든 영광 위에 천막을 덮

---

30) Clements(*Prophecy and Tradition*, 30)는 호세아 3:5을 "급진적으로 첨가된 부분"으로 규정한다. 그러나 그는 자신이 내린 결론의 근거를 대지 못한다.
31) 여기에서 인용된 모든 성경구절은 영어성경 NIV를 참조하라.

으실 것"이다(4:3-5). 세상 왕들과 하늘의 군대를 멸하실 것이며, 언약의 여호와께서 시온산 위에서, 그리고 예루살렘에서 통치할 것이다(24:21, 23). 새가 날개 치며 그 새끼를 보호함같이 만군의 여호와가 예루살렘을 보호할 것이다(31:5). 여호와의 불과 풀무가 앗수르를 사를 것인데, 불과 풀무가 놓인 위치는 시온과 예루살렘이다(31:8-9). 시온에 사는 사람은 더 이상 "내가 병들었노라" 하지 아니할 것이며, "거기 거하는 백성이 사죄함을" 받을 것이다(33:24). 예루살렘에 위로의 메시지가 선포되고, 시온에 구원의 아름다운 소식이 전해질 것이다(40:2, 9). 고레스에 의해 예루살렘은 "중건되라"고 선포된다(44:28; 또한 45:13도 보라). 구속된 자들이 노래를 부르며 시온으로 돌아오고, 슬픔과 탄식이 달아날 것이다(51:11). 거룩한 성 예루살렘은 "아름다운 옷"을 입을 것이다(52:1). 곤고하며 위로를 받지 못한 성이 다시 재건되어 청옥, 홍보석, 석류석 등의 보석으로 꾸며질 것이다(54:11-12). 예루살렘의 "모든 자녀는 여호와의 교훈을 받을 것이니 네 자녀는 크게 평강할 것"이다(54:3). 여호와의 거룩한 산으로 이방인들이 인도함을 받고, 여호와의 성전은 "만민의 기도하는 집이라 일컬음이 될 것"이다(56:7). "구속자가 시온에 임하며 야곱 중에 죄과를 떠나는 자에게" 임할 것이다(59:20). 이방인들이 시온의 성벽을 다시 쌓으며, 레바논의 영광이 시온의 성소를 아름답게 꾸며줄 것이며, 그 성은 "여호와의 성읍이라" 불릴 것이다(60:10-14). 시온에서 슬퍼하는 자에게 재 대신 화관을 주어 기뻐하게 할 것이다(61:3). 선지자는 "시온의 공의가 빛같이, 예루살렘의 구원이 횃불같이 나타나도록 시온을 위하여 잠잠하지 아니하며 예루살렘을 위하여 쉬지 아니할" 것이라고 말한다(62:1). 시온은 더 이상 "버려진 성읍"이라고 불리지 않을 것이다(62:12). 여호와께서 "예루살렘으로 즐거움을 창조하며" 그 백성들을 행복하게 만들 것이다(65:18). 열방의 재물이 예루살렘으로 들어올 것이고, 이방 백성들이 여호와께 예물을 바치며, 또 이스라엘 사람들을 뽑아 제사장과 레위인을 삼을 것이다(66:12, 20-21).

이사야서 전체에 흐르는 이 "시온 신학"은 이사야 선지자에게만 있는 유일한 사상이 아니다.[32] 그러나 이 신학은 다윗 언약으로부터 직접 따온 사상임을 알아야 한다. 다윗의 언약이 선지자들의 메시지에 탁월한 역할을 한다는 것은 의

---

32) 다른 선지서에서 시온 신학을 담고 있는 구절들을 보면 다음과 같다. 암 9:11; 미 4:1-5; 옵 21; 욘 2:4; 습 3:14-17; 렘 33:6-9; 학 2:6-9; 슥 2:1-13; 4:1-14; 12:1-9; 13:1; 14:1-21.

심의 여지가 없다.[33]

6) 새 언약

선지서에서 새 언약은 옛 언약의 불완전함을 대치할 전혀 새로운 시대로의 전환을 보여준다. 언약들이 제공되었던 아브라함, 모세 그리고 다윗의 시대를 지나, 사백 년이 흘러오면서 온 세상의 나라들에게 축복을 안겨줄 그 언약의 사명이 완수되지 못하였다. 옛 언약의 형태는 하나님의 백성에게 성취된 상태의 조건을 제공해 주지 못하였다.[34] 그래서 그(언약) 수평선상의 미래의 지점에서 완전히 다른 하나님의 언약이 제공된다. 이 새 언약은 하나님이 그 백성에게 대하였던 과거의 것들과 결코 분리된 것이 아니다.[35] 그러나 그것은 그 본질에서 완전히 새로운 것이다. 모든 것이 새롭게 되는데, 하나님 백성의 마음이 새롭게 되는 것도 포함된다.[36] 신명기 율법에서도 마음으로 율법을 순종할 것을 요청하였다. 이제 새 언약은 어떻게 그들 마음에서 율법을 순종하는 일이 일어날 것인지를 보여준다. 여호와께서 그 일을 시작할 것인데, 그의 율법을 그 백성의 마음에 기록할 것이다.[37]

---

33) 신약에서 다윗 언약의 양상이 나타나는 구절은 갈라디아서 4:24-26과 히브리서 12:22-24을 들 수 있다. Fairbairn(*Interpretation of Prophecy*, 285)는 신약의 서신들에서 팔레스틴의 시온이 더 이상 나타나지 않는다고 말한다. 오직 남아 있는 시온사상은 하나님 우편에서 그리스도께서 통치하시는 모습에서 발견된다고 한다.

34) Von Rad(*Old Testament Theology*, 2.398-99)는 에스겔과 예레미야가 이스라엘이 본질적으로 여호와를 순종할 수 없었음을 증거한다고 말한다. 그러나 새 언약을 통해서 여호와는 그 백성이 토라에 복종할 수 있게 하였다. Gowan(*Theology of the Prophetic Books*, 105)은 성경을 잘 못 이해한다. 그가 말하기를 "대부분의 구약 저자들은 인간이 만약 토라에 복종하려고 노력한다면 충분히 할 수 있는 능력이 있다"고 한다. 이러한 성경해석은 인간의 노력으로 의를 얻을 수 있다는 잘못된 신학구조의 기초를 제공한다. 화해와 용서를 얻도록 선지자들이 지속적으로 회개를 요청하였는데도 그들이 전혀 귀를 기울이지 않은 상황은 인간이 순종할 능력이 없음을 보여준다.

35) VanGemeren(*Interpreting the Prophetic Word*, 332)은 다음과 같이 바르게 말한다. 에스겔에 의하면 하나님의 새로운 구속의 행위는 "창조, 아브라함, 모세, 다윗의 언약을 마침내 완성하는 것이다."

36) 선지자들이 새 언약을 예상하고 있는 구절들은 다음과 같다. 호 2:18-23; 사 54:5-10; 59:21; 렘 31:31-34; 32:40; 50:4-5; 겔 16:59-63; 36:24-38; 37:12; 37:18-28.

37) Von Rad(*Old Testament Theology*, 2.213)가 새 언약에서 여호와께서는 말씀하시는 것과 백성이 그

7) 요약

 선지서는 여호와께서 주권적으로 이스라엘과 맺은 연속적인 언약을 근거로 하여 과거 이스라엘 국가의 기원을 설명하고, 또한 현재 여호와께서 자기 백성들을 어떻게 대하는지를 말할 뿐만 아니라, 미래에 백성이 가지게 될 복지와 화를 설명한다. 참 이스라엘의 종교는 사람의 상상에 의해 발생한 것이 아니라 하나님으로부터 온 종교이다. 모든 선지자들의 메시지는 다양한 언약을 백성들에게 적용하는 것에서 설명된다.

3. 선지서에서 언약과 율법의 내적 관계

 율법과 언약이라는 두 개의 큰 요소는 선지자들의 사역을 이해하는 데 열쇠가 된다. 그러나 이 두 요소들이 어떻게 서로 연관이 되는가?

- 율법의 기원은 언약에 있다. 여호와께서 이스라엘과 특별한 언약관계를 맺으면서 율법을 계시하셨다. 언약은 이스라엘이 하나님의 뜻을 충분히 이해하게 하며, 이것은 다른 어떤 나라에서도 볼 수 없는 것이다.
- 언약이 은혜를 기본 바탕으로 이루어졌다는 것은 비록 이스라엘이 법을 어김에도 불구하고 언약의 축복을 받을 가능성을 제시한다. 선지자의 메시지가 나라의 멸망과 포로를 선포한 데 이어서 회복을 바로 예언한 것은 은혜언약의 원리를 충분히 이해했기 때문에 가능했다.
- 율법과 언약이 완전하게 결합된 형태가 새 언약의 요소에서 발견된다. 새 언약에서는 더 이상 계명, 명령, 법령 등이 백성의 삶에 외형적으로 머물러 있지 않는다. 반대로 여호와의 율법을 즐거워하는 마음이 창조될 것이다. 이 마지막 언약에 의해 하나님의 백성은 모든 언약의 축복들을

것을 듣는 것과 상관없이 일하신다고 말하는데 이것은 잘 못되었다. 새 언약의 상황에서도 말씀이 계속 전파된다. 그러나 이제 말씀이 돌과 같은 마음을 뚫고 새 생명을 일으키는 역할을 한다.

경험할 것이다.

선지서에서 율법과 언약이 결합함으로써 언약의 명령을 따르는 믿음과 회개의 두 영이 하나님과 백성들과의 관계에 영향을 미친다. 이 두 개념(믿음과 회개)의 중요성은 선지서에 다양한 방법으로 표현된다.

선지자들은 회개의 부르짖음과 축복의 약속을 결합시킨다. 그들은 여호와께 돌아오는 사건에서 단지 회복의 제한적인 가능성을 제안한다. 이 회개의 요청과 제한적인 회복은 아모스의 같은 장에서 동시에 나타난다. 북 왕국에게 아모스는 여호와의 말씀을 다음과 같이 선포한다. "나를 찾으라 그러면 살리라"(암 5:4), "언약의 여호와를 찾으라 그러면 살리라"(5:6), "선을 구하고 악을 찾지 말라, 그러면 살리라"(5:14). 그런 후 그는 즉시 다음을 더한다. "너희는 악을 미워하고 선을 사랑하며…만군의 하나님 여호와께서 혹시 요셉의 남은 자를 긍휼히 여기시리라"(5:16).[38]

어떤 학자는 회개를 요청하는 대부분의 구절들은 선지자 자신의 직접적인 말이 아니라고 주장한다(구절의 진정성을 의심함).[39] 또 다른 학자는 회개의 메시지에 덧붙여진 "혹시"라는 조건성은 "언약의 여호와가 그와 같이 말씀하셨다"라는 확실한 선포와 양립할 수 없다고 말한다.[40] 그러나 두 형태 모두 회개를 부르짖는 선지자의 메시지에 적합하다. 여호와는 반역한 백성들이 자기에게 돌아오는 기대를 걸지 않고서는 백성들을 구속하기 위한 언약을 결코 맺지 아니했다. 그래서 호세아는 백성에게 회개를 요청한다. "오라 우리가 여호와께로 돌아가자 여호와께서 우리를 찢으셨으나 도로 낫게 하실 것이요 우리를 치셨으나 싸매어 주실 것임이라"(호 6:1). 요엘은 제사장들과 백성에게 베옷을 입고 거룩한 금식을 선포하라고 지시한다(욜 1:13-14). 미가는 백성에게 다음과 같

---

38) 인용된 성경구절은 NIV를 참조하라.
39) Gowan, *Theology of the Prophetic Books*, 7. 이와 다른 견해로 Childs는 선지자들은 계속적으로 백성들에게 회개의 메시지를 전하였다고 주장한다. 그는 포로 이전에 예레미야는 23년간 "돌아오라"고 외쳤다고 말한다(*Old Testament Theology in a Canonical Context*, 141).
40) Westermann, *Prophetic Oracles of Salvation*, 238. 그는 무조건적인 메시지는 카리스마적인 선지자에게서 나온 현상이며, 조건적인 메시지는 신명기적인 편집에 공통적으로 나타나는 메시지의 형태라고 말한다. 그러나 그는 그 주장에 대하여 어떤 증거도 제시하지 않는다.

이 권면한다. "너희는 매를 순히 받고 그것(매를 때림)을 정하신 자를 순종할지니라"(미 6:9). 이사야는 백성들에게 훈계한다. "너희는 스스로 씻으며 스스로 깨끗케 하여 내 목전에서 너희 악업을 버리며 악행을 그치고 선행을 배우며 공의를 구하며…너희가 즐겨 순종하면 땅의 아름다운 소산을 먹을 것이요"(사 1:16-17, 19).[41]

죄인은 결코 자신이 하나님을 좌지우지할 수 있는 것처럼 자만하지 말아야 한다. 하나님의 심판이 자기에게 어떻게 내려지든지 간에 만약 자신이 이제라도 회개하기만 하면 두려워할 것이 아니라고 착각하지 말아야 한다. 전능자는 자기 백성을 징계할 때에 자기의 뜻대로 결정한다. 하나님의 행동은 인간의 생각대로 되는 것이 아니다. 정의와 인자하심 양자 모두 하나님의 속성에 속하는 것이며, 그 선택은 전적으로 하나님께 달려 있다. 따라서 사람들이 하나님을 컨트롤할 수 있다고 생각해서는 안 된다. 회개가 그를 조종할 수 있는 것이 아니다.

그러나 선지자들이 "혹시나"를 반복하는 것은 백성들이 회개할 이유를 주기 위함이다. "만군의 하나님 여호와께서 혹시 요셉의 남은 자를 긍휼히 여기시리라"(암 5:15). "너희가 혹시 여호와의 분노의 날에 숨김을 얻으리라"(습 2:3). "주께서 혹시 마음과 뜻을 돌이키시고…하지 아니하실는지 누가 알겠느냐"(욜 2:14). 이와 같이 제시되는 가능성 때문에 이스라엘은 자신들을 징계할 하나님에게 돌아올 수 있는 것이다.

징계와는 반대로, 선지자가 율법과 언약에 근거하여 백성에게 기대하는 것은 믿음이다. 하나님과의 언약적 관계를 확립하는 데 있어서 이스라엘의 큰 범죄는 오직 하나님께서 생명과 구원을 주시는 분으로 그를 신뢰하는 데에 실패한 것이다.[42] 이사야가 아람-에브라임 연합군의 침입을 직면해서 아하스에게 강조한 것은 히브리어로 amen, 즉 "믿음"이었다. "만일 너희가 믿지 아니하면 정녕히 굳게 서지 못하리라 하셨다 할지니라"(사 7:9). 모티엘(Motyer)은 다음과 같이 말한다. "믿음은 여호와의 백성에게 핵심적인 실체이다. 그것은 그들의 특별성을 위해서 뿐만 아니라 그들이 존재하는 근본이다. 믿음이 없으면 백

---

41) Lindblom(*Prophecy in Ancient Israel*, 350)은 회개의 부르짖음이 이스라엘 선지자의 메시지에 중요한 구성요소라고 강하게 주장한다.

42) Ibid., 342.

성도 없다."[43]

선지자들에 의해서 믿음의 개념은 여러 방법으로 설명되어지는데, 그 중에 가장 핵심적인 지적은 이스라엘에게 주어진 언약과 율법에 대한 그들의 반응이다. 다음과 같은 예들은(주로 이사야에서부터 인용됨) 믿음의 개념을 광범위하게 설명해 준다.

- 여호와를 신뢰함(사 26:3-4; 28:16; 50:10; 렘 39:18; 나 1:7; 습 3:2, 12)
- 여호와의 이름을 부름(습 3:9)
- 여호와를 의지함(사 10:20)
- 여호와를 바라봄(사 22:11; 31:1; 51:1, 5)
- 여호와를 존경함(사 22:11하)
- 안연히 처함(사 30:15)
- 그를 기다림(사 30:18)
- 여호와의 말씀을 들음(사 51:4; 렘 26:3)
- 귀를 기울임(사 55:3)
- 여호와를 찾음(사 51:1; 55:6)
- 그를 부름(사 55:6)
- 희망을 가지고 기다림(사 51:5)
- 마음에 하나님의 법을 가짐(사 51:7)
- 그를 피난처로 삼음(사 57:13)

언약의 하나님께 전인격적으로 신뢰하는 것은 선지자의 메시지에 바르게 응답하는 것이다. 하나님의 백성은 사람을 의지하는 것에서부터 돌아서야 한다. 그들은 전적으로 살아 계신 참 하나님에게 의지해야 한다.

회개하고 신뢰하는 자는 생명을 얻을 것이다. 구원의 축복을 받는 사람은 여호와의 길에 걷기를 즐겨한다. 믿음으로부터 나오는 순종은 하나님의 언약에서 발견되는 약속을 확실하게 얻게 할 것이다. 여호와의 종은 주의 목소리에 순

---

43) Motyer, *Isaiah*, 83.

종할 준비가 되어 있어야 한다(사 50:4-5). 여호와는 그들의 하나님이시고 그들은 그의 백성이 될 것이지만, 그것은 그의 목소리에 복종하는 것이 전제 조건이다(렘 7:23). 그 백성은 그들의 길에서 돌이켜야 하고, 그들의 하나님이신 언약의 여호와께 순종해야 한다(26:13). 오직 그 백성이 열심히 순종할 때에 그들은 만군의 여호와와 친밀한 교제를 나눌 수 있는 특권을 누릴 것이다(슥 6:15).

백성이 가져야 할 언약과 율법에 대한 바른 태도는 하나님에 의하여 규정된다. 백성은 그들의 죄에 대하여 애통해하고 회개해야 하며, 구원의 하나님께 전적으로 의지함을 보이면 된다. 그러면 하나님께서 그들에게 그를 기쁘게 할 수 있는 새로운 삶을 주실 것이다.

이스라엘 선지자의 사역에서 언약과 율법이 중요한 요소로 발견되는 것임에 틀림없다. 실제 선지자 사역에 있어서의 모든 문제는 언약과 율법에 대한 백성들의 태도와 연관되어 있다. 이 요소들은 궁극적으로 언약의 그리스도를 내다 보게 한다. 그는 백성에게 율법을 주신 분이신 동시에, 또한 백성들 편에서 율법을 지키는 자이다. 그는 언약을 주신 분으로서, 언약적 율법의 요구를 이루시는 분이다. 바로 그는 임마누엘, 즉 "하나님이 우리와 함께하시는" 분이시다.

THE
Christ
OF THE
PROPHETS

제7장

이스라엘 선지서의 성경신학적 배경

구약시대 전체를 통한 구속역사에서 선지자 메시지의 발달에 대한 성경신학적 배경을 고찰하려고 할 때에 이 분야에 대한 현대 신학의 흐름을 파악하는 것이 성경의 증거를 정확하고 확실하게 이해하는 데 도움이 된다. 그리고 이어서 선지서에서 나타나는 계시의 증언으로 하나님의 구속 목적에 대한 바른 그림을 제시할 수 있을 것이다.

1. 다수 편집자 이론

현재 우리가 가지고 있는 선지서들은 여러 세대를 거친 다수의 편집자들에 의한 작품이라는 견해가 몇 십 년 동안 지배적이었다.[1] 이들이 선지서 자료들을 분석하는 주된 목적이 많은 첨가물(오랜 과정을 거쳐서 수정되고 편집된)들로부터 선지자 자신의 원래의 말들을 구해내는 데 있다고 한다. 가장 중요한 것은 선지자 자신의 바로 그 말(ipsissima verba)을 찾아내는 것이고, 그것을 이차적인 가치가 있는 첨가된 것들로부터 분리시키는 일이다. 그러나 최근에 출

---

1) 이러한 비평적인 접근법을 보려면 Eissfeldt, "Prophetic Literature"와 Coggins et al, *Israel's*

판된 책들은 선지자들의 원래, 그리고 진짜의 말들을 회복하려는 노력은 "희망이 없는 작업"이라고 판단한다. 온화한 비평가들은 현재 우리가 가지고 있는 형태의 선지서는 "전적으로 선지자의 사상이 그대로 기록된 것으로 믿을 수 있다"는 결론을 맺는다. 이들은 선지자의 다양한 말을 수집한 사람들의 주된 의도는 "후손들을 위해 하나님의 말씀들을 보존하는 것이고, 그것들을 현실적인 삶에 적용시키기 위함"이라고 추측한다.[2]

현대 비평가 사이에서 '편집자'라는 견해와 '선지자 말의 수집가'라는 견해 사이에는 약간의 심각한 긴장이 흐른다. 선지자들의 말은 수집가들에 의해 "하나님의 말씀"으로 인식되었다. 이 견해는 하나님께서 선지자의 입에 말씀을 주었다는 성경 기록에 일치한다. 하나님과 선지자는 입에서 입으로 서로 말을 주고받은 것이다. 더욱이 이 선지자의 말을 수집한 자들의 "주된 의도"가 후손을 위한 하나님의 말씀을 보존하는 것이라는 그들의 결론 역시 성경에서 지지받는다. 만약 선지자의 말들이 하나님 자신의 말씀이었다면, 그것들은 정확하게 보존되어야 한다. 성경은 하나님이 선지자에게 자신의 생각을 확실하게 전달하게 하였다고 증언한다. 선지자가 제자들에게 전한 말은 항상 하나님의 말씀이었다. 그러므로 그것들은 하나님의 말씀으로 보존되어야 하였다. 그리고 또 이

Prophetic Tradition 등을 참조하라. 양식사 비평, 전승사 비평, 편집사 비평, 수사학적 비평 등 다양한 문서비평학이 선지자들의 연구에 적용되어 왔다. 20세기 초반에 일어났던 양식사 비평에 대하여는 그 비평학의 대표적 저술인 Gunkel, "Prophets as Writers and Poets"를 보라. Gunkel에 의하면 선지자들은 처음에는 말로 사역한 자들이었다. 그 뒤에 아모스와 이사야 같은 선지자들이 기록하기를 시작했다. 그들은 간단한 메시지를 썼다. 그 기록은 그 뒤의 수세기 동안 변경되고 재배열되고, 많은 후대의 편집자들에 의해 보충되었다. 에스겔이 선지서 저자로 본격 등장하기까지는 그런 상황으로 보아야 한다. 이 견해의 결과로 Gunkel은 다음과 같이 확신한다. "때로는 이것들(선지서적인 기록들)은 구약 선지자들의 것이 아닌 많은 부분들을 포함하고 있다. 예를 들어 이사야서는 "이사야의 책"이라기보다는 "히브리인들의 예언"이라는 용어가 더 정확하다"(28). 한때에 이런 선지서에 대한 견해가 널리 퍼졌으나, 20세기 후반기 동안 그 비평학의 자체 안에서 심각한 변화가 일어났다. Eissfeldt에 의하면 이 이론은 이제 더 이상 지지를 받지 못한다. 그에 의하면 "선지자들은 그 책에 자신의 이름을 주고 난 이후 개별적인 신탁들을 써 넣었거나 혹은 그것들을 모았다"고 말한다(117). 그러나 Von Rad(Old Testament Theology, 2.40-45)는 여러 선지서들의 최종적인 완성은 편집자들에 의한 것으로 보면서도, 그는 선지자들이 저작자로서의 역할을 한 증거들이 있음을 제시한다.

2) 이 문단에 인용된 것은 Lindblom, Prophcey in Ancient Israel, 279에서 따온 것이다.

하나님의 말씀 수집가들의 주된 의도는 이 하나님의 계시를 현실에 적용하는 것도 포함된다. 선지자의 제자들이 선배의 말들을 자기 시대의 사람들에게 "적용하였다"는 것이 확실하다. 그러나 "보존한다"는 것과 "적용한다"는 것은 상반되는 두 개의 문제이다. 전자는 원래 형태를 유지한다는 의미이고, 후자는 변경시킨다는 뜻을 내포한다. 그래서 이것을 쓰고 있는 현대의 저자는 수집가가 그 말씀을 변경시켰다고 주장한다. 그는 "성경 본문은 신성불가침과 같은 것이 아니다"라고 말한다.[3] 다른 말로 하면 비록 선지자의 말이 보존되어야 하는 "하나님의 말"로 간주되더라도, 그것은 "끝없는 첨가가 이루어졌으며, 부풀어졌고, 주석이 달리게 되었다"는 것이다.

선지자 말의 성격에 대한 이 혼란스러운 제안은 오늘날의 전형적 견해이다. 한편으로 브루그만은 현대 신학자들이 선지서를 다루는 방법에 대하여 비판한다. 그는 역사적 비평학에 대하여 "모든 것은 어떤 신학적인 선입견이 없이 설명되어야 하고 설명될 수 있다는 가정에 근거하여 이루어진다"고 말한다. 이 견해에 의해 불가피하게 발생한 것이 "이스라엘의 삶의 안내자로서의 야훼의 개념에 저항하는" 바로 "종교 역사"라는 이론이었다.[4] 브루그만은 역사적 비평학은 "전혀 도움이 되지 않는 철학적 비평이며, 끝없는 논쟁거리인 편집자 이론에 근거한 설명이며, 지루하게 다른 자료들과 비교하는" 학문이라고 말한다. 왜냐하면 "그것은 성문서 자체의 증거와 전혀 일치하지 않음을 직면하게 됨"을 쉽게 발견할 수 있기 때문이다. 그는 이 비평학의 문제점을 다음과 같이 요약한다. "왜냐하면 본문이 말하고자 하는 일차적인 주제를 배제하고, 학자들은 부차적이고 덜 중요한 의문들에 대하여만 매어달리기 때문이다."[5]

브루그만은 이스라엘 선지서들을 다루는 현대신학의 근본원인을 다음과 같이 잘 지적하고 있다. "구약의 '과학적' 연구에 의한 비관론이 신앙주의보다 더 지적(知的)으로 취급된다. 구약 연구에서 중립적이고 객관성을 확보하려는 그들의 노력은 자주 신앙적 권위에 대한 도전행위로 나타난다."[6]

---

3) Ibid.
4) Brueggemann, *Theology of the Old Testament*, 727.
5) Ibid., 104.
6) Ibid., 729.

이 지적은 정당하다. 신앙이냐 혹은 과학적인 증명이냐 하는 것은 쉽게 빠져 나갈 수 없는 딜레마이다. 이스라엘 선지자들의 말은 그 자체가 하나님의 계시로 제시되며, 따라서 그것은 창조주요, 만물의 운행자이시며, 우주의 구속자이신 전능하신 하나님의 말씀으로서 전적인 권위를 가진다. 만약 그 말씀이 이스라엘 공동체에 주어진다면, 그 말씀은 주어지는 순간부터 분명한 고유의 권위를 가지며, 어느 누구도 그 내용이나 형태를 무시하거나 변경할 수 없다. 현대 학회는 이스라엘 선지서의 본문 전승을 일관성 있게 다루지 못한다. 그들에 의하면 본문은 유약한 것으로서 어떤 그룹이나 개인들에 의해 수시로 수정된 것이 된다. 이것은 본문이 어떤 인간에 의해 감히 고쳐질 수 없는 하나님의 권위를 지닌 위치에 굳건히 서 있다는 견해와 반대된다.

2. 대안 찾기

그러면 구약 선지자의 메시지를 파괴적으로 분해하는 비평학의 작업을 대신할 대안은 없는가? 오늘날 독자들에게 선지자의 메시지가 아무 특별한 의미도 없는 공허한 것이 되지 않을 방법은 없는가? 본문들을 무의미한 단편들로 쪼개어서 상호관계를 느슨하게 만드는 작업에 대체할 길은 없는가? 월터 브루그만은 이에 대한 해결방안을 제시하며, 차일즈 또한 다른 방법을 제안한다.

1) 월터 브루그만

월터 브루그만에 의하면 포스트모던 시대의 사람은 "객관적 실증주의가 지배하던 문화 시대"로부터 마침내 벗어났다.[7] 온 세상에 만연하였던 가설들은 사라졌다. 이제 우리는 모든 성경 본문의 "피상적인 다양성"을 논해야 하는 시점에 왔다.[8] 성경 본문을 계속된 수정과 편집된 것으로 간주하고 여러 단편들로 분해하는 대신에, 그 본문은 서로 상반되는 요소들이 "조정 과정을 거쳐 어떤 정해진 시점에 이르러서 다시 수정되어 고정된" 것으로 그대로 받아들여야

---

7) Ibid., 61.
8) 이 문단의 모든 인용구들은 Brueggemann의 책 66페이지에서 인용되었다.

한다. 본문들이 계속 진행된 수정과 변화를 거치는 동안에 주제에서 서로의 영향을 끼쳐 조정이 이루어진 것뿐만 아니라, "이스라엘의 하나님 야훼의 성격" 규정에도 정리가 이루어졌다. 하나님 그분에 대한 본질은 "이 방법(본문의 변화 과정)과 또한 조정된 이스라엘의 수사학에 의해" 규정되었다. 그러므로 서로 쉽게 조화가 될 수 없는 다양한 성경 본문들은 모두 꼭 같이 진리를 위한 말씀으로 간주되어야 한다. 다른 말로 하면 편집 과정에서 형성된 것이라는 견해 아래에 성경 본문을 분해하는 방법 대신, 독자는 본문 자체 안에서 발견되는 내적인 상반성의 실체를 인정하고 그대로 수용하여야 한다. 구약에서부터 어떤 확정된 진리를 밝혀내려고 하는 것은 도대체 존재하지도 않는 그 무엇을 찾아내려고 하는 것과 같다고 브루그만은 말한다.

그러나 이상의 그의 말들은 말씀이 선지자의 하나님으로부터 왔다는 것과 얼마나 다른가! 하나님은 그들에게 반석이요, 영원하고 변하지 않는 바위이다. 그의 말씀은 다양한 사람들의 모든 경험에 적용될 수 있는 것이다(사 26:4; 또한 8:14; 17:10; 30:29도 보라). 그분 외에는 어떤 분도 없으며, 다른 반석도 없다(44:8). 비록 대국(大國)들이 이스라엘을 심판하기 위한 하나님의 도구로 소집되어도, 그는 여전히 반석이시오, 그들의 하나님이며, 그들의 거룩한 분이시다(합 1:12). 그는 그들에게 모세의 노래에서 찬양받으신 바로 그 하나님이시다. "그는 반석이시니 그 공덕이 완전하고 그 모든 길이 공평하며 진실무망하신 하나님이시니 공의로우시고 정직하시도다"(신 32:4).

이러한 하나님을 포스트모던의 사람들이 상상할 수도 있다. 그러나 그는 의심의 여지없이 선지자의 하나님이다. 창조주시요 세상의 운행자이시며, 자기 백성의 구속자인 그는 불변하는 본질을 가지신 분으로 믿을 수 있다. 반석의 역할을 구현하시는 그는 어제나 오늘, 그리고 영원히 변치 않으신 분이시다.

2) 브레바드 차일즈

선지자 연구에서 옛 이론들에 대한 오늘날의 대안으로 브레바드 차일즈에 의해 만들어진 정경적 접근법이 급속하게 영향력을 확장해 가고 있다.[9] 한때는

---

9) Childs의 *Introduction to the Old Testament as Scripture*, 69-83을 보라. 그리고 역시 *Biblical Theology of the Old and New Testament*, 70-79를 참조하라.

이 이론이 다양한 선지자 문서들을 다루는 데에 있어서 별 의미가 없는 것으로 취급되기도 했다. 왜냐하면 선지자들은 그들이 직면한 역사적 상황에서 예언하였기 때문이다. 그러나 정경적 접근법은 다양한 선지서들을 오늘날 독자들에게 전달되는 메시지로 활성화시키는 한 방법으로 인정받게 되었다. 이 이론에 의하면 다양한 문서들은 마침내 이스라엘에서 정경으로 기능하는 마지막 형태로 모양을 갖추게 되었다. 그러므로 독자들은 다양한 선지서들의 마지막 형태에서 드러나는 그 메시지를 중요하게 취급해야 한다고 주장한다.

이 방법은 선지자들 자신이 말하는 "것처럼"(실제로는 아닌데 그렇게 가정하여 다루자는 것임-역주) 취급하자는 것으로서, 짧은 시간 내에 신선한 신학적 통찰력을 가진 것으로 인정받았다. 그러나 이 새로운 방법에 합류한 사람들은 결국 충분한 대가를 지불해야만 하였다. 왜냐하면 만약 선지자들이 현재 우리가 가지고 있는 마지막 형태 그대로 실제 메시지를 선포한 사람이 아니라면, 이 저작물들의 진실성은 상실되며, 그 메시지를 가치 있게 받아들였던 모든 평가도 무너지기 때문이다.

이 방법에 대한 설명을 차일즈는 이사야의 예언을 다루면서 예로 제시한다. 차일즈는 이사야 40-66장을 "아주 좋은 예"로 제시한다. 그에 의하면 이사야 40-66장은 실제 주전 6세기 바벨론 포로 시대에 만들어진 것인데, 그 본문의 마지막 정경적 형태는 전혀 다른 배경을 가진 것처럼 꾸며졌는데, 그 본문이 주전 8세기에 예루살렘에서 활동한 이사야의 메시지에 속한 것으로 형태를 갖추게 되었다는 것이다.[10]

이사야 책의 후반부 예언이 실제로는 주전 6세기에 만들어진 것이 확실하지만 현재 우리가 가지고 있는 형태는 주전 8세기에 속한 것처럼 마지막 형태가 갖추어졌다고 인식하는 이 비극적인 양상은 이사야의 하나님을 우상 혹은 다른 신들과 같은 수준으로 끌어내리는 것이 된다. 실제 이사야의 메시지는 그 우상에 대하여 조롱하는 것으로 가득 차 있다. 본문은 나무와 돌로 만든 우상은 벙어리이고 귀머거리임을 조롱하면서, 결국 화가 자신의 머리 위에 떨어질 것으로 말한다. 그리고 하나님은 우상 혹은 신들이 미래의 역사에 대하여 예언할 수 없음을 꾸짖고 있다. "정경적" 견해는 이사야의 하나님을 그와 같이 미래를 예

---

10) Child, Introduction to the Old Testament as Scripture, 325.

언할 수 없는 신으로 추락시킨다. 이 방법은 선지자가 마치 미래를 예언하는 것처럼 꾸미고 있다고 말함으로써 하나님을 우상과 꼭 같은 비웃음거리로 만든다.[11]

3. 전체 선지서들의 핵심

구약의 선지서 집성 과정에 관한 견해가 어떠하든지 간에 이스라엘의 선지서들은 결국 엄청나게 중요한 두 사건들 중심으로 이루어지고 있다. 즉 이스라엘의 유배(流配)와 회복이다. 한 주석가는 선지서들에서 이 두 사건의 중요성을 다음과 같이 잘 지적한다.

> 이스라엘 역사의 황금시대에 활동한 선지자들은 혼란스러운 이스라엘 백성의 신앙과 타락한 그들의 생활을 보면서 임박한 유배의 위기를 내다보았다. 이 재앙에 대한 선지자들의 해석은 하나님 은혜의 회복에 대한 약속과 함께 이스라엘 백성에게 영적인 통찰력을 일깨워서 그들이 하나님의 뜻에 의한 고난을 받아들일 수 있게 하고, 또 스스로를 정결케 하는 영적인 재무장을 일으키게 만들었다.[12]

역사적 중요성의 관점에서 볼 때에 열국들 가운데서 엄연한 국가로서 생존하느냐 아니면 멸망하느냐가 달린 결정적인 순간에 선지자들이 서 있었으며, 그들에게 나라의 멸망이 어렴풋이 보였다. 브라이트는 다음과 같이 말한다. "예루살렘의 멸망과 유배는 이스라엘 역사의 대 분수령을 장식하였다…이스라엘은 전체가 뿌리까지 뽑혔으며, 개인적으로 비참함을 맞았다…그러나 놀랍게도

---

11) Oswalt(*Isaiah*, 2.5)는 오늘날 신학계가 이사야의 신학적 단일성을 인정하지 않을 수 없는 상황으로 변하고 있음을 지적한다. 그는 다음과 같이 지적한다. "예언의 성격에 관한 그들(정경적 접근법)의 개념은 이사야서 자체가 말하는 그대로를 독자가 채택하는 것을 아직도 방해하고 있다." 이사야서 자체는 이스라엘의 하나님이 미래를 예언하고 있으며, 이방 나라들의 흥망을 하나님이 결정한다고 말하고 있다.

12) Clements, *Prophecy and Covenant*, 128.

그것은 이스라엘 역사의 완전한 끝이 아니었다."[13] 결과적으로 이스라엘 역사에서 이 사건은 자기 백성을 구원하고자 하는 하나님의 목적에 대한 성경신학적인 고찰을 위해 매우 중요하게 다루어져야 한다.[14] 이 중요한 사건들을 이해하는 것은 선지자들의 메시지를 통하여 가능하다.

이스라엘은 하나님의 종으로 특별하게 선택되었다. 아브라함은 그의 조상들이 우상을 숭배하였던 "강 저편"인 갈대아 우르에서부터 부름을 받았다(창 12:1; 수 24:2). 그 백성은 시내산 언약을 통하여 한 국가로서의 조직체계로 들어갔다. 그런 후에 백성들은 하나님이 그들에게 약속한 가나안 땅으로 인도함을 받았다. 그 땅은 젖과 꿀이 흐르는 곳이었으며, 회복된 파라다이스와 비교될 수 있었다. 그 땅을 소유하는 것은 하나님의 구속적인 축복의 상속자로서 인정받는 것이었다. 그런데 그들이 그 땅에서부터 추방당한다는 것은 무슨 의미인가? 유배가 이스라엘에게 어떠한 의미가 있는가? 추방에 의해서 하나님의 백성은 "나의 백성이 아님"이 되었다(호 1:9). 여호와께서 그들을 원래의 땅(갈대아—역주)으로 돌아가게 하는 것은 이전의 역사 전체를 뒤집는 것이었다. 이보다 더 강렬한 것이 어디에 있겠는가! 어떻게 그러한 경험을 적당하게 설명할 수 있겠는가!

선지자들의 낭랑한 메시지는-비록 포로 이전의 선지자일지라도-유배와 회복 양 요소를 포함하고 있다. 선지서의 해석에서 유배 이전의 선지자 메시지에 나타나는 축복과 심판의 예견을 깨달을 때에 오늘날 혼란한 신학사상에서부터 건전한 해석으로 전환할 수 있다.[15] 선지자들은 "포로의 경험에 관하여" 예상하고 있으며, 또한 "그 이후에 있을 회복의 희망"도 예견하고 있다.[16] 성경에 제시

---

13) Bright, *History of Israel*, 343.
14) Gowan은 이스라엘 선지자들의 전체 신학이 포로와 회복의 두 주제와 연관되어 이루어져 있으며, 그것을 죽음과 부활의 성경신학과 동일한 것으로 보려는 시도하는데, 그것은 매우 정당하다. 그의 책 *Theology of the Prophetic Books*에는 *The Death and Resurrection of Israel*이라는 부제가 붙어 있다.
15) Mowinckel은 그의 영향력 있는 작품인 *Prophecy and Tradition*에서 초기의 자신의 글에서 밝힌 것과 반대로 선지자는 재앙과 축복의 메시지를 동시에 제시할 수 없다고 본다. 왜냐하면 재난의 위협은 모든 축복의 메시지를 취소시킬 것이기 때문이다. 다른 말로 하면 다가오는 심판은 포로 이전의 것이고 축복의 말은 포로 이후의 것으로 정리할 수 있다.
16) Clements(*Prophecy and Covenant*, 114)는 포로 이전 선지자들에 의하면 그들이 설교하고 있는 그

된 언약의 개념은 일반적으로 심판과 함께 회복과 구원의 기대를 동반한다. "선지자들의 메시지 심장에는" 심판에 대한 위협과 그 뒤에 따라 올 회복의 희망이 함께 발견된다.[17] 이스라엘 유배와 회복의 사건은 하나님 백성을 위해 다양한 의미를 가졌다. 이 사건들은 아브라함이 갈대아 우르를 떠날 때에 있었던 최초의 부름보다 훨씬 복합적 의미를 가진다. 하나님의 구속 목적은 원래 한 사람 개인에게 초점을 모았다. 그러나 유배와 회복은 국가적인 차원에서 이루어지며, 그 국가에는 다양한 구성원들이 있으며, 이 사건들이 그들에게 적용되는 것도 다양하게 나타날 수 있다. 그러므로 이 사건들의 개념은 이스라엘 선지직의 전승과 함께 발생하고 또 전래되어 내려왔음을 이해해야 한다.

궁극적으로, 오직 하나님 자신이 이스라엘 포로와 회복의 "이유"(why)와 "원인"(wherefore)에 대하여 설명할 수 있다. 왜냐하면 이 사건들의 의미는 당시 이스라엘 사람들에게만 해당되는 것이 아니기 때문이다. 구약에 언급된 중요한 역사적인 사건의 역할과 마찬가지로 이 사건들도 역시 세대들을 넘어 구속의 진리를 보여주기 위해 기획된 것이다.

결과적으로 유배의 예상은 "고대의 세계에서 수백 번이나 일어났던-한 신을 섬기다가 그 신전과 함께 나라가 멸망한-것과 같은 그러한 일반적인 사건"과 같은 것으로 보면 안 된다.[18] 또한 회복의 기대도 "이스라엘이 야훼께서 전혀 소망이 없는 이스라엘을 위해 의도적으로 일으키시는 소망 너머의 희망"이라는 의미를 축소시켜서 안 된다.[19] 오히려, 이스라엘의 포로 이후 회복이 이루어질 때에 하나님의 예배는 온 세계적으로 확대되어 실현될 것이며, 이 모든 것의 결정은 언약의 하나님 자신만이 홀로 하신다. 선자자의 환상에서 이 회복은 그 성격에서 우주적으로 확장되며, 전 인류를 포함한다.[20]

백성은 "이미 사형선고 아래"에 있었다고 말한다. 그러나 심판을 넘어 야훼는 그의 백성을 "재-선택"과 "재-설립"을 이루었다.

17) Ibid., 25.
18) Westermann, *Prophetic Oracles of Salvation*, 268.
19) Brueggemann, *Theology of the Old Testament*, 439. 강조된 부분은 원문에서 강조되어 있었다.
20) Westermann, *Prophetic Oracles of Salvation*, 273. Westermann은 이 회복의 약속 실체에 대하여 엄격히 제한한다. 그는 오직 제2이사야의 메시지만 신약을 향하여 나아가고 있으며, 제2이사야만이 회복을 위해 대적에게서 패배할 수 없음을 보여준다고 말한다(171). 비록 Westermann이 이사야 66장

이 견해에서 볼 때에 이스라엘 기록 선지자의 메시지는 이스라엘이 경험할 세 단계의 중요한 역사적 대사건들을 주축으로 이루어졌다.[21] 곧 주전 722년에 있었던 북 왕국의 포로(아모스, 호세아, 이사야 그리고 미가에 의해 나타남), 주전 587년에 있었던 남 왕국의 포로(이사야, 미가, 나훔, 하박국, 스바냐, 예레미야의 메시지가 포함됨), 주전 536년에 시작한 이스라엘의 회복(학개, 스가랴, 말라기 등이 주 내용으로 다룸)이다. 에스겔과 다니엘의 전 사역은 포로를 경험한 현장에서 이루어졌다.[22] 그러나 다양한 선지자들의 사역을 이들 특별한 세 사건들(주전 722, 587, 536년)에만 제한시켜서는 안 된다. 각 선지자들은 어느 한 사건에 초점을 맞추고 있으면서도 그것을 뛰어넘는 포로와 회복의 영역을 다루며 계시 역사의 흐름을 만들어가고 있다. 여하튼 이 세 번의 특별한 역사적인 사건들이 선지자의 전 메시지에 심각한 영향을 주고 있음을 지적하지 않을 수 없다.

선지서들에서 포로와 회복에 관계된 이 주요 핵심들은 많은 주제 중의 하나로 선택된 것처럼 보일 수 있다. 그러나 이 사건들은 그들 메시지에 임의로 선택된 하나의 주제보다 훨씬 더 큰 의미가 있다. 선지자들은 정규적으로 구속역사의 대 사건들을 인식하고 있지만(예를 들면, 아브라함을 부르심, 모세의 인도로 출애굽한 사건, 다윗에 의해 왕국이 확립됨), 유배와 회복의 사건은 자신들에게 있어 특별한 경험이었다. 결과적으로 포로와 회복이라는 이 특별한 사건은 이스라엘 선지자의 메시지에 기본 골격을 이루고 있다.

이 견해와 함께 다양한 이스라엘 선지자들의 성경신학적 배경이 다음 다섯 장에 걸쳐 고찰될 것이다. 선지자 사역의 시대적 배열을 다음과 같이 분석할 수 있다.

을 소위 제3이사야로 분류하지만, 그의 분석은 이사야서의 단일성에 대한 증거에 반하며, 또한 이사야서의 이 부분을 포함한 예수님의 가르침에도 일치하지 않는다. "그들이 나가서 내게 패역한 자들의 시체들을 볼 것이라 그 벌레가 죽지 아니하며 그 불이 꺼지지 아니하여 모든 혈육에게 가증함이 되리라"(사 66:24; 막 9:47-48).

21) Gowan, *Theology of the Prophetic Books*, 9.
22) 요나, 요엘, 오바댜서만 제외하고 모든 선지서들이 이 세 역사적인 핵심 사건들을 중심으로 이루어졌다. 요나서는 열왕기서가 증언하는 대로 포로 이전의 선지자이며, 그의 메시지 중심은 이스라엘이 아닌 이방 나라가 차지한다. 요엘과 오바댜는 어떤 특정적인 역사적 사건과 연관을 지을 수 없으며, 그들의 저작 년도는 학자들에 따라 이른 시기에서 늦은 시기까지 다양하게 제안된다.

- 포로 이전의 선지자들: 아모스, 호세아, 이사야, 미가, 요나(이상 주전 8세기), 나훔, 하박국, 스바냐, 예레미야(이상 주전 7세기).
- 포로 기간 중 활동했던 선지자: 에스겔, 다니엘(이상 주전 6세기).
- 포로 귀환 이후의 선지자: 학개, 스가랴, 말라기(이상 주전 6세기 후반에서 5세기 중반).

THE
Christ
OF THE
PROPHETS

제8장

포로 이전 시대의 예언: 주전 8세기의 선지자들

주전 9세기에 북 왕국에서 엘리야가 바알 선지자들을 숙청한 대사건 이후, 이스라엘에 남은 대다수의 선지자들은 급속한 영적 침체기에 접어든 것 같다. 브라이트는 다음과 같이 말한다. "선지자 그룹은 일반적으로 부패의 늪으로 빠져들었고, 벌어먹기 위한 직업화가 되어갔다(암 7:12; 미 3:5, 11)."[1] 그럼에도 불구하고 주전 8세기는 이스라엘에서 전 역사를 통하여서 유례를 찾을 수 없는 활발한 예언활동이 전개되었다. 이 시기에 하나님은 남북 왕국 양쪽에 특출한 선지자들을 일으켜서 앞으로 그들이 범한 죄악의 결과로 맞게 될 그 끔찍한 유배와, 그 뒤에 하나님의 은혜로 이루어질 영광스러운 회복의 희망을 예견하도록 하였다.

북 왕국에서 유례없이 번성을 누리는 그 시기에 호세아와 아모스는 타락하고 오염된 사회를 향해 도전적인 예언을 하였다. 그리고 같은 시기에 이사야와 미가가 같은 문제들을 가지고 주로 남 왕국에서 활동하였다. 당시는 아직도 이스라엘이 하나님의 선택받은 나라라는 특권을 계속 유지하고 있었는데, 그것은 요나가 앗수르의 수도 니느웨에서 사역한 결과에서도 볼 수 있다. 니느웨가 하나님 앞에서 겸손하게 낮아짐으로써 이스라엘이 이 틈을 타서 영토를 크게 확장한 것이다. 이에 대해 성경은 "하나님께서 이스라엘을 도말하여 천하에 없이

---

1) Bright, *History of Israel*, 261.

하겠다고 하지 아니하셨다"고 말한다(왕하 14:25-27). 이 기간 선지자들의 중점적인 역할은 이스라엘의 유배와 회복에 관련하여 예언하는 것이었으며, 또한 각 선지자는 개인적인 특색도 지닌다.

1. 호세아

호세아가 활동한 시기를 보면 남쪽 왕 웃시야, 요담, 아하스, 히스기야 왕들에 걸쳐 있고, 북쪽 왕 여로보암 2세가 통치하던 시대에 맞물려 있다(호 1:1). 그 기간은 대략 주전 760-700년 정도로 계산할 수 있다. 호세아의 활동은 당시 사람들에게 쉽게 이해가 될 수 없는 것이었다. 하나님이 호세아에게 음란한 아내를 취하여 음란한 아이를 낳으라고 하였기 때문이다. 이것은 이스라엘의 하나님에 대한 태도와 그에 대한 하나님의 반응을 생생하게 표현하는 실물 예언이었다(1:2-3).[2] 당시의 바알 우상숭배는 음란한 의식이 함께 행해졌는데, 이스라엘이 그들의 신성한 예배 속에 이 음란한 예배의식을 도입시킴으로써 종교혼합주의가 생기게 되었다.[3] 이것은 언약의 여호와에 의해 결코 간과될 수 없는 종교의 타락이었다.

---

2) Rowley(Men of God, 96)는 이스라엘의 음란한 행위는 여러 선지자들에게서 중요하게 취급되는 사항이었음을 지적한다. 호세아에게 음란한 여인을 취하여 음란한 자식을 낳으라는 하나님의 명령은(호 1:2) 선지자인 호세아의 역할과 그의 메시지의 가장 중요한 요소였다.

3) 실제로 여호와의 선지자 호세아가 음란한 여인과 결혼을 하였을까? 아니면 이 여인이 단지 앞으로 음란을 행할 잠재력을 가졌을 뿐이었을까? 아니면 이것은 하나님과 이스라엘 관계를 설명하기 위한 은유(allegory)적 표현일 뿐이었을까? 비록 이러한 음란한 여인을 선택하여 결혼한다는 것이 그 당시에는 그리 현명한 행동이 아니었지만, 성경에는 그런 여인과의 음행을 금하는 율법은 없는 것 같다. 레위기 21:7, 13-15은 레위인이 음란한 여인이나 이혼한 여인과 결혼하는 것을 금한다. 그러나 이 법이 다른 직분의 사람에게도 같이 적용되는 것은 아니었다. 이것에 관한 토론을 위해 Rowley, Men of God, 66-97을 보라. Young(Introduction to the Old Testament, 253)은 이 이야기는 이스라엘의 음행을 가르치는 것이지만, 실제 호세아가 음란한 여인과 결혼한 것은 아니라고 말한다. Wolff(Hosea, 15)는 바알 숭배에서 음란한 행위의 종교의식(宗敎儀式)이 어떻게 이스라엘 안에 들어왔는지를 다룬 후에, "이것은 풍유적인-의식(metaphorical-ritual)으로서, 호세아가 백성에게 설명하기 위해 자신의 신부를 가나안의 신부가 관습적으로 행하는 종교의식적인 음행을 하게 만든 것"으로 풀이한다. Kidner(Message of Hosea, 19)는 이 Wolff의 주장을 받아들일 수 없다고 강변한다.

호세아의 결혼은 언약의 하나님과 불신앙의 이스라엘과의 관계를 실물교훈으로 생생하게 보여준다. 이 선민(選民)이 물질적인 번영을 추구하여 다른 신들을 따라 떠났음에도 불구하고, 하나님은 그러한 백성을 계속 사랑하고 있다. 하나님은 호세아에게 음란한 여인을 계속 사랑하라고 명령하는 것에서 그러한 자신의 모습을 보여준다. 그러나 하나님은 언제까지나 그 상태에서 머무르지 않을 것이다. 그는 배반한 그들에게 채찍을 가할 것이다. 이 뜻을 하나님은 호세아의 아이들의 이름에서 상징적으로 나타낸다. 하나님은 첫 번째 아이를 "로루하마"라고 부름으로써 "내가 다시는 이스라엘 족속을 긍휼히 여겨서 사하지 않겠다"는 의지를 보여주었고, 또 그 다음을 "로암미"라고 부름으로써 "너희는 내 백성이 아니다"는 뜻을 나타내었다(1:6, 9). 하나님은 자기 백성을 광야로 다시 내어 쫓고, 그들이 소중히 여기는 모든 물질을 빼앗아버릴 것이다(2:2-13). 그러나 호세아가 그녀(고멜)를 다시 불러들인 것처럼, 여호와께서도 마지막에는 그들을 불러들여 자신이 주었던 땅으로 다시 돌아오게 할 것이다. 그 때에 남과 북이 다윗 왕 아래에 하나로 합쳐질 것이다(2:4-3:5). 이 귀환은 새로운 엑서더스가 될 것이다. 새로운 사막을 지날 때에 그곳은 열매가 맺히는 아름다운 땅으로 바뀔 것이다. 그 땅을 다시 정복할 때에 옛 아이 성에서처럼 패하지 않을 것이며, 그곳은 오히려 "소망의 문"이 될 것이다(2:15).

이 시점에서 호세아의 예언은 다시 첫 주제로 돌아간다. 이스라엘과 결혼한 남편으로서의 하나님의 개념은 호세아의 거의 모든 구절들에 배여 있다. 백성들은 최선을 다하여 여호와를 사랑해야 하며, 그것은 당연한 의무이다. 그러면 하나님은 사랑의 표현으로서 백성에게 축복해 주신다. 그러나 백성은 오히려 물질적으로 받아 누리는 것에만 관심이 있지 그것을 주시는 분에 대해서는 관심이 없다.[4] 그들의 하나님에 대한 불신앙은 사회적 범죄의 원인이 되었다. 매춘행위가 나라에 만연하였고, 그 땅에는 하나님에 대한 지식이 결핍되었다(4:1). 그 결과로 그곳에는 저주, 거짓, 살인, 도적질, 음란 그리고 피흘림 등이

호세아 4:14에는 히브리어의 종교의식에서 음행을 행하는 창기에 대한 단어가 나타나지만, 현재 본문에서는 그런 단어가 사용되지 않았으며, 여기에서 호세아의 아내가 그러한 종교의식적인 음행을 행하였다고 보아서는 안 된다고 말한다.

4) Vos, *Biblical Theology*, 297.

이어졌다(4:2). 그들의 음란성은 딸을 매춘으로 몰아내고, 며느리가 간음하여도 못 본 체한 것에서 나타난다(4:12-14). 이 책의 다른 부분들에서도 난잡한 결혼관계에 대한 말들이 여기저기에서 드러난다.

- 나라에 계속 음행이 만연한다(4:18).
- 에브라임이 행음으로 더러워진다(5:3).
- 그들 속에 음란한 마음이 가득하다(5:4).
- 여호와께 정조를 지키지 않고 사생자를 낳았다(5:7).
- 그들은 달궈진 화덕처럼 음행을 불태운다(7:4).
- 에브라임은 사랑하는 자에게 삯을 받고 몸을 팔았다(8:9).
- 그들은 음행의 삯을 좋아한다(9:1).
- 하나님은 그들을 미워하고 자기의 집에서 쫓아내실 것이다(9:15).

이스라엘에 대한 호세아의 무거운 고발은 그 자신의 비극적인 경험에서 점점 더 커졌다. 마치 자기의 아내가 음란을 행하듯이 나라는 하나님을 불신앙하는 것으로 빠져들어 갔다.

이러한 불신의 결과는 백성들이 그 땅에서 쫓겨나는 결과를 가져올 것이다. 이스라엘은 많은 날 동안 왕이나 군(君)도 없이 지낼 것이며, 제사도 없고 주상도 없고 에봇도, 그리고 우상도 없이 지낼 것이다(3:4). 에브라임은 황무한 상체로 버려질 것이다(5:9). 하나님 자신이 에브라임을 마치 사자같이 움켜갈 때에 어느 누가 구출해 줄 사람이 없을 것이다(5:14). 그들이 섬기던 송아지 우상은 앗수르에게 노획물로 빼앗길 것이다(10:5-6). 사마리아 왕은 물 위에 거품같이 멸망할 것이다(10:7). 유배는 불가피하다.

그러나 하나님은 호세아에게 자기를 버린 아내를 도로 찾아오라고 명령한다. 이것은 언약의 여호와께서 이스라엘을 사랑하셔서 자신의 것으로 도로 찾으시겠다는 뜻을 보여주신 것이다. 하나님이 그들의 족장들에게 약속하신 것처럼 이스라엘 자손의 수가 바닷가의 모래같이 측량할 수 없고 셀 수도 없이 번성하게 하겠다고 말씀하신다(1:10). 유다와 이스라엘 백성은 다시 연합할 것이고, 한 지도자가 세워지고, 유배된 땅에서부터 나올 것이다(1:11). 그들은 돌아와서 여호와와 그들의 왕 다윗을 찾을 것이다(3:5).[5] 하나님은 마치 사자처럼 그들을 끌고나갔지만, 그곳에 먼저 돌아와서 그들이 죄를 뉘우치고 하나님의 얼굴을 찾을 때까지 기다리겠다고 하신다(5:15). 만약 그들이 돌아오면 그들의 상처를 싸매어 고쳐주실 것이고, 비를 내려 땅을 촉촉하게 적셔줄 것이다(6:1-3). 비록 그들이 열방에게 팔렸을지라도 그들을 다시 모을 것이다(8:10). "내가 어찌 너를 포기하겠는가?"(11:8, NIV)고 여호와는 그의 백성을 향하여 자신의 사랑을 고백한다. 그는 하나님이요, 사람이 아니시다. 그러므로 그들을 완전히 내치시지 않으신다(11:9하). 하나님이 사자처럼 울부짖을 때에 그의 자녀들은 그에게 떨면서 다시 돌아올 것이다. 그들은 이집트로부터 새같이 오며 앗수르에서부터 비둘기같이 돌아올 것이다. 여호와는 그들을 자신의 집에 머물게 할 것이다 (11:10-11).

호세아 메시지의 마지막은 회복이며, 풍성한 열매를 얻는 것으로 묘사된다. 그들은 자신들이 숭배한 바알이 이 축복을 줄 것으로 기대했었다. 그러나 실제로 여호와가 이 땅에 풍성한 산물을 가져다줄 것이다. 여호와 자신이 이것을 위해 행동을 취하신다. 그들의 패역을 고쳐서 그들을 즐거이 사랑해 줄 것이다 (14:4). 그는 이스라엘에게 이슬과 같아서, 그들에게 풍성한 열매를 맺게 해주실 것이다(14:5). 회복은 그들이 풍성한 열매를 맺는 땅으로 돌아옴으로 완성될 것인데, 이것은 그들이 그것을 얻기 위해 다른 신들을 좇음으로써 잃었던 바로 그것을 도로 찾는 것이다. 백성들은 과거에 "로암미"라고 판명되었지만, 이제는 살아 계신 하나님의 자녀들로 불릴 것이다.

바울이 새 언약의 상황에서 호세아의 메시지를 적용하는 것은 아주 인상적이다. 하나님은 많은 백성들에게 풍성한 자비를 베푸시는데, 단지 유대인뿐만 아니라 이방인들에게도 베푸신다. 그것은 호세아가 말하는 바와 같다. "내가 내 백성 아닌 자를 내 백성이라, 사랑치 아니한 자를 사랑한 자라 부르리라 너희는 내 백성이 아니라 한 그곳에서 저희가 살아 계신 하나님의 아들이라 부름을 얻으리라 함과 같으니라"(롬 9:25-26). 그러나 어떻게 이것이 이루어질 수 있는

---

5) 다윗의 왕을 찾을 것을 말하는 구절이 과연 북 왕국의 선지자의 말이 맞는지에 대한 의문이 자주 제기된다. 그러나 Andersen과 Freedman(Hosea, 307)이 "우리는 호세아가 다윗 왕국의 회복을 말할 때에 어떤 정치적인 생각을 가지고 했다고 생각하지 않으며 순수하게 종말론적인 기대로서 한 말로 인식한다"는 말에 동의한다.

가? 바울이 어떻게 이스라엘의 회복에 대한 그 예언을 복음 시대에 이방인들을 포함한 회복으로 넓혀 적용시킬 수 있는가? 바울이 자기 마음대로 옛 언약의 예언을 변형시켰는가?

그렇지 않다. 사도 바울은 몇 가지 중요한 원리들을 가지고 이 구약의 예언에서 새로운 사상을 발전시키고 있다. 첫째로, 바울은 이스라엘이 버림받았음을 심각하게 받아들이고 있다. 여호와의 심판에 의해 현재 이스라엘은 "로암미"가 되었다. 이것은 마치 호세아가 말한 바와 같다. 호세아가 말한 것처럼 그들은 이제 "하나님의 백성이 아닌 자"가 되었다(호 1:9). 이 하나님이 버리신 심판으로 그들은 아브라함을 부르시기 이전의 상태로 돌아갔다.

둘째로, 바울은 호세아의 예언에 오늘날의 이방인도 동시에 유입시킨다. 모두 다 "백성이 아닌 자"이다. 그리고 거기에서부터 구원을 받는 자는 하나님의 이스라엘이라는 법적 지위가 주어진다. 이방인들이 하나님의 백성이 되는 것은 마치 유대인 중에서 믿는 자들이 계속 하나님의 백성인 것과 같다. 이 구절들에서 바울은 어떤 정해진 시간에 이스라엘의 회복이 있을 것을 말하는데, 그것은 유대인들과 이방인들이 하나님의 은혜로 함께 하나님의 백성이 되는 것이다.[6]

비록 호세아의 예언이 이스라엘 나라의 역사적 상황 속에서 주어졌지만, 그것은 당장 그때에 성취될 구속을 말한 것이 아니다. 유대인과 이방인이 함께 하나님의 새 언약의 백성을 이루게 된 것이 바로 호세아 예언의 성취이다.[7]

---

6) Gowen(*Theology of the Prophetic Books*, 49-50)이 북 왕국이 돌아온다는 호세아의 희망은 사실대로 이루어지지 않았다고 말하는 것은 잘못이다. 그것은 버림받은 심판의 성격과 또 변형된 회복의 성격에 대하여 그가 잘못 이해했기 때문이다. 그는 버림받은 이스라엘이 "내 백성이 아닌 자"가 된 것과, 이방인들이 포함되어 하나님의 백성으로 돌아온다는 것을 몰랐다. 호세아 예언의 이러한 성취는 단순히 민족적인 차원의 열 지파 사람들이 돌아오는 것보다 훨씬 더 영광스러운 것이다.

7) Fairbairn(*Interpretation of Prophecy*, 377)은 이스라엘의 음란행위는 계시록에 묘사된 타락한 교회에서 궁극적으로 성취된 것으로 본다. 그리고 더 나아가 교회는 큰 음녀(the Great Harlot)로 언급된 바벨론으로도 묘사되었다고 한다(계 17:3-6a; 18:3). 이것은 변질되고 믿음이 없으며 세속적인 죄악 속으로 깊이 빠진 교회이다. 계시록 환상은 그와 반대로 순결을 지킨 교회를 동정녀와 같은 순결하고 영광스럽고 태양을 입은 여인으로, 그리고 어린양의 신부에 적합한 자로 묘사한다고 말한다(계 12:1-2; 21:2).

2. 아모스

아모스는 북 왕국 이스라엘이 매우 번영을 누리던 시기인 주전 8세기 중반[8]에 활동한 예언자이다. 이 대담한 선지자는 최초부터 있었던 언약의 하나님의 우주적인 통치를 강조하는데, 이것은 그가 이스라엘의 모든 이웃 나라에게 다 가올 심판을 선포하는 데서 잘 나타난다. 그는 북쪽에 있는 다마스쿠스의 죄를 고발하고(암 1:3-5), 그런 후 이스라엘을 가로질러 서남부 쪽에 위치한 가사를 꾸짖는다(1:6-8). 선지자는 서쪽 해안을 따라 두로로 옮겨갔다가(1:9-10), 다시 이스라엘을 가로질러 동편의 에돔, 암몬, 모압으로 향한다(1:11-2:3). 그리고 선지자는 고향 가까이로 와서 이스라엘의 형제 국가인 남 왕국 유다를 향하여 여호와의 심판을 외친다(2:4-5). 아모스는 이 왕국을 가로질러 다니면서 하였던 고발의 절정으로 본토인 북 왕국 이스라엘을 향하여 가장 가혹한 심판을 외친다(2:6-16). 하나님은 자기 백성들에게 그의 공의로운 심판을 면제해 줄 의사가 전혀 없으시다.[9]

첫 두 장에서 나타난 이러한 심판에 대한 어조는 단지 마지막 몇 장들만 빼고 아모스의 책 전반에 걸쳐 퍼져 있다. 이스라엘에게 주어지는 가장 큰 희망은 "혹시나"라는 표현이다. 만약 백성이 회개하면, 여호와께서 "혹시나" 긍휼을 베푸실지 모른다. 그러나 그것은 여호와께서 꼭 그렇게 하겠다는 것이 아니다(5:15).[10] 가장 심각한 심판의 메시지는 벧엘의 제사장들이 여로보암을 부추겨 아모스를 그 땅에서 쫓겨나게 만드는 장면에서 주어진다. 이때에 아모스는 여로보암은 칼에 죽고 이스라엘은 포로로 잡혀갈 것을 선언한다(7:10-13). 아모스는 벧엘의 제사장이 그에게 도전할 때에 그 대답으로 자기의 소명의 경험을 밝히면서, 자신의 메시지를 총 요약한다. 그들의 자녀들이 칼에 죽고, 땅은 빼

---

8) 선지자는 자신의 활동시기를 유다 왕 웃시야 시대(주전 779-740)와 이스라엘 왕 여로보암 2세 시대(주전 783-43)로 말한다(암 1:1).
9) Wolff(*Joel and Amos*, 102)는 아모스의 심판 메시지의 약 3분의 2가량이 하나님 자신이 정의를 시행하시는 것으로 묘사하고 있음을 지적한다.
10) Von Rad(*Old Testament Theology*, 2134)는 "가냘픈 희망의 '혹시나'"는 아모스가 제시하는 유일한 희망이라고 말한다. Von Rad가 사용하는 문구는 매우 시적인 표현이다. 그러나 그는 선지자가 회개를 촉구하는 그 의도의 부분을 너무 축소시킨다.

앗기고, 그들은 포로로 잡혀갈 것이다(7:17).[11] 포로가 포함된 이 메시지는 이스라엘 왕국 초기 선지자들에게는 생소하고 색다른 것이었다.[12]

왜 하나님은 이 충격적인 심판을 나라가 번성을 누린 뒤, 그리고 장기간의 생존을 위해 악전고투(惡戰苦鬪)한 이후에 내리셨는가? 선지자가 여기에 대한 대답을 줄 때에 당시 그것을 듣는 사람에게는 충격이 아닐 수 없었다.

이스라엘 자손아, 이 말을 들어라.
이것은 나 주가 너희에게 내리는 심판의 말이다.

이집트 땅에서 데리고 올라온 모든 족속에게 내가 선언한다.
나는 이 땅의 모든 족속들 가운데서
오직 너희만을 선택하였으나,
너희가 이 모든 악을 저질렀으니
내가 너희를 처벌하겠다(3:1-2, NIV와 가까운 표준새번역을 인용함).

---

11) Clements(*Old Testament Prophecy*, 32)는 아모스의 이 메시지가 아모스서의 핵심을 이루는 것임을 잘 증명해 준다. 그러나 안타깝게도 그는 이 구절이 아모스 자신의 말일 가능성은 전혀 없다고 말한다. Clements는 다음과 같이 말한다. "이 설화의 저자는 비극적인 '이스라엘의 포로' 사건을 이미 경험한 사람임에 의심의 여지가 없다. 그 저자는 이 설화를 지금 백성과 토론을 벌이고 있는 야훼의 선지자 아모스에게 직접 결합시켜 놓았다." Clements는 왜 이 설화가 이미 성취되고 난 이후에 기록된 것인지, 그리고 왜 미래에 일어날 일에 대한 예언으로 받아들일 수 없는지에 대한 증거를 밝히지 않는다. 그가 이처럼 단편들을 쪼개고 다시 재결합시키는 과정에서, 선지자의 고발 메시지가 아모스 자신의 진짜 말이 아니라는 것을 전혀 밝혀내지 못한다.

12) 이스라엘이 포로로 잡혀갈 것이라는 선포는 아모스에 의해 여러 다른 문맥들 중에서 계속 드러난다 (5:5, 27; 6:7-8; 7:17). Clements(*Prophecy and Covenant*, 40)는 아모스가 이스라엘을 위한 언약의 종결을 선언할 때에 그것을 선포한 것이라고 주장하는데, 이것은 그 증거가 약하다. Motyer(*Message of Amos*, 68)의 주장은 정반대이다. "아모스는 언약 안에서 언약의 저주로 이 포로의 징계를 선포한 것이다. 하나님이 한번 백성과 맺은 언약은 그 어떤 경우에도 무효화될 수 없다." 포로의 징계 이후에 하나님께서 백성과 맺으시는 언약의 관계는 새로운 형태로 이루어지고 있지만, 하나님께서 한번 맺으셨던 그 언약이 종결되는 것은 결코 아니다. 왜냐하면 언약은 전적으로 하나님의 은혜로 맺어졌기 때문이다.

이 놀라운 심판의 선포는 "아모스 전체의 중심 주제들 중의 하나이다."[13] 이스라엘의 특별한 신분 때문에 하나님은 그들이 배반하고 불순종하면 더 크게 벌하신다. 위의 구절은 그들의 특별한 신분이 출애굽 때에 확립되었으며, 특히 언약으로써 그들을 특별한 백성으로 삼으셨다고 말한다.

"언약"이라는 용어는 아모스서에서 한 번만 나타나는데, 그것은 하나님의 언약이라는 문맥에서 주어지는 것이 아니었다(1:9). 그러나 아모스는 족장들과 맺은 언약과 모세의 언약 양자 모두를 그 배경에 깔고 예언하고 있는 것이 사실이다.[14] 이 나라는 땅 위의 모든 족속들 가운데서 특별하며, 다른 민족들이 받지 못한 하나님의 크신 사랑을 받았다.[15] 그들은 여호와께서 이집트로부터 건져내온 사람들이다. 이 특권을 누린 것 때문에 그들은 또한 특별한 심판도 받아야 한다. 언약 때문에 그들은 그 땅을 소유하게 되었다. 그러나 이제 언약 때문에 그들은 그 땅에서 쫓겨나 포로로 잡혀갈 것이다. 아모스는 이 모든 끔찍한 심판을 매우 생생하게 묘사하면서, 그 심판이 이 나라에 떨어지는 이유는 바로 그들이 여호와의 특별한 사랑을 받아 누렸기 때문이라고 말한다.

책 전체를 통하여 단지 아모스의 마지막 몇 마디에서 나라의 어떤 희망이 발견된다. 포로 이후에 드디어 회복의 전망이 하나님의 언약들에 근거하여 선포된다. 이때에 근거로 삼는 것은 다윗의 언약이다. 하나님이 "다윗의 무너진 장막"을 일으켜 세울 것이라는 기대이다(9:11-12).[16] 하나님의 구속역사는 죄가 그들의 가슴에 침투할 때에나 또 그들에게 심판이 내려지고 있을 때에도 계속

---

13) Anersen and Freedman, *Amos*, 282.
14) Bright(*Covenant and Promise*, 84)에 의하면 아모스가 "언약"이라는 용어를 전혀 사용하고 있지 않지만(1:9의 다른 차원에서의 "언약" 용어가 나타나는 것을 제외하고), "그가 지적하는 죄악은 언약의 율법을 위반한 것임이 분명하다."
15) Calvin(*Twelve Minor Prophets*, 2.202)은 하나님의 특별한 선택의 은혜를 반대하는 것에 대하여 날카롭게 공격하면서 다음과 같이 정확하게 지적한다. 만약 하나님이 어떤 다른 백성에게 무엇을 빚졌다면, 그는 분명 그것을 갚았을 것이다(즉 보상차원에서 선택했다는 말임). 그러나 그들(이스라엘)은 그에게 전혀 가치가 없는 자들이었다.
16) 많은 사람은 아모서 9:11-15이 아모스 자신의 말이라는 것에 의심한다. Clements는 그의 초기의 책(*Prophecy and Covenant*, 111)에서 이 구절을 아모스 자신의 말로 분류하였다. 그러나 그의 후기의 책(*Prophecy and Tradition*, 46)에서는 아모스서에 있는 이 희망의 메시지는 후대의 편집자에 의해 삽입된 것이라고 결론을 맺는다. 그리고 또 다른 책에서(*Old Testament Prophecy*, 197) 그는 아모스 마지막 글들은 포로 후기의 첨가물로 볼 필요가 없다고 말하였다. 최근의 견해로 Gowan(*Theology*

된다. 궁극적인 구속은 전통적으로 이스라엘의 대적이었던 에돔 사람들 속에 하나님의 이름이 심겨질 것을 포함한다. 이것은 여호와 선택의 은혜가 이방인에게도 공유됨을 상징적으로 보여준다(9:12).

아모스의 마지막 구절은 새 언약의 문맥에서 이방인들이 하나님의 백성에 포함된다는 자료를 제공해 준다. 초대교회 시대에 예루살렘에서 개최된 대 공회에서 야고보는 아모스의 이 예언을 근거로 당시 이방인 영입의 문제를 결정짓도록 선도하였다(행 15:15-19). 영감으로 쓰인 이 선지자의 예언은 바로 그날(초대교회 시대)에 "다윗의 무너진 장막"이 회복될 것을 내다본 것이었다. 아모스는 바로 이스라엘의 적인 에돔까지도 하나님 언약의 이름이 그들 속에 심겨질 것으로 선포하고 있다. 야고보는 예루살렘 공회에서 예수 그리스도의 부활과 승천에 의해 다윗의 무너진 왕위가 회복되어 더 장엄한 자리에 오르셨음을 선언하였다. 하나님의 우편에 앉으신 그가 그곳에서부터 성령을 이방인에게도 부으셨다. 많은 이방인의 개종은 이것 이상 더 설명할 수가 없다. 이제 유대인들이 행하는 할례와 같은 의식(儀式) 없이도 이방인들이 하나님 언약의 백성에 참여하게 되었다는 사실은 명백하다. 새 언약 안에서 새로운 하나님의 백성이 되는 새 시대가 도래하였다.[17]

---

of the Prophetic Books, 36)은 아모스서에 회복이 포로 이후에 따라 올 것이라는 "어떤 증거도 없다"고 말한다. 그는 아모스 9:11-15의 약속은 주전 8세기의 자료라는 것은 타당하지 않다고 주장한다. Gowan은 그 이유들로서 아모스 책에서 초기의 기록된 것에 속하는 부분에서 나타났던 단어들과 주제가 이 구절들에서는 전혀 나타나지 않음을 지적한다. Gowan은 회복의 약속들은 모든 것을 잃기 전의 사람들에게 아무 의미가 없다고 주장하는데, 이것은 받아들이기 어렵다. 왜 희망이 모든 것을 잃기 전에는 어떤 역할도 할 수 없는가? 그는 또한 이 약속의 구절은 "책이 마지막 정경의 형태로 만들어질 때에" 그 자리에 들어왔다고 주장한다(37). 그러나 우리는 그에게 다음과 같이 질문할 수 있다. 만약 원래 아모스의 문맥에서 회복의 약속을 제공하는 것이 아무 의미가 없다면, 뒤의 편집자가 그것을 마치 아모스의 저주의 문맥 속에 삽입시키는 데에는 어떤 의미가 있는 것인가? 위의 견해들과 다르게 Andersen과 Freedman(Amos, 917)은 다윗의 무너진 장막에 대한 회복의 사상은 포로 훨씬 이전에 일어난 것임에 틀림없다고 주장한다. 그들은 이 사상은 솔로몬의 아들 르호보암 시대에 이스라엘이 분리되어 두 왕국으로 나누어질 때부터 이미 번져나갔던 것임에 틀림없다고 말한다.

17) 이 구절에 대한 분석과 해석은 세대주의 사상에 반(反)하여 다룬 Robertson의 "Hermeneutics of Continuity"를 참조하라.

3. 미가

주전 8세기 중반에서부터 위대한 두 선지자들이 유다와 예루살렘에서 활동하였다. 그들은 유다 왕 웃시야와 요담과 아하스와 히스기야 시대에 이상을 보았다(사 1:2; 미 1:1).[18] 두 선지자는 북 왕국이 적군의 침입으로 큰 상처를 받고 722년에 포로로 잡혀가는 엄청난 시련을 겪을 때에 활동하였지만, 그들은 그 현실을 자주 외면한다. 그러나 산헤립이 유다를 점령하고 예루살렘을 에워싸서 고난을 주는 장면을 하나님께서 주신 징벌로 보고 크게 예언의 주제로 취급한다. 유다에 엄청난 피해를 준 후에 그 위대한 산헤립은 망하며, 자신의 신전에서 그의 아들들의 손에 죽임을 당한다(사 37장; 왕하 19:20-37; 대하 32:20-21).

이 대 위기 때에 하나님의 말씀을 외쳤던 두 쌍둥이 선지자들 중 미가의 메시지 형식을 먼저 쉽게 파악한 후에 이사야로 나아가면 이해하는 데에 큰 도움이 될 것이다. 비록 두 선지자는 각각의 독특한 강조점을 가지고 있지만 여러 주제를 공유하고 있다.

미가서에 "언약"이라는 단어가 나타나지 않지만 그의 메시지는 하나님이 자기 백성과 세웠던 이전의 언약들에 그 근거를 두고 있다. 저주의 메시지는 그들이 이집트로부터 구출받은 그 축복에 걸맞은 삶을 살지 못하였기 때문에 주어진다(미 6:4-5). 그 결과 하나님은 그들에게 언약에 근거한 율법의 심판을 내리려고 증인인 하늘과 땅을 부른다(1:3; 6:1-2; 또한 신 4:26; 30:19; 31:28; 32:1도 보라). 그들에게 남은 유일한 희망은 하나님께서 출애굽 때에 그들을 구원하기 위해 베푸셨던 그 이적들을 다시 나타내시는 길이다(미 6:4-5; 7:15). 더 나아가서 그들의 희망은 하나님께서 족장들(아브라함과 야곱)에게 한 언약의 맹세를 바라보는 길뿐이다(7:20). 그 희망은 다윗의 통치자가 베들레헴에서 탄생할 것이라는 기대로 나타난다(5:2). 그 왕국의 평화는 궁극적으로 땅 끝까지 미칠 것이다(5:4-5).

---

18) 미가의 목록에는 웃시야 왕은 나타나지 않는다. 따라서 미가는 이사야보다 약간 늦게 사역을 시작한 것 같다. 미가는 그의 시작 구절에서 이사야서가 없는 사마리아도 이상을 본 장소로 첨가한다. 이사야는 그런 말은 직접적으로 하지 않지만 양 왕국 모두에 관하여 예언을 한다.

미가는 이스라엘이 언약적 의무를 수행하지 못한 것 때문에 두 왕국이 모두 황폐되고 사로잡혀 포로로 끌려갈 것을 예언한다. 그래서 사마리아는 "돌의 무더기"같이 되고(1:6), 예루살렘은 "밭같이 갊을 당하고" 성전 산은 "숲 속의 높은 곳같이" 풀이 무성할 것이다(3:12). 이 예언의 진정성(미가의 것이라는 의미-역주)은 200년 뒤에 예레미야서에서 확인된다. 이는 예레미야가 자신이 발한 예언의 성취 여부가 백성의 태도에 달렸다는 것을 말하기 위해 미가의 예언에 대한 성취가 뒤로 미루어졌던 예를 제시한 것에서 확인된다(렘 26:18).[19] 더 구체적으로 미가는 바벨론이 그 땅에서 쫓겨난 이 백성들이 가야 할 목적지임을 밝혔다(미 4:10).

포로 이후에는 회복이 있을 것이며, 흩어진 이스라엘은 다시 모일 것이다(2:12; 4:6; 5:3). 그러나 나라 전체가 돌아오는 것이 아니라 남은 자만 돌아올 것이다(2:12; 4:7; 5:7-8; 7:18). 그들이 돌아와서 나라를 재건하면 남은 자는 번성하며 영화를 누릴 것이다. 이러한 부(富)는 언약의 여호와 이름으로 얻을 것이다. 그리고 만국이 여호와의 산으로 순례하러 올 것이다(2:12; 4:13하; 4:1-3). 왕국이 회복되는 것과 같이 그 왕도 회복될 것이다. 그리고 땅이 파라다이스로 새롭게 변할 것이다.

옛날 베들레헴이 다윗 왕의 출생지가 되었던 것처럼, 그 때에 다윗보다 더 큰 자의 고향이 될 것이다. "그의 근본은 상고에 태초인" 그러한 크신 분의 고향으로 높임을 받는다.

4. 이사야

이사야서는 미가서와 같이 포로와 회복이라는 주제로 엮어졌다. 호세아와 아모스와 유사한 방법으로 이사야도 선지자 직분의 부름을 받았다. 호세아는 그가 하나님으로부터 부름 받을 때에 음란한 여인과 결혼하라는 명령을 받았는

---

19) 미가가 자신의 예루살렘에 대한 예언이 자신의 생애 때에 성취되지 않았기 때문에 그가 실망하였다는 제안은 이스라엘의 하나님이 오래 참으심으로써 고통하고 있는 사실을 무시한 것이다. 많은 성경은 이 사실을 증언하고 있다.

데, 이것이 그의 메시지 중심이 되었다. 아모스가 하나님으로부터 부름 받을 때에 받았던 최초의 명령에 관하여는 벧엘의 제사장 아마샤를 대항한 말 중에서 나타나는데, 바로 이스라엘에 재난과 포로를 전하라는 것이었으며, 이것이 그의 메시지 중심을 이룬다. 같은 방법으로 이사야도 그가 선지자로 부름을 받는 환상에서 주어진 최초의 하나님의 명령이 그의 메시지의 핵심을 이룬다(사 6장). 우리는 다음 장에서 이사야가 소명을 받을 때에 나타나는 중요한 요소들을 살핌으로써 이사야의 메시지 구조를 재구성하고자 한다.

1) 이사야의 소명 때에 나타나는 중요한 요소들

(1) 여호와가 왕으로 높이 들림

이사야가 그의 환상적인 경험을 시작할 때에 그는 높이 들린 보좌에 앉으신 여호와를 보았는데, 그 옷자락이 성전에 가득하였다(사 6:1). 그러나 이사야의 기록은 슬픔의 사건과 서로 겹쳐진다. 그가 바로 웃시야 왕이 죽던 해에 이 왕이신 여호와를 보았다는 것이다. 바로 이사야 사역의 첫 순간에 하나님의 통치와 사람의 통치가 대조되고 있다. 이스라엘의 가장 우수한 왕도 죄인으로 나타나며, 역시 흙으로 돌아간 것으로 기록된다. 그러나 인간의 왕들이 세워지고 물러나는 역사의 반복 속에서도 여호와의 보좌는 끊어짐이 없이 계속되었다. 이스라엘에 인간의 왕이 필요한 것과 여호와께서 왕이시라는 이 긴장이 심판의 날들에 부각되고 있다.

이사야 예언의 곳곳에서 여호와께서 높이 들린 왕이심을 보여준다. 세상 모든 왕과 권력자는 언약의 여호와 앞에 심판받으러 끌려올 것이다. 왜냐하면 "만군의 여호와께서 시온산과 예루살렘에서 왕이 되시기 때문이다"(24:23). 이사야가 말하는 것처럼 의로운 사람이 "영광 중에 그 왕을 볼 것이다"(33:17). 언약의 여호와는 법의 선포자이며, 재판자이시며, 왕이시다(33:22). 야곱의 왕은 먼저 우상들과 소송을 벌인다(41:21). 이사야가 소명받을 때의 환상에서 여호와께서 거룩하신 분으로 나타나셨는데, 하나님은 자신을 "거룩한 자, 이스라엘의 창조자요, 너의 왕"이심을 선포하신다(43:14-15). 그는 이스라엘의 왕이시며, 하늘을 보좌로 삼고 땅을 발등상으로 삼으시는 분이시다(44:6; 66:1).

이사야서를 통하여 하나님의 영원한 왕권과 일시적이고 오류에 빠지기 쉬운 왕 사이의 긴장이 확실하게 해결되고 있다. 이를 위하여 이사야는 이상적인 다윗 왕을 부각시킨다. 이사야의 전반부(2-11장)는 이 주제에 그 초점을 모은다.[20] 마지막 날에 만국이 예루살렘에 이 왕의 말씀을 들으러 몰려올 것이다. 그리고 세상 왕국 사이에 평화가 이루어질 것이다(2:1-4). 이 위대한 왕은 다윗의 후손으로 약속된다. "하나님이 우리와 함께하신다(임마누엘)"의 성취로서 그는 초자연적으로 동정녀에게서 태어날 것이다(7:14).

동정녀 탄생의 예언은 이사야 시대에 다윗 왕의 줄기가 위협받고 있던 역사적인 상황 속에서 주어졌다. 아람과 에브라임 두 왕이 연합하여 유다를 공격하고 다윗 계통의 왕을 몰아내고 "다브엘의 아들"을 왕위에 세우려고 시도하였다(7:5-6). 이러한 심각한 위협에 대한 반응으로 임마누엘 예언의 약속이 주어진다. 이사야는 하나님께서 나라와 왕권을 지켜줄 것이라는 약속을 가지고 아하스를 만났다. 그에게는 외부의 힘으로부터 다윗 왕권이 위협받는 것에 대한 염려보다는 오히려 아하스 왕의 불신앙이 문제였다. 이사야는 아하스 왕을 믿게 하기 위하여 표적을 구하라고 요청하였다. 어떤 큰일이든지 그가 구하는 것을 하나님께서는 징조로 보여주실 것이다(7:11). 그러나 아하스 왕은 가장된 경선의 모습으로 교묘하게 그 요청을 거절한다. 이사야는 전 "다윗의 집"에게 경고한다. "그러므로 주께서 친히 징조로 너희에게 주실 것이라"(7:14상). 이것은 초자연적인 징조가 되어야 하며, 또한 다윗 계통의 왕권이 보존될 것이라는 약속을 확실히 하는 것이 되어야 한다. 선지자는 그 징조를 "보라!"로 시작하는데 이는 "놀랍도다!"라는 의미도 된다. 그리고 그 징조의 내용은 "처녀가 잉태하여 아들을 낳을 것이요 그 이름을 임마누엘이라 하리라"이다(7:14하). "임마누엘"의 의미는 "하나님이 우리와 함께하신다"이다.

이 구절에 대하여 많은 사람들이 초자연적인 요소를 제거하려고 시도하였다. 그러나 이 전체의 문맥을 본다면 이러한 시도가 결코 성공할 수가 없다. 아람-에브라임의 연합은 평범한 것이다. 이 연합군이 하나님이 다윗과 맺었던 언약의 약속(다윗 언약)을 무효화시키려 시도하였다. 그런데 하나님은 그 시도에 대하여 직접 간섭하러 나섰으며, 그것을 믿게 하기 위하여 아하스에게 표적을 구하라고 하였다. 그 표적은 땅에서("깊은 데서든지")나 하늘에서("높은 데서든

---

20) 오실 다윗 왕에 대한 주제는 이사야서 전반부에만 한정되는 것이 아니다. 이 주제는 그 뒤에도 계속 나타난다(22:20-25; 32:1-2).

지") 속한 무엇이든지 포함되었다. 그것은 초자연적인 징조가 될 것이다. 그러므로 하나님이 주시는 징조는 초자연적인 것이 되어야 한다. 아하스 왕의 아들이나 이사야의 아들이 태어나는 것과 같은 평범한 사건이 거기에 합당한 징조가 될 수 없다. 이 징조는 뒤에 히스기야가 병에서 나을 때에 주어진 해가 10도 뒤로 물러가는 징조에서든지 아니면 그 이상의 것에서 비교될 수 있다(38:7-8).

많은 학자들은 이 예언을 아하스 왕의 아들이나 이사야의 아들이 태어나는 것으로 본다. 그러나 그 사건들이 하나님의 언약의 약속을 지키기 위해 다윗 계통의 왕권을 보존하시는 일을 보장할 수 없다. 그러나 다윗 가문에 속한 동정녀에서 태어나는 그리스도는 북쪽 연합군들이 그 도전을 꺾고 왕위 보존의 언약을 성취시키기에 충분하다. 이사야가 처녀에 사용한 용어(almah)는 단지 "젊은 여자"라고(RSV가 그렇게 번역했음) 번역하기보다는 "결혼하지 않은 처녀"라고 번역하는 것이 좋으며, 임마누엘을 벤 이 여자의 경우에는 오히려 "숫처녀"(virtuous)라는 성격을 담고 있다. 그 의미를 충분히 살려 번역한다면 "결혼하지 않은 젊은 숫처녀"(virtuous unmarried young woman)이며, 이것을 한 단어로 표현하면 "동정녀"(virgin)이다.[21]

동정녀에서 아이가 태어나는 초자연적인 표적은 다윗 왕위가 위협받는 상황에서 그 해답으로 준 것이다. 이사야는 그 표적을 위해 전혀 상상 밖의 예언을 한다. 70인역은 아이를 벤 이 여자를 "동정녀"(parthenos)라고 정확하게 번역한다. 이 예언의 장면에서 아하스의 불신은 모든 상황을 망가뜨려 놓았다. 그와 같이 오늘날도 이성주의자들은 같은 불신의 태도를 보이고 있다.[22]

초자연적인 특성을 가진 "임마누엘"이라는 이름에 덧붙여서 그에게 더해진

---

21) 이사야는 "동정녀"에 해당되는 다른 용어로 betulah를 사용할 수 있었다. 그러나 betulah는 결혼하였지만 현재 홀로된 여인에게도 사용되었다(욜 1:8).

22) 어떤 사람들은 이중 성취, 즉 그 예언이 아하스의 아들이나 이사야의 아들을 가리킨 것인 동시에 또 미래의 동정녀 탄생에도 적용되는 것으로 보려고 시도한다. 그러나 당시에 일차적으로 이루어졌다는 이 이론은 여호와께서 다윗의 언약을 성취하는 면에서 이 예언을 주었다는 점과 almah가 결혼하지 않은 젊은 여인이라는 점, 그리고 이사야가 초자연적인 표적을 요청하였었다는 점 등을 충족시키지 못한다. 그 아이가 악을 버리고 선을 택할 줄 알기 전에 북쪽의 두 왕이 폐한 바 될 것이라는 구절이(7:16) 꼭 그 당시에 성취가 되어야 하는 증거라는 주장도 받아들일 수 없다. 그 구절은 미래에 있을 그 사건(두 왕의 폐함)이 그 현장에서부터 얼마만한 시간적인 간격이 있을 것을 말하기 위해 묘사된 것일 뿐이다.

다른 이름들을 보아서도 그 아이가 어떠한 분인지를 증명해 준다. 그는 "전능의 하나님" 그리고 "영존하시는 아버지"라 불릴 것이다(9:6). 이 이름들의 중요성에 대하여는 논란의 대상이 되기도 한다. 그러나 바른 해석은 이 오실 메시아는 바로 신적인 구원자임을 보여준다는 것이다. 바로 하나님 자신이 사람 중에 거하시는 그러한 의미를 내포한 이름이다.[23] 그가 그 거대한 구원의 사역을 이루기에 충분하신 분이라는 것이 바로 그 이름에서 증명된다. 위대한 구원자-왕은 그의 아버지 다윗의 왕좌에 앉아 영원히 하나님의 백성을 다스릴 것이다(9:7). 주의 성령이 그 위에 강림하고, 그는 공의로 모든 나라를 다스릴 것이다(11:5, 10). 하나님으로부터 보냄을 받은 이 전능의 왕은 인간이 짊어진 모든 멍에를 풀어줄 것이다.

이사야의 소명의 환상에서 자기 백성을 통치할 하나님의 왕권이 강조된다. 이 신적인 왕권은 오실 다윗의 메시아의 인격과 또 하실 구속의 일에서 드러날 것이다.

(2) 여호와의 거룩성

이사야 소명의 환상에 나타나는 두 번째 두드러진 요소는 여호와의 거룩성이다. 스랍 천사들이 "거룩하다, 거룩하다, 거룩하다"라고 세 번 외친 것은 하나님의 본성을 드러내는 표현이다(6:3). 이사야서는 거의 같은 분량의 두 부분으로 나뉘는데, 양쪽이 모두 여호와를 "이스라엘의 거룩한 자"로 표현한다. 전반부인 이사야 1-39에서 그 문구는 12번 나타난다(1:4; 5:19, 24; 10:20; 12:6; 17:7; 29:29; 30:11-12, 15; 31:1; 37:23). 그리고 후반부인 이사야 40-66장에서 13번 나타난다(41:14, 16, 20; 43:3, 14; 45:11; 47:4; 48:17; 49:7; 54:5; 55:5; 60:9, 14). 다른 선지서들과 비교할 때에 이사야서에서 이렇게 많은 구절에서 그 문구가 나타나는 것은 놀랍다. 다른 선지서 전체에서는 오직 두 번만이 문구가 나타난다(렘 50:29; 51:5). 이사야 소명의 장면에서 세 번이나 반복되는 이 용어의 개념은 이사야서 전체에 영향을 미친다.

거룩한 하나님은 자신의 거룩성을 의로운 행위로써 보여준다(사 5:16). 그는

---

23) 메시아가 "전능의 하나님"(9:6)으로 불린 것에 대한 충분한 토론은 Warfield, *Christology and Criticism*, 28-29를 보라. 이 이름이 확실하게 하나님에게 적용되어야 하는 증거는 10:21에서 찾을 수 있다.

거룩한 분이시고, 야곱의 거룩한 자이시며, 그는 거룩한 자로 인식되어야 한다 (10:17; 29:23; 8:13). 그의 이름, 그의 성령, 그의 안식일, 그의 팔(그의 능력을 상징함)이 거룩하다(57:15; 63:10-11; 58:13; 52:10). 그 결과로 그의 거주하는 장소가 거룩하다. 이사야는 자주 하나님의 "거룩한 산"으로 표현하는데, 그것은 예루살렘을 일컫는 말이다(11:9; 27:13; 56:7; 57:13; 65:11, 25; 66:20; 또한 48:2; 52:1도 보라). 그가 거주하는 집인 성소가 역시 거룩하다(63:18; 64:11). 시온으로 향하는 길조차도 "거룩한 대로"라고 불린다(35:8, 10). 더욱이 그의 땅의 모든 도시가 거룩하며, 그의 백성도 역시 거룩하다(64:10; 4:3; 62:12; 63:18 NASB). 동시에 하늘도 그의 거룩한 거주지이다(63:15).

이사야의 전체 메시지는 하나님의 정체성인 이스라엘의 거룩한 자에 의해 영향을 받는다. 그 결과 이 거룩한 하나님과 관련된 모든 것은 거룩한 특성을 취할 것이다.

(3) 하나님의 우주적인 통치

이사야의 소명 때에 세 번째로 중요한 요소로 부각되는 것이 하나님의 우주적 통치이다. 하나님은 여러 신들 중의 하나처럼 한 지역의 신이 아니시다. 스랍들이 "그의 영광이 온 땅에 충만하도다"라고 외친다(6:3). 이 우주적인 주권은 이사야서 전반에 걸쳐 나타난다. 여호와는 모든 세상 나라를 주관하시는 분이시다. 이스라엘의 언약적 하나님은 자신의 계획을 이루기 위해 나라들을 움직이신다. 이 계획은 온 세상을 포함하며, 이를 위한 그의 손길은 모든 나라에 미친다(14:24, 26). 이사야서에는 특별하게 거대한 앗수르를 시켜 이스라엘 땅을 점령하도록 계획하신다(14:25).

그의 우주적 통치는 그가 온 세상을 창조하셨다는 사실에 근거한다. 전 인류는 때가 되면 어떤 신도 찾지 않을 것이며 오직 그들의 창조자, 즉 이스라엘의 거룩한 자를 찾을 것이다(17:7; 또한 27:11도 보라). 이스라엘의 하나님은 영원하신 하나님이시요, 땅 끝까지 창조하신 분이시다(40:28). 땅을 만드시고 사람을 창조하시고 하늘의 군상들을 호령하시는 그 여호와께서 메데-페르시아 왕국의 고레스를 불러 세울 것이다(45:9, 12-13). "온 땅"이 이스라엘 하나님의 영광으로 가득 찬 것처럼, 이스라엘의 창조자는 "온 세상의 하나님"으로 불릴 것이다(54:5).

종말에 주님은 온 땅에 가려진 면박을 벗기시고 사망을 제거하실 때에 그의 통치권이 온 세상에 가득하게 할 것이다(25:7-8). 이러한 사건은 그분만이 참 하나님이심을 나타낼 것이다.

(4) 하나님 백성의 죄악

선지자로 부름을 받는 장면에서 이사야는 하나님의 거룩성이 드러날 때에 자신이 먼저 "화로다 나여!"라는 반응을 보였다(6:5). 죄로 오염된 그와 그 백성에게 하나님의 심판이 내려질 것이 예상된다. 그러나 하나님은 제단의 핀 숯으로 그를 정결케 하는 은혜를 보이셨다. 이것은 이사야의 소명 때에 나타나는 또 하나의 요소이다. 이스라엘 주변의 국가들만 하나님의 의로운 심판의 대상이 되는 것은 아니다. 하나님의 선택을 받은 백성조차, 더 나아가 하나님의 선지자로 부름을 받는 중보자조차도 죄로 오염되었으며, 하나님의 거룩성 앞에 설 수 없음이 발견된다. 거룩하시고 의로우신 하나님은 이 범죄자들을 그냥 간과할 수 없으시다. 만약 그리하면 그의 거룩성이 손상된다. 그러나 죄의 씻음이 희생제단으로부터 일어나고 있다. 이것은 전적으로 그의 은혜였다.

이사야는 자신의 메시지를 "범죄한 나라요 허물진 백성이요 행악의 종자요 행위가 부패한 자식이로다"로 시작한다(1:4). 이 백성은 거짓된 자로 다른 사람을 속인다(5:18). 그들은 죄의 짐으로 하나님을 괴롭히고 있다(43:24). 그들의 범죄는 하나님으로부터 자신들을 분리시키고, 그들을 향한 하나님의 얼굴을 가리게 하였다(59:2). 이러한 지적은 여호와의 종으로 선택받은 그들의 역할에 대한 꾸지람에서 가장 강렬하게 나타난다. "소경이 누구냐 내 종이 아니냐 누가 나의 보내는 나의 사자같이 귀머거리겠느냐 누가 나와 친한 자같이 소경이겠느냐 누가 여호와의 종같이 소경이겠느냐"(42:19).

또 한편으로 선지자는 야곱의 죄가 사하여 졌으며 시온에 거주하는 그들의 죄가 용서될 것을 기쁘게 선포한다(27:9; 33:24). 위로의 소식은 이스라엘의 죄의 값이 지불되었고, 다시는 기억되지 않겠다는 것이다(40:2; 43:25). 주님이 단순히 그들의 죄를 간과하는 것이 아니다. 그의 의가 분명히 드러날 것이다. 바로 특별한 여호와의 종이 이 백성의 죄를 짊어지고 그들을 위해 대신 희생함으로써 이루어진다(53:5, 11).

(5) 백성이 하나님의 말씀을 듣지 못함

소명을 받는 장면에서 이사야는 백성에게 돌아가서 말씀을 전하라는 명령을 받는다. 그러나 이때에 이사야는 전혀 예상하지 못하는 말씀을 듣는다. 백성이 보아도 깨닫지 못할 것이고, 들어도 이해하지 못할 것이다(6:9). 이사야 책 전체를 통하여 이 주제는 처음 예상되었던 것보다 훨씬 더 심각한 모습으로 묘사된다.[24] 이스라엘에 대한 하나님의 심판은 하나님의 말씀이 전파되는 데에도 불구하고 그들이 눈으로 보지 못하고, 귀로 듣지 못하고, 마음으로 깨닫지 못하는 것이다(6:10). 이사야는 방금 왕으로서의 하나님의 충만한 영광을 보았다. 그러나 이제 나라가 영적으로 장님이 된 어두운 모습을 본다. 이사야가 방금 죄사함의 축복을 경험하였지만, 이제 백성에게 내리는 저주가 가득함을 본다.

주님은 선지자를 향한 백성의 눈을 감기게 하셨다(29:10). 그 어떤 사람도 여호와의 종(복수인 이스라엘)보다 눈먼 사람이 없다(42:19). 이스라엘은 앞 못 보는 사람처럼 더듬는다(59:10). 그러나 이 어둠으로부터 장님의 눈은 뜨일 것이다(29:18). 소명을 받을 때에 이사야가 볼 수 있었던 것처럼, 결국 그들은 영광 중에 있는 그 왕을 볼 것이다(33:17). 여호와의 종(단수, 메시아)은 눈먼 자를 밝게 하는 사명을 완수할 것이다(42:7).

특별히 중요한 두 구절에서 장님이 보게 되고, 어둠 속에 빛이 비취는 이 주제가 나타나는데, 이것이 새 언약의 문맥에서 주어진다. 스불론과 납달리는 이스라엘 북쪽 지역인데, 적군이 쳐들어올 때에 항상 심한 공격을 받는 곳이었기 때문에 "이방의 갈릴리"라고 불렸다. 그들은 흑암과 환난으로 어려움을 겪었다(8:22). 그러나 그 날이 오면 백성들은 어둠 속에서 나와 큰 빛을 볼 것이다. 바로 다윗의 후손이 의로운 나라를 세움으로써 이루어질 것이다(9:2, 7). 드디어 이 갈릴리 지역이 복음의 좋은 소식의 빛을 받았다. 요한이 체포되었다는 소식을 들은 후 예수님이 유다를 떠나 갈릴리에서 하나님의 나라가 가까웠다고 외침으로써 이 어두웠던 땅인 갈릴리에 빛이 비취는 이 약속이 이루어졌다(마 4:12-17). 또 다른 구절은 소경의 눈이 밝으며, 귀머거리의 귀가 열린다는 약속(사 35:5)이 예수님의 치유사역을 통하여 성취되었음을 마태복음이 증언한다(마 11:5-6).

---

24) 이를 위해 Clements, "Beyond Tradition-History"를 보라.

이사야 소명의 장에서 가장 많은 분량을 차지하는 이 주제는 이사야의 책 전반에 널리 퍼져 있다. 그의 책은 하나님께서 죄인이요 목이 곧은 백성을 심판하고 또 은혜를 베푸시는 모습을 생생하게 그린다.

(6) 백성의 포로와 그들의 귀환
이사야는 언제까지 이 심판의 메시지를 전해야 하는지를 물었다. 그 대답이 다음과 같이 주어진다.

> 내가 가로되 주여 어느 때까지니이까
> 대답하시되 성읍들은 황폐하여 거민이 없으며 가옥들에는 사람이 없고 이 토지가 전폐하게 되며 사람들이 여호와께 멀리 옮기워서 이 땅 가운데 폐한 곳이 많을 때까지니라(6:11-12).

미래에 있을 백성들의 유배에 대하여 이사야가 소명을 받을 때에 이미 예언되고 있다는 것은 매우 놀랍다. 비평학자들에 의해 제기되는 유배에 대한 예언이 이사야의 것인지에 대한(자료의 진정성) 논란은 북 왕국이 이미 유배에 가 있고, 또 남 왕국의 유배가 히스기야에게 예언되었으며, 남 왕국도 유배가 닥쳐오는 것을 예상하고 있었다는 점에서 불식될 수 있다. 북쪽과 남쪽의 포로에 대한 문제는 이사야의 활동 전반에 그의 마음 깊숙이 자리잡은 문제였음에 틀림없다.

포로 이후의 회복에 대한 약속은 남은 자의 씨기 아직 보존되고 있다는 점에서 확실하다.[25]

> 밤나무, 상수리나무가 베임을 당하여도 그 그루터기는 남아 있는 것같이

---

[25] 이사야의 소명의 장에서 심판과 회복의 주제가 발견된다는 의견에 반대하는 사람도 있다. 그러나 그 반대 입장에 대하여 Lindblom이 다음과 같이 잘 대응한다. "이사야의 메시지의 시작에서부터 끝까지 이 두 요소는 분리할 수 없으며, 또 그의 메시지의 근본을 이루고 있다. 이사야 메시지의 기본이 되는 남은 자의 사상이 그의 소명의 장에서 발견되지 않는다는 주장이 오히려 이상하다. 왜냐하면 소명의 장은 이사야 전체를 요약적으로 보여주기 때문이다"(Lindblom, *Prophechy in Ancient Israel*, 188-89).

거룩한 씨가 이 땅의 그루터기니라(6:13하).

첫 소명의 장에서부터 이사야서 전반에 걸쳐 포로와 포로 귀환은 중요한 주제이다. 첫 포로에 대한 언급은 소명의 장 앞에 있는 서론 부분에서 나타난다. 그들이 하나님으로부터의 사명을 완수하지 못하여 "사로잡혀 갈" 것이다(5:13).[26] 이사야서 본론에서 본격적인 포로에 대한 경고는 북 왕국 이스라엘 대하여 먼저 주어진다. 기름진 골짜기 꼭대기에 위치한 사마리아는 쇠잔해 가는 꽃 같으며, 또한 잘 익은 열매 같아서 보는 자(앗수르)가 얼른 따먹을 것이다(28:1, 4). 하나님은 앗수르 왕을 세내어 데리고 와서 이스라엘의 머리와 다리의 수염을 미실 것이다(7:17-20). 사마리아의 모든 부(富)는 강 너머의 이 큰 왕에 의해 빼앗길 것이다(8:4).

같은 방법으로 다윗 왕가의 후손들이 바벨론에 포로로 잡혀가서 이방 왕의 궁에서 환관이 됨으로써 미래 왕족의 출생이 끊어질 것이다(39:6-7). 하나님은 예루살렘에 다른 방언을 말하는 민족을 몰고 와서 그들을 죽이든지 아니면 포로로 끌고 갈 것이며, 그로써 언약이 무효화될 것이다(28:11, 18-19). 오직 하나님 외에 누가 이스라엘을 그 약탈자에게 넘겨주었겠는가(42:24-25)? 주님이 바로 그들을 칼에 붙인 자이다(65:12). 훤화하는 소리가 성전에서부터 나온다. 무슨 소리인가? 이것은 여호와께서 그 대적에게 보응하시는 목소리이다(66:6).

북 왕국과 남 왕국 모두 불가피한 유배의 주제는 이사야의 소명에서 시작하여 책 전반에 걸쳐 흐른다. 동시에 포로에서의 회복의 메시지도 이사야의 중요한 주제이다. 나무가 베임을 당하여도 그루터기는 남으며, 그 거룩한 씨는 그 땅에서 다시 싹이 틀 것이다(6:13하).

유배로부터 돌아오는 주제는 이사야의 다양한 부분에서 중요한 역할을 한다. 이사야의 한 아들 이름이 "스알-야숩"으로서 "남은 자는 돌아온다"는 상징적인 메시지를 가진다(7:3). 비록 온 땅이 황폐될지라도 "남은 자는 돌아오리라"(10:20-23). 주님은 그의 북 왕국 이스라엘의 남은 자와 남 왕국 유다의 남은

---

26) 이 구절의 히브리어 동사가 완료형으로 사용되었으며, 이것은 북 왕국의 유배가 이미 시작했음을 나타낸다. Seitz, *Isaiah 1-39*, 50을 보라.

자를 앗수르, 이집트 그리고 바벨론으로부터 다시 모을 것이다(11:11-12). 이집트의 해고와 유프라테스 강 모두 마치 옛 출애굽 때와 같이 마를 것이다(11:15-16). 이스라엘은 홍해를 건넜을 때와 같이 구원의 노래를 다시 부를 것이다(12:2; 또한 출 15:2도 보라).

이사야 후반부에서는 몇 장들만 빼고 대부분의 장들에서 유배 이후에 있을 회복의 내용을 포함한다. 유배로부터 회복의 주제가 이사야서 전반에 걸쳐 발전되고 있는 것을 우리는 다음의 몇 가지 점에서 주의해 보는 것이 좋겠다.

첫째, 이 회복의 주제는 이사야가 크게 나누어지는 양쪽 모두에서 뚜렷이 나타난다. 이사야 전반부(1-39장)에서의 회복은 남은 자의 사상과 관련하여 발전한다(4:3; 10:20-22; 11:11, 16; 17:6; 24:6; 28:5; 37:4, 31-32; 또한 46:3; 49:21도 보라). 이사야 후반부(40-66장)에서 "자손의 번성" 사상이 주가 되어 발전한다(41:8; 43:5; 44:3; 45:19, 25; 48:18-19; 53:10; 54:3; 61:9; 65:9, 23; 66:22; 또한 6:13도 보라). 이사야 책의 단일성을 부정하는 비평가들은 이 약간의 차이를 두고 이사야의 책이 두 개가 별도의 다른 책이라는 주장의 근거로 삼는다. 그러나 이 비평적 견해의 문제점은 유배로부터의 회복의 주제가 이사야의 전반부에서도 나타난다는 것이다. 이것을 두고 대부분의 비평학자들은 이사야서 후반부를 썼던 6세기의 사람(들)이 역시 전반부에 이런 회복의 구절들을 끼워 넣은 장본인이라고 주장한다. 그들이 두 책의 저자가 다르다고 주장하면서, 또한 같은 사람이 썼다고 하니 스스로의 말이 모순된다. 그러나 다음과 같이 생각하면 오히려 분명해진다. 선지자는 앞으로 유배는 불가피하게 올 것임을 알았으며, 그 때에 그들이 적은 자로 남겠지민 회복을 위해 번성할 것을 바라보았으며, 또한 그 번성한 후손들이 포로에서 돌아올 것도 바라보면서 말한 것이다.

둘째로 지적할 것은 이사야서 전반에 나타나는 이스라엘의 회복의 큰 주제에는 이방인들이 포함되고 있다는 사실이다. 이러한 메시지를 담고 있는 중요한 구절들을 예를 들어보자. 이사야 1-39장에 나타나는 구절들은 다음과 같다.[27]

많은 백성이 가며 이르기를 오라 우리가 여호와의 산에 오르며 야곱의 하

---

27) NIV 영어성경을 참조하라.

나님의 전에 이르자(2:3).

그 날에 이새의 뿌리에서 한 싹이 나서 만민의 기호로 설 것이요 열방이 그에게로 돌아오리니 그 거한 곳이 영화로우리라(11:10).

여호와께서 야곱을 긍휼히 여기시며 이스라엘을 다시 택하여 자기 고토에 두시리니 나그네 된 자가 야곱 족속에게 가입되어 그들과 연합할 것이며 (14:1).

그 때에…강성하여 대적을 밟는 백성에게서 만군의 여호와께 드릴 예물을 가지고 만군의 여호와의 이름을 두신 곳 시온 산에 이르리라(18:7).

너희가 동방에서 여호와를 영화롭게 하며 바다 모든 섬에서 이스라엘 하나님 여호와의 이름을 영화롭게 할 것이라 땅 끝에서부터 노래하는 소리가 우리에게 들리기를 의로우신 자에게 영광을 돌리세 하도다(24:15-16).

만군의 여호와께서 이 산에서 만민을 위하여 기름진 것과 오래 저장하였던 포도주로 연회를 베푸시리니…또 이 산에서 모든 민족의 그 가리워진 면박과 열방의 그 덮인 휘장을 제하시며(25:6-7).

그리고 이사야 40-66장에 나타나는 구절들은 다음과 같다.

여호와의 영광이 나타나고 모든 육체가 그것을 함께 보리라 대저 여호와의 입이 말씀하셨느니라(40:5).

나 여호와가 의로 너를 불렀은즉 내가 네 손을 잡아 너를 보호하며 너를 세워 백성의 언약과 이방의 빛이 되게 하리니(42:6).

네가 알지 못하는 나라를 부를 것이며 너를 알지 못하는 나라가 네게 달려 올 것은 나 여호와 네 하나님 곧 이스라엘의 거룩한 자를 인함이니라 내가 너를 영화롭게 하였느니라(55:5).

내가 그를 나의 성산으로 인도하여 기도하는 내 집에서…이는 내 집은 만민의 기도하는 집이라 일컬음이 될 것임이라…내가 이미 모은 본 백성 외에 또 모아 그에게 속하게 하리라 하셨느니라(56:7-8).

열방은 네 빛으로, 열왕은 비취는 네 광명으로 나아오리라…이제는 나의 은혜로 너를 긍휼히 여겼은즉 이방인들이 네 성벽을 쌓을 것이요 그 왕들이 너를 봉사할 것이며(60:3, 10).

회복 과정에서 이방인들이 포함되는 주제는 이사야 책 전반에 걸쳐 나타나며, 그 어떤 주제도 이것만큼 이사야 책 전체에서 두루 퍼져 있는 것이 없다. 이방인들이 포함되는 묘사는 일반적으로 포로 귀환의 장면에서 주로 나타나는데, 이것은 이스라엘 회복의 새로운 단면을 보여주는 것이다. 하나님의 새로운 백성을 위해 하나님은 새로운 시대를 창조하실 것이다. 이때에 하나님의 백성은 온 세상으로부터 오는 사람들로 구성될 것이다.

셋째, 이사야서의 회복은 이스라엘이 단지 포로 이전의 나라 상태로 돌아가는 것이 아니라 새로운 우주적 창조를 포함하고 있다.[28]

여호와께서 그 백성의 상처를 싸매시며 그들의 맞은 자리를 고치시는 날에는 달빛은 햇빛 같겠고 햇빛은 칠 배가 되어 일곱 날의 빛과 같으리라(30:26).

보라 내가 새 하늘과 새 땅을 창조하나니 이전 것은 기억되거나 마음에 생각나지 아니할 것이라 너희는 나의 창조하는 것을 인하여 영원히 기뻐하며 거워할지니라 보라 내가 예루살렘으로 즐거움을 창조하며…이리와 어린양이 함께 먹을 것이며 사자가 소처럼 짚을 먹을 것이며 뱀은 흙으로 식물을 삼을 것이니 나의 성산에서는 해함도 없겠고 상함도 없으리라 여호와의 말

---

28) NIV의 번역을 참조하라.

이니라(65:17-18, 25).

나 여호와가 말하노라 나의 지을 새 하늘과 새 땅이 내 앞에 항상 있을 것 같이 너희 자손과 너희 이름이 항상 있으리라 여호와가 말하노라 매 월삭과 매 안식일에 모든 혈육이 이르러 내 앞에 경배하리라(66:22-23).

새로운 창조의 사상은 다른 신학적인 고려 아래에서 도입된 것이 아니라, 회복이라는 그 사상 자체에서 발전한 것이다. 포로에서 돌아오는 회복이 이러한 새로운 세상이 창조되는 희망의 출발점이 되었다.

넷째로, 이사야의 신학에서 포로와 회복의 주제는 의인화된 한 분으로 발전되었다. 국가의 포로와 회복의 문맥에서 이스라엘을 대변하는 이 특별한 분(person)이 전면에 나선다. 그는 이 땅 위에 사는 그 어느 누구보다 매우 낮고 겸손하다. 그에게는 어떤 흠모할 만한 아름다운 것이 없었다(53:2하). 그의 몰골은 사람이라 할 수 없을 정도로 망가졌고, 사람의 형체라고 할 수가 없었다(52:14). 그는 산 자의 땅에서 끊어졌고, 악한 자와 함께 그의 무덤이 만들어졌다(53:8하-9). 그러나 여호와의 뜻은 그 날이 길 것이고, 그가 그 씨(후손)를 본다는 것이다(53:10). 그의 영혼이 고난을 당한 후 그가 빛을 보고, 만족함을 얻을 것이다. 여호와는 그에게 강한 자와 함께 그 몫을 나누어 가지게 할 것이다(53:11-12).

이스라엘의 포로와 회복은 그분의 고난과 높아짐, 그리고 죽음과 부활에서 그 의미가 이루어졌다. 그의 높아짐은 어떠한 문구로도 표현할 수가 없이 크므로 이사야가 소명의 장에서 여호와의 그 높으심을 그대로 표현하는 방법을 쓴다. 선지자는 여호와가 "높이 들린"(ram wenissa) 것을 보았다(6:1). 이제 여호와의 종이 "높이 들려 존귀하게 된다"(yarum wenissa, 52:13). 이 양쪽에 비슷하게 사용된 두 단어는 서로 조화를 잘 이룬다. 이사야가 이들 최고의 두 분(여호와와 여호와의 종)을 이렇게 서로 같은 문구로 묘사한 것은 결코 우연이라고 할 수 없다. 성경에서 이런 두 단어의 조화를 이루는 문구는 다른 곳에서 한 번 더 나오는데, 곧 여호와 자신을 묘사하는 장면에서 "높고 높이 들린 (자)"(한글개역성경에는 "지존무상하며…높고"로 번역됨)로 나타난다(57:15).

이러한 배경에서 볼 때에 신약의 복음서 저자가 왜 이사야의 종의 노래의 구절과 이사야의 환상 구절을 대담하게 결합시키고 있는지를 이해하게 된다. 요한은 먼저 요한복음 12:38에서 종의 노래 서론의 "주여 우리에게 들은 바를 누가 믿었으며 주의 팔이 뉘게 나타났나이까"(사 53:1)를 인용하고, 이어서 40절에 이사야의 환상 구절을 함께 인용하였고(사 6:10), 이어서 41절에서 종의 노래와 환상의 구절을 복합하여 "이사야가 이렇게 말한 것은 주의 영광을 보고 주를 가리켜 말한 것이라"이라고 말하고 있다. 이것은 이사야가 종의 높아짐을 여호와의 높아짐과 같은 맥락에서 이해했음을 암시한다.

또 하나 의미심장한 것은 후반부 이사야 예언에서 이 둘째 중요한 분(여호와의 종)을 전반부 예언의 다윗적인 메시아와 연관시키고 있다는 점이다. 예수님 당시 유대인들은 이 두 모습 사이에 어떤 관련이 있는지를 이해하지 못했다. 결과적으로 그들은 로마인들과 결탁하여 그들 자신의 메시아를 십자가에 죽임으로써 예언이 이루어지게 한다. 예수님의 제자들도 그 둘의 연관성을 이해하지 못하였다. 그래서 그들은 오직 영광스러운 메시아 왕국만 바라보았지, 고난의 메시아의 이상을 이해하지 못했다. 기독교의 오랜 역사 동안 역시 다윗적인 메시아와 이사야의 고난의 종인 메시아의 일치를 이해하지 못했다. 그래서 승리주의가 여러 형태로 계속 발생하였다. 그러나 첫 번째 종의 노래(42:1-9)는 이사야 전반부에 부각된 이상적 왕인 다윗 왕적인 메시아와 후반부에 강조된 고난의 종 사이를 잘 연결시켜 준다. 첫 종의 노래는 하나님이 그의 성령을 그에게 부어주는 것을 기록한다(42:1). 이것은 전반부에 다윗적인 메시아 묘사에서도 마찬가지로 지적되었다(11:2). 첫 종의 노래에서 이 여호와의 종이 세상에 공의를 확립하는 것을 세 번이나 언급한다(42:3-4). 이것 역시 전반부의 다윗적인 메시아 구절에서도 지적되었던 바이다(9:7; 11:4-5). 그의 고난에도 불구하고 이 종은 먼 이방인들에게까지 빛을 비춘다(42:4). 마찬가지로 전반부에서도 다윗적인 메시아에 의해 이방인들이 어둠에서부터 해방될 것이 언급되며(9:1), 또한 그의 통치로 말미암아 여호와를 아는 지식이 물이 바다를 덮음같이 온 세상에 가득할 것으로 나타난다(11:9). 양자의 모습에서 많이 다른 점이 있음에도 불구하고 상당 부분 겹치며, 그것은 양자가 같은 분이며 한 분임을 증명해 준다. 고난의 종은 이상적인 다윗 왕 메시아 외의 다른 그 어떤 분도 아니다. 고난의 종은 바로 통치자 그분이시다. 이 양쪽의 메시아의 모습은 버림을 받고, 십자가에 죽임을 당하시고, 부활하시고, 승천하신 바로 그 예수님 안에서 모두 나타난다. 예수님에게서 바로 이사야의 두 신학이 함께 조화가 이루어진다.

이사야에게서 이스라엘의 포로는 확실하였다. 이미 그 자신의 시대에 북 왕국의 포로는 이루어졌다. 남 왕국의 똑같은 비극도 오직 시간의 문제였다. 그리고 신적인 메시아는 하나님의 나라를 회복할 것이며, 여호와의 종은 하나님 백성의 죄를 대신 짊어질 것이다. 그래서 나라는 회복이 예상되는데, 그 회복은 기존의 왕국 차원을 훨씬 뛰어넘을 것이다. 새로운 창조 질서가 이루어지고, 신적인 왕의 통치는 만족하게 이루어질 것이다. 이것으로 이사야가 환상으로 본 여호와의 통치권이 확립되는 것이다.

요약한다면, 서로 연결된 세 봉우리들은 이사야 예언의 등뼈 역할을 한다. 이상적인 다윗 왕의 오심과, 여호와의 기름부음 받은 종의 고난, 그리고 종말적인 하나님 나라의 도래 이다. 이사야의 책을 여러 다른 저자의 것으로 분리시키는 것은 이들 주제가 연결되어 흘러감을 무시한다. 이 주제들의 연관성을 이해하지 못했던 유대인들은 그들의 메시아를 알아보지 못하였고, 예수님의 제자들의 무지가 그를 끝까지 따르지 못하게 만들었다. 여기에 대한 기독교 교회의 혼돈은 끝없이 발생하는 승리주의에 빠지는 오류를 낳았다. 이 문맥 차원에서 위대한 예언서의 비평적인 재구성이 이루어져야 한다.

2) 이사야서의 비평적인 재구성

지난 2세기 동안 이사야의 책을 세 권(때로는 두 권)으로 나누어서, 각 권은 다른 시대에 쓰였으며 또한 각각 다른 예언의 메시지를 가졌다는 주장들이 만연하였다.[29] 이사야서는 다음과 같이 나뉜다. 이사야 1-39(포로 이전), 40-

---

29) Bernhard Duhm의 영향을 넓게 받아 이사야를 세권의 책으로 나누는 이론에 대하여 다음의 책들을 보라. Clements, *Century of Old Testament Study*, 51-56; Young, *Studies in Isaiah*, 39-72. Young 은(40 n. 7) Duhm의 세 권의 이사야 이론의 발전은 역대하 36:22-23에서부터 시작하였다고 지적하며, 그것은 놀라운 일이 아닐 수 없다고 말한다. 그에 의하면 Duhm은 역대기서 저자가 예레미야의 입으로 하신 말씀을 응하게 하시려고 여호와께서 고레스의 마음을 감동시켜 70년 포로가 끝나고 돌아가게 하였음을 지적하면서, 역대기서 저자는 고레스에 대한 예언은 이사야가 한 것이 아니라 예레미야가 한 것이라는 결론을 내린다. 그러나 예레미야는 70년 포로에 대하여 예언하였지 고레스에 대한 예언을 하지 않았다. 이런 혼돈에 근거하여 Duhm은 원래 이사야의 예언은 39장에서 끝나야 하며, 거기까지의 책이 쓰인 시기는 적어도 역대기서 저자 이전의 사람이어야 한다고 주장한다. 그리고 고레스가 나오는 그 뒤

55(포로 기간), 56-66(포로 이후).[30] 이러한 나눔에 대하여 사소한 다른 의견들도 제기되기는 하지만, 주로 그들은 역사적 발전 과정에 따라 이사야서를 나누면서, 그 신학도 함께 나눈다.

오늘날 보수적인 구약학자들조차도 각 이사야의 다른 저작설에 동조하는 분위기이다. 이 상황은 딜라드와 롱만의 책에서 볼 수 있다.[31] 그들은 복음주의 사회에서 여러 명의 저작설을 받아들이는 것을 합리화하면서, 이사야 40-66장에 이사야가 아닌 다른 사람의 글이 있다는 것은 마치 오경에서 모세가 많은 부분을 썼지만 신명기에 기록된 모세의 죽음에 관한 기사 등이 후대에 첨부한 것과도 같은 개념이라고 설명한다. 그들은 50-66장의 내용을 조사해 보면 "포로 시기에 살았던 저자에 의해 쓰였다"는 것이 드러난다고 결론 맺는다. 그들은 덧붙여서 "후반부의 책에는 선지자 이사야가 언급되지 않고 있다"는 점을 지적한다.

딜라드와 롱만은 이사야의 책에 포로 이전, 포로 시기, 포로 이후의 자료들이 흩어져 있음을 계속하여 다루면서, 스스로가 그 앞서 밝힌 이 책이 하나님의 계시라는 점을 강하게 붙들지 못하고 있다. 이사야 저작설을 모세의 죽음을 쓰고 있는 신명기 부분과 비교하는 것은 양자의 징르가 다름을 무시한 것이다. 신명기는 언약의 문서로서 후세대가 이것을 갱신해야 하였으며, 그때에 그 세대가 역사적인 부록으로 첨가한 것이다. 그러나 이사야는 후 세대의 공동체가 모여서 다시 갱신을 해야 하는 기록물이 아니며, 따라서 뒤 세대가 역사적인 어떤 첨가를 할 수 있는 상황이 아니다. 이 선지자 기록물의 성격은 미래의 사건 혹은 상황을 예상하고 주는 메시지로 가득 찼다. 이러한 책의 성격을 볼 때에 저자가 사건이 일어나기 훨씬 이전에 살았던 사람이라고 해야 자연스럽다. 따라

장들은 역대기 저자 이후에 쓰인 것이어야 한다고 세 권의 이사야 주장을 시작하였다.

30) 이 이론을 주장하는 사람들의 생각을 보충하면 다음과 같다. 이사야 학파 혹은 그 제자들은 원래의 예언을 잘 보존하여 다음 세대에게 물려주었고, 세대를 이어서 그 예언들이 잘 보존되어 와서 나중에 합하여 졌다고 한다. 그러나 어떤 증거도 이러한 가설을 뒷받침해 주지 않는다. 이것에 대하여 Clements(Old Testament Prophecy, 146)는 다음과 같이 말한다. "이러한 가설은 믿기 힘들다. 만약 이사야 제자들의 그룹이 존재했다면, 그들이 거의 4세기 동안 자신에 대한 어떤 기록이나 존재의 흔적을 남기지 않고 숨어서 존재하였으며, 그러면서 그들이 그 중요한 책을 보존해 왔다는 것은 불가능하다.

31) Dillard and Longman, *Introduction to the Old Testament*, 268-75. 여기에 인용된 것들은 주로 275에 있다.

서 모세의 죽음에 대한 자료의 저자가 모세 이후의 사람이라는 것과 비교하여 아모스의 아들 이사야가 이 자료들의 저자의 자리에서 자동적으로 밀려나야 할 이유가 없다.

딜라드와 롱만의 논쟁은 가정(假定)으로 다시 돌아간다. 이사야 40-66장이 포로를 배경으로 하고 있기 때문에 그 저자는 6세기에 남쪽 유다로부터 포로로 잡혀갔던 사람일 것이라고 추정한다. 이것은 아모스의 아들 이사야보다 적어도 백년 뒤의 사건이므로, 원래의 이사야가 이 책의 후반부의 저자일 수가 없다는 결론을 내린다.

이사야 40-66의 배경이 포로라는 데에 동의한다. 그러나 사람들은 이사야가 살았던 주전 8세기에 다른 포로가 이미 일어났었다는 사실을 자주 잊어버린다. 이사야는 적군이 북 왕국을 침입하여 사마리아를 함락하고, 사람들을 잔인하게 학살하고 또 포로로 끌고 간 것을 눈으로 본 사람이다. 앗수르가 침입하여 그러한 일을 할 때에 그는 그 북 왕국으로부터 16km 정도 떨어진 예루살렘에 살고 있었다. 하나님의 계시에 의해 그는 남 왕국도 똑같이 포로로 잡혀갈 것을 예언하였다. 그러한 그가 마치 그것을 경험한 사람처럼 포로에 잡혀가 있는 사람들에게 위로의 말을 전하는 것이 그렇게도 놀라운 일인가?

북 왕국에서 이미 포로로 잡혀간 사람들이 150년 동안 어떤 회복의 메시지도 듣지 못하고 어둡게 살고 있었어야 한다고 꼭 주장해야만 하는가? 또한 미래에 포로로 가서 고생할 남 왕국의 사람들에게 전능의 하나님이 미리 위로의 말을 전해 주는 일이 있어서는 안 되는가?

이사야 40-66장의 저자가 바벨론 포로 시기에 살았다고 가정한다면, 그러한 결론을 내릴 만한 어떤 확실한 증거가 제시되어야 한다. 만약에 40-66장에서 "바벨론"이라는 말이 사용된 것이 저자가 바벨론에서 살았다는 증거라면, 전반부 이사야(1-39장)에서도 바벨론은 무수히 나타난다. 특히 바벨론에 관한 경고의 신탁에서 "아모스의 아들 이사야가 본" 경고라고 말하고 있다(13:1). 만약에 하나님이 이사야에게 앞으로 미래에 있을 바벨론의 멸망에 대하여 예언하게 하였다면, 왜 같은 하나님의 계시에 의해 이스라엘이 바벨론으로부터의 회복될 것에 대하여 예언하지 못하겠는가?[32]

---

32) Dillard와 Longman은 바벨론이 메대에 의해 멸망하는 구절은 주전 6세기의 작품으로 간주하면서 이

임박한 백성들의 구속과 시온으로의 귀환에 대한 많은 구절들이 논쟁의 대상이 된다.[33] 그러나 이것만이 아니라 많은 불특정한 미래의 회복도 이사야서는 임박한 것으로 묘사한다. 이사야는 여호와의 종이 이방인들을 빛으로 인도하는 구속 사건도 즉각적으로 이루어질 구속의 사건들 중의 하나로 기록한다(42:1-9; 또한 마 12:15-21도 보라). 그러나 그 일이 이사야의 생전에 일어날 수가 없다. 이사야 40-66장에는 예루살렘의 멸망이 전제되어 있다는 점도 부각되는데, 그것은 이사야 시대보다 훨씬 뒤에 일어날 것이기 때문이다. 그러나 그들에게 예루살렘에 대한 상황, 즉 우상숭배와 부패하고 타락한 모습이 이사야 후반부에서도 기록하고 있음을 지적하고자 한다(57:5-7; 65:2-7, 11-12; 66:1-4, 6, 15-16).[34]

덧붙여서 이사야 40-66장에 있는 위로의 말들(40:9; 41:27; 46:13; 51:16; 52:7-8)이 바벨론에서 쓰였다고 주장하는 자들에게 특별한 문제가 있다.[35] 만약 바벨론 포로에 있는 한 선지자가 역시 바벨론에 있는 사람들에게 연설한다

신탁 안에서는 주전 8세기 작품에서 6세기의 작품으로 순간적인 전환이 일어난 것으로 지적히며, 이러한 전환은 간과될 수 없는 것이라고 말한다(Ibid., 270 n. 2). 그러나 그들은 앞 페이지에서 후반부 이사야의 바벨론에 대한 기록은 6세기에 속한 작품으로 말하면서 그 이유를 "바벨론은 아직 세계적인 왕국으로 부각되지 않았으며, 그 나라가 아직 이스라엘을 압박한 것도 아니기 때문"이라고 지적하였다. 그런데 어떻게 그들은 주님이 바벨론을 징계할 것에 대하여 기록하는 바벨론의 신탁의 대부분을 이사야의 것으로 말할 수 있는가?

33) Ibid., 269.
34) Dillard와 Longman은 역시 이사야 62:6에 있는 예루살렘 성벽의 파수꾼에 대한 구절을 든다(Ibid., 270). Motyer(*Isaiah*, 529)는 이사야 40-66장에서 묘사하는 부패하고 타락한 모습은 "포로 이전 시대의 가나안 종교" 상황과 일치한다고 말한다. 그는 Foster(*Restoration of Israel*, 126)와 논쟁하면서, 이러한 이스라엘의 부패와 타락을 기록한 자료는 포로 이전에 대한 기록에도 나타나며, 또한 포로 시대와 포로 귀환 이후에 대한 기록에도 똑같이 나타나는 것을 의심할 여지가 없다고 말한다. 따라서 Motyer는 "이러한 증거들은 포로 이전의 종교 혼합주의와 부패 타락이 포로라는 엄청난 사건을 일으키는 불씨의 역할을 한 것을 증명한다"고 말한다. Westermann(*Isaiah 40-66*, 419)은 66:6에 성전에 대한 언급은 "이미 성전이 재건되었음을 추정하게 한다"고 말한다. 그는 이러한 예루살렘 성전에 대한 생생한 묘사는 성전이 없었던 포로 시대의 작품으로 볼 수 없다고 결론짓는다. 이 구절들은 오히려 포로 이후보다는 포로 이전에 상황을 반영한 것으로 이해하는 것이 좋다. 왜냐하면 아직 성전이 황폐될 것을 예상하고 있기 때문이다.
35) 이 문제는 Clements에 의해 지적된다. Clements, *Old Testament Prophecy*, 48.

면, 어떻게 그가 "아름다운 소식을 예루살렘에 전하는 자여 너는 힘써 소리를 높이라…유다의 성읍에 이르기를 너희 하나님을 보라…"(40:9)라고 말할 수 있는가? 이사야서를 나누는 사람들은 이사야 40-55장을 쓴 사람(들)이 예루살렘이나 유다의 도시에 사는 사람이 아니라 바벨론에 살고 있는 사람이라고 말한다. 제2이사야서를 주장하는 어떤 사람은 이러한 형태의 연설은 시온 사상의 신학이 지형적인 예루살렘에 대한 개념보다 우위에 있음을 보여준다고 말한다.[36] 그런데 지형적인 예루살렘을 중요시 여기지도 않고 신학적인 중요성을 우위에 둔 그 선지자가 왜 그 백성들이 지형적인 예루살렘으로 돌아가야 하는 메시지를 그렇게도 많이 주고 있는지에 대하여 그 신학자는 설명해야 할 것이다.

다른 한편으로 만약 예루살렘에 있는 어떤 사람이 먼저 포로로 잡혀갈 것을 예언한 바가 있다면(39:5-7) 그가 미래에 포로에 가 있는 그들을 위해 위로의 메시지를 전할 수 있는 것이며, 또 그가 예루살렘과 유다 성읍들의 백성들을 향하여서도 회복의 소식을 선포하는 것이 당연하다. 이 메시지는 예루살렘의 환난이 영원하지 않을 것이고, 곧 끝이 오겠다는 것이다. 그 죄의 값은 지불되었고, 여호와에게 죄의 빚을 갑절이나 지불했다(40:1-2).[37] 옛 언약 시대는 이스라엘의 죄에 대한 대속의 개념이 분명히 언급된 곳이 없다. 어떤 동물도 인간이 죄로 말미암아 받아야 할 벌을 대신 짊어질 수 없으며, 성경 어느 구절에도 어떤 사람의 고난이 다른 사람의 죄를 위한 대속의 가치가 있다고 말하는 곳이 없다. 선지자는 미래에 주님 자신이 그 백성의 죄를 대속할 것을 예견한다. 죄로 말미암아 포로가 일어났으므로, 포로에서부터의 회복은 죄를 없이해야만 가능하다. 여기(사 40장)에 나타나는 대속의 개념은 이사야의 후반부에 여호와의 종의 고난으로 완성된다. 그런데 어떤 선지자도 자기의 생애에 이 대속이 일어난다고 생각하지 않았다. 이 대속을 전제로 한 위로의 메시지가 주전 8세기의 아모스의 아들 이사야의 것이면 안 되는 확실한 이유가 없다.

딜라드와 롱만은 40-66장이 이사야에 의해 쓰인 것임을 부인하는 논쟁에서

---

36) Ibid.
37) 이 문장에서 히브리어가 완료형으로 사용되었기 때문에 이미 사건이 일어난 것을 묘사한 것으로 이해한다. 그러나 히브리어의 완료형은 그것이 과거이든지 아니면 미래이든지, 그 어떤 시점에서 완성된 사건을 선포할 때에 사용된다.

"이 후반부의 책에서 이사야가 언급되지 않음"을 지적한다.[38] 그러나 특별한 자료에 연관된 문학의 원리를 다시 생각해 보자. 선지자들은 근본적으로 다음과 같은 두 가지 이유에서 그들의 작품에 자기의 이름을 언급한다. 첫째로, 그 책이 자신의 작품임을 밝히기 위해 책의 첫 시작에서 자신의 이름을 밝힌다. 둘째로, 어떤 특별한 사건이 선지자 자신의 삶과 어떤 관계가 있을 때에 이름을 밝힌다. 결과적으로 이사야 40-66장에서 어떤 선지자의 이름도 나타나지 않는 것은 오히려 이사야의 저작설을 더 확실하게 해준다. 만약 이사야 40-66장을 이사야가 아닌 주전 6세기의 어떤 선지자가 썼다면, 왜 그의 이름이 없는가? 구약에 있는 15개의 선지서들이 모두 첫 시작에서 자신의 이름을 밝히는데, 왜 이사야서의 이 부분을 쓴 선지자는 이런 법칙을 깨뜨리는가? 만약 고레스가 바벨론을 정복하고 포로 민족들을 그들의 고향으로 돌아가라고 명령한 것을 경험한 사람이 썼다면, 왜 선지자는 자신이 그 엄청난 역사적 사건을 경험하였음을 전혀 밝히지 않는 것인가? 이사야도 자신의 경험을 자주 말했다. 우리는 선지자 예레미야의 경험들을 잘 안다. 간단하지만 그가 이집트로 잡혀간 경험까지도 우리는 그에 대한 정보를 가지고 있다. 에스겔은 바벨론에서 선지자로서의 특별한 경험들을 글로 많이 남겼다. 기록 선지자들이 모두 자신에 대하여 쓰고 있음을 우리는 알고 있다. 그런데 제2이사야를 쓴 그는 누구인가? 그의 선지자로서의 활동이 그렇게 위대한대, 우리는 왜 그에 대하여 전혀 알 수 없는가?[39] 다른 편에서 본다면, 주전 8세기의 이사야는 자신이 직접 포로로 간 경험을 하지 못했기 때문에 그 후반부의 책에서 자신의 이름과 또한 자신의 경험을 전혀 언급하지 아니하는 것이다. 딜라드와 롱만의 주장과는 달리 이사야 40-66장에 선지자의 이름이 나타나지 않는 것은 오히려 이사야가 이 자료의 저자라는 것을 간접적으로 증명해 준다.

마지막으로, 혹자는 포로에서 살았던 한 선지자가 하나님의 영감으로 하나님이 고레스를 통하여 그 일이 이루어질 것으로 보았다는 가상적인 제안을 한다.

---

38) Dillard and Longman, *Introduction to the Old Testament*, 275.
39) Westermann(*Isaiah 40-66*, 7)은 그 선지자는 "하나님 말씀의 그늘 아래에 자신을 완전히 숨긴다"고 말한다. 그는 "우리는 제2이사야 자신에 대하여 전혀 모르고, 그의 이름조차도 모른다"라고 쓴다(6). 그러나 그는 이 사실이 얼마나 비정상적인 현상인지를 발견하지 못한다.

그러나 이 제안은 예언에 있어서 미래에 대한 예고가 아주 자연스러운 것이라는 상식을 조금은 인정한 짜깁기 정도에 불과하다.[40] 더 나아가 그것은 구약성경에 있는 많은 놀라운 예언의 구조를 망가뜨리기 위한 고도의 정치성 발언에 불과하다. 이사야 40-48장의 전 문맥은 미래의 예언에 도전하는 것으로 구조가 짜였다. 하나님은 이스라엘을 구속할 미래에 대한 일을 미리 말한다. 그는 앞으로 한 나라를 일으켜 세상을 정복할 역사를 예언한다. 어떤 우상도 이러한 세계 역사를 미리 예언할 수 없다. 하나님은 세상의 우상들이 절대로 할 수 없었던 미래의 일 곧 고레스를 일으켜 바벨론을 정복하고, 이스라엘을 구속하게 할 일을 미리 말씀하셨다. 실제 그것이 6세기에 이스라엘에게서 이루어질 때에 하나님이 참 신이심이 증명된다. 우상이 결코 할 수 없었던 일을 주전 8세기의 이사야는 정확하게 미리 말하였다. 그는 미래에 그 백성이 잡혀갈 그 바벨론을 무너뜨릴 정복자의 이름까지 밝혔다. 그 사건이 실제 역사에서 일어나기 170년 전에 미리 정확하게 말하였다. 이러한 지식은 하나님 외에 어떤 신도 가질 수 없으며, 하나님께서 예언하셨으므로 그것이 그대로 일어날 것이 보장된다. 이 특별한 미래에 대한 예언이 오히려 많은 사람들의 신앙을 무너뜨리고 이사야의 저작권을 부정하게 만들고 있다. 그러나 복음주의 학자에게 이사야의 이 예언은 오히려 작은 것에 불과하다. 이사야는 메시아이신 예수를 미리 보여준다. 그의 고난과 그의 영광, 그가 일으킬 구속에 대하여 그가 탄생하기 700년 전에 정확하게 예언하였다.

현대 비평학자들은 저자에 대한 문제에서 예수님과 사도들이 직접 증명하고 있는 것을 중요하게 다루려고 하지 않는다. 그러나 신약의 증거들은 이사야 저자 문제를 확정짓는 데에 중요한 증거자료이다. 누가는 이사야 후반부의 구절을 인용하면서 "선지자 이사야가 책에 쓴 바"라고 쓴다(눅 3:4, NIV를 참조할 것. 한글개역성경은 정확하게 번역하지 못하고 있다-역주). 만약에 누가가 "이사야의 책에 쓰인 바"라고 했다면 비평학자들은 누가가 이사야의 책으로 알려진 책을 이용했을 뿐이라고 말할 것이다. 그러나 누가는 "이사야가 책에 썼다"고 말함으로써 그 책이 선지자 이사야가 쓴 것임을 증언한다. 사도 요한도 이사야의 두 구절을 합쳐 인용하면서 이와 비슷하게 증언한다. 요한은 이사야의 후

---

40) Deillard and Longman, 275.

반부에서 하나를, 또 전반부에서 하나를 인용하면서 이사야가 쓴 글임을 증언하면서, 그(이사야)의 말을 유의해서 들어야 한다고 말한다. 먼저 이사야 53:1을 인용하면서 "이는 선지자 이사야의 말씀을 이루려 하심이라"고 말하며, 곧이어 이사야 6:10을 인용하면서 "이사야가 다시 일렀으되"라고 시작한다(요 12:38-40). 사도 요한은 이 두 곳을 인용한 후 결론적으로 8세기의 이사야가 직접 경험한 것을 쓴 것임을 증언한다. "이사야가 이것들('이것'이 아니다)을 말한 것은 주의 영광을 보고 그에 대하여 말한 것이라"(요 12:41). 이러한 참고 구절들이 이사야서 저자를 단정짓게 하지는 못할지라도, 그것들은 이사야 책의 기원과 관계된 문제를 풀 수 있는 중요한 증거자료로 채택되어야 한다.

딜라드와 롱만이 "이사야 저작에 대한 문제가 그 사람의 신학이 어떠하냐를 판별하는 기준(shibboleth)이 되어서는 안 된다"고 한 말이 옳을 수도 있다. 그러나 이 문제는 단순히 발음을 어떻게 하느냐와 같은 사소한 것이 결코 아니며, 그 문제는 더 중요성을 가지고 있다.[41] 그들이 이 논쟁을 어떤 사람에 대하여 보수주의인지를 시험하는 잣대로 삼지 말아야 한다고 호소하는 것은 귀담아 들을 필요가 있을 수도 있다. 그러나 주님과 복음서의 저자들이 증언하는 것조차도 가볍게 취급해 버리면서, 그러한 태도가 우리의 신앙에는 아무 문제가 없다고 주장할 수가 없다. 오늘날 이사야의 저작설과 같은 문제에서 부정적이고 비평적 견해를 가진 많은 교회 혹은 교회의 단체가 결국 신앙과 도덕적인 면에서 파산을 가져오고 있음을 보아야 한다.

이사야 책을 두 권 혹은 세 권으로 나누는 주장은 점점 더 힘을 잃고 있다.[42] 시간이 갈수록 이사야서 안의 텍스트 상호 관련성이 더 많이 밝혀지고 있다. 소단원의 어떤 부분도 한 권의 이사야 안에 위치해 있음이 더 많이 인식되고 있으며, 그래서 모든 자료들이 단일성을 이루고 있음이 더욱 확인된다. 어떤 학자는 한때에 제1이사야서 안에 어떤 유사성과 공통성을 밝혔는데, 후에는 그것이 이사야 후반부에도 꼭 같이 나타난다고 다시 쓴다.[43] 그는 이사야 1-39장의 자료들이 40-66장의 예언과 상호 일치함을 발견하고는 이제 문학적인 단일성을

---

41) Ibid.
42) Oswalt(*Isaiah*, 2.4)가 "현재에 이사야를 여러 책으로 분류하는 사상이 퇴색되어 가고 있다"라고 쓰는데, 그가 정확하게 보았다.
43) Childs, *Introduction to the Old Testament as Scripture*, 333.

주장하기 시작한다. 또 다른 학자는 이사야 40-66장은 "독자적인 예언적 수집물로 떠돌아다닌 것이 결코 아니며, 현재의 완성된 그 형태, 즉 이사야의 후반부 예언으로 처음부터 존재했다"는 것을 확언한다.[44] 다른 말로 표현하면, 이 이사야 후반부 장들은 전반부 장들과 밀접하게 연관되어 있으며, 따라서 양쪽은 한 번도 분리되어 존재한 적이 없다는 것이다.

한편에서 이사야를 쪼개는 작업이 진행되어 오던 지난 200년 동안, 다른 쪽에서는 이사야 전체를 서로 연결하는 텍스트 상호 관련성에 대한 지식을 꾸준히 쌓아갔다. 포로 전 이스라엘의 특별한 죄악들이 이사야 56-57장에서도 그대로 나타난다. 이것은 자연스럽게 양쪽이 모두 포로 이전 같은 공동체에게 선포된 것이라는 결론을 맺게 한다. 이것에 대한 비평학자들의 반론은 제3이사야의 저자가 자기 시대의 죄악상을 꾸짖기 위해 170년 이전의 것인 제1이사야 자료를 이용했기 때문에 서로 관련성이 있게 나타나는 것이라고 주장한다.[45] 그러나 그들은 그 저자가 왜 자기 시대의 죄악들을 그대로 고발하지 않고 시대가 전혀 다른 이전의 자료를 가져와서 이용했는지에 대해서는 설명하지 못한다.

오늘날 우리가 가진 이사야의 책이 주전 8세기의 선지자 아모스의 아들 이사야의 단일작품으로 나타나는 것에 대하여 어떤 의문도 있을 수 없다. 책 자체는 어떤 다른 가능성을 제시하지 않는다.[46] 이 견해에 대한 가장 확실한 증거는 이

---

44) Seitz, "Isaiah 40-66," 320.
45) Childs, *Isaiah*, 462-63.
46) 현재 우리가 가진 이사야 책은 하나의 문학적 단일성을 가지고 있으며, 하나의 형태로 책이 이루어진 것은 한 저자, 즉 이사야가 썼기 때문이라는 결론을 맺게 한다. 그러나 Motyer의 이러한 작업에 반하여 Clements는 다음과 같이 말한다. "그러한 견해는 너무 극우적인 것이며 모험심이 없는 안일한 생각이다. 비록 그러한 주장이 책 전체의 단일성을 고려한 것에서 왔다 할지라도, 이사야 1-39장과 더욱이 전체의 책이 주전 8세기에 쓰인 것이라는 견해는 진부하고 채택하기 너무 약한 이론이다"(*Old Testament Prophecy*, 10). 그러나 Clements 자신도 1-39장과 40-66장 사이에 문학적 연관성이 있다는 많은 증거를 인정한다(13). 그는 이스라엘이 장님됨과 귀머거리됨의 주제는 1-39장에서 뿐만 아니라 40-55장에서도 발견되고 있음을 본다. 그래서 그는 이사야서에는 단일성이 있으며, 그것은 피상적인 편집의 단일성이 아니라 책 전체가 하나라는 확실한 단일성이라고 주장한다(83-86, 96). 그러나 그는 비록 56-66장과 40-55장이 앞의 장들의 것과 서로 밀접한 관계가 있다고 말하면서도 한 저자의 작품이라고 말하기에는 "거의 불가능"(highly improbable)하다고 주장한다(98). 그처럼 단일성에 대하여 많이 알고 있으면서도 왜 한 저자의 작품일 가능성은 전혀 배제하는지 참으로 이상한 일이다. Clements는 어떤 사람들이 한 저자가 이사야 책을 썼다고 주장하는 경향에 대하여 "매우 부정적인 반

사야 책의 많은 곳에서 미래에 대한 예언이 나타난다는 것이다. 이 예언들의 많은 것들은 주전 8세기 너머 오랜 이후까지 성취되지 않은 것들이다. 어떤 것들은 오늘날까지도 아직 미래에 일어날 것으로 기대되고 있다.

이사야 책의 다양한 저작설에 대한 가장 중요한 의문점이 무엇인가? 그것은 그 책의 완전성과 신뢰성이다. 오늘날 나타난 그대로 하나의 책으로 믿느냐 아니면 역사의 진행 과정에 따른 여러 책으로 분리하느냐의 문제는 그 예언을 하나님께서 계시로 주신 미래에 대한 예언으로 받을 수 있느냐, 아니면 하나님은 미래에 대하여 예고할 수 없는 분으로 인정하느냐의 문제이기도 하다.

만약 책의 단일성이 부정되면 이사야 책의 진성성도 잃게 된다. 이스라엘의 거룩하신 자가 자기를 섬기는 성도들이 과연 어떤 믿음을 가지기를 예상하실까? 과연 하나님은 자기를 섬기는 자가 주전 8세기에 선지자를 통하여 미래에 대하여 예언한 것으로 믿는 신앙을 기뻐하실까? 아니면 그 기록들이 주전 6세기에 사건이 이미 발생한 후에 마치 하나님이 미래에 대하여 예언한 것처럼 꾸며놓은 것으로 보는 신앙을 원하실까? 하나님을 원래 축복받은 자기 백성을 회복시키기 위해 역사를 완성하신 분으로 믿든지, 아니면 미리 예언한 것에 따라 역사를 운행할 수 없는 분으로 간주하든지 하나를 선택해야 한다. 또한 이 책의 예언대로 평화의 왕이 세상에 의로운 나라를 건설하고, 여호와의 고난의 종이 고난과 죽음을 통하여 하나님의 삼위 중의 한 분의 거룩한 자리에 그도 앉으신 것으로 믿든지, 아니면 선지자가 미래에 대하여 예언했을 가능성이 없으므로 그 예언의 성취도 있을 수 없는 것으로 받아들이든지를 선택해야 한다.

최근의 어떤 학자들은 정경비평이라는 관점에서 이사야의 메시지를 새롭게 조명해 보려고 한다. 이 견해는 이사야의 책 전체가 한 권의 책이라는 견해에 반대하는 비평학의 결론을 잠시 한쪽으로 밀어놓는다.[47] 그러나 이것은 이사야서의 진위가 무엇이냐의 문제에서 부정적인 비평학의 결론을 일시적으로 은폐

응"을 하면서, 그는 자신을 "강한 보수주의자이며 확실한 성경주의자(biblicist)"라는 신상까지 스스로 밝힌다(12). 그가 이 문제를 다룸에 있어서 성경에 대한 개인적인 인식을 고백하면서 이렇게 자신의 신상적인 발언까지 하는 것은 놀랍다. 그러면서 그는 Motyer의 주장(이사야 저작설)에 대하여 심한 비판을 직설적으로 쏟아낸다. 그러나 Motyer의 책은 20세기에 출판된 이사야서 주해에서는 가장 우수한 작품임에 틀림없다.

47) 한 학자는 신학적인 다른 견해들을 해결할 수 있는 방법으로 다음과 같이 진술한다. "대부분의 현대 비평적 주석들과 1,700여 개의 문학 형태가 이사야 전반부와 후반부에 상호 연관성이 있다는 것을 밝히

시키는 것에 불과하다. 여기에 포함되는 한 학자는 이사야 40-66장의 진정성 (이사야가 저자라는 것)을 "전적으로" 부정하면서, 이 자료들은 6세기에 속한 것이라고 확실히 밝힌다. 이들 이사야 후반부 기록들은 주전 8세기의 상황에 연관되는 것처럼 간주하여 쓰였지만, 그 시대라는 것들은 실제의 역사적인 배경이 아니라고 말한다. 그들에게서 이들 자료가 주전 8세기의 배경이라는 의미는 실제로는 6세기에 속하는 자료이지만, 8세기의 배경을 가진 것처럼 역사적으로 꾸며진 이야기(historical fiction, 역사적 사실이 아님)라는 것이다.[48] 이와 동시에 이사야의 전반부도 그 메시지가 제2이사야의 조명하에서 해석될 수 있도록 심각하게 수정되었다고 한다.[49]

오늘날 일고 있는 이사야서를 하나의 완성된 책으로 읽자는 정경적 접근법에는 몇 가지 의문점이 발생한다. 첫째로, 이사야 40-66장의 저자 혹은 편집자들이 어느 역사적 상황에도, 또 어떤 종류의 사람들에게도 적용될 수 있는 시간을 초월한 진리를 표현하기를 원했다면, 왜 그는 자신의 책을 이사야 1-39장에 첨가할 필요가 있다고 생각했겠는가? 왜 그들의 자료를 어느 특정한 시대적인 유형이 없이 시대를 초월하고 자유롭게 만들어 놓지 않았는가? 왜 그들은 자기들의 자료가 오히려 아예 처음부터 어느 특정한 역사적 배경에 제한되도록 만들었을까?

둘째로, 제2이사야 저자들이 자기의 자료를 이사야 1-39장에 첨부하였던 동기가 자기들의 자료에 권위를 더 부가시키기 위해서라면, 과연 이 저자(들)가 이미 크게 그 권위를 인정받고 또한 존경받는 그 이사야 선지자의 글에 자기의 글을 예속시켜 거기에 맞는 옷을 입게 할 수 있는 권한을 가졌다고 할 수 있는가? 그 저자 혹은 저자들이 포로 시기 동안에 단지 이사야의 두루마리만을 그렇게 마음대로 통제할 수 있었다고 할 수 있는가? 아무도 모르고 그들만이 알게 그들의 자료를 이사야의 두루마리에 예속시켜 원래의 이사야 내용을 바꾸거

는 보수적인 학자의 견해 사이를 메우기 위해 우리는 본문의 마지막 형태의 의미를 찾는 일을 해야 한다"(Sawyer, "Change of Emphasis," 234). 이것을 설명하기 위해 Sawyer는 여러 예들을 제시하는데 제1, 그리고 제2이사야로부터 유사한 문구를 끄집어내어 이 문구의 메시지를 전체의 책에서 설명하는 것을 시도한다(241).

48) Childs, *Introduction to the Old Testament as Scripture*, 325.
49) Ibid., 333.

나 또 분량을 배로 늘릴 수 있게 할 수 있는 상황이었겠는가? 만약 포로 당시 이사야 원래의 책이 권위를 가지고 있었다면, 후반부 자료들의 저자(들)는 누구와 함께 그렇게 첨부하고 수정할 권한을 가졌겠는가? 이 첨가 자료들의 저자들이 이사야의 자료에 그들의 작품을 결합시킴으로써 자기들의 것이 권위를 얻기 바랐다면, 그들은 이사야의 자료들에 권위를 부여한 장본인이 아니었던 것이 분명하다. 만약 자신들이 그런 위치에 있었던 사람(들)이었다면 자신의 작품에 스스로 권위를 부여했으면 되었을 것이다. 만약 원래의 이사야 책이 주전 8세기에서부터 존재하여 7세기를 거쳐 6세기에 이르기까지 흘러왔다면, 사람들이 그 예언의 정확한 내용이 무엇이었는지를 몰랐겠는가? 첨부된 것을 그렇게 쉽게 받아들여 그 뒤의 자료도 같이 권위 있는 것으로 간주할 만큼 그 당시 사람들이 어리석었겠는가? 만약 그렇게 작업이 이루어졌다면 분명 거기에 대한 반발이 있었을 것이라는 가상적인 상황을 예상할 수 있다. 그러나 그러한 반발의 어떤 흔적도 없다. 주전 6세기의 어떤 알 수 없는 개인 혹은 그룹의 편집자가 당시 공동체로부터 어떤 저항도 받지 않고 그렇게 존경받던 책을 크게 수정하였다는 것은 불가능한 가설에 불과하다. 그럼에도 불구하고 이 모호한 주장은 지금도 계속되고 있다.

세 번째로, 만약 새로운 배경을 가진 이사야 40-66장이 주전 8세기 아모스의 아들 이사야의 글들과 상호연관성이 있는 것으로 심각하게 받아들여진다면, 이들 장들이 미래에 대한 예언으로 짜여 있다는 점도 역시 같이 받아들여야 한다. 주전 8세기의 문맥에서 본다면 고레스의 등장은 아직 먼 미래의 일이다. 그래서 그에 대한 모든 구절들은 미래적인 예언의 것으로 보아야 한다. 반대로 징경적 비평학자들은 이사야 40-66장이 실제의 역사적 문맥을 떠나서 1-39장의 메시지에 부합되도록 엮어졌기 때문에 이 자료들은 모든 세대의 누구나가 읽을 수 있게 되었다고 한다. 만약 그렇다면 40-48장에 기록된 수많은 페르시아 고레스 왕에 대한 이야기는 역사적인 것으로 간주하지 않도록 쓰인 것이 되어야 한다. 그러나 이것은 그 자료 자체 내에서 말하고자 하는 의도에 전혀 반한다. 그 장들에서 하나님이 우상들에게 자신이 참 신인지 미래를 예언해 봄으로써 증명해 보라고 고소장을 던진다. 그 예언이 실제 이루어지는지를 자세히 살펴보고, 너희들이 참 신이라는 것을 인정하겠노라고 한다(41:21-24). 그들은 할 수 없어도, 이스라엘의 하나님은 미래에 대하여 미리 말하고 그것을 실제로 이룰 것이라고 말한다. 바로 고레스에 대한 이야기이다. 여기에 언급된 고레스에 관한 구절들은 실제 역사적인 것이 되어야 한다.

마지막으로 지적할 것은, 이 최근의 부정적인 비평학의 태도는 "그렇다고 간주하자"(let's pretend)는 신학이다. 그들에게는 지난 100년 동안 이루어졌던 선지서의 자료들을 분석하고 비평한 비평학자들의 업적이 아직도 유효하며, 그들은 그것이 성경 자료의 역사적 기원을 찾기 위해서 신뢰할 만한 것이라고 생각한다. 그러나 지금 우리들에게 제공된 성경 본문을 더 유효하게 이용하기 위해, 이 정경적 접근법은 오늘날 나타나 있는 그대로가 실제인 것처럼 간주하자(pretend)는 것이다. 진짜로는 오히려 현대 비평학자들의 견해를 받아들이면서 마치 그것이 아닌 것처럼 가장하는 것이다.

그러나 선지서들의 증거들과 더 나아가 성경 전체의 증거는 성경의 말씀은 실제 역사에 근거하여 예언하고 있으며, 이것이 성경의 독특성이다. 정경적 접근법이 발전하기 이전에 한 비평학자가 이 예언의 독특성에 대하여 다음과 같이 요약한다. "선지자들은 자기들이 받은 계시의 정확한 시간을 알리기 위해 세상의 역사적 사건의 날짜를 준다. 이것은 어떤 다른 종교에서 볼 수 없는 독특한 것이다."[50]

결론적으로, 이사야서 구성에 대하여 그 발전 과정을 추적함으로써 비평적으로 책을 재구성하려는 사람에게는 상당한 믿음이 요구된다. 사실이야 어떠하든지 간에 어떤 드러나는 증거도 없이 믿는다는 것은 대단한 것이다. 지금으로부터 2,500년 전에 어떤 책의 형성 과정이 있었을 것이라는 가정을 해놓고 그것을 믿는 것은, 천지를 창조하신 하나님이 앞으로 170년 이후에 있을 미래에 자신이 일으킬 이스라엘의 구원을 선지자를 통하여 미리 예언하게 했다는 것을 믿는 것보다 더 큰 믿음이 요구되며, 이것은 후자의 믿음과는 완전히 다른 종류의 믿음이다. 현대 비평가들은 이스라엘 언약의 하나님이 특별하게 행동하셨던 기록들에 대하여 정상적인 이성적 판단에 근거하여 그것이 믿을 수 있는 것인지를 결정하자고 스스로 말하여 왔었다. 그러던 그들이 이사야의 책이 어떻게 발생했는지를 가상적으로 재구성한 것을 오히려 비이성적으로 믿고 있다. 다른 편으로, 목적을 가지고 이 세상을 창조하시고 그의 목적에 따라 세상의 역

---

50) Von Rad, *Old Testament Theology*, 2,363.

사를 움직이는 능력을 가지신 그분이, 그 목적을 계시하게 위해 사람을 택하여 "나의 종 선지자"라고 부르셔서 자신의 뜻을 기록하게 하신 살아 계신 하나님을 믿는 그 믿음은, 이사야서가 원래 그 모양대로 쓰여 잘 보존되었고 그 내용들은 높이 평가받을 수 있는 것으로 믿는 믿음으로 자연스럽게 이끈다.

5. 요엘

12소선지서들은 그 배열이 시대적인 순서로 이루어져 있지 않다. 마소라 성경은 주제와 문체의 유사성에 따라 배열되었다. 그러나 후자가 강하게 작용하였더라도, 시대적인 순서의 고려가 전혀 없는 것은 아니다. 어느 정도의 선지자들이 활동했던 시대적인 단위의 범주 안에서 주제와 문체의 유사성이 작용하여 배열되었다. 12소선지서들의 배열에는 이러한 주제의 유사성과 함께 전승의 고대성도 무게 있게 취급되고 있음을 알아야 한다. 이러한 관점에서 요엘과 오바댜는 포로 전 선지서들의 범주에 놓여 있다. 물론 이 배열이 하나님의 영감에 의해 처음부터 그렇게 짜였었다고는 말할 수 없다.

이 두 선지서의 저작 연도를 확정하기는 매우 어렵다. 학자들에 따라서 주전 9세기에서부터 주전 2세기까지 다양하게 연도를 추정한다.[51] 칼빈은 요엘서의 저작 연도를 확정하는 것도 중요하지만, 이 경우는 호세아서 연도의 중요성보다는 덜하다고 말한다. "만약 호세아의 시기를 모른다면 독자에게 엄청난 손실을 가져올 것이다. 호세아서의 많은 부분은 역사적인 지식이 없이는 설명이 되지 않는다. 그러나 요엘의 경우에는 반드시 그런 것이 아니다. 그의 시대에 대하여는 애매할지라도 그의 중심적인 가르침은 분명하다."[52] 칼빈의 진술은 정당하다. 주전 2세기와 같은 극단적인 늦은 연도만 아니면 요엘서의 연구에 연도가 크게 영향을 미치는 것 같지 않다.[53] 이러한 생각을 가지고 이 작지만 중요한 두 책(요엘과 오바댜)의 메시지를 살펴야 하겠다.

---

51) 이 두 작은 책들의 연도에 대한 토론은 Harrison, *Introduction to the Old Testament*, 876-79, 899-903을 보라.

52) Calvin, *Twelve Minor Prophets*, 2.xv.

53) Oesterley and Robinson, *Introduction to the Books of the Old Testament*, 362를 보라.

여호와의 날이 이르게 된다는 주제를 가지고 요엘의 메시지는 매우 극적인 절정을 향하여 나아간다. 첫째로 하나님 자신의 백성이 메뚜기 떼의 침입으로 "초토화"되는 심판을 당한다(욜 1:4-2:11). 그러나 여호와의 땅에 낙엽이 떨어지는 것과 같은 황폐함이 지나서, 하나님은 기적적인 회복을 일으키신다. 전에 메뚜기 떼들이 먹었던 그 모든 것을 도로 회복할 것이다(2:25). 그런데 여호와의 관심은 자기 백성 이스라엘에게만 있는 것이 아니다. 그 너머 온 세상으로 그의 관심이 확장된다. 작은 곤충의 떼가 하늘을 덮는 것처럼, 다가오는 여호와의 날에는 해와 달이 캄캄하며 별들이 빛을 잃으며, 온 세상의 하늘이 어두울 것이다(2:10, 31; 3:15). 많은 사람이 심판의 골짜기에 모일 것이다. 세상 사람들이 하나님을 대항하여 판결하는 것이 아니라, 하나님이 모든 인간을 향해 심판을 할 것이다(3:14). 크고 두려운 여호와의 날이 이르면 마지막 하나님의 심판이 이루어짐과 동시에 새로운 시대가 시작될 것이다.

세상을 향한 우주적인 심판의 외침에도 불구하고 요엘은 구원에 있어서 좁게 국수적 관점에만 머물지 않고 온 세상 민족들을 향한 태도를 가진다. 약속된 이스라엘의 회복과 관련하여 요엘은 하나님 최상의 축복이 만국에 내릴 것을 선언한다. 하나님은 그의 성령을 "만민에게 부어" 주실 것이다(2:28). 남자와 여자, 젊은이와 늙은이, 이스라엘과 이방인들 사이에 차별이 없이 하나님은 성령을 충만히 부어주셔서, 그들이 성령의 은사를 선물로 받을 것이다(2:28하-29).

하나님의 성령이 모든 육체 위에 충만하게 내린다는 이 묘사는 구약성경에서 가장 대표적인 "우주적" 예언이다.[54] 이 우주적인 성격은 종말적인 성취에 의해 잘 증명된다. 오순절 날 예수님의 제자들이 여러 나라의 방언으로 말하기 시작하였다. 거기에 모여 그 방언을 들은 군중들은 비록 유대인들과 유대교로 개종한 이방인들이지만 세상 여러 나라들로부터 왔으며, 세상 민족들의 대표자들로 간주된다. 이로써 요엘의 우주적 개념이 결실을 맺었다. 오순절에 사도들이 많은 방언으로 예언함으로써 기독교 복음의 우주적 의의(意義)를 확정하였다. 그 날로부터 오늘까지 주님의 초청은 요엘 선지자가 예언한 대로 온 인류에게로 확장되었다. "누구든지 여호와의 이름을 부르는 자는 구원을 얻으리라"

---

54) Barton, *Joel and Obadiah*, 96. Barton은 "모든 육체"가 "모든 이스라엘"이라는 의미는 지지받기 힘들다고 주장한다. 그러나 Barton은 이 우주적인 개념은 원래의 요엘서 뼈대에 맞는 것이 아니라, 제2차적인 첨가임에 틀림없다고 말한다.

(2:32; 행 2:21).

그러나 요엘의 메지지가 자연(식물과 동물)의 파괴에서부터 회복을 말한 후 곧 바로 하나님의 성령이 모든 육체에게 부어지는 문맥으로 전환이 이루어지는 것에 대하여 어떻게 설명할 수 있는가? 하나님 성령의 부어주심을 통한 이 성숙한 구원을 위해 자연의 회복이 앞서서 이루어져야 하는가? 이 책에서 이러한 급진적인 발전은 요엘서의 저자가 둘이며, 두 개의 다른 자료들로 이루어졌음을 설명해 주는 것인가? "제2요엘"이라고 말하는 것이 정당한가?[55] 우리는 요엘서가 나누어진 것이 아닌 단일의 책이라는 것을 위해 두 가지 고려할 점들이 있다. 그것은 첫째, 창조 기사에서의 성령의 역할이라는 것과 둘째, 요엘서에서 '의의 선생'의 위치이다.

창조에서 성령이 "혼돈되고 공허한" 땅 위에 운행하였다(창 1:2). 그리고 하나님이 땅에 풀과 열매 맺는 나무들과 동물들을 만드신 후에 사람을 만드셨다 (1:11, 24, 26). 그러나 이 사람 창조에는 많은 점에서 특별하였다. 여호와 하나님은 사람을 땅의 티끌로 모양을 만들고, 그 코에 생명의 숨을 불어넣었다 (2:7). 이것을 고려할 때에 사람은 성령에 의존된다. 요엘서에서 식물과 나무들과 동물들을 이 메뚜기 떼의 피해에서부터 다시 회복한 후 사람의 회복을 위해 성령이 임재하는 것은 놀라울 일이 아니다. 단지 이스라엘뿐만 아니라 "모든 육체"가 성령의 사역에 의해 생명을 재창조 받는 경험을 한다. 이 관점에서 볼 때에 요엘의 후반부 예언의 부분(욜 2:28-3:21)은 전반부(1:2-2:27)에서부터 발전해 나간 것이다.

*Hammoreh litsedaqah*라는 문구는 "의의 선생" 혹은 "의의 비"라고 번역할 수 있나(2:23).[56] 문맥에서 보면 의로운 비라는 개념이 우선적으로 지지를 받는 것 같다. 왜냐하면 같은 절의 후반부에 "많은 비"와 "늦은 비"가 나오기 때문이

---

55) 이는 Barton(Ibid., 31)이 채택한 견해이다. 그는 요엘서를 한 권의 책으로만 보면서 "그 메시지를 미래에 적용시키기 위해 사용하는 것"은 불가능하다는 결론을 내린다. 역시 Wolff, *Joel and Amos*, 7-8을 보라. Wolff는 그 책의 단일성에 대하여 강하게 주장한다. 그는 요엘서의 예언이 한 저자로부터 왔다는 사실을 떠나서는 이해될 수 없다고 지적한다. 그러나 Wolff는 어떤 문서의 첨가를 배제하지 않는다. 그것을 허용하면 한 저자설을 유지하기가 불가능한데도 말이다.

56) 이 작은 구에 대하여 많은 연구가 이루어졌다. 이를 위한 참고도서들을 보려면 Prinsloo, *Theology of the Book of Joel*, 66 n. 18을 보라.

다(2:23하). 그러나 "의로운 비"가 무엇인가? 내리는 비가 어떤 도덕적인 자질을 가지고 있을 수가 없다. 그것을 정의하기 위해 많은 해석이 제안되지만 모두 설득력이 없다.[57] 충분한 검토 끝에 내릴 수 있는 결론은 메시아적인 인물로서의 "의의 선생"으로 보는 수밖에 없다. 그분은 바로 몇 절 뒤에 성령을 부으시는 것과 관련이 있으므로 그렇게 보는 것이 문맥에서도 잘 맞다. 다양한 성경 구절에서 의의 가르침과 축복의 비가 관련이 있는 것이 발견되며, 그것은 이 해석을 지지해 준다. 성전을 헌당하면서 솔로몬은 주님께서 "마땅히 행할 선한 길을 가르쳐 주옵시며 주의 백성에게 기업으로 주신 주의 땅에 비를 내리시옵소서"(대하 6:27)라고 기도한다. 이사야서에서 이스라엘이 그 선생을 보고 들을 것이며, "네가 땅에 뿌린 종자에 주께서 비를 주사 땅 소산의 곡식으로 살찌고"라고 주께서 약속하신다(사 30:20-23; 또한 시 72:1-3, 6, 16; 호 10:12도 보라). 땅이 회복되는 것과 사람의 회복은 성경에서 자주 함께 나오며, 창조 질서의 회복은 성경 전체가 보여주는 개념이다.[58]

이 두 점들을 고려한 결과 요엘서는 하나의 책이 분명하다. 요엘서는 타락한 세상에서 이루시는 하나님의 구원사역을 여러 단계의 발전 과정으로 엮어나가고 있다. (1) 땅과 백성에 내리시는 하나님의 심판; (2) 회개하고 돌아올 것을 부르짖음; (3) 온 창조물이 하나님의 은혜로 초자연적으로 회복됨; (4) 만국이 심판을 받음. 요엘서의 주의 날에 대한 개념은 책의 이러한 발전 단계와 밀접하게 연관되었다. 태양과 달과 별이 빛을 잃는 이 크고 무서운 날의 도래는 이 책을 통하여 세 문맥에서 나타난다(욜 1:10; 2:23; 3:15). 그러나 동시에 여호와의 날이 밝아 옴으로써 땅에 종말적인 회복을 가져다줄 것이다.

이 책의 큰 구조를 살펴볼 때에 요엘서의 저작 시기는 포로 이전의 이른 시기에 만들어진 것 같다.[59] 메뚜기 떼의 재난과 같은 요엘서가 주는 징후들은 포로 시대의 것이 아니다. 그리고 이 책에서는 앗수르나 바벨론과 같은 큰 나라들이

---

57) "의로운 비"에 관한 다양한 설명에 대하여 Robertson, *Prophet of the Coming Day of the Lord*, 72를 보라.
58) 이 주제에 관하여 더 많은 설명을 위해 Ahlström, *Joel and the Temple Cult*, 108을 보라. Ahlström은 비의 축복과 메시야 왕과의 관련에 대하여 다음과 같이 쓴다. "그 왕은 땅을 축복하기 위해 내리는 비와 같다"(시 72:6).
59) 요엘서의 저작시기에 대한 충분한 토론은 Robertson, *Prophet of the Coming Day of the Lord*, 10-13을 보라.

하나님의 백성에게 위협적으로 나타나지 않는다. 이것을 볼 때에 아마도 요엘은 초기의 이스라엘 선지자였던 것 같다. 다른 선지서들에 나타나는 구절과 비슷한 구절들이 요엘서에 많이 나타나는 것은 아마도 요엘이 기존의 자료들을 이용하였을 것이라는 설명도 가능하다.[60]

무엇보다도 선지자로서 요엘의 위치는 그가 외친 새 언약적 회복이 오순절에 확실하게 이루어졌다는 것이다(행 2:16-21; 욜 2:28-32). 실제로 오순절과 성령의 강림을 자세히 살피면 요엘과 사도행전을 잘 설명해 나갈 수 있을 것이다. 원래 오순절은 수확의 첫 열매로 만든 빵을 봉헌하는 시기였다(레 23:20; 또한 23:15-17도 보라). 이 절기에 백성들은 하나님의 선하심으로 땅의 생산력의 회복을 기억하였다. 요엘과 함께 베드로는 이 회복을 한 단계 더 승화시켰다. 하나님의 구속에 의해 사람이 역시 회복되었으며, 이것은 성령의 강림에 의해 이루어지는 것으로 보았다. 구속의 완성은 하나님의 형상으로 창조된 사람의 완전한 회복이 없이는 이루어지지 않는다. 이 회복의 개념은 바울에서 성령의 완전한 회복으로 발전되어 갔다. 이 구속받은 사람의 몸이 변화를 받아 "신령한 몸"이 되는 것이며, 이것은 몸이 하나님의 성령으로 완전히 채워지는 것이다(고전 15:44).

6. 오바댜

오바댜는 선지서 중에 가장 짧다. 이 책은 간단한 서론을 가지는데, 원래 두 단어로 이루어졌다. "오바댜의 묵시라"(옵 1:1). 책의 내용은 전부 에서의 후손인 에돔에 관한 것으로 이루어졌다. 에서, 그는 선지자들의 계시에서 메시아와 그의 왕국의 도래와 관계하여 무슨 역할을 하는가? 에서의 나라가 무슨 중요한 의미가 있는가?

창세기의 기사는 두 민족이 리브가의 태중에서 서로 다투고 있다고 말하였다(창 25:23). 야곱은 쌍둥이의 동생으로서 "찬탈자"였으나, 하나님의 무조건적인 은혜로 구속역사에서 선택받은 자가 되었다. 에서는 하나님의 뜻에 계속 반발하는 인간의 편에 선 자로 대변된다. 이러한 의미 있는 구분은 계속되어 이스

---

60) 다른 선지서들의 것과 비교되는 자료들의 목록에 대하여 Crenshaw, *Joel*, 27-28을 보라.

라엘의 마지막 선지자인 말라기서에서까지 양자(야곱/에서)는 서로 대조를 이룬다(말 1:2-5). 창세기의 이야기와 말라기의 예언 사이에 오바댜의 메시지가 위치한다. 이 짧은 예언 속에 세 개의 뚜렷한 주제가 발견된다. 그것은 에돔의 죄, 에돔에 대한 심판, 하나님의 백성을 위한 에돔 심판의 결과이다.

1) 에돔의 죄

에돔은 하나님의 징계를 받기에 마땅한데, 이것은 선지자들에 의해 반복적으로 선포된 여러 세상 나라들에게 내려지는 하나님의 심판의 이유와 정확하게 일치한다(제6장 중 '열국을 저주하는 것과 율법과의 관계'를 보라). 첫 번째 죄목은 그들의 교만이다. "너의 중심의 교만이 너를 속였도다"(옵 1:3하; 또한 렘 49:16하도 보라). 그들은 하늘 높이 올라가 별들 사이에 둥지를 틀겠다고 한다(옵 1:4상). 그리고 교만하게 큰소리친다. "누가 나를 땅으로 끌어내리겠는가?"(1:3하). 이 거만한 말들과 함께 분수를 모르는 교만함은 바벨론의 교만과 닮았다.

> 내가 하늘에 올라
> 하나님의 뭇별 위에
> 나의 보좌를 높이리라(사 14:13).

결과적으로 에돔은 바벨론과 마찬가지로 하나님의 심판을 받아 하늘로부터 떨어질 것이다(사 14:12; 옵 1:4하). 이러한 관점에서 바벨론과 에돔은 사탄의 운명에 동참하는 꼴이 된다(눅 10:18; 계 12:8-9).

에돔의 두 번째 죄목은 그들이 하나님의 백성을 학대한 것이다. 그들은 그들의 형제 야곱을 학대하였으며, 그들의 행위는 포학하였다(옵 1:10). 또 형제에 대하여 무관심한 것도 그들의 죄목의 하나였다. 외국의 정복자들이 예루살렘을 차지하기 위해 제비를 뽑고 있을 때에 그들은 방관하고 있었다(1:11). 침략자들이 주의 거룩한 도시를 자기들의 신들에게 바치고 있는데도 에돔은 침묵함으로써 그들과 같은 범죄에 동참하였다.

만약 예루살렘에 대하여 무관심하였다는 것 때문에 고대의 에서가 고발당하였다면, 죄 없으신 하나님의 아들의 소유물을 이방인들에게로 내어준 사람에게는 얼마나 더 정죄함이 있겠는가? 그들은 오직 하나 남은 그의 소유물인 겉옷을 벗겨 네 조각으로 찢어 나누어 가졌고, 속옷을 누가 차지할 것인지를 위해 제비를 뽑았다(요 19:23-24). 그때에 다른 사람들은 그것을 구경만 하고 있었다. 수많은 세월 동안 많은 사람들이 하나님의 아들에게 부끄러운 줄도 모르고 이와 비슷한 행동을 함으로써 그들의 죄에 동참하였다.

오바댜는 유다가 불행을 당한 날에 에돔이 취한 행동에 대하여 일곱 가지로 고발한다(옵 1:12-14). 그들은 환난을 당하는 유다의 재물에 손을 대지 말았어야 했고, 도망하는 사람들을 막지 않았어야 했으며, 유다 백성을 사로잡아 대적에게 건네주지 않았어야 했다(1:14). 오바댜서는 하나님의 백성이 환난을 당하면서 견뎌오는 모습을 반복하여 쓰면서 두 번째 중요한 주제를 내다본다. 바로 에돔에 대한 심판이 여호와의 큰 날에 내린다는 것이다.

2) 에돔의 심판

이 시점에서 선지자는 만국을 벌할 여호와의 날의 심판이 가까웠음을 내다본다. 그러나 그는 그의 시야를 에돔에서 떠나지 않는다. 하나님의 우주적인 심판은 "눈은 눈으로, 이는 이로"라는 복수에 대한 법(출 21:24)에 바탕하고 있다. 유다에 행한 대로 에돔도 당할 것이다. "너의 행한 대로 너도 받을 것인즉 너의 행한 것이 네 머리로 돌아갈 것이라"(1:15하). 이 벌은 에돔 사람들에게 남은 자가 없게 될 때까지 계속될 것이다(1:18). 마지막 심판 때에 사탄의 후손이 완전히 멸절하는 것과 같다. 마지막 하나님의 심판 때에는 아무도 남을 자가 없을 것이다.

그러나 다가올 여호와의 날에 있을 이 하나님의 심판에서 하나님의 백성은 어떻게 될까? 에돔 심판의 결과가 하나님의 백성에게 어떤 영향을 미칠까?

3) 하나님의 백성에게 미치는 에돔 심판의 결과

에돔에 대한 여호와의 심판은 시온산이 구원받는 것으로 연결된다. 하나님의 사랑이 있는 산은 "거룩"할 것이다(1:17). 역사를 통하여 볼 때에 하나님의 백성을 위한 구속은 그의 대적에 대한 심판을 의미한다. 오바댜는 존귀함을 받는 시온산과 치욕을 당하는 에서의 산을 대조시킨다. 오바댜는 항상 시온을 "시온 산"이라 부르고(17, 21절), 에돔을 자주 "에서의 산"으로 칭한다(8-9, 21절).[61] 오바댜는 시온산에 이루어지는 구원을 말하면서 에돔까지 포함한 온 땅이 하나 님의 백성의 소유가 될 것으로 확장한다. 이를 위해 선지자는 여호와께서 약속 하신 영토의 한계들을 훑어준다. 블레셋의 남부 해안(1:19), 시돈에 이르기까지 의 북부 해안(1:20), 남쪽 네게브 지역(1:20), 사마리아와 에브라임에 이르는 북 부(1:19), 요단 건너편 남부 지역의 에돔(1:19), 요단 건너편 북부 지역의 길르앗 (19하) 등 그 주변 지역의 모든 부분이 주님의 백성에게 속할 것이다.

가장 특이한 묘사는 구원자들이 시온산에 올라가 에서의 산을 재판하는 것이 다(1:21). 예언의 이 마지막 문구에 하나님의 심판으로 인한 황폐함에도 불구하 고 에돔을 위한 두 가지 희망적인 전망이 발견된다. 그것은 첫째, 구원자들이 에서의 산을 재판하는 것과 둘째, 정경 안에서의 오바댜의 위치이다. 이스라엘 을 구원한 재판자(사사)의 사상은 사사기의 책에서 두 번 나타난다(삿 2:16, 18). 사사기에서 이 개념이 도입된 후 이 구원을 베푸는 사사권의 사상은 옷니 엘, 에훗, 삼갈, 기드온, 돌라, 입다, 삼손 이상 이스라엘의 일곱 사사들에게 반 영되었다(3:9, 15, 31; 6:15; 10:1; 12:2; 13:5). 오바댜에서 재판자(사사)들에 의 해 구원이 이루어지는 것이 이스라엘에게 처음 적용된다. 이 구원자들은 시온 산에서 에서의 산을 "재판하는" 임무를 수행하는데, 이것은 단순히 에돔을 정 복하고 멸망시키는 것보다 그 이상의 무엇을 제시한다. 그들이 에서의 산을 재 판하는 것에서 그들의 재판이 구원의 활동에 관련되었을 가능성을 강하게 암시 한다. 다른 말로 하면 에돔은 시온산에서 활동하는 이 구원자들의 재판의 잠재 적인 수혜자이다.

열두 소선지자들의 책 안에 있는 오바댜의 위치는 이 전망을 더 지지한다.[62] 열두 책들의 배열은 기본적으로 연대기적인 순서를 바탕으로 하였다. 즉 8세 기, 7세기, 6세기의 저작 그룹의 순서로 엮어졌다. 그러나 요엘과 오바댜는 그

---

61) NIV 성경은 시온산과 에서의 산 사이에 대칭을 이루고 있는 이 구절을 잘 못 번역하고 있다. 시온산은 "Mout Zion"이라고 번역하고 에서의 산에 대해서는 "the mountains of Esau" 혹은 "Esau's mountains"라고 번역한다.
62) 이 위치는 히브리어 성경의 정경에 관련된다. 70인역의 순서는 다르다. 이것을 위한 토론은 다음을 보 라. Wolff, *Joel and Amos*, 3-4; Hubbard, *Joel and Amos*, 22-23; Barton, *Joel and Obadiah*, 116.

들의 예언들의 시기를 주지 않는다. 이 두 책이 열두 권의 책 안에서 현재의 위치에 놓인 것은 주제가 우선적으로 고려된 것이 분명하다. 이것을 고려할 때에 오바댜의 바로 앞에 끝난 아모스서의 마지막 구절을 추가적으로 더 설명하기 위해서 바로 이 위치에 놓이게 된 것이다.[63] 아모스 9:11-12은 하나님이 다윗의 무너진 장막을 다시 세울 것이며, "저희로 에돔의 남은 자와 내 이름으로 일컫는 만국을 기업으로 얻게 하리라"라고 했다. 오바댜 1:19-20은 세 번이나 약속의 땅 여러 곳을 이스라엘이 "얻겠다"라고 기록한다. 첫째로 "네게브 사람은 에서의 산을 얻을 것"인데, 이것은 아모스의 마지막과 연관된 것이 분명하다. 아모스서에서 말하는 이 소유의 결과는 매우 특별하다. 언약의 하나님인 "내 이름으로 일컫는 만국"의 목록 안에 에돔을 기록하고 있다. 이것은 에돔이 여호와의 선택받은 민족이 됨을 의미한다. 이것은 이스라엘이 여호와의 선민이 된 것은 하나님의 이름으로 일컫는 백성이었기 때문인 것과 같다. 무너졌던 다윗의 장막이 재건되는 것과 연관되어 이제 에서/에돔이 이스라엘과 같은 새로운 특권을 경험한다(신 28:9-10; 암 9:11-12).

오바댜에 의해 에돔/에서에 대한 심각한 심판이 선포됨에도 불구하고, 그들에게는 아직 구원의 희망이 있다. 하나님이 일으키는 구원자들은 이스라엘을 위하여 다윗의 무너진 장막의 회복을 극적으로 일으킬 것임에 틀림없으며, 그것은 오랫동안 기다리던 메시아의 출현에 의해 이루어질 것이다. 이 메시아의 도래로 우주적인 회복을 위한 희망이 제시되는데, 에서와 같은 사람, 그리고 에돔과 같은 나라가 포함될 것이다. 그가 올 때에 "그 왕국은 언약의 하나님에게 속할 것이다"(옵 1:21).

7. 요나

요나서는 다른 선지서들과 여러 관점에서 다른 특이한 면들이 있다. 첫째, 이 책은 거의 대부분이 선지자를 통하여 주어지는 하나님의 메시지보다는 선지자의 생애에 대한 이야기로 이루어졌다. 이 점에서 요나서는 예언적 말로 구성된

---

63) Allen, Joel, Obadiah, Jonah, and Micah, 129. 또한 다음도 보라. Wolff, Joel and Amos, 17; Barton, Joel and Obadiah, 116.

선지서들의 글보다는 역사서들에 있는 선지자들의 이야기와 비슷하다. 이 요소가 이 책의 중요성을 떨어뜨리는 것이 아니다. 왜냐하면 이 책에 나오는 약간의 하나님의 직접적인 말씀과 마찬가지로 선지자의 생애도 역시 메시지를 담고 있다. 요나 자신은 그가 메시지를 가지고 간 니느웨 성에게 주는 한 "표징"(sign)의 역할을 한다. 여호와께서 불순종한 종 요나에게 자비를 베푸셔서 두 번째 기회를 준 것처럼, 니느웨 백성이 회개할 때에 그 포악한 도시에게 자비를 역시 베푸신다.

둘째로, 요나서는 저자에 대한 직접적인 주장이 없다. 그러나 요나가 저작에 관련이 있는 듯하게 두 번 언급된다. 요나서 시작에 "여호와의 말씀이 요나에게 임하였다"고 하였고(욘 1:1), 또 요나가 물고기 뱃속에서 기도한 기도문이 나온다(2:1이하). 요나의 역사적 배경은 열왕기서가 확실하게 윤곽을 잡아준다. "아밋대의 아들 요나"는 여로보암 2세 시대에 활동한 선지자였다(왕하 14:23-27).[64] 열왕기서는 주전 8세기 당시 근동지방의 역사적 문맥에서 요나의 기사를 쓰고 있다. 당시 앗수르가 세상에 강력한 힘을 가진 자로 부상하였고, 니느웨는 세계적인 큰 도시였다.[65] 하나님은 이 거대한 제국의 수도인 외국 도시에 요나를 예언적 메시지와 함께 파송했다.

선지가가 사명을 받아 외국 나라에 파송된다는 것은 선지서들 중에서도 매우 특이하다. 열왕기서에 의하면 요나는 니느웨와 관계하여 이스라엘 왕국에 중요한 예언을 한다. 그러나 이제 그는 앞으로 이스라엘 왕국에 불행을 가져다줄 이 잔인하고 위협적인 나라에 직접 가서 외쳐야만 했다.

요나서의 문학적 장르에 대한 의문들이 제기된다. 이 의문점들은 이 책을 지지하는 역사적 기록과 함께 심각하게 취급되어야 한다.[66] 일반적으로 요나서에 있는 자료는 "이야기"로 규정된다. 한 주석가는 "이야기"(story)라는 용어의 장

---

64) 정경에서 이 책이 놓인 위치가 포로 이전 선지서들의 그룹에 포함된 것도 이 책이 주전 8세기 시대의 저작임을 지지해 준다.
65) Limburg, *Jonah*, 22.
66) 이 책의 문학적 진정성에 대한 의문 중 하나는 요나서 2장의 시와 관련하여 제기되는 것인데, 대표로 Limburg(Ibid., 32)의 진술을 들 수 있다. "2장의 시가 요나서의 원래의 한 부분이었다는 것은 증명할 필요가 없다. 그것을 증명하려면 오히려 다른 방향으로 논쟁이 흘러갈 우려가 있다." 그러나 이 주장은 고려할 만한 가치가 없다.

점은 "역사적 의문에 대하여 중립적"인 것이라고 말한다.[67] 그런데 그는 곧바로 이 중립성을 스스로 차버린다. "요나서는 설교의 목적으로 역사적인 인물에서 발전시킨 소설과 같은 이야기로 꾸며졌다."[68] 요나서에 사용된 "이야기"라는 용어가 암시하는 것은 실제 사건이 아니라, 단지 그것이 일어났었을 수도 있다고 믿기를 원하는 차원에서 역사적으로 꾸며졌다는 것이다.

이와 비슷하게 혹자는 요나서의 역사성에 의문을 제기한다. 그들은 요나서의 역사성을 말한다면 "이 책의 해석을 무시한" 것이어야 한다.[69] 책의 해석을 포함시키면서 역사성에 대한 믿음을 유지할 수 없다는 것이다. 해석에는 하나님이 죽음 직전에 요나를 다시 토해 내었는지 혹은 이미 죽었던 그를 살렸는지 등의 문제가 다루어져야 하는데, 이것은 사실적일 수가 없다는 것이다.[70]

그러나 분명한 사실은 책 전체의 구조는 순수하게 역사적 문맥에서 설정되었다는 것이다. 역사서가 요나는 여로보암 2세 시대에 살았던 아밋대의 아들이며, 선지자였음을 증명한다(왕하 14:25). 욥바, 다시스, 니느웨 등은 역사적-지형적 장소이다. 예수님은 요나에 대한 사건을 자신이 죽은 지 삼일 만에 살아나야 할 것을 위한 모델로 사용하였다. 예수님의 이 말씀은 요나의 경험이 비역사적 이야기라는 것을 배제한다(마 12:39-40; 눅 11:29-30). 요나의 경험과 자신의 경험을 관련지은 예수님의 말씀을 자세히 살펴보면 요나 사건의 역사적 실체에 대항하는 어떠한 의심도 배제된다. 예수님 당시의 사람들이 표적을 구하였다. 그들에게 준 표적은 단지 요나가 니느웨에서 전파한 메시지가 아니었다. 예수님이 주신 요나의 표적은 선지자가 죽음 속으로 내려갔다가 다시 살아난 것에 관한 것이다. 만약 요나가 삼일 만에 스올에서부터 살아나왔다는 것이 "역사적 소설"(fiction)에 불과하다면 이와 비교되는 삼일 만에 무덤을 열고 나오신 예수님의 부활의 경험도 역시 소설이 되고 만다. 실제로 니느웨 사람들이 회개한 사실이 없다면 마지막 심판에 관한 예수님의 말씀도 허구에 불과하다. 예수님이 확인하였듯이 만약 니느웨 사람들이 요나의 설교에 회개했다면, 그

---

67) Ibid., 23.
68) Ibid., 24. Fretheim(*Message of Johah*, 62)는 이 책을 위해 어떤 역사적인 실체를 찾으며 다음과 같이 진술한다. "이 책은 유대인 사회의 삶과 사상을 반영한 것이라는 관점에서 적어도 역사적이다."
69) Dillard and Longman, *Introduction to the Old Testament*, 393.
70) 요나가 물고기의 뱃속에서 실제 죽었었는데 창조주 하나님의 능력으로 다시 살아났다는 것이 가능하다.

리고 만약 "마지막 심판"이 실제 일어난다면, 요나 당시의 니느웨 사람들이 예수님 당시의 믿지 않는 자들을 오히려 정죄할 것이다. 만약 예수님이 확실하게 장사되고 삼일 만에 부활했다면 그것은 요나도 실제 그러한 경험을 하였음을 증명하며, 요나의 사건을 역사적으로 믿는 사람들도 역시 부활할 것이 분명하다.[71]

요나서가 설교적 역사라기보다는 설교적 이야기라고 주장하는 어떤 주석가들은 그 성에서 일어난 회개에 동물들도 참여하고 있는 것을 문제 삼는다.[72] 니느웨 왕이 먹거나 마시지 말라고 한 명령에 동물들도 포함된 것이 사실이다(욘 3:7). 동물과 짐승도 예외 없이 모두 굵은 베를 입어야 했다(3:8상). 그러나 실제 회개에는 단지 사람(ish)이 하나님께 부르짖고 악한 길에서 돌아서라고 했다(3:8하). "설교된 이야기"라는 견해 대신 이 책은 "설교된 역사"의 성격을 가진 것이 분명하다.[73]

요나서에는 다른 선지서들과 공통적인 여러 주제가 나타난다. 이스라엘의 여호와는 바다와 땅을 만드신 하늘의 하나님이시다(1:9).[74] 그는 모든 창조물을 계속 지배하신다. 그래서 그는 바다에 폭풍을 일으키시고 잠잠케도 하신다(1:4, 15). 그는 큰 물고기, 박 넝쿨 그리고 벌레를 준비시키신다(1:17; 4:6-7). 그는 악한 백성을 심판하여 멸망시키기도 하시고, 회개하는 자들을 위해 심판

---

71) Alexander("Johan and Genre," 35-36)는 C. S. Lewis로부터 다음과 같은 말을 인용한다. "학자들은 성경의 다른 부분들보다 기적에 대한 기록들에 대하여 진정성을 주지 않는다. 만약 기적이 비역사적이라면 그들이 연구의 대상으로 삼는 성경은 전혀 배울 것이 없는 책에 불과하다…그들이 성경 비평학자이든지 아니든지 나는 그들을 비평학자로 믿지 않는다. 그들은 나에게 문학적 분별력이 부족하다고 말할지 모른다…그들은 스스로 옛 문서의 줄과 줄 사이를 읽을 수 있다고 말한다. 그들은 (실제 토론할 가치가 있는) 그 줄(문장)을 읽을 능력도 없으면서 말이다. 그들은 대낮에 10야드 거리에 있는 코끼리도 보지 못하면서 고사리의 씨를 보라고 주장한다."
72) Wolff, *Obadiah and Jonah*, 143. 다음을 보라. Limbug, *Jonah*, 34; Fretheim, *Message of Jonah*, 63. 이 견해에 대한 참고문헌은 다음을 보라. Dillard and Longman, *Introduction to the Old Testament*, 392.
73) Limburg(*Jonah*, 26)의 "설교된 이야기"로서의 요나서 견해는 "설교된 역사"의 사상을 지지하는 Alexander("Jonah and Genre," 59)의 견해와 반대된다.
74) Wolff(*Obadiah and Jonah*, 87)가 다음과 같이 말한다. "책 전체를 통하여 창조의 신학이 중요하게 다루어진다." 그리고 그는 폭풍, 물고기, 식물, 벌레 그리고 동풍 등이 모두 요나의 하나님에 의해 만들어졌다고 말한다. 언약의 하나님은 창조주이시며, 그의 영광을 위해 만물을 다스리신다.

을 유보하기도 한다(3:4, 10). 그는 큰 자비와 은혜를 이스라엘에게만 베푸시는 것이 아니라, 세상에서 가장 악한 나라에도 베푸신다.

요나서에서 백성을 하나님 임재가 있는 땅에서부터 유배 보내시는 것과 또한 그들을 회복시키시는 개념도 다른 선지서들보다 더 광의적인 의미로 중요하게 다루어진다. 요나가 깊은 바다에 던져지고 사망에 갇히게 된 것은 광의적인 의미에서 불순종하는 사람을 하나님의 면전에서부터 포로로 잡아가게 하는 개념과 같다. 하나님으로부터의 분리는 죽음과 같은 의미이다. 마찬가지로 하나님에게로 돌아옴은 새로운 삶으로 부활을 의미한다. 요나의 부활에서 주님은 그의 종에게 "다시" 말씀하시고, 니느웨를 향하여 메시지를 전할 사명을 주신다 (3:1-2).

요나는 스올의 심연으로 버려졌다가(exile) 이방 세계를 향한 봉사를 위해 회복되었다.[75] 주전 8세기의 다른 이스라엘 선지자들이 앗수르에 의한 포로라는 어두운 구름과 씨름했다면, 요나는 앞으로 자신의 백성이 잡혀갈 그 잔인한 니느웨를 향한 하나님의 뜻을 전해야 하는 것에 대항하여 싸웠다. 이 사명에 대한 저항 때문에 그는 바다 속 깊이까지 던져져서 삼일을 머물렀다. 그는 하나님에게 절규하였다. 그리고 하나님은 죽음의 물고기 뱃속으로부터 그를 건져주었다. 이 극적인 교훈으로부터 요나는 세상에서 가장 악한 국가를 구원할 하나님의 뜻에 감사해야 함을 배워야 했다. 죽음과 부활을 경험한 자로서 요나는 이방인에게 구원을 가져다줄 하나님의 도구로 봉사했다. 이 경우에 요나의 삶의 경험은 부활이 온 세상에게로 확대된다는 하나님의 구원계획의 날을 예언적으로 암시하는 것이다. "요나가 밤낮 사흘을 큰 물고기 뱃속에 있었던 것같이 인자도 밤 낮 사흘을 땅속에 있으리라"(마 12:40). 그의 죽음으로 인하여 아버지로부터 버려졌다가(exile), 예수님은 부활하여 그의 제자들에게 모든 나라로 사명을 주어 파송하였다(28:18-20).

---

75) Fretheim(Message of Jonah, 22)은 회개한 어부들과 니느웨 백성들이 유대인이 아닌 이방인임을 강조하였다.

8. 결론

주전 8세기의 이스라엘 선지자들은 한결같이 유배와 회복을 예상한다. 북 왕국 이스라엘과 남 왕국 유다 모두 유배는 불가피하다. 아브라함을 갈대아 우르로부터 불러냄으로 시작된 이 백성의 역사는 후에 다른 형태로 나타난 갈대아 왕국으로 도로 끌려간다. 앗수르가 바벨론에 의해 멸망함으로써 앗수르에 의해 포로로 잡혀가 있던 사람들도 유다의 포로와 함께 같은 이방 왕국에 끌려온 처지가 되었다.

주전 8세기의 선지자들은 미래에 있을 희망을 말하였다. 포로에서부터 새로운 탈출(exodus)이 일어날 것이다. 그 백성은 약속의 땅으로 다시 돌아올 것이다. 다윗의 언약에 의해 왕국은 재건될 것이며, 외국 나라들은 이 회복된 왕국의 깃발 아래로 몰려들 것이다.

그러나 이 무서운 포로의 사건은 당시의 사람들에게 아직 멀리 있다. 그러나 그들은 실제로 파멸로 빠질 것이고, 자기 땅에서 쫓겨나는 비참함을 경험할 것이다. 다음 세기의 선지자들은 북 왕국이 앗수르에 의해 포로를 잡혀가는 참상을 취급해야 하며, 또 앞으로 남 왕국이 바벨론에 의해 포로로 잡혀갈 하나님의 심판을 말해야 하는 임무를 감당해야 했다.

THE
Christ
OF THE
PROPHETS

제9장

포로 이전 시대의 예언: 주전 7세기의 선지자들

주전 7세기 동안 선지자 활동은 남 왕국에 한정되었다. 왜냐하면 북 왕국은 이미 포로로 잡혀갔기 때문이다. 주전 722년 살만에셀 5세에 의해 많은 무리들이 앗수르로 잡혀갔던 이 북쪽 지파들의 상황은 어떠했는가?

이때의 북쪽 지파들의 비극에 대한 궁금증들이 많이 나타난다. 성경은 앗수르 왕이 외국 민족들을 사마리아로 데리고 와서 심었다고 말한다. 그들은 거기서 남아 있는 이스라엘 사람들과 결혼하여 살았다(왕하 17:24-33). 그러나 앗수르로 잡혀간 이스라엘 사람들에 대하여는 거의 알려지지 않았다.[1] 영국인 이

---

1) Malamat("Exile," 1035)는 다음과 같이 말한다. "소위 '잃어버린 열 지파들'의 포로에 대하여 많은 전설들이 전해지고 있음에도 불구하고, 앗수르 왕국의 기간 혹은 그 이후의 기간 동안 메소포타미아에서 이스라엘 포로들의 운명에 대한 정보는 거의 없다. 성경에 있는 약간의 암시들과 비문에 있는 글들이 그들이 거기에 존재하고 있었음을 증명한다. 후자의 자료들 중에 유대인의 이름들이 포함된 앗수르 문서가 주전 8세기 후반의 것과 7세기의 것이 있는데, 그 중에서 7세기의 것이 매우 중요하다. 왜냐하면 그 이름들 중에 성경에서 잘 알려진 이스라엘 사람의 이름들이 있기 때문이다." 그러나 Malamat 자신은 그 이름들이 과연 이스라엘 사람들인지에 대해 판단기준의 한계를 다음과 같이 말한다. "그러나 이스라엘의 신의 이름인 yau(Yhwh)라는 글자가 든 개인의 이름들을 제외하고는, 그 이름들이 이스라엘의 포로민들 이라는 증거는 확실치 않다. 왜냐하면 그 이름들은 북서 셈족 사람들의 공통적인 이름이었기 때문이다. 따라서 그 이름의 주인공은 페니키아 혹은 아람인일 수 있다." Oded(*Mass Deportations and Deportees*, 12)도 네오-앗수르 왕국의 포로에 대한 연구에서 같은 의견을 피력한다. "포로민들에 대한

스라엘 사람의 이론은 그들이 마지막에 영국에 와서 정착했다고 추측한다. 그 주장의 근거는 부분적으로 비슷한 언어에 두고 있다. 왜냐하면 히브리어 berit 는 "언약"을 의미하고, ish는 "사람"을 의미하는데, 그 두 단어가 결국 British 라는 말로서 "언약의 사람들"(Israelite)의 암호화된 말이 분명하다는 것이다.[2] 이 언어적인 연관성은 근거가 희박하다. 영어에서 -ish로 끝나는 단어는 다양하다. Turkish, Poish, pinkish, finish, selfish 등. 또 잃었던 열 지파의 존재에 대한 이론은 아프리카, 인도, 중국, 페르시아, 커디스탄 그리고 미국에 이르기까지 다양하다.[3] 그러나 실제적으로 이들 열 지파들이 "역사의 무대로부터 사라졌다"고 말할 수 있다.[4]

연구에서 이름의 자료를 이용하는 것은 위험하다. 이 방법을 사용할 때에는 주의가 요구되며, 그 한계점들을 인식해야 한다. 이름에서부터 그 사람의 국적을 결정하는 것이 항상 가능한 것이 아니다. 왜냐하면 셈족 사람들의 이름은 많은 공통적인 요소들을 가지고 있기 때문이다." Malamat("Exile," 1036)는 다음과 같이 진술을 계속한다. "메소포타미아 사회에서 생활터전을 두고 살았던 포로의 후손들 대부분은 결국 그 외국 환경 속으로 흡수되었을 것이다." 반면에 그는 "그러나 이스라엘 공동체는 의심할 여지없이 특별한 국가적 특성을 보존하였고, 고향과 관계를 유지하고 있었으며(앙하 17.28), 후에는 남 왕국 유대인들의 포로에 섞이게 되었다"라고 결론을 맺는다. 그는 더 나아가 에스겔 37:16-22; 에스라 2:2; 느헤미야 7:7이 암시하는 바와 같이 시온으로 돌아온 귀환자들 속에 "명백하게" 열 지파의 남은 자들도 포함되었음을 확언한다. 그러나 Malamat가 인용하는 성경본문들이 북 왕국 열 지파들의 정체성을 확실하게 증명해 주지는 못한다.

2) Silverman("British Israelites," 1382)은 앵글로-이스라엘 민족(Anglo-Israelism)의 첫 발표는 퓨리턴 멤버인 의회원 John Sadler에 의해 처음 제기되었다고 밝힌다. Sadler는 *Rights of the Kingom*(1649)의 작가이다. 그는 역시 베스트셀러인 Edward Hine의 책 *Forty-seven Identificatons of the British Nation with the Lost Ten Tribes of Israel*(1971)에도 관심을 요청한다.

3) Rabinowitz, "Ten Lost Tribes," 1006. Rabinowitz는 1644년에 남아메리카로 항해할 때에 인디안들이 '쉐마'를 암송하며 그를 영접했던 것을 보고하였다.

4) Ibid., 1003. 이 결론은 유대인 이란 용어에서 부분적으로 확인된다. 원래 유대인은 남 왕국, 즉 유다 왕국 사람(*Judahite*)이라는 데에 뿌리를 두고 있었지만, 나중에는 이스라엘 모든 지파들을 포함하는 이름이 되었다. 구약이나 신약에 영어 번역 성경에서 유대인(Jew)이 나타날 때에 그것은 항상 유다 왕국 사람(*Judahite*)을 번역한 것이다. 레위 지파의 후손들은 그들의 정체성을 계속 가지고 있었는데, 그들이 예루살렘에서 제사장 역할을 계속 수행하고 있었기 때문이다. 베냐민 지파 약간의 남은 자들도 유다와 지역적인 연관성 때문에 그들의 정체성을 유지했을 수도 있다. 그러나 실제로 북쪽 열 지파의 후예는 알려진 것이 전혀 없다.

만약 역사가 북쪽 열 지파의 추적을 잃어버렸다면, 유다와 이스라엘의 재결합에 대한 예언들을 어떻게 이해해야 하는가? 호세아가 북 왕국의 이스라엘 사람들이 많은 날 동안 왕이나 왕자 없이 살 것이며, "그들이 돌아와서 언약의 주를 찾을 것"이라는 예언(호 3:4-5)을 어떻게 이해할 것인가? 예레미야가 새 언약을 말하면서 "이스라엘 집"과 "유다 집"에 맺는다고(렘 31:31) 말하지 않는가? 에스겔이 그 날에 이스라엘과 유다 두 나라가 한 왕 아래서 연합할 것을 예상하지 않았는가(겔 37:15-23)?

이 예언들의 성취는 두 가지 방법으로 이해할 수 있다. 첫 번째로, 사람이 열 지파의 추적을 잃어버렸지만 하나님은 그들을 잃어버리지 않았다는 것이다. 그래서 그 날이 오면 하나님은 그들을 다시 회복시킬 것이다.

반면 두 번째 방법은 그 성경구절들을 덜 추론적이고 더 주석적으로 이해하는 것이다. 이 예언들은 그림자의 역할을 하는 옛 언약의 단계를 지나 실체가 나타날 새 언약의 성취가 이루어질 그 날을 내다본다는 것이다. 이 문맥에서 본다면 그것은 단순히 이스라엘 열두 지파의 문자적 혹은 육체적인 후손이 성경의 땅으로 돌아오는 것이 아니다. 바울이 특별하게 설명한 것과 같이 그 예언들은 오늘날 이미 이루어진 것이다. 주님은 그리스도 안에서 백성을 부르실 때에 유대인들뿐만 아니라 이방인들도 부르시며, 이것은 바로 호세아가 예언한 것의 성취이다(롬 9:24-26). 호세아가 흩어진 북 왕국 열 지파를 다시 모아들인다는 예언은 옛 언약의 그림자이다. 그것들은 유대인과 이방인을 함께 포함하여 만국으로부터 백성들이 유입됨으로써 종말론적으로 완성된다. 북 지파들이 그들의 고향으로부터 이방 세계로 넓게 흩어졌을 때에 "내 백성이 아니다"로 규정받았으며, 그들은 이방인이 되었다. 결과적으로 그리스도 안으로 모아지는 모든 사람은 그들의 민족적 배경이 어떠하든지 간에 하나님의 이스라엘로 동일시된다(겔 37:24-28; 렘 31:33; 또한 히 10:15-18; 갈 6:16도 보라).[5]

북 왕국의 포로 이후 남쪽 유다에서 예언적 활동을 한 주전 7세기 선지자들은 나훔, 하박국, 스바냐 그리고 예레미야를 들 수 있다. 각 선지자는 자신의 방법으로 유배에 관하여 예언하였다. 유배는 하나님의 백성 중 일부에게 이미 이루어졌고, 또 일부에게는 곧 닥쳐올 현실이었다. 그들 메시지의 중심이 포로와

---

5) Robertson, *Israel of God*, 38-46을 보라.

회복의 문맥에서 이루어졌음을 고려해야 한다.

1. 나훔

이전의 세기에서 세계적 강대국 앗수르와 그 수도 니느웨가 북 왕국 이스라엘의 많은 백성을 포로로 끌고 갔다. 왕이신 여호와께서 자기 백성을 이렇게 취급하는 잔인한 앗수르에 대하여 어떤 반응을 보이실까? 비록 하나님께서 앗수르를 심판의 도구로 사용하였지만, 그들을 가만히 두시지 않을 것이다. 나훔은 하나님이 앗수르의 수도 니느웨를 멸하시러 오시는 메시지를 선포한다. 세 장에 걸쳐 나훔은 "니느웨는 망할 것이다"라는 주제로 외친다.

성경 밖의 자료들을 보면 주전 612년에 니느웨가 망한 것으로 나타나므로, 나훔은 그보다 조금 일찍 예언한 것으로 추정된다.[6] 더 나아가서 나훔은 주전 664년에 망한 이집트의 수도 노아몬(더베로 추정됨)에 대하여도 언급한다. 그것은 앗수르가 자신은 확실하게 안전하다고 스스로 자랑하는 것이 노아몬과 같다고 비교해서 말하는 장면이다(나 3:8). 과연 니느웨가 고대 이집트의 요새화 된 그 도시보다 더 안전하다고 생각했을까? 이집트의 수도는 500마일이나 강을 거슬러 올라가서 청 나일과 백 나일이 양쪽에서 보호하고 있는 그 합류 지점에 위치해 있다.

나훔의 저작 연도는 노아몬이 무너진 이후, 니느웨가 멸망하기 이전의 시점에 위치한다.[7] 나훔은 그가 예언할 당시 앗수르의 수도가 강한 것으로 말한다. 이것은 니느웨 함락보다 어느 정도 그 이전에 예언이 주어졌음을 증명한다. 이미 북 왕국 이스라엘을 멸망시킨 이 강력한 정복자를 향하여 나훔은 예언적 메시지를 선포한다.

이 책의 첫 장에는 승리의 함성이 울려 퍼진다. "볼지어다 아름다운 소식을 고하고 화평을 전하는 자의 발이 산 위에 있도다…악인이 진멸되었으니 그가

---

[6] Wiseman, *Chronicles of the Chaldaean Kings*, 16-17을 보라.
[7] 노아몬의 무너짐과 니느웨의 함락 날짜에 대하여 Bright, *History of Israel*, 311, 316을 보라. 그리고 Young, *Introduction to the Old Testament*, 270을 보라. 주전 644-612의 이른 시기를 지지하는 자료를 위해 Roberts, *Nahum, Habakkuk, and Zephaniah*, 38-39를 보라.

다시는 네 가운데로 통행하지 아니하리로다"(1:15). 이 구절은 마치 포로로 잡혀간 북 왕국 이스라엘 백성이 앗수르의 압박으로부터 해방됨을 노래한 듯이 보인다. 그러나 나훔은 그러한 회복에 대하여 더 자세히 말하지 않고 중지하고 만다. 그가 말하고자 하는 점은 악한 앗수르 왕과 그 왕국이 멸망한다는 그 이상도 그 이하도 아니다. 왜 하나님의 백성이 기뻐해야 하는가 하면 이 잔인한 대적이 멸망하기 때문이다.

이사야는 이와 같은 묘사를 하나님 백성을 위한 미래의 구원을 예상하며 이미 사용한 바 있다. 이사야의 환상에서 산을 넘는 아름다운 발은 대적의 멸망을 선언하는 그것이 아니었다. 그 발은 이스라엘에 대한 하나님의 통치권 회복을 선포하고, 평화를 선포하는 자이다(사 52:7). 같은 문구라 할지라도 이사야와 나훔서의 메시지는 서로 다른 내용을 가지고 있다. 그러나 하나님의 대적을 멸하시는 것과 하나님의 백성들에 대한 구원, 이 두 요소는 미래에 하나님의 나라가 이 땅에서 실현될 때에는 동시적인 것이다. 하나님의 의가 확립됨으로 그의 대적이 무너진다. 하나님의 대적을 넘어뜨림 없이 하나님의 백성에게 해방의 좋은 소식이 선포될 수가 없다.

새 언약의 조망하에서 하나가 된 나훔과 이사야의 두 예언은 예수 그리스도의 복음이 세계적으로 선포되는 것을 내다본다. 유대인이나 이방인에게 그리스도의 구원의 메시지를 전하는 그들에 대하여 다음과 같이 극적으로 묘사한다. "기록된 바 아름답도다 좋은 소식을 전하는 자들의 발이여 함과 같으니라"(롬 10:15). 복음의 좋은 소식은 구원이 하나님의 백성을 위해 왔다는 메시지를 내포한다. 그러나 그것은 사탄이 지배하는 "정사와 권세들"이 예수 그리스도의 십자가에 의해 제거되었음을 강조한다(골 2:14-15). 니느웨의 잔인한 왕에게 실현되었던 모든 악한 것들은 의와 은혜의 하나님 나라 건설에 반대하는 사탄에 대한 묘사에서 다시 발견된다. 그러나 그리스도의 십자가가 이 능력들을 제거하였고, 그들을 쳐부수었다.

2. 하박국

하박국서는 독자가 하나님에게 의로운 불평을 하다가 완전히 복종하는 선지자의 변화 과정을 관찰하면서 큰 유익을 얻을 수 있다는 점에서 특별하다.[8] 그는 날카로운 어조로 불평을 시작한다. "어느 때까지리이까"(합 1:2). 그는 계속적으로 하나님의 거룩성에 근거하여 그의 행위에 대하여 항변한다(1:12-13). 그는 자신의 불평에 대한 하나님의 책망에 대응할 준비까지 하고 있다(2:1). 그러나 끝에 가서 그는 성경의 어떤 곳에서도 발견할 수 없는 가장 아름다운 순종을 시로 표현한다.

> 비록 무화과나무가 무성치 못하며
> 포도나무에 열매가 없으며
> 감람나무에 소출이 없으며
> 밭에 식물이 없으며
> 우리에 양이 없으며 외양간에 소가 없을지라도
> 나는 여호와를 인하여 즐거워하며
> 나의 구원의 하나님을 인하여
> 기뻐하리로다(3:17-18).

무엇이 이 선지자의 영혼에 이처럼 극적인 변화를 가져오게 했는가? 이 책의 성경신학적 배경이 이 변화를 설명할 수 있다.

하박국서의 첫 구절들은 이 책의 역사적 배경의 정보를 전혀 주지 않는다. 그러나 갈대아 혹은 카스딤(Kasdim) 사람들에 대한 구절은 이 예언이 주전 7세기 후반에 이루어졌음을 나타낸다(1:6).[9] 하박국이 예언한 시기는 바벨론이 아직 그 힘의 절정에 도달하지는 않았다. 왜냐하면 선지자는 하나님께서 이 사나운 나라를 "일으키고 있다"고 말하고 있기 때문이다(1:6).

북 왕국의 포로를 경험하고서도 유다 왕국에 살고 있는 하나님 언약의 백성은 그들의 윤리적인 삶을 크게 바꾸지 아니하였다. 이러한 때에 하박국은 전능

---

8) Roberts(*Nahum, Habakkuk, and Zephaniah*, 81)는 하박국을 계속적으로 발전하는 논쟁이 책 전체를 흘러가고 있는 점에서 "다른 선지서들보다 독특한" 책으로 규정짓는다.

9) *Kasdim*이 바벨론이 아닌 다른 백성이라는 증거를 몇 학자들이 내어놓지만, 그 주장이 그다지 크게 성공하지는 못하였다. 거기에 반대하는 의견은 Robertson, *Nahum, Habakkuk and Zephaniah*, 34를 보라.

자와의 대화를 통하여 하나님이 언약의 백성들의 잘못된 행동을 방관하고 있는 데에 대하여 불평하였다.[10] 얼마나 오랫동안 아무런 대답도 듣지 못하고 도움을 계속 부르짖어야 하는가(1:2)? 사방에서 간악과 패역을 목도하고, 율법이 해이하고 공의가 시행되지 않는다(1:3-4). 율법이 시행되지 않는다는 말로써 선지자는 하나님 백성의 만연한 죄를 확실하게 드러내고 있다.

공의가 굽음으로 인하여 어려움을 호소하고 있는 모습은 선한 왕 요시야의 의로운 통치 시대의 상황과 일치하지 않는 것 같다. 하박국이 묘사하고 있는 이런 악한 상황은 요시야의 아들 여호야김 시대에 더 부합한다. 따라서 그 시기는 요시야가 죽은 주전 609년에서 바벨론이 갈그미스 전쟁에서 시리아-팔레스틴을 점령하였던 주전 605년 사이였을 것이다.

여호와께서 선지자의 불평에 대하여 잔인한 바벨론의 손에 의해 유다가 황폐할 것으로 응답한다. 그러나 그것은 하박국이 상상할 수 없었던 것이었다. 주님은 하박국이 요청했던 것보다 훨씬 더한 것을 준비하고 있었다. 하박국은 하나님의 백성들 자체 내에서 잘못을 바로잡는 것을 원했다. 그러나 그가 상상할 수 없는 일이 일어날 것을 들었다. 유다와 예루살렘도 이스라엘과 사마리아와 같이 포로로 잡혀간다는 것이다(1:5-11).

이제 선지자는 더 심각한 문제에 직면했다. 언약의 주님은 거룩한 분이시다. 그가 하시는 일에는 잘못이 없으시다. 그러나 그가 어떻게 악한 자들이 의로운 사람들을 삼키는 데도 잠잠할 수 있는가(1:13)? 그 백성의 죄의 문제도 크지만, 전능자는 어떻게 더 악한 나라를 자신의 백성들을 징계하기 위한 도구로 사용할 수 있는가? 하박국은 전능자의 계획과 목적에 다시 용감하게 도전한다. 그는 자신을 강철로 만들어 그것을 저지하려고 나선다. 그는 도전적인 사나이였다. 선지자는 여호와의 꾸지람에 반발할 대답도 준비하였다(2:1).[11]

---

10) 전능자와 가진 이 용감한 대화는 하박국 선지자 역할의 특이성을 보여준다. Baker는 하박국을 "언약을 어긴 자에 대하여 바로 대응하지 아니하는 것과 같은 하나님의 행동에 대하여 하나님에게 따지는" 그러한 선지자로 묘사한다. Baker는 일반적인 선지자와 전혀 다른 행동을 하는 하박국의 특이성을 다음과 같이 강조한다. "만약 선지자가 자기 동족을 향하여 이런 행동을 취할 때에 매우 위험한 상황에 놓일 것이다. 그런데 그가 하나님을 향하여 이런 행동을 주저함 없이 하고 있다"(Nahum, Habakkuk, and Zephaniah, 43).

11) NIV 성경이 "이 불평에 무슨 대답이 주어질 것인가?"라고 번역하는 것은 선지자의 말을 너무 완화시킨 것이다. 하박국은 실제로 전능자가 꾸짖기 전에 반박할 준비를 하고 있었다.

여호와의 다음 말씀은 선지자를 완전히 사로잡았다. 그 메시지는 심히 중요하기 때문에 마치 십계명을 돌 판에 새기듯 판에 새기라고 하였다(2:2). 그것은 단순하게 쓰여서 사람이 뛰어가면서도 읽을 수 있게 하였다. 그 계시적인 메시지는 끝 날까지 유효하며, 결코 거짓되지 않을 것이다(2:3). 그 중요한 메시지는 무엇인가?[12] 바로 "의인은 그 믿음으로 말미암아 살리라"이다(2:4).[13] 언약의 하나님을 믿음으로 의롭다 함을 받은 사람은 "살 것이다." 그들은 나라가 무너지고 또 무너지는 하나님의 심판에서도 살아남을 것이다. 나라들은 파괴되고, 하나님의 백성은 심한 매를 맞을 것이다. 바벨론은 하나님의 도구로 사용되는 임무가 끝나면 역시 하나님의 손에 의해 무너질 것이다. 이렇게 왕국들이 흔들리는 모든 시대를 통하여도 희망의 말씀은 무너진 더미 위로 오를 것이다. 하나님을 의지하는 믿음을 선포한 자는 그의 믿음과 함께 계속 살 것이다. 믿음으로 남은 자는 천지개벽과 같은 사건들을 경험하고도 그러한 사건들을 지나면서 여호와에 대한 믿음을 지킬 것이다. 여호와께서는 열국을 부수는 시간에도 그의 거룩한 성전에 계실 것이다. 그래서 온 세상은 그의 앞에서 잠잠하게 될 것이다(2:20).

하박국이 직면한 구속역사적인 문제가 사도 바울이 직면한 신학적인 문제를 내다보고 있다. 그것은 로마서에서 묘사된다. 하나님이 자기 백성을 버리셨느뇨? 그들이 메시아를 거절하는 불신 때문에 주님에 의해 버림을 받았는가(롬 11:1)? 이에 대해 하박국은 이미 대답했다. 잔인한 바벨론의 손에 자기 백성을 내어줌으로써 하나님이 그 백성을 버리셨는가? 아니다. "믿음으로 의롭게 된 자들은 살 것이다"(합 2:4). 그를 믿는 자들은 살아남을 것이다. 사도 바울도 같은 문제에 직면하였다. 그리스도를 거절하였던 이스라엘 나라는 이방인들에게 넘겨졌다. 하나님이 자기 백성을 버리셨는가? 아니다. 다시 그 말은 반복된다. "믿음으로 의롭게 된 자는 살 것이다"(롬 11:1-2; 1:17). 바울 자신이 하나님의 은혜로 선택된 선민의 남은 자로서 살아 있는 증인이었다. 이 남은 자는 믿음으로 살

---

12) Roberts(Nahum, Habakkuk, and Zephaniah, 81)는 이 책에 나타나는 논쟁의 발전과정을 잘 요약하고 있음에도 불구하고, 선지자의 핵심적인 메시지인 2:4의 말을 집어내는 데에 실패한다. 그는 하박국 3장에 있는 하나님 현현의 환상을 이 책의 핵심으로 채택한다.

13) 이 중요한 문구를 옛 언약과 새 언약의 문맥에서 충분히 분석해 놓은 Robertson, Nahum, Habakkuk, and Zephaniah, 174-82를 보라.

아 있다. 그들은 오직 예수 그리스도를 믿음으로 새로운 생명으로 태어난다.

오늘도 은혜로 선택받은 백성 중 믿음의 남은 자들이 있다. 유대인이나 이방인이 동일하게 믿음의 백성으로 인정받으며, 주님의 계속되는 심판에도 불구하고 아직 살아 있다. 바울은 이 복음의 메시지를 들고 땅 끝까지 가고 싶어 하는 간절한 갈망을 가졌다. 바울이 갈망했던 구원은 첫째로 유대인에게요, 그리고 역시 이방인에게였다. 오늘날 믿는 자들에게 복음을 들고 가고자 하는 간절한 갈망은 주님이 영광스럽게 다시 오실 때까지 계속될 것이다.[14]

3. 스바냐

스바냐는 주전 7세기의 삼인조 선지자 중 한 사람으로서 이스라엘 역사에서 특별한 시점에 활동하였던 선지자이다. 스바냐의 활동 시기는 책의 첫 시작에서 밝혀진다. "아몬의 아들 유다 왕 요시야의 시대에"(습 1:1). 그 연도는 대략 주전 640-609년이 된다. 그는 특별히 앗수르 왕국을 향하여 경고하는데, 그의 메시지는 니느웨가 멸망한 주전 612년 전에 주어졌다(2:13-15).

요시야 통치 시대에 있었던 특별한 사건은 주전 622년에 성전에서 율법책을 발견한 것이다. 이 언약의 책 발견은 전국으로 걸쳐 일어난 종교개혁의 시발점이 되었다(왕하 22:1-13). 만약 남 왕국이 북 왕국과 같은 포로의 비극으로부터 피할 수 있었던 요인이 있었다면, 그것은 모세의 언약에 따라 시행한 이 종교개혁 때문이었을 것이다.

스바냐는 이 유다의 역사에서 마지막 중요한 종교개혁 이후에 그의 메시지를 기록하였는가? 스바냐서는 신명기서와 매우 병행적인(유사한) 표현을 구사한다. 따라서 스바냐가 새로 발견된 율법책에 기초하여 그의 메시지를 작성하였을 것으로 생각된다.[15] 스바냐서의 몇몇 문구는 신명기 언어와 같다. 그러나 이

---

14) Roberts(*Nahum, Habakkuk, and Zephaniah*, 85)는 하박국의 메시지와 오늘날 기독인들의 경험을 적절하게 연관시킨다. "기독인들이 살고 있는 시점은 사탄을 쳐부수고 승리한 예수님의 부활과 성도들도 부활할 예수님의 재림이전 그 중간에 있다. 그래서 하박국 2:4은 기독인들의 종말적인 생활태도를 위한 열쇠가 된다.

15) 이 병행적인 표현법에 대하여 Robertson, *Nahum, Habakkuk, and Zephaniah*, 254-55를 보라.

것은 스바냐가 앞으로 신명기가 발견될 것을 예상하고 미리 이러한 글을 썼다고 하기에는 불가능하다. 이러한 증거들은 하나님이 스바냐를 젊은 요시야 왕의 급진적인 개혁을 도울 목적으로 선지자로 세웠을 것이라는 생각을 하게 만든다. 스바냐는 그의 메시지를 여호와의 율법에 근거를 둔다. 그 율법은 바로 모세가 썼고 요시야가 재발견하였다.[16]

스바냐 예언의 중심은 다가오는 여호와의 날에 대한 선포이다. 아모스가 여호와의 날에 대하여 언급하면서, 그것은 당시 주변에 퍼져 있었던 개념이었음을 언급하였다. 아모스의 동시대 사람들은 여호와의 날을 기다렸는데, 그들은 그 날을 구원의 날이요 빛이 비칠 날로 생각했기 때문이었다. 그러나 아모스는 그들에게 그 날은 어두울 것이요, 빛이 없으며, 구원이 아닌 심판의 날이 될 것임을 말하였다(암 5:18-20).

스바냐서에서 여호와의 날에 대한 신학의 발전은 독특하다. 스바냐는 이 절정의 날과 하나님의 옛 언약 사이에 연관을 짓고 있다. 첫 장에서 스바냐는 이스라엘 역사에 있었던 세 언약들을 암시한다. 그것은 노아와 맺은 언약, 아브라함과 맺은 언약 그리고 모세와 맺은 언약이다. 각 언약에서 주어지는 언약적 저주는 미래적인 하나님의 심판을 예고한다. 노아의 언약과 연관되어 사용된 말은 하나님이 땅에 있는 모든 것(사람, 짐승, 새, 물고기를 포함한)을 지면에서 멸절시키겠다고 선언한 것이었다(습 1:2-3; 창 6:7). 아브라함과 맺은 언약과 연관되어 묘사된 것은 여호와가 희생을 준비하였으며(그것은 그의 심판 때에 희생당할 것을 암시하는 것임), 잔치에 초대할 손님을 구별하였다는 것이다(습 1:7; 창 15:9-11). 시내산에서 주어진 모세의 언약과 관련하여 스바냐는 다가올 심판의 날을 선포하는데, 그 날은 "캄캄하고 어두운 날이요 구름과 흑암의 날이요, 나팔을 불어 경고하며 견고한 성읍을 치는" 날이 될 것이다(습 1:15-1; 출 20:21). 스바냐는 이 여호와의 날은 "가깝다"고 선포한다(습 1:7). 옛 언약을

---

16) 스바냐와 신명기에 유사한 문구가 사용되었다고 해서 신명기서의 후대 편집설을 지지하는 것이 결코 아니다. 왜 선지자가 자신의 시대에 재발견된 율법책의 문구들을 사용했을 것이라는 견해는 불가능한가? 많은 유익한 통찰을 제공함에도 불구하고 Achtemeier(Nahum-Malachi, 62)는 본문의 진정성을 평가하는데 모순된 말을 한다. 그녀는 한편으로 기록하기를 "이 책의 유기적인 전체는 편집자의 손에 의해 꾸며지지 않았음을 증명한다"고 하면서도 결론을 맺기로는 "스바냐 3:18-20은 후대의 신명기적인 수정작업이 있었음을 보여준다"라고 말한다.

맺을 때에 마치 심판자처럼 무서운 모습으로 임재하셨던 그 하나님은 이제 여호와의 큰 날에 심판자로서의 무서운 모습으로 다시 등장한다. 북 왕국이 계속적으로 언약의 의무를 어겼기 때문에 포로로 잡혀가게 한 것처럼, 이제 남아 있는 남 왕국에도 더 무서운 파멸이 예상되어진다. 남 왕국 유다의 포로는 이제 오고 있는 그 날과 관계된다. 그 날에 언약의 하나님은 언약에서 선포된 모든 저주들을 쏟아 부을 것이다.

그래서 스바냐에서 여호와의 날은 언약을 맺던 그 날과 동일시될 것이다. 그런 의미에서 언약의 날은 "여호와의 날"이다. 그 날에 여호와께서 이 세상의 백성 중에 그가 언약을 맺을 때에 확립했던 그 통치권을 나타내실 것이다. 여호와의 날은 하나님이 언약에서 확립한 그의 왕 되심을 보여주실 날이다.

무서운 하나님의 심판에 대한 그림이 스바냐서 첫 장에서 다음과 같이 잘 묘사된다. "이 온 땅이 여호와의 질투의 불에 삼키우리니 이는 여호와가 이 땅 모든 거민을 멸절하되 놀랍게 멸절할 것임이니라"(1:18). 그러나 하나님 사랑의 그림이 이 선지자 메시지의 절정을 이룬다. 스바냐 마지막 장에서 발견된 그 구절은 구약의 요한복음 3:16이라고 불릴 만하다. "너의 하나님 여호와가 너의 가운데 계시니 그는 구원을 베푸실 전능자시라 그가 너로 인하여 기쁨을 이기지 못하여 하시며 너를 잠잠히 사랑하시며 너로 인하여 즐거이 부르며 기뻐하시리라"(습 3:17).[17] 어느 누가 이것을 상상했을 수 있을까? 전능하신 하나님이 그의 백성을 향한 사랑으로 조용한 묵상 속에 빠져들어 간다. 그리고 하나님 스스로 그 침묵을 터뜨리고 노래를 부른다. 왜냐하면 자기의 사랑하는 자에 대한 기쁨이 크기 때문이다.

포로와 회복의 관점에서 스바냐는 예상되어지는 유다 백성들에 대한 포로라는 하나님의 심판 그 너머로 나아간다. 이제 하나님은 온 세상, 땅 위의 모든 생물을 휩쓸어 버리는 심판을 내릴 것이다. 노아 시대에는 땅 위의 호흡 있는 모든 생물을 멸하였다. 그러나 이제 이 우주적인 대 격변의 심판에는 "바다의 물고기"까지 포함될 것이다.

이와 비슷하게 스바냐의 회복은 유다의 남은 자가 돌아오는 회복 그 너머로 나아간다. 이방 백성들의 입술까지 정결케 될 것이다. 그래서 그들이 구원을 주

---

17) 자동사인 *harash*는 "조용하다"(be quiet)는 뜻이다. NIV의 "너를 조용케 한다"(quiet you)라는 번역은 좋지 못하다. Robertson, *Nahum, Habakkuk, and Zephaniah*, 340.

신 여호와의 이름을 부를 것이다(3:9). 아프리카의 심장부인 구스 강 너머로부터 예배자들이 예물을 가지고 와서 하나님을 섬길 것이다(3:10).[18] 동시에 하나님은 예루살렘을 정결케 하여, 그의 거룩한 산은 영원할 것이다(3:11, 14). 그는 흩은 자들을 치욕의 땅에서부터 모아 고향으로 데리고 올 것이다(3:19-20). 그 땅의 회복은 스바냐의 미래에 대한 예고에서 중요한 역할을 한다. 그러나 그 회복의 범위는 모든 인류를 다 포함할 것이다.

흥미롭게도 스바냐의 예언에는 오실 메시아 왕에 대하여는 거의 나타나지 않는다. 그것은 하나님 자신이 자기 백성을 구원할 "전능자"(mighty hero)로 나타나기 때문이다(3:17). 아마도 유다를 통치한 세상 왕들에 실망한 선지자는 왕정 시대 이전으로 돌아가 하나님 자신이 왕으로서 자기 백성을 구원하는 사상을 가졌을 가능성이 있다. 이러한 면에서 선지자는 이 죄 많고 타락한 공동체를 구원하실 분은 오직 하나님 그분이심을 내세운다.

4. 예레미야

예레미야는 "하나님이 그에게 준 말을 전혀 다듬지 않고 음절 그대로 토해내는 유례가 없는 불굴의 용기를 가진 사람이었다"고 묘사하는 것이 적당하다.[19] 그의 용기는 자신의 성격에서 나왔다고 할 수 없다. 선지자는 자신이 어떤 기질의 사람임을 잘 인식하고 있었다(렘 1:6). 예레미야의 강함은 그가 소명을 받을 때에 주어졌지, 원래의 기질이 강한 사람이 아니었다.[20] 그의 긴 생애 동안 당하였던 개인적인 위기 때마다 보여준 그의 하나님 말씀에 대한 신뢰는 특별하다.

책의 첫 시작 절에서 예레미야는 자신의 소명 날짜를 요시야 왕 제13년(주전 627년)으로 말한다.[21] 그는 남 왕국이 포로로 잡혀간(주전 587년) 그 이후의 시기까지 사역을 계속하였다. 유다에 남은 반란자들이 예레미야를 이집트로 끌고 간 이후에도 그는 포로의 어두운 시대 동안 그의 예언적 사역을 계속하였다

---

18) 구스 강 너머에서 오는 자들은 이스라엘의 돌아옴일 가능성이 없지 않지만, 문맥은 모든 이방 백성들이 하나님의 백성이 됨을 의미할 가능성도 있다.
19) Bright, *Jeremiah*, ci.
20) Ibid.

(43:8-44:30). 예레미야는 40년 이상 동안 백성들의 저항을 받으면서 하나님의 말씀을 전하는 사역자로의 무거운 짐을 지고 살았다.

예레미야서는 다른 선지서들보다 그의 예언을 담고 있는 자료의 다양성에서 특별하다. 시가체, 개인의 전기적(傳記的)인 산문체, 교훈적 산문체 등이 이 책의 중요한 세 가지 문학형태이다.[22] 그의 예언에 전기적인 자료가 많이 포함되었다는 점이 또한 특별하다. 이 전기적인 기록들을 하나님으로부터 받아서 백성에게 전달한 예언의 메시지와 별개의 것으로 보아서는 안 된다.[23] 다른 많은 선지자들의 경험과 마찬가지로 예레미야의 삶 자체가 그의 메시지를 담고 있다. 이사야의 아들들이 예언적 표적으로 사용되었다(사 8:18). 에스겔 아내의 죽음은 그 당시 백성들에게 주는 실물교훈으로 사용되었다(겔 24:15-18). 호세아가 음란한 여인과 결혼한 것은 이스라엘의 불신앙을 지적하기 위한 예언적 행동이었다(호 3장). 요나가 물고기 뱃속으로 들어가고 또 나온 것은 예수님의 죽음과 부활을 예고하는 표적으로 사용되었다(마 12:40). 이와 마찬가지로 하나님의 선지자 예레미야가 고난당하고, 반대세력에 부딪히고, 버림받는 경험들은 여호와의 종이 자기 백성을 위해 고난당하는 구속사역과 관계된 메시지를 담고 있다.

호세아, 아모스, 이사야와 같이 예레미야의 주요 메시지는 그의 선지자로 부

---

21) 이 시작 부분에 나타나는 예레미야 소명의 구절은 많은 논란의 대상이 된다. Perdue("Jeremiah in Modern Research," 1)는 예레미야 책에 대한 논쟁점들의 목록을 제시하면서 예레미야 소명의 날짜가 중요한 과제로 부각되고 있음을 지적한다. 그러나 그는 신학자가 이것을 연구해 본다면, 그리 큰 문제가 될 것이 없음을 발견할 것이라고 결론 맺는다(4). Hyatt("Jeremiah and Deuteronomy," 114)는 주전 621년에 요시야가 개혁을 시작한 시점에서 10년 이후까지 예레미야는 선지자적인 활동을 시작하지 않았다고 주장한다. 그는 예레미야는 신명기적 신학에 의한 종교개혁을 실제로 반대한 선지자였다고 결론 맺는다. 그러나 그는 예레미야서는 이제 신명기적 편집과정을 거쳐 완성되었으며, 그래서 그 책은 예레미야가 개혁운동에 찬성한 자처럼 나타난다고 말한다. Perdue는 이 문제에 대한 토론에서 다음과 같이 결론 맺는다. "이 문제에 대한 많은 토론에서 다수가 동의할 수 있는 어떤 뚜렷한 결론이 아직 내려지지 않고 있다는 것이 큰 좌절감을 안겨준다"(31).
22) Bright(Jeremiah, lx)는 예레미야서의 이 문학체들을 분석하기 시작한 Bernhard Duhm의 역할을 언급한다. 이 논쟁에 대한 보다 풍부한 자료는 Seitz, Theology in Conflict, 1 n. 1을 보라.
23) 이 책의 산문체적 자료들은 가끔 시가체 부분의 신학에 가끔 상반되는 내용을 담고 있기 때문에 그것들이 예레미야의 것인지에 대한 의문이 제기되기도 한다. 여기에 대한 Duhm and Mowinckel의 결론적인 말들은 Hobbs, "Composition and Structure," 179를 보라.

름 받은 소명의 장에서 요약적으로 발견된다. 예레미야의 소명 장에 "하나의 핵심적 권면, 두 개의 핵심적 환상들, 여섯 개의 핵심적 단어들"이 포함된다.

소명의 장에 "하나의 핵심적인 권면"이 처음 나타난다. 하나님은 예레미야가 태에 있을 때부터 그를 "열방의 선지자"로 택하였다고 하였다(렘 1:5, 10).[24] 그러므로 그는 하나님이 누구에게 보내든지, 또 무슨 말을 주든지 두려움 없이 가서 전해야 하였다(1:7). 모세를 통하여 세웠던 예언의 원리에 따라 하나님은 자신의 말을 예레미야의 입에 넣을 것이다(1:9; 또한 신 18:18도 보라).[25] 예레미야를 위한 이 하나의 핵심적 권면에는 하나님의 말씀을 이스라엘뿐만 아니라 열국에도 선포해야 하는 불가피한 책임성에 초점이 맞추어져 있다.

예레미야의 소명과 관계된 두 개의 핵심적 환상들은 아몬드(한글개역성경은 살구나무로 번역함) 나뭇가지와, 북쪽에서부터 기울어져 있는 끓는 가마였다(렘 1:11, 13). 이 두 환상들은 책 전체에 흘러가는 메시지를 요약한 것이다. 북쪽에서부터 기울어진 가마가 나타내는 의미는 바로 다음 절에 설명되는데, 재앙이 북쪽에서부터 오는 것이다. 북쪽 나라인 바벨론으로부터 재앙이 그 땅에 쏟아져 백성들이 포로로 잡혀갈 것을 예고한다(1:14).[26] 싹을 틔우는 "아몬드나

---

24) Calvin(*Jeremiah and the Lamentation*, 37)은 예레미야의 예언은 "유대인들에게 알려졌든지 알려지지 않았든지" 모든 나라들을 다 포함하고 있다고 쓴다.
25) Thompson(*Jeremiah*, 148)은 다음과 같이 말한다. "예레미야의 소명에서 신명기 18:18과 매우 유사한 점은 구약의 어디에서도 발견될 수 없을 것이다."
26) 북쪽에서 오는 적군의 침입에 대하여 여러 의견들로 나뉜다. Perdue("Jeremiah in Modern Research," 6-10)는 세 가지 견해를 소개한다. (1) 역사적인 묘사로서, 적군은 Scythian 혹은 바벨론을 가리킨다; (2) 신화적-종말론적인 의미로 사용되었다; (3) 양자 합친 것으로서, 책의 전반부에서는 역사적인 묘사로 적군을 말하지만, 후반에서는 역사를 초월한 묵시록적인 성격으로 발전하였다. 이 세 번째 견해를 주장하는 사람은 대표적으로 Childs("Enemy from the North," 161)를 들 수 있다. Childs는 포로 이전의 사상은 실제 북쪽에서 내려오는 적군에 대한 개념으로 묘사하였지만, 포로 초기의 개념에서는 초인간적인 성격으로 혼돈된 신화와 관계되었으며, 포로 말기 혹은 포로 이후에서 적군에 대한 개념은 앞의 두 전통을 하나로 합친 "대 혼란"으로 나타난다. Childs는 이러한 포로 후반 혹은 포로 이후에 일어났던 최종적인 발전을 우주적 혼란과 관계된 이사야 13-14장, 예레미야 50-51(46-49장이 아님), 그리고 요엘 2-3에서 발견한다. 건전한 "북으로부터의 적군"에 대한 해석은 Bright(*Jeremiah*, 7)에서 발견할 수 있다. Bright는 다음과 같이 진술한다. "책의 첫 장에서는 '북으로부터 오는 적군'이 누구인지 모호하지만, 뒤에는 분명히 바벨론으로 규정한다. 대 격동 혹은 종말론적 요소는 이 "북쪽으로부터 오는 적군"의 문구에서 전혀 나타나지 않는다."

무"(shaqed)는 "지켜본다"(shoqed)는 단어의 의미와 연관되어 있는데, 여호와의 말이 어떻게 성취될 것인지를 지켜본다는 것이다.[27] 팔레스틴의 농부들은 아몬드나무가 싹트는 것을 부지런히 지켜본다. 그것은 봄이 오는 첫 표적이기 때문이다. 그와 같이 주님은 선포된 하나님의 말씀이 어떻게 이루어지는지를 자세히 관찰하라고 하신다. 예레미야서에서 선포된 하나님의 말씀에 계속적으로 관심을 기울여야 한다. 그것은 살아 있는 말이며, 왕들과 나라들을 뽑기도 하고 세우기도 하는 능력이 있기 때문이다.[28]

그 다음으로 여섯 개의 핵심적 단어들이 예레미야 소명의 장면에서 여섯 개의 계속되는 부정사로 나타난다. 그중 네 개는 부정적이며, 두 개는 긍정적인 의미를 내포한다. "뽑으며, 파괴하며, 파멸하며, 넘어뜨리며, 건설하며, 심게 하였느니라." 예레미야 메시지에서 이 용어들의 중요성이 자주 나타난다. 이 용어들이 책 전체를 통하여 중대한 시기마다 규칙적으로 나타나고 있음을 간과해서는 안 된다.[29] 이 문구들의 탁월한 역할에 대하여 일곱 번이나 나타나는 그 구절들의 문맥에서 자세히 관찰해 볼 필요가 있다.

1) 예레미야 1장: 선지자로 부름

선지자로 부를 때에 나타난 이 여섯 단어들의 역할은 매우 중요하다. 하나님은 예레미야를 통하여 준 예언적 말로써 왕국들을 뽑으며, 파괴하며, 파멸하며, 넘어뜨리며, 건설하며, 심게 하겠다고 한다. 이 특별한 단어들은 예레미야의 소명과 사명에 대하여 정의해 준다.

---

27) Holladay(*Jeremiah*, 1.37)은 다음과 같이 진술한다. "두 절에 등장하고 있는 그 단어들이 어원적으로 서로 연관되어 있다는 것은 의심의 여지가 없다. 그것은 단순한 속담거리나 말의 유희(word-play)가 아니다."
28) 예레미야에서 "말씀" 개념이 전반적으로 Tm며 있으며, 그 단어의 어근은 책에서 300번이나 타나난다.
29) 이 여섯 단어의 중요한 역할에 대한 연구의 참고자료는 Hermann, "Overcoming the Israelite Crisis," 301 n. 4를 보라.

2) 예레미야 11-12장: 이스라엘과 열국을 위한 하나님의 언약

예레미야 사역의 중요한 시점에 율법책이 발견되어, 어린 왕 요시야가 개혁 운동을 일으키도록 강력한 원동력을 제공한다(왕하 22:8-23:3). 선지자 역할의 중요한 부분은 백성의 삶에 언약의 율법을 적용시키는 것이었다.

예레미야 11-12장에서 선지자는 "이 언약의 말을 듣고 유다인과 예루살렘 거민에게 고하라"는 명령을 받는다(11:2). 그래서 선지자는 언약을 지키지 못하는 사람에게 언약의 저주를 선포해야만 하였다(11:3). 이때에 이스라엘을 "심는다"는 용어가 두 번 사용되었다. 그러나 하나님이 그들을 심었는데도 불구하고 그들이 불순종하였기 때문에 재앙이 선포된다(11:17). 선지자는 여호와에 의해 그들이 심겼고, 뿌리가 박혔으며, 열매를 맺었음을 인식한다(12:2상). 그러나 주님은 그들의 입술에만 있고, 그들의 마음에서는 멀다(12:2하). 그 결과로 주님은 그의 집을 무너뜨릴 것이고, 그의 산업을 내어 던지고, 그의 땅을 많은 이방 목자들에게 넘겨주어 그의 포도원을 망치게 할 것이다(12:7, 10).

이 시점에서 예레미야의 부정적인 핵심 단어들이 등장한다. 주님은 유다 집과 자기 백성을 학대하는 외국 나라들 양자를 다 "뽑아낼" 것이다(12:14). 그가 그들을 약속의 땅으로 인도하여 심었던 것처럼, 이제 그는 언약을 불순종하는 그들을 "뽑아버릴" 것이다.[30] 그러나 여기에서 "뽑아버림"은 그의 율법을 어기는 이방 나라들에게까지 확대된다. 이 핵심 단어가 이방인에게 주는 예언에 사용됨으로써 미래에 열국들의 장래가 결정된다.

이 핵심 단어들이 영향을 끼치는 영역은 민족들을 심고 뽑아버리는 그 너머까지 포함한다. 하나님이 그들을 뽑아버린 후에 "돌이켜 그들을 긍휼히 여겨서 각 사람을 그 산업으로, 각 사람을 그 땅으로 다시 인도"하신다(12:15). 그의 백성과 또 그들을 압제하는 민족들을 뽑아버리는 것 너머 여호와는 그들을 다시 "세우실" 것이다. 이 놀라운 회복은 이방 나라들이 하나님의 백성들 중에 "세워

---

30) 심판에 대한 이 거친 말들은 미래를 위한 모든 희망을 제거하는 것 같다. 그러나 심판은 희망을 가져다 줄 수 있는 유익한 방법이다. Bright(Jeremiah, cxiv)가 말한다. "예레미야의 심판의 메시지 안에 구원의 메시지가 있다. 거짓 희망을 완전히 제거하고, 죄에 대하여 야훼가 행하실 의로운 심판을 끊임없이 주장하면서 예레미야는 믿음의 구조 안에서 나라의 비극을 그린다. 그것은 믿음이 파괴됨을 방지하기 위함이었다."

지고", 그 나라들은 "나의 백성의 도를" 배우는 것으로 확대된다(12:16).[31]

만약 어떤 사람이 이방인들이 하나님의 백성으로 동참한다는 이 놀랄 만한 예언을 후대의 편집자의 것으로 돌린다면, 그는 예레미야가 소명을 받을 때에 이 진전을 정확하게 예상하고 있다는 점을 망각한 것이다. 예레미야는 이스라엘에 파송된 선지자일 뿐만 아니라 열국에도 파송된 선지자이다. 소명의 장에서 원래 핵심 단어들이 사용될 때에도 나라들과 왕국들에 대한 묘사였으며, 그 나라들이 뿌리 뽑히는 것뿐만 아니라 심기고 세워지는 것도 나타났다.

이 핵심 단어들은 하나님 백성의 멸망과 구원, 포로와 귀환이라는 예레미야의 예언을 위한 뼈대를 이루었다. 이스라엘과 그 이웃들은 그들의 본토에서 쫓겨날 것이다. 그러나 그들은 역시 그들의 원래 땅으로 돌아올 것이다.

3) 예레미야 18-19장: 예레미야가 토기장이를 방문함

주석가들은 일반적으로 예레미야 18-19장을 하나로 합친다. 왜냐하면 양쪽이 모두 선지가가 토기장이를 방문하는 것으로 시작하기 때문이다[32] 예레미야의 첫 번째 방문에서 토기장이는 진흙으로 만든 그릇을 부수고 자신이 원하는 대로 다시 만들었다. 토기장이의 이 행위로부터 선지자는 하나님의 방법에 대하여 교훈을 얻었다. 하나님은 처음에 한 국가를 그 죄 때문에 "뽑으며," "파괴하기로" 결심하였다. 만약 백성이 회개하면 하나님은 그 나라를 그의 목적대로 다시 만들 것이다. 임박한 하나님의 심판의 조망에도 불구하고 그 나라를 위한 희망은 남아 있다. 다른 한편으로 하나님은 한 국가를 "세우며," "심을" 의도를 선포하였다. 하나님은 그 나라에 행할 선한 계획을 가지고 계신다(18:1-10).

---

31) NIV는 예레미야의 이 핵심 단어를 "세워지다"(be built) 대신에 "확립하다"(be established)로 번역함으로써 뜻을 모호하게 만든다.

32) Drinkard는 다음과 같이 말한다. "18장과 19장은 여러 면(문학적으로 그리고 주제적으로)에서 서로 연관되었다. 18장 메시지의 기본을 이루는 토기장이 주제는 19장의 주제의 중심이 되는 토기장이의 오지병과 관계된다. 이들 양쪽의 주제는 서로 유사하며 또 상반된다. 18장에서 그릇이 토기장이가 원하는 대로 다시 만들어진다. 그러나 19장에서 그릇은 부수어진다. 진흙으로 만든 토기는 쉽게 다른 모양으로 만들어질 수 있다. 그러나 한번 불에 구워 굳어진 그릇은 다시 만들기 위해 사용될 수 없다. 토기장이가 원하는 대로 다시 모양이 만들어질 수 없다. 주인의 손에서 파괴될 뿐이다"(in Craigie, Kelley, and Drinkard, Jeremiah, 240).

두 번째 토기장이 방문에서 선지자는 진흙도기를 샀다. 선지자는 백성의 장로들을 불러 모아 힌놈의 아들 골짜기에서 그 도기를 깨뜨렸다. 이것은 유다가 곧 황폐화될 것을 상징하였다. 앞 장의 토기장이 비유에서는 솜씨 좋은 토기장이가 토기를 다시 회복하는 것이 있었는데, 여기에서는 그 이상의 것으로 발전하고 있다. 도기는 깨뜨려지고 흩어졌으며, 이것은 유다와 예루살렘이 황폐화될 것을 상징한다(렘 19장). 예레미야의 핵심 단어가 두 번째 장에는 나타나지 않는다. 그러나 이 장도 첫 번째 장의 연속임이 분명하다.

예레미야의 토기장이 환상과 연관되어 핵심적 단어들의 메시지는 나라의 운명을 결정짓는다. 그들이 하나님의 명령을 불순종함으로써 하나님을 거절했다. 하나님이 그들에게 회개할 두 번째 기회를 주었음에도 불구하고 그들은 회개치 아니하고 그들의 길에서 돌이키지 않았다. 그들에게 멸망은 필연적이다.

예레미야의 이 핵심 단어들은 신약성경에서 그대로 현실화된다. 유다가 이스라엘 지도자에게 예수님을 배반하여 받았던 삯을 돌려주려 한 사건에서 반영된다(마 27:9-10). 마태는 이 사건을 진술하면서 "이에 선지자 예레미야로 하신 말씀이 이루었나니"라며 예레미야서를 인용한다(27:9). 사실 거기에 인용된 구약성경 구절은 예레미야서가 아니라 스가랴서의 것이 분명하다(슥 11:11-13).[33] 마태와 스가랴 양쪽이 다 하나님이 이스라엘을 위해 세운 목자가 흩어질 때에 30세겔의 가격이 지불됨을 말한다. 그러나 예레미야서는 그것이 없다. 그런데 어떻게 마태가 그 말의 기원을 예레미야에게로 돌리고 있는가?

마태의 이야기에서 중요한 요소들이 스가랴서에서는 나타나지 않는 반면 예레미야서의 두 장들에서 발견된다. "피 값"으로 제사장들이 "피 밭"을 산 것이다(마 27:6-8). 유다가 뉘우치면서 선언했다. "내가 무죄한 피를 팔고 죄를 범하였도다"(27:4). 그들의 부인에도 불구하고 유대의 지도자들은 예수님을 죽인 범죄자 중의 속한다. 그 범죄자들이 범한 피 값으로 토기장이의 밭을 산 것은 예레미야의 토기장이 구절에 나타나는 "무죄한 자의 피로 이곳에 채웠음이며"

---

33) 주석가들은 예레미야 18-19장과 마태의 인용의 관계를 규명하기 위하여 노력을 많이 한다. 여기에 제안되는 의견들을 위해 Hagner, Matthew, 2.814-15를 보라. 이 문제 해결을 위해서는 신약이 구약을 인용할 때에 특징적인 양상들로 합성하는 방법과 문맥의 고려를 우선순위로 두고 있는 원리들을 알아야 한다. 자료로 제공되는 구약성경의 문맥과 신약성경이 인용하고 있는 문맥의 고찰이 단순히 말 자체를 맞추어보는 것보다 우선적으로 해야 할 작업이다.

를 반영한 것이다(렘 19:4). 마태는 배신자의 입을 통하여 "무죄한 피"라고 말하며, 예레미야는 유다 왕들과 백성이 예루살렘에 채운 것을 "무죄한 자의 피"라고 했다. 그들은 예레미야가 첫 번째 토기장이를 방문하여 상징적인 메시지를 준 기회를 거절했다. 만약 그들이 회개하고 돌이키면 다시 세움을 받을 수 있었다(18:1-10). 여호와께서 요청한 회개를 거절하는 유다 백성에게 "뽑거나 파하거나 멸하리라" 한 심판이 내려진다(18:7). 그것은 그들의 목자/메시아를 거절한 유대인들에게 그대로 적용된다. 장로들을 데리고 가서 보여준 토기의 상징적인 교훈은 그들이 이 살육의 골짜기에서 죽임을 당한다는 것이다(19:1, 6-7, 11; 또한 마 27:7-8도 보라). 마태복음에서 피 값과 피 밭은 유다의 운명에 바로 적용되었다. 그에게 피 값을 지불하고 피 밭을 산 동조자들도 결국 그 심판에 포함될 것임에 틀림없다. 다시 한번 예레미야 소명의 장에서 등장하였던 여섯 개의 핵심 단어들이 배반하는 백성을 향한 예레미야의 사역에 중요한 역할을 하고 있음을 확인한다.

4) 예레미야 24장: 두 무화과 광주리의 환상

예레미야는 주전 597년에 유다 왕 여호야긴이 포로로 잡혀간 상황을 경험하였다. 이 사건이 예레미야의 사역에 심각한 영향을 미친다. 그는 여호와 하나님의 심판으로 유다 백성이 둘로 갈라진(포로로 잡혀간 사람과 예루살렘에 남아 있는 사람) 상황을 다루어야 했다. 북 왕국 이스라엘의 포로로 그 왕조는 이미 주전 722년에 종말을 맞았다. 그러나 유다 왕이 바벨론으로 끌려가고, 대신에 다른 왕이 세워져 예루살렘을 다스리는 이 새로운 상황을 어떻게 해석해야 하는가?[34] 이 나누어진 두 그룹(포로로 잡혀가 고생하고 있는 사람들과 아직 유다와 예루살렘에 남아 계속 성전에서 예배드리고 있는 백성들)에 대한 하나님의 견해는 무엇인가? 여호야긴과 함께 포로로 끌려간 그들의 미래는 어떻게 될까? 바벨론의 정복에도 불구하고 아직 고향 땅에 남아 있는 이 사람들의 운명은 또 어떻게 될까?

---

34) Seitz(*Theology in Conflict*, 4-5, 30, 100-01)은 주전 597년에 있었던 포로의 상황이 일반적으로 알고 있는 것보다 훨씬 더 심각한 것이었음을 강조한다.

다시 한번 예레미야의 핵심 단어들이 이 두 그룹 사이를 판단하는 역할로 나타난다. 예레미야는 성전 앞에 놓인 두 광주리 환상을 본다. 한 광주리는 좋은 무화과를 담았으며, 다른 광주리는 악하여 먹을 수 없는 무화과를 담았다(24:2). 두 광주리는 나누어진 백성의 두 그룹을 대변한다. 표면적으로 볼 때에 나쁜 광주리는 하나님의 심판으로 포로로 끌려간 백성들이며, 좋은 열매는 본토에 남아서 계속 예배드리는 사람들로 인식하기가 쉽다. 그러나 그러한 예상과는 정 반대로 바벨론에 끌려간 사람들이 좋은 무화과로 판정되고, 본토에 남아 있는 사람들이 악하여 먹지 못하는 무화과로 규정된다(24:5, 8).

예레미야의 소명에서 사용된 핵심 단어들은 이 두 그룹의 차이를 확실히 드러내기 위해 다시 사용된다. 하나님은 여호야긴 왕과 포로민들에게 "세우고, 헐지 아니하며, 심고, 뽑지 아니하겠고"라고 한다(24:6하). 그는 그들을 고향 땅으로 돌아오게 하겠다고 한다(24:6상). 뚜렷하게 반대되는 상황이 시드기야 왕과 땅에 남아 있는 사람에게 벌어진다. 그 땅에 남아 있는 자들은 하나님의 의로운 심판을 톡톡히 경험할 것이다. 그리고 그들은 그들 조상들에게 주어진 땅에서부터 멀리 버림을 당할 것이다(24:9-10).

백성의 종교행위에 대하여 다시 한번 바른 평가를 내려야 한다. 하나님이 은혜로 "세우고, 심고"에 합당한 사람은 포로민들이다. 그들은 성전도 없어서 정상적인 예배를 드리지 못한다. 반대로 남아 있는 사람들은 계속 예배를 드리고 있다. 예레미야의 유명한 성전 설교는 그들이 예배를 외형적으로 드리는 것의 어리석음을 지적한다. 그들이 성전에 들어오면서 "이것이 여호와의 전이라, 여호와의 전이라, 여호와의 전이라"라고 합창한다(7:4). 그러나 하나님은 그들을 진정한 예배사로 받아들이지 않았다. 이제 예레미야는 전보다 더 극적인 형태로 그들의 예배를 거절한다. 그 땅에 남아 예루살렘 성전에서 계속 예배의식을 행하고 있는 자가 아니라, 하나님의 심판으로 포로로 잡혀간 그들에게 이스라엘 미래의 희망이 선포된다.[35]

그러나 어떻게 이미 포로로 잡혀간 공동체에 희망이 주어지는가? 그들은 하나님의 심판으로 현재 포로라는 징계를 받는 것이 아닌가? 예레미야에게 주어진 하나님의 말씀은 이것에 대한 다른 설명의 근거를 준다. "내가 여호와인 줄

---

35) Clements, *Jeremiah*, 145-49를 보라.

아는 마음을 그들에게 주어서 그들로 전심으로 내게 돌아오게 하리니 그들은 내 백성이 되겠고 나는 그들의 하나님이 되리라"(24:7). 하나님 은혜의 우선순위는 예레미야서의 구성에서 분명하게 나타난다. 징계받은 포로들이 하나님에게 먼저 돌아오고, 그들에게 새로운 마음이 주어지는 것이 아니다. 왜냐하면 이미 돌아온 그들에게 새로운 마음을 선물로 줄 필요가 없기 때문이다. 반대로 하나님은 받을 가치가 없는 그들에게 먼저 은혜를 베푸셔서, 반드시 필요한 새로운 마음을 주신다. 그리고 그 결과로 그들이 여호와께로 돌아온다.[36]

다시 한번, 포로와 회복은 예레미야 소명의 핵심 단어들에 의해 설명된다. 그러나 이번에는 메시지가 한 단계 더 진전한다. 회복은 새 언약에 의해 성취될 것이다. 예레미야의 문구에서 이것을 확실히 보여준다. 하나님은 그들에게 그를 아는/사랑하는 마음을 줄 것이다. 그리고 "그들은 하나님의 백성이 되고, 그는 그들의 하나님이 될 것이다." 이 문구는 언약관계의 기본요소로서 창세기에서 계시록까지 나타난다. 포로의 회복과 관련된 이 구절들에서 "새 언약"이란 단어가 정확하게 나타나지 않는다고 할지라고, 그 개념이 중심적으로 흐르는 것이 확실하다. "새 언약"이라는 용어는 예레미야 소명의 핵심 단어들을 사용한 다음의 구절들에서 가장 중요하게 등장한다.

5) 예레미야 31장: 새 언약의 예언

예레미야서에서 가장 중요한 메시지로 알려진 것이 새 언약과 관련한 예언이다.[37] 예레미야 소명의 핵심단어들이 책 전체의 메시지와 함께 예레미야 31장에도 주된 역할을 한다는 것을 아는 사람은 드물다.[38] 예레미야의 새 언약 예언

---

36) Kidner(*Message of Jeremiah*, 93)가 말한다. "사람들은 포로라는 상황에 대하여 정치적인 면으로 그리고 애국심으로 먼저 생각을 하지만, 하나님은 갈대아에 포로를 '보내었다'고 말씀하시고(5), 그들을 '선한 자로 간주' 하신다(5). 그것은 그들이 그러할 가치가 있어서가 아니라, 신약에서 흔히 말하는 '그의 은혜로' 이루어진 것이다. 그 은혜로 그들을 위해 선한 뜻을 계획하셨고(6), 그 은혜가 그들 위에 있고, 그들 중에 있다(7)."
37) Bright(*Jeremiah*, 287)는 새 언약의 구절을 "유명하기에 충분한", "예레미야 신학의 최고봉", 또 "성경에서 가장 심오하고 감동적인 구절"로 표현한다.
38) 새 언약 예언의 통합된 위치를 파악하는 데 실패하기 때문에 사람들은 이 예언의 진정성에 대하여 의

의 큰 문맥은 유다뿐만 아니라 우주적인 회복을 예상하는 구조 속에 위치한다.

미래에 여호와께서 "사람의 씨와 짐승의 씨를" 이스라엘 집과 유다 집에 "심을"(한글개역성경은 '뿌리다'로 번역함) 것이다(31:27). 한때에 여호와께서 "지켜보며"(한글개역성경은 '경성하여'로 번역함), 그들을 "뽑으며", "훼파하며", "전복"하였던 것같이, 다가오는 그 날에 그는 "지켜보며"('경성하여'), 그들을 "세우며", "심을" 것이다(31:28). 예레미야 소명의 이 핵심 단어들이 이 구절들에 만연해 있다. 원래의 여섯 단어들이 이 한 구절에 나타난다. 또한 이 구절에 소명의 장의 아몬드나무 환상에서 사용되었던 "지켜본다"라는 단어까지 함께 사용되었다(1:11-12).

포로의 심판은 불가피하다. 이 단어가 내포된 선지자의 말은 확실하게 성취될 것이다. 왜냐하면 하나님은 자신의 말을 "지켜보고" 있기 때문이다. 그러나 뽑은 뒤에는 다시 심을 것이다. 이 "심는다"는 말에 "사람과 동물의 씨"가 포함되었다. 이것은 새로운 우주적 회복의 시작을 알리는 것이다. 이스라엘뿐만이 아니라, 전 세계가 다른 모습으로 거듭날 것이다.

배반하여서 자기 땅에서 쫓겨난 이들에게 다시 희망을 줄 수 있는 근거는 무엇인가? 만약 불순종하면 그들을 파멸시키겠다고 했는데, 무엇이 그와 같은 비극을 방지할 수 있는가?[39] 예레미야는 과거의 모든 구속역사에서 은혜를 근거로 하여 하나님이 언약을 맺었음을 설명하면서, 역시 미래의 희망도 은혜가 충분하게 나타날 새 언약을 세움으로써 주어질 것임을 밝힌다(31:31-34).

지금 나라가 멸망 직전에 비틀거리고 있을 때에, 이 새 언약이 이스라엘을 위한 미래의 희망으로 제시된다. 이 새 언약은 옛 언약의 요소들을 가지고 있으며, 또한 완전한 새로운 점도 함께 내포한다.[40] 여호와의 율법(torah)이 한 요소로 남아 있다. 그러나 이제 이 율법은 차가운 돌비에 새겨진 것이 아니라 하나님 백성의 마음에 새겨질 것이다. 죄가 사해지고, 더 이상 희생제사가 반복적으로 드려질 필요가 없다. 여호와를 아는 지식이 새 언약의 시대에 중요한 요소로

문을 가진다. 그러나 Bright는 다음과 같이 말한다. "이 구절들의 진정성(예레미야의 작품이라는 것)에 관하여는, 오직 그것이 의심을 받아온 적이 없다고 말할 수 있다"(Ibid.).

39) Clement, *Jeremiah*, 190.
40) 예레미야의 새 언약과 그 이전의 언약들과의 관계에 대한 충분한 토론은 Robertson, *Christ of the Covenant*, 280-86을 보라.

나타나지만, 선생이 이 지식을 가르칠 필요가 없을 것이다.

이 새 언약의 요소들이 포함한 회복이 지난 20세기 후반에 있었던 육체적인 유대인이 지리적인 팔레스틴 땅으로 돌아와서 나라를 세운 것에서 이루어졌다고 할 수 없다. 그런 형태의 돌아옴은 예레미야의 70년 포로 예언에서 이미 일어났었다. 그러나 마음의 회춘과 사람과 짐승의 씨가 심겨지는 전 세계의 회복은 오직 새 언약의 예언에서 성취될 것이다(31:27, 33-34).

이 새 언약의 기대는 이미 옛 언약 시대에 그림자 형태로 표현되었었다. 예레미야의 핵심 단어들과 관련하여 예루살렘 성은 "하나넬 망대에서부터 모퉁이 문까지" 여호와를 위해 "세워질 것이다"(31:38). 과거에 죽은 시체들로 더럽혀 졌던 곳은 "여호와의 거룩한 곳"이 될 것이다(31:40상-중). 이 새로 세워진 나라는 다시는 "뽑히거나 전복되지 않을 것이다"(31:40하).

이 예언에서 옛 언약이 표현되지만 이 새 언약은 옛 언약의 동맹을 깨뜨릴 것이다. 구속역사의 진전에서 나타나는 하나님과 백성과의 새로운 연합은 성령의 사역으로 완벽하게 이루어질 것이며, 그것은 예수 그리스도의 구속 사역에 근거로 하여 일어날 것이다(눅 22:20; 히 8:7-13). 이 조망에서 본다면 새 언약의 효과는 인간의 어떤 한 세대를 넘어 나타날 것이다. 그것은 이 세상 역사 속에서 지리적인 연합의 어떤 사건으로 나타나는 것이 아니다. 새 언약에 명시된 하나님의 새 약속은 인간 역사의 모든 세대들을 가로질러 성취될 것이며, 회복은 전 세상의 모든 백성들과 나라들을 포함하여 일어날 것이다.

6) 예레미야 42장: 살아 있는 남은 자에게 주는 말

주전 587년 바벨론에 의해 유다와 예루살렘이 황폐한 후에도 나라를 "뽑으며", "심는다"는 예레미야의 핵심 단어들은 계속 역사를 관장한다. 예레미야 42장에 바벨론 점령 이후 살아 있는 남은 자들이 예레미야에게 하나님의 인도하심이 어떠한지를 물었다. 왕족인 배교자 이스마엘이 바벨론이 세운 유다 총독과 바벨론 군사들을 죽였다(41:1-3). 유다의 남은 자들은 위험을 무릅쓰고 그 땅에 남아 있어야 할지, 그들이 바벨론의 보복을 피하기 위해 이집트로 도망해야 할지를 물었다.

예레미야는 열흘 후에 여호와로부터 온 대답을 전했다. 하나님의 대답은 그 백성들에게 익숙한 말로 구성되었다. "너희가 이 땅에 여전히 거하면 내가 너희를 '세우고', '헐지 아니하며', 너희를 '심고', '뽑지 아니하리니'"(42:10). 다시 한번 백성들의 운명은 예레미야 소명 때의 핵심 언어에 의탁되었다. 바벨론에게 무너진 후의 나라, 그리고 간신히 살아남은 소수의 사람들을 두고 나라 혹은 왕국으로 부르기가 힘들다. 그러나 선지자의 이 말에는 아직도 나라로 적용하고 있다. 하나님 자신이 그들을 세우고 헐며, 심고 뽑을 것이다.

예레미야가 소명을 받은 지 사십년이 지났다. 그런데 아직 젊은 시절 소명 때 받은 메시지의 그 말들이 지금 배반한 백성들이 본토에서부터 포로로 끌려간 이 시점에도 계속 예레미야의 메시지의 중심을 이루고 있다. 예레미야의 전 사역을 통하여 중요한 시점마다 같은 단어들이 그의 사역을 인도하고 있다.

7) 예레미야 45장: 바룩과 "두루마리의 전설"

예레미야 45에서 여호와의 말씀이 예레미야의 서기관 바룩에게 주어졌다. 바룩이 예레미야의 말을 받아 책에 기록할 때는 예레미야서 기록에서 가장 중요한 순간 중의 하나이다. 이 극적인 사건은 "두루마리의 전설"(saga of the scroll)이라고 불린다(렘 36장). 유다 여호야김 왕 제4년에 여호와께서 예레미야에게 그가 예언한 모든 말을 기록하라고 지시했다. 그가 소명을 받은 지 23년째의 되는 해이며, 주전 605년 이었다. 그 해는 바벨론이 갈그미스에 주둔하고 있던 이집트와 약화된 앗수르를 쳐서 승리한 해였다. 이 결정적인 사건에서부터 앗수르나 이집트가 아닌 바벨론이 유다 땅을 지배하기 시작하였고, 유다가 마지막 포로로 잡혀가던 587년까지 그 지배는 계속되었다. 단지 유다에 남은 희망은 범국가적으로 회개하여 하나님의 도움을 받는 길이었다.

예레미야가 예언한 말이 대중에게 발표된 것은 그것을 기록한 후 일 년이 지나서였다(36:6, 9).[41] 예레미야는 성전지역에 들어갈 수 없도록 "감금" 상태에 있었기 때문에 그의 서기관 바룩이 23년 동안 예레미야가 예언한 메시지를 회중들에게 읽는 임무를 수행했다(36:5-6).

---

41) Bright(*Jeremiah*, ci)는 이 선지자의 예언이 회중들에게 읽혀진 것은 "아마도 이년 혹은 그 이후였을 것이다"고 말한다.

초기에 예레미야의 예언을 들은 방백들의 반응은 바룩을 고무시켰다. 그가 읽기를 마치자 "백성들은 놀라 서로를 쳐다보았다." 그리고 그들은 여호야김 왕이 이 말들을 들어야 한다는 결정을 내렸다(36:16). 그러나 왕의 성질을 아는 고관들은 바룩과 예레미야를 숨도록 권고했다.

두루마리는 그것 자체의 생명을 가졌다. 그것은 특실에 놓여 왕의 명령을 기다렸다. 드디어 왕궁에 있는 왕과 참관자들 앞으로 두루마리가 옮겨졌다. 때는 겨울이었으므로 왕이 화로 앞에 앉아 불을 쬐고 있었다. 두루마리가 한 장씩 읽혔다. 왕은 그의 칼로 그 읽은 부분을 여러 조각으로 찢어 화로 불에 던졌다. 모든 두루마리가 다 태워졌다. 왕은 바룩과 예레미야를 체포하라고 명령했다 (36:26). 그러나 여호와께서 그들을 숨겼다. 그들은 살아서 도망했다.

아마도 바룩의 실망에 대한 응답으로 하나님의 예언적 말씀이 바룩에게 주어졌을 것이다. 실망에 빠져 있는 바룩은 "슬프다 여호와께서 나의 고통에 슬픔을 더하셨으니 나는 나의 탄식으로 피곤하여 평안치 못하도다"라고 부르짖었다(45:3). 여기에서 예레미야 소명의 장의 핵심 단어들이 다시 등장한다. 여호와께서 바룩에게 말씀하셨다. "보라 나는 나의 '세운' 것을 '헐기도 하며' 나의 '심은' 것을 '뽑기도 하나니' 온 땅에 이러하거늘"(45:4). 여호와께서는 아브라함 때부터 1,500년 동안 자신이 세워 왔던 나라를 뽑는 과정으로 들어가셨다. 하나님의 백성을 위해 존재하여 왔던 그 나라를 파괴시킬 대 격동이 시작되었다. 갈그미스 전쟁에서 이집트와 앗수르 연합군대가 패함으로써 바벨론은 이제 아무런 장애물이 없이 거룩한 예루살렘 도성을 향해 진군한다. 앞으로 20년 안에 유다 왕국은 더 이상 존재하지 않을 것이다.

이제 바룩은 자신을 위해 "큰 일들"을 찾을 때인가? 여호와는 "그것들을 찾지 말라"고 충고한다(45:5상). 과연 바룩이 계획했던 큰 일들이 무엇인지 충분히 알려지지 않았다.[42] 잘 교육받은 사람으로서 예레미야의 서기관이었던 바룩은 선지자에게 충성스럽게 봉사하는 자신의 위치가 대중들에게 잘 알려지기를 바라는 마음이 있었을 것이다. 아마도 그는 예레미야의 메시지를 백성들에게 들려줄 때에 백성들이 회개 운동을 일으키고 나라가 구원받는 그런 희망을 가졌을 것이다. 혹은 그는 보다 온화한 사람이었다면 왕으로부터 도피하여 일생

---

42) Ibid., 185를 보라. 그곳에 바룩이 도모한 일이 무엇인지 그 가능성을 찾는 좋은 제안이 있다.

을 조용하고 평화롭게 숨어서 지내기를 바랐는지도 모른다.

그의 불평에 응답하여 여호와는 바룩에게 도망하여 목숨을 보존하라고 말한다(45:5). 온 세상이 모두 그를 몰아내고 있을 때에 그가 무엇을 바라겠는가? 이제 개인적으로 바룩은 하나님께서 그의 목숨을 지켜주겠다는 약속, 그 이상 무엇이 더 필요하겠는가? 그러나 하나님의 메시지는 그 자신을 넘어 세상을 향해 "세운 것을 헐며", "심은 것을 뽑겠다"고 하신다.

8) 결론

시작부터 끝까지 예레미야서에는 결정적인 순간들마다 그가 소명을 받을 때에 받았던 메시지의 핵심적인 단어들이 중요한 역할을 한다. 책 전체는 다양한 요소들을 품고 있지만 이 여섯 핵심적인 단어들을 통하여 단일성을 이룬다. 이 요약된 단어들은 나라의 포로와 회복의 사상을 표현한 것이다. 이 사상들이 예레미야 메시지에 핵심을 이룬다.[43]

요약하면, 유다에서 활동했던 모든 7세기 포로 이전 선지자들은 국제적인 초강대국의 압박아래 그들의 사역을 감당했다. 북 왕국 이스라엘에서 무슨 일이 일어났는지를 아는 그들은 오실 메시아에 대한 조망보다는 하나님 자신에게 그들의 희망을 두었다. 그는 홀로 그 강대국의 힘을 물리칠 수 있는 분이시다. 그는 홀로 다가올 재앙으로부터 충성스런 남은 자를 보존할 수 있다. 그는 홀로 백성의 마음에 새로운 영을 심을 수 있으며, 그들을 본토로 돌아오게 할 자이시며, 새로운 왕과 왕국을 건설할 분이시다.

---

43) 혹자는 이 구조적인 단일성이 후대의 편집자에 의해서 이루어진 것으로 제안한다. 그러나 이 단일화된 줄거리는 예레미야 자신의 것으로 보는 것이 당연하다. 그는 첫 소명의 순간에 강압적으로 이들 용어들이 담긴 메시지를 전달할 자로 부름을 받았다. 그는 이 메시지를 전하기 위해 개인적으로 다양한 경험을 하였다. 그는 자신의 서기관 바룩에게 책의 전반부 20장을 기록하도록 불러준 사람이다. 자연스럽게 볼 때에 예레미야는 자신의 예언을 기록한 가장 합당한 사람이며, 그가 소명 받을 때에 받았던 메시지의 핵심 단어들을 끝가지 사용하고 있는 점은 이 책이 그에 의해 쓰인 하나의 책임을 증명한다.

제10장

민족 포로기의 선지자 : 에스겔

　이스라엘 포로에 대한 선지자의 예언은 주전 722년에 북 왕국이 앗수르에게 포로로 끌려간 것과 맞물려 시작되었다. 호세아, 아모스, 이사야, 미가는 모두 북 왕국 열 지파가 겪을 슬픈 황폐의 경험을 내다보면서 예언하였다. 그러나 여호와께서 앗수르에 있는 포로들 한가운데 선지자로 세워 그들 가운데 살면서 말씀을 선포하게 한 사람이 있었는지에 대하여 아무 증거가 전혀 없다. 나훔은 니느웨 성읍이 미래에 몰락할 것이라고 선언했으며, 하박국은 여호와께서 앗수르를 심판하기 위한 도구로 바벨론 제국을 발흥시킬 것을 계시로 받았지만, 이들 선지자들은 앗수르 제국 전역에 흩어져 있던 포로들의 현장으로부터 멀리 떨어진 곳에서 사역하였다.

　그러나 남쪽 유다 왕국의 포로 경험은 북 왕국의 상황과 상당히 달랐다. 유다 민족은 마지막 세 왕인 여호야김, 여호야긴 그리고 시드기야의 통치시기에 느부갓네살이 팔레스틴에 침략하여 포로로 끌려갔다. 첫 번째 강제 이송은 주전 605년에 일어났으며, 추가적으로 제2차는 597년, 그리고 제3차는 587년에 있었는데, 이때에 더 많은 사람들이 포로로 끌려갔다.[1] 바벨론 포로 초기부터 예

---

1) 여호야김의 시대에 있었던 최초의 바벨론 포로 이송에 대한 성경의 언급은 열왕기하 24:1-2 및, 역대하 36:5-7에 있다. 다니엘은 자신의 포로됨을 첫 번째 포로 이송과 관련지어 말하며(단 1:1-4), 에스겔은 자신이 예언하는 때를 여호야긴 시대에 발생했던 유수와 관련짓는다(겔 1:2; 왕하 24:10-17; 대하

언 활동의 중심은 하나님의 백성의 땅인 이스라엘에서가 아닌 정복자들의 땅인 바벨론으로 극적인 이동이 이루어졌다. 예레미야는 도망치는 이스라엘 사람들에 의해 이집트로 강제로 끌려가서 거기서 제한적인 예언사역을 하였다(렘 43:4-13). 그러나 에스겔과 다니엘은 그 민족의 새로운 군주국인 바벨론에서 언약의 여호와(the Covenant Lord)의 메시지를 전달해 주는 선지자의 역할을 계속하였다.

이스라엘 선지자들의 사역에 있어서 이 새로운 국면을 분석할 때, 포로기를 살았던 그 백성의 상태를 먼저 주목해야 한다. 그런 다음, 포로기 선지자들의 독특한 메시지가 무엇인지 고찰해야 할 것이다.

1. 포로기 백성의 상태

1) 유배의 불충분한 흔적

브라이트(Bright)에 따르면, 포로기 이스라엘 백성의 역사를 파악하는 것은 "극히 어렵다." 브라이트는 다음과 같이 말한다. "우리가 가진 성경적 자료는 충분하지 못하다. 그 당시의 예언적 문서들과 다른 문서들로부터 포로에 대한 상황을 간접적으로 알아낼 수 있는 것을 제외하고는 성경은 실질적으로 우리에게 아무것도 말해 주지 않는다."[2] 웨스터만(Westermann)은 "포로기 동안에 남아 있었던 유다와 그리고 바벨론으로 끌려간 그들의 운명에 대한 우리의 지식은 불충분하고 불확실하다"라고 말함으로써, 이용 가능한 증거에 대한 브라이트의 평가에 동의한다.[3] 특히, 그 민족의 예배 행위와 이 외국의 상황에서 선지자들이 가졌을지 모르는 역할은 전혀 나타나지 않는다. 차일즈(Childs)는 이스라엘 포로기 동안 유다 백성들이 행한 정확한 예배 모습을 구성할 수 있는 "정보가 부족하다"고 지적한다.[4] 바벨론 유배가 회당 예배 시스템이 생겨난 시

36:9-10을 보라).
2) Bright, *History of Israel*, 343.
3) Westermann, *Isaiah, 40-66*, 5.
4) Childs, *Biblical Theology of the Old and New Testaments*, 162.

점이었는가? 아크로이드(Ackroyd)에 따르면, 이 질문에 대하여 긍정적으로 대답할 "명확한 근거가 없다."[5] 할례의 의식적(ritual) 관행과 안식일 준수는 이 시기에 더 현저해졌는가? 비록 많은 학자들이 이 문제에 대하여 긍정적으로 추정하지만, 우리가 지금 이용 가능한 증거로는 이 질문에 대한 직접적인 해답을 얻을 수 없다.[6] 그 백성은 그들의 포로지에서 새로운 성전을 건축할 계획을 세우고 있었는가? 에스겔 앞에 모인 장로들의 모임(겔 8:1-역주)은 예배를 위해 정기적으로 회합하는 관행이 있었다는 것을 말해 주는가? 이러한 질문들에 대하여 고고학적 증거로든, 성경적 출처를 통해서든 확실한 답을 얻어낼 수 없다. 어떤 면에서 이스라엘 포로기의 역사는 알 수 있는 것이 거의 없는 시기인 블랙홀로 규정될 수 있다.[7]

---

5) Ackroyd, *Exile and Restoration*, 32.
6) Ibid., 36.
7) 오늘날 대다수 학자들이 구약성경 대부분의 문헌의 완성이 지식의 수준이 아주 열악한 이 시대에 이루어졌다고 주장하는 것에 대하여 주목할 만하다. Brueggemann은 다음과 같이 논평한다. "최종 형태로 된 구약은 바벨론 포로시대의 산물이며, 또한 포로에 대한 반응이라는 이론이 이제 점증적으로 동의를 얻고 있다"(*Theology of the Old Testament*, 74, 강조는 원래 있는 것). 이 포로기간에 이스라엘 백성이 처했던 상황을 고려할 때에, 또 이 기간이 상대적으로 짧다는 것을 생각할 때에 이러한 주장에 대해 놀라움을 금치 못한다. 이방 땅에서, 도시들과 성읍들과 촌락 등 방대한 제국에 두루 흩어져, 심지어 황폐한 정착촌 가운데서 소수 민족으로 살고 있던 한 좌절한 민족이 필경 인류 역사 가운데 가장 영광스러운 종교적 문헌을 제작하는 무명의 저자들과 편집자들을 배양했다는 것이다. 일반적으로 수용되는 비평학에 따르면, 이 포로 공동체 사람들은 신명기서의 최종 형태와 여호수아부터 열왕기하까지의 신명기적 역사를 제작하거나 편집했고, 본질적으로 예언서 전체를 다시 수정하여 편집했고, 제2이사야의 영광스러운 예언을 제작했을 뿐만 아니라 제1이사야를 제2이사야의 메시지에 일치하도록 재편했으며, 당시에는 더 이상 존재하지 않은 예루살렘 성전과 그 제사장 제도를 위해 예배 관행들을 수집하고 성문화하는 것을 포함하여 제사장 학교의 제의법전(祭儀法典)을 발전시켰으며, 이스라엘의 고대역사에 관한 내러티브인 제사장적 문서들을 오경이라는 고귀한 문서로 집약하였다. 비평학자들은 비록 이 이론을 뒷받침할 만한 어떠한 객관적 증거도 없는데도 불구하고, 이스라엘 포로기 동안 이 모든 작업이 달성되었다고 단언한다. Alt(*Essays on Old Testament History and Religion*, 85)는 신명기적 전통이 바벨론 사람들의 통치하에서 "극비문서"로 보존될 수 있었다고 주장한다. Bright(*History of Israel*, 350)는 "비록 세부사항들은 잘 알려지지 않았지만, 우리가 알고 있는 바대로 마지막 형태의 예언서들을 만들어 내기위한 수집 작업이" 이스라엘의 포로 기간 동안에 "대대적으로 수행되었다"고 진술한다. Ackroyd(*Exile and Restoration*, 84)는 레위기 26장에서 "성결법전은 분명히 포로기 상황을 예견하고 있음"을 근거로 하여, 그 기록 시기를 6세기나 5세기로 추정한다. 그는 레위기 26:33-39의 자료가

그러나 주전 8세기부터 6세기까지 근동지방에 이송되었던 여러 민족들의 광범위한 관행을 토대로 하여, 이스라엘 이송자들의 삶에 대한 일반적인 개요를 밝혀낼 수 있을 것이다. 그곳에서 포로로 살았던 민족들의 삶에 대한 기본적인 묘사는 이스라엘 포로기 선지자들의 사역을 이해하고 평가하는 데에 도움이 될 것이다.

2) 포로지 이송민들의 경험

이송되어 간 사람들의 수에 관해서는, 몇 번에 걸쳐 수행된 전쟁을 통해 합쳐진 전체 숫자와 과장의 가능성을 고려해서 생각해야 한다. 그러나 어떠한 가능한 증거도 현존하는 기록들과 모순되지 않는다. 심지어 숫자의 부정확성을 가정한다 할지라도, 포로의 수는 아찔할 정도로 많다. 약 3세기 정도의 기간에 걸쳐 앗수르 제국에 의해 포로로 끌려간 사람들의 전체 수는 무려 450만 명에 이른다고 추정한 사람이 있다.[8] 산헤립은 주전 701년 히스기야에 맞서 유다를 침공한 사건을 상세히 설명하는 한 비문에서 그가 "어린이, 노인, 남자, 여자 가릴 것 없이 모두 200,150명"을 포로로 끌고 갔다고 말했다.[9]

수백 마일이나 되는 포로 이송 과정에서, 포로들은 일반적으로 잘 보살펴졌다. 그들에게 음식과 물이 공급되어졌다. 손과 발이 사슬에 결박된 사람은 오직 전쟁에 패해 포로로 끌려가는 나라의 관리들(예컨대, 왕하 25:7-역주)뿐이었다는 것이 분명하다.[10] 대체로 가족들이 함께 끌려갔는데, 이는 그들이 도망치지 못하게 할 뿐만 아니라 경제적으로 더 생산성이 있을 것이라는 생각 때문이었다.[11] 어린아이들은 종종 부모의 등에 업혀갔다. 심지어 "친족과 종교와 문화

"그 최종 형태상 분명히 6세기에 저작된 것으로 확인할 수 있을 만큼" 포로기 상황을 "너무나 명확하게" 묘사한다는 점을 강조한다(89, 각주 9번). 이러한 의견들은 성경의 정확한 예고적 예언의 가능성에 대한 부정을 그 전제로 하고 있다. 성경 문서자체의 명백한 주장들에도 불구하고 미래에 대한 예언의 수용 여부가 성경 문헌의 진정성을 판단하는 궁극적 기준이 됨을 알 수 있다.

8) Oded, *Mass Deportations and Deportees*, 20. "Settlements of the Israelite and Judean Exiles" 에서 그가 그 주제를 더 깊이 탐구하는 것을 보라.
9) Pritchard, *Ancient Near Eastern Texts*, 288.
10) Oded, *Mass Deportations and Deportees*, 35-39.
11) Ibid., 24.

가 관계되는 한, 동종의 작은 그룹들"로 여러 공동체가 이루어져서 유지되고 재정착되었다.[12] 그러나 앗수르 사람들은 포로들을 계속해서 진압할 의도를 가지고, 종종 고의적으로 산악 지역의 사람들을 해안가로 이동시키고, 해안가의 사람들을 산악 지역으로 이동시키곤 하였다.

앗수르 사람들은 포로 이송과 관계하여, 폭동의 가능성을 최소화시키고자 하였다. 포로로 끌려간 사람들 중 얼마는 앗수르 군대에 징병으로 차출되었다. 어떤 자들은 전차 부대와 기병대로 배속되고, 다른 자들은 궁수 부대와 방패를 드는 무리에 참가하였다. 심지어 어떤 자들은 왕의 개인 호위병으로 섬기기도 하였다. 군대에 가지 않은 다른 사람들은 숙련된 기술이 없는 단순 노동자로 고용되었다.[13] 더욱이 어떤 사람들은 버려지거나 황폐한 지역에 인구를 다시 채우기 위해 이주되었다.[14] 앗수르의 국가 문서들은 "많은 외국인들, 곧 포로로 끌려온 자들이거나 그들의 후손들은 왕궁에서 섬기거나 신전에서 종교의식에 봉사하였고, 지방에서 관리들로 섬기고 있었다"라고 기록한다.[15] 또한 어떤 포로들의 경우 앗수르 신전의 제사를 위해 바쳐졌다고 말하는 기록들도 있다.[16]

어떤 증거는 포로로 끌려온 자들과 그 나라의 토착 거민들 사이에 기본적인 사회적 차별이나 법적 차별도 전혀 없었다고 말한다. 두 부류가 모두 동일한 위치에서 세금을 내었으며, 앗수르 통치자들의 목전에서도 법 앞에서 평등했다.[17] 그러나 다른 증거에 따르면 어떤 포로들은 전리품으로 취급되었으며, 엄격한 육체노동을 필요로 하는 현장에 강제로 배속되었다고 말한다. 어떤 사람들은 계약문서에 재산과 함께 매매의 목록에 올라가는 경우가 있으며, 이것은 그들이 노예와 같이 취급되었음을 증명한다.[18] 오뎃(Oded)이 관찰한 바와 같이, "포로로 끌려간 자들의 사회적, 경제적 지위 및 법적 지위는 균일하지 않았으며, 그들의 상태 역시 동일하지 않았다."[19] 그들의 신분은 그들의 직업과 역할이 서

---

12) Ibid., 25.
13) Ibid., 53-54.
14) Ibid., 67.
15) Ibid., 104.
16) Ibid., 114-115.
17) Ibid., 84.
18) Ibid., 90, 96.
19) Ibid., 115.

로 달랐던 것처럼, 상당히 차이가 났다.

포로기 선지자들은 강제로 이송된 이 흩어진 그룹의 사람들에게 파송되었다.[20] 이스라엘 포로들은 무질서 상태에서 살아야 하는 부담에 덧붙여, 그들의 귓전에서 울리는 먼 옛날의 고대 율법뿐 아니라, 이전 시대 선지자들의 메시지를 가지고 살아야 했다. 모세를 통해서 확립된 언약의 율법은 그들이 만약 계속해서 죄를 짓는다면 언약의 여호와께서 그들을 간단히 징계하는 것으로 끝나지 않을 것임을 분명히 선언했었다(레 26:13-45; 신 28:15-68). 그들은 "그 땅에서 완전히 멸망할" 것이다(신 4:25-26). 여호와는 그들을 열국 중에 흩으실 것이다(신 4:27-28). 여호수아가 그 백성에게 마지막으로 한 고별 연설에서, 그들이 만약 그들 주변에 있는 나라들의 행위를 받아들인다면, 그들은 여호와께서 그들에게 주신 "이 아름다운 땅에서 멸망할" 것이라고 경고했다(수 23:13, NIV). 선지자들도 그들이 만약 계속해서 죄를 지을 경우 멸망이 그들을 기다리고 있다고 반복적으로 경고했다(왕하 17:13). 심지어 주전 597년에 있었던 유다 백성의 두 번째 유배와 주전 587년에 있었던 그들의 마지막 추방 사이에조차, 에스겔 선지자는 그들에게 멸망을 경고했었다. 여호와는 그들의 선조들을 "애굽 땅의 광야"로 이끄셨던 것처럼, 그들을 "열국의 광야"로 데려 가실 것이다(겔 20:35-36, NASB). 그들 중 많은 사람들은 소중한 고향 땅을 떠나 그 심판의 광야에서 멸망할 것이며, 얼마의 사람들만 생존할 것이다.

---

20) Murashu 문서들, 즉 "주전 5세기의 후반부 동안 Nippur에서 편찬된 일단의 바벨론의 법적 문서들"에 사람들은 특별한 관심을 기울여왔다(Stolper, "Murashu, Archive of," 927). 이 수집 문서들은 바벨론 포로기간 동안의 유대인들에 관한 정보를 제공하는 가장 중요한 성경외적 자료이다. 그러나 이 자료들의 증거들도 유대인들로 보이는 이름들의 출현에만 제한된다. Stolper는 이 자료들을 관찰한 결과를 다음과 같이 요약한다. "[유대 이름을 가진 사람들]을 그 지역의 다른 거주자들로부터 구분시켜 말할 수 있는 증거는 거의 없다. 그들은 문서에서 어떤 특별한 역할도 하지 않지만, 소규모 자작농, 하층 관리들, 또는 증인들로서 나타난다"(928). Zadox(Jews in Babylonia, 48-49)은 다음과 같이 지적한다. Murashu 가족과 관련된 이름들은 전형적으로 바벨론 이름들이며, 그 가족이 유대인이었다는 가정은 "전혀 근거가 없다." 그러나 그는 유대인들은 Nippur을 중심으로 한 주변지역들에서 거주했으며, 스물 하나의 정착지를 형성하고 있었으며, 정착지 안에서 많은 재산을 보유하고 있었다고 결론을 맺는다(50). 그러나 이 자료는 유대인들의 첫 유배에서부터 대략 1세기 이후의 것으로 추정된다는 사실이 고려되어야 한다(Ackroyd, Exile and Restoration, 32).

3) 유배에 대한 이스라엘 사람들의 반응

포로로 이송된 다수의 다른 민족들의 경우, 그들의 민족적 독특성은 오래 가지 않아 역사의 기록에서 사라져 버렸다. 그들의 신들은 그 섬기는 민족과 함께 망해 버렸다. 그러나 이스라엘 민족의 경우는 그렇지 않았으며, 그들의 하나님도 역시 마찬가지였다. 그 민족은 광범위한 지역으로 흩어졌음에도 불구하고, 여호와의 주권적 은혜로 인해 공동체의 생명력을 유지하였다. 그들의 환경은 그들의 생존을 크게 위협하였다. 브라이트가 그러한 상황을 생생하게 묘사한다. "그들은 그들 주위에 전에는 꿈도 꾸지 못했던 부와 권력을 보면서 살았고, 사방에 널려 있는 이방 신들의 웅장한 신전들을 보면서 살았다. 그들 중 많은 사람들에게 있어 약소국가의 보호자인 여호와 하나님은 그 나라를 보호할 능력이 전혀 없어 보였으며, 오히려 그들은 그가 참으로 가장 뛰어나고 유일하신 하나님인지에 대해 의문을 품었을 것임에 틀림없다."[21]

그럼에도 불구하고 이 민족이 존속할 수 있었던 것은 포로기 이전과 포로기 때에 활동한 선지자들의 사역과 메시지 때문이었다. 포로라는 비극적 사건이 있기 전에 그 나라는 계속적으로 반역의 길에 머물러 있었으며, 그로 말미암아 발생할 결과에 대해 경고를 계속 받았었다. 포로가 현실이 되었을 때에 그들은 그 비극을 "이치에 합당한 결과"로 수용할 수밖에 없었다.[22] 그러나 그들은 그 극심한 황폐함 너머로 어느 나라도 경험할 수 없는 회복의 희망을 가지고 있었다. 포로라는 심판에도 불구하고 그들은 여전히 하나님의 선택된 백성이었으며, 그들을 통해 모든 인류를 향한 여호와의 목적이 성취될 것이다. 선지자들이 발한 멸망의 메시지가 사실로 증명되었으면, 그들이 발한 회복의 메시지도 믿을 수 있는 것이다. 고향으로부터 추방당해 죽음의 나락으로 떨어진 곳 너머에 그 땅으로 회복되는 부활이 있을 것이다. 유배 사건 이전부터 예레미야는 이 희망을 그 나라에 대한 신앙고백의 형태 속에 담아두었으며, 그 희망은 그들의 마음과 가슴 속에 깊이 스며들어 남아 있을 것이다. 예레미야 선지자는 다음과 같이 예언하였다.

---

21) Bright, *History of Israel*, 348.
22) Ibid., 349.

보라 날이 이르리니, 다시는 이스라엘 자손을 애굽 땅에서 인도하여 내신 여호와의 사심으로 맹세하지 아니하고, 이스라엘 자손을 북방 땅과 그 모든 쫓겨났던 나라에서 인도하여 내신 여호와의 사심으로 맹세하리라(렘 16:14-15, NIV; 또한 23:7-8도 보라).

이제 이 위대한 진리들을 강화하고 확장하는 것이 포로로 끌려간 백성 가운데서 살았던 선지자들의 사명이 되었다. 여러 측면에서 에스겔과 다니엘은 "갈라진 틈새 사이에 서 있는" 독특한 사람들이었다. 그들은 이스라엘의 완전한 붕괴를 담대하게 선포하라는 사명을 부여받았는데, 그들은 이미 그 나라의 사멸을 경험하기 시작하고 있었다. 그러나 그들은 하나님이 계획하신 전 세계적인 구속의 프로그램을 실현하기 위해 선택된 이스라엘의 종의 역할을 완수할 수 있도록 미래의 지평을 확장하라는 부름을 받았다.

2. 에스겔의 독특한 메시지

1) 에스겔의 예언과 관련된 서론적 사항들

에스겔서의 첫 부분은 그가 활동할 지역을 구체적으로 밝히고, 또 그가 예언 사역을 시작한 이중적 날짜를 말한다. 그는 유다에서 포로로 끌려와 바벨론 그발 강가 텔아빕(Tel-aviv)에 있는 포로들 사이에 정착하였다(겔 1:1). 1절은 제사장인 에스겔의 정체성을 "제 삼십 년"(아마도 그의 나이를 가리키는 것 같음)으로 말하는데,[23] 그것은 그가 하나님으로부터 받은 이상(vision)이 그가 제사장직에 취임할 바로 그 해에 발생했다는 것을 가리켜 주는 것 같다(1:1, 또한 민 4:30; 8:24를 보라). 그는 더러운 이교도 땅에 이주되었지만, 그럼에도 불구하

---

23) 이러한 해석은 교부 Origen에서부터 시작하였는데, Block(*Ezekiel*, 제1권, 82)은 Origen의 이 설명이 "가장 타당한 것으로 보인다"고 결론짓는다. Eichrodt(*Ezekiel*, 52)는 그 숫자는 에스겔의 나이를 가리키는 것이 "가장 그럴듯하게" 보인다고 말한다. Zimmerli(*Ezekiel*, 제1권, 114)는 "우리는 이 점에 관하여 어떤 확실한 결론도 내릴 수 없다"고 말하면서 더 신중한 모습을 보인다.

고 높으신 하나님의 장엄한 이상을 보는 은총을 받았다.[24] 에스겔 메시지의 상당 부분이 성전과 제사장 업무에 집중되어 있는 이유는 그가 제사장이었기 때문인 것 같으며, 이러한 추론은 매우 타당하다.

에스겔서의 처음 몇 구절에 주어진 두 번째 날짜는 유다 왕 여호야긴이 포로로 끌려간 지 5년째 되는 해이다. 여호야긴은 비록 3개월밖에 통치하지 않았지만, 그의 통치는 매우 중요했다. 이는 그가 다윗 왕가 혈통의 맨 끝에 위치한 인물이기 때문이었다. 유다 통치자로서 그의 숙부 시드기야가 그를 승계해서 11년을 통치했지만, 여호야긴이 포로로 끌려간 이후에도 이스라엘의 희망은 여전히 여호야긴에게 맞추어져 있었다.[25] 주전 597년에, 18세의 여호야긴 왕은 유다를 침략하고 예루살렘을 포위한 바벨론의 느부갓네살에게 항복하였다. 그 정복자 군주는 그 십대의 왕을 바벨론으로 끌고 갔는데, 그때 함께 끌려간 사람들은 왕의 어머니, 그의 아내들, 그의 관리들 그리고 그 땅의 일만 명이나 되는 지도층 인물들이었다. 바벨론 왕은 솔로몬이 400년 전에 축적하였던 성전의 황금 보물들까지 모두 가져가 버렸다(왕하 24:8-17).

그로부터 5년 후, 즉 주전 592년에 포로민 에스겔은 기상천외한 하나님의 영광의 이상(vision)을 받았다(겔 1:2). 꼭 그 무렵에 유다 왕 시드기야는 다른 서방 나라들이 독재자 느부갓네살의 통치에 맞서 반란을 일으킬 때 무모하게 가담하는 치명적인 실수를 저질렀다. 당연히 바벨론의 군대는 이 반란을 진압하기 위해 서쪽으로 진격해 가고 있었다. 이때만큼은 이 막강한 군주가 그렇게 관대하지 않았다. 그러나 그는 다시 침입하여 예루살렘의 건물들을 황폐화시키고 성전과 그 안에 있던 거룩한 기물들을 파괴하였으며, 성벽을 부숴버리면서 예루살렘을 완전히 파괴시켜 버렸다. 그는 반역적인 시드기야 왕을 자신 앞에 꿇어앉히고, 그에게 다시는 후계자가 나오지 않을 것이라는 생각을 갖도록 그

---

24) Eichrodt, *Ezekiel*, 52를 보라.
25) 여호야긴/시드기야 시대로 추정되는 세 항아리의 손잡이 위에 새겨진 문구는 "여호야긴의 종, 엘리야김에게 속한다"라고 기록되어 있다. 만약 여기에 기록된 여호야긴이 단지 3개월밖에 통치하지 않은 바로 그 젊은 왕이라면, 이 문구는 비록 여호야긴이 바벨론에서 포로로 잡혀 있었지만 유대 주민들 중에서는 아직도 그의 삼촌 시드기야 대신, 여호야긴을 그들의 적법한 왕으로서 간주했다는 사실을 입증해 준다(Block, *Ezekiel*, 제1권, 86을 보라). 또한 시드기야 통치기간 동안에 활동을 한 거짓 선지자 하나냐가 여호와께서 2년 내에 여호야긴 왕을 성전의 모든 보물과 함께 돌아오게 하실 것이라고 담대하게 선언한 것을 주목해 보라(렘 28:1-4).

가 보는 목전에서 그의 아들들을 살해하였으며, 그의 두 눈을 다 뽑아버림으로써 그 무력한 왕을 영원한 암흑세계로 던져 넣어버렸다(왕하 25:6-21).

에스겔의 예언은 이스라엘의 마지막 유배사건과, 미래의 영광스러운 회복의 기대에 중점을 두고 있다. 그러나 유배와 회복의 주제는 독특한 방식으로 전개된다. 유배는 특히 하나님의 영광이 예루살렘 성전으로부터 떠나는 것에 초점을 맞추어 제기된다. 회복의 메시지는 하나님의 영광이 성전에 다시 돌아오는 이상으로 절정에 이른다. 따라서 "떠나고 다시 돌아오는 영광"은 이 예언서의 메시지에 대한 하나의 요약적 주제로 제시될 수 있다.

자료를 형식적으로 배열할 경우, 에스겔서는 자연스럽게 세 주요부분으로 구분된다.[26] 첫 번째 부분은 예루살렘의 마지막 멸망과 최종적 유배 전에 선포된 예언들이다(1-24장). 에스겔은 주전 592년(잡혀온 지 제5년)에 첫 번째 이상을 보면서 선지자직의 소명을 받았다. 그리고 그는 주전 586년에 예루살렘 성읍이 느부갓네살에게 멸망한 소식을 들었다. 이 장들에 있는 예언들은 6년 내지 7년 동안 증거되었을 것이다. 수많은 유다 백성들과 그들의 왕의 포로 이송은 그의 예언이 시작되기 전(주전 597년)에 이미 발생했었다. 그러나 거짓 선지자들은 그 거룩한 도성이 결코 멸망하지 않을 것을 믿도록 백성을 부추기고 있었다. 이러한 정황에서 에스겔은 그 성읍이 확실히 멸망할 것에 관한 하나님의 말씀을 선언함으로써, 당시 인기에 편승하는 사조에 맞서 순수성을 지켰다.

그 예언서의 두 번째 부분에서, 에스겔은 열국에 대한 하나님의 심판을 선언

---

26) 오늘날 신학계에서는 모든 선지서의 경우에서와 마찬가지로, 에스겔서에서도 에스겔의 것과 후기 편집자들에 의해 수집된 것으로 추정되는 부차적인 것들과 분리하려는 노력이 계속적으로 행해진다. 그러나 최근에는 다른 어떤 선지자서들보다 에스겔서는 더 많은 부분을 저자 자신에게 돌리는 경향이 있다. Childs("Enemy from the North," 159, 각주 24번)는 "문헌적 증거나 역사적인 잣대로 살펴볼 때에 에스겔 자신의 것과 부차적인 것 사이를 구분하기가 힘들다는 사실이 점점 명확해지고 있다"고 말한다. Deist("Prophets," 588)는 선지자와 동시대의 확실한 문헌적, 사회학적 증거는 없지만, 어떤 임시적인 선지학교가 있어서 거기서 선지자의 자료 가운데 중요한 부분을 제작하였을 것이라고 말한다. Whitney(*Exilic Age*, 87-93)는 에스겔의 글들은 팔레스틴이 아닌 바벨론 상황에 가장 잘 어울리며, 오직 "그 역사적 장면의 동시대 사람에" 의해 기록된 것임을 증명하기 위해 길게 논의한다(89). 그런 다음 그는 만약 "어떤 논리적 책략"이 그 선지자의 것으로 돌려져야 한다면, 유다와 예루살렘에 소망을 주는 기사들은 "후기 저자들이 가필(혹은, 개찬)한 것으로 간주되어야 한다"라고 주장한다(93). 반면, 여호와의 언약에 기초한 소망은 포로에서의 회복을 예견하는 데에 그 어떠한 어려움도 없을 것이다.

한다(25-32장). 열국이 심판받을 첫 번째 이유는 유다 주변에 있던 많은 나라들이 하나님의 백성이 멸망할 때에 그들을 조롱하였기 때문이다. 이제 그 나라들은 자기들에게 쏟아질 하나님의 의로운 심판을 기다릴 차례가 되었다(25:3, 6, 8, 12, 15; 26:2). 열국을 정죄하는 두 번째 근거는 그들 스스로가 높아져 교만한 데에 있다(28:2, 5, 17; 29:3, 15; 31:10). 열국이 심판받은 결과에 대하여 에스겔은 다음의 사실을 수차례 반복한다. "그 때에 그들이 나를 여호와인 줄 알리라"(25:7, 11, 17; 26:6; 28:22, 24, 26; 29:6, 16, 21; 30:8, 19-26; 32:15). 유일하시며 참되신 하나님이 이러한 심판을 통해서 열국들 가운데 자신의 존재를 알리실 것이다. 이에 덧붙여, 열국에 대한 심판을 통하여 하나님 백성의 회복을 위한 길이 준비될 것이다. 이 이스라엘 회복의 선언은 열국에 대한 하나님의 심판 메시지 한가운데 현저하게 드러난다. 과거에 악의에 찼던 이웃들도 이제 하나님의 백성에 대해 더 이상 "고통스런 찔레와 날카로운 가시"로 행동하지 않을 것이다(28:24, NIV). 여호와는 그의 백성을 괴롭혔던 이웃 열강들에 대해 심판을 선언하신 후에, 반대로 자기 백성을 흩어버렸던 모든 나라들로부터 모으실 것이다. 그들은 자기의 고국에서 안전하게 살 것이다. 그들은 집을 건축할 것이며, 포도원을 재배할 것이다. 결과적으로, 그들은 언약의 여호와께서 그들의 하나님이라는 사실을 완전하게 알게 될 것이다(28:24-26). 심지어 열국에 대한 이러한 심판의 선언도 이스라엘의 유배와 회복에 대한 메시지와 직접적인 연관이 있다.

에스겔서의 세 번째 부분은 여호와의 영광이 회복된 성전으로 되돌아오는 내용을 담고 있으며, 에스겔 메시지의 최절정을 이룬다. 이 부분은 바벨론 포로 이후에 있을 이스라엘 회복의 이상을 생생한 용어로 묘사한다(33-48장). 예루살렘 멸망의 기본적 원인을 설명한 후에(33장), 이어지는 예언은 다음과 같이 세 부분으로 구성된다. 회복의 생생한 예언(34-37장), 곡과 마곡과의 전쟁(38-39장), 회복된 성전에 다시 돌아온 영광(40-48장).[27]

---

27) 에스겔서는 전반적으로 거의 모든 예언들에게 날짜를 주어서 규칙적으로 배열하고 있으며, 대부분 연대순으로 이루어져 있다. 에스겔이 날짜를 정하는 표준시점은 여호야긴 왕이 포로로 끌려간 해(주전 597년)로부터 시작한다. 구체적인 사항은 아래와 같다.

제5년   주전 593   1:2
제6년   주전 592   8:1

2) 에스겔 예언의 결정적 순간들

에스겔의 전체적인 메시지를 고려해 볼 때, 그의 예언들 가운데 세 개의 중요한 순간에 우리의 시선을 집중할 필요가 있다. 선지자의 소명 때에 나타난 이상(vision, 1-3장), 하나님의 영광이 성전을 떠남(8-11장), 유배 너머에 있을 회복(34-48장). 이사야와 예레미야의 경우와 마찬가지로, 에스겔 선지자가 소명을 받을 때에 경험한 것이 그의 메시지의 정수요 핵심이다. 하나님의 영광이 이동하는 시각적 경험은 에스겔서의 각 주요한 부분에서 그 예언적 메시지의 중심점으로 떠오른다.

(1) 에스겔 소명의 이상(겔 1-3장)

주전 597년과 586년에 있었던 두 포로 사건의 중간 즈음에, 이미 바벨론 땅에 포로로 가 있던 에스겔은 이스라엘의 높으신 하나님의 이상(vision)을 경험한다. 구약성경에 기록된 하나님의 이상 가운데서 이만큼 영광스러운 모습이 정교하게 묘사된 것은 없다. 심지어 모세가 시내산에서 경험한 하나님의 이상조차도 에스겔에게 보여주신 하나님의 영광스러운 자기 계시에 비교될 수 없다. 이 이상의 가장 두드러진 면은 그것이 거룩한 땅 밖에서 일어난 점이라고 할 수 있다. 블록(D. I. Block)은 다음과 같이 잘 진술한다. "그 선지자는 참으로 믿을 수 없는 것을 목격했다. 성전에서 멀리 떨어진 곳에서, 바벨론이라는 이교도 땅에 있는 포로들 한가운데서 여호와가 그에게 나타나신 것이다!"[28]

어느 누가 그런 것을 상상이나 할 수 있었겠는가? 본토에 남아 있는 하나님의 백성이 예루살렘의 성전 안에서 그 하나님의 임재를 크게 바라고 있던 바로 그 역사적인 순간에, 하나님은 자신의 영광을 거룩한 땅에서 멀리 떠나 정복자

제7년　주전 591　20:1
제9년　주전 589　24:1
제11년　주전 587　26:1; 30:20; 31:1
제10년　주전 588　29:1
제27년　주전 571　29:17
제12년　주전 586　33:21
제24년　주전 574　40:1

28) Block, *Ezekiel*, 제1권, 105.

의 땅에서 나타내신다. 신정정치를 유지하기 위한 가장 핵심적인 요소는 하나님이 그의 백성 한가운데 임재해 있는 것이며, 특별히 자신을 그 백성에게 현시하시는 것이다. 그러나 그는 이제 예루살렘 성전에서 멀리 떨어진 곳에서 가장 영광스럽고 위대한 모습으로 자신을 나타내셨다. 이 사실로부터 추론되는 첫 번째 교훈은 유일하시고, 참되시며, 살아 계신 하나님의 우주적 현존과 주권이다. 그분의 존재는 지구의 어느 한 부분에 제한될 수 없다. 그는 지상의 어느 곳에서도 그의 주권적 권능과 영광을 현시하실 수 있다. 그는 어떤 한 지역에 갇힐 수 없는 분이다.

이 이상에서 다른 모든 요소들보다 두드러진 점은 바퀴의 존재이다.[29] 이스라엘 성소에서 하나님이 임재하시는 자리에 그룹(the cherubim)이 있었다(출 25:17-22). 그러나 이 이상에서 독특한 것은 그룹에 바퀴가 있으며, 또 바퀴 속에 바퀴가 있는 모습이다(겔 1:15-21). 바퀴는 눈으로 가득 차 있고, 바퀴는 구르며, 바퀴 속에 생물의 영이 있으며, 바퀴가 마치 번개처럼 어느 방향으로든지 자유자재로 움직이지만, 언제나 생물과 완벽한 조화를 이룬다. 이 바퀴가 도대체 무엇이며, 그 중요성은 무엇인가?

바퀴는 한 장소에 편리하게 갇힐 수 없는 하나님을 대표한다. 이 움직이는 성소, 이 신적인 병거의 보좌는 그것이 예루살렘에만 제한되어 영원히 남아 있을 수 없음을 암시한다. 하나님의 주권은 예루살렘에서와 마찬가지로 바벨론에서도 쉽게 땅에 닿을 수 있다. 만약 에스겔에게 계시된 하나님의 영광의 이상이 무언가를 가르친다면, 그것은 하나님의 임재가 한 장소에 제한될 수 없다는 진리를 전달한다.

이 하나님 영광의 첫 이상은 에스겔 메시지의 주된 특징이 된다. 첫 번째의 이상에 나타난 이 영광은(1:4-28) 선지자가 사명을 확인받는 시점에 다시 나타났다가(3:22-23) 예루살렘 성전으로부터 영광이 떠나려는 때에 또 나타나며(8:4), 그리고 그 영광이 다시 귀환할 것을 기대하는 예언적 묘사에서(43:3) 반복해서 나타난다.

구약의 백성은 약속의 땅으로부터 추방당한 유배를 통하여 하나님 성소의 이동성을 드디어 깨달을 수가 있었다. 예루살렘에 성전이 있는 한, 그 지성소에 하

---

29) Eichrodt (*Ezekiel*, 118)는 수레에 관한 묘사가 후에 추가된 것이라고 주장한다. 그는 이렇게 주장함으로써 에스겔이 사명을 받는 이상의 가장 중요한 측면을 무시해 버린다.

나님의 영광이 임재해 있으며, 따라서 여호와의 영광은 예루살렘 외의 다른 곳에서도 나타날 수 있다는 것을 아무도 상상할 수 없었을 것이다. 그러나 그러한 인식이 진리가 아님이 증명되었으며, 특히 성전과 그 거룩한 곳들이 파괴된 이후에 더욱 그 개념이 무너져야 하였다. 하나님의 보좌는 이동하는 본질을 가지고 있다는 암시는 솔로몬 성전의 건축 기간에 이미 나타났다(대상 28:18). 그러나 에스겔에게 바퀴의 이상이 계속 반복하여 계시됨으로 인해, 이 진리는 부정될 수 없게 되었다. 하나님의 영광은 한 장소에 제한될 수 없었다. 그는 그의 임재를 그가 창조하신 세계 어느 곳에서라도 나타내실 수 있고, 나타내실 것이다.

병거와 보좌, 그리고 바퀴가 나타나는 첫 번째 이상에서 에스겔은 이스라엘을 위한 "파수꾼"의 사명을 위임받는다. 그는 두 번의 다른 경우에 동일한 사명을 부여받는다. 그의 첫 번째 소명의 결론 부분에서, 그는 이스라엘을 위한 파수꾼이 되라는 명령을 받는다(겔 3:16-21). 비록 앞으로 그가 방금 본 그 동일한 병거가 예루살렘 성읍에 숯불을 뿌리는 여호와의 전쟁 병거의 형태를 띨 것이지만(10:6-7), 에스겔은 그 민족을 위한 "파수꾼"의 책무를 부여받는다.[30] 그러한 예루살렘 성읍의 멸망에 이어, 에스겔은 다시 한번 "파수꾼"이 되라는 명령을 받는데, 이번에는 그 명령이 공개적으로 주어진다(33:1-20). 하나님이 이스라엘에게 대하는 공의라는 원칙은 심지어 예루살렘 성읍이 멸망하고 그 민족이 포로로 끌려간 이후에도 계속 유지된다. 여호와께서 각 사람을 그들의 행위대로 심판하실 것이기 때문에, 그 선지자는 파수꾼으로서 모든 사람이 하나님 앞에 선다는 경고를 해야 한다(33:20).[31]

따라서 에스겔에게는 선지자로서의 사명을 받는 그 이상의 순간이 엄청나게 충격적인 것이었다. 이스라엘의 하나님이 자기 백성에게 실재로 역사하고 있

---

30) Zimmerli(*Ezekiel*, 제2권, 185)는 파수꾼으로서의 에스겔의 책임에 관해 논평하면서, "하나님 행위의 철저한 비합리성"을 말한다. 그는 하나님이 처음에는 에스겔에게 그의 백성을 대항하는 적으로서의 사명을 맡기고, 그 다음에는 그들을 경고하는 파수꾼으로 파송하신 것을 지적한다. "바로 그런 것이 하나님 논리다!"라고 Zimmerli는 강조한다. 하나님은 끊임없이 악을 행하는 백성에 대해 심판하심으로써 자신의 정의를 확립하고, 악인들의 죽음을 기뻐하지 아니하시는 하나님의 자비로우심을 나타내며(33:11), 또한 자신의 행위에 대한 모든 책임은 전적으로 인간에게 있음을 보여준다는 것이다.

31) Klein(*Ezekiel*, 28-32)은 에스겔을 파수꾼으로 세우시는 두 개의 위임 사건에 대한 순정성을 변호한다. 첫 번째 기사가 사적인 것으로서 에스겔이 선지자의 소명의 때에 주어진 것인 반면, 두 번째 기사는 공개적인 것으로서, 예루살렘 멸망 이후의 때에 속하는 것이 적합하다고 주장한다.

다는 증거가 그 민족의 포로의 결과로 나타났다. 이 하나님은 자기 백성에 대한 심판과 구원의 행위에 있어서, 또 그의 주권에 있어서도 우주적이며 어떤 특정한 장소에 갇혀 있지 않을 것이다.

(2) 영광이 떠남(겔 8-11장)

에스겔이 처음 사명을 위임받은 후 1년 2개월이 지난 때에, 첫 번째의 이상과 동일한 하나님의 영광의 이상이 다시 나타나서, 에스겔은 두 번째의 충격적인 순간을 경험한다(8:1-4). 이번에 그 선지자는 그가 당연하게 생각한 그 장소에서 하나님의 영광을 본다. 그 영광이 바벨론 평야가 아닌 예루살렘 성전에서 나타났다. 에스겔이 이상 중에 예루살렘에 있는 여호와의 성전으로 이동되었다(8:3). 거기에서 그는 이 가장 거룩한 장소가 부패하고 더럽혀는 진행 과정을 보았다. 또한 거기에서 그는 하나님의 영광이 이 거룩한 성소로부터 점진적으로 철수하는 모습을 목격한다.

여호와께서 떠나시는 원인은 그 선지자가 이상으로 본 극적인 경험에 나타나 있다. 성소 안뜰의 입구에 하나님에게 "질투를 일으키는 우상"이 보였다(8:3, 5, NIV). 여호와는 에스겔로 하여금 "이스라엘 족속(the house of Israel)이 여기에서 행하는 엄청나게 큰 가증한 일"에 주목하게 하신다(8:6). 그들은 거룩하신 하나님 바로 앞에 우상을 세웠다. 그러나 선지자는 그것보다 훨씬 더 어마어마한 가증한 일을 보게 될 것이라고 통고받는다. 그런 다음 에스겔은 벽 속에 있는 구멍을 통해 여호와의 성소 안뜰로 인도된다. 거기에서 그는 이스라엘 족속의 칠십 명 장로들을 보는데, 그들 각각은 어두운 곳에서 자기의 우상에게 경배하고 있다(8:7-12). 그 민족의 지도자들은 이스라엘이 시내산 기슭에서 금송아지를 숭배했을 때 보였던 부패보다 훨씬 더 타락했다. 그러나 그 선지자는 그보다 훨씬 더 가증한 행위를 보게 될 것이다. 여호와의 전 입구에서, 이스라엘 여인들은 그들 자신의 이교예배를 행하고 있다(8:14). 그러나 이보다 훨씬 더 가증한 행위가 그 선지자의 이상을 기다리고 있다. 그는 여호와의 거룩한 전의 안뜰에서 25명의 남자들이 여호와의 성전에서부터 그들의 등을 돌린 채로 태양을 경배하고 있는 것을 발견한다(8:16).[32]

---

32) 이러한 부패가 어떻게 철저히 진행(혹은 퇴행)되었는지에 대해서 Block, *Ezekiel*, 제1권, 283-300을 보라.

여호와는 이러한 타락한 행위들이 가져올 비참한 결과들을 예고하신다. 하나님은 이 타락한 행위들이 "나로 내 성소를 멀리 떠나게 하느니라"(8:6, NIV)고 말씀하신다. 하나님은 자신의 거룩을 더럽히는 이러한 다양한 타락의 행위들을 더 이상 묵과하실 수 없다. 그때 에스겔은 모든 인류 역사상 가장 슬픈 순간 중 한 순간을 목격한다. 4세기 동안 계속되었던 여호와의 분명한 축복은 이제 종지부를 찍어야 한다. 여호와의 영광인 쉐키나(the Shekinah)는 예루살렘 성소에 있는 그의 거처로부터 자진 철수하고 말 것이다. 선지자는 여호와 임재인 영광이 단계적으로 떠나는 것을 목격한다. 바벨론에 있는 포로들이 자신들의 유배와 함께 약속의 땅의 황폐함을 심사숙고해 보는 것과, 여호와께서 영원히 거할 것이라고 약속하셨던 신성한 장소가 더럽혀진 사실과 쉐키나의 영광이 떠남으로 성전이 버림을 당하는 것을 파악하는 것은 전적으로 다른 문제일 것이다. 그러나 에스겔은 이상에서 바로 이 영광이 떠나는 모습의 과정을 보고 있다.

에스겔은 먼저 이스라엘의 하나님의 영광이 지성소에 있는 그룹 위로 올라-솔로몬의 봉헌기도 이래로 여호와의 영광은 거기에 머물러 있었음(왕상 8:10-11)-성전 문지방으로 이동하는 것을 본다(겔 9:3). 그 다음, 여호와의 영광은 성전 문지방을 떠나 그룹 및 바퀴와 함께 여호와의 전 동문 쪽으로 이동한다(10:16-19). 마침내 여호와의 영광은 역시 그룹 및 바퀴와 함께 예루살렘 성읍 위로 올라 동편에 있는 감람산에 멈춘다(11:22-23). 이 시점부터, 한때에 거룩한 성전이 침략하는 열국에게 노출되어 약탈과 파괴를 당하고 만다. 이제 여호와의 영광은 그곳에 서서 한때에 거룩했던 성읍과 성전의 파멸을 증언하고 있다.

신약에서 주목할 만한 것은 예수님이 그 동일한 감람산에서 예루살렘 성읍을 내려다보며 감람산 강화를 주셨다. 주님이 그 성읍의 임박한 운명을 선언하신 것을 순전히 우연의 일치로 여겨서는 안 된다(마 24:3; 눅 21:20-24). 느부갓네살의 군사들이 머지않아 에스겔 시대의 예루살렘을 에워싸고, 완전히 파괴하고 그 남은 것은 불태워 버리는 것처럼, 예수님 시대의 거룩한 도성 역시 로마 군대에 의해 에워싸여 돌 위에 돌 하나 남기지 않을 것이다.

그러나 심지어 이 가장 어두운 순간에도, 여호와는 가냘픈 희망도 없이 그의 백성을 떠나 버리지 않으신다. 포로들은 이미 바벨론으로 추방당했으며 예루살렘의 비판하기 좋아하는 거민들에게 경멸을 당하지만, 그들은 하나님의 계획과 목적에서 특별한 역할을 가지고 있다. 그들 중에 어떤 사람들은 여호와께 구속함을 받은 자의 가족으로 수용된 것임을 강조하는 측면에서 "너의 형제들, 너의 형제들"이라고 두 번씩이나 불려진다(겔 11:15). 그들은 그 선지자의 참된 친척이며, "모든 이스라엘 족속, 그 모든 남아 있는 자"로 여겨진다(11:15). 예루살렘의 최후의 황폐함이 발생하기 전에, 여호와는 이미 이 포로들을 회복의 백성으로 준비하기 시작하셨음은 놀라운 일이다. 여호와께서 선지자에게 유배지에 있는 자들에 관하여 선언하신 내용이 훨씬 더 놀랍다. "내가 비록 그들을 멀리 이방인 가운데로 쫓고 열방에 흩었으나, 그들이 이른 열방에서 내가 잠간 그들에게 성소가 되리라"(11:16).

여호와는 그의 선지자에게 무슨 말씀을 하고 계시는가? 이보다 더 놀라운 진술을 생각할 수 있겠는가? 그들이 여호와께서 거하시는 성소로부터 멀리 떨어진 나라에 흩어져 궁벽한 외딴 마을들과 작은 산간에 외국인으로 살고 있지만, 여호와께서 그렇게 먼 곳에 오셔서 그들에게 성소가 되어주신다. 어떤 주석가가 지적한 바와 같이, "그들은 참으로 (예루살렘에 있는) 외형적인 성전을 상실했지만, 여호와 자신이 그들의 성전이 되셨다."[33] 여호와의 지상 거주지로 지정되었던 땅과 장소로부터 완전히 흩어지고, 한 장소가 아닌 수많은 지역에 멀리 멀리 흩어졌지만, 이 포로들은 여호와 자신이 그들의 성소라는 사실을 이해하게 될 것이다. 심지어 예루살렘의 옛 성전이 아직 파괴되기도 전에, 하나의 새롭고 광대한 성전이 하나님의 백성을 위해 이미 세워졌던 것이다.

포로로 끌려간 하나님의 백성에게 이제 두 가지 혁신적인 개념이 제기된다. 첫째로, 언약의 여호와 자신이 그들의 신성한 처소라는 사실이다. 여호와의 백성은 사람의 손으로 지은 건물이 아닌, 여호와 자신과의 실제적인 연합을 통해 참된 예배를 경험하게 될 것이다. 둘째로, 지상의 어떤 장소라도 여호와께서 그의 백성을 만나시는 곳이 될 수 있다는 사실이다. 이러한 혁신적인 개념들은 결코 하나님 백성의 흩어짐이 없이는 이루어질 수 없었을 것이다. 그들이 흩어진 사건은 유배의 중요성에 새로운 통찰력을 준다. 포로 중에 있는 선지자 에스겔은 하나님의 백성을 위한 그분의 목적을 새롭게 깨달은 것이 분명하다. 여호와의 백성은 예배를 지구 표면에 있는 어떤 한 장소에 국한시켜서는 안 된다. 오

---

33) Keil, *Ezekiel*, 제1권, 151.

히려 그들의 하나님이 모든 나라의 주로서 어디에나 계시기 때문에, 그분과 함께하는 영적 친교와 교제는 어디에서나 유지될 수 있는 것이다.

포로로 끌려간 하나님의 백성이 새롭게, 그리고 희미하게 인식하기 시작한 이 개념은 앞으로 확실하고 최종적인 빛으로 비췰 것의 시작에 불과하다. 이 성소는 구체적으로 "작은 것"(혹은, 잠간 동안의 것)으로 묘사되는데, 이는 그것이 예루살렘 성전과 비교할 때 작다는 사실을 의미할 수 있다. 또는 그것이 궁극적으로는 대체되어야 하는 것임을 묘사하는, 임시적인 특성을 가리킬 수도 있다. 어떤 경우가 되었든, 수세기 후에 추방된 사마리아인들의 후손은 예수님으로부터 분명히 발전된 동일한 사상을 받게 된다. 하나님은 예루살렘에서도 사마리아에서도 예배를 받지 않으실 것이다. 성령과 진리가 있는 곳이라면 어디든지, 거룩한 하나님은 바로 그곳에서 자신의 모든 영광 가운데 임재하실 것이다(요 4:21-24).

에스겔의 이 이상은 분명히 옛 언약의 이미지의 틀 안에 그 배경을 두고 있지만, 동시에 확실히 다른 새 언약의 요소를 내다보고 있다. 비록 여호와 자신이 포로로 끌려간 백성의 성소가 되셨지만, 그럼에도 불구하고 앞으로 완전한 회복이 있을 것이 기대된다. 하나님은 흩어진 땅에서부터 그들을 다시 모으실 것이며, 그들에게 이스라엘 땅을 되돌려 주실 것이다(겔 11:17).[34] 그때 여호와는 그들에게 분할되지 않는 마음을 주실 것이고, 그들 사이에 새 영을 부어주실 것이며, 돌 같은 마음을 제거하고 부드러운 마음을 주실 것이다(11:18-19). 그 결과 그들은 그의 율법을 지킬 수 있을 것이다. 그들은 분명히 새 언약 개념의 마음을 반영하면서 그의 백성이 될 것이며, 그는 그들의 하나님이 되실 것이다(11:20). 새로운 출애굽, 정화된 땅, 일치된 마음, 새로운 영 그리고 새로운 순종이 여호와의 이 회복된 백성의 그림을 채운다.

(3) 포로기 너머에 오는 회복(겔 34-48장)

에스겔서의 전체적인 구조에서 중요한 전환점을 이루는 곳이 에스겔 33:21

---

34) Block(*Ezekiel*, 제1권, 272-73)은 에스겔 11:14-21이 "예루살렘 성전 이상 기사를 전혀 모르는 것 같다"고 말한다. 그러나 예루살렘의 부패한 주민들에 대하여는 심판을 선포하고, 반면에 포로에 이송된 이미 징계 당한 사람들에게는 회복을 위한 격려의 말씀을 함으로써 서로 대조적 구조를 이루고 있는 이 장은 완벽한 통일성을 보여준다.

에 있는 예루살렘 멸망에 대한 보고이다. 바로 이 시점부터 그 선지자는 확실히 다가올 회복에 관심을 집중시킨다.

몇 가지 주제들이 에스겔서의 이 마지막 부분을 지배한다. 두드러진 주제들을 보면 다음과 같다. 신적 목자의 이미지와 회복된 다윗 왕권, 마른 뼈들의 갱생, 분열된 유다와 이스라엘 왕국의 재통일, 신적 언약들의 완성, 모든 적대적인 세력들에 대한 최종 승리 그리고 하나님의 마지막 성전에 대한 계획 등이다. 이 모든 주제들을 하나로 통합하는 요소는 이제 포로 경험에 뒤따라오게 될 회복을 기대하는 것이다.

① 신적 목자와 다윗 계열의 왕에 의한 회복(겔 34장)

이상적인 왕을 나타나는 표상이었던 목자의 이미지는 이스라엘에서 오랫동안 지녀왔던 사상이었는데, 다윗 왕의 후손들에게 그 이미지가 사용되었을 뿐만 아니라, 하나님 자신에게도 적용되었다(창 48:15; 49:24; 시 23:1). 이스라엘에서 목자로 지명된 자들이 그들의 책임을 수행하는 데 철저히 실패했기 때문에(34:1-10), 언약의 여호와 자신이 그의 양떼를 목양하는 과업을 떠맡으실 것이다. "나 곧 내가 내 양을 찾고 찾되…내가 그것들을 만민 중에서 끌어내며 열방 중에서 모아 그 본토로 데리고 가서…그 잃어버린 자를 내가 찾으며 쫓긴 자를 내가 돌아오게 하리라"(34:11, 13, 16, NIV). 이와 동시에 이 목양의 책임은 하나님의 종 다윗의 어깨 위에 지워질 것이다. "내가 한 목자를 그들의 위에 세워 먹이게 하리니 그는 내 종 다윗이라 그가 그들을 먹이고 그들의 목자가 될지라 나 여호와는 그들의 하나님이 되고, 내 종 다윗은 그들 중에 왕이 되리라"(34:23-24, NIV).

이스라엘의 목자로서 회복된 백성을 섬긴다는 하나님과 다윗 왕의 이러한 융합된 이미지는 구속된 왕국에 있을 완전한 통치를 내다본다. 다윗 왕의 섬김이 바로 하나님이 그의 백성 한가운데서 행하시는 것으로 기능하는 이 융합은 옛 언약 시대 내내 있어왔던 신전정치 체제의 모든 긴장들을 해소할 것이다. 결국 백성들 가운데 나타나셔서 왕권을 행사할 하나님은 역시 바로 자기 양떼를 위해 자신의 생명을 내어주는 선한 목자가 되실 것이다(요 10:11). 예수님은 그가 모아들일 다양한 양떼를 치는 한 목자로서 자신의 역할을 다음과 같이 설명한다. "이 우리(유대인 신자들)에 들지 아니한 다른 양들(이방 신자들)이 내게 있어 내가 인도하여야 할 터이니, 저희도 내 음성을 듣고 한 무리가 되어 한 목자에게 있으리라"(요 10:16, NIV).

② 언약들의 완성을 통한 회복(겔 36:24-28; 37:24-28)
여호와께서 수세기 동안 그의 백성과 맺으신 주요 언약들의 다양한 요소들에 호소하는 것은 포로로 끌려간 백성의 회복을 위하여 필수적이다. 에스겔은 반복적으로 아브라함 언약, 모세 언약, 다윗 언약 그리고 새 언약의 견지에서 포로로부터의 귀환을 말한다. 다시 하나님의 백성으로 인정받은 그들은 "내가 너희 조상들에게 준 땅에서 살 것이며"(36:28, NIV; 37:25, 아브라함 언약을 암시), 그들은 그의 율례를 따르고 그의 법을 지킬 것이며(36:27; 37:24, 모세 언약을 암시), 다윗이 그들 위에 왕이 되고 그들에게는 한 목자가 있을 것이며(37:24-25, 다윗 언약을 암시), 그들은 새 마음과 새 영을 받고 영원한 평화 언약의 축복을 누릴 것이다(36:26; 37:26, 새 언약을 암시). 이렇게 다양한 언약들을 완성하는 축복은 여호와께서 그의 백성을 모든 열국들로부터 모아 그들의 땅으로 이끌어 들이실 때에 실현될 것이다(36:24; 37:21).
이러한 묘사들이 옛 언약의 형태 속에서 생생하게 주어지지만, 이 언약들의 완전한 실현은 궁극적으로 오직 그들이 받게 될 새 언약 안에서 이루어질 것이다. 아브라함은 궁극적으로 지형학적으로 제한된 땅에 대한 자신의 기대를 단념하고 천상의 땅을 바라보았다(히 11:9-10, 16). 그것은 그가 새 언약에 속한 성도들을 제외한 체 약속의 실현을 즐기지 않았다는 증거가 된다. 모세는 끝없이 반복해서 드려야 하는 희생제사를 통해 율법의 제한성을 인식했으며, 믿음을 통하여 하나님의 정죄로부터 구원받아야 하는 의를 바라보았다(레 23:4-8; 히 10:11; 민 21:4-9). 다윗은 죽어서 그의 몸이 부패하였지만, 그의 후손 그리스도는 부활함으로써 사망을 극복하셨다(시 16:10-11; 행 2:24-33). 유대인이나 이방인이나 상관없이 새 언약의 참여자라면 누구든지 예수님의 피로 인침을 받은 새 언약의 떡을 먹고 잔을 마심으로써 하나님 앞에서 그들의 회복을 누린다(마 26:27-29; 눅 22:20).

③ 마른 뼈들의 재생을 통한 회복(겔 37:1-14)
이스라엘의 회복과 그 땅으로 귀환하는 상황은 에스겔이 본 마른 뼈의 골짜

기 이상에서 가장 생생하게 나타난다. 에스겔은 다음과 같이 예언한다.

주 여호와의 말씀에, 내 백성들아, 내가 너희 무덤을 열고 너희로 거기서 나오게 하고, 이스라엘 땅으로 들어가게 하리라. 내 백성들아, 내가 너희 무덤을 열고 너희로 거기서 나오게 한즉, 너희가 나를 여호와인 줄 알리라. 내가 또 내 영을 너희 속에 두어 너희로 살게 하고, 또 너희를 너희 고토에 거하게 하리니, 나 여호와가 이 일을 말하고 이룬 줄을 알리라. 나 여호와의 말이니라(37:12-14, NIV).

분명 에스겔은 백성이 고토로 귀환하고 회복되는 것에 관해 말하고 있다. 그러나 그의 예언이 내다보고 있는 것은 정확히 무엇인가?

많은 해석자들은, 이스라엘이 그 고토로 귀환하는 것을 예언하기 위해 에스겔이 단순히 신체 부활이라는 비유적 언어를 사용한다고 주장한다.[35] 그러나 여하튼 이 이미지의 기원은 더 설명되어야 한다. 에스겔이 포로 귀환을 무덤이 열리는 개념에 결부시킨 것은 어디에서 배웠는가? 몇몇 학자는 에스겔이 그 개념을 신이 죽고 다시 살아난다는 제의적 규례의 신화에서 끌어냈다고 주장하지만,[36] 결코 그런 것이 아니었다.

선지자는 마지막 결론에서 이 환상의 메시지가 단순히 포로에서부터 약속의 땅으로 돌아오는 귀환 너머를 바라보고 있음을 암시하는데, 이것을 이해하기 위하여 죽은 자를 일으키시는 하나님의 권능에 대한 이전의 성경구절들을 고찰하는 것이 바른 이해에 도움을 준다.[37] 어떤 비평 학자가 지적하듯이, "하나님이 기적을 통해 죽은 자에게 생명을 부여하실 수 있다는 사실은 독실한 이스라

---

35) Taylor, *Ezekiel*, 236을 보라. 여기에서 그는 이 점을 상당히 강조한다. 또한 Eichrodt, *Ezekiel*, 509; Zimmerli, *Ezekiel*, 제2권, 264를 보라.
36) H. Riesenfeld의 이론을 인용하는 Taylor, *Ezekiel*, 236를 보라.
37) Block(*Ezekiel*, 제2권, 381-92)이 에스겔 이상에 대해 광범위하게 다루고 있는 것을 보라. Block은 에스겔의 이 이상에 대하여 실제적 부활을 묘사하고 있는 것으로 이해하는 유대인들과 기독교 해석들을 주목한다. Block은 부활에 관하여 말하는 에스겔보다 시기적으로 앞서는 몇몇의 성경 구절들을 논하며(386-87, 특히, 각주 97번), 다음과 같이 결론짓는다. "본 기사는 죽음이 끝이 아니라는 믿음을 가지고, 부활의 개념을 도입하여 이스라엘도 새롭고 극적인 방식으로 완전히 회복될 것으로 선언한다. 저주는 걷혀질 것이다. 여호와는 그의 백성에게 다시 생명을 부여하실 것이다"(387).

엘 사람이라면 전혀 의심해 본 적이 없었다."[38] 혹자는 신약시대의 사두개인이 죽은 자의 부활에 관한 회의주의를 가지고 있었다는 근거를 가지고 이것을 전적으로 받아들이는 주장은 옳지 않다고 반박할 것이다(마 22:23-32). 그러나 바로 이 회의주의에 대한 예수님의 반응에서 구약은 육체의 부활을 증거한다는 사실이 옳음을 보여준다. 예수님은 "너희가 성경도, 하나님의 능력도 알지 못하는 고로 오해하였도다"(마 22:29, NIV)라고 말씀하셨다. 구약에는 실제로 죽은 자가 부활한 경우가 겨우 몇 번밖에 기록되지 않았다(왕상 17:17-24; 왕하 4:18-37; 13:20-21). 그러나 부활의 가능성에 관해 추가적으로 증언하는 경우는 성경 이곳저곳에 산재해 있다. 다시 말하거니와, 땅을 회복시킨다는 약속의 성취는 죽음 너머에 생명이 있다는 사실과 조화를 이룬다. 그리고 죽음 너머에 생명이 있다는 사실을 가장 잘 나타내는 예는, 여호와께서 아브라함과 이삭과 야곱 등 족장들이 죽은 지 오백 년 후에 모세에게 자신을 그들의 하나님으로 나타내신 사건이다. 결국 그분은 죽은 자의 하나님이 아닌 산 자의 하나님이시다. 그러므로 그 족장들에게 땅을 주시겠다는 약속은 모세 시대에도 여전히 남아 있었던 것이다(출 3:6; 마 22:32). 어쨌든 족장들에게 주셨던 그 개별적 약속은 반드시 성취되어야 한다.[39]

---

38) Taylor(*Ezekiel*, 236)는 John Skinner를 인용하면서, Skinner가 이렇게 평가하는 것이 상당히 잘못된 것이라고 판정한다.
39) 불타는 떨기나무에 나타난 하나님의 자기 계시의 모든 함축성을 모세가 완전히 파악했다는 구체적으로 표식은 없다. 그러나 모세는 언약의 여호와께서 자기 자신을 아브라함의 하나님으로 말씀하시는 것을 들었다. 물론 아브라함은 약 오백년 전에 이미 죽고 없었다. 죽은 자의 부활에 대한 이 암시는 창세기의 다른 구절들에서도 추적될 수 있다. 아브라함은 자기 아들 이삭을 희생 제사로 바치라는 하나님의 명령을 받고 모리아 산을 향하여 올라가면서, 그의 종에게 다음과 같이 말하였다. "우리(We)가 경배하고, 우리(We)가 너희에게로 돌아오리라"(창 22:5, NIV, 강조는 저자의 추가). 이것은 이삭에 대한 하나님의 약속을 믿었기 때문에 그와 함께 반드시 내려올 것을 확신한 말이다. 신약 히브리서에 따르면 아브라함은 하나님께서 이삭을 죽은 자 가운데서 살리실 것을 믿었다고 결론짓는다(히 11:19). 아브라함은 약속의 땅을 소유하지 못하고 점점 늙어가는 것에 절망하지 않고, 오히려 하나님이신 "지으시고 건축할" 한 성을 바라보기 시작했으며, 또한 하늘의 것인 "보다 나은 본향"을 바라보기 시작했다(히 11:10, 16). 요셉은 후손들에게 출애굽할 때에 자기의 뼈를 가지고 가달라고 부탁함으로써 출애굽의 확신을 보여주었다(창 50:25; 히 11:22를 보라). 요셉은 순전히 감상적인 이유로 자신의 뼈를 약속의 땅에 이장할 것을 요청했는지 모른다. 그러나 이 문제에 나타난 그의 단호함을 볼 때에 그가 약속된 땅의 소유에 개인적으로 직접 참여하기를 기대했을 것이다. 만약 아브라함이 약속의 땅에 대한 믿음을 하늘

에스겔에게 주신 여호와의 말씀은 이 기대에 정확히 들어맞는다.[40] 땅의 회복을 예언하는 에스겔의 예언에는 최소한 하나님이 그의 백성에게 그의 영을 두어서 "살게 하"시는 것을 포함한다(겔 37:14상). 하나님의 영으로 생겨나는 새 생명에 대한 이러한 묘사는 예수님과 니고데모가 "물과 성령으로 거듭나는" 필요성을 토론할 때에(요 3:5, 10, NIV) 예수님이 니고데모에게 이해하기를 기대하셨던 구절의 내용과 거의 일치한다. 그러나 무덤이 열리고, 마르고 죽은 뼈에 생명이 들어오는 문맥에 관계하여 에스겔이 묘사하는 언어의 특이성은 몸의 부활에 대하여 더 암시한다. 무덤이 열리고 죽은 자가 살아나는 것과 관련시켜 제시된 고토로 돌아가는 귀환의 예언은 그 완전한 의미로 성취될 것이다.[41]

에스겔의 예언에 대하여 이러한 시각으로 보면, 에스겔 당대 직후에 발생했던 포로 귀환 사건이 작은 의미에서 성취되었다고 볼 수 있지만, 그의 예언이 바라보게 하는 기대가 그것으로 완전히 성취되었다고 말할 수 없다. 물론 당시 이스라엘의 귀환은 구속역사를 위해 중요한 것임에 틀림없다. 그러나 에스겔의 예언은 새 언약의 요소와 일치하는 더 큰 회복을 기대케 하였다.[42]

의 영원한 성을 고대하는 정도까지 발전시켰다면(히 11:10, 16), 이 기대는 거의 확실하게 요셉을 포함한 후 세대에 계속해서 이어졌을 것이다(창 18:17-19).

40) 비록 많은 사람이 구약에 부활의 믿음이 있는지에 관련하여 심각하게 의문을 제기하고 있지만, 이 문제를 위해 주의 깊게 고려할 필요가 있는 구절들이 다음과 같다. 시편 16:9-11(행 2:24-32), 시편 17:15(요일 3:2), 이사야 25:6-8(계 21:4), 이사야 26:19, 다니엘 12:2-3(요 5:28-29) 등. 바울은 자신이 받았고 또한 물려준 복음의 본질을 말하면서, 그리스도께서 "성경대로 사흘 만에 다시 살아나셨다"(고전 15:4, NIV)는 확신을 포함하고 있다는 사실이 중요하다.

41) Feinberg(*Prophecy of Ezekiel*, 214)는 에스겔이 묘사한 부활 과정의 두 단계를 강조한다. 먼저, 뼈와 힘줄이 함께 합쳐진 다음, 하나님의 영이 생명을 불어넣으시는데, 첫 단계는 이스라엘이 하나님으로부터 새로운 영적 생명의 활력을 받지 않은 채 고토로 귀환하는 것을 의미하며, 두 번째 단계는 장차 임하는 메시아에 대한 참된 믿음이 소생된 것을 포함한다고 주장한다. 비록 창세기 2:7에 있는 사람의 창조에서 두 단계로 나누어져 있기는 하지만, 그러나 생명의 회복은 단일한 사건으로 보아야 한다. 하나님은 먼저 사람을 땅의 먼지로 형성하신 다음, 그 사람의 코에 생명의 호흡을 불어 넣으셨다. 오직 창조자의 이 두 번째 행동을 통해서만 그 사람은 "생령(living being)"이라 칭함 받을 수 있었다. 이와 유사한 방식으로, 에스겔서에서 여러 뼈들이 함께 모여 형성된 해골은 골짜기 아래에 여전히 놓여 있을 뿐 생명이 전혀 없었다. 오직 하나님으로부터 생명의 호흡이 그 해골에 들어간 이후에야 비로소 그것은 살아나게 되었다.

42) Walker(*Jesus and the Holy City*, 313)도 이스라엘의 회복된 성전에 관한 이상의 의미에 대하여 유사하게 분석한다. Walker는 신약에 나타난 에스겔의 성전 예언에 대한 언급과 관련하여 다음과 같이

이와 같은 맥락에서 이스라엘이 1948년에 결국 근대 국가를 재건하면서 유대인들이 20세기에 그 고토로 귀환한 사건도 에스겔의 예언을 성취하는 것으로 볼 수 없다. 그 국가의 재건은 무덤이 열리는 것을 포함하지 않을 뿐 아니라, 육체의 부활도, 하나님의 영이 부어지는 것도, 예수님을 새 언약의 그리스도로 인정하는 것도 포함하지 않는다. 이스라엘 국가의 회복이 어떻게 보이든지, 그것은 에스겔의 이 생생한 예언에 묘사된 에스겔의 기대를 성취하지 않는다.

④ 분열 왕국의 재통일을 성취시키는 회복(겔 37:15-28)

에스겔이 마지막으로 주는 예언은 길게 나열되었으며, 심판이 아닌 구원의 메시지를 전달한다.[43] 하나님은 에스겔에게 한 막대기 위에 "유다에 속함"이라고 쓰고, 다른 막대기에 "요셉에 속함"이라 쓰라고 지시한다. 그런 다음 그 두 막대기를 하나로 연결하여 잡으라고 하는데, 이것은 회복의 시대에 있을 북 왕국과 남 왕국의 통합을 상징한다(37:16-17, 22).[44] 여호와는 "이스라엘 자손을 그 간 바 열국에서 취하며", "그들로 한 나라를 이루어서", "그들이 다시는…두 나라로 나누이지 아니할지라"(37:2-22, NIV)고 말한다.

이것은 이스라엘 회복의 측면으로서 주어지는 민족 통일의 메시지가 분명하다. 그러나 그 성취는 어떻게 이루어질 것인가? 이것은 오직 이스라엘 여러 지파의 통일만이 에스겔의 예언을 성취할 수 있음을 암시한다. 그가 북 왕국에 대해 그토록 구체적으로 언급하기 때문에, 잃어버린 열 지파의 대표들은 이 통일에 반드시 포함되어야 한다.[45]

결론짓는다. 신약 저자들은 "십중팔구 에스겔의 예언이 미래의 어느 시점에서 물리적 성전으로, 혹은 문자적으로 성취될 것이라고 기대하고 있지 않았다. 오히려 이 예언은 이제 예수님 안에서, 그리고 예수님을 통해 성취된 것으로 이해하였다. 비록 에스겔의 이상이 성전에 상당한 관심을 집중시켰다 할지라도, 그것은 성 안에 '성전이 없었다'는 묘사와 같이 궁극적으로 성취되었다. 왜냐하면 '주 하나님 곧 전능하신 이와 및 어린 양이 그 성전' 이시기 때문이다"(계 21:22).

43) 그 선지자의 말씀과 관련한 예언적 징조들의 분석에 대해서는, Block, *Ezekiel*, 제1권, 164-67을 보라.
44) 막대기와 그 위에 새겨진 글의 본질에 관련한 논의는 Block, *Ezekiel*, 제2권, 397-406, 그리고 Zimmerli, *Ezekiel*, 제2권, 273을 보라.
45) 이 견해에 대해서는, Block, *Ezekiel*, 제2권, 410을 보라. Block은 "그 선지자의 민족에 대한 초점"이 이스라엘의 아들들 또는 후손들이라는 표현에 의해 강조된다고 주장한다. 그러나 이 주장은 아브라함

그러나 이러한 해석적 견해가 가지는 문제점은 잃어버린 열 지파가 더 이상 민족적 정체성을 유지하지 않는다는 점이다(제9장 서론을 보라). 북 왕국의 여러 지파들에 대한 기록은 하나도 남아 있지 않다. 이러한 현실은 다음과 같은 사실로도 입증된다. 즉 구약과 신약에 있는 유대인(Jew)이라는 용어(히브리어는 예후디, 헬라어는 이우다이오스)는 원래 '유다 지파 구성원들에게만 적용되었다.' 그러나 이스라엘 멸망 이후에는, 지파의 신분에 관계없이 유대인(Jew)이라는 용어가 사용되었으며, 때로는 이스라엘 지파의 사람들을 가리키는 데도 쓰였다.[46] 다시 말해서, 이 용어는 고대 이스라엘 공동체 가운데서 모든 생존한 구성원들을 나타냈다. 왜냐하면 북 왕국 지파의 정체성이 상실되어 버렸기 때문이다.

물론, 하나님은 자기 자신을 위해 북쪽 열 지파 각각의 정체성을 유지하시고, 이 지파들 모두는 에스겔의 예언이 성취될 때 이스라엘 국가의 재구성에서 다시 역할을 할 것이라는 이론이 제기될 수 있다. 블록은 다음과 같이 진술한다. 즉 "에스겔이 내다본 (북 지파와 남 지파의) 화해는 그들이 스스로 주도해서 성취될 수 있는 것도 아니고, 유다 사람들이 자신의 심장 이식을 할 수 있는 것도 아니며(36:26-27), 또는 죽은 뼈가 자기 스스로 생명을 얻는 것도 아니다(37:1-14). 회복의 모든 국면에는 하나님의 직접적이고 기적적인 개입이 필요했다."[47] 그러나 사도 바울은 잃어버린 열 지파의 기적적인 재구성을 호소하지 않고, 이 문제에 대한 더 실질적인 해결책을 제시한다. 앞서 언급했듯이, 바울은 북 왕국이 포로에서 회복된다는 사실과 관련한 호세아 예언의 성취를 설명하면서, "내 백성이 아닌" 상태에서 "내 백성"으로 옮겨지는 사실이 하나님께서 자신의 자비의 대상으로 "유대인 중에서 뿐 아니라 이방인 중에서도" 부르신다는 사실을 나타낸다고 말한다(롬 9:23-25, NIV). 북 왕국의 지파들은 포로로 끌려감으로써, 여호와께서 선포하신 대로 "내 백성이 아닌 자"가 되고 말았다. 그들

의 약속을 유업으로 상속할 사람들이 처음부터 아브라함의 씨의 다(多)민족적 특징을 지니고 있다는 입장에서 볼 때 수긍하기 어렵다. 처음부터 이방인도 할례 의식을 받음으로써 어엿이 유대인이 될 수 있었던 반면, 유대인으로 태어난 사람도 완전히 배척될 수도 있었다. 창세기 17:12-14; 출애굽기 12:48을 보라.

46) Grintz, "Jew," 21-22.
47) Block, *Ezekiel*, 제2권, 4127.

은 하나님 없이 살고 세상에 대한 소망도 없이 살면서 이방인의 집단에 흡수되고 말았다. 그러나 은혜로우신 하나님은 이 이방 세계의 사람들을 그의 성령의 사역을 통해 자신의 은총을 받는 백성으로 변화시키셨다. 다시 말해 이방 세계에 상실되었던 열 지파는 이런 식으로 해서 회복되었으며, 또 회복되고 있다.

⑤ 모든 적대적인 세력들을 향한 최후 승리를 포함하는 회복(겔 38-39장)
에스겔서에 있는 곡과 마곡의 유명한 기사에 관해 제기된 해석은 매우 다양하다. 다양한 견해들을 다음과 같은 범주로 묶을 수 있다. 즉 이 두 나라의 미래 언젠가에 새롭게 되는 유대 국가를 위협하는 세속 나라들을 지칭하든지, 아니면 모든 시대에 걸쳐 하나님의 백성을 대적하는 이상화된 원수를 지칭한다는 것이다.
다음과 같은 구체적인 언급들, 즉 "이스라엘 산"(38:8; 39:2, 4, 17), "내 백성 이스라엘"(38:14, 16; 39:7), "내(하나님의) 땅"(38:16), "이스라엘 땅"(38:18-19), "내(하나님의) 모든 산"(38:21), "이스라엘 성읍들"(39:9), "이스라엘 족속"(the house of Israel, 39:12, 22, 29), "이스라엘 족속"(the people of Israel, 39:23, 25) 등은 그 기사를 단순하게 지리학적 견지에서 취급하는 것이 맞는 것처럼 보이게 한다.
그러나 몇 가지 사실을 고려해 보면 그 기사를 보다 폭넓게 종말론적 시각에서 접근하는 것이 타당하다는 것을 알 수 있다. 첫째로, 이스라엘을 공격하는 여러 나라들의 이름은 창세기 10장에 있는 고대 열국의 이름 목록에서 유래한다. 마곡, 메섹, 두발, 고멜, 도갈마(겔 38:2, 6) 등은 야벳 후손으로 열거되어 있다(창 10:2-3). 구스, 붓, 스바, 드단(겔 38:5, 13) 등은 함의 후손으로 나타난다(창 10:6-8). 에스겔서에 나타나는 이 이름 중에서 셈의 후손은 하나도 없다. 다만 야벳과 함 후손의 목록에 함께 올라 있는 메섹과 스바만은 예외이다. 따라서 에스겔서에 묘사된 투쟁은 구속에 참여하는 문제를 놓고 야벳과 함의 후손들이 셈의 후손들과 싸우는 보다 폭넓은 투쟁을 반영시키는데, 이는 예전에 노아가 셈에게 축복하고 함의 아들 가나안에게 저주하였던 기사에서 묘사된 것과 같다(창 9:24-27). 그러나 (성경에 나타난 것만큼) 이 후손 계열을 추적해 보면, 여러 시대를 걸쳐 발생하는 이 투쟁이 기본적으로 인종적 정치적 투쟁(an ethnico-political conflict)으로 보이지는 않는다. 성경은 오히려 구속역사적 정황(a redemptive-historical context)을 지적한다. 왜냐하면 동일한 셈족 사이에 있었던 쌍둥이 에서와 야곱의 전형적인 투쟁이 보여주듯이(말 1:2-3), 셈족이라고 해서 모두가 다 구속함을 받는 것은 아니기 때문이다. 이와 마찬가지로, 라합과 가나안의 후손들은 심지어 그 후손들이 다윗 왕의 계보에 오를 만큼(마 1:5), 하나님이 주시는 구속의 유익을 완전하게 누릴 수 있다.[48] 따라서 에스겔서에 나타나 있는 이 오랜 기간의 투쟁에 대한 언급은 인류 종족 간의 점증적인 투쟁 사상을 조장하지 않는다. 그것은 오히려 하나님의 구속 목적의 견지에서 "여인의 후손(씨)"과 "사단의 후손(씨)" 사이에 있는 전쟁을 암시하며, 하나님의 구속 목적은 모든 인종적 고려 사항을 제거해 버린다(갈 5:15-16; 롬 16:20).

둘째로, 에스겔서 38-39장에 언급되어 있는 "북방의 대적"은 정치적, 또는 지리적 특성에 관계없이, 궁극적으로 하나님의 백성을 대적하는 큰 세력들을 나타내는 성경적 전형이 된다(겔 38:15; 39:2; 사 14:31; 렘 1:14; 4:6; 6:1, 22; 10:22; 13:20; 25:9; 46:20, 24; 47:2; 50:41; 또한 계 17:5-6; 18:1-24; 20:8을 보라).

셋째로, 그 투쟁은 "바다의 모든 고기들과, 공중의 새들과, 들의 짐승들과, 땅에 기는 모든 벌레와, 지면에 있는 모든 사람"을 공포에 떨게 하는 "큰 지진"을 포함하는 종말론적 규모에 이르는데(겔 38:19-20, NIV), 이러한 모습은 노아 홍수가 가했던 충격에 비견할 만하다. 이 투쟁은 "이스라엘 산 위에 예비한 큰 잔치"(great sacrifice, NIV)에 앉아서 "용사의 고기를 먹으며 세상 왕들의 피를 마시는" 이스라엘 백성과 함께 절정에 달한다(39:17-18, NIV). 그들은 거기 하나님의 상에서 말과 기병과 용사와 모든 군사를 배불리 먹는다(39:20). 이 생생한 언어는 종말론적 체제에 있어서 언약과 관련된 저주를 상징적으로 아주 적절하게 묘사하는 반면(계 19:17-18), 그 사건을 보통 인류 역사 사건에서 일어나는 것으로 읽기는 힘들다.

곡과 마곡과의 싸움을 묘사하는 이 장들은 기본적으로, 포로로 끌려갔던 이스라엘이 그랬던 것처럼, 하나님의 백성이 다시는 열국에 의해 정복당하는 일은 없을 것이라는 사실을 확인한다.[49] 하나님의 회복된 백성을 완전히 압도해 버리는 초강대국은 미래에 다시는 일어나지 않을 것이다. 예수님의 말씀처럼, "음부의 권세가 이기지 못할 것이다"(마 16:18).

---

48) 이 관점의 충분한 논의는 Robertson, "Current Critical Questions"을 보라.
49) Klein, *Ezekiel*, 166.

⑥ 마지막 성전에 대한 계획을 포함하는 회복(겔 40-48장)

㉮ 이상의 배경

이제 에스겔의 "어마어마한 마지막 이상"에 이른다.[50] 만약 하나님의 영광이 회복된 성전에 돌아오는 이 마지막 이상이 없었다면 에스겔 예언서의 완성도가 떨어질 것이다. 제사장 겸 선지자인 에스겔은 처음에 하나님의 영광이 성전에서부터 떠나는 견지에서 유배를 내다보았었다. 그가 앞에서 묘사한 새롭게 된 언약 관계 및 고토로 돌아오는 귀환의 장면이 영광스러운 것이기는 하지만, 하나님의 영광이 회복된 성전에 다시 돌아온다는 내용은 나타나지 않았다. 모세 시대 및 여호수아, 사사, 열왕의 모든 시대 이래로 하나님의 영광인 쉐키나는 아주 독특한 방식으로 이스라엘을 하나님의 백성으로 특징지으면서 이스라엘 예배의 중심을 차지했다. 에스겔서는 하나님의 영광이 솔로몬 성전에서 떠나는 이상으로 시작하여, 그 영광이 귀환하는 이상과 함께 대단원의 끝을 맺는다.

회복된 성전의 이 마지막 이상은 에스겔 8-11장에 기록되어 있는 영광이 떠난 사건과 균형을 맞춘다. 그때 영광은 그 백성의 오염 때문에 예루살렘 성전을 버렸다. 그러나 이제 새 마음의 은사를 통해 그 백성이 영원히 정결케 되었기 때문에, 영광은 돌아와 다시는 떠나지 않을 것이다. 이 회복된 성전의 이상은 또한 에스겔 34-37장에 묘사된 회복과 연관되어 있는데, 34-37장의 회복 예언은 하나님이 자신의 성소를 그들 가운데 영원히 두실 것이라는 선언으로 절정에 이른다. 그분의 거처는 그들과 함께 있을 것이며, 그분의 성소는 그들 가운데 영원히 머물 것이다(37:26-28).

에스겔서 전체의 패턴을 따르면, 이 회복된 성전의 이상이 나타난 날짜는 여호야긴 왕이 포로로 끌려간 해와 관련하여 정해진다.[51] 그가 포로로 끌려간 지 제25년째는 주전 572년이 되는데, 이는 십대의 나이에 바벨론에 끌려갔던 다윗 계열의 그 마지막 왕(유다 최후의 왕 시드기야는 여호야긴의 숙부였으므로, 혈통상 다윗의 직계가 아닌 방계가 되며, 따라서 다윗 계열의 마지막 왕은 여호

---

50) 그 어구는 Zimmerli, *Ezekiel*, 제2권, 327에서 나온 것이다.
51) 에스겔이 받은 이 이상에 대한 두 번째 날짜는 예루살렘이 멸망된 지 제14년째 되는 해인데, 이 때는 여호야긴이 포로로 끌려간 때로부터 정확히 제25년째가 되는 해와 일치한다(주전 597년부터 572년까지).

야긴이라는 뜻-역주)이 이제 중년에 이르렀음을 의미한다.

이 "제25년"은 그것이 50년을 한 주기로 일어나는 이스라엘 희년(Jubilee) 기간의 정확히 절반이라는 점에서 중요해 보인다.[52] 희년이 되면, 모든 사람들은 각자 자기 가족의 기업 및 지파로 돌아갔다(레 25:10). 희년을 기대하는 포로로 끌려간 자들은 이제 자신들이 땅을 상실한 지 절반이 지났다는 사실을 생각하면서 즐거워할 것이다. 바벨론 유배가 이스라엘 민족이 무시했던 과거 희년의 햇수를 보상하는 견지에서 계산되고 있음을 보아서 위의 견해는 지지를 받는다(레 26:34; 대하 36:21). 이사야 선지자 역시 희년, 즉 큰 석방의 해라는 견지에서 바벨론 유배의 노예로부터 석방될 것을 내다보았다(사 61:1). 에스겔은 "희년"(year of freedom, NIV)에 있을 재산권의 반환을 언급함으로써(겔 46:17), 희년의 원리를 어느 정도 인식하고 있음을 보여준다. 만약 제25년에 관한 이러한 이해가 타당하다면, 이는 그 예언의 상징적 특성을 역설하는 것이 된다. 왜냐하면 다음 25년은 이스라엘 유배가 실제로 끝나는 해에 십년 모자랄 것이기 때문이다.[53]

④ 이상의 실질적 내용

먼저, 이 메시지는 "하나님의 이상"의 형태로 에스겔에게 주어진다는 사실을 기억해야 한다(40:2). 이 장들(40-48장)에 있는 여러 요소들은 에스겔이 회복된 성전의 이미지를 보는 것은 직접적인 계시에 의함이 아닌, 이상이라는 매개를 통해 보는 것이다. 이것을 고려할 때에 에스겔에게 주어진 계시의 경우는 모세가 광야에서 성막에 관하여 받은 상세한 지시 사항과 그 본질적으로 다르다. 모세의 경험에서, 성막 건축에 관한 지시 사항은 매우 구체적이었다. "너는 삼가 이 산에서 네게 보인 식양대로 할지니라"(출 25:40, 또한 히 8:5를 보라). 그러나 에스겔이 본 성전의 이상대로 그 성전을 건축해야 한다고 그 백성에서 지시한 것이 없다는 사실은 의미심장하다.

에스겔에게 계시된 이 성전 건축물에 관한 몇 가지 요소들을 좀더 살펴볼 필

---

52) Zimmerli, *Ezekiel*, 제2권, 346, 그리고 Block, *Ezekiel*, 제2권, 495, 512를 보라.
53) 여호야긴의 포로는 주전 597년에 시작되었으며, 그래서 제25년은 주전 572년이다. 여기에 포로 상태 기간 25년을 더하면, 주전 547년이 되는데, 이는 적어도 포로에서 풀려나 귀환하게 된 때인 주전 536년에서 10년이 모자란다.

요가 있으며, 이는 다음과 같다.

- 성전 그 자체: 이전에 에스겔이 성전으로부터 영광이 떠나는 것을 목격한 경험과 유사한 방식으로, 그 선지자는 이상 중에서 하나님의 영광이 이스라엘 땅으로 옮겨와 "극히 높은 산"에 서는 것을 보았다(40:2). 이 장들에서는 예루살렘 성읍 그 자체가 어디에도 언급되지 않았다. 에스겔은 오히려 예루살렘을 둘러싸고 있는 주변 지역에 관심이 있는 것 같다.[54] 여하튼, 에스겔은 이스라엘 땅에서 회복된 성전의 이상을 본다.
- 제사장직: 이 새 성전의 제사장에 대하여 구체적으로 "레위의 후손 중 사독의 자손으로서 여호와께 가까이 나아가 수종드는 자"로 묘사된다(40:46; 43:19).
- 제단과 희생제사: 제단을 봉헌하기 위해, 어린 수송아지 한 마리를 속죄제물로 바쳐야 하며, 칠일 동안 수염소 한 마리, 수송아지 한 마리, 그리고 수양 한 마리를 각각 매일 제물로 드려야 한다. 이 최초의 봉헌이 끝난 후에, 제사장들은 제단 위에 번제와 감사제를 드려야 한다(43:18-27).
- 성전으로부터 흐르는 강물: 에스겔은 그 이상에서 강물이 성전 아랫부분에서 나와 동쪽으로 흐르는 것을 본다. 이 강물은 성전으로부터 멀어질수록 점점 더 깊어진다. 그 강물이 사해로 들어갈 때, 옛 소금물은 즉시 사람이 먹을 수 있는 신선한 물로 바뀌고, 전에 어떤 종류의 물고기도 살 수 없었던 그 물에서 많은 종류의 물고기가 있어 어부가 그것들을 잡을 수 있게 된다. 이 강의 좌우 변에는 나무들이 일 년 열두 달 과실을 맺고, 그 잎들은 결코 시들지 않는다(47:1-12).
- 땅의 재분할: 새롭게 배치된 배열에서, 일곱 지파는 예루살렘 북쪽의 동과 서로 이어지는 영토의 좁고 긴 땅에서 거주할 것이다. 나머지 다섯 지파는 예루살렘 남쪽의 동과 서로 이어지는 영토의 좁고 긴 땅을 소유할 것이다(48:1-29).

---

54) 예루살렘은 에스겔서에서 구체적인 이름으로 모두 26회 나타나는데, 40-48장에서는 전혀 나타나지 않는다.

- 성전의 영토: 42:15-20에서 측량된 성전 경내의 정확한 치수에 관해서는 각 사본들이 일치를 이루지 못한다. 이러한 사본들의 불일치는 가장 오래 보존된 고대의 본문까지 거슬러 올라간다. 히브리어 사본들은 500척으로 읽는 것을 선호하는 반면, 70인역은 500규빗으로 읽는 것을 선호한다.[55] 1척은 6규빗이기 때문에(40:5), 500척은 3,000규빗에 해당한다. 그리고 1규빗은 1.5피트(45cm)이므로, 이 정사각형 성전의 각 면의 총길이는 4,500피트(1,372m)이다. 결과적으로, 이 성전 경내는 시온산의 경계보다 훨씬 더 길게 뻗어 있다. 사실상, 그것은 감람산으로부터 원래의 성전 서쪽 경계에 있는 티로피안 골짜기(Tyropean Valley)를 지나 예루살렘 서쪽으로 이르는 길이가 된다. 어떤 학자들은 이러한 관찰을 통해 본문이 500척이 아닌 500규빗으로 보아야 한다고 결론 내린다.[56] 이 축소된 크기로 계산할 때만, 에스겔의 성전 경계가 시온산에 들어맞게 된다.

그러나 에스겔이 본 성전 복합체의 다른 여러 가지 과장된 측면을 고려할

---

55) 히브리어 사본에서 Kethib(쓰인 본문)는 "그가 척량하는 막대기로 척량하니 5규빗[히, 카메쉬 에모트] 척이었다"(겔 42:16)로 되어 있는데, 이것은 의미가 통하지 않는다. 고대 히브리 필사자들은 본문의 원래 문장이 "그가 척량하는 막대기로 척량하니 500척[헤, 카메쉬 메오트]이었다"이어야 한다고 Qere(읽혀진 본문)에서 지적되었음에도 불구하고, 기록된 본문을 수정하려고 하지 않았다. 이 구절에서 히브리어의 기록된 형태는 고대 서기관들의 오류가 분명하다. 왜냐하면 성전 경내는 5규빗보다 훨씬 더 컸음에 틀림없기 때문이다. 또한 "5규빗 척"이라는 표현은 더욱 혼란스럽다. 고대와 현대의 많은 해석자들의 판단에 따르면, 500척(1척은 6규빗이므로, 대략 4,500피트)은 너무 커 보인다. 70인역(LXX)은 본문을 단순히 "척량하는 막대기 500"으로만 나타나고, 다음 세 구절로부터 "500척"이라는 어구를 제거하는 수정을 가하는데, 이것은 측량이 규빗으로 되었음을 암시한다. '척량하는 막대기에 따라' 라는 어구가 그 뒤 문장에도 계속 연결된다고 보아야 하며, 따라서 비록 '막대기들'(rods)이라는 추가적인 단어가 없다 할지라도 동일한 의미로 "500척"이라고 읽는 것이 타당하다. Keil(Ezekiel, 제2권, 269)은 40:21의 "한 규빗에 따라"라는 어구가 42:16의 "척에 따라"와 동일한 방식으로 기능한다고 결론짓는다. 만약 측량이 규빗으로 되었다면, 42:16의 본문은 "척에 따라"가 아닌, "규빗에 따라"로 읽혀져야 할 것이다. 이에 대해서는 그 이슈에 대한 충분한 논의를 주고 있는 Keil, 269-73을 보라. 42:16에서 "500척"으로 읽는 것은 또한 뒤따르는 세 구절에서 세 번이나 일관되게 그렇게 읽는 것에 의해서도 강력하게 지지된다. "척량하는 막대기로 척량하니 500척이라"(42:17-19).
56) Zimmerli, Ezekiel, 제2권, 402의 논의를 보라. 그럼에도 불구하고 규빗을 더 선호하는 다른 해석에 대해서는, Block, Ezekiel, 제2권, 568에 있는 각주 161을 보라.

때-즉 시온산으로부터 흘러나온 시냇물이 급격히 깊어져서 쉽게 건널 수 없는 강이 되고, 이 시냇물이 사해의 짠물을 치유하는 기적적인 권능을 가지고 있으며, 이 시냇물 주변에서 성장하는 나무들의 잎사귀가 결코 시들지 않고, 일 년 열두 달 내내 열매를 맺는 사실 등-성전의 치수는 예루살렘의 지형적 경계를 넘어 뻗어 있어야 한다는 추정이 매우 합리적인 것으로 보인다. 이러한 모든 요소들은 다음과 같은 사실을 강조한다. 즉 에스겔 그 자신이 지적하는 바대로, 그는 한 이상을 보고하고 있는 것이지, 이스라엘의 재구성된 백성이 건축하고자 하는 성전 모델을 실제로 묘사하는 것이 아니다. 이러한 정황에서 볼 때, 성전 경내의 확장된 크기는 그 예언의 이상과 관련된 특성에 잘 들어맞는다. 에스겔의 이상에서 나타난 성전 경내의 크기는 페어베른(Faribairn)이 진술한 바와 같이, "그 선지자가 석조 건축물과 석회 건조물이 아닌 다른 어떤 것을 목도했으며, 그는 또 그 건축물이 하나님의 영원한 왕국이라는 차원 높은 실재에서만 구현될 수 있다는 개념을 가지고 씨름하고 있었다는 사실이 확실하다."[57] 다시 말해서, 에스겔이 이상으로 본 그 성전은 결코 건축될 것으로 의도되지 않았으며, 더욱이 시온산 위에 건축되지 않는다는 사실은 두 말할 여지가 없다. 그 광대한 규모는 미래에 나타날 거대한 하나님의 왕국을 표현하는 것으로 보아야 한다. 요한계시록에 있는 새 예루살렘의 규모에서도 유사한 상황을 볼 수 있다. 이 새 예루살렘의 경우에, 그 성읍을 규빗 단위로 측량하면 그 크기는 길이가 예루살렘에서 로마까지 이르며, 높이 역시 마찬가지이다(계 21:16).

- 귀환하는 영광: 에스겔이 본 이상의 중심부에는 그가 이전에 본 이상에서 떠났던 영광이 이제 귀환하는 사건이 자리하고 있다(43:1-5). 그 선지자는 이 이상이 여호와께서 성전을 멸하러 오실 때에 그가 본 이상과 "같고", 또한 자신이 처음 소명 받을 때에 그발 강가에서 본 이상과 "같다"고 말한다(43:3). 하나님의 영광은 성전 동문을 통해 이 새 성전으로 들어와 성전을 가득 채운다(43:4-5; 44:4). 결과적으로 여호와는 "이는 내 보좌의 처소, 내 발을 두는 처소, 내가 이스라엘 족속 가운데서 영원

---

57) Fairbairn, *Ezekiel*, 470.

히 거할 곳이라"라고 선언하신다(43:7, NIV).

이와 같이, 에스겔이 마지막으로 본 성전 이상은 여러 주요한 요소들로 구성된다. 그러나 그 이상의 정확한 의의는 무엇인가?

㈃ 이상의 의의

에스겔의 마지막 이상에는 많은 의의가 있는데, 이는 그 이상을 보는 다양한 관점으로부터 나온다. 이들 몇 가지 관점을 고려할 필요가 있다.

느부갓네살에 의해 바벨론으로 끌려갔던 포로민들은 에스겔서의 이 결론적인 이상을 어떤 시각으로 보았을까? 에스겔의 마지막 메시지는 확실히 그들에게 소망을 주었을 것이다. 그 이상이 주어질 즈음, 포로민들 중 얼마는 그들의 왕 및 선지자와 더불어 그 이방의 땅에서 25년 혹은 그 이상 거주하고 있었다. 에스겔의 이 마지막 이상은 정해진 70년이 다 차면 귀환할 것이라는 기대를 그들의 마음과 가슴 속에 되살아나게 했을 것이다. 하나님은 때를 지키고 계셨으며, 그분은 자신이 약속하신 대로 그 백성을 이전보다 훨씬 더 큰 영광의 상태로 회복시키실 것이다.

에스겔에게 이 계시가 주어진 지 약 35년이 지난, 주전 536년에 고레스의 칙령으로 바벨론 유수로부터 귀환한 자들은 에스겔의 성전 이상을 어떤 시각으로 보았는가? 그들은 그들의 회복된 성전을 에스겔에게 주어진 설계도에 따라 만들려고 생각했는가? 그들은 심지어 그 선지자의 성전 모델을 반영할 시도를 했는가? 이용 가능한 증거에 따르면, 바벨론 유수에서 귀환한 그 백성이 예루살렘에 새 성전을 건축했을 때 에스겔의 성전 설계도를 반영했을 것이라는 암시가 조금도 없다.[58]

이상을 고려할 때에 에스겔이 다음과 같은 사실을 의도했는지에 대한 질문이 제기된다. 즉 그가 성전이 그의 이상 가운데 묘사된 모델을 따라 건축되기를 원했는지의 여부이다. 몇 가지 사실들을 고려해 볼 때 그에게 이러한 의도는 전혀 없었을 것이라고 추정된다. 성전 아래에서부터 강물이 흐르는 모습은 이 이상

---

58) Block(*Ezekiel*, 제2권, 503)의 판단에 따르면, "포로후기 공동체는 에스겔의 프로그램을 이행할 어떠한 노력도 하지 않은 것으로 보인다."

의 지리학적 실현 가능성이 현 세계 질서에서는 경험될 수 없는 것임을 지적해 준다. 게다가, 이스라엘이 그들의 독특한 원래의 정체성을 상실하고, 각 지파가 소규모로 분할된 새로운 형태로 땅을 분배받는다는 재구성된 이스라엘 지파의 이미지는 그 이후 에스겔의 계획에 따라 실제로 성취되지 않았다는 사실에서도 찾을 수 있다. 더욱이, 만약 성전 경내의 크기에 관하여 앞에서 내린 결론이 옳다면, 에스겔이 내다본 성전 복합체는 시온산 위에 건설될 수 없다. 이러한 사항들을 고려하여 종합해 볼 때, 에스겔은 결코 이스라엘이 고토에 귀환한 후에 자신의 성전 모델을 따라 성전을 건축할 것을 의도하였다고 할 수 없다.

그러나 에스겔의 성전은 그 선지자 자신이 내다본 새 언약과 어떤 관계가 있는가? 이 성전 구조는 하나님이 자신의 백성에게 새 마음과 새 영을 주실 날과 어떻게 관련되어 있는가? 이스라엘 열두 지파의 인종적 후손이 그들 조상의 땅에 다시 모여 에스겔의 성전 배치를 실제로 가동시킬 미래의 한 날이 일어날 수 있는가?

이 질문에 대한 단정적 대답을 하기에 앞서, 그러한 결론의 결과를 먼저 주의 깊게 고찰해야 한다. 무엇보다도, 비록 예수 그리스도가 지금은 하나님의 새 이스라엘의 위대한 대제사장으로 인정되지만, 그분은 그렇게 재구성된 성전에서 제사장으로 섬길 수 없다. 에스겔의 이상은 옛 제사장 질서를 대체한 "멜기세덱의 반차를 좇는" 새 제사장직에 대해 조금도 인식하지 않는다. 그의 이상에 따르면, 오직 레위 지파라는 특정 가문만이 이 성전에서 섬길 수 있다.

더욱이, 만약 이 이상이 미래의 어느 시점에서 다시 실제로 실현된다면, 예수 그리스도의 자기희생은 죄로 인해 바치는 피의 제물을 끝내지 못한 것이 된다. 날마다, 계절마다 드려지는 이 다시 새로워진 희생제사는 이 새 성전에서 자연스럽게 예배의 중심이 될 것이다. 어떤 사람은 그리스도의 희생제사를 회고하는 견지에서 드려지는 희생제사의 갱신으로 설명하려고 노력하겠지만, 이것은 이러한 동물 제물이 제사를 드리는 당사자에게 엄청난 대가를 치르게 한다는 사실을 무시한다. 사실상, 동물 제사를 드리는 당사자는 자신의 죄 사함에 대한 값을 희생을 통해 "지불"해야 할 것이다. 그리스도의 희생제사를 회고하여 드리는 희생제사의 개념은 "다시 죄를 위하여 제사드릴 것이 없느니라"(히 10:18)라는 분명한 선언을 무시한다.

혹자는 이렇게 새로 갱신된 희생제사는 실제로 제사를 드리는 당사자를 일시적으로 정결케 하고 죄를 사해 주며, 육체적이고 일시적인 심판으로부터 보호해 줄 것을 보장해 준다는 사상을 제시한다.[59] 그러나 이 사상 역시 앞에서 제시한 동일한 원리들에 의해 강력한 저항을 받아야 한다. 이제 오시는 그리스도의 제물을 기대하는 기간이 지나갔기 때문에, 그리스도가 완성한 희생제사를 보충하기 위해 더 오래된 예배 형태로 돌아가는 태도는 결코 용납할 수 없다.

그렇다면 에스겔의 성전 이상은 어떻게 성취되는가? 에스겔이 본 이 최종 이상의 실현은 다음과 같은 네 가지 수준에서 접근할 수 있다.

- 회복된 성전의 본질적 개념과 관련해 볼 때, 에스겔의 이 이상은 주전 536년에 바벨론 유수로부터 귀환한 가운데 실현되었다. 이스라엘 백성은 고토로 귀환하여 성전을 재건하고, 제사장직과 희생제사 제도를 다시 제정하였다. 비록 자신들 시대의 선지자들은 성전의 "더 큰 영광"이 아직 오지 않았다고 말했지만, 하나님은 이스라엘의 회복된 성전 안에 자신의 영광을 부분적으로 현시하셨다.
- 메시아의 실제 강림과 관련해서, 요한복음은 말씀이 성육신한 예수님의 모습 속에서 "우리가 그의 영광을 보았다"라고 지적한다(요 1:14 KJV). 예수님은 파괴되지만 더 큰 영광으로 소생할 성전과 자기 자신을 동일시하셨다(2:9). 주님은 자기를 믿는 자마다 그 배에서 "생수의 샘"이 흐를 것이라고 외치셨으며, 여기에서 그는 자신을 생수의 근원으로 규정하신다. "나를 믿는 자는 성경에 이름과 같이 그 배에서 생수의 강이 흘러나리라 하시니 이는 그를 믿는 자의 받을 성령을 가리켜 말씀하신 것이라 예수께서 아직 영광을 받지 못하신 고로 성령이 아직 저희에게 계시지 아니하시더라"(7:38-39, NIV).
- 에스겔 성전 이상의 더 깊은 성취는 새 언약 아래에서 성전이 되어 신성이 그 안에 거주하는 모든 신자들 안에서 나타날 것이다(고전 6:19). 그리스도 안에서 협력하는 공동체는 또한 하나님의 살아 있는 성전으로 묘사될 것이다(3:16-17).[60]

---

59) Block, Ibid., 503에 있는 이 견해에 대한 묘사를 보라.
60) Block(Ibid., 505)은 에스겔이 회복된 다윗 왕조의 문자적 성취와 회복된 유대 공동체 한 복판에서 하

- 완성된 종말론의 관점에서 볼 때, 에스겔이 본 성전 이상과 밧모 섬에서 사도 요한이 본 이상 사이의 관계를 끊는 것은 어려울 듯싶다. 요한이 본 이상에는 "성전"이 나타나지 않았지만, 수세기를 걸쳐 성전이 상징한 모든 것은 전능하신 주 하나님과 및, 성전을 대체하신 어린양(the Lamb)의 인격 속에서 완전히 현시된다(계 21:22; 요 2:19-22). 생명의 강은 요한계시록에서도 나타나는데, 그곳에서도 일 년 열두 달 항상 실과를 맺는 나무와 함께 나타난다.[61] 그러나 요한계시록의 최종 이상에서는, 시들지 않는 나무 잎사귀들이 만국을 치유하는 잎사귀로 나타난다(계 22:1-2).[62] 참으로 에스겔의 성전은 협소하게 지엽적인 방식으로 기능하도록

나님의 영원한 거주가 없는 그의 백성의 완전한 회복을 내다보았다는 것은 "상상할 수 없는" 일이라고 말하는데, 이 말은 많은 그리스도인들의 견해를 잘 표현한 것이다. 그러나 그는 곧 이어 "그럼에도 불구하고, 위에서 인용된 것을 고려할 때, 40-48장을 이상주의적인 것으로 번역하는 것이 최상으로 보인다"고 논평한다. 그는 성전 이상을 종말론적으로 해석하는 것에 대하여 반대하지만, 에스겔이 이 이상을 통해 "성전을 영적으로 해석하는(spiritualization) 바울 신학의 토대를 제공한다"고 단언한다(506). Block은 이렇게 서로 반대되는 두 견해로 왔다갔다 하는 것 같지만, 그러나 그에게서 어떠한 비일관성도 보이지 않는다.

61) 에스겔이 이상에 나타나는 것과 같은 강에 대한 낙원적 기원의 발달에 대해서는, Zimmerli, *Ezekiel*, 제2권, 510을 보라. Zimmerli는 창세기 2:10-14를 언급하면서, 다음과 같이 말한다. "세계의 모든 위대한 강들은 이 장소로부터 내려오며, 그러므로 이 장소는 반드시 높은 산 위에 있는 것으로 생각되어야 한다. 사람이 거주하는 세계는 낙원의 풍요로움의 잉여분에 의존하여 살고 있다." 낙원에서 흘러내리는 이 강의 모티브는 "팔레스틴의 살풍경한 자연 현상과 나란히 에스겔 47:1-12의 구성에서 명확하게 그 효력이 발휘되었다." 동일한 영상이 시편 46:4에도 나타나는데, 이는 "하나님의 성을 기쁘게 하는 시냇물"을 지칭한다. 또한 이사야 8:6-7도 보라. 여기에서 예루살렘의 작은 시냇물은 앗수르의 위대한 강들보다 더 많은 잠재력이 있는 것으로 소개된다.

62) Block(*Ezekiel*, 제2권, 503의 각주 26)은 에스겔의 성전이 요한계시록 21-22장의 이상과 상응하지 않는다는 점을 상세하게 설명한다. 그러나 그가 주의를 집중하는 다양한 병행구절들은 계시록의 것과 비교하는 것을 단념시키기보다 더 지지해 준다. Block은 에스겔의 "거룩한 도성"의 이름이 없는 반면, 요한계시록에 있는 도성은 예루살렘이라는 이름이 붙여있음을 대조시킨다. 그러나 에스겔에서 그 도성에 이름을 부르지 않는 이유는 그가 당시 예루살렘 성읍과 정확하게 동일시하지 않을 의도를 가졌기 때문이다. 그러나 요한이 이상에서 본 높이 들린 도성은 이 지상의 도성으로 혼동될 위험이 전혀 없다. Block은 또한 에스겔의 도성이 정사면체인 반면, 요한의 도성은 정육면체라는 점을 지적한다. 그러나 그림자(에스겔의 것)로부터 실체(요한의 것)로 이동하는 과정에서 이 정도의 확장된 개념은 충분히 가능하지 않겠는가?

의도된 것이 결코 아니었다. 왜냐하면 그는 거류 외국인이 본토인과 동일한 기업을 받을 것이라고 구체적으로 진술하기 때문이다(겔 47:22-23). 그러나 천국 도성의 완전한 실현은 이 땅의 만국을 포괄하는 것보다 훨씬 더 광대한 것으로 나타난다.[63]

요컨대, 에스겔이 마지막으로 본 귀환하는 영광과 회복된 성전의 이상은, 계속해서 일어나는 세대들뿐 아니라 이스라엘 포로 이송민들을 위해 그가 준 메시지에 꼭 맞는 결론을 구현한다. 에스겔이 비록 포로기 전 선지자들(the preexilic prophets)의 자취를 따르기는 하지만, 그는 그의 이전 선지자들의 그들의 개념을 훨씬 넘어서고 있는 것이 분명하다.

---

63) 에스겔의 성전 이상의 해석에 관계된 해석학적 고려사항들에 대한 포괄적 논의에 관해서는, Fairbairn, *Ezekiel*, 260-68, 431-50을 보라. 다른 해석자들보다 Fairbairn은 다음과 같은 특별한 사항을 지적한다. 해석자는 본문의 자료가 이상(理想)의 형태라는 것을 인지함으로써 시작해야 한다. 현대 기독교 중 문자주의적인 해석자들은 전통적인 유대 해석자들과 동일하게 문자적 해석의 원리를 사용하는데, 만약 이 해석 방법을 일관되게 따르면 예수 그리스도를 배척하는 것으로 이끌리게 된다.

THE
Christ
OF THE
PROPHETS

제11장

포로 시대의 예언자 : 다니엘

에스겔은 포로와 회복을 경험한 이스라엘의 역사를 제사장의 시각으로 보았다. 그는 성전이 더럽혀지고 황폐해지는 모습과 또 성전의 완벽한 회복에 관심을 집중한다. 반면에 다니엘은 포로와 회복을 경험하는 자로서 이스라엘의 역사를 전적으로 다른 시각에서 본다. 그는 세상을 통치하는 황제를 위하여 관리로 섬기는 한 개인으로서 자기 민족의 포로와 회복을 파악한다.[1] 다니엘서의 진술에 따르면, 다니엘은 느부갓네살이 행한 최초의 서방원정 때에 포로로 잡혀갔다.[2] 바벨론의 왕은 주전 605년 갈그미스 전투에서 앗수르 군대의 잔여 세력을 멸하고, 이집트 왕 바로의 주력 부대를 물리친 후에, 유프라테스로부터 시

---

1) 현대 비평학자들은 다니엘서를 유대정경에서 선지서에 분류하기보다 성문서에 둔 것은 이 책이 선지서들의 정경적 묶음이 완성된 이후에 기록되었다는 사실을 보여주는 것이라고 주장하기도 한다. 그러나 유대인들은 다니엘을 선지자보다는 정치가로 보았기 때문에 정경 내에서의 그의 위치를 성문서에 둔 것이다. 다니엘이 비록 미래를 예언하는 견지에서 선지자의 은사를 받긴 했지만, 그는 결코 선지자 직분을 보유하지는 않았다. Harrison(*Introduction to the Old Testament*, 284)에 따르면, "다니엘은 하나님과 신정국가 사이의 통상적인 중재자라기보다 정치가였다. 다니엘서가 정경에서 세 번째 분류에 속한다는 것은 분명히 다음과 같은 사실이 정당화된다. '케투빔' 가운데 속하는 작품들은 말씀의 전달자로서의 선지자가 아니지만, 그럼에도 불구하고 신적 영감 아래서 쓴 개인의 기록물이라고 간주된 것이다." Young, *Prophecy of Daniel*, 20을 보라.
2) 다니엘서 시작의 장은 다니엘이 고레스 재위 제1년까지 바벨론에 남아 있었다는 사실을 지칭함으로써

작해서 이집트의 국경에 이르는 서방의 모든 영토를 점령하였다.[3] 성경은 "애굽 왕이 다시는 그 나라에서 나오지 못하였으니, 이는 바벨론 왕이 애굽 하수에서부터 유브라데 하수까지 애굽 왕에게 속한 땅을 다 취하였음이더라"(왕하 24:7, NIV)고 말한다. 분명히 이때에 이 강력한 왕은 유다를 휩쓸고 몇몇 젊은 이들을 선발해서 그 나라로 이끌고 갔다. 그리고 그는 그 젊은이들을 바벨론 궁정에서 일할 수 있도록 교육시켰다(왕하 24:1; 대하 36:5-7; 단 1:1-4).

포로의 경험과 회복의 전망은 이스라엘에게 중대한 의미가 있음에 틀림없다. 그러나 이 사건들은 또한 세상의 다른 민족들에게도 함축적인 의미를 제공한다. 다니엘서의 메시지는 흩어진 하나님의 백성이 세상 황제들에게 어떤 영향을 미치고 있음을 보여주며, 또한 그 선택된 민족의 분산이 가져온 궁극적 결과에 시선을 집중한다.

l. 전반적으로 흐르는 주제: 하나님 나라의 우주적 통치권

이스라엘의 선지자들 가운데 다니엘과 에스겔은 예언의 대상을 범세계적으로 확대하면서, 이를 위해 특이한 이미지를 이용한다. 이 이미지는 세상의 제국들을 공중의 새들이 둥지를 트는 그 가지가 사방으로 퍼진 커다란 나무에 비교한다. 에스겔에 따르면, 앗수르 민족은 한때 들판의 다른 모든 나무들보다 탁월하게 뻗어 오른 레바논의 백향목 같았다. 공중의 모든 새들이 그 가지에 둥지를 틀었고, 짐승들이 그 나무 아래에서 새끼를 낳았으며, 다른 위대한 여러 민족들이 그 그늘 아래에서 살았다(겔 31:3, 5-6). 그러나 그 민족의 교만과 사악함 때문에, 여호와께서는 앗수르를 가장 잔인한 이방 민족들에게 넘겨 그들로 작

마무리된다(1:21). 다시 말해서, 그는 주전 605년부터 536년까지 유다의 포로기 70년 전 기간 동안 살아 있었다.

3) 바벨론의 연대기에 따르면, 느부갓네살은 갈그미스에서 Pharaoh Necho를 물리친 후에 시리아와 팔레스틴을 지칭하는 "핫티 전 지역을 정복했다"(Wiseman, *Chronicles of the Chaldaean Kings*, 69, 제8행, 또한 25를 보라). Wiseman은 이 사건이 유다에 미친 영향은 "느고의 봉신 여호야김 왕이 느부갓네살에게 자발적으로 복종했으며, 선지자 다니엘을 포함하여 약간의 유대인들이 바벨론에 포로 또는 인질로 끌려간"(26) 결과를 낳았음을 지적한다.

벌하게 하셨다(31:10-12). 그런 다음 에스겔은 이와 동일한 영상을 이집트 왕 바로에게 적용한다. "네가 에덴 나무와 함께 지하에 내려갈 것이요"(31:18, NIV).

심지어 미래에 회복되는 이스라엘 왕국도 에스겔에 의해 그와 동일한 영상으로 묘사된다. 그 선지자는 우선 느부갓네살에 의해 당한 유다 마지막 왕의 포로를 상징하기 위해 포도나무가 뿌리째 뽑히는 장면을 묘사한다. 그러나 그런 다음 여호와께서는 자신이 백향목의 꼭대기에서 한 새싹을 취해 그것을 이스라엘의 높은 산 위에 심으실 것이라고 친히 선언하신다. 이 여린 새싹은 웅장한 백향목으로 성장할 것이다. 온갖 종류의 새들이 이 나무에 둥지를 틀 것이며, 그 가지 그늘에서 안식처를 발견할 것이다(17:22-23). 에스겔은 이 이미지를 통해 바벨론 포로 이후에 있을 이스라엘 왕정의 회복을 내다본다. 이 이미지에는 땅 위에서 이루어질 하나님 나라의 영광스러운 재탄생에 대한 기대가 내재되어 있다.

다니엘서에서는, 바벨론 왕 느부갓네살을 공중의 새들에게 안전한 보금자리를 제공하는 큰 나무의 이미지로 묘사한다. 그 왕은 다니엘에게 자신이 꾼 엄청나게 큰 나무에 관한 꿈을 말한다. "그 나무가…땅 끝에서도 보이겠고, 그 잎사귀는 아름답고, 그 열매는 많아서 만민의 식물이 될 만하고, 들짐승이 그 그늘에 있으며, 궁중에 새는 그 가지에 깃들이고, 무릇 혈기 있는 자가 거기서 식물을 얻더라"(단 4:11-12, NIV). 느부갓네살은 이 장엄한 나무의 의미와 그것이 작벌되어 버리고 말 것이라는 하늘에서 들려온 칙령에 당황해한다. 다니엘은 그 이상을 설명한다. "왕이여, 바로 당신이 그 나무이십니다!"(4:22, NIV). 그의 제국은 확장되어 땅의 양끝을 횡단할 정도였지만, 그는 하늘의 하나님 아래서 겸비해질 것이다. 그 큰 나무가 상징한 위대한 통치권이 실제적으로는 다니엘의 하나님께 속한다는 사실을 인식하면서 그는 왕위를 회복하게 되고, 지극히 높으신 자(the Most High)를 인정한다. 하나님의 통치권은 영원하며, 그분은 하늘의 세력들과 땅의 민족들에게 자기의 기쁘신 뜻대로 행하신다(4:34-35). 땅에 있는 이 군주의 방대한 통치권은 오직 다니엘의 하나님이 행하시는 우주적 통치권 아래에서만 기능할 수 있을 뿐이다.

하늘의 하나님이 행하시는 우주적이고 영원한 통치권이라는 이 동일한 개념이 다니엘서 전체에 두루 퍼져 있는 하나의 주제로 다시 나타난다. 다니엘은 느부갓네살이 처음에 본 거대한 신상에 관한 이상을 해석하면서, 다음과 같이 선언한다. "이 열왕의 때에, 하늘의 하나님이 한 나라를 세우시리니, 이것은 영원히 망하지도 아니할 것이요, 그 국권이 다른 백성에게로 돌아가지도 아니할 것이요, 도리어 이 모든 나라를 쳐서 멸하고 영원히 설 것이라"(2:44, NIV).

다니엘이 사자굴에서 건짐을 받은 후에, 주의 나라의 영원성의 주제가 다시 나타난다. 다리오 왕은 다음과 같이 선언한다. "내가 이제 조서를 내리노라. 내 나라 관할 아래 있는 사람들은 다 다니엘의 하나님 앞에서 떨며 두려워할지니, 그는 사시는 하나님이시요, 영원히 변치 않으실 자시며, 그 나라는 망하지 아니할 것이요, 그 권세는 무궁할 것이다"(6:26, NIV).

느부갓네살이 본 거대한 신상의 네 부분들로 표현된 네 나라에 대한 이상을 다니엘은 자신의 이상 가운데서 네 짐승의 모습으로 다시 본다. 이 네 짐승들에 관한 이상 중에 옛적부터 항상 계신 자(the Ancient of Days)에게 나아가는 인자(a Son of Man) 같은 한 사람을 본다. 신적 기원을 가지고 있는 이 인간은 특별한 영예를 받는다. "그에게 권세와 영광과 나라를 주고 모든 백성과 나라들과 각 방언하는 자로 그를 섬기게 하였으니 그 권세는 영원한 권세라 옮기지 아니할 것이요 그 나라는 폐하지 아니할 것이니라"(7:14, NIV).

이 이상에 관한 해석에는 거의 일치되는 결론에 도달한다. 비록 옛적부터 항상 계신 자를 반대하는 권세들이 성도들과의 투쟁에서 어느 지점에서는 승리할지 몰라도, 그들의 부분적인 승리는 영원히 지속될 수 없다(7:21-22). 종국에는 하나님의 영원한 나라가 세워지는 것으로서 그 승리는 마감할 것이다. "나라와 권세와 온 천하 열국의 위세가 지극히 높으신 자의 성민에게 붙인 바 되리니 그의 나라는 영원한 나라이라 모든 권세 있는 자가 다 그를 섬겨 복종하리라"(7:27, NIV).

이스라엘의 포로 공동체에서 활동하였던 에스겔과 다니엘 두 선지자가 함께 사용한 사방으로 퍼진 큰 나무에 관한 이미지는 이스라엘의 포로기 이전 선지자들과 포로기 이후 선지자들의 그 어떤 기록에서도 나타나지 않는다. 다니엘과 에스겔이 포로지에서 가졌던 개인적 경험, 그리고 주전 6세기의 위대한 왕의 통치권 아래에서 살았던 그들의 삶으로 인해, 이 이미지는 그들에게 특별히 적합하다. 어떤 의미에서 그들은 이 위대한 제국들의 가지에서 둥지를 틀고 있는 공중의 새들과 같은 존재였다. 이 대왕은 그들이 인류에게 끼친 모든 고통과 더불어 그들의 땅에 살고 있는 거민들, 즉 본토 태생의 시민들이건 다른 민족들로 구성된 망명자들이건 모든 사람들에게 복을 주었다. 예레미야는 이스라엘 포로들에게 자문의 말을 할 때 이 상황을 예견하였다.

> 너희는 집을 짓고 거기 거하며, 전원을 만들고 그 열매를 먹으라. 아내를 취하여 자녀를 생산하며, 너희 아들로 아내를 취하며 딸로 남편을 맞아 그들로 자녀를 생산케 하여, 너희로 거기서 번성하고 쇠잔하지 않게 하라. 너희는 내가 사로잡혀 가게 한 그 성읍의 평안하기를 힘쓰고 위하여 여호와께 기도하라. 이는 그 성이 평안함으로 너희도 평안할 것임이니라(렘 29:5-7, NIV).

포로 공동체에 속한 이 두 선지자들은 그 왕국이 그 방대한 통치권에서 번성하는 것을 봄으로써, 유일하시고 참되신 하나님 왕국의 우주적 실현과 관련하여 무엇을 기대할 수 있을 것인지를 깨달았을 것임에 틀림없다. 이스라엘 땅에 있는 한 높은 산에 중심을 두고 있지만 그 범위에서 광대한 하나님 왕국의 개념은 에스겔의 예언에서 분명히 나타난다(겔 17:23). 다니엘이 그린 그림은—물론 에스겔이 묘사한 것과 동일한 구조를 가지고 있지만—심지어 더 넓은 차원으로 확장된다. 하나님의 장차 나타날 왕국에 대한 다니엘의 개념은 유대적 편협성을 벗어나서 창조된 온 우주를 포괄한다. 다니엘서에 나타나는 방대한 이 하나님의 왕국은 이스라엘 땅 혹은 그 민족에만 제한되지 않으며, 심지어 특별한 관련성도 나타나지 않는다. 다니엘이 보는 이 영원한 하나님의 왕국은 세상의 모든 민족들을 다 포함한다.

하나님의 왕국을 상징하는 사방으로 쭉 뻗은 큰 나무 이미지는 예수님의 가르침에서 완성된 모습으로 나타난다. 예수님은 하나님의 나라를 땅에 심겨진 겨자씨에 비유하신다. 그 씨는 가장 작은 것이지만 일단 심겨지면, "나무가 되어, 공중의 새들이 와서 그 가지에 깃들이게 된다"(마 13:32; 막 4:32; 눅 13:18-19, NIV). 포로가 되어 고향을 멀리 떠나 살았던 이스라엘 선지자들은 이 하나님 나라의 광대한 개념을 말한 첫 번째이며, 그리고 유일한 사람이었다. 메시아의 나라에서 하나님의 백성이 완전히 회복될 것을 예견하신 예수님 역시 이와 동일한 이미지를 사용하신다. 모든 시대로부터 그리고 세상의 모든 나라들로부터 온 민족들은 이 그리스도 왕국의 도래와 더불어 축복을 받았으며, 그 나라가 완성될 때까지 계속해서 복을 받을 것이다.

다니엘서는 전반적으로 장차 임할 이 하나님의 나라가 땅에 속한 세상의 모든 왕국들을 대체한다는 시각으로 예언을 엮어나간다. 다니엘서는 하나님께서 지상의 모든 임시적인 권세들을 대체하는 자신의 나라를 완성할 계획을 가지심을 밝힌다. 바벨론 왕국에서 하나님의 대사로 일했던 다니엘은 영감을 받아 이 우주적인 하나님의 계획을 알리는 발표자 역할을 한다.

2. 다섯 가지 중요한 요소들

다니엘서에 두루 퍼져 있는 주제를 조사할 때, 다음 다섯 가지 중요한 사항들을 더 면밀히 고려해 볼 필요가 있다. 첫째로 느부갓네살의 거대한 신상(2:31-45), 둘째로 손으로 하지 아니한 뜨인 돌(2:34-35), 셋째로 네 짐승들, "작은 뿔," 그리고 인자(7:2-28), 넷째로 "칠십 이레"(9:24-27), 다섯째로 "스스로 높여 모든 신보다 크다" 말하는 "얼굴이 엄격한 왕"(8:23; 11:36) 등이다.

1) 느부갓네살의 거대한 신상(단 2:31-45)

금으로 된 머리, 은으로 된 가슴과 팔들, 놋으로 된 배와 넓적다리, 철로 된 종아리 그리고 일부는 철로, 일부는 진흙으로 된 발 등을 가진 거대한 신상 하나가 느부갓네살 왕에게 계시적 꿈의 형태로 보였다. 다니엘에 따르면, 그 왕의 꿈은 원래 "은밀한 것을 나타내시는 이"로부터 유래했으며, "아직 발생하지 않은 일," 즉 "장래 일"을 밝히 드러내는 것이었다(2:29). 그 꿈은 "장래 일"을 알렸다(2:45). 그 결과 느부갓네살은 다니엘의 하나님이 모든 신의 신이시요, 모든 왕의 주재시라는 사실을 인정하였다(2:47).[4]

---

[4] 느부갓네살은 다니엘의 하나님이 미래를 예견하는 그의 능력 때문에 최고의 하나님이라는 사실을 인정한다. 만약 다니엘의 하나님이 사실상 미래를 예언하지 않는다면, 느부갓네살은 불가피하게 그 반대의 결론에 도달했을 것임에 틀림없다. 그것은 여호와는 "모든 신들의 신이요, 모든 왕들의 주"가 아닌 것이 되었을 것이다.

그 거대한 신상의 네 가지 다른 요소들은 잇달아 일어나는 네 개의 다른 왕국들을 대표한다(2:37-40). 도대체 이 왕국들은 무엇인가?

금으로 된 머리는 느부갓네살의 바벨론 왕국이라고 다니엘에 의해 규정되지만(2:37-38), 그 신상의 나머지 부분들은 차후에 일어날 어떤 제국으로만 언급되었을 뿐 구체적인 나라는 밝히지 않는다. 만약 이 꿈이 주전 6세기에 살았던 느부갓네살에게 장래에 있을 역사의 과정을 드러낸다는 해석을 진지하게 받아들인다면, 잇달아 일어나는 왕국들의 정체를 밝히는 데는 그리 어렵지 않을 것이다. 메대-페르시아 연합국이 바벨론을 무너뜨렸고, 헬라는 메대-페르시아를 짓밟았으며, 로마는 고대 제국들 가운데 가장 위대한 제국으로서 헬라를 계승했다. 그렇게 볼 때에 이 주목할 만한 이상은 그로부터 이어질 오백 년의 기간을 가로지르는 인류 역사의 대략적인 계보를 내다본다. 이 역사의 최종적 완성은 하늘의 하나님이 세우시는 영원한 왕국이다. 이 신적인 왕국은 이전의 모든 왕국들을 파괴하여 분쇄해 버릴 것이며, 영원히 지속될 것이다(2:44). 여기서는 다니엘이 결코 이스라엘 왕국을 세상 역사에서 하나님의 목적을 성취하는 최종 목표로 예견하지 않는다는 사실이 주목할 만하다. 하나님이 이루실 신적인 왕국은 이스라엘 왕국을 넘어 오히려 세상의 모든 왕국들을 포괄하는 범세계적인 왕국으로 말한다.

많은 사람들은 느부갓네살이의 이상에서 연속적으로 일어나는 네 왕국들을 세상 민족들 가운데 일어날 미래의 역사로 보지 않으며, 그 왕국들의 절정에 하나님의 나라가 임할 것으로 내다보지 않는다. 그들은 오히려 이 묘사는 역사의 보고서, 즉 이미 발생했지만 그것이 마치 미래의 사건들을 묘사한 것처럼 제시되었을 뿐인 보고서로 본다. 그들은 미래의 사건들을 특히 이렇게 큰 스케일로 예견한다는 것은 불가능하다고 생각한다. 그래서 그들은 다른 어떤 대안적인 설명으로 느부갓네살이 본 이상을 이해하려고 한다.[5] 다니엘서의 현존하는 사

---

5) Collins, *Daniel*, p. 166을 보라. 그는 다니엘의 네 왕국을 바벨론, 메데 바사 연합국, 헬라, 로마 순으로 보는 순서를 배척하는 이유를 다음과 같이 지적한다. "연대기적 제한 내에서, 네 번째 왕국은 헬라보다 더 늦을 수 없다(비록 요세푸스부터 시작해서, 그 네 번째 왕국을 로마로 규정하는 오래 지속된 전통이 있기 하지만)." 그가 비록 이 "연대기적 제한"의 이유에 관하여 상세하게 설명하지는 않지만, 그가 다니엘서의 분석에서 미래의 사건에 대해 말하는 예견적인 예언의 가능성을 완전히 부정하는 관점 위에서 작업한 결과임이 분명하다. 본문은 분명 하나님이 계시를 통해 미래를 예견하게 하신다는 다니엘서의

본들의 저작 시기가 겨우 주전 2세기로 거슬러 올라갈 뿐임을 주시하고,[6] 또한 다니엘서의 마지막 몇 장들은 일반적으로 안티오커스 4세인 에피파네스(Antiochus IV Epiphanes, 주전 175-163)를 상세하게 묘사하고 있음을 지적한다. 그래서 결국 그들은 다니엘서의 예언들은 주전 2세기에 기록되었으며, 저자는 이미 발생한 사건들을 기록한 것이라고 결론 맺는다. 그 결과, 그 신상의 네 부분들은 단지 주전 2세기까지만 잇달아 일어났던 여러 나라들로 본다. 이 논리에 의하면 로마 제국과 예수 그리스도의 강림은 다니엘서의 시야 밖으로 밀려나 버린다.[7] 그들에 의하면 신상의 네 나라는 바벨론, 메대, 페르시아 그리고 헬라 제국이 된다.[8]

그러나 이렇게 재조정하게 되면 다니엘서 저자는 시각이 어두운 사람이 되고 만다. 왜냐하면 메대 왕국 홀로(페르시아로부터 분리하여) 바벨론을 점령하지 못했으며, 또한 메대가 유다 사람을 통치한 적이 결코 없기 때문이다.[9] 메대 왕국이 바벨론을 정복하고 나서 페르시아에게 짓밟힌 것은 역사적인 사실에 맞지

확실한 주장이 있음에도 불구하고 그것을 부정하는 것이다. 주석가들 가운데서, Keil(Daniel, 245-46)은 일부 학자들이 네 번째 왕국의 정체성을 변경하는 것에 대하여 설명하면서, "성경 예언의 초자연적 기원과 특성에 대한 믿음이 이신론(Deism)과 합리주의에 의해 흔들렸을 때, 그 결과로, 다니엘서의 진정성에 대한 배척과 더불어 네 번째 왕국을 로마의 세계 군주로 지칭하는 것 역시 부인되고 말았다"라고 지적한다. 또한 보다 더 최근에 Baldwin(Daniel, 184-85)이 다음과 같이 날카롭게 지적한 것에 대하여 주목할 만하다. "미래 사건을 미리 말하는 예언과 관련하여 교회는 기가 죽어버렸다. 세속적이고 합리주의적인 인본주의가 기독교 사상에 너무나 깊숙이 침투해 들어와, 성경에서 미래 사건들에 대한 그 어떤 주장도 얄팍한 비웃음으로 물들이고 만다. 왕좌를 차지한 인본주의 사상은 다니엘 11장과 같은 장을 사건 발생 이후 기록된 역사로 판단했지만, 시간이 시작될 때에도 계셨고 시간이 더 이상 존재하지 않을 때에도 계실 보좌에 앉으신 하나님은 '옛적부터 장차 올 일을 선언하신다'(사 44:7)고 확실하게 주장하실 수 있는 분이시다."

6) Collins, Daniel, 2.
7) 로마가 팔레스틴을 정복한 것은 주전 63년 전에는 발생하지 않았다. Bright, History of Israel, 458.
8) Eissfeldt, Old Testament, 520을 보라. 보다 더 최근에 Goldingay(Daniel, 51)는 네 왕국들의 존재기간을 "느부갓네살부터 고레스까지"로 제한한다. 그는 "다니엘의 계시가 언제 있었는지 암시가 전혀 없다"(59)고 주장하며, 자신의 결론에 대한 어떤 근거도 밝히지 않은 채, 이상(理想)이란 것은 "하나님이 역사를 미리 알릴 수는 있지만, 그렇다고 해서 그 역사가 하나님에 의해 예정된 것은 아니라는 사실을 암시한다"고 결론짓는다.
9) Collins(Daniel, 166)는 다음과 같이 말한다. "세계 제국들의 잇따른 순서에 메대를 포함시키는 것은

않다. 다니엘서의 저자가 누구이든 그의 명성에 대해 끼치는 이 오점은 이렇게 비역사적인 사실을 기록하였다는 것에 더하여 다음의 사실은 더 치명적이다. 만약 이 자료가 실제로 주전 2세기에 만들어진 것인데도 저자는 그의 작품에서 마치 미래의 사건들을 예언한 것인 체 말하고 있다는 죄책감에서 벗어날 수 없기 때문이다.[10] 따라서 다니엘서의 저자는 나쁜 역사가일 뿐만 아니라, 새빨간

이상해 보인다. 왜냐하면 메대는 결코 유대인들을 통치한 적이 없기 때문이다." 그런 다음 그는 몇몇 고대 전통들에 따르면 앗수르를 계승한 나라는 메대였다는 사실을 주목하며, 다음과 같이 결론짓는다. "우리가 다니엘서에서 발견하는 왕국들의 순서는 앗수르, 메대, 그리고 바사라는 고대 근동지방의 전통적인 순서에 그 기초를 둔 것이다. 이 전통은 페르시아에 그 기원을 두고 있었지만, 근동 전체에 광범위하게 알려져 있었다. 다니엘은 유대 역사의 정황이라는 명백한 이유 때문에 앗수르를 바벨론으로 대체했다"(168). 그러나 다니엘서에서 앗수르를 바벨론이라는 이름으로 대체하였다고 그렇게 쉽게 말할 문제가 아니다. 왜냐하면 느부갓네살과 그의 왕국은 다니엘서에서 전체 내러티브에서 중심 역할을 하기 때문이다.

10) 다니엘서의 장르를 묵시문학으로 규정함으로써 다니엘의 평판을 보호하려는 노력은 너무 효과적이지 못하다. Collins(Daniel, 57)은 "문자적 진리로부터 떠나는 것이 도덕적으로 정당화될 수 있다는 암시"를 제시해야만 하는 것에 부담감을 느낀다. 그는 통치자들이 "자기 백성의 선을 위해서라면 상당히 많은 거짓과 속임수"를 사실상 약처럼 필요하게 생각한다는 플라톤의 설명을 언급한다. 다니엘의 도덕적 특성을 이렇게 나타내는 것은 다니엘서에 묘사된 바로 그 다니엘의 진실성과 너무나 다르다. 이 다니엘은 느부갓네살 왕의 술사들의 관례와 대조적으로, 느부갓네살의 꿈을 해석하면서 다니엘은 어떠한 속임수도 사용하지 않았다. Collins에 따르면, "지난 2세기 동안 다니엘서에 대한 역사비평의 위대한 업적은 그 책의 장르를 명확하게 한 것이었다"(123). 그러나 바로 이 질문을 둘러싸고 매우 다양한 견해가 여전히 제시된다. 일반적으로 묵시 문헌과 관련된 몇몇 특징이 다니엘에 나타나지만, 다니엘서는 단순히 상투적인 묵시장르에 깔끔하게 들어맞지 않는다. 예언서와 묵시서 사이에서, 다니엘은 묵시서에 속하기보다 예언서에 속한다. Goldingay(Daniel, 59-60)는 다니엘의 왕국 개념 발전에 관해 논평하면서, 다음과 같이 말한다. "이 왕국에 대한 다니엘의 이해는 후 시대의 묵시서라기보다 여호와의 날의 예언적 사상과 같은 것이다." Baldwin(Daniel, 46)은 "전반부 여섯 장의 문체나 내용면에서 독자로 하여금 묵시적인 것으로 느끼게 하는 것은 거의 없다"고 말한다. 이와 유사한 맥락에서, Keil(Daniel, 27)도 "따라서, 다니엘의 예언은 심지어 묵시적 형태를 띤 후반부에서도 본질상 전체 예언 묶음과 구별되지 않으며, 단지 정도에 있어서 좀더 묵시적일 뿐이다"라고 논평한다. Collins(Daniel, 58)는 다니엘이 묵시 모델에 정확히 일치하지 않는다는 사실을 주목하면서, 다니엘은 묵시 장르 가운데 가장 초기의 작품 중 하나이며, 그 "이야기와 이상의 조화는 전에 있던 어떠한 선례들에도 일치하지 않으며, 사실상 일반적인 묵시장르의 특징이 계속 나타나지 않는다"고 지적한다. 그는 나아가 만약 다니엘이 가명을 쓴 작품이 아닌 실제 사건(ex eventu)의 예언을 포함하고 있는 것으로 간주된다면, "묵시문학과의 유사성은 상당히 감소될 것이다"라고 말한다. 그러나 Collins는 다니엘서의 가명적 특성은 "합리적

거짓말쟁이가 되고 만다.[11]

물론, 이 관점은 다니엘서가 메대-페르시아를 하나의 제국으로 묘사하고 있다는 사실도 무시해야 한다. 다니엘은 후에 두 개의 뿔이 달린 한 수양을 본다. 이 두 뿔 달린 수양은 구체적으로 "메대와 페르시아 왕들"로 규정된다(8:20). 몸체는 하나인데 뿔만 두 왕들을 대변하는 것으로 묘사함으로써 두 나라가 하나의 제국임을 분명히 묘사하고 있는 것이다. 이 연합된 제국은 그런 다음 "헬라 왕"으로 규정되는 "털이 많은 수염소"의 공격을 당한다(8:21). 따라서 다니엘은 메대-페르시아가 단일 제국이지, 뒤를 이어 일어나는 제국들로 간주하고 있지 않는 증거를 확실히 보여준다.

다니엘 8장에 나오는 제국들에 대한 묘사를 다니엘 2장에 나온 네 개의 순서별로 일어나는 제국에 대입시킬 때에 바벨론을 승계하는 왕국은 메데-페르시아 연합국임에 틀림없으며, 그 뒤에 헬라 제국이 뒤따르는 것으로 결론이 난다. 그리고 그 다음의 네 번째 왕국은 로마로 규정되어야 하며, 하나의 범세계적인 제국으로 발전하는 "손으로 하지 아니한 뜨인 돌"은 기독교의 탄생과 연결되어야 한다. 만약 다니엘서가 책이 증언하는 대로 미래에 대한 왕국들의 예언으로 받아들인다면, 구속의 하나님께서 그 모든 시대를 통하여 품으시는 주권적 목적은 아주 분명해진다.[12]

인 의심으로 오랫동안 굳혀져 왔다"고 결론짓는다(56). 그러나 가명을 쓴 것으로 가정되는 것은 가명을 쓴 것으로 기정사실화된 것과 동일하지 않다. 다니엘이 예고적 예언의 가능성이 타당한 대안으로 간주될 수 없다는 것에 더하여, 어떻게 가명을 쓰는 2세기 문서로 굳혀질 수 있는지 도대체 모를 일이다.

11) Collins(Daniel, 123)는 "다니엘이 과거에 관한 정보이든 미래에 관한 정보이든 그것이 믿을 만한 자료가 아니다"라고 판단한다. 그는 그 근거로 메대의 다리오에 대한 언급과 느부갓네살의 정신 이상 기간에 대한 기록이 "악명 높은 문제"에 해당하는 것이 분명하다고 설명한다. 이 두 가지 사건 모두 성경외적 문서로 입증되지 않는다. 그러나 이러한 침묵을 가지고 그렇게 쉽게 결론을 내는 것은 주의를 요한다. 특히 과거에는 오랫동안 다니엘이 벨사살을 바벨론 왕으로 지칭하는 것이 비역사적이라고 확신하는 전통이 있었다. 벨사살에 대한 언급이 바벨론 연대기에서 발견되기 전까지, 이 점은 오랫동안 다니엘서에 있는 오류로 주장되었다. 메대의 다리오 왕에 대한 문제에서 Young(Prophecy of Daniel, 183)처럼 "이 사람이 누구였는지, 우리는 알 수 없다"고 평가하는 것이 온당하다. Collins 역시 다니엘서의 부정확성은 "다니엘서가 포로 유배지에 있던 한 유대인이 본 이상을 자세히 이야기한다는 비역사적인 주장"에 의해 입증된다고 주장한다. 그러나 이 점은 추정될 수는 있으나 아직 입증되지는 않았다.

12) 다니엘서의 일부가 Qumran 문서들 가운데 발견되기 때문에, 이 귀추를 인지하는 다니엘서의 기록 시

2) 손으로 하지 아니한 뜨인 돌(단 2:34-35)

느부갓네살의 꿈에 나타난 손으로 하지 아니한 뜨인 돌은 더 많은 고찰을 요구하는 표현이다. 이 돌은 거대한 신상의 발을 쳐 그 신상을 부수고 "온 땅을 가득 채우는" "태산"으로 커진다(2:35). 그 돌은 뒤에 설명되는 하늘의 하나님에 의해 세워진 결코 멸망하지 않을 왕국과 동일시된다(2:44). 그러나 그것이 정확히 무엇인지를 알기 위해 이 돌의 이미지의 기원에 관하여 무언가 말할 필요가 있다.

이스라엘의 포로기 전에, 선지자 이사야는 이스라엘 언약의 주를 그의 백성을 위한 성소로 규정했을 뿐 아니라, 또한 이스라엘 두 집에 대해 "사람들을 걸려 넘어지게 하는 돌과 망하게 하는 반석"으로 규정했다(사 8:14, NIV). 이사야가 예언 활동을 하던 시기에, 유다의 왕과 유다 민족은 시리아와 에브라임의 군사 동맹에 직면하여 불신앙 때문에 떨고 있었다. 언약의 주는 이스라엘의 하나님이시지만, 그는 사람을 외모로 취하시는 분이 아니시다. 만약 그 민족이 임마누엘을 믿지 않는다면, 이방 민족들이 혹독하게 심판을 당한 것처럼 그들도 그러한 심판을 받을 것이다. 그래서 주께서는 그들에게 걸려 넘어지게 하는 돌과 망하게 하는 반석으로서 역할을 할 것이다.

견고한 "돌"로서, 주께서는 그 자신의 종들과 또한 세상의 여러 민족들에 대한 의로운 심판을 단행하실 자신의 목적을 바꾸지 않으신다. 다니엘서에서 돌의 이미지는 세상의 여러 민족에 대한 하나님의 의로운 심판을 수행하는 상징적 도구로 기능을 한다. 이 돌은 왕국으로서 장차 오는 여러 나라들을 부수고 모든 민족들을 심판하여 그 영역을 확장할 것이다. 그러나 첫 번째 왕국에서 느부갓네살 왕 자신이 권력을 구현하는 것으로 나타난 것처럼, 그 왕의 꿈에 나오는 이 돌 역시 땅에 이루어질 하나님의 왕국의 위엄 있는 지도자로서 그 일을 구현시킬 것이다. 이 "돌"은 단지 생명이 없는 권력, 즉 "그것"(it)이 아니다. 오히려 그 "돌"은 인격을 가진 한 개인, 즉 그 자신 안에서 하나님의 왕국을 구현하고 다른 모든 지상의 군주들을 대체하시는 주권자로 인지되어야 한다.

기에 대한 어떠한 결정도 인간 역사의 사건들이 다니엘의 하나님에 의해 예언적으로 예견된다는 사실을 인식하지 않으면 안 된다. 다니엘서와 관련한 비평적 질문들을 위해 Qumran 자료의 중요성을 분석한 것에 대해서는, Harrison, *Introduction to the Old Testament*, 1118을 보라.

신약성경의 관점에서 볼 때에 예수 그리스도는 다니엘의 이상에서 네 번째 왕국시대에 나타나고, 지상의 모든 왕들에 대해 권위를 행사하는 주권적 돌이시다. 비록 타락한 세상의 한복판에서 하나님의 거룩한 전을 재건하는 사명을 부여받은 유대 민족에 의해 그가 배척을 당하셨지만, 예수님은 지상에 세워진 하나님 왕국의 모퉁이돌이 되셨다(막 12:10; 시 118:22). 그는 "사람들을 걸려 넘어지게 하는 돌"이 되시며, "부딪쳐 부서뜨리는 반석"이시다(벧전 2:8, 사 8:14를 인용함). 그는 모든 사람들과 민족들에 대해 하나의 큰 심판의 지표가 되셨다. 왜냐하면 "무릇 이 돌 위에 떨어지는 자는 깨어지겠고, 이 돌이 사람 위에 떨어지면 저를 가루로 만들어 흩을 것"이기 때문이다(눅 20:18, NIV).

3) 네 짐승, 작은 뿔, 그리고 인자(단 7:2-28)

다니엘이 본 격랑을 일으키는 바다에서 나오는 네 마리의 큰 짐승에 대한 이상(7:2-3)은 다니엘서 구조에 대해 의문을 제공한다. 사람들은 다니엘서를 1-6장과 7-12장으로 구분함으로써 이 책의 구조를 단순화시키고자 하는 유혹을 받는다. 다니엘 1-6장은 바벨론 통치자들과의 접촉을 통해 나타나는 다니엘의 역사적 경험과 계시를 기록하고 있으며, 다니엘 7-12장은 다니엘 자신의 꿈과 이상을 기록한다. 더 설득력 있는 구분은 다음과 같다.[13]

- 다니엘 1장(히브리어)은 그 책의 역사적 배경을 묘사한다.
- 다니엘 2-7장(아람어)은 미래로 확장되는 네 왕국의 이상으로 시작하고 마친다.[14]
- 다니엘 8-12장(히브리어)은 다니엘이 본 두 번째와 세 번째 왕국의 이상과 관련하여 하나님 나라의 마지막 완성 단계까지 이르는 이상들과 사건

---

13) 다니엘서의 구조에 대한 이 분석을 지지하는 Keil, *Daniel*, 15를 보라.
14) 다니엘서 일부가 아람어로 기록되었다는 점이 다니엘서의 기록 시기를 정함에 있어서 미친 영향에 대해서는, Baldwin, *Daniel*, 30-35의 논의를 보라. Baldwin은 H. H. Rowley, K. A. Kitchen, E. Y. Kutscher의 글들을 인용한 후에 다음과 같이 결론짓는다. "언어적 기반에 근거해서 다니엘서의 기록 시기를 결정될 수 없으며, 점증하는 증거는 2세기 서방 기원을 동의하지 않는다는 것이 기정사실화되고 있다"(34-35).

들을 다룬다.

다니엘서에 대한 이와 같은 구조분석은 다니엘 2장의 네 왕국과 7장의 네 짐승 사이의 긴밀한 연관성을 중요시한다. 이 연관성은 논리적으로 다니엘 2장에 나오는 "손으로 하지 아니한 뜨인 돌"과 다니엘 7장에 나오는 "인자 같은 이" 사이에 밀접한 관계가 있음을 암시한다.[15]

다니엘 7장의 이상을 이해하기 위해서는 세 가지 중요한 요소를 파악해야 한다. 즉 "네 짐승", "작은 뿔" 그리고 "인자 같은 이"이다.

(1) 네 짐승

다니엘 7장에 나오는 네 짐승에 대한 묘사에는 여러 특이한 요소들이 나타난다. 여기의 짐승들은 다니엘 2장에서 묘사된 네 왕국과 동일한 것이다. 그 네 왕국은 바벨론, 메데-페르시아 연합국, 헬라, 그리고 로마이다.

• 첫 번째 짐승은 "사자 같지만" 독수리의 날개를 가지고 있다. 이 짐승의

---

15) 다니엘 7장의 중심적 역할에 기초하여 다니엘서의 통일성을 강력히 지지하는 논증에 대해서는, Rowlely, *Servant of the Lord*, 250-60을 보라. Rowlely는 이 문제의 논쟁에서 다음과 같이 결론짓는다. "한 작품을 해부하려는 자들은 증거를 제시해야 할 책임이 있다. 그러나 이 책이 합성되었다는 증거가 될 만한 것은 아무것도 제시된 바 없다. 반면에 책 전체적으로 나타나는 작품의 통일성을 위한 증거는 매우 유용하다"(268). 다니엘의 통일성을 위한 Rowlely의 주장은 7-12장의 저작 연대를 마카비 시대인 2세기로 정하는 반면, 1-6장은 그 전 시대의 어떤 불확실한 때로 정하는 접근법, 소위 다른 높이의 접근(split-level approach)을 효과적으로 파기한다. Rowlely는 다니엘서의 통일성과 순정성(다니엘이 쓴 것이라는 의미-역주)을 너무나 확실하게 확립했기 때문에, 어떤 다른 선택의 여지가 없다. 그는 다니엘서가 사실은 2세기에 저작되었지만 그 사건들이 마치 주전 6세기에 일어난 것처럼 보이게 하는 하나의 거대한 문학적 허구로 다루는 것을 거부하고, 다니엘서 전체를 책이 증언하는 그대로 여호와께서 6세기에 바벨론에서 유배 생활하고 있던 이스라엘 민족에게 주신 위로와 확신의 메시지로 받아들인다.

Rowlely는 비평학자들의 견해, 즉 다니엘서의 연대를 마카비 시대로 정하며, 전반부 여섯 장의 이야기들을 마카비 시대에 어울리는 이야기로 돌리는 것은 순전히 상상력에 불과하다고 말한다(264-66). 이 부분의 내러티브들이 "주전 2세기 이전에" 어떠한 중요성도 가지지 않았다는 그들의 주장은 이스라엘의 선지자들이 하나님의 미래에 대한 구속계획에 대해 확신을 주려고 그 민족을 위해 일했던 사역을 전혀 고려하지 않는다.

날개는 찢어지고, 짐승은 사람의 마음을 받는다(7:4). 이러한 묘사는 첫 번째 이상에서 금으로 된 머리에 해당하는 느부갓네살 왕을 가리킨다. 찢어진 날개와 사람의 마음은 그가 전능자의 손에 의해 당한 비천하게 된 경험을 나타낸다(4:31-33).
- 두 번째 짐승은 "몸 한편으로 들렸는데," 이것은 그 짐승이 다니엘 8장에 나오는 두 개의 뿔이 달린 수양과 비교된다는 사실을 보여준다. 따라서 그것은 메데-페르시아 연합국이다(7:5; 8:3, 20).
- 세 번째 짐승은 네 날개를 가진 표범으로 나타난다. 특히 네 날개를 가진 표범(7:6상)은 8장에 묘사된 두 번째 짐승의 신속한 정복활동과 비교된다(8:5). 이 속도의 특성은 알렉산더 대왕의 정복과 잘 어울린다. 8장의 뿔 하나 달린 수염소에 대한 이상에서 이 수염소는 서쪽으로부터 나와 땅을 닿지 않고 온 세계를 가로지르며 다니는데, 헬라 나라와 일치한다(8:5, 21). 이 짐승은 네 개의 머리를 가지고 있는데, 이는 알렉산더 제국이 네 지역으로 분열될 것을 예견한다(7:6하; 또한 8:8을 보라).
- 네 번째 짐승의 모습은 그 어떤 동물과도 동일시되지 않는다. 오히려 그 짐승의 무시무시한 외양, 즉 철로 된 큰 이빨과 열 뿔은 이 짐승의 잔인한 면모를 강조하고 있으며, 독자들에게 그냥 짐승이라는 이미지를 심어준다. 다니엘 2장에 나오는 거대한 신상이 금과 은 등으로 묘사됨으로써 그 왕국에 대한 어떤 고결한 면이 있음을 암시한다. 그러나 격랑을 일으키는 바다에서 나오는 이 짐승들은 모두 육식 동물로서, 인간의 생명에 치명적으로 위협을 가한다.

결론적으로 다니엘 7장의 네 짐승은 2장의 거대한 신상의 네 부분들과 긴밀히 연관된다. 다니엘 7장에서는 미래의 강력한 권력들이 하나님 백성의 생명에 위협을 가하는 짐승들로 나타난다. 그것들은 격랑을 일으키는 바다에서 나오기 때문에, 타락한 세상의 부패한 왕국들에 의해 초래되는 무질서를 대표한다(사 17:12-14; 렘 46:7-8; 계 13:1). 만약 하나님의 왕국이 땅에서 회복된다면, 그것은 이 잔인한 짐승과 정반대의 모습이 될 것이다.

(2) 작은 뿔

네 번째 생물의 열 뿔은 점증적으로 작은 뿔로 대체된다. 이 뿔은 네 번째 짐승에 속하는 한 세력으로 나타난다. 그는 "사람의 눈과 거만하게 말한 입을" 가지고 있는데, 그것으로써 불의한 일을 할 것이다(단 7:8, NIV). 다니엘은 이 작은 뿔에 대하여 해석해 준다. 인간의 권력을 가진 그가 거만한 태도로 "지극히 높으신 자를 대적하여 말하고", "성도를 괴롭게 하며", "때와 법을 변개코자 할" 것이다(7:25). 놀랍게도 "성도는" 특정 기간 동안("한 때와 두 때와 반 때") "그의 손에 넘겨질 것"이지만(7:25), 결국 하나님께서 자기 백성의 고난을 끝내실 것이다. 하나님은 자신의 의로운 통치를 전복시키려는 그 작은 뿔의 권력을 완전히 빼앗으실 것이며, "주권과 권력과 온 천하의 위세가 지극히 높으신 자의 성민에게 넘겨질 것이다"(7:26-27, NIV).

이 작은 뿔은 누구인가? 다니엘의 시각으로 볼 때, 그는 네 번째 제국에서 늦게 출현하는 정부 권력이다. 만약 네 왕국들의 순서가 옳게 규정된다면, 그는 지상 권력을 가진 로마교적 출현으로 볼 수 있으며, 하나님의 왕국에 반대하는 인간 세력을 전형적으로 대표한다.[16]

다니엘의 네 번째 짐승에게 달린 이 작은 뿔과 요한계시록 13장에 묘사되어 있는 짐승 사이에 밀접한 관계가 있음은 매우 주목할 만하다. 계시록의 이 짐승은 바다에서 나오며, 열 뿔을 가지고 있고, 여러 가지 부분에서 표범과 곰과 사자를 닮았다(계 13:1-2; 단 7:4-6). 이 짐승은 신성모독적 말을 하며, 다니엘의 "한 때와 두 때와 반 때", 또는 3년 반에 해당하는 42개월 동안 자기 권세를 행사한다(계 13:5; 단 7:25). 그는 성도에 대해 전쟁을 치르고 "그들을 이기는" 권세를 부여받는다(계 13:7; 단 7:21). 짐승에게 정복당한 성도들은 요한계시록에서 "사로잡히는" 자들로 묘사되는데, 이는 이스라엘의 포로 경험이 종말론적으로 다시 나타나는 모습이다(계 13:10). 신약의 시각에서 볼 때, 다니엘 7장의 네 번째 짐승에게 달려 있는 그 작은 뿔은 바울의 묘사하는 "불법의 사람"과 일치한다. 사도 바울은 그를 다음과 같이 묘사한다. "저는 대적하는 자라 범사에 일컫는 하나님이나 숭배함을 받는 자 위에 뛰어나 자존하여, 하나님 성전에 앉아

---

16) Young(*Prophecy of Daniel*, 147)은 이 네 번째 짐승의 열 뿔이 동시대에 활동하는 것으로 해석하지 않는다. 오히려 이 열 뿔은 로마 이후 서구 문화에 속한 여러 제국들의 일정치 않은 숫자를 대표하는 것으로 이해한다.

자기를 보여 하나님이라 하느니라"(살후 2:4, NIV).

초기에는, 이 짐승의 세 머리 가운데 하나가 치명상을 입은 것처럼 보이지만, 그 상처는 치유되었다(계 13:3). 그 짐승은 다양한 투쟁을 일으키는데, 최종 결과는 성도의 승리가 될 것이다. 그리하여 하늘과 땅과 바다를 지으신 이가 이 피조 세계에게 합당한 경배를 받으실 것이다(14:7). 그 날에, "인자 같은" 이가 그 머리에 금 면류관을 쓰고 그 손에 날카로운 낫을 들고 흰 구름 가운데 나타나실 것이다(14:14). 이 분은 모든 피조물이 반드시 겪어야 할 의로운 심판을 단행하실 것이다(단 7:11-14, 22, 26-27). 이 인자는 다니엘 7장의 이상에서 중요하게 다루어져야 하는 세 번째 요소이다.

(3) 인자

성경에서 가장 많이 논의되는 기사 가운데 하나가 다니엘서의 이상에서 나타나는 하늘 구름을 타고 옛적부터 항상 계신 자에게 오는 인자 같은 이에 대한 묘사이다. 이 인자에게 최상의 명예가 주어지는 것으로 묘사된다. "그에게 권세와 영광과 나라를 주고, 모든 백성과 나라들과 각 방언하는 자로 그를 섬기게 하였으니, 그 권세는 영원한 권세라. 옮기지 아니할 것이요, 그 나라는 폐하지 아니할 것이니라"(7:14, NIV).

인자에 관하여 몇 가지 요소들이 나타난다. 첫째로, 그는 이전에 묘사된 짐승들과 극히 대조되는 남자이고, 사람이며, 인간이다. 그는 사람으로서 창조주 하나님의 형상을 가지고 있으며, 모든 피조물을 통치할 수 있는 잠재적 권능을 소유하고 있다(창 1:27-28). 둘째로, 그는 직임을 수여받기 위해 옛적부터 항상 계신 자에게 구름을 타고 오신다. 이렇게 구름을 타고 오시는 것은 그가 신적 기원을 가졌다는 사실을 증명한다. 왜냐하면 성경에서 오직 하나님 자신만이 구름을 타고 오시기 때문이다.[17] 셋째로, 이 인자는 옛적부터 항상 계신 자로부터 우주적이고 영원한 왕국을 받는다. 모든 나라, 그리고 모든 민족이 그를 경배하며 우주에 대한 그의 통치권은 영원히 지속된다. 그는 만왕의 왕이시며 만주의 주이시다. 하나님의 통치 영역만큼이나 방대한 이 왕국의 영역은 땅에 제한적으로 건설되었던 유다 왕국의 경계선을 훨씬 넘어 멀리까지 미친다.

---

17) 구름은 하나님께서 심판을 수행하시러 하늘에서 오실 때 타는 병거로 기능을 하는데, 이는 다니엘 7장의 문맥과 잘 들어맞는다. 시편 18:10-11; 97:2-4; 104:3; 이사야 19:1; 나훔 1:3 등을 보라.

이 영광스러운 인자는 주전 2세기의 유대 영웅들의 명예의 전당(마카비 왕국-역주)에 들어맞지 않는다. 제롬(Jerome)이 4세기에 쓴 주석에서 상상력을 최대한 발휘하여 지적한 것에서도 나타나는 바와 같이, 다니엘서에 나오는 이 인자는 유다 마카비(Judas Maccabees)와 동일시될 수 없다. 왜냐하면 마카비 지도자는 모든 나라를 영원히 다스리기 위해 결코 영광 중에 구름을 타고 오지 않았기 때문이다.[18] 다니엘의 이상이 보여주는 전체 이미지는 셀류키드(Seleucid) 통치를 무너뜨리고 제한적으로 건설된 마카비 왕국을 훨씬 능가한다.

또한 이 인자는 단지 지극히 높으신 자의 성도를 나타내는 상징일 뿐이라는 집단적 인간의 무리로도 생각할 수 없다. 물론 이 장의 후반부에 지상 왕국의 주권이 지극히 높으신 자의 백성인 성도에게 넘겨진다는 것은 사실이다(7:27상). 그러나 바로 그 다음에 그 왕국은 지극히 높으신 자에게 속하며, 모든 통치자들은 그를 경배하며 순종할 것이라는 진술이 이어진다(7:27하). 모든 나라들이 드리는 경배는 인자에게 속하지, 결코 성도에게 속하지 않는다(7:14).[19]

흥미롭게도, 다니엘은 이 인자를 결코 다윗의 아들로서, 또는 다윗의 보좌를 계승할 후계자로서 규정하지 않는다. 이것 때문에 혹자는 다니엘서가 마카비 왕조 시대에 기록된 것이 아닌가 의심할 수 있을 것이다(마카비 왕들은 다윗의 혈통이 아니기 때문-역주).[20] 그러나 다윗 왕과 연결고리가 없다는 이러한 사

---

18) Jerome(*Daniel*, 80-81)의 말은 다니엘에 관한 최초의 불신앙적이고 이성주의적 사상에 대한 논평으로서 인용할 만한 가치가 있다. "Porphyry에게 모든 인류 가운데서 이 언어가 적용될 수 있는 사람이 누구인지, 또는 작은 뿔을 산산조각 내버릴 만큼 그토록 강력한 사람이 누구인지, 또는 그가 안티오커스라고 해석하는 사람이 누구인지에 대한 질문에 대답하게 하자. 만약 그가 본문은 안티오커스의 장군들이 유다 마카비에 의해 패배 당한 것이라고 대답한다면, 그는 다음과 같은 사실을 반드시 설명해야만 한다. 즉 유다가 어떻게 인자 같은 이처럼 하늘 구름을 타고 온다고 할 수 있는지, 그가 어떻게 옛적부터 항상 계신 자에게로 온다고 말할 수 있는지, 또한 어떻게 왕적인 모든 권위와 권력이 그에게 주어졌다고 말할 수 있는지, 모든 민족과 족속과 방언이 그를 섬긴다고 말할 수 있는 것인지, 그리고 그의 권세가 영원하며 결코 끝나지 않는다고 말할 수 있는지 등을 설명해야만 한다."

19) Collins(*Daniel*, 309)는 인자에 대한 집합적 해석을 반대한다. 그는 성도를 천사로, 인자를 하늘 만군의 지도자인 마가엘로 규정한다(318). 그러나 이 견해는 인자가 경배를 받고, 하나님 자신의 권세를 반영하는 방식으로 모든 민족들 위에 뛰어난 주로 세워진다는 점(단 7:14) 등을 고려할 때에 어려움을 갖는다.

20) Fischer("Maccabees," 441)에 따르면 마카비 형제들의 통치는 "예언의 성취이며, 심지어 다윗과 솔로

실은 자신의 생애 대부분을 바벨론 제국의 궁정 관리 가운데 가장 높은 직위로 지낸 다니엘의 정황에서 오히려 더 잘 설명될 수 있다. 다니엘은 이스라엘 포로의 의미를 그가 살았던 세계의 여러 민족과 관련해 해석하는 특별한 책무를 가지고 있었다. 그가 묘사한 하나님의 왕국은 결코 회복된 이스라엘 왕국의 형태를 띠지 않았다. 그것은 오히려 세상의 모든 나라들을 동등하게 얼싸안은 범세계적 왕국이었다.

이와 동시에, 이 인자에 대한 묘사는 비록 회복된 다윗 왕국의 기대와 구체적으로 관련되지는 않았지만, 메시아사상을 분명하게 보여주고 있으므로 미래의 다윗 왕과 자연스럽게 연결되는 대표적인 구절이라고 할 수 있다. 다니엘 7장에 나오는 인자의 모습은 다니엘 2장에 나오는 손으로 하지 아니한 뜨인 돌의 이미지와 병행된다. 다니엘서에 나오는 이 처음의 이미지는 시편 118:22-23, 이사야 8:14; 28:16 등에서 발견되는 돌에 관한 묘사에서 발전된 것이다. 이 메시아적 돌의 이미지는 다니엘 7장에서 발전된 하나님 왕국의 묘사에 적합하게 변형되어 인자로 나타나는 것이다.

다니엘서에 나오는 이 인자에 관한 관점은 예수님이 자신의 정체성을 밝히는 말에서 명백히 확인된다. 복음서의 증언에 따르면, 예수님은 메시아라는 용어로 자신을 지칭한 적이 거의 없으며, 단지 몇 번의 경우에서만 다른 사람들을 통해 그 호칭으로 불려졌다. 그러나 그는 자신을 끊임없이 인자로 말씀하셨다. 예수님 편에서 이러한 선택의 이유는 메시아라는 명칭이 강한 정치적 함축성을 가진 것으로서 너무 대중화되어 있는 데에 큰 부담이 되는 반면, 인자라는 용어는 예수님 자신을 보다 더 유연성 있는 인물로 지칭할 수 있도록 만들어 주기 때문인 것 같다. 비록 어떤 구약의 구절들이 이 '메시아'라는 용어를 사용하지만, 그것은 일상적으로 사용되던 용어는 아닌 것이 분명하다.[21] 그 결과로, 예수님은 그의 청중들의 마음속에 강한 정치적 함축성을 심어주지 않으면서도 자신의 정체성을 나타내실 수 있는 그 용어를 즐겨 사용하실 수 있었다. 예수님은

몬의 제국이 다시 확립된 것으로 여겨졌다".
21) Goldingay, *Daniel*, 167을 보라. 여기에서 Goldingay는 인자라는 그 용어가 에녹 1서 37-71장, 에스라 4서 13장, 신약, 그리고 랍비들의 글에서 하나의 칭호로 나온다고 말하지만, "심지어 여기에서도 우리가 유대교의 '인자' 개념'의 견지로 생각해야 하는지 의문스럽다. 더욱이 주전 2세기에 그 용어가 하나의 칭호로 사용되거나 잘 알려진 개념을 암시했다는 증거는 더더욱 없다"고 말한다.

더욱이 그 용어를 자신에 맞게 정의하실 수도 있었는데, 기본적으로 자신에 대한 두 가지의 이미지를 묘사함으로써 그렇게 하셨다. 즉 고난과 능욕을 당하실 분으로(마 17:22-23), 그리고 심판자로서 영광 중에 오실 분으로서(24:30-31)의 이미지이다.

예수님이 자신을 인자라는 용어로 지칭하신 그 절정은, 그의 사역 말미에 자신이 다니엘이 예언한 영광스러운 인자의 역할을 할 분으로 묘사함으로써 이루어졌다. 대제사장이 예수님을 심문하는 자리에서 질문한다. "네가 찬송받을 자의 아들 그리스도냐?"라고 물었다. 예수님은 "내가 그니라 인자가 권능자의 우편에 앉은 것과 하늘 구름을 타고 오는 것을 너희가 보리라"고 대답하신다(막 14:61-62). 프랑스(France)는 "이 구절은 복음서에 나타나는 기독론의 절정을 이룬다"고 말한다.[22] 그는 다음과 같이 더 논평한다.

> 여기에서 예수님이 대제사장이 사용한 "그리스도" 대신 [인자]라는 칭호를 사용하시는 것은 당시 대다수의 사람들이 가지고 있는 그리스도라는 용어의 함축성과 대조를 강조한 것이다. 그는 자신이 메시아이지만[헬, 에고 에이미], 그의 메시아적 이상은 대제사장이 암시한 것과 전혀 다른 차원에 있음을 드러낸다. 당시 사람들이 메시아를 정치적 차원에서 민족주의적 구원자로 생각하는 그러한 개념보다, 그는 더 탁월한 메시아적 개념을 제시한다. 예수님은 "승리자"로서 하나님의 우편에 있을 것이다. 빌라도는 '크리스토스'라는 용어보다 더 정치적인 의미를 담은 용어를 사용할 것이지만("유대인의 왕"-역주), 예수님은 대제사장 앞에서의 그 결정적 선언을 통해 자신의 사명은 당시 사람들이 가진 어떠한 메시아 개념과도 달리함을 확실히 한 것이다.[23]

대제사장은 더 이상의 증언이 필요 없다고 선언한다. 그는 경건한 분노로 가득 차, 자신의 옷을 찢으며 예수님이 신성모독의 죄를 지었다고 선언한다. 그와 함께 있는 모든 자들은 이러한 말을 하는 사람은 반드시 죽어야 한다는 데 동의하였다.

---

22) France, *Mark*, 610.
23) Ibid., 613.

예수님은 자기 자신을 다니엘이 묘사한 인자의 역할과 결부시킴으로써 스스로 자신의 신성을 주장하셨다. 만약 그가 자신을 하나님의 우편 보좌에 앉아 있는 자로, 그리고 구름에 둘러싸여 하늘로부터 오는 자로 묘사한다면, 그는 통치자이며 심판자로서의 하나님의 특권을 자신의 것으로 떠맡으신 것임에 틀림없다. 예수님이 이전에 이 인자라는 용어를 자신을 지칭하기 위해 수차례 사용하셨는데, 이제 그는 분명히 자신을 다니엘이 본 인자의 영광스러운 이미지와 결부시키면서 인성뿐만 아니라 신성까지 주장하신다. 사람들은 예수님의 이 선언을 인정하든지 아니면 거부하든지 선택할 것이지만, 그의 주장은 분명하다. 그는 신인(God-man)으로서, 모든 사람과 모든 민족에게 경배받기에 합당하신 분이다. 이러한 측면에서, 장차 오시는 메시아적 통치자의 개념은 족장들에게 약속된 땅에서 독특한 유대인만의 왕국을 회복시키는 다윗의 후손이라는 제한적인 개념을 넘어선다. 이제 장차 오시는 왕은 그의 신적 기원을 인간적 현현과 연합시킨다. 다니엘은 포로에서의 회복을 단순히 유다 백성이 그들의 고토로 돌아가는 것으로 묘사하기보다, 그 회복될 왕국의 영역을 영원하며 우주적 차원으로 확대시키고, 또 모든 민족과 모든 사람들을 다 포괄한다.

4) 칠십 이레(단 9:24-27)

선지서들에서 실제로 메시아라는 용어가 나타나는 기사들 가운데 하나는 칠십 이레와 관련된 다니엘의 예언에서 발견된다(9:24-27). 이 기사는 "구약 비평주의의 황량한 습지"로 불려왔지만, 구약에서 발견된 예언 가운데 가장 영광스러운 것 중의 하나이다.[24] 그 기사가 어떻게 해석된다 할지라도, 다니엘에게 나타난 계시의 주요 사항은 분명하다. 즉 "하나님께서 속박 상태에 있는 그 백성의 진정한 회복을 그분에 의해 성취시키기 위하여, 명확한 때를 공포하였다."[25] 우리는 그 예언을 이해하기 위해서는 퍼즐을 구성하는 몇 개의 조각들을 하나로 모아 정리해야만 한다.

---

24) Montgomery(*Daniel*, 401)는 Young의 *Prophecy of Daniel*, 191을 인용하면서, 칠십 주를 구속 역사에 맞추기 위해 정확한 연대기를 결정하고자 시도하는 "발자취 없는 광야와 같은 가정과 이론에 불과하다"고 말한다.

25) Young, *Prophecy of Daniel*, 194.

(1) 문맥

이 기사의 해석을 위해 좁은 문맥과 넓은 문맥, 그리고 성경신학적 고찰 등을 모두 이용해야 한다. 먼저, 다니엘서 전체의 문맥을 고려해서 살펴볼 필요가 있다. 다니엘 2장에 나오는 느부갓네살의 꿈은 바벨론으로부터 시작해서 메대-페르시아 연합국, 헬라, 로마로 계속되는 지상 왕국들을 예견하였다. 이러한 왕국들의 계승은 "손으로 하지 아니한 뜨인 돌"이 온 땅을 가득 채우는 것으로 그 절정을 이룬다. 모든 지상 통치권을 쳐서 승리하여 세워질 하나님의 왕국은 영원하고 범세계적인 것이 될 것이다. 다니엘 7장에 나오는 다니엘이 직접 본 네 짐승의 이상은 인자 같은 이가 구름을 타고 옛적부터 항상 계신 자에게 나아갈 때, 이 모든 왕국들이 그 인자 같은 이에게 수여되는 것으로 절정에 이르렀다. 이와 유사한 방식으로, 다니엘 9장의 "칠십 이레"는 당대의 메대-페르시아 왕국으로부터 시작해서 기름부음을 받으신 왕(the prince)이 도래하기까지 계속된다. 다니엘 2장, 7장, 9장에 기록된 예언적 이상 모두 시간은 그 선지자의 당대로부터 시작해서 영원히 지속될 왕국을 이룰 메시아가 영광 중에 올 때까지 이어진다.

다음으로, 다니엘 9장 내에 있는 직접적인 문맥을 고려해 보아야 한다. 9장은 예레미야가 이스라엘의 포로 기간이 "칠십 년"에 마칠 것이라고 예언한 것을 상기하면서 시작하면서, 이 칠십 년 기간을 미래의 날들을 예견하는 "칠십 이레"와 연결시킨다(9:2, 24). 이 두 칠십 사이의 관계는 구약의 더 큰 문맥으로 확장하여, 더 방대한 성경신학적 문맥으로 자연스럽게 이끈다. 이스라엘의 영감된 역사가는 그들의 포로 상태는 오히려 땅이 안식년을 누림같이 안식하여 칠십 년 동안 지속되었다고 지적한다(대하 36:21). 이스라엘 포로 상태 칠십 년에 대한 이러한 분석은 오경의 증언으로까지 거슬러 올라간다. 이스라엘이 불순종할 때에 언약적 저주가 내려질 것인데, 그들이 자신의 유업의 땅으로부터 쫓겨날 것이며, 그 결과 "너희가 그 땅에 거한 동안 너희 안식 시에 쉼을 얻지 못하던 땅이 쉬리라"(레 26:35, NIV)고 위협한다. "그 때 땅은 황무한 상태로 존재하는 모든 시간 동안 안식년을 누릴 것이다"(26:34, NIV). 이러한 성경신학적 문맥에서 다니엘 9장을 이해할 때에 칠십 이레의 본질을 바로 해석할 수 있을 것이다.

(2) 칠십 이레의 본질

다니엘 9장의 칠십 이레는 보다 폭넓은 안식의 개념을 구속사의 관점에서 비유적으로 대입시키고 있다고 가정될 수 있다. 사실상, 안식 개념에서 칠이라는 숫자의 상징적 특성이 무시되어서는 안 된다. "칠십 이레"에 구체적으로 표현되어 있는 칠의 완전성은 언약의 주께서 세상에서 행하시는 구속 사역의 완성을 향하고 있음을 보여준다. 따라서 하나님의 백성에게 남아 있는 안식의 휴식은 칠십 이레의 궁극적 목적으로 보아야 한다(히 4:9).

이와 동시에, 칠십 이레의 예언을 좁은 문맥에서 볼 때에 하나님의 목적을 이루어 나가는 데에 있어서 실제의 연대기적 순서가 사용되었음을 무시할 수 없다. 예컨대, 예레미야는 이스라엘 땅으로부터 쫓겨난 이스라엘의 추방 기간을 23년 또는 41년으로 예언하지 않고, 70년으로 예언하였다. 너무 세심한 사람들은 70년의 정확한 시작과 끝에 관하여 혼란을 느낄지 모르지만, 그 기간은 분명하다. 주전 536년 이전의 칠십 년은 대략 주전 605년으로까지 거슬러 올라가는데, 이때에 첫 번째 포로가 일어났으며, 바로 예레미야의 포로 칠십 년이 시작된 해였다(렘 25:1-3, 11).

만약 예레미야가 예언한 이스라엘 포로의 칠십 년이 구체적인 기간이 확실하다면, 그리고 다니엘 9장의 시작에서 언급된 그 칠십 년이 뒷부분에 나타나는 칠십과 긴밀한 연관성을 갖는다면, "칠십 이레" 역시 실제의 연대기적 중요성을 갖는다고 확신하는 것이 가능한 것 같다.[26] 이에 덧붙여, 다니엘의 칠십 이

---

26) 칠십 이레가 연대기적으로 이해되어야 하는지, 아니면 상징적으로 이해되어야 하는지의 문제에서 해답은 분명하다. 다니엘 9장은 난지 고레스의 칙령에서 언급되는 성전만을 의미하는 것이 아니라, 예루살렘 도성의 재건(사 44:28)을 여러 차례 언급하고 있으며, 따라서 다니엘 9장의 문맥은 칠십 이레가 포로 상태 70년의 끝날 때인 주전 536년경에 시작될 것이라는 기대를 향해 자연스럽게 흐른다. 아닥사스다의 칙령(칠십 이레의 시작을 나타내는 다른 시기로 알려진 때)은 다니엘 동시대의 사람들에게 알려지지 않았다는 것이 분명한 사실이다(Poythress, "Hermeneutical Factors"). 이와 동시에, 성전을 재건하라는 고레스의 칙령과 에스라와 느헤미야에서 도성을 재건하라는 아닥사스다의 칙령 사이에는 확실한 차이가 있다. 고레스의 석주(Cyrus Cylinder)에 기록되어 있는 실제 칙령(Pritchard, *Ancient Near Eastern Tests*, 316)이 외국 신들의 성전(성읍들이 아닌) 재건을 허가한다. 따라서 이 칙령과 다니엘의 칠십 년의 연대기와 연관성이 있다고 보아야 한다. 특히 다니엘의 그 다음 장들에 나타나는 많은 예언적 요소들은-다니엘 자신이 인정하는 바와 같이(12:8-9)-다니엘에게 전혀 알려지지 않았다는 것도 고려해야 한다. 그러나 육십 이 이레 후에 기름부음 받은 자가 끊어지는(26절) 것을 고려할 때에

레의 기간을 일곱 이레, 육십이 이레, 그리고 한 이레의 세 기간으로 쪼개는 데에는 어떤 이유가 있어야 한다. 순전히 비유적인 것으로만 보려는 사람에게는 이레를 세부적으로 쪼개는 이러한 세분화를 설명하기 어려울 것이다. 그 세분화는 분명히 다니엘의 이상에서 중요성을 갖는다.

칠십 이레의 본질에 관련한 문제의 해결은 상징적인 의미를 연대기적 고려 안으로 흡수시킬 때 이루어질 수 있다. 하나님의 백성에게 남아 있는 휴식, 즉 안식을 목적으로 하는 그 절정을 향해 나아가고 있는 하나님의 구속역사의 큰 그림을 놓쳐서는 안 된다. 이와 동시에, 그 과정을 의도적으로 연대기적인 순서로 배열하고 있음도 간과해서는 안 된다.

(3) 칠십 이레의 연대기적 한계

이 기사를 연대기적으로 이해할 때에 칠십 이레의 시작점을 고레스의 칙령이 있었던 주전 536년으로 잡는 것은 맞아 들어가지 않는다. 다니엘의 "칠십 이레"는 확실히 다니엘 9장의 앞부분에서 언급된 이스라엘 포로 칠십 년을 의도적으로 반영한다. 포로 상태의 칠십 년이 안식년을 대변하기 때문이다(대하 36:21; 레 25:1-7). 따라서 다니엘의 칠십 "이레"는 해(年)의 칠십 "주"나 사백구십 년을 의미하는 것으로 가장 잘 이해된다. 만약 이 사백구십 년이 주전 536년에 시작한다면, 그 끝은 단지 주전 47년에 이를 뿐인데, 이 연도는 어떤 특별한 의미도 없다. 본문 자체를 보다 더 세밀히 관찰한다면, 칠십 이레의 시작 지점은 주전 536년 있었던 고레스의 칙령에 의해 유다 사람들이 돌아온 첫 번째의 귀환이 아니라, 느헤미야의 지도하에서 돌아온 두 번째의 귀환인 주전 약 445년임을 알 수 있다. 본문에 의하면 단순히 그 백성이 그 땅으로 돌아오

여기에 제시된 기간은 오히려 아닥사스다의 칙령과 예수 그리스도의 사역 사이의 연대기가 더 가깝다는 것을 발견하게 된다. 이러한 관찰은 칠십 주를 상징적인 것으로 이해하게 이끈다. 이상의 사항들을 고려할 때에 이 기사를 연대기적/상징적 보는 것이 선호된다. 절대적으로 정확한 날짜를 고집스럽게 정하려고 노력하는 것 때문에 예언의 주목할 만한 특성의 가치를 손상시키도록 내버려 두어서는 안 된다. 모든 것을 고려할 때, 아닥사스다의 칙령을 칠십 주의 시작점으로 보면서, 그 기사를 연대기적/상징적으로 이해하는 것이 선호된다. Kline("Covenant of the Seventieth Weeks," 459)은 비록 칠십 이레를 연대기적으로 계산하는 것을 지지하지 않지만, 다니엘 9장의 칠십이 레위기 25장의 안식년 법칙과 연관되어 있음에 주목한다.

는 것이 아닌, "예루살렘 재건"을 위한 칙령이 나간 것이 칠십 이레 연대기적 시계의 시작점을 이룬다(단 9:25). 포로 귀환을 허락한 두 왕의 칙령들 사이에는 분명한 차이가 있다. 그것은 에스라서와 느헤미야서에 나타난 두 사건들의 역사적 묘사에서 분명히 나타난다. 주전 536년에 있었던 고레스의 칙령은 성전을 재건하라는 것이었던 반면, 주전 445년에 있었던 아닥사스다의 칙령은 성을 재건하라는 것이었다(스 1:2-4; 느 1:1, 3; 2:3, 5, 8, 17).[27]

칠십 이레 또는 사백구십 년에 대한 이 시작 지점과 더불어, 칠십 이레 내에서의 하위분류는 이스라엘 포로 상태의 칠십 년 기간에 관련한 예레미야 예언만큼이나 구체적이다. 일곱 주, 또는 사십구 년이라는 첫 번째 기간은 아닥사스다의 칙령으로부터 대략 주전 400년까지 확장되는데, 이 때는 옛 언약의 계시가 그 종착점에 도달한 때와 상응한다. 육십이 주, 또는 434년이라는 다음 단위는 대략 주후 30년까지 내려오는데, 이 때는 기름부음을 받으신 자 예수님의 생애와 사역과 죽음과 부활과 관계된 때이다. 해의 최종 한 주는 그 독특한 중요성을 갖는데, 이 또한 완전한 성경신학적 맥락의 구조에서 이해되어야 한다.

인간 역사의 과정으로 이러한 구체적인 예견이 분명하게 주어진다는 것은 근대의 부정적 비평주의자들에게는 그냥 받아들여질 수 없을 것이다. 이 자료가 이느 정도 인간 역사의 실제적 과정을 묘사하는 것이라면, 하나님께서 이 세상을 위한 계획을 가지고 계시다는 사상을 전적으로 부정하는 비평주의자들이 그것은 사건 발생 이후에 저작되었음에 틀림없다고 결론을 내리는 것이 불가피하다. 그러나 그것이 하나님의 구속 목적을 향하여 나아가는 실제 기나긴 인간의 사건들 과정을 미리 예측하는 것으로 인정할 때에 칠십 이레에 관련한 다니엘의 예언은 실로 놀랄 만한 것이다. 이것은 장차 오실 메시아의 사역에 관한 성경적 대망들 가운데 하나이다. 그러나 이것은 하나님께서 그의 큰 구속의 목적을 위해 역사의 진행과정의 순서를 지정하셨다는 확실한 믿음 아래에 읽혀져야 한다.

---

27) 고레스 석주에서 발견되는 고레스 칙령은 다음과 같다. "나는 티그리스 강의 건너편에 있는 (이) 거룩한 성읍들로 되돌아갔다. 그 성읍들에는 성소들이 세워져 있었고 신상들이 그 속에 있었는데, 그 성소들은 오랫동안 황폐된 채로 내버려졌었다. 나는 (또한) 그들의 (이전) 거주민들을 모았고, (그들을) 자신들의 거주지로 돌려보내었다"(Pritchard, *Ancient Near Eastern Tests*, 316). Baldwin(*Daniel*, 176)의 반대는 에스라와 느헤미야를 비추어 볼 때에 지지를 받지 못한다.

(4) 칠십 이레 내에서 구속의 성취

여섯 개의 주목할 만한 가치가 있는 구속적 목적이 이 칠십 이레의 맥락 내에서 실현되는데, 그 목적 가운데 세 개는 죄의 제거를 지칭하고, 세 개는 의의 제정을 묘사한다. 무엇보다도 이 기간은 하나님에 의해서 결정되며, 그 때 "허물이 마치며, 죄가 끝나며, 죄악이 영속될 것"이다(단 9:24상, NIV). 이 첫 번째 세 개의 사항들은 다니엘 9장의 전반부에서 다니엘이 10회 이상 사용한 죄의 인정에 대한 하나님의 반응을 반영하는 것이 분명하다(9:5, 6, 7, 8, 9, 10, 11, 14, 15, 16). 이 삼중 묘사는 인간 역사에 있어서 사람들을 창조주 하나님으로부터 분리시키는 죄악을 제거하는 하나님의 목적을 그 중심에 놓는다. 허물, 죄, 사악 등은 속함을 받고, 끝나고, 마쳐질 것이다. 인간의 죄가 제거된다는 이러한 속죄는 하나님의 죄 없으신 어린양이 그의 백성의 죄를 위해 희생된다는 사건에서 성취될 것이다. 십자가 위에서의 그의 죽음을 통해, 그리고 오직 그의 죽음만을 통해, 하나님의 법을 위반한 책임이 제거될 수 있다. 과거 또는 미래의 그 어떤 사건도 예수 그리스도의 죽음이 성취한 것을 반복할 수 없다. 이와 동시에, 실제적인 죄와 허물이 완전히 제거되려면, 모든 것을 마무리 짓는 그리스도의 재림을 기다려야만 한다. 그 때에 그는 사악이 최종적으로 확실히 제거될 것이다.

게다가, 이 칠십 이레의 기간은 하나님에 의해서 지정되는데, 그 때 "영원한 의가 드러나며, 이상과 예언이 응하며, 또 지극히 거룩한 자가 기름부음을 받을" 것이다(9:24하). 예수 그리스도께서 그의 삶과 죽음으로 이루신 의는 결코 사라지지 않을 것이다. 왜냐하면 죄인들이 믿음으로 단번에 의롭다고 선언을 받음으로써 그들에게 전가된 하나님 아들의 모든 의를 영원이 소유할 것이기 때문이다. 부활 승천하셔서 높아지신 주 예수 그리스도는 십자가 위에서 행하신 그의 사역의 완성을 토대로, 하늘성소에 그의 피를 뿌렸다(히 9:12). 최종적이고 완성적인 말씀이신 예수님은 하나님으로부터 사람에게로 오셔서 이상과 예언을 성취하셨다. 일단 그의 구속사역이 신약시대의 사도들과 선지자들에 의해서 적합하게 해석되고 또 기록되었기 때문에, 추가적인 이상과 예언은 더 이상 필요가 없다.

칠십 이레의 결론에 의해 달성된 여섯 개의 사항들은 모두 기름부음을 받으신 자, 그 백성의 왕, 즉 주 예수 그리스도의 생애와 죽음과 부활과 영광의 승천과 결부되었다. 다니엘서의 전반부에 나타난 옛 세계 역사의 이상들이 이 점을 확인해 주는데, 왜냐하면 앞의 모든 이상들이 세상으로 내려오신 그리스도의 강림에서 시작하여, 그의 왕국은 계속 확장하여 세상 끝 날에 그의 재림으로 그 절정에 이르기 때문이다. 다니엘 2장에서, 그리스도는 지상의 모든 제국들을 부숴버리고 온 땅에 가득 차는 사람의 손으로 하지 아니한 뜨인 돌이다. 다니엘 7장에서, 그는 죄의 문제를 끝내고 옛적부터 항상 계신 자에게 나아가서 세상 모든 왕국에 대한 통치권을 그분으로부터 받으시는 영광스러운 인자이다. 그러므로 다니엘 이상의 칠십 이레는 그리스도의 두 개의 큰 강림에 초점을 모으고 있다. 일곱 이레의 이상에서, 모든 인간 역사가 극적으로 묘사되었다. 칠십 번째 주의 독특성은 반드시 이 맥락 가운데서 이해되어야 한다.

(5) 칠십 번째 주의 독특성

칠십 번째 주가 다른 예순아홉 주로부터 분리되어 있는 것은 본질적으로 그 마지막 주의 독특성을 암시한다. 그러나 구체적으로 이 독특성의 본질은 무엇인가? 그것은 왜 다른 이레들로부터 구분되어 있는가? 이 질문에 대한 많은 대답들이 제시되었다. 그것들을 분류해 보면 다수 다른 두 개의 대답이 서로 대조된다.

첫째로, 성경을 연구하는 어떤 사람들은 이 칠십 번째 주의 배치가 독특함을 발견한다. 이 가설은 "간격 이론"(gap theory)으로 명명되는데, 칠십 번째 주는 다른 예순아홉 주와 연대기적으로 분리되어 있다는 점에서 독특하다. 이 견해에 따르면, 칠십 주 안에 간격이 존재한다는 것은 예순아홉째 주 이후에 그리스도가 죽고 또 그 이후 거의 40년 후에 예루살렘의 멸망이 일어나고, 그리고 칠십 번째 이레가 나타난다는 것으로 입증된다는 것이다.[28] 그 결과에 의하면, 애초에 칠십 이레는 간격을 가지고 있는 기간이었다. 한편, 그 간격의 기간은 교회가 발전해 나가는 같은 시대이다. 그리스도의 때로부터 현재에 이르는 지난 2,000년은 다니엘에서 예언된 이레 안에 있는 간격을 대표한다. 이 간격은 무한정한 미래에까지 계속될 수 있고, 보이지 않는 교회 시대의 끝, 소생된 로마 제국의 설립 그리고 유대의 천년 왕국의 시작 때까지 계속될 것이다.

---

28) Walvoord, *Daniel*, 230.

다니엘의 칠십 번째 주와 관련된 이 간격 이론에 맞서 고려해야 할 두 가지의 명백한 사항이 제기된다. 첫째로, 그리고 무엇보다도, 그 기사 자체에 간격이 존재한다는 어떠한 암시도 전혀 없다는 사실이 그 이론에 반대한다. 심지어 다니엘 9:24-27에는 칠십 이레의 진행 과정에서 이러한 간격에 대한 근거가 제시되는 것은 둘째 치고라도, 그것을 암시하는 것조차 전혀 없다. 카이저(Kaiser)는 '육십이 이레 후에'라는 어구가 "간격을 암시하는 것 같다"고 주장한다.[29] 그러나 "후에"(after)라는 흔한 단어의 유별난 해석에 기초를 둔 사소한 주해적 가능성을 가지고 세상 역사에 2,000년의 긴 간격을 설정하는 것은 지레짐작으로 보인다. 문맥 안의 모든 것은 예순 아홉 번째를 뒤따라 칠십 번째 주가 정상적으로 계속되는 것을 암시한다. 저자가 칠십 번째 주가 이전의 주들 "후에" 왔다고 말하지도 않는데, 어떻게 칠십 번째 주가 예순아홉 번째 주의 완성을 뒤따랐다고 지적할 수 있는 것인지 상상하기란 다소 어렵다.

칠십 번째 주의 독특한 본질의 질문에 관한 두 번째 관점은 보다 큰 성경신학적 구조에서 뿐 아니라, 다니엘의 문맥에서도 더 확고하게 뿌리를 박고 있는 것 같다. 이전의 모든 주들과 달리, 이 마지막 주는 두 개로 나누어진다. "그가 그 이레의 절반에[히, 크하치] 제사와 예물을 금지할 것이다"(9:27). 이 제사의 중단은 칠십 이레의 초기에 달성된 죄악의 영속 및 영원한 의의 도래(9:24)와 호응을 이룬다. 일단 죄악이 적절한 속죄로 덮여졌기 때문에, "죄를 위한 희생제사가 더 이상 없다"(히 10:26). 다니엘 9:27에 따르면, 이 결정적 사건은 칠십 번째 주인 칠 년 중 전반기 동안 또는 마지막 주 3년 반 동안 일어날 것이다.

3년 반이라는 숫자는 다니엘서의 마지막 장에서 보다 더 심화되어 다루어지며, 요한계시록에서는 훨씬 더 광범위하게 다루어진다. 다니엘은 계시를 내리는 분과 마지막 이야기를 나누는 가운데, "이 기사(these astonishing things)의 끝이 어느 때까지냐?"(단 12:6, NIV)라는 질문을 어깨 너머로 듣는다. 세마포 옷을 입은 사람은 그 기간이 "한 때와 두 때와 반 때"가 될 것이라고 엄숙하게 맹세하는데, 이 기간은 다니엘 7장에도 나타나는데, 네 번째 짐승의 작은 뿔에 의해 성도가 고난당하는 기간을 가리킨다. 12장의 구절은 7장의 구절을 반영한 것이다(12:7; 또한 7:25를 보라). 이 동일한 기간에 대한 측정은 매일 드리

---

29) Kaiser, *Messiah in the Old Testament*, 203.

는 제사가 폐지되고 황폐케 하는 가증한 것이 세워지는 때 사이에 끝날 1,290(또는, 1,335)일의 형태로 다시 나타난다(12:11-12).

마지막 주의 이후 절반은 다니엘서에서 다양한 방식으로 명시되므로, 그 측정이 연대기적에서 순전히 상징적 측정으로 수정되었다는 것을 암시한다. 요한계시록은 상징적 장치로서 동일한 기간을 1,260일, 42개월 그리고 "한 때와 두 때와 반 때"로 지칭하는데, 이것도 동일한 다양성을 반영한다(계 11:2-3; 12:6, 14; 13:5). 따라서 다니엘의 칠십 번째 주의 마지막 절반은 그 앞의 기간과는 다른 시간적 측정으로 여겨진다. 이 마지막 주의 절반은 상징적으로 더 긴 기간, 무한정한 때, 제사의 종결로부터 현 시대가 완성되는 때 있을 적그리스도의 파멸의 때까지 확장되는 기나긴 기간을 대표한다. 만약 요한계시록이 여기에 대한 설명을 부가하는 것으로 본다면, 이 마지막 기간 동안 하나님의 참된 백성은 온 세상에 증거하는 것 때문에 심한 박해를 당할 것이다. 그러나 그들은 또한 주님에 의해 보호를 받을 것이다(11:2-3; 12:6, 14; 13:5). 결국, 주의 모든 원수들은 그가 오실 때에 파멸될 것이다.[30]

다니엘서에 있는 이 부분은 메시아와 그의 왕국이 이 타락한 세상 속으로 들어오는 것을 기대하는 중요한 기록들 가운데 하나로 보아야 한다. 그의 출현을 통해 죄가 극복되고, 영원한 의가 드러나고, 사탄의 사역에서 구출되고, 지상에

---

30) 칠십 이레의 의미에 대한 의문과 더불어 몇몇 주해적 난점들이 이 구절에서 나타난다. (1) 기름 부음을 받은 자가 "끊어져 없어진다"(단 9:26a)는 것은 그의 대속적 죽음을 암시하는 것 같으며, 특히 동사 "자르다"(cut)의 일반적 용례가 언약의식에 사용되는 점을 고려할 때, 이는 언약의 궁극적 저주를 예견하는 의미인 것 같다. (2) 장차 올 한 왕의 백성이 그 성읍과 성소를 파괴한다는 것(9:26b)은 주후 70년 티토 군대에 의한 예루살렘 파멸을 예견할 수 있다. 그러나 그 기사의 흐름을 따를 때, 그것은 바로 앞에 언급된 하나님의 참 메시아 왕의 백성에 의하여 성이 파멸되는 것을 말하는 것으로 보는 것이 더 타당하다. 왜냐하면 심판은 정규적으로 성경에 나타나는 구속에 수반하여 일어나기 때문이다(Kline, "Covenant of the Seventieth Week," 463). (3) 27절은 "기름 부음을 받은 자"가 한 이레 동안 "많은 사람"으로 더불어 "언약을 굳게 정하는 것"(9:27a)으로 시작하는데, 이 기름 부음을 받은 자는 바로 앞 절에서 언급된 "기름 부음을 받은 자" 외에 다른 사람일 수가 없다. 따라서 기름 부음을 받은 바로 그 사람이 그의 백성과 언약을 굳게 한다. Kline은 다음과 같이 논평한다. "여기에서 가브리엘이 다니엘에게 기름 부음을 받은 자가 끊어져 없어진다고 말할 때에(26절)그것은 그의 사명의 실패를 의미하는 것이 아니라, 오히려 그 성취를 의미한다는 확신을 준다"(Ibid., 463). (4) "멸망의 가증한 것"(9:27c)이 성전에 세워지는 것은 로마 사람들이 성전을 비방하는 것을 지칭할 수 있다. 그러나 궁극적으로 그것은 적그리스도가 하나님의 참 예배를 완전히 모독하는 것을 예견한다.

서 세상 권력을 통해 드리워질 흑암의 세력들이 파멸될 것이다. 예수 그리스도의 강림(초림), 그의 몸이 희생제사 제물로 드려지는 것, 그리고 그 결과 모든 시대에 그의 왕국이 땅 끝까지 확장되는 것 등을 통해 신자는 그가 원수들을 최종적으로 쳐부술 그 날을 고대할 것이다. 비록 성도가 박해의 긴 기간을 견뎌내야만 하지만, 그들의 궁극적 구원은 영광스러울 것이다.

5) 엄격한 얼굴을 가진 왕(단 8:23; 11:36)

만약 구약성경에서 미래를 예견하는 예언의 실재를 받아들인다면, 다니엘의 첫 아홉 장들을 바벨론 제국의 시대로부터 그리스도의 출현 때까지 발전할 구속사를 내다보는 것으로 간주하는 데 아무 문제도 없을 것이다. 구약시대의 역사가 그 종결을 향해 나아감에 따라, 장차 올 날들을 예견한다는 사실은 자연스럽다. 하나님은 아브라함 언약을 공식적으로 체결하실 때에, 그 족장에게 다음 400년 동안 그의 백성에게 무슨 일이 있을지에 대한 역사적 진행을 알려주셨다. 그들은 자기 땅이 아닌 다른 땅에서 노예 생활을 경험할 것이다. 그러나 그 다음에 그들은 그 족장에게 제시되었던 약속을 소유하기 위해 귀환할 것이다(창 15:13, 16). 이와 유사하게, 그들이 바벨론 땅으로 포로가 되어 끌려가기 전에, 주께서는 그 민족에게 그들의 포로 상태가 70년 동안 지속될 것이라고 알리셨다(렘 25:12; 29:10; 단 9:1-2). 옛적에 하나님의 백성이 세상의 왕들에게 종속될 400년이라는 기간 속으로 들어가려고 할 때 그러하셨던 것처럼, 이제 그 백성이 또 다른 종속으로 들어가려고 할 때에 주께서 장차 오는 시대들에 대해 가지고 계신 계획과 목적을 알리실 것이라는 사실이 기대되었을 것이다. 성경의 관점에 따르면, 민족의 흥망성쇠 역사는 모든 피조물의 하나님이 가지고 계시는 구속적 목적에 의해 이루어진다. 이러한 이유 때문에, 다니엘서의 전반부 아홉 장들이 미래에 대한 예언으로 받아들이는 데 어떠한 어려움도 없다. 즉 바벨론 왕국과 그리스도 왕국 사이의 시대들에 대하여 하나님의 계획과 목적을 예언적으로 내다보는 것으로 받아들이기 어렵지 않은 것이다.

다니엘의 마지막 세 장들은 일반적으로 다른 성격의 장들로 인식된다. 특히 다니엘 11장과 관련하여, 사실상 모든 독자의 마음속에 있는 질문은 이것이다. 즉 이 장의 자료는 이미 이루어진 후에 그 사건들을 묘사하는 역사적 기록으로 보아야 하는가? 아니면 이 자료를 아직 발생하지 않은 사건들에 대한 예측으로, 즉 예언으로 이해해야 하는가? 요컨대 이 자료는 주전 6세기에 기록된 것인가, 아니면 주전 2세기에 기록된 것인가?

다니엘 11장에서 발견되는 방대한 분량의 세밀한 기록들을 볼 때에 그 장이 이미 발생한 역사적 사건들을 기록한 것이라는 견해가 힘을 얻을 수 있을 것임에 틀림없다. 구약의 예언적 자료 가운데 다른 어떤 곳에서도 미래의 사건들에 관하여는 그렇게 많은 세부사항들을 기록하는 것을 발견할 수 없다.

더욱이, 이러한 사건들은 그의 백성에게 영향을 미치는 하나님의 구속 목적과 거리가 먼 것처럼 보인다. 이 예언에 따르면, 페르시아에서 일어날 왕들은 헬라 왕국을 공격할 것이다(11:2). 그런 다음 한 강력한 왕이 나타날 것인데, 그의 후손이 그것을 차지하지 못하고 그 왕국은 네 개로 분리될 것이다(11:3-4).[31] 남방(이집트) 왕은 그의 딸을 통해 북방(시리아) 왕과 동맹을 맺으려고 할 것이지만, 성공하지 못할 것이다(11:6; 11:8).[32] 그 후 남방의 그 다음 왕은 북방의 왕을 공격할 것이다(11:7-8). 그런 다음 북방의 왕과 그를 계승하는 아들들은 남방 왕에게 반격을 가할 것이다(11:9-10). 그 두 왕국과 그 계승자들 사이에 일어나는 이 투쟁은 수년 동안 계속되는 것으로 나타난다(11:11-32, 40-45).

다음과 같은 질문이 자연스럽게 떠오른다. 즉 이렇게 상세한 기사는 계속 진행되는 하나님의 구속 목적과 무슨 관련이 있는가? 구속적 사건들 밖에 있는 그러한 구체적인 역사가 왜 예언의 대상이 되어야 하는가? 다니엘의 이 기사는 예견적인 예언으로서가 아니라, 오히려 이미 명백히 드러난 역사의 보고서처럼 보이지 않는가?

그러나 이러한 계시들에 대한 다니엘의 견해를 직접 접할 때에 그러한 의문은 해소될 수 있다. 다니엘은 초기에 느부갓네살의 꿈을 해석하는 사람으로서 계시의 하나님께서 장차 올 제국들에 관련하여 자신에게 진리를 알려주셨음을 확신하는 믿음을 나타내었다. 그러나 이 마지막 이상에서 그 계시가 앞의 것만

---

31) 이 강력한 왕은 알렉산더로 보이는데, 그의 왕국이 결국 장군들에 의해 네 부분으로 나누어졌으며, 결코 자기 자손에게 권력이 승계되지 않았다.
32) 남방의 이 왕은 이집트의 톨레미 왕조를 이룬 왕으로 보이는데, 그는 알렉산더 왕국의 후계자들 가운데 가장 뛰어난 자였다. 거기에 대응할 북방의 왕은 시리아의 셀류키드 제국의 후계자들이며, 그 제국은 알렉산더의 분열 제국 가운데 두 번째로 강력한 왕국이었다.

큼 포괄적이지 않은 세밀한 미래 역사에 대한 것일지라도, 그 선지자는 완전히 압도당하고 만다. 심지어 그와 함께 있던 사람들도 "도망하여 숨을 정도로" 크게 놀랐다(10:7). 다니엘 자신은 완전히 힘이 빠져버렸다. 그의 얼굴은 죽은 듯이 극도로 창백하게 변해버렸고, 그는 완전히 무력해져 얼굴을 땅에 대고 엎드러져 깊은 잠에 빠지고 말았다(10:9). 이상의 경험이 진행됨에 따라, 그는 번민으로 압도당하고 만다. 그의 모든 힘은 사라져버렸으며 숨조차 쉬기 어려웠다(10:16-17).

처음 나타났던 이상들과 더 깊이 대조해 볼 때, 다니엘은 그 이상의 결론으로 곤혹스러움을 떨치지 못하였다. 그는 이해하지 못한다. 그는 그 이상 가운데서 두 인물이 "이 기사(these astonishing things)의 끝이 어느 때까지냐?"라고 묻는 것을 어깨 너머로 듣는다(12:6, NIV). 이 질문에 신비스런 대답이 뒤따른다. "한 때 두 때 반 때를 지나리라"(12:7). 그런 다음 다니엘은 자신이 그 질문에 대한 대답을 들었다는 것을 기록하지만, 이해는 하지 못했다. 그래서 그는 더 질문한다. "내 주여, 이 모든 일의 결국이 어떠하겠삽나이까"(12:8)? 그 시점에서, 해석하는 천사가 불쑥 끼어들어 그 논의를 잘라버린다. "다니엘아 갈지어다 대저[왜냐하면] 이 말은 마지막 때까지 간수하고 봉함할 것임이니라"(12:9, NIV).

이 문맥적 구조를 염두에 두고서, 원래의 질문들을 다시 살펴보아야 할 것이다. 과연 이 이상은 이미 발생한 역사의 진술로 제시되는가, 아니면 미래에 대한 예언인가? 이 장들에 나타나는 대로 다니엘의 관점에서 볼 때에 그 질문들에 대한 대답은 분명해 보인다. 장차 오는 여러 세기를 통해 있을 여러 민족들의 흥망을 내다본 느부갓네살의 꿈의 의미를 냉정하고도 명확하게 파악할 수 있었던 다니엘이, 그가 단순히 자기 시대에 역사에서 이미 명백히 드러난 사건들에 관하여 보고를 받는 것을 가지고 왜 그토록 압도되었어야 하는가? 만약 다니엘이 느부갓네살의 모호한 꿈을 신적 계시를 통해 해석하여 미래 사건들의 과정을 그토록 명확하게 파악하고 있었다면, 그는 왜 이미 발생한 역사적 사건들에 관한 메시지에 그토록 당황하고 있는가?

이러한 사항들을 고려해 볼 때에 다니엘서의 이 마지막 장들도 그 책의 이전 자료의 구조와 전혀 다를 바 없다. 다니엘은 주전 2세기의 사건들에 관한 메시지를 받고 있는 것만이 아니다. 오히려 메대-페르시아 제국의 시대에 살았던 사람으로서(10:1), 그는 종말에 관한 하나님의 계시를 받는다. 종말에 대한 언급들이 다니엘서의 마지막 두 장에서 여섯 번이나 나타난다는 사실은 주목할 만하다(11:35, 40; 12:4, 9, 13[2회]). 그런데 이 종말적 전망은 이미 발생한 역사적 사건들이 먼 미래에 나타나는 것처럼 보이게 꾸미는 과정에서 다니엘서의 저자(들)가 오직 추정한 것에 불과하다는 이론이 제기될 수 있다. 이러한 관점으로 볼 때, 다니엘의 졸도할 만큼 그에게 눈부신 계시가 임했다는 묘사는 독자들에게 인상을 깊이 주려는 문학적 장치와 꾸러미가 될 것이다. 그러나 이러한 견해는 오직 다니엘서가 완전한 조화를 이루고 있는 구조를 무너뜨리지 않는 이상 지지를 받을 수 없으며, 이러한 문학 장르의 이론으로서 그 무너뜨린 손실을 충분히 회복시킬 수 없다.[33]

그렇다면 다니엘이 본 이 마지막 이상이 어떻게 구속역사에 적합하게 들어맞겠는가? 이 사건들은 헬라 왕국이 네 쪽으로 분열된 후에 발생하는 것으로 명백히 드러나기 때문에, 북방의 왕들은 셀류키드 제국(the Seleucid Empire)의 통치자들을 지칭하는 반면, 남방의 왕들은 이집트 톨레미 왕조의 통치자들(the Ptolemies)을 지칭할 것이다. 그러나 주전 3세기와 2세기에 셀류키드 왕국과 톨레미 왕조 사이에 있었던 투쟁의 세부사항들이 어떤 의미에서 하나님께서 그의 백성을 구속하고자 하시는 구속역사의 목적과 관계가 있는가? 다니엘서의 앞부분에 나타난 네 왕국 중 세 왕국이 하나님 백성과 관련 있음을 관찰하는 것은 흥미롭다. 첫 번째 왕국인 바벨론은 하나님의 백성을 포로로 이끌어간 나라였다. 다니엘이 본 두 번째 왕국인 메대-페르시아 연방국은 하나님 백성이 회복할 수 있도록 힘을 부여하였다. 네 번째 왕국인 로마는 손으로 하지 아니한

---

[33] Keil(*Daniel*, 28)이 비록 전체 이야기를 다 말하지 않지만 "기적과 초자연적 예언을 부인하는 모든 비평가들이 성경의 위조성을 그들 이론의 확고한 원칙으로 삼는다"고 지적하는 것은 옳다. 그는 고대 세계에서 "기독교의 널리 알려진 대적인 신 플라톤주의자 Porphyry를 제외하고는 그 진정성을 의심하는 사람은 아무도 없었다"고 주장한다. Collins(*Daniel*, 26)는 보수주의자들이 "비평적 입장이 예고적 예언의 가능성을 부인하는 교의적 사고와 이성주의에 근거하고 있음"을 비난한다고 지적한다. 그는 오히려 비평적 학자들에게 "그 이슈는 가능한 것 중 하나이다"라고 주장한다. 그러나 Collins는-다니엘서가 주전 6세기에 나온 것으로 일관되게 그 자체를 나타내고 있음에도 불구하고-자신은 그 책을 2세기의 저작으로 간주하는 "연대기적 제한점들"을 펼쳐나가고 있다는 사실(166)을 기억해야 한다. 다니엘 자신의 반복적인 주장에도 불구하고 Collins는 실제로 교의적이고 이성주의적인 사고에 기초하여 미래 사건들에 대한 다니엘의 통찰력이 하나님으로부터 계시로 받은 것임을 배척한다.

뜨인 돌에 의해서 부서질 나라로 규정되었다. 그러나 세 번째 나라는 장차 임하는 하나님의 나라와 어떤 연관이 있는지에 대하여 어떠한 언급도 주어지지 않았다. 다니엘의 이 마지막 몇 장들에서 이 세 번째 왕국이 하나님의 백성을 크게 박해하는 것으로 설명되며, 이로써 미래의 최후에도 그러한 박해가 있을 것을 예견하게 한다. 이러한 관점은 이 마지막 이상에서 세 번째 왕국에 대하여 확장하여 처리하는 데 대한 타당성을 제공하는 것처럼 보인다.

그러나 바벨론에서 로마에 이르는 왕국 가운데 이 세 번째 왕국과 관련된 사건들에 대한 다니엘의 관심을 설명하는 더 많은 이유들을 다니엘서 자체에서 발견할 수 있다. 첫째로, 북방의 왕과 남방의 왕은 이스라엘 땅에 인접한 영토들을 점유한다는 사실이 지적되어야 한다. "영화로운 땅", "하나님을 아는 백성" 그리고 성전에서 매일 드리는 제사의 폐지에 대한 언급들은 하나님의 백성과 팔레스틴 땅에 대한 그들의 공격들을 암시한다(8:9, 11, 13-14, 24; 10:14; 11:16, 31-35, 41, 45). 이들은 알렉산더의 헬라 제국의 계승자들로서 서로 대항하여 싸우면서 족장들에게 약속된 땅을 통과하여 남과 북으로부터 행진한다. 따라서 그들이 다투는 진행과정은 팔레스틴 땅 내에서 하나님의 계획하시는 구속 프로그램의 실현과 분명한 연관을 갖는다. 인간적으로 말할 때, 지상의 이 두 세력들-이집트와 시리아-은 그 지역의 미래를 결정하기 위해 가고 있었다. 왜냐하면 주전 2세기에 그 왕국들은 이 지역에서 "정치적, 군사적 힘을 독점한 두 개의 큰 세계 권력"이었기 때문이다.[34] 그러나 다니엘 11장의 메시지, 즉 "그 책 전체에서 주어지는 메시지는, 땅의 통치자들이 아무리 강력하다 할지라도 그들이 '거쳐 넘어지고, 다시는 보이지 아니하리라' (11:19)는 것이다."[35] 연속되는 세상의 네 권력들 가운데 세 번째 권력이 여기에서 더 구체적으로 다루어지는 것은 저자가 그 사건들이 발생한 동시대의 사람이 됨으로써 직접적으로 알았기 때문이 아니라, 이 두 나라간의 투쟁이 메시아의 출현 이전 성경의 땅에서 하나님의 백성에 대한 가장 큰 위협이 되었기 때문이다.

둘째로, 셀류키드 왕들 가운데 가장 탁월한 왕이었던 안티오커스 에피파네스 4세(Antiochus IV Epiphanes)에 의해서 예루살렘 성전이 철저히 더럽힘을 당한 사건은 마카비 왕조의 시대보다 더 멀리까지 그 의미가 확장된다. 그가 스스

---

34) Baldwin, *Daniel*, 41.
35) Ibid., 41-42.

로를 높인 칭호인 에피파네스([신이] 현현함)라는 칭호보다 에페마네스(광인)라는 칭호로 불린 안티오커스는 로마 사람들의 손에서 굴욕을 당하여 그의 야망에 엄청난 손상을 입었다. 이집트를 침략할 때, 그는 알렉산드리아 외곽에서 로마의 포필리우스 라에나스(Popilius Laenas) 장군과 대면하게 되었는데, 라에나스는 안티오커스에게 이집트 침략을 그만두고 당장 철수하라는 최후통첩을 발했다. 안티오커스가 그것에 대해 생각할 시간이 필요하다고 대답했을 때, 라에나스는 안티오커스가 서 있는 자리에 즉시 원을 그리고 그가 결정하지 않고는 그 원 밖으로 나가지 못한다고 선언했다.[36] 이 굴욕을 당하고 돌아오던 안티오커스는 팔레스틴으로 들어가서 분노를 발산하였다. 그는 자신이 지배하는 전 영역에 헬라화를 마무리하기 위해 훨씬 더 엄중한 조치를 내렸다. 결국 그는 그의 세리장에게 안식일에 예루살렘의 공격을 시작하라는 명령을 내렸다. 그로 인해 도시의 대다수 남자들이 살해를 당했고, 많은 여자들과 어린이들이 노예가 되었다. 예루살렘 성전은 올림피아 제우스신에게 봉헌되었으며, 성전의 번제단 위에 세워진 제우스의 제단에 이방의 희생제사가 드려졌다.[37] 매달마다 전국에 엄격한 조사가 행해졌으며, 토라를 복사하다가 발견되는 유대인이나 할례를 받은 어린이는 모두 다 죽임을 당하였다. 안티오커스는 유대 공동체에게, 자신의 제국은 통일적으로 헬라 신을 경배하고 헬라식의 생활을 하도록 강요하였다. 그가 만약 성공했다면, 큰 나무로 성장해 땅을 가득 채울 것으로 작정된 하나님 왕국의 씨를 뿌릴 어떠한 토양도, 또 어떠한 사람도 남지 못했을 것이다.

다니엘의 이상에서 묘사된 "멸망케 하는 미운 물건"에 대한 예언은 안티오커스 에피파네스 4세에 의해 하나님의 성전이 철저히 더럽힘을 당하는 이 사건을 내다본 것임에 틀림없다(11:31-32; 8:23-25). 그러므로 안티오커스는 "스스로를 높여 모든 신보다 크다고 하는"(11:36, NIV) "엄격한 얼굴을 가진 왕"(8:23)으로 규정될 수 있다. 그러나 참되신 하나님에 대한 예배를 거역하는 이 큰 적대행위는 종말의 때에 다시 나타날 모델로 제공된다.[38] 종말의 때에, 하나님 백

---

36) Whitehorne, "Antiochus," 270.
37) Ibid.
38) Baldwin(*Daniel*, 201)은 "이 예언은 많은 압제자들 가운데 첫 번째 인물인 안티오커스에게 적용되었을 것이다"라고 결론짓는다. Baldwin은 다음과 같이 더 상세하게 설명한다. 인간의 교만은 통치자들

성이 당할 고통의 기간은 "개국 이래로 그 때까지 없던 환난"이 될 것이다(12:1, NIV). 그러나 생명책에 그 이름이 기록되어 있는 하나님의 백성은 보존될 것이다(12:1-4).

세 번째, 그리고 훨씬 더 중요한 것은, 다니엘의 이 마지막 이상이 하나님의 구속 활동의 완성을 향해 진행되는 역사에서 결정적인 시기마다 주기(cycle)로 나타난다는 것이다. 다니엘서에서, 구속사에 나타날 세 기간의 역사적 주기는 황폐와 구원, 박해와 찬양 그리고 유배와 회복 등의 상황으로 반복된다. 각 주기마다 악이 증가되고, 제국이 전복되고, 완전한 투쟁이 나타나고, 끝내 원수가 패배를 당하며, 하나님의 거룩하고 선택된 백성이 보존되고 회복된다. 첫 번째 주기는 이스라엘 유배 기간이라는 칠십 년으로 측정된다. 그것은 느부갓네살이 유다의 포로들을 끌고 간 때로부터 시작하여, 유배지의 포로들이 그들의 고향 땅으로 자유롭게 돌아가도록 허락하는 고레스의 칙령으로 끝난다(9:2). 두 번째 주기는 예루살렘을 회복하고 재건하라는 칙령이 발해진 때로부터 기름부음을 받은 자가 강림하는 때까지 확장되는 칠십 주를 포괄한다(9:24-27). 다니엘 8장 및 10-12장에서 묘사된 세 번째 그리고 마지막 주기는 원칙적으로 다니엘서의 이 이전의 주기들에 밀접하게 상응한다. 칠십 년인 첫 번째 주기는 유다 사람들이 과거에 잃어버렸던 그들의 땅으로 다시 돌아가게 한 고레스의 칙령을 이끌어 냈다. 칠십 이레의 두 번째 주기는 메시아의 강림 및 모든 허물과 죄와 악을 제거하는 완전한 속죄와 더불어서만 올 수 있는 회복으로 절정에 이르렀다. 구속사의 마지막 주기는 매일 드리는 제사가 폐지되고 "멸망케 할 미운 물건"이 나타날 때에 시작된다(12:11).[39] 제사의 폐지는 그리스도의 초림에 직접적으로 연관되는 것으로서 이 지점으로부터 시작해서, 하나님의 백성이 죽은 자들 가운데서 부활함으로써 최종적으로 회복되는 때에 그 절정에 이른다

로 하여금 자신을 최고의 권위자로 만들도록 유도한다. 스스로 높아진 이러한 인간의 권위는 그 쓰디쓴 분노를 배출하기 위한 속죄양을 찾으며, 또한 "하나님의 백성에 대항한 전쟁을 위하여 물질적일 뿐 아니라 정신적인 모든 도구를 사용한다." 이 주기는 역사가 진행되는 동안 계속 반복되며, "점점 증가하는 악의 세력이 승리하는 것처럼 보이는 최종적 살육에서 절정에 달하지만, 오직 하나님의 개입으로 그의 의도가 무산될 것이다."

39) 여기에서 멸망케 하는 가증한 것이 세워지는 것은 예루살렘 성전 경내가 로마 사람들에 의해 더럽힘을 당하는 것을 포함할 수 있으며, 더 나아가 이 세상 끝에 최종적으로 가증케 되는 것을 예견한다(마 24:3, 15).

(12:13). 이 주기를 측정할 때 그것은 "한 때 두 때 반 때" 또는 3.5 "이레" 또는 1,290일 등으로 구성된다(12:1-3, 7, 11-12). 다시 한번 말하거니와, 때를 이렇게 의도적으로 신비로운 방식으로 측정한 이유는 불확실한 기간을 묘사하기 때문이다. 이 불확실하게 측정된 기간은 그리스도의 구속 사역의 때로부터 시작해서 죽은 자들이 최종적으로 일어나는 만물의 완전한 회복의 때로까지 확장된다(단 12:2-3; 행 3:21; 고전 15:22-25).

다니엘은 엄격한 얼굴을 가진 왕의 통치 하에서 행해지는 장차 있을 하나님의 백성에 대한 박해는 "진노하시는 때"로 규정한다(8:19). 동일한 개념이 앗수르를 "[하나님의] 진노의 막대기"로 묘사하는 이사야에 의해 더 일찍 사용되었다(사 10:5). 따라서 이스라엘의 포로 유배는 죄에 대한 하나님의 의로운 진노를 명백히 드러냈으며, 이는 장차 올 마지막 진노를 예견하였다.

그러나 포로 유배 너머에는 회복이 있었다. 에스겔의 대망과 유사한 견지에서 이 회복은 죽은 자의 부활 및 온 땅의 갱신을 수반할 것이다. 다니엘에서도 나타나는 이 특별한 관점은 다음과 같이 잘 진술된다. "예언은 어떤 목표를 향하여 주어진다. 그러나 보편적으로 그것은 역사 내에서 이스라엘에 주어진 약속의 성취에 제한되었다. 다니엘은 더 광범위한 관점에서 예언하는데, 사실상 창세기 12:3에 기록된 만민을 향한 약속에 대한 성취를 내다보는 것이었다. 그는 종말의 때에 하나님께서 창조의 세계를 향하신 그분의 우주적인 목적이 완성될 것을 대망하였다."⁴⁰⁾

3. 이스라엘 유배의 신학적 중요성

이스라엘 기록 선지자들의 사역은 주로 이스라엘의 유배(exile)와 회복의 사건들에 집중된다. 주전 8세기로부터, 북 왕국의 호세아와 아모스, 그리고 남 왕국의 이사야와 미가에게 있어, 그 민족의 유배 및 회복의 전망이 예언적 지평을 지배하였다. 주전 7세기의 선지자인 나훔, 하박국, 스바냐, 예레미야에게도 그 주제는 여전히 지배적이었다. 주전 6세기에 포로 유배지에서 활동한 에스겔과

---

40) Baldwin, *Daniel*, 14.

다니엘에게 있어서 큰 관심은 본국에 아직 남아 있는 자들의 불가피한 추방, 예루살렘과 그 성전의 파괴, 그리고 황폐한 민족 앞에 놓인 회복의 전망 등이었다. 이스라엘의 삶에서 이런 사건들의 성경신학적 의미에 대한 이해는 기록 선지자들의 사역을 평가하는 데 매우 중요하다.

이스라엘 민족 예언의 마지막 시대에 있었던 포로 귀환 이후 선지자들의 메시지를 살피기 전에, 포로 이전과 포로 기간에 사역한 선지자들에 의해 제기된 이스라엘 유배 사건의 신학적 의미에 대한 분석이 먼저 이루어져야 한다.

이스라엘은 세상 민족들 가운데 유일무이하게 하나님의 종으로 선택되었었다. 아브라함은 비록 그의 조상들이 "강 저편에서" 우상들을 섬겼지만, 갈대아 우르를 떠나라는 부름을 받았다(창 12:1; 수 24:2). 그 백성은 이집트 땅을 나오면서 모세에 의해 하나의 민족적 실체로 조직되었다. 시내산 언약을 통해 주어진 예언적 계시는 그 민족의 탄생을 위한 토대를 제공하였다. 정해진 시간 내에, 그 백성은 하나님께서 그들에게 약속하신 땅으로 들어갔다. 그 땅은 젖과 꿀이 흐르는 땅으로서, 회복된 낙원의 축복에 비교될 수 있었다. 그 백성은 그 땅을 소유함으로 인해 하나님의 축복의 상속자로 인침을 받았다.

그렇다면 그 땅으로부터의 추방은 그 백성에게 무슨 의미가 될 수 있겠는가? 이스라엘에게 있어 유배는 어떤 의미가 있었는가? 유배를 통해, 하나님의 백성은 "내 백성이 아닌" 백성이 되었다(호 1:9). 여호와께서는 그들을 원래의 고향으로 되돌아가도록 강제로 쫓아내심으로써, 그 민족에게 축복이 제거되었음을 암시하셨다. 무엇이 이것보다 더 강렬할 수 있겠는가? 누가 그러한 경험을 설명할 수 있겠는가?

선지자는 총체적으로 이 중대한 이슈를 다루도록 사명을 부여받았다. 오직 하나님 한 분만이 이스라엘 유배의 "이유"와 "원인"을 설명하실 수 있었다. 왜냐하면 그 유배는 단지 그 시대의 이스라엘 사람들에게만 의미를 갖는 것이 아니었기 때문이다. 구속역사의 중요한 흐름에서 이 사건은 모든 세대에게 구속적 진리를 전달하도록 여호와에 의해 작정된 사건이었다. 출애굽은 유월절 어린양의 피를 통해 죄로부터의 구속이라는 개념을 전달했었다(출 12:13, 23; 고전 5:7-8). 가나안 땅을 소유한 사건은 하나님의 백성에게 아직 남아 있는 안식으로 들어가는 종말론적 완성을 예견하였다(시 95:10-11; 히 4:3, 9-11). 왕정 체계가 확립된 것은 장차 올 종말론적 왕국에서 메시아가 그의 백성에게 주가 되시는 원리를 내다보았다(시 2:2, 8-9; 행 2:29-36).

반면, 그 민족의 포로 유배는 구속사의 다른 모든 국면과 전혀 다른 범주를 형성하는 것 같다. 그 땅으로부터의 추방은 그 민족이 구속을 향하여 나아가기 보다 그 때까지 이루어놓은 모든 소유를 취소해 버리는 것 같았다. 이러한 의미에서 유배는 그 민족에게 신학적 위기를 조성했다. 그렇다면 선지자들은 이 위기에 대해 어떻게 반응했는가? 언약의 주로부터 온 어떤 메시지가 이 신앙의 위기에 대하여 대답할 수 있는가?

이 딜레마에 대한 예언적 대답은 예상하는 대로 여러 측면이 있었다. 유배를 이해하는 문제는 컸으며, 선지자들의 대답은 복잡했다. 선지자들의 반응 가운데서 몇 개의 주된 요소들이 지적될 수 있다. 이 다양한 요소들은 이스라엘과 동일하게 포로로 잡혀온 사람들과 관련이 있다.

1) 배교자들에 대하여

유배는 이스라엘의 하나님을 형식적으로는 고백했지만, 혼합주의나 사실상 다른 신들을 섬김을 통해 자신들의 불신앙을 나타내 보인 사람들의 자화상이라고 할 수 있다. 스바냐는 이 사람들을 "언약의 여호와께 맹세하면서 밀곰을 가리켜 맹세하는" 사람들로 묘사한다(습 1:5).[41] 예레미야는 그들을 너무 심하게 부패하여 먹을 수 없는 "나쁜 무화과"로 규정한다(렘 24:3). 하나님의 선민들 중에 이 범주에 드는 사람들이 항상 있어왔다. 그러나 포로 유배를 통해서, 배교자의 최종 운명이 활기를 띤다. 그들은 하나님의 궁극적 저주 아래에 떨어졌다. 언약의 율법에 따르면, 다른 신들을 숭배하는 자들은 반드시 끊어져야만 한다. 왜냐하면 그들은 언약을 깨뜨렸기 때문이다. 이러한 사람들에게 있어서, 포로 유배는 그들이 여호와의 면전으로부터 영원히 추방당하는 것을 의미했다.

2) 타협하고 불순종한 신자들에 대하여

바벨론 유배는 이스라엘 중에 하나님을 믿지만 불순종 가운데서 행함으로써

---

41) 앞에서 살펴본 바와 같이 NIV는 스바냐에 나타나는 현저한 구분을 모호하게 만든다.

자신들의 믿음을 타협한 신자들에게 경고의 메시지를 전달하였다. 그것은 만약 여호와의 백성이 불순종의 길 가운데서 고집스럽게 행할 경우 여호와께서 자신의 백성을 혹독하게 징벌할 것이라는 사실을 단번에 가르쳤다. 다니엘은 유배로부터 귀환하기 얼마 전에 드린 그의 기도에서, 그 백성이 포로라는 이 징벌의 심판을 받기에 합당하게 한 그들의 죄를 다음과 같이 고백한다. "온 이스라엘이 주의 율법을 범하고, 치우쳐 가서 주의 목소리를 청종치 아니하였으므로, 이 저주가 우리에게 내렸으되, 곧 하나님의 종 모세의 율법 가운데 기록된 맹세대로 되었사오니, 이는 우리가 주께 범죄하였음이니이다"(단 9:11). 그것은 모든 세대가 배워야 할 교훈이다. "주께서 그 사랑하시는 자를 징계하신다"(히 12:6). 여호와의 백성에 대한 그분의 이러한 징벌의 행동은 때때로 혹독할 수 있다. 그러나 이생에서 가장 심한 징벌의 심판도 모든 죄인이 당할 최후의 심판보다 언제나 약하다는 사실을 기억해야만 한다. 오직 이 사실을 인정하는 것을 통해서만, 하나님의 징계적 심판은 분개한 반역이 아닌 참된 회개로 이끌 수 있을 것이다.

3) "여호와의 종"의 예표론적 역할을 하는 이스라엘에 대하여

통상적으로 현대의 인기 있는 연사들은 이사야가 묘사한 고난의 종을 자신의 고난을 통해 그 백성의 죄를 속한 하나님의 결백하고 무죄한 어린양(예수님-역주)이 아닌 다른 그 어떤 사람(포로민들-역주)에게 적용시키는데, 이것은 전적으로 부적절하다. 물론 제한적인 의미에서 유배지의 이스라엘은 단수적인 여호와의 종의 대속적 고난을 예견하였다. 고난 받는 종의 신학이 이스라엘의 포로 유배를 예견한 맥락에서 발전되었다는 것은 우연이 아니었다. 또한 하나님의 종으로서의 그 민족(복수〈複數〉적인 여호와의 종-역주)이 고난을 받는 개념과 단수(單數)인 종이 받는 고난의 개념 사이에 상호 교환적인 발전이 있었다는 것은 역시 우연이 아니었다. 전자에서의 심판의 선고는 후자에서 하나님이 버리시는 것을 예견하였다. 그러나 분명하게 이스라엘의 고난 가운데 있는 그들 중에 그 어떤 사람도 다른 사람들의 죄를 위한 대속자로 간주될 수 없다. 왜냐하면 어떠한 이스라엘 사람도 죄를 전혀 범하지 않은 채 존재한 적은 없기 때문이다. 그러나 이스라엘이 당한 이 고난의 이미지는 하나님의 참 이스라엘이신 예수 그리스도가 그의 십자가 죽음의 "유배"(exile)로 말미암아 자기 백성을 위해 "내 백성이 아닌"(not my people) 자가 됨으로써 구현되었다. 그는 여호와의 종이라는 자신의 독특한 역할에서, 죄가 전혀 없는 결백한 분임에도 불구하고 "영문 밖에" 추방당하였다(히 13:11-13; 벧전 2:22-25).

4) 신실한 남은 자들에 대하여

참되신 하나님을 섬기는 다른 신실한 사람들과 함께 예레미야, 에스겔, 다니엘은 그 민족의 반역적 죄인들의 무리 가운데서 외국으로 이송되었다. 비록 이 선지자들과 그들과 같은 다른 사람들이 여호와에 대한 신뢰를 진실하게 지켰음에도 불구하고, 그들은 반역자와 불순종하는 자들과 나란히 유배를 당하였다. 그들은 추방당한 가운데 하나님 왕국의 범세계적 팽창에 대한 이상을 보았다. 이스라엘이 가지고 있었던 '거룩한 땅'이라는 신념은 이러한 신실한 자들을 여러 나라들 가운데 흩어버린 하나님의 심판의 행위에 의해 깨어지고 말았다. 그 결과 문은 땅의 모든 민족들이 하나님의 왕국에 참여할 수 있도록 활짝 열렸다. 이 원칙은 오늘날 예수님의 제자들이 땅 끝까지 복음을 전파하기 위하여 "그리스도의 남은 고난을 채우는" 그들의 고난 가운데서 명백하게 완성된다.

유배의 사건은 하나님의 백성에게 여러 의미를 가졌다. 여러 면에서 유배는 구속사에서 아브라함이 처음에 받았던 갈대아 우르를 떠나라는 부르심보다 훨씬 더 복잡한 사건이었다. 하나님의 구속 목적은 먼저 단일한 개인에게 집중되었다. 그러나 유배로 인하여 민족 전체가 그 구속목적에 참여하게 되었다. 다양한 구성원들로 이루어진 그 민족은 아주 다양한 방식으로 신앙의 도전에 반응하였다. 그러므로 이스라엘의 예언적 전통 만큼이나 중요한 한 운동이 이러한 중대한 상황에서 발생하였다는 것은 이해할 만하다.

제12장

회복기의 선지자들

포로에서부터 귀환과 그 이후의 이스라엘 회복은 그들이 포로에서 구속을 위해 경험한 것만큼 중요하다. 포로 이후 회복의 역사는 대략 150년 기간이다(주전 536-400). 다음의 세 가지 주요 사건이 이 기간 동안 있었던 회복을 이끌어 갔다.

- 첫 번째 귀환 및 성전 재건의 시작(주전 536)
- 성전 재건의 재개시(주전 520)
- 에스라(주전 458)와 느헤미야(주전 445)에 의해 주도된 두 번째 귀환

귀환 이후의 선지자들은 위의 세 가지 중 두 국면 동안 살았던 사람들에게 하나님의 말씀을 전달하였다. 학개와 스가랴는 재건의 기간 동안 살았던 사람들에게 예언하였고, 말라기는 에스라와 느헤미야의 리더십 하에 주도된 두 번째 귀환 시기에 예언하였다. 비록 주전 536년에 시작된 첫 번째 귀환에 관련된 기간 동안에는 약속의 땅에서 어떠한 예언 활동도 언급되어 있지 않다. 따라서 이 처음 귀환과 관련된 주요 사건들을 살펴보는 것이 구속의 진행 과정에서 큰 전환을 이룬 이 새로운 시대에 하나님께서 그의 백성에게 무엇을 행하고 계셨는지를 정확히 이해하는 데 필수적이다.

이스라엘의 귀환 사실은 그 자체로 얼마나 놀라운 일인가! 누가 이전에 그러한 일을 들었는가! 한 거대한 제국이 일어나서 저 위대한 바벨론 제국을 무너뜨릴 뿐만 아니라, 이백년 이상 많은 민족들이 지배당했던 그 모든 국제정세가 한 꺼번에 뒤집어버릴 줄을 어느 누가 기대할 수나 있었겠는가? 그러나 이스라엘 민족 유배의 불가피성을 그토록 엄숙하게 선언한 이스라엘의 선지자들이 바로 민족의 회복을 약속한 사람들이었다. 아모스는 "이스라엘은 정녕 사로잡혀 그 땅에서 떠나겠다"고 선포한 것 때문에 자기 목숨을 잃을 수도 있었다(암 7:11, 17하, NIV; 또한 5:27; 6:7을 보라). 그러나 그는 또한 다음과 같이 선언하였다. "내가 다윗의 무너진 천막을 일으키고," "내 백성의 사로잡힌 것을 돌이키리니," "내가 저희를 그 본토에 심으리니, 저희가…다시 뽑히지 아니하리라"(9:11, 14-15). 미가는 "시온은 밭같이 갊을 당하고, 예루살렘은 무더기가 될 것이다"고 선언하였다(미 3:12). 그러나 그는 또한 다음과 같은 여호와께서 일으키실 회복의 말씀도 기록하였다. "내가 저는 자를 모으며, 쫓겨난 자와 내가 환난 받게 한 자를 모아…나 언약의 여호와가 시온산에서 이제부터 영원까지 그들을 치리하리라"(4:6-7, NIV). 예레미야는 훨씬 더 구체적으로, 유다의 포로 기간을 칠십 년으로 명시했으며(렘 25:11-12; 29:10), 이사야는 여호와께서 이 장엄한 회복을 달성하기 위해 그의 도구로 삼으실 자를 고레스라고, 이름까지 거명하며 구체적으로 명시하였다(사 44:28; 45:1).

전능자의 계획 안에 지정된 대로 때가 되어 유배지로부터 귀환하는 이 위대한 사건이 발생하였다. 유다의 70년 포로 기간 초기에 처음으로 끌려간 사람 중에 하나였던 다니엘은 바벨론의 붕괴를 증언했고, 메대-페르시아의 고레스에 의해 선포될 귀환의 칙령을 예견하였다(단 9:2). 이스라엘의 하나님은 그의 말씀에 진실하셨다. 이스라엘은 그 땅으로 귀환하였다.

이스라엘 백성은 주전 536년에 팔레스틴으로 귀환하자마자, 예루살렘에 그들의 예배의 중심지를 회복하기 시작했다. 가장 우선적으로, 솔로몬 성전의 자리에 있던 제단이 복구되었다(스 3:1-3). 이듬해 4월에, 성전재건의 공사가 시작되었다(3:8-13). 사마리아인들의 완고한 반대의 결과, 성전공사는 같은 해 후반에 중단되었으며(4:24), 이후 15년 동안 다시 시작되지 못하였다.

다리오 1세가 메대-페르시아 제국의 황제로 즉위한 직후에(주전 522), 학개 선지자는 성전 재건을 위한 노력의 갱신을 촉구하기 시작했다(학 1:1). 대략 두 달 후에, 스가랴도 백성에게 회개를 부르짖음으로써 그의 사역을 시작했다(슥 1:1). 이 두 선지자들의 촉구 덕분에, 성전 재건은 약 4년 내에 마무리되었다(주전 516, 스 6:14-15). 성경은 그 순간을 가장 감동적인 순간으로 포착하는데, 아주 드라마적으로 묘사한다. 기쁨의 환호성이 슬픔의 비탄 소리와 뒤섞여서 그 둘 사이를 분간할 수 없었다. 젊은 세대는 새 성전의 기초가 놓인 것을 보고서 기쁨을 억제하지 못하였다. 반대로 장엄했던 솔로몬 성전의 영광을 기억하고 있던 늙은 세대는 눈물을 흘리며 몸을 떨었다.

이 극적인 장면의 묘사에서 회복기 이스라엘의 성격을 잘 요약하고 있는데, 거기에는 "작은 일의 날"(슥 4:10)로 표현되는 현실과 미래에 있을 장엄하고 위대한 대망이 나란히 묘사된다. 귀환 이후의 이스라엘 선지자들은 모두 이 두 상황에 대하여 말하였다. 그렇다. 장엄한 날, 즉 과거의 어떠한 것보다 더 큰 날들이 궁극적으로 올 것이다. 그러나 그동안은, 현재 순간의 작은 일들이 멸시되어서는 안 된다. 하나님의 선택된 백성은 그들이 그토록 뼈저리게 경험한 좌절감을 인간적인 책략으로 보상받으려는 어떤 욕심도 가져서는 안 될 것을 경고받았다.

그 이후 75년 동안, 에스더서의 사건이 페르시아 먼 땅에서 발생하였다. 유배지로 잡혀갔던 포로들의 대다수가 팔레스틴으로 귀환하지 않고, 유배지에 여전히 남아 있었다는 사실을 기억해야 할 것이다. 이 기간의 거의 끝 무렵에 에스라가 예루살렘으로 두 번째 귀환을 이끌었는데, 그 때가 대략 주전 458년이었다(스 7:6-10).[1] 말라기의 사역은 이 두 번째 귀환 때에 발생한 상황들과 관련하여 일어났다. 비록 말라기의 예언이 구체적으로 언제 있었는지 알 수 없지만, 그 책에 묘사된 상황들은 이 두 번째 귀환과 관련된 상황을 그대로 반영하고 있다. 성전 재건은 완성되었으며, 제사도 회복되었지만(말 1:7-10; 3:8), 레위 제사장직의 정결이 절실히 필요했으며, 이스라엘 사람들과 다른 신을 숭배하는 이방인들 사이의 결혼이 일반적 관행이었다(3:2-4; 2:10-12). 유사한

---

1) 에스라의 귀환 시기에 대한 최근 이슈들의 논의에 대해서는, Bright, *History of Israel*, 391-402를 보라. Bright는 느헤미야가 에스라보다 앞섰다는 것을 주장하기 위해 에스라 7:7-8에 수정을 가한다. 이 결론은 Bright의 *History of Israel*의 제4판 편집자인 William Brown에 의해 의문이 제기되었다. 에스라의 귀환 연도를 주전 458년으로 보는 것을 지지하는 것에 대해서는, Merrill, *Kingdom of Priests*, 502-06을 보라.

폐습들이 에스라와 느헤미야 시대도 나타난다(느 13:23-31). 말라기는 자기 시대의 부패에 대해 경고하며, 여호와께서 회복된 성전에 갑작스럽게 돌아오실 것을 예견한다. 말라기는 구약시대 최후의 말씀을 선포하면서, 신약을 열 초기의 사건들을 예견한다.

이제 이 세 선지자들의 독특한 메시지의 분석으로 들어가고자 한다. 회복기의 초기 선지자인 학개와 스가랴의 첫 번째 사역이 먼저 고찰될 것이다. 그런 다음 구약시대의 최후의 예언적 대변자였던 말라기 선지자의 메시지가 주목될 것이다.

1. 회복기의 초기 선지자들: 학개와 스가랴

이 귀환 이후 초기 선지자들의 메시지를 고려할 때, 관심을 끄는 세 가지 주된 문제들이 떠오른다. 첫째, 그들의 땅으로 돌아간 백성의 상태, 둘째, 그들을 둘러싸고 있는 열방의 상태, 셋째, 학개와 스가랴에게 계시된 미래의 대망 등이다.

1) 백성의 상태

이스라엘 회복의 기간을 분석할 때 명백해지는 첫 번째 요소는 이스라엘 귀환의 빈약성이다. 어떤 면에서도 그 민족은 이전 시대의 영광에 심지어 접근조차도 못했다. 그들은 민족 초기의 영광으로 회복되지 못했다. 모세의 영도 하에서 이집트로부터 나온 그룹은 남자만 계산해서 육십만 명이 넘었는데, 이는 여자들과 어린이들을 계산에 넣을 경우 그 숫자는 3백만 명 정도나 되었을 것을 의미한다(민 1:46). 그러나 바벨론으로부터 나온 남자들의 총 숫자는 겨우 49,697 명에 지나지 않았다(스 2:64). 회복기의 백성은 옛 솔로몬 왕국시대에 방대한 지역들을 지배하였던 그 영광을 누리기는커녕 예루살렘과 그 주변의 작은 지역에 제한적으로 거주했다. 북쪽으로는 적대적인 사마리아 사람들이 있었고, 남쪽으로는 그들이 더 이상 팽창할 수 없는 네게브 사막과 시내 광야가 가로막고 있었다. 정치적 영역과 종교적 영역에서도 바벨론으로부터 귀환한 백성은 극심한 제한을 당하였다. 마카비 형제들(the Maccabees)의 반란기간 동안 어느 정도 상대적인 독립을 누린 것을 제외하면, 유다 사람들은 결코 자신의 통치자를 갖지 못했으며, 이런 상태는 그 이후 2천5백 년 동안 계속되었다. 새 성전의 기초가 놓인 것은 단지 솔로몬 성전의 장엄함을 기억하고 있던 사람들에게 몸을 떠는 흐느낌만을 자아내게 할 뿐이었다.

그래서 다음과 같은 급진적인 주장도 가능하게 보인다. 즉 주전 6세기 후반부에 있었던 유다의 회복은 겨우 회복이라고 불릴 정도밖에 되지 못했다. 이스라엘 역사에서 모세 언약과 다윗 언약의 때에 그들이 누렸던 이스라엘 공동체의 영광스러움을 이 회복의 기간 동안 볼 수 없었다. 껍질은 거기 있었지만, 슬프게도 실체는 없었다.

이 주장은 왕국이라고 불릴 수 있게 할 수 있는 왕이 그 회복된 공동체 안에 없었다는 현실에 기초를 둔다. 비록 그들의 행정장관 스룹바벨이 다윗의 후손이긴 했지만, 그의 권력은 단지 페르시아 정부의 권위로 허락받은 것에 한정될 뿐이었다. 더욱이, 비록 레위 제사장직이 존재하고 희생제사가 다시 제정되었지만, 희생제사 최고의 순간은 결코 다시 실현될 수 없었다. 우리가 알 수 있는 모든 증거는 회복된 성전의 지성소에 언약궤가 결코 없었다는 사실을 보여준다. 유대인 전통에 따르면, 언약궤가 서 있어야 할 바로 그 자리에, 약 30센티 정도 높이의 "기초석"(stone of foundation)이 놓여 있었다고 한다.[2] 요세푸스(Josephus)는 로마의 장군 폼페이우스가 주전 64년에 성전으로 쳐들어가 성전에서 가지고 나온 각종 거룩한 물건들을 일일이 열거하지만, 언약궤에 대해서는 아무런 언급도 하지 않는다.[3] 십중팔구 언약궤는 예루살렘이 바벨론에 의해 파멸될 때 상실된 것임에 틀림없으며, 회복된 성전에서는 결코 다시 만들어지지 않았다.[4]

포로 유배로부터 돌아온 이스라엘의 상태를 이해하기 위해서는 이 언약궤의 부재를 인식하는 것이 매우 중요하다. 왜냐하면 언약궤가 가지는 그 의미가 크기 때문이다. 주전 586년에 성전이 파괴된 이후로, 유대교에서 모세의 율법에

---

2) Seow, "Ark of the Covenant," 391.
3) Ibid., 그는 Josephus, *Antiquities* 14. 71-72; *Jewish War* 1. 152-53을 인용한다.
4) Kitchen, "Ark of the Covenant," 111을 보라. 그는 제2성전기에 언약궤가 없었다는 사실을 지칭하기 위해 요세푸스를 인용한다(Josephus, *Jewish War* 5. 219).

규정된 대속죄일(the Day of Atonement)이 절차대로 온당하게 시행되었을 가능성은 거의 없다. 언약궤가 없이는 시은좌(mercy seat, NIV, "속죄소" [atonement cover])도 있을 수 없다(레 16:11-17; 출 25:17-22; 레 23:26-32). 시은좌가 없이는, 속죄하는 희생제물의 피를 뿌릴 수도 없다. 대속죄일에 속죄하는 피를 뿌리지 않고서는, 해마다 반복되던 죄에 대한 속죄도 있을 수 없다. 뿌려진 피에 의해 이루어지는 속죄가 없이는, 사죄도 있을 수 없다. 사죄가 없이는 하나님과의 평화도 존재하지 않는다. 하나님과 맺는 이 객관적인 평화의 제정 없이는, 그분이 참 이스라엘의 하나님이라고 그 어느 누구도 정당하게 주장할 수 없을 것이다.

신정정치의 두 개의 필수적인 것, 즉 왕권과 제사장직의 기능이 온전하지 않았기 때문에 회복기의 백성은 모세 언약에서 구축되었던 하나님의 나라가 다시 재건되었다고 정당하게 주장할 수 없다.[5] 그들이 옛 땅에 귀환했으며, 성전을 재건했으나, 쉐키나의 영광이 다시 언약의 나라로 회복되었음을 증거해 주지 못한다. 비록 귀환 이후의 선지자들이 여호와께서 그들과 함께하신다는 확신을 그 백성에게 주었지만, 그분의 임재는 과거에 분명하게 나타났던 것처럼 그렇게 명백하게 나타나지 않았다.

그렇다면, 왜 그토록 빈약한 회복만이 실현되었을까? 도대체 회복이라는 것이 있기라도 하였단 말인가? 하나님께서는 예루살렘 성전으로부터 자신의 영광을 철수시키심으로써, 이스라엘의 부패에 대한 자신의 구역질나는 혐오감을 나타내 보이지 않으셨는가? 여호와는 에스겔에게 극적인 용어로 자신의 영광이 수레만큼 이동성이 있으며, 예루살렘 성전 자리에서 나타난 것만큼 바벨론이라는 외국 땅에서도 그렇게 쉽게 나타날 수 있다는 사실을 드러내 보이지 않으셨는가? 이러한 질문들이 이상하게 보일지 몰라도, 그 질문들은 이스라엘 회복의 실제적 의미를 강조하는 데 도움이 된다.

처음부터 이스라엘 백성이 그들의 귀환에서 더 이상의 영광을 누리지 못했다

---

5) Keil, *Daniel*, 8-10에 있는 이 점에 관한 논의를 보라. Keil은 "포로 후 유대인의 회복상태는 구약시대와 같은 하나님 왕국의 재건이 없었다"(8)고 말한다. 그는 심지어 귀환한 사람들조차 "이방나라 권력의 종속으로부터 자유를 얻지 못하였다"고 언급한다. 비록 성읍과 성전이 재건되었지만, 영광은 없었다. 언약궤가 없었기 때문에, "대제사장은 희생의 속죄피를 뿌리기 위해 지성소에 있는 하나님의 은혜의 보좌 앞으로 더 이상 갈 수 없었다"(8-9).

는 것 때문에 그들의 회복이 아주 적은 정도로만 이루어졌다는 주장은 거부되어야 한다.[6] 이스라엘의 귀환이 이루어지기 얼마 전 다니엘의 방대한 죄의 고백은 그 민족이 회복의 축복을 누릴 수 있는 것이 아무것도 없다는 사실을 명백하게 한다(단 9:1-19). 심지어 그들이 경험한 빈약한 갱신은 하나님의 과분한 은혜의 현현으로 임했다. 요점을 더 말하자면, 하나님은 회복을 통해 타락한 인류 가운데 자신의 구속 목적을 실현하고자 하는 자신의 흔들림 없는 방침을 세상 앞에 나타내 보이는 데 열중하고 계셨다. 만약 이스라엘 민족이 약속된 땅으로 돌아간 회복을 간과한다면, 하나님께서 과거부터 계획해 오셨던 목적을 이루어 나가는 계속된 진전에서 포로 귀환은 그 어떤 위치도 차지하지 못할 것이다.

여호와께서 세상 열방 가운데 자신의 구속적 의도를 계속 유지하고자 하시는 그 방침은 구속 목적 안에 계속성을 나타내는 이 의도와 상호 관련되어 있었다. 에스겔 선지자는 이스라엘의 회복을 예견하면서, "내 성소가 영원토록 그들 가운데 있으리니, 열국이 나를 이스라엘을 거룩케 하는 언약의 여호와인 줄 알리라"고 선언하였다(겔 37:28). 이 이유가 일견 다소 부차적인 것처럼 보일지 몰

---

6) 이 견해는 Kline, "How Long[I]?", 27에서 표현되었다. 이 결론은 모세 언약이 예표론적 영역 안에서 맺어진 "행위의 언약"이었기 때문에, 이스라엘 민족은 그 일시적 축복을 자기들의 공로로 자랑했다는 Kline의 가정에 근거한다. 그러나 Kline은 이 견해를 일관성 있게 유지하지 못하고, 동일한 페이지에서 오히려 이스라엘의 회복이 은혜의 선물이었다고 지적한다(27). 그러나 하나의 사건에서 "은혜"이자, 동시에 "공로를 내세우는 행위"가 양존할 수 없다. 모세 언약을 "행위의 언약"으로 보는 Kline의 견해는 근본적으로 몇 가지 점에서 오류가 있다. 그의 견해는 하나님의 구속언약 안에서 일시적 혜택과 구원적 혜택 사이에 구분이 이루어질 수 있다는 가정에 근거한다. 그러나 성경에서 구속의 이 두 가지 측면은 모두 다 은혜의 문제이다. 그는 또한 기능적인 면에서 이스라엘의 예표론적 경험과 구속적 경험 사이에서 차이가 나타날 수 있다고 가정한다. 그러나 Vos(*Biblical Theology*, 145-46)는 예표적인 것과 실체는 그 전달하는 의미가 본질적으로 전혀 다르지 않다는 것을 잘 지적한다. Kline은 모세 언약을 공로를 내세우는 행위언약으로 규정함으로써 모세 언약을 아브라함 언약 및 다윗 언약과 본질적인 차이를 만들려는 노력은 오류이다. 아브라함 언약 및 다윗 언약에 나타나는 예표론적 이미지는 모세 언약에서도 동일하게 발견할 수 있으며, 약속과 관련된 율법의 기능도 세 언약 모두에서 발견할 수 있다. 다윗은 그의 아들이자 후계자인 솔로몬에게 "네 하나님 여호와의 명령을 지켜 그 길로 행하여 그 법률과 계명과 율례와 증거를 모세의 율법에 기록된 대로 지키라. 그리하면 여호와께서 내게 대하여… 하신 말씀을 확실히 이루게 하시리라"고 권면한다(왕상 2:3-4, NIV). 다윗은 여호와께서 맺으신 자신과의 언약을 모세 언약의 확장으로 보았음에 틀림없으며, 명령을 약속에 추가시키는 데에 어떠한 문제도 없었다.

라도, 그것은 인류 가운데 모든 진정한 은택이 오직 참되시고 유일하신 하나님을 온당하게 공경하는 것을 통해서만 올 것이라는 사실에 잘 어울린다. 이스라엘의 회복이 창조자 하나님의 독특한 행동임이 바로 이해된다면, 그것은 이 세상의 신이라고 생각되는 다른 모든 신들 가운데 여호와의 유일하심을 효과적으로 증언한다. 오직 이스라엘의 하나님만이 그 민족의 유배와 귀환을 예견하셨다. 인간 역사의 진행과정을 정하는 권세는 오직 그분에게만 속한다.

그러나 포로 유배로부터의 회복은 왜 그토록 적은 규모로만 실현되어야 하는가? 만약 하나님 영광의 현시가 그 민족의 회복에서 본질적인 요소라면, 이 영광이 왜 가장 충만하게 나타나지 않는가? 장차 임하는 고귀한 제사장의 역할과 결부하여 성전의 더 큰 영광에 관련된 회복을 말하는 선지자들의 메시지는 이 질문에 대한 대답의 핵심적인 열쇠가 된다. 회복의 선지자들이 제시하는 이 장차 임하는 기름부음을 받은 자는 이전에 묘사된 여호와의 고난 받는 종의 역할을 성취하기 위해 굴욕적인 모습으로 나타날 것이다. 그는 하나님의 구속적 왕국의 임재를 자기 자신 안에서 명백히 나타내실 것인데, 먼저는 굴욕의 상태로, 나중에는 영광의 상태로 나타내실 것이다. 그러나 만약 다윗의 후계자가 이스라엘 가운데서 영광스럽게 회복된 왕국을 이미 통치하고 있었다면, 높아지기 전에 고난을 받아야 할 장차 임하는 겸손하신 분이 설 장소가 없어진다.[7]

이 회복된 공동체를 구성한 백성들의 상태를 세 가지 요소로 특징지을 수 있다. 무엇보다도, 이 회복기에 살았던 백성은 여호와의 집을 내팽겨 둔 채 오직 자기중심적으로 살았다. 학개와 스가랴 선지자의 메시지에서, 물론 이 백성이 거짓말을 하고, 거짓 맹세를 하고, 속이는 저울을 사용하여 서로 속이는 죄악이 언급되어 있기는 하지만(슥 5:1-11), 그들이 저지른 엄청난 죄악의 모든 목록이 다 나타나 있는 것은 아니다. 우상숭배가 여전히 그들 중에 행해졌으며, 복술자들에게 가는 것이 관행처럼 되어 있었다는 증거가 있다(10:2). 분명히 스가랴가 나쁜 목자들에 대해 폭로할 때 타락한 리더십이 묘사되며, 거짓 선지자들이 여전히 백성에게 문제였다는 사실을 추론할 수 있다(11:15-17; 13:2-6). 그러나 이 백성의 가장 큰 죄는 자기들의 시대에 하나님의 왕국 건설이 지체되고 있는

---

7) Kline, "How Long[I]?" 27을 보라. 모세 언약의 역할에 대한 클라인의 분석에 동의할 수 없음에도 불구하고, 회복기 선지자들에 관하여 제기되는 수많은 이슈들에서 그가 보여주는 통찰력은 매우 고무적이며, 또한 그 가치를 인정해야 한다.

데도 그것을 안일하게 방치하고 있었던 것이었다. 그들은 자신의 생활 여건을 개선할 시간도 있었고, 그렇게 하기 위해 투자할 자원도 있었는데, 이것은 그들이 비록 계속해서 페르시아의 통치 하에 살았지만 상당한 자유를 누리고 있었다는 사실에서 찾을 수 있다(학 1:4, 9). 그들은 예루살렘 멸망의 슬픈 날을 기억하며 한 달에 네 차례 금식하는 것에 대해 분개하기 시작했다(슥 7:3, 5; 8:19). 여호와의 집은 여전히 황폐한 채로 내버려져 있었지만, 그들은 자기 자신들의 판벽한 거주지에서 마음껏 즐기고 있었다(학 1:4).

이 귀환자들은 소수이지만 그들 조상의 황폐한 땅으로 돌아가려고 무척 애를 쓴 포로들을 대표한다. 그들의 경제적인 비참함이 어떻게 설명될 수 있겠는가? 그들은 많이 노력을 들여 뿌리고 심었지만, 수확은 얼마 되지 않았다. 그들은 상당한 월급을 받지만, 그것은 마치 구멍 뚫린 전대에 돈을 넣는 것과 같았다(학 1:6). 이렇게 심란케 하는 전개를 단지 간만의 좋은 조수에 뒤따라 일어나는 나쁜 조수의 탓으로 돌릴 수 있는가? 결코 그렇게 하지 못한다! 만군의 언약의 여호와 자신이 직접 이 비참한 상황에 대한 이유를 밝히신다. "내 집은 황무하였으되, 너희는 각각 자기의 집에 빨랐음이니라!"(학 1:9). 그들의 자기중심적 생활습관은 그들과 및 그들이 가진 모든 소유물 위에 여호와의 징계의 손을 끌어들이고 말았다. 안일의 죄 가운데 그들이 계속해서 머물러 있는 결과, 그것을 바로잡고자 하는 여호와의 징계는 계속된다. 그들은 또다시 포로 유배지로 내쫓기지는 않겠지만, 그들은 과거 본토로부터 추방된 사건을 통해 교훈을 배워야만 했다. 하나님의 공평하신 손은 자신을 인류의 최고 주권자로 인정하지 않는 모든 사람들에게 심판을 내린다. 그들은 어떤 희생을 치르고서라도 언약의 여호와를 맨 앞에 두어야 한다. 그들은 여호와께서 그들의 한가운데 거하시면서 경배를 받으실 여호와의 집을 재건함으로써 그들의 헌신을 구체적으로 표시해야만 한다.

그러나 그들의 회복에도 불구하고 현재 그 공동체가 경험하는 징벌의 너머에 닥쳐올 훨씬 더 큰 위협이 불쑥 그 모습을 드러낸다. 그것은 전혀 생각해 볼 수 없는 전망이다. 그들은 다시 한번 포로로 끌려갈 수도 있다. 황폐와 포로의 반복은 심지어 바벨론으로부터 귀환한 사람들에게조차도 유효하다. 양편에 글이 적혀 있는 날아가는 거대한 두루마리가 도적들과 거짓 맹세 자들의 집에 들어가, 나무와 돌을 아울러 불살라 버린다(슥 5:1-4). 장차 임할 파멸에 관한 이 이상의 후반부에서, 악을 표현하는 한 여인이 측량 바구니 속으로 내던져지고, 그 입구는 납으로 봉인된다. 이스라엘 사람들이 관행적으로 행한 속이는 저울과 측량줄을 상징하는 뚜껑이 달린 이 바구니는 그런 다음 두 마리 거대한 더러운 새에 업혀 고대 바벨론을 지칭하는 시날 땅으로 옮겨지고 만다. 거기에서 그것은 영원히 머물게 된다(5:5-11). 여호와는 그의 선지자들을 통하여 메시지를 분명하게 주신다. 즉 회복된 백성은 그들이 하나님 축복의 장소를 영원히 점유할 것이라고 생각할 수 없다는 것이다. 죄를 회개하지 않고 계속 그 상태로 남아 있게 되면, 결국 그들이 이미 경험한 무서운 유배의 심판을 반복하여 받고 말 것이다. 이 두 번째 포로 유배지로부터는 그들이 결코 귀환을 기대할 수 없을 것이다.

그러나 이 사람들이 전혀 소망 없는 미래에 내맡겨지는 것은 아니다. 그들의 실패에도 불구하고, 그들은 진정으로 자신의 길을 회개하고 바꿀 의향을 확실히 드러낸다. 그들이 이전에 겪은 포로 유배의 경험은 전혀 헛된 것이 아니었다. 회개의 반응은 먼저 백성의 큰 두 지도자들인 행정 장관 스룹바벨과 대제사장 여호수아로부터 나타난다(학 1:12상). 그러나 그런 다음 "남은 바 모든 백성"이 그들의 지도자들을 따라 순종과 회개에 동참한다(1:12하). 그들은 함께 여호와의 집을 건축하는 책임을 감당한다.

회개하라는 학개의 권고가 효과를 발휘한 이유는 다음의 묘사에서 확실하게 드러난다. "그들의 하나님 언약의 여호와께서 그를 보내셨음을 인함이라"(1:12, NIV). 물론, 여호와께서는 포로기 이전과 포로기 동안 그의 선지자들을 보내셨다. 그러나 그 민족이 회복된 이래로 입을 열어 말한 첫 번째 예언직 목소리인 학개는 그들의 참된 회개의 근원을 명백하게 지적한다. 여호와께서 지도자들과 백성의 "마음을 흥분시키시매" 그들은 와서 그들의 하나님 만군의 여호와의 집을 건축하기 시작하였다(1:14). 그의 백성의 마음속에 회개를 일으키는 하나님의 은혜의 선취권이 명백히 드러난다.

백성의 회개 가운데 나타나는 이 은혜의 선취권은 미래에 하나님의 백성 편에서 일어나는 더 크고 깊은 회개 가운데서 훨씬 더 명백히 드러난다. 그 때에 여호와께서는 "다윗의 집과 예루살렘 거민에게 은총과 간구하는 심령을 부어 주실" 것이다(슥 12:10상). 죄인들 중에 괴수들을 향하신 하나님의 은혜가 궁극적으로 이렇게 현시된 결과, "그들은 그들이 그 찌른바, 나[한글개역성경에는

'그', 난하주에는 '나']를 바라보고, 그를 위하여 애통하기를 독자(an only child)를 위하여 애통하듯 하며, 그를 위하여 통곡하기를 장자를 위하여 통곡하듯 하리로다"(12:10하, NIV)로 나타난다.

이 예언의 해석과 관련한 수수께끼가 시사하는 바는 매우 크다. 그들이 위하여 애곡하는 "나"는 도대체 누구인가? 이 신비에 대한 해결은 단어들의 평이한 의미 가운데서 발견되어야 한다. 그들이 찌른 "나"는 그들에게 은총과 간구하는 심령을 부어주신 바로 그분 외에 그 어느 누구도 아니다. 그러므로 이제 그들은 그를 바라보며 비통한 통곡으로 가슴이 무너진다. 하나님 자신의 백성, 즉 가장 사랑하는 도시로 귀환하여 그들의 경외하는 성전을 재건하는 특권을 부여받은 자들은 모든 은혜의 근원을 찌를 자들이다. 이 과대한 은혜는 "죄와 더러움을 씻는 샘"이 모든 은혜의 근원이 되시는 분을 찌를 바로 그 사람들을 위해 바로 그 날에 결정적으로 열릴 것이다(13:1). 예루살렘의 지도자들과 시민들 모두 이 열린 샘의 깨끗이 씻는 권능을 경험할 것이다.

완성적 성취의 관점으로부터 볼 때, 이 예언적 진술들은 모든 은혜의 근원이신 분의 번민에 찬 죽음과 영광스러운 회복의 상황을 정확히 예견한다. 그가 십자가에 달려 찔릴 때, 그들은 그를 쳐다보았다. 예수님의 옆구리를 창으로 찌른 자는 샘이 열려 "피와 물이 갑작스럽게 분출되는 것"을 보았다(요 19:34, NIV). 그것을 본 자가 증언하며, 그의 증언은 참되다. 그는 "너희들이 또한 믿게 하려고" 그의 증언을 제시한다. 이러한 사건들이 일어난 것은 "그들은 그들이 찌른 자를 볼 것이다"(요 19:37, NIV, 슥 12:10을 인용)는 성경을 성취하려 함이었다. 솟구쳐 나오는 자신의 피의 샘을 통해 우리를 죄에서부터 자유케 하시고 우리를 사랑하신 영광스러운 분은 다시 한번 더 보일 것이다. "볼지어다, 구름을 타고 오시리라. 각인의 눈이 그를 보겠고, 그를 찌른 자들도 볼 터이요, 땅에 있는 모든 족속이 그를 인하여 애곡하리니, 그러하리라! 아멘"(계 1:7).

이로써 유배지로부터 돌아온 백성의 상태는 명백히 드러난다. 그들은 여호와의 집을 방치해 둔 채 자기중심적으로 살고 있다. 그들은 하나님의 징계하시는 손에 여전히 종속되어 있다. 심지어 두 번째 더욱 영원한 포로 유배에 직면할 지점에 이를 수도 있다. 그러나 그들은 구원으로 이끄는 회개의 은사를 하나님의 은혜를 통해 경험할 것이다.

2) 열방들의 상태

귀환한 백성은 아직도 외국 권력의 통치권 하에 있는 취약한 영토 내에서 외국에 예속된 작은 민족으로 살았으며, 계속 진행되는 세상의 강력한 국가들의 힘을 충분히 인식하고 살았다. 이 굴욕적인 상황을 고려할 때, 귀환한 세대도 역시 앞선 하나님 백성들이 이방 권력들의 한복판에 놓여 있었던 모습 그대로였다고 할 수 있다. 그렇다면 귀환 후의 선지자들은 이 세상국가들을 어떻게 보았을까? 이 세상국가들의 두 가지 측면이 전면에 떠오른다. 즉 그 나라들은 하나님 백성에게 환난을 주었음에도 불구하고 평안하다. 그러나 그 나라들은 불가피하게 하나님의 심판을 경험할 것이다.

여러 가지 이상 시리즈 중, 첫 번째 이상에서 스가랴 선지자는 하나님의 사명을 받고 온 땅에 두루 다니는 말을 탄 사람들의 보고를 듣는다(슥 1:8-11). 정찰 사명을 다 끝내고 돌아온 그들은 "사령관"인 여호와의 사자에게 온 세계가 "평온하고 정온"하더라고 보고한다(NASB를 참조할 것). 문자적으로는 "평정을 잃지 않은 채 앉아 있다"는 의미이다. 이 상황은 언뜻 보기에 매우 고무적인 것으로 보인다. 그러나 여호와의 사자가 즉각적으로 말한 반응을 볼 때에 이것이 무엇을 의미하는지에 대하여 깊은 관찰이 필요하다. 그는 "만군의 여호와여, 여호와께서 언제까지 예루살렘과 유다 성읍들을 긍휼히 여기지 아니하시려나이까?"라고 개탄한다(1:12, NIV).

세상의 상태에 관하여 무언가 끔찍하게 잘못된 것이 있다. 열방은 하나님의 언약 백성을 멸망시켰을 뿐만 아니라, 그들의 억눌린 상황에 관하여 전혀 관심을 기울이지 않았다. 그 나라들은 예루살렘과 유다의 폐허에 대하여 아무런 영향을 받지 않은 채 경쾌하게 그들 자신의 여정을 계속한다. 천지의 주재이신 여호와의 평가에 따르면, 이것은 조금도 이상한 것이 아니다. 왜냐하면 세속주의적이고 불신앙적인 그들이 하나님 백성이 당한 사정에 관하여 무관심한 것은 당연하기 때문이다. 하나님 백성을 위한 중보자이자 수장인 천사가 이것이 "어느 때까지입니까?"라는 질문을 한다. 이 질문에는 성도들이 세속화된 세상의 한복판에서 생존하기 위해 계속 버둥거려야 하고, 그들 중에 순교자가 나올 것에 대한 예견이 담겨 있다(계 6:10). 그러나 이 여호와의 사자의 강력한 중보적인 질문에 대하여 결정적인 대답이 주어진다. 스가랴의 첫 번째 본 이상 가운데서 드려진 중보적 질문에 대한 응답은 그 선지자가 계속 본 다음 두 개의 이상에서 주어진다. 이 두 개의 이상에서, 열방은 하나님의 백성을 능욕한 것 때문에 심판을 당하고 황폐하게 될 것이라는 사실이 분명해진다.

두 번째 이상은 네 뿔과 네 장인(匠人)의 이상이다(슥 1:18-21). 뿔들은 세상 국가들의 거친 권력을 상징한다. 넷이라는 숫자는 세상 모든 열방이 포함되는 것을 나타낸다. 이는 마치 하늘의 네 바람이 하늘 전체를 상징하는 것과 같은 이치이다(2:6). 이 네 뿔은 두 가지 일을 행하였다. 즉 그것들은 교만한 태도로 자기들을 과시하기 위해 스스로를 높였으며, 하나님의 백성을 무자비하게 흩어버렸다. 이 나라들은 그들이 하나님의 백성을 그들 자신의 힘으로 흩어버렸다고 생각했지만, 그들이 단지 하나님의 공의의 도구였다는 사실은 깨닫지 못했다. 여호와께서 위탁하지 않으셨다면, 그들은 하나님의 은혜로운 구속 언약에 의해 보호를 받는 백성을 결코 정복하지 못했을 것이다. 예레미야 선지자는 일찍이 유다와 동 시대에 존재한 나라들이 마땅히 알아야 할 점을 지적한 바 있다. "보라, 내가 내 이름으로 일컬음을 받는 성에서부터 재앙 내리기를 시작하였은즉 너희가 어찌 형벌을 면할 수 있느냐? 면치 못하리니, 이는 내가 칼을 불러 세상의 모든 거민을 칠 것임이니라 하셨다 하라. 만군의 여호와의 말이니라"(렘 25:29). 세상 모든 나라들, 과거에 존재했든지 지금 있든지 상관없이 그 모든 나라는 이 교훈을 배워야 한다. 이스라엘을 포로로 끌고 간 것은 열방 자신들이 힘이 있어서가 아니었다. 하늘과 땅의 주권자 여호와께서 자기 백성에게 이 비참한 재앙을 내리신 것이다. 세상의 어떤 나라가 하나님께서 하시는 이와 같은 일에 자신의 힘으로 스스로를 보호할 수 있겠는가? 결코 그럴 수 없다! 하나님의 진노의 잔은 하나님이 결심한 대로 결국 그들에게 그대로 임할 것이다.

스가랴의 이상에서 또한 네 명의 장인(匠人)이 등장하는데, 이들은 자신의 일을 잘 처리할 수 있는 숙련된 일꾼이다. 이 "장인"은 독재자들, 정부들, 권세들을 와해시키는 데 필요한 특별한 기술을 가지고 있다. 이들 네 명의 파괴전문가들은 숫자에 있어서 네 뿔과 상응하는데, 이는 그들이 장차 일어나는 모든 세속 권력을 무너뜨리는 직무를 수행함에 있어 언제나 충분한 능력을 가지고 있다는 사실을 나타낸다.

만약 이 네 뿔과 네 장인의 이상이 인간 역사의 다양한 시대를 통해 하나님의 참된 백성을 압제하는 모든 나라들의 운명을 보여준다면, 스가랴의 마지막 이상은 이 심판 과정의 완성적 종결을 보여준다. 그 마지막 이상에서 스가랴는 놋으로 된 두 산 사이에서 나오는 네 개의 병거를 본다(6:1-8). 이 놋으로 된 산의 중요성은 병거가 "온 세상의 주 앞에 서 있는 자리"로부터 올라온다는 진술에 의해 잘 드러난다(6:5, NASB를 참조).[8]

하나님의 진노로 가득 찬 심판의 병거는 성경의 다른 곳에서도 나타난다. 전능자는 "전쟁을 즐기는 나라들을 흩어버릴"(시 68:30, NIV를 참조) 수 있는 수백만의 병거를 가지고 계신다(시 68:17, NIV). 여호와는 모든 인류 위에 마치 회리바람처럼 진노를 내리면서, 자신의 병거를 타고 오실 것이다(사 66:15-16). 세상의 열방에 마지막 심판을 내리는 이들 진노의 병거는 하나님의 보좌로부터 나온다.

이들 여호와의 병거에 의해 내려지는 심판의 첫 번째, 그리고 가장 중심적인 대상은 "북편 땅"이다(슥 6:6, 8). 스가랴가 초기에 본 이상에서 이 북방의 땅은 바벨론으로 규정된다(2:6-7). 심지어 스가랴 시대에도 바벨론은, 그 제국이 폐허된 상태로 한 세대가 지났는데도 불구하고, 상징적인 가치를 충분히 띠고 있다. 이 나라는 여러 가지 이유 때문에 하나님의 왕국을 대항하는 정치적 세력으로서의 상징으로 기능했다. 바벨론은 여호와의 선택된 도시 예루살렘을 불태워 버림으로써 철저히 파괴했다. 바벨론은 400년 동안 이스라엘 왕좌로 이어진 다윗의 계승을 끝장내 버림으로써, 하나님의 언약의 약속들을 파괴하는 의도를 보였다. 바벨론은 하나님의 백성을 그들의 약속된 땅에서 내쫓아 버렸다. 하나님의 구속 목적을 모두 파괴해 버리려는 이 단호함 때문에, 세상 나라들 중에서도 바벨론은 하나님을 대항하는 가시적 세력과 불가시적 세력들을 나타내는 가장 적합한 이미지로 사용된다.

하나님의 구속 목적을 대항하여 적대적인 행위를 한 이 나라에 대해 하나님의 병거가 출병한 그 결과는 안식이다. 보다 구체적으로, 하나님의 영은 북방의 땅에서 안식한다(6:8). 그는 자신의 목적에 반기를 든 바로 그 지역을 장악해서 그곳에서 자신의 보좌에 의기양양하게 앉는다. 모세시대에 하나님의 백성은

---

8) 여호와의 임재를 위해 바람막이가 되어 주는 이 놋으로 된 산들은 솔로몬 성전의 화려한 놋 기둥들을 반영하는 것 같다(왕상 7:13-22).

광야에서 방황한 기간 내내 항상 하나님의 보좌를 상징한 언약궤를 따라 움직였다. "일어나소서, 오 언약의 여호와여! 당신의 원수들을 흩어버리소서"라고 모세는 외쳤다(민 10:35, NIV). 그러나 언약궤가 안식하게 될 때, 모세는 "오 언약의 여호와여, 이스라엘의 천만인에게로 돌아오소서"라고 외쳤다(10:36, NIV). 이제 스가랴의 종말론적 관점에서, 마지막 안식은 하나님께서 최후의 원수를 패망시킴으로써 실현된다. 스가랴 예언의 마지막 장에 나오는 병행 기사가 지적하는 바와 같이, 여호와의 원수의 결정적인 파멸은 여호와께서 "온 땅 위에 왕"으로 세워지셨음을 의미한다(슥 14:9, NIV).

북방 땅에 임하는 이 마지막 하나님의 심판을 고려할 때, 비록 바벨론이 스가랴 시대에는 더 이상 존재하지 않았지만, 바벨론을 향하여 달아나라고 하는 명령의 긴박성은 충분히 이해가 된다(2:7). 하나님의 백성이 만약 거친 세상 정치 권력을 의존하는 것으로부터 자신을 멀리 떼어 놓지 않는다면, 그들은 장차 임하는 거대한 불에 삼킴을 당하고 말 것이다. 이는 마치 그 운명이 대대로 생생하게 기억되고 있는 롯의 아내의 멸망과 같을 것이다(창 19:26; 눅 17:32).

3) 미래에 대한 전망

이스라엘의 모든 선지자들의 경우에서와 마찬가지로, 귀환 이후 선지자들의 관심은 단지 그들 당대의 상황에만 한정되지 않았다. 그 선지자들이 협소하게 당대의 사회적 개혁의 필요성에만 집중했다는 개념과 정반대로, 그 선지자들이 본 이상은 하나님의 백성에게 일어날 것으로 예상되는 가까운 미래와 더 먼 미래 모두를 포괄하도록 확장되었다. 이 관점에서 볼 때에, 미래를 위한 다섯 가지 중요한 요소가 이들 귀환 초기 선지자들에게서 발견된다.

(1) 예루살렘과 성전이 재건될 것이다

귀환 이후 선지자들의 글을 대충만 읽어보아도, 미래에 대한 그들의 대망에서 예루살렘과 성전의 재건이 중심적 역할을 한다는 사실을 분명히 알 수 있다. 왜 그러한가? 에스겔은 예루살렘에 성전이 있을 필요가 없다는 사실을 지적하기 위하여 바벨론에서 쉐키나 영광의 현현을 경험하지 않았던가(겔 1장)? 여호와께서는 유배지에 흩어진 그 백성을 위해 직접 성소가 되실 것이라고 계시하지 않으셨던가(11:16)? 에스겔이 본 마지막 이상은 그에게 지리적 한계의 경계선을 깨뜨릴 장차 임할 성전을 보여주지 않았던가(40-48장)? 분명히, "성전의 식(聖殿儀式)을 재개하는 것보다 성전 재건을 위한 더 근본적인 이유가 있었음에 틀림없다."9)

고토로 귀환하는 것과 성전 재건의 보다 근본적인 이유는 이 사건들이 계속 진전되는 여호와의 구속목적을 내다보게 하기 위함이었다. "내 성소가 영원토록 그들 가운데 있으리니, 열국이 나를 이스라엘을 거룩케 하는 언약의 여호와 인줄 알리라"(겔 37:28)고 에스겔이 말하였다. 하나님이 죄인들과 자기 자신 사이에 화해의 길을 제공하고자 하시는 신적인 의도는 포로 유배로 끝나지 않았다. 비록 학개와 스가랴가 오직 그들 자신의 시대에 제한적으로 필요한 성전의 건축을 부르짖었지만, 그들은 또한 솔로몬이 지은 원래 성전의 영광보다 이 두 번째 성전의 영광이 더 크게 될 때를 내다보았다. 궁극적으로 모든 열방의 부(wealth)는 이 크고 영광스러운 마지막 성전의 재건을 위해 예루살렘으로 몰려들 것이다(학 2:6-9). 열방을 향한 우주적 진동으로 인해 그 나라들의 가장 탐나는 것들, 즉 그들의 은과 금이 예루살렘으로 몰려들 것이다.10)

예루살렘 성전 건축 프로젝트의 완성을 향해 움직이는 열방의 부의 흐름에 관한 이 예언의 단기적 성취는 거의 즉각적으로 나타난다. 메대-페르시아 연합국의 새 왕인 다리오는 성전 재건을 항의한 팔레스틴의 관리에게 성전 재건의 비용을 주라고 명령한다(스 6:8-12). 이로써 4년 내에 성전 건축은 완공되었다.

그러나 선지자의 언어는 훨씬 먼 미래를 암시한다. 이전 성전의 영광보다 더 큰 영광의 임재는 상상력을 아무리 발휘해 보아도 이 작은 두 번째 성전에서 실현되지 않았다. 그러나 학개의 예언은 무엇인가를 의미해야만 한다. 유사한 방

---

9) Baldwin, *Haggai, Zechariah, Malachi*, 19.
10) "만국의 보배(the desire of all nations)"를 고대하는 메시아로 규정하는 전통적인 견해는 잘못되었다. Calvin(Twelve Minor Prophets, 제4권, 360)은 그 본문이 만국의 염원으로 지칭되는 그리스도도 가능하기는 하지만, 그러나 그 문구는 회복된 성전에 드려질 만국의 보물들을 지칭한다고 결론짓는다. 이 문장에서 비록 주어는 단수이지만, 동사('그것들이 올 것이다')는 복수이다. 바로 뒤따라오는 문장(학개 2:8)의 "은도 내 것이요, 금도 내 것이라"는 진술은 장차 올 것이 그리스도가 아닌 만국의 재물임을 지지한다. 성경의 더 포괄적인 문맥에서 본다면, 만국이 그들의 재물을 드릴 대상은 구원자이요 주권자이신 그리스도이시다.

식으로, 스가랴는 종말의 이상을 통하여 재건된 예루살렘 성을 묘사한다. 그 성은 너무나 광대하여 사람이 측량할 수도 없고 벽으로 제한되지도 않는다. 오히려 불의 벽이 그 성을 둘러싸고, 영광이 그 한가운데 거한다(슥 2:4-5). 예수 그리스도 시대의 헤롯 성전은 사실상 장엄한 구조였다. 그러나 이 거대한 건물도 이 선지자들의 기대에 거의 미치지 못했다. 영광은 지성소로부터 떠나고 없었으며, 세상의 열방은 자신들의 부를 그 성전의 금고에 쏟아 붓지도 않았다.

궁극적으로, 예수님은 자기 자신을 지칭하면서, 깜짝 놀랄 만한 진술을 하신다. "성전보다 큰 이가 여기 있느니라"(마 12:6). 이 과감한 예수님의 주장은 복음서 독자로 하여금 다음과 같은 질문을 하게 만든다. "그가 정말로 이 주장을 하셨는가? 그가 실제로 자기 자신이 땅에 있는 하나님의 지성소보다도 더 크다고 진술하셨는가?" 죽은 자 가운데서 살아난 그의 몸의 부활만이 이 질문에 대한 타당한 대답을 제공한다. 그의 몸은 하나님은 성전이었다. 그 안에 신성의 충만함이 거하였다. 비록 이 "살아 있는 성전"인 그의 몸이 십자가 처형으로 파괴되었지만, 그것은 죽음에 매어 있을 수 없었고, 그래서 그의 몸은 부활 시에 다시 일으켜졌던 것이다(요 2:19).

하나님의 위대한 구속의 완성을 위한 거룩한 토대를 제공하기 위해, 유배의 백성은 자기 땅으로 귀환해야 했으며, 성전이 재건되어야 했다. 주전 6세기의 이 중요한 사건들을 통해, 예수 그리스도의 출현 시 절정에 이르게 될 구속사를 위한 토대가 놓여졌다.

(2) 하나님께서 그들과 함께 살기 위해 직접 귀환하실 것이다

이스라엘이 그들의 땅으로부터 쫓겨난 유배의 가장 처절한 비극은 이어지는 논평에 잘 요약되어 있다. "포로 유배의 진정한 비극은 사람들이 그 땅에서 쫓겨났다는 것도 아니요, 심지어 도성과 성전이 철저히 파괴된 것도 아니었다. 진정한 비극은 그들의 하나님께서 그들 가운데에서 멀리 떠나버린 것이었다. 하나님의 떠나심은 에스겔이 본 이상들 가운데서 잘 표현되었는데, 특히 쉐키나가 성전으로부터 떠나 감람산 정상으로 움직인 장면의 이상에 가장 잘 나타나 있다(겔 11:23).[11]

---

11) Merrill, *Kingdom of Priests*, 470.

에스겔이 보고한 바, 여호와의 임재가 떠난 이 극적인 사건은 마치 수문이 열리는 것과 같아서, (진노의 물이) 예루살렘의 성전과 그 땅과 그 백성에게로 쏟아지도록 만들었다. 이에 반하여, 여호와께서 백성들 한가운데 있던 자신의 자리로 직접 돌아오시는 것은, 그 민족의 회복에 중대한 역할을 하였다. 왜냐하면 "하나님의 임재가 없이는 회복도, 거룩한 땅도, 거룩한 성읍도, 거룩한 성전도 없기 때문이다. 그것들을 성화시키는 것은 오직 이 임재뿐이었다."[12] 스가랴는 첫 번째 이상에서 골짜기에 있는 화석류나무 사이에 선 신비스러운 사람을 보는데, 그 이상에서 여호와께서 예루살렘에 돌아오시고, 그곳에서 그의 집이 건축되며, 성읍이 회복될 것이라고 언급된다(슥 1:16). 이 고무적인 말씀은 다름 아닌 만군의 여호와에 의해 확인된다. 하나님은 이 선지자를 통하여 백성에게 준 첫 번째 말씀 가운데서 그러한 사실을 세 번이나 반복하셨다. "그러므로 너는 무리에게 고하기를, 만군의 여호와께서 이처럼 이르시되, 너희는 내게로 돌아오라. 그리하면 내가 너희에게로 돌아가리라. 나 만군의 여호와의 말이니라"(1:3). 약속의 땅에서 예언이 침묵된 지 50년 만에 하나님은 선지자 학개를 통하여 위와 동일한 말을 터뜨리신다. "만군의 여호와가 말하여 이르노라"(학 1:2).[13] 여호와는 그가 그의 백성에게 돌아오실 것이라고 약속하시지만, 그 조상들의 땅에서 또다시 말씀하심으로써 그가 이미 귀환을 시작하셨다는 사실을 알리신다. 백성은 현재 자신들의 비천한 상태로 인해 낙심하거나 "작은 일의 날"을 멸시해서도 안 된다. 왜냐하면 만군의 여호와께서 그들 가운데 자기 사자를 보내셨기 때문이다(슥 4:9-10).

회복은 그 땅으로의 귀환과 성전 재건에 의해 실현되었지만, 더 본질적인 회복은 성령이 그의 백성 가운데 거하시는 임재를 통하여 이루어질 것임이 회복기의 선지자들에 의해 분명히 확인된다. 여호와께로부터 추방되었다는 의미의

---

12) Kline, "How Long[II]?" 27.
13) 하나님을 "만군의 여호와"(NIV: 전능하신 주)로 일컫는 것은 모세오경에는 전혀 나타나지 않지만, 구약의 다른 곳에서는 약 300회 가량 나타난다. Baldwin(Haggai, Zechariah, Malachi, 44)에 따르면, 그 칭호는 선지서에서 지배적으로 나타나며(247회), 포로 후기 선지서에서 매우 빈번하게 나타난다(학개, 14회, 스가랴 53회, 말라기 14회). Baldwin은 그 명칭이 아마도 이전의 이스라엘 예배와 관련되어 있으며, 천사들의 무리를 지칭하는 것 같다고 말한다. 그 명칭은 엘가나가 실로에 있는 만군의 여호와께 희생 제사를 드리러 갈 때 맨 먼저 나타난다(삼상 1:3). 예배의 맥락에서 그 용어가 사용된 것에 대해서는 사무엘상 4:4; 사무엘하 6:18; 7:26; 이사야 6:1-6 등을 보라.

유배는 그 백성이 본토로 귀환한 것, 또는 심지어 성전의 재건으로써 끝나지 않았다. 그것은 오로지 여호와께서 그의 백성에게 돌아오시는 것으로만 끝난다고 말할 수 있다. 학개는 전통적인 언약문구인 "내가 너희와 함께한다"는 어구를 "나의 신이 너희 가운데 머물러 있다"는 뜻으로 해석한다(학 2:4하, 5). 스가랴가 이해하기로, 성전의 온전한 회복은 지성소 안에 있는 거대한 두 개의 감람나무에 관한 이상에서 나타나는데, 이 감람나무는 복잡하게 다시 디자인 된 황금 촛대에 멈추지 않고 기름을 직접 공급하는 나무이다. 그 이상에 대한 해석은 자체 내에서 분명하게 밝힌다. "여호와께서 스룹바벨에게 하신 말씀이 이러하니라. 만군의 여호와께서 말씀하시되, 이는 힘으로 되지 아니하며 능으로 되지 아니하고, 오직 나의 신으로 되느니라"(슥 4:6, NIV). 심지어 성전 재건이라는 물리적 행위도 오직 여호와의 신의 머물러 계시는 임재로만 달성될 수 있다(4:7-9).

사실 하나님의 영이 하나님의 백성 가운데 계신 것은 그 이전의 시대에 있었다. 출애굽 때에 이미 하나님의 영은 그 백성 가운데 계셨으며, 그 영은 광야를 지나 그들의 안식의 자리(가나안)에까지 그들을 인도하셨다(사 63:11하, 14; 느 9:20). 모세에게 내린 그 영은 70명의 장로들에게 분배되어 그들이 예언할 수 있는 능력을 부여하였다(민 11:17). 하나님의 거처인 성막은 오직 "하나님의 영으로 충만한" 사람에 의해서만 만들어질 수 있었다(출 35:30-31, NIV). 구약시대에 하나님의 영은 성소의 촛대에 기름을 영원토록 공급해 주시는 상징적인 역할을 할 뿐만 아니라, 생명의 빛이 그의 백성 가운데 유지될 수 있도록 하시는 분으로서, 또한 여호와의 집을 건축하는 사역에 있어서 원수들을 이길 수 있도록 권능을 부여하는 분으로서 큰 탁월성을 띤다.

신약시대에 성령의 역할은 구약의 성전 건축에 대응하여 새로운 성전을 건축하는 데서 발견된다. 하나님의 새 언약의 백성에 관하여 말할 때에 성전의 구조로 설명하는데, "그의 안에서 건물마다 서로 연결하여 주 안에서 성전이 되어가고…성령 안에서 하나님의 거하실 처소가 되기 위하여 함께 참여된다"(엡 2:21-22). 승천하신 그리스도는 "그리스도의 몸이 지어지도록" 사람들에게 성령의 은사를 주셨다(4:7-13). 그리스도 안에서 성도들은 "산 돌같이 신령한 집으로 세워지고, 예수 그리스도로 말미암아 하나님이 기쁘게 받으실 신령한 제사를 드리게 된다"(벧전 2:5). 구약에서 회복된 성전의 그림자는 하나님 자신의 임재의 영에 의해 생명이 부여된 훨씬 더 영광스러운 거주지를 이미 예견한다.

(3) 더 많은 사람들이 귀환할 것이다

한편으로 포로 귀환은 자신들의 땅으로 돌아간 백성의 회복을 통해 이미 성취되었다고 보아야 한다. 그러나 귀환 후에도 자주 더 많은 사람들이 귀환에 참여할 것이라고 반복하여 예언된다. 스가랴는 이미 100년 전에 나라가 없어진 앗수르 땅으로부터 미래에 그의 백성을 모으실 것이라고 선언하는 것이 특이하다(슥 10:10). 그 선지자는 또한 바벨론으로 규정되는 북방의 땅에 사는 포로들에게도 소환령을 내린다(2:6-7). 이때는 바벨론이 더 이상 존재하지 않았기 때문에 이 예언은 특정한 어떤 지역을 띈 예언이라기보다는, 일반적인 하나님의 백성의 귀환을 가리키는 것으로 보아야 할 것이다. 이 사실은 "하늘의 사방 바람"으로부터 모인다는 언급으로 미루어 볼 때에 더 분명하다(2:6). 그는 "[그의] 백성을 동방에서부터, 서방에서부터 구원하여 내고, 인도하여 예루살렘 가운데 거하게 하실 것이다"(8:7-8, NIV). 북 왕국의 상실된 지파들을 대표하는 에브라임 출신 백성이 회복되는 것이 몇 번 언급되어 있는데(9:10, 13; 10:7; 또한 10:6을 보라), 이들은 북 왕국의 동쪽 끝과 서쪽 끝을 각각 대표하는 길르앗과 레바논으로 돌아올 것이다(10:10상). 이렇게 추가로 귀환하는 사람들이 너무 많아서 "그들이 거할 곳이 부족할 것이다"(10:10하).

이방 나라들 역시 이 미래에 있을 더 충만한 회복에 동참할 것이라는 반복적인 기대는 아마 가장 주목할 만한 것이다. 학개는 성전 재건의 초라함을 보고 자신들이 비천한 상태에 살고 있는 것으로 인식하고 있는 백성에게, 미래에는 세상 모든 나라들로부터 부가 몰려올 것을 예언함으로써 격려한다. 오히려, 여호와께서는 세상의 모든 나라를 흔드실 것이며, 그 결과 모든 나라의 좋은 것들이 회복된 성전을 영광스럽게 채울 것이다. 모든 나라의 은과 금이 여호와께 속하는데, 이 사실은 그가 이 두 번째 성전이 솔로몬의 거대한 성전보다 훨씬 더 큰 영광으로 찬란하게 빛날 것을 보증하실 수 있음을 의미한다(학 2:7-9). 그러나 그 나라들이 이스라엘의 하나님에게 드릴 보물들을 싣고 온다면, 그들 역시 하나님만을 참 신으로 인정함을 의미한다.

이 관점은 스가랴에 의해 확인된다. 확장되는 예루살렘 성읍의 중심부에는 "언약의 여호와께 속하게 될" "많은 나라"가 있을 것이며, 그들은 여호와의 백성이 될 것이다(슥 2:11). 이 이방 나라들은 의례적으로 방문하거나 단지 형식적으로 조공을 바치는 등의 방식으로 오지 않을 것이다. 비록 그들이 "아주 먼 데 사람"이라 할지라도 "와서 언약의 여호와의 성전을 건축하는 것을 도울 것이다"(6:15, NIV). 스가랴는 그 책 첫 번째 주요부분을 결론지으면서, 많은 민족들과 강력한 나라들이 이스라엘 언약의 여호와를 배알하기 위해 예루살렘에 올 것이라고 결정적으로 선언한다(8:22). 보다 더 구체적으로, 블레셋에 남아 있는 사람들은 여호와께 속하여 "유다의 지도자"가 될 것이다(9:7하). 스가랴 예언 후반부의 마지막 단락 역시 과거 예루살렘을 공격했던 모든 나라들의 생존자들이 "해마다 올라와서 그 왕 만군의 여호와께 숭배할 것이다"(14:16, NIV).

미래에 이방 나라들이 대규모로 포함되는 것이 선지자들의 보편적인 주제이지만, 그들이 포함되는 것에 관한 신비는 때가 충만해질 때까지 감춰져 있었다. 이 신비는, 비록 그 본질이 명확히 진술되어 있긴 하지만, 여러 시대를 통하여 가장 파악하기 어려운 진리 가운데 하나였음이 분명하다. 그 신비는 이방인들이 포함된다는 사실에 놓여 있지 않다. 왜냐하면 이러한 사실은 사실상 모든 선지자들에 의해서 정규적으로 선언되기 때문이다. 오히려, 사도 바울은 이 신비의 정확한 본질을 다음과 같이 지적한다. "이 신비는 이방인들이 복음으로 말미암아 그리스도 예수 안에서 함께 후사가 되고, 함께 지체가 되고, 함께 약속에 참예하는 자가 되는 것이다"(엡 3:6). 이방인들은 단순히 참여자일 뿐 아니라, 하나님 언약의 모든 약속들에 동등하게 참여하는 자들이다. 그들은 단지 기업을 공유할 뿐 아니라, 하나님의 모든 약속 안에서 이스라엘과 동등한 후사가 된다. 그들은 단지 환영을 받은 낯선 자들일 뿐 아니라, 유대 신자들과 한 몸 안에서 함께 지체가 된 자들이다. 이는 이스라엘의 구원에 이방인들이 참여하는 것과 관련된 신비이다. 이 신비는 이제 분명히 알려졌지만, 아직도 자주 부인되기도 한다. 이 신비는 여호와께서 세상의 열방 가운데서 계속해서 구속 사역을 추진해 나가시는 것에 관한 포괄적인 시각을 바꾸는 잠재력 및, 그리스도의 교회를 완전히 성숙시키는 잠재력을 가지고 있다.

(4) 죄가 제거될 것이다

스가랴서의 큰 두 부분은 모두 포로에서부터 돌아온 회복의 일부분으로 죄의 제거에 대해 생생하게 묘사한다. 만약 죄가 백성을 그 땅으로부터 추방되게 하고 또한 성전이 파괴되게 한 주요 원인이었다면, 죄의 더러움이 제거되는 것은 포로에서부터 돌아오는 회복의 본질적 부분임에 틀림없다. 사실상, 죄로부터 깨끗이 씻기는 정결이 없다면, 포로에서의 진정한 회복은 발생할 수 없을 것이라는 결론이 나올 수 있다.

모세의 율법은 희생제사 의식을 통해 죄를 제거하는 시스템을 가지고 있었다. 그러나 이 의식은 충만한 의미로 효과를 발휘하지 못했다. 만약 효력을 발휘했다면 유배는 결코 발생하지 않았을 것이다. 대속죄일의 제물이 해마다 반복되어 드려졌다는 사실은 동물의 피가 죄를 단번에 제거하는 데 결코 충분한 효과를 발휘하지 못했다는 증거이다.

스가랴가 본 이상의 주된 요소는 계속 진행되는 이 죄의 문제에 대한 해결책과 그 책임으로 인한 형벌의 불가피성을 내다본다. 대제사장의 시련과 관련된 상징적 환상은 최종적으로 제거되는 죄의 길을 말해 준다(3:1-10). 이 기사는 스가랴의 환상 시리즈 가운데 중심적 기능을 하며, 스가랴서 첫 번째 부분의 요체이기도 하다.[14] 그 중심성은 또한 스가랴가 본 첫 번의 이상에서부터 마지막 이상에 이르기까지 그 중간 지점에 놓여 있다는 데서도 볼 수 있다. 첫 번째 이상은 온 세상을 두루 다닌 정찰하는 말 탄 기사를 묘사하는 반면, 마지막 이상은 땅의 사방에 심판을 내리는 하나님의 병거를 묘사한다. 그러나 이제 중간 지점은 예루살렘 성전에 있는 지성소로 좁혀진다.[15]

스가랴의 중심적 이상 가운데서 여호와의 사자가 나타나는 것이 독특하다. 첫 번째 이상에서 나타난 그분은 이제 다시 동일한 방식으로 역할을 수행하신다. 첫 번째 이상에서 그는 온 땅에 두루 보냄을 받은 천사, 즉 정찰병들의 보고를 받고 평가하는 하나님의 대리인들 위에서 주권자로 기능하였다(1:11). 그러

---

14) Kline, "Servant and the Serpent [I]," 21; 또한 Kline, "Anathema," 3-4를 보라. Kline은 스가랴 5장의 두 부분이 실제로는 하나의 환상을 구성한다고 주장한다. 첫 번째 장면에서, 날아가는 두루마리는 모든 율법 위반자들에게 파괴적 심판을 내리는데, 이는 포로의 첫 번째 단계를 대변한다(5:1-4). 두 번째 장면은 악을 의인화하는 한 여인이 측량하는 바구니 속에서 바벨론으로 옮겨지는 모습을 묘사하며(5:5-11), 첫 번째 장면에서 시작된 포로의 이미지를 완성한다. 일곱 이상들이 거룩한 곳에 있는 대제사장에 관한 네 번째 이상을 중심으로 하여 상하가 대칭을 이루고 있다는 점은 주목할 만하다. 그러나 비록 그 균형을 이루는 특징이 일곱 번째 이상이 아닌 여덟 번째 이상을 고려할 때에 다소 상실되는 면은 있지만, 그렇다 할지라도 제3장은 여전히 스가랴 전반부의 중심점으로 남는다.

15) 이 밤의 이상들의 구조를 잘 분석하고 있는 Kline, "Servant and the Serpent [I]," 21을 보라.

나 그는 또한 그의 백성을 위한 중재자로서의 역할도 다하였다(1:12). 이제 이 네 번째 이상에서, 여호와의 사자는 그의 백성의 심판자로서, 그리고 죄로부터의 정결을 앞선하는 자로서 훨씬 더 명확하게 나타난다(3:1-2, 4). 여호수아는 하나님의 재판석 앞에서 유죄가 선고된 이스라엘 민족을 대표한다. 그는 또한 유배를 통해 나타난 여호와의 심판의 "불 가운데서 꺼낸 타다 남은 나무 조각"으로 규정된다.

이 중대한 시점에서, 사탄은 하나님 왕국의 대적자로 나타난다.[16] 그의 이름은 "고소자"(the Accuser)라는 의미이며, 그는 지금 그의 이름에 걸맞은 행동을 하고 있다. 이 대결이 시작될 때, 사탄은 분명히 우세한 것으로 보인다. 여호수아의 더러운 옷은 심지어 포로의 징벌 이후에도 공동체에 깊이 스며 있었던 부패를 나타낸다. 그러나 하나님으로부터 재판관으로 임명받은 여호와의 사자는 사탄을 법정 밖으로 쫓아내 버리며, 대제사장의 더러운 옷을 벗기고, 그에게 대속죄일 행사에 적합한 복장을 입혀준다(3:2-4). 그때에 여호수아와 그의 동료들은 앞으로 여호와에 의해 돋아날 그의 종, 순에 대한 예표라고 표현된다(3:8). 대제사장 여호수아가 예표하는 종-순(the Servant-Branch)은 제사장과 왕의 직무를 복합한 것으로 나타난다. 여호와는 이 제사장 종-순을 통해 그 땅의 죄를 "한 날에" 제거하실 것이라고 말씀하신다(3:9). 이 어구에서 선지자는 대제사장은 해마다 대속죄일에 그 민족의 죄를 깨끗케 하는 의식에 비추어서 그의 속죄를 설명하고 있다.

스가랴 예언의 후반부 역시 미래에 있을 정결케 되는 사건을 강조한다. "죄와 더러움을 씻는 샘이 다윗의 족속과 예루살렘 거민을 위하여 열리리라"(13:1). 왕과 백성 모두 이 열린 샘 안에서 죄로부터 정결케 씻길 것이다. 이 정결케 하는 샘의 흐름은 한 분이 찔림을 당하는 것으로부터 솟아오르는 것 같다. 그 때에 비통한 애곡이 일어날 것인데, 마치 이스라엘의 경건한 왕 중에서 마지막 왕인 요시야가 므깃도 평원에서 죽었을 때에 일어난 비통에 상응하는 애곡이 될 것이다(슥 12:10-11; 또한 눅 23:27-28; 요 19:34-37을 보라). 따라서 대제사장과 왕이라는 두 직무와 긴밀히 관련하여, 죄 사함의 길이 미래의 어떤

---

[16] 성경에서 인격적인 사단의 위치에 관해서는, Ibid., 24를 보라. "우리는 이스라엘 사람들의 마음속에 있는 형이상학적 관념의 진화를 다루는 것이 아니라, 구체적인 역사적 실체로서의 하나님 계시의 진전을 다루고 있다."

시점에서 제공될 것이다. 오직 이러한 사건의 발전을 통해서만 유배 후의 이스라엘의 회복이 완성될 것이다.

(5) 여호와의 제사장적 종인 메시아가 오실 것이다

현재 학계의 많은 사람들에 의해 부정되고 있지만, 하나님의 대적을 물리치실 유일한 구원의 영웅-그가 비록 고통스러운 상처를 입지만-에 대한 기대는 인류 최초의 타락으로까지 거슬러 올라간다.[17] 그 중대한 지점에서 하나님은 여자의 씨가 뱀의 머리를 깨뜨리고 뱀은 그의 발뒤꿈치를 상하게 할 것이라고 약속하셨다(창 3:15). 이 말씀이 메시아적 의미를 지닌다는 증거는 주전 3세기에 70인역(LXX)에서부터 발견된다. 기독교 이전의 유대인 번역자들(70인역 번역자들을 지칭-역주)은 헬라어로 그 중대한 어구를 "그것[it, 히브리어로 여자의 씨는 중성적 용어임]이 뱀의 머리를 상할 것이다"로 번역하지 않고, "그[he, 하나님에 의해 보내심을 받은 유일한 구원자 영웅]가 뱀의 머리를 상할 것이다"로 번역한다.[18] 피조세계에 대한 하나님의 저주가 제거될 것이라는 이 기대는 자신의 아들이 땅의 수고로부터 안식을 줄 자가 될 것이라는 노아 아버지(라멕)의 소망에서부터(창 5:28-29), 다니엘이 본 짐승을 이기는 인자에 이르기까지(단 7:11-14) 성경 전체를 통해 추적될 수 있다.

이스라엘 포로 이전의 선지자들은 그 민족의 구원자에 대하여 이상적인 다윗 계열의 왕에 대한 전망에 집중하였다. 그 전망은 세상 왕들의 일관적인 실패를 경험함으로써 오직 신적인 중재자만이 죄로 인해 초래된 무질서를 교정할 수 있다는 확신에 의한 것이었다(사 7:14; 9:6-7; 11:1-10). 포로 기간 선지자들의 미래의 왕과 왕국에 대한 소망은 과거의 언속선상에서 이루어지는 것보다 더 큰 차원으로 확장되었다. 하나님의 백성은 회복될 것이다. 그들은 유배지를 떠나 약속의 땅으로 돌아갈 것이다. 거기에서 건설되는 미래의 성전은 지리적 제한의 속박을 깨어버릴 것이며(겔 40-48장), 유일한 구원의 영웅은 인자, 즉 협소한 의미에서 야곱의 아들이 아닌, 우주적인 차원에서 인류의 아들이 될 것이다(단 7:11-14).

---

17) Robertson, *Christ of the Covenants*, 93-103을 보라.
18) Martin, "Earliest Messianic Interpretation of Genesis 3:15," 그리고 Woudstra, "Recent Translation of Genesis 3:15"를 보라.

이 배경을 염두에 둘 때, 회복기의 선지자들이 바라보는 장차 올 유일한 구원의 영웅에 관한 소망은 무엇인가? 구원을 가져오실 분과 관련하여 학개와 스가랴가 추적하는 특별한 강조점은 무엇인가?

첫째로, 이 귀환 이후의 선지자들도 하나님께서 지명하실 다윗 계열 왕의 출현을 계속해서 기대했다. 이 점에 관해서 그들의 기대에는 과거와의 연관성 및 계속성이 있음을 반영한다. 학개와 스가랴는 이 메시아 대망을 바라며 당시 확실한 다윗의 후손이었던 스룹바벨에게 관심을 집중한다. 학개는 책의 마지막 부분에서 왕의 보좌들과 이방의 왕국들을 엎어버리고, 하늘과 땅을 진동케 하는 대격변의 날을 예견한다. 바로 그 날에, 만군의 여호와는 그의 종 스룹바벨을 취하여 그를 자신의 인장 반지로 삼으실 것으로 말하는데, 왜냐하면 그는 선택된 자이기 때문이다(학 2:20-23).

학개서의 마지막 부분에 언급된 이 우주와 왕국들을 진동시키는 말씀은, 그 앞에서도 똑같이 나타나는데, 거기서는 그 때에 성전이 회복되고, 열방이 자기들의 영광을 가지고 성전에 가져온다는 내용을 담고 있다(2:6-7). 이 두 번째 진동은 모든 나라들에 대해 하나님의 권위를 가진 다윗의 후손이 부각된다. 옛날 언약궤가 예루살렘으로 입성할 때에 하나님의 성전과 다윗의 보좌가 시온산에서 합치된 것처럼, 선지자는 다윗의 왕권과 하나님의 성전이 영광스럽게 통합될 미래의 통일을 예견한다.

학개가 스룹바벨을 지칭하는 세 가지 칭호인 하나님의 "종," "인장 반지," 그리고 "선택된 자"라는 칭호는 모두 메시아적 대망을 지향한다. 이사야의 첫 번째 종의 노래는 이 메시아적인 인물을 "내가 붙드는 나의 종, 내 마음에 기뻐하는 나의 택한 사람"으로 소개한다(사 42:1). 포로 직전에 여호와는 다윗 계열의 마지막 상속인이었던 여호야긴을 단호하게 배척하셨다. "네가 비록 나의 오른손의 인장 반지라 할지라도, 내가 너를 빼버릴 것이다"(렘 22:24). 그러나 이제 스룹바벨이 여호와의 권위를 지닌 하나님의 인장 반지가 될 사람으로 선택된다(왕상 21:8). 이 메시아적 대망이 스룹바벨에게 적용되고 그가 지명된 것 때문에 학개 시대의 사람들이 이 대망의 실현을 스룹바벨이라는 개인에게서 찾으려 했다고 생각할 수 없다. 이러한 결론은 학개와 동시대에 예언 활동을 한 스가랴를 통해 확증된다. 스가랴는 단지 스룹바벨에게만 메시아의 역할을 부여하는 것이 아니라, 대제사장 여호수아에게도 그 역할을 부여한다.

스가랴의 경우에, 스룹바벨은 성전 건축자로서의 역할을 다할 것이며, 이스라엘이 오랫동안 가져왔던 통치자에 대한 기대도 충족시킨다.[19] 이스라엘 왕국의 시작 단계에서, 하나님이 세우실 성막에 대한 계획은 그 민족의 목자-왕인 모세에게 위탁되었다(출 25:1-8; 40:33; 민 12:7). 후에 다윗 왕이 여호와를 위해 옮겨 다니는 성막이 아닌 영원히 정착된 집을 건축하고자 소원을 표현했지만, 그 영예는 그의 아들 솔로몬에게 넘어갔다(삼하 7:11하-13). 이제 포로 귀환 후에 황폐한 성전을 회복하는 중대한 사명을 위해 다윗의 후손인 스룹바벨이 지명되어 건축을 이룬다. 성전은 "힘으로 되지 아니하고, 능으로 되지 아니하고, 오직 여호와의 신으로만" 건축될 것이라는 여호와의 말씀이 스룹바벨에게 구체적으로 임한다(슥 4:6). 그 건축작업을 반대하기 위해 막아서는 거대한 산이 스룹바벨 앞에서 즉시 평지로 변하고 말 것이다(4:7). 여호와의 말씀은 여호와의 집을 재건하는 이 건축작업에 스룹바벨이 주축 역할을 맡는다는 것을 분명히 한다. "스룹바벨의 손이 이전의 지대를 놓았은즉 그 손이 또한 그것을 마치리라"(4:9).

스가랴서에서 이 위엄 있는 메시아적 인물은 그 책의 후반부에서 또다시 나타나는데, 거기에서 그는 보다 더 영광스럽고 더 겸손한 형태를 취한다. 이 미래의 인물은 시온의 왕으로 시녕된 자로서 의를 이루지만, 겸손한 모습으로 나타난다(9:9). 그는 모든 나라를 통치한다. 그의 왕국은 바다에서 바다로, 강에서 땅 끝까지 확장되는데, 이는 시편 기자가 예견한 바와 같다(슥 9:10하; 시 72:8). 그는 권능을 가지고 에브라임과 예루살렘에게서 대적을 무장해제 시키고, 여러 나라들에게 평화를 선포하는 능력을 발휘한다(슥 9:10상-중).[20]

---

19) 왕의 역할을 성전 건축자로 보는 이 관점에 대해서는, Kline, "By My Spirit [II]," 9를 보라.
20) Petersen(Zechariah 9-14 and Malachi, 58)은 나귀를 타고 있는 왕을 그리고 있는 주전 천년 대의 증거를 제시하는데, 그 모습은 결코 왕의 비천한 모습을 나타내지 않는다. 그에 대하여 '겸손한' 이라는 용어를 사용하는 스가랴의 이 진술은 "이 보편화된 왕의 이미지"에 대한 유일한 예외로 보면서, 이 "용어는 여기에서 다시 신적인 왕의 특징을 정의하는 것으로 사용되었다"고 말한다(58). McComiskey("Zechariah," 1166)는 본문에서 나귀가 사용된 것은 "인간의 오만한 힘을 상징"하는 전쟁용 군마에 대한 이미지를 "의도적으로 배척하는 의도가 이 본문에서 두드러진다"고 진술한다. 그는 다음과 같이 말을 이어나간다. "우리는 예루살렘의 왕을 알렉산더 대왕과 역사상의 다른 거만한 정복자들과 대조해서 보아야만 한다. 그가 흰 군마가 아닌, 짐을 나르는 짐승을 탄다는 이 묘사에서 히브리어 '아니' (개역 성경의 '겸손한' 에 해당-역주)라는 단어가 강조된다. 예루살렘의 왕은 겸손한 태도를

겸손과 권능의 배합으로 나타나는 이러한 미래의 메시아 특징은 능욕을 받는 목자-왕(the shepherd-king)의 이미지에서 훨씬 더 발전된다. 여호와는 미래의 비통한 날을 내다보시면서, 그의 선지자에게 "너는 도살될 양떼를 먹이라"고 지시하신다(11:4). 그러나 반항 기질을 지니고 있는 양떼는 그들의 목자를 몹시 싫어하며, 그를 은 삼십 개라는 하찮은 돈을 받고 넘겨버리는데, 이 액수는 소의 뿔에 받혀 죽은 노예의 상환금에 불과하다(출 21:32). 그러나 이 겸손한 목자는 감사할 줄 모르는 자신의 양떼에 의해 배척을 당하는 굴욕적인 상태에서도, 목자의 막대기를 소유함으로써 권세를 유지한다. 굴욕을 당한 목자는 "은총"(Favor)과 "연락"(Union)으로 불리는 이 막대기들을 잘라버리는데, 이는 여호와와 모든 민족들 사이, 그리고 유다와 이스라엘 사이의 언약적 연대감을 끊어버리는 것을 지칭한다(슥 11:7, 10, 14).

그러나 이 겸손한 목자-왕에게 아직 최악의 상황이 기다린다. 여호와 자신은 그의 은총을 입은 동료, 그 자신의 신적 지명을 받은 목자를 치도록 처형자의 칼을 부르신다(13:7). 여호와께서 직접 시작하신 그 선한 목자에 대한 공격을 가장 잘 설명한 것은 그 목자-왕이 희생제사의 역할을 성취한다는 것, 또는 희생을 당하는 제사장으로 간주될 수 있다는 것이다. 그가 매를 맞는 결과로 양떼는 흩어지고, 응징을 당하고, 깨끗해지고, 정결해질 것이다. 양떼의 대다수가 영원히 상실될 것이지만, 남은 자는 더 정련(精鍊)될 것이다. 그러나 결국 겸손한 목자-왕이 그의 양떼를 위하여 고난을 받음으로써 여호와의 궁극적인 목적을 달성할 것이다. "그들이 내 이름을 부르리니, 내가 들을 것이며, 나는 말하기를, '이(They)는 내 백성이라' 할 것이요, 그들은 말하기를, '언약의 여호와는 내(our) 하나님이시라' 하리라"(13:9, NIV 참조).

스가랴서의 위엄 있는 왕-목자 이미지가 복음서의 수난 기사에서 다양하게 나타난다. 첫째는, 예수님이 나귀를 타고 예루살렘으로 들어오심으로써 생애의 마지막 한 주간을 시작하시는데, 그 때에 군중들이 예수님을 왕으로 환호한다(마 21:4-5, 슥 9:9를 인용). 둘째는, 하나님이 지목한 그들의 목자를 이스라엘이 은 삼십이라는 "액수"를 받고 배척해 버린다는 기사는 대제사장이 유다에

가지고 있지만 승리하시는 분이며, 그래서 언제나 교회는 칼이나 오만함을 통해서가 아니라 그 왕과 구원자의 겸손한 영을 반영함으로써 복음을 효과적으로 전파하는 것이다." 나귀의 의미를 어떤 식으로 보든, 그 본문은 장차 오실 메시아 왕의 이 겸손한 특성을 분명히 나타낸다.

게 그를 배신하는 대가를 지불할 때에 실현된다(마 26:14-16; 27:9, 슥 11:12-13을 인용).[21] 세 번째로, 예수님은 스가랴서를 자신에게 적용시키면서, 하나님께서 직접 그 선한 목자에 대한 치명상을 일으키신다는 사실을 강조하기 위해 인용문에서 약간의 단어 배열을 변경시키신다. "내가 목자를 치리니, 양떼가 흩어지리라"(마 26:31, 슥 13:7을 인용). 온유한 왕은 여호와 자신의 손에 의해 희생되신 제사장이 되셨다. 오직 이 방식을 통해서만 실제적인 구속이 달성될 수 있었다.

포로 후기 선지자들에게서 발견되는 메시아적 메시지의 두 번째 주요 사항은 제사장과 왕의 직분이 통합되는 사상이다. 포로 후기 최고의 선지자인 스가랴는 독특하게도 메시아사상을 단일한 인물 안에 두 직분이 연합되는 것으로 발전시킨다. 스가랴는 첫 번째로 본 이상에서, 붉은 말을 탄 신비스러운 한 사람을 보는데, 차후에 그를 "여호와의 사자"로 규정한다(1:8, 11). 이 여호와의 사자는 하나님으로부터 보냄을 받은 전령들의 보고를 받으며, 세상 나라들에 대한 재판관으로서 대답한다(1:11).[22] 이와 동시에, 그는 유다와 예루살렘의 고난 받는 성도들을 위하여 중보자 역할을 한다(1:12). 이러한 방식에서, 그는 "나라들의 재판관 및 이스라엘의 변호자라는 이중적 역할을 맡는다."[23] 따라서 그는 제사장직 요소뿐 아니라, 세왕의 요소까지 소유한다.

여호와의 사자가 맡은 이 이중적 역할의 메시아사상은 제사장 여호수아를 통하여 더 발전되는데, 그는 제사장이면서 왕적인 면류관을 쓴 모습으로 미래의

---

21) 비록 마태가 인용하는 문구는 두 선지자의 것들과 관련되어 있으며 그 중에 예레미야로부터의 인용이 두드러지지만, 그러나 문구 자체는 스가랴의 말이 분명하다.

22) 여호와의 이 천사는 이전의 성경에서 구속사의 중요한 지점에 나타나며, 일관되게 하나님 자신과 긴밀한 관계를 가진 존재로 나타난다. 여호와의 천사/사자는 그가 신적권위를 가진 맹세로써 아브라함과의 언약을 확인할 때 하나님과 동일시된다(창 22:15-18). 이 동일한 여호와의 천사는 불타는 떨기나무에서 모세에게 나타나는데, 자기 자신을 "스스로 존재하는"(I am) 영원한 하나님으로 계시한다(출 3:2, 5, 14). 이 여호와의 천사는 나중에 자기 자신을 이스라엘을 이집트로부터 이끌어낸 자와 동일시한다(삿 2:1). 따라서 그는 자기 자신을 하나님과 가장 긴밀한 관계를 갖는 방식으로 반복적으로 나타내는 반면, 그와 동시에 하나님과 분리된 존재이기도 하다. 여호와의 사자가 이렇게 규칙적으로 나타내는 모습을 신약의 조명하에서 볼 때 삼위일체 가운데 두 번째 위격이 성육신 이전에 나타난 존재로 여겨질 수 있다.

23) Kline, "How Long [I]?" 29.

메시아를 예표한다. 여호수아는 장차 올 그분을 상징하는데, 그분은 "내 종 순 (the Branch)"으로 불린다. 이 용어는 이전 여러 선지자들에 의해 미래의 다윗 계열 왕을 규정하기 위한 칭호로 사용되었었다(슥 3:5-6, 8; 사 11:1; 4:2; 렘 23:5-6; 33:14-17; 겔 17:22-24; 참조. 시 132:16-17). 여호수아의 머리에 씌워진 두건의 앞에 있는 돌 또는 새겨진 황금 판은 하나님의 "일곱 눈" 가운데 중심점이 된다(슥 3:9). 이 황금 판에는 "여호와께 성결"이라는 문구가 새겨져 있는데, 이는 하나님의 제사장 나라의 완벽한 성결을 묘사한 것이다(출 28:36-38). 스가랴에 나타나는 이 제사장-왕(priest-king)의 사역 결과로 하루 만에 땅의 죄가 제거될 것이다(3:9). 따라서 대제사장 여호수아는 "장차 오실 분의 예언적 예표"로 기능한다.[24]

스가랴의 전반부에 나타나는 이상들은 메시아적 문맥 안에서 다시 한번 제사장과 왕의 직분을 통합하는 상징적인 행위를 통해 예언이 완성된다. 대제사장 여호수아는 메시아적 칭호인 순(Branch)이라는 칭호로 명명된다(6:12). 그러나 이 상징적 행동을 통한 예언은 비 환상적인 배경(실재 역사)에서 발생한다. 이스라엘은 여호와의 명령에 따라 바벨론 포로에서 떠나올 때에 금과 은을 취하였다. 선지자는 세상의 다른 나라들로부터 가지고 나온 이 보물들을 가지고, "면류관을 만들어 대제사장 여호수아의 머리에 씌우라"는 명령을 받는다 (6:11). 이 행동은 깜짝 놀랄 만하다. 따라서 비평학자들은 그러한 일이 실재 발생할 수 없다고 생각한다. 벨하우젠(Wellhausen)을 필두로 하여 계속된 비평학에서는 이스라엘에서 제사장이 왕으로서의 면류관을 쓸 수 없었다고 하면서 그 내용은 사실이 아니라고 말하여 왔다. 비평가들은 그 성경 본문이 부패했음에 틀림없다고 주장하며, 그 기사는 원래 제사장 여호수아가 아닌 행정 장관 스룹바벨이 상징적인 면류관을 받는 사람으로 지칭했다고 주장한다. 그러나 물론 이러한 가정은 그 어떠한 사본적 지지도 받지 못한다.[25]

고대 문서를 이렇게 상상의 나래를 펴 재진술하다 보면 본문의 진정한 요점을 놓치고 만다. 대제사장에게 면류관을 씌우는 이 행위가 이전의 성경패턴에 결코 적합하지 않기 때문에, 다가올 메시아의 독특성이 더 부각되는 것이다. 제

---

24) Kline, "Servant and the Serpent [I]," 23.
25) Baldwin, *Haggai, Zechariah, Malachi*, 134에 있는 각주 1번을 보라. Baldwin은 이 견해를 채택하는 많은 주석가들의 목록을 나열한다.

사장에게 왕의 면류관을 씌워주는 이러한 행위가 포로 후기의 정치적 대망에 어긋나는 것이기 때문에, 그 행위는 오히려 순수한 미래의 예언으로 인정되어야 한다. 그 본문의 의도는 명확히 메시아적이다.

스가랴의 메시아사상의 독특성은 왕과 제사장 역할의 극적인 합병으로 표현되는데, 이것은 유일무이한 현상이다. 특히 본문은 다윗의 후손 스룹바벨이 아닌 제사장 여호수아가 면류관을 씌움 받음으로써 그 독특성이 강조된다. 만약 스룹바벨이 면류관을 씌움 받은 사람이었다면, 두 직분의 합병은 결코 발생하지 않았을 것이다. 제사장이 면류관을 씌움 받은 사건은 요지를 가능한 생생하게 한다. 제사장을 왕의 직위로 높이는 의도는 그 상징적 행위의 뜻을 설명하는 진술에 확실하게 나타난다. "[그 제사장이] 영광도 얻고 그 위에 앉아서 다스릴 것이다"(6:13, NIV). 장차 오실 메시아는 제사장으로서 그의 보좌 위에 앉아 왕으로서 통치하실 것이다. 이 진술은 자연스럽게 많은 질문을 제기한다. 제사장이 보좌 위에서 행하는 것은 무엇인가? 그는 누구의 보좌를 차지하고 있는가? 이스라엘에서 제사장은 합법적으로 보좌를 가지고 있지 않았기 때문에, 그는 다른 사람의 보좌에 앉아 있는 것임에 틀림없다. 그가 "자신의" 보좌에 앉아서 통치하실 것이라는 진술이 정확히 의미하는 바가 무엇인가?

이 경우에, 보좌는 하나님의 보좌인 것으로 보인다. 이 제사장 왕은 "언약의 여호와의 전을 건축하고…그 위에 앉아서 다스릴 것이다"(6:13, NIV).[26] 성전에서 가장 거룩한 장소는 하나님의 보좌가 있는 방(지성소)이었다. 거기에서 그는 자기 백성을 다스리는 왕으로 앉아 계셨다. 일 년에 한 번씩 이스라엘의 대제사장은 그 보좌의 방에 들어가서 속죄의 피를 시은소에 뿌릴 것을 허락받았다. 그러나 이제 또한 메시아적 왕이기도 한 미래의 제사장은 가장 거룩한 장소에 들어가셔서 이 가장 신성한 장소에 있는 하나님의 보좌에 영원히 앉으신다. 스가랴 선지자가 "이 두 사이에 평화의 의논이 있으리라"고 말할 때(6:13), 그가 말하는 평화는 여호와 자신과 그와 더불어 통치하는 제사장 왕 사이의 평화

---

26) 이 개념의 발전에 대해서는 Kline, "Structure of the Book of Zechariah," 182를 보라. Kline은 역대상 29:23에서 메시아의 보좌가 하나님의 보좌에 합병되는 것에 대한 배경을 발견한다. 그곳에서 솔로몬의 보좌는 "여호와의 보좌"(개역 성경에는, '여호와께서 주신 위')로 불린다. 게다가, 그는 이 기사가 성전건축 사상에 왕위계승 사상을 통합시킨다는 점을 지적하는데, 이는 스가랴의 기사와 맥을 같이 한다.

를 지칭한다.[27] 그 메시아적 제사장 왕은 하나님 자신의 보좌를 공유하기 때문에, 여호와 자신과 완벽한 조화를 이루고 있음에 틀림없다.

이 높아진 대제사장의 왕으로서의 기능은 그가 "언약의 여호와 전을 건축할 것"이라는 반복적 선언에 의해 더 강조된다(6:12-13). 일반적으로 신을 위한 성전 건축은 왕에게만 주어진 특권이다.[28] 그러나 스가랴 본문의 경우에는 이스라엘의 대제사장 여호수아가 "여호와의 전을 건축할" 자가 될 것이다(6:13). 보좌 위에 앉아 있는 이 제사장은 순(Branch)이라는 메시아적 칭호를 가지고 있으면서, 여호와의 전을 건축하는 독특한 영예를 스룹바벨과 함께 나눈다(6:12). 그러나 물론 대제사장 여호수아는 실제로 이스라엘 백성에 대한 왕으로서의 주권을 주장할 수 없다. 회복된 이스라엘 백성은 가엾게도 여전히 세속권세에 종속되어 있다. 페르시아의 대 군주는 유다 사람들에게 자신의 주권을 세우도록 허락하지 않을 것이다. 그래서 상징적 면류관은 벗겨져서 미래를 위한 예언적 기념으로서 성전 안에 놓인다(6:14).

이 기념적 행위에 의해 기대되는 그 미래는 영광스러울 것이다. 어느 날 "먼 데 사람들"이 와서 이 높아진 메시아적 제사장 왕이 하는 여호와의 성전 재건에 동참할 것이다(6:15). 이 기대는 포로에서부터 귀환할 유다 사람들을 지칭할 수도 있겠지만, 또한 이방인들을 가리킬 수도 있다. 그들은 하나님을 합당히 섬기는 데로부터 멀리 떠났던 사람들이다. 그러나 그들은 어느 날 하나님의 이스라엘을 구성하는 중요한 자리를 차지할 사람들이다.

인간의 구속에 관련하여 크게 진전된 모습을 회복기 선지서에서 나타나는 장차 임하는 메시아의 역할에서 발견할 수 있다. 그는 다윗 계열의 기름부음을 받은 왕이지만, 동시에 제사장으로 섬길 것이다. 그는 사실상 자신의 보좌에 앉아 희생제사를 드리는 제사장-왕으로 섬길 것이다. 그는 오직 일 년에 한 번 여호와의 보좌 방에 들어가지 않고, 그의 보좌 위에서 하나님과 함께 영원토록 앉아 계실 것이다. 이스라엘의 대제사장과 통치하는 왕으로서 그에게 부여된 복합적 권위를 통해, 그는 여호와의 전을 건축할 것이다.

---

27) Ibid., 182.
28) Kline, "By My Spirit [II]," 8-9; 역시, Kline, "Exaltation of Christ," 5-6을 보라. 여기에서 Kline 은 이에 관하여 성경 외적 자료와 함께 성경자료까지 제시한다.

2. 구약의 마지막 선지자: 말라기

말라기 시대인 주전 5세기 중엽에는 포로 귀환 이후에 활동했던 다윗 계열의 왕인 스룹바벨과 대제사장 여호수아는 죽고 없었다. 그들은 당시 백성에게 미래의 소망을 바라보게 하는 상징적 사람들로서의 역할을 하였다. 스룹바벨은 하나님의 신이 주는 권능으로써 모든 저항세력을 극복하고 성전 재건을 마무리 할 수 있었다(슥 4:6, 9). 대제사장 여호수아는 그 민족을 다스리는 왕의 면류관을 썼지만, 이는 오직 상징적이며 예언적인 방식일 뿐이었다(6:11-12).

이 두 상징적 인물들의 시대는 가버렸다. 비록 성전이 재건되었지만, 학개가 예언한 더 큰 영광은 전혀 실현되지 않았다. 다윗 계열의 왕이 그 땅을 통치하는 주권적 자리에 오르지 못했으며, 그 민족의 대제사장은 확실히 보좌에 앉지 못했다.

이 포로회복 초기 선지자들의 사역 이후 75년 정도 흐른 후에 말라기가 그 장소에 나타났다.[29] 그 시대의 상황은 이스라엘 포로회복 초기의 상황과 전적으로 달랐다. 제사장은 회복된 성전에서 정규적으로 제사를 드리면서 능동적으로 기능하고 있었다. 그토록 높은 소망을 가지고 유배지로부터 귀환한 백성은 단조롭고 판에 박힌 일상생활에 젖어들었다. 비 이스라엘 공동체의 라이프 스타일의 요소들이 그 백성에게 흡수되었다. 심지어 그들의 하나님이 전혀 활동하지 않으신다는 불평의 목소리들이 높아졌다.[30]

그렇다면, 구약시대의 이 마지막 선지자가 전한 메시지는 무엇이었는가? 그가 여호와께로부터 받아 회복의 백성에게 전한 독특한 말씀은 무엇이었는가?

---

29) '말라기' 라는 이름은 "나의 사자"라는 의미이며, 어떤 해석자들은 그 이름을 실제 인물의 이름이 아닌 상징적 명칭으로 다룬다. 70인역(LXX)도 그 히브리 이름을 "그의 사자"로 번역함으로써 그 개념을 지지하는 것처럼 보인다. 이 주장에 반대하는 논증 가운데 그 어떤 것도 설득력이 없다. Verhoef(*Haggai and Malachi*, 156)은 그 이슈에 대한 찬성과 반대를 고찰한 후에, 확실한 증거도 제시하지 못하면서도 말라기라는 명칭은 선지자의 이름으로 간주되어야 한다고 결론짓는다.

30) 말라기의 상황이 에스라와 느헤미야 시대의 것과 유사한 점이 많다는 점이 말라기의 저작 시기를 주전 5세기 중엽으로 볼 수 있는 강력한 증거자료가 된다. 예를 들면, 성전재건이 완성되었다는 증거, 비 이스라엘 사람들과의 국제결혼이 그 당시의 주요 문제로 나타나는 점(말 2:10-11; 에스라 9:1-2; 느헤미야 13:1-3, 23-24를 보라), 타당한 십일조를 제대로 드리지 않은 것(말 3:8-12; 느헤미야 10:35-40; 13:10-12를 보라) 등이 있다.

문학 양식의 견지에서 보면, 말라기서는 "논박" 양식을 사용한 것에서 독특성을 나타낸다. 그 선지자는 백성의 태도를 요약하는 바, 백성이 그들의 하나님께 던진 일련의 질문들과 주장들을 제기한다(1:2, 6하, 7, 12-13; 2:14, 17; 3:7하, 8, 13-14). 여호와와 그의 선지자는 그들의 그런 질문들에 응답한다(1:2하, 6, 8-9, 13; 2:10, 15; 3:2, 8). 비록 이 질문과 응답이라는 상호 교환의 정확한 본질이 무엇인지에 대해 논란이 되고 있지만, 그것들이 말라기서에 깊이 스며들어 있다는 사실은 그 책의 문학적 통일성을 지지한다.[31]

말라기는 종종 예언문학 가운데 2등급 문학으로 강등되는 모욕을 당하곤 한다.[32] 그리고 그 책 안에 있는 무엇보다 중요한 주제가 노련하게 전개되는 구조는 일반적으로 간과된다. 구속 성취를 향해 나아가는 오랜 움직임의 끝에 살아가던 하나님의 백성들은 자신의 위치의 중요성을 상실하고 있는 상황에 대해 지적하면서, 말라기는 창조 언약의 세 가지 커다란 명령을 토대로 예언적인 호소를 한다. 그 세 가지 명령이란 예배 명령, 결혼 명령, 노동 명령이다.

1) 예배 명령

천지창조 때에 여호와께서 일곱째 날을 거룩하게 하셔서 구별하셨다(창 2:3). 이것은 모든 창조물, 특히 인류가 은혜로운 창조자인 자신에게 예배할 것을 명령하신 것으로 간주할 수 있다. 구속역사의 과정에서 여호와는 그 백성의 관심을 예배 중심으로 다시 집중시키셨다. 여호와는 그들 공동체 중심에 먼저 성막을 두셨는데, 그것이 뒤에 성전이 되었다(출 25:30; 40:34-38; 민 10:36; 왕상 6-8장; 대하 2-7장). 하나님께서 제사장, 희생제사, 그리고 거룩한 집회들을 제정하심으로써 그들의 창조자이자 구속자를 향하는 이 예배의 중심성을 강조하였다. 포로에서 귀환한 백성들은 예배의 중요성을 인식하였다. 그들은

---

31) Petersen(*Zechariah 9-14 and Malachi*, 31)은 말라기서의 이 특징을 대화와 유사한 것으로 묘사하는 헬레니즘의 "통렬한 비방"으로 특징짓는다. 비록 대화의 두 번째 상대를 인격화하기는 할지라도, 오직 첫 번째 상대가 말하는 것은 비방에서 제외한다. 어떤 경우에든, 이 형태가 만연하게 나타나는 것은 그 책의 내적인 통일성을 증거한다.

32) C. Kuhl(*Prophets of Israel*, 169)은 말라기를 "후기 유대교의 박해자"로 규정한다. Baldwin, *Haggai, Zechariah, Malachi*, 216의 각주 1번에 나오는 다른 부정적인 평가도 참조하라.

안식일을 지키고, 희생제단 및 성전 재건에 박차를 가하였다. 고투하는 이 작은 공동체는 그 시대 선지자들의 촉구에 응답하여 그 어떤 것보다 그들 공동체의 중심이 될 예배센터를 재건하는 임무에 최우선권을 두었다(스 3:1-4).

그 민족의 두 번째 성전이 완공된 후 이제 75년이 지났다. 이 세대, 심지어 삼 세대들은 포로 귀환 직후에 있었던 회복기 공동체의 열심을 잃게 되었다. 그 땅의 어려운 삶과 예배중심의 이상 사이의 간격이 벌어지게 되었고, 제사장과 백성 모두 그들이 여호와께 가졌던 "첫 사랑"으로부터 멀리 떠나 자신들의 개인적 부의 축적에 집착하기 시작했다.

이 타락한 상황에 반응하여 말라기 선지자는 그 백성에게 하나님 앞에서 마지막 계산을 할 장차 오는 날을 예견해 보라고 촉구한다. 말라기에 있는 전체 55구절 가운데 47구절이 여호와께서 1인칭으로 직접 말씀하시는 것으로 기록된다. 결과적으로 선지자는 "예언서 가운데서 탁월한, 하나님과 백성 사이의 생생한 만남"을 창조한다.[33] 이 하나님 중심적인 삶에 대한 이 결론적 증언은 이미 여러 선지자들에 의해 반복적으로 선언되었던 것이었는데, 이제 이 특출한 선지서가 이 메시지를 잘 요약한다.

말라기는 그 시대의 예배상황에 반응하면서, 먼저 예배를 받으셔야만 하는 하나님에 대하여 묘사한다. 하나님은 이스라엘 백성을 계속 사신의 선택권 안에 두심으로써 그들에 대한 자신의 사랑이 변치 않았음을 나타내 보이셨다. 반면에 이웃인 에돔 민족에 대하여 정반대로 대우하신 것을 통해 그 사실을 돋보이게 하셨다(1:2-5). 제사장들이 정규적인 희생제물을 가져오는 데 싫증을 내고 있음에도 불구하고, 여호와께서는 어떻게 그들에 대한 자신의 사랑을 나타내 보이셨는지를 확인하기 위해 질문하신다(1:13). 백성이 선을 행하건, 악을 행하건 그것이 그들에게 아무런 영향을 끼치지 않는 것처럼 보이며(2:17), 여호와를 섬기는 것도 무익한 것처럼 보인다(3:14). 대신에 여호와는 이스라엘의 형제인 에돔에 민감하게 반응하심으로써 자기 백성에 대한 관심을 나타내 보이신다. 에돔은 하나님의 심판으로 인하여 황폐하였다. 그들은 뻔뻔스럽게도 "우리가 다시 쌓으리라"고 선언하였다(1:4). 그들은 자신의 황폐한 성읍들을 다시 세우려고 확고한 결심을 세웠다. 그러나 결심이 아무리 확고할지라도, 민족의 회

---

33) Baldwin, *Haggai, Zechariah, Malachi*, 216.

복이 인간의 뜻에 의해 달성될 수 있는 것이 아니다. 그들의 극한 노력에도 불구하고 여호와는 에돔이 계속해서 황폐한 가운데 남아 있을 것이라고 선언하신다.

반면에 하나님의 사랑은 이스라엘의 회복을 확신케 한다. 사실 모든 선지자들이 회복을 선언하였다. 그리고 비록 이 시점에서는 그들이 소망한 것만큼 영광스럽지 못하다 할지라도, 그들은 이미 회복을 경험하였다. 그들은 자신의 고토로 귀환하였고, 희생제사와 성전을 회복하였다. 이러한 회복을 통하여 하나님은 그들에 대한 자신의 특별한 사랑을 나타내 보이셨는데, 이는 이웃인 에돔의 운명과 현저한 대조를 이룬다.

그러나 그 회복된 민족은 그들에게 나타내 보이신 이 특별한 하나님의 사랑에 합당하게 응답하지 못하였다. 하나님은 자신이 이스라엘을 기르는 아버지이자 그들을 다스리는 주권적 왕이라고 단언하신다. 그러나 그는 아버지가 마땅히 받아야 할 존경도, 왕에게 기대되는 존경도 전혀 받지 못하신다(1:6, 14). 그들은 눈멀고, 상하고, 병든 짐승을 가져와 드리는데, 이러한 것들은 세상의 통치자에게도 감히 드릴 수 없는 예물이다(1:8, 13하-14상). 백성이 성전회복을 위해 쏟는 모든 노력에도 불구하고, 여호와는 이제 성전의 문을 닫아버리기를 원하신다(1:10).

다음과 같은 극단적인 진술이 이 상황에 어울린다. "닫힌 성전문이 아무리 끔찍하다 할지라도, 무가치한 예배를 계속 드리는 것보다는 낫다."[34] 어떤 주석가는 다음과 같이 논평한다. "신성 모독을 하는 것보다 전혀 말을 하지 않는 것이 더 낫다. 하나님께서 위선자의 호소를 들으실 것이라고 착각함으로써 스스로를 속이는 것보다 하나님으로부터 멀리 떠나게 되는 비극을 경험하는 것이 차라리 더 낫다."[35]

예루살렘에 있던 공동체는 그들의 땅에 귀환함으로써 사랑을 받았을지 모르지만, 그들의 오염된 희생제물은 저주를 받는다. 마지못해 예배드리는 자들에게 선언된 이 저주는 특히 제사장들의 관행에 그 방향이 맞추어진다. 말라기는 성경전체 중에서 제사장의 역할에 관한 가장 아름다운 묘사를 한다. 하나님은

---

34) Verhoef, *Haggai and Malachi*, 220.
35) Ibid., 이는 H. Brandenburg를 인용함.

레위 지파와 생명과 평화의 언약을 맺으셨다.[36] 이스라엘의 제사장은 하나님과 동행하였고, 백성에게 참된 가르침을 주었으며, 많은 사람들을 죄로부터 돌이켰다(2:5-6). 제사장은 심지어 "만군의 여호와의 사자"로 규정되었다(2:7). 그러나 이제 하나님은 그들 마음의 불성실함 때문에 이스라엘 제사장들의 축복을 저주하셨다(2:2). 제사장이 백성에게 아론의 축복을 선언할 때(민 6:24-27), 그 의도된 축복은 저주가 된다. "여호와는 너를 복주시고 너를 지키시기를 원하신다"는 선언이 이제 "여호와는 너를 저주하고 너를 파멸시키신다"는 선언의 효과를 갖는다. "여호와는 그 얼굴로 네게 비취사 은혜 베푸시기를 원하신다"는 선언이 "여호와는 그 얼굴을 네게로부터 돌려버리사 어떠한 자비도 베풀지 않으신다"로 선언된다. "여호와는 그 얼굴을 네게로 향하여 드사 네게 평강 베푸시기를 원하신다"는 제사장의 축도가 이제는 "여호와는 그 자신을 네게로부터 숨기사 너에게 끝없는 싸움으로 짐 지우신다"는 저주가 된다.

이 하나님의 저주는 말라기 예언의 결론부에서 다시 한번 나타난다. 만약 백성이 회개하라는 부름에 합당하게 반응하지 않는다면, 여호와는 오셔서 "저주로 그 땅을 치실 것"이다(4:6). 그들이 이전에 경험했던 것보다 더 악화된 포로의 유배가 그들을 덮치고 말 것이다. 가나안 땅이 한 때 저주 아래 있었던 것처럼, 이제 거짓 선지자들과 거짓 예배자들이 가득한 이 땅은 다시 황폐하게 되는 저주를 경험할 것이다. 그러나 여호와의 손으로부터 나오는 이 징계의 심판에도 불구하고, 레위 지파와 맺은 제사장의 언약은 어떠하든지 유지될 것이다. 이 강력한 심판들은 "레위와 세운 나의 언약이 항상 있게 하려"함이 그 목적이다(2:4). 결국 여호와는 회복된 창조세계로부터 합당한 예배를 받으실 것이다. 거룩함과 정결함으로 제사장직이 합당하게 기능할 것이다.

말라기는 이스라엘이 이렇게 예배에 실패한 것을 폭로하는 것과 대조적으로, 전 세계적인 예배가 이루어질 것을 예견한다. 비록 예루살렘 성전의 문이 닫힐지라도, 세상의 모든 나라들로부터 합당한 제물이 여호와의 이름으로 와서 드려질 것이다. 비록 회복된 이스라엘 공동체의 희생제사가 거부될지라도, 세상 나라들의 제물은 하나님에 의해 받아들여질 것이다(1:11).

---

[36] 레위와 맺은 언약은 출애굽기 32:26-29에서 간단하게 나타난 것 외에, 성경 어느 곳에서도 구체적으로 언급되지 않는다. 왜냐하면 레위 지파 사람들은 모세의 명령에 순종해 자기 자신들의 형제들까지도 용서하지 않았기 때문이다.

어떤 사람들은 말라기의 이 진술은 좁고 배타적인 관점을 깨고 여호와께서 모든 종교를 다 받아들이신다는 사실을 인정하는 것이라고 주장한다. 드라이버(Driver)에 따르면, 본문이 "이방 민족이 그 무지함 가운데서 나무와 돌에 절을 할 때" 그 경배는 "비록 진리에서 나오는 것이 아닐지라도, 신실함 가운데서 드려지는 예배이기 때문에, 여호와에 대한 예배이다"라는 사실을 말하는 것 같다고 한다.[37] 그러나 이 해석은 그 본문의 분명한 의도를 무시한다. 여호와는 세상 모든 민족들이 드리는 이 예배가 오직 "내 이름으로" 드려지는 것이기 때문에 받아들여질 것이라는 사실을 지적하신다. 왜냐하면 "만군의 여호와가 이르노라, '내 이름이 이방 민족 중에서 크게 될 것임이니라'"고 말하기 때문이다 (1:11하). 이러한 사실은 하나님의 이름이 반복되었고, 그 이름이 이스라엘 언약의 여호와로 구체화되었음을 보아서 확실하다. 세상 사람들이 각자의 신에게 드리는 모든 개념의 예배가 다 여호와께 수용되는 것이 아니다. 오직 여호와의 유일성을 인정하는 가운데 드리는 예배만이 그를 기쁘시게 할 것이다.

이 진술은 얼마나 급진적인가! "해 뜨는 곳에서부터 해 지는 곳까지" 그리고 "모든 곳에서"라는 어구는 "예루살렘에서" 그리고 "시온산에서"라는 어구와 현저한 대조를 이룬다. 이방 민족들이 제물을 드린다는 사상은 말라기에게만 나타나는 독특한 것이 아니다(사 66:18-21; 슥 14:21을 보라). 말라기 선포의 독특성은 이 범세계적 예배가 "예루살렘에서 드려진 레위 희생제사에 의존하지 않을 것이라"는 점이다.[38] 모든 민족들이 시온산으로 몰려드는 대신, 순수한 예배의 범지구적 활동은 예루살렘이라는 단일한 성읍의 중심성을 대체할 것이다. 범민족들과, 범세계적인 장소가 순수한 예배의 합당한 영역으로 간주될 것이다.

말라기에 제기되어 있는 예배와 관련한 이러한 요소들은 새 언약의 관점과 일치한다. 우리는 '여러 민족들이 예루살렘 성의 중심적 예배센터에서 멀리 떨어진 그들의 위치에서 여호와께 합당한 희생제사를 드릴 때는 언제일 것인가?'라는 질문을 할 수 있다. 이 질문에 대한 즉각적이고 명백한 대답은 "지금, 이

---

37) Verhoef, *Haggai and Malachi*, 226. Verhoef는 Driver & Sanday, *Christianity and Other Religions*, 31-46에서부터 인용하고 있으며, 그의 다른 책 *Expository Times* 20 (1909), 151-52에 요약되어 있다.

38) Baldwin, *Haggai, Zechariah, Malachi*, 230.

시대이다!"라는 것이다. 예수님과 사도들의 시대로부터 시작해서 현재에 이르기까지, 전 세계 도처에 흩어져 있는 여러 민족들은 오직 참되신 하나님의 이름으로 합당한 희생제사를 드려왔다. 그와 동시에, 이스라엘 민족은 저주 아래 놓여, 그 땅으로부터 쫓겨나고 말았다. 비록 20세기에 그 민족이 팔레스틴에서 한 국가로 다시 태어났지만, 말라기 예언적 그림을 실질적으로 바꾸지는 못했다. 사실 유대인들 중에 많은 사람은 그리스도의 이름으로 참되시고 유일하신 하나님께 드리는 이방인들의 예배에 함께 동참하였다. 그러나 예루살렘 성전의 문은 지난 2천년 동안 여전히 굳게 닫혀 있다. 만약 유대인들이 예루살렘에서 피의 희생제사를 재개할지라도, 그 제사는 언약의 여호와에 의하여 가증한 것으로 간주될 것이다. 왜냐하면 그분은 아들의 참된 희생제사를 통해 "다 이루었다"라고 선언하셨기 때문이다. 유대인들과 이방인들을 포함한 모든 인류는 예수님이 자신을 드린 그 제사 안에서, 그리고 그 제사를 통해서만, 오직 창조자이시며 구속자이신 하나님에게 최고의 예배를 봉헌할 수 있다.

제사장들의 예배 행위에 대한 말라기의 탄핵은, 백성이 오염된 제물을 드렸다는 정죄에 더하여 그들이 십일조와 헌물에서 하나님의 것을 도적질했음을 또한 지적한다(말 3:8). 그들은 전능자에 대해 가혹한 말을 지껄였다. 그들은 하나님의 명령을 지켜도 아무것도 얻지 못한다고 불평하면서, 하나님을 섬기는 것이 무익하다고 말함으로써 그분을 모독하였다(3:13-14).

그러나 하나님의 은혜가 다시 한번 주어지는데, 황폐시키는 징계 너머로 신실한 자들이 남아 있을 것을 말한다. 그 남은 자들은 여호와의 "소중히 여김을 받는 소유"로서 그분께 속할 것이다(3:16-17). 소중한 소유라는 개념은 여호와께서 언약의 백성을 사기 자신의 것으로 선언하셨던 시내산에서 맨 처음 사용되었다(출 19:5-6). 동일한 개념이 광야 방랑의 40년 이후 모압 평지에서 갱신되었으며(신 7:6; 14:2; 26:18-19), 더 나중에 시편 기자에 의해 다시 언급되었다(시 135:4). 그 용어가 담고 있는 풍부한 신학적 개념이 70인역(LXX)의 번역을 매개로 하여 신약문서들에 연결된다. 예수 그리스도를 믿는 사람들은 하나님의 "소중한 소유"인데, 이는 옛 언약의 그림자로부터 새 언약의 실체로 성취된 것을 보여준다(엡 1:14; 벧전 2:9). 여호와의 소중한 소유는 살아 계신 하나님에게 참된 찬미의 제사를 드리는 왕 같은 제사장이 되었다(벧전 2:9).

2) 창조원리의 결혼 법령

종종 말라기서는 어떠한 핵심적 중심점이나 일관된 전개도 없는 제멋대로 뿔뿔이 흩어진 잡동사니 설교 조각들로 구성된 책이라는 주장이 제기된다. 토론을 다양하게 벌이는 형태를 통해 그 분명한 통일성이 보임에도 불구하고, 일반적으로 말라기 예언서는 많은 수정자들과 편집자들의 것들로 쪼개어진다.

창조 때에 세워진 큰 개념의 제도들은 이 책의 통일된 주제들을 발견하는 중요한 단서를 제공한다. 창세기는 안식일 예배와 결혼과 노동의 기본적 법령을 설정함으로써 창조 질서의 파노라마 같은 그림을 제공해 준다. 말라기는 그 동일한 주제로 돌아감으로써 구약기록의 마지막 장을 결론짓는다. 이러한 견지에서, 말라기가 다루고 있는 결혼과 이혼 문제는 그 본문이 편집자에 의해 추가된 것으로 여겨져서는 안 되고, 오히려 말라기서의 전개 가운데 필수적인 중심 주제로 여겨져야 한다.

이 책에서 다루어지고 있는 결혼이라는 신성한 주제를 이방 예배에 대항하는 우화적 논박 정도로 여기는 것처럼 모독되어서도 안 된다. 한 주석가는 말라기가 취급하고 있는 결혼과 이혼을 인간적 상호관계에 대한 것으로 간주하지 않고 여호와를 "여성 배우자"로, 그리고 이스라엘을 "남성 배우자"로 비유한다고 주장한다.[39] 이 주석가는 말라기가 "여호와 신전에서 남성 신이 온당치 못하게 숭배되는 것"에 대한 자신의 관심을 우화적 형태로 표현하고, 이와 동시에 이스라엘에서 여성 신이 숭배된 것을 비판한다고 결론짓는다.[40]

이 관점을 견지하기 위해 이 주석가는 결혼 관계를 지칭하는 "어려서 취한 아내에게 궤사를 행치 말지니라"라는 핵심 어구(말 2:15하)를 후기의 서기관에 의해 추가된 것으로 가정한다. 그 주석가는 또한 "유대 사람들, 즉 의인화된 이스라엘을 향해 던져진 언어가 이스라엘 개개인을 향한 말로 바뀌었다"라고 주장한다.[41] 그러나 어떠한 본문적 증거 또는 사본적 증거도 없이 이 기사를 편집적 추가로 처리하는 것은 순전히 가정에 근거한 것으로 밖에 볼 수 없다.

오히려 말라기가 결혼을 창조 때에 세워진 제도로 엄숙하게 규정하고 있음을

---

39) Petersen, *Zechariah 9-14 and Malachi*, 203.
40) Ibid., 202.
41) Ibid., 204.

인정하는 것이 훨씬 더 설득력이 있다. 본문 기사는 창세기 1:1에서 발견되는 창조에 관한 언어를 사용하면서, 유일하신 하나님께서 "우리를 창조하셨다"는 선언으로 시작한다(말 2:10). 이 토대에서 선지자는 유다 백성이 "이방 신의 딸과 결혼함으로써" 언약을 욕되게 했으며, 성소를 더럽혔다고 결론짓는다 (2:10-11). 결혼 관계의 엄숙함은 "너와 너의 어려서 취한 아내 사이에 여호와께서 일찍이 증거하셨다"는 진술에 의해 더 강조된다(2:14상). 그 백성에게 언약적인 결혼으로 맺은 본처에 대한 신의를 깨버린 죄가 지적된다(2:14하).

결혼 제도에 관한 이와 같은 고차원적인 견해는 말라기서가 아닌 성경 그 어떤 곳에서도 발견되지 않는다. 말라기가 보여주는 결혼제도는 창조에서 뿌리가 박고 있으며, 하나님의 구속 언약에 기초를 두고 있고, 언약의 증인으로 행동하시는 여호와 자신에 의해 직접 엄숙히 거행되었으며, 그 어떤 인간의 편의에 의해 이루어진 것보다 훨씬 더 고상한 것이다. 하나님의 백성이 죄의 결과로 초래된 포로상태로부터 완전히 회복되는 것은 하나님께서 제정하신 이 결혼 제도에 대한 합당한 경외감을 떠나서는 불가능하다.

부정적으로 진술해서, 결혼 질서를 남용하는 것보다 더 전능자의 불쾌감을 불러일으키는 행동도 없을 것이다. 성경 본문의 "나는 이혼을 미워하노라" (2:16)라는 말씀을 가장 자연스럽게 읽어야 하며, 이 말은 남녀를 결합시키는 이 결혼제도를 위반하는 것에 대한 하나님의 반응을 매우 강하게 표현한 것이다. 그런데 오래 전부터 이 명확한 사실을 왜곡하려는 노력들이 계속 있어 왔다. 비록 마소라 학자들은 그 본문의 자음을 본래 그대로 남겨 두었지만, 그 동사를 3인칭 직설법 형태로 바꾸는 모음을 추가하였다. 그래서 그 본문은 "이스라엘의 하나님 언약의 여호와께서 이르느니, '그는 이혼을 미워하신다'"가 되며, 이는 간접적인 화법이 되어버려 그 단호함을 잃어버린다. 70인역(LXX)은 그 기사를 다음과 같이 해석적으로 번역하여 오히려 이혼의 정당성을 부여한다. "만약 사람이 미워하거든, 그로 내보내게 할지어다." 그러나 이 본문의 문맥과 그 시대의 사회적 정황을 고려하여 바르게 이해할 때에 오히려 그 어구는 "나는 내 보내는 것을 미워하고 있다"로 읽혀져야 하며, 이는 아주 단호한 하나님의 의도를 보여준다. 이러한 이해가 이 본문에 대한 최상의 해석이다.[42]

---

42) Von Rad, Old Testament Theology, 2.55; Bright, Jeremiah, 6; Lindblom, Prophecy in Ancient Israel, 182.

이 본문을 이혼에 대한 직접적인 정죄가 아닌 다른 식으로 읽으려는 고대의 노력들을 볼 때, 예수님의 제자들이 표현한 태도가 이해된다. 그들은 결혼의 신성불가침성에 관한 예수님의 가르침에 깜짝 놀랐다(마 19:9-10). 그러나 예수님은 그들에게 창조 시에 만들어진 법령의 원래 의도로부터 빠져나가는 시도를 단호하게 거부하신다. 하나님께서 둘을 하나로 만들어 놓으신 것을 사람이 떼어 놓을 수 없음을 밝히신다(19:6).

비록 모세 율법이 불가피하게 발생할 수 있는 어떤 상황을 여호와께서 아시고 은혜를 베푸셔서 이혼의 법적인 통제권을 제공했다 할지라도, 그것은 결혼에 관한 창조의 원리를 결코 무효케 할 목적이 아니었다. 구약의 마지막 기간에 여호와로부터 나온 이 말씀은 분명하고 크게 들린다. 만약 낙원의 회복이 구속의 목표라면, 결혼은 반드시 신성불가침한 것으로 여겨져야만 한다.

3) 노동제도

인간의 원죄 때문에, 땅은 저주를 받았다. 그 결과 땅이 가시와 엉겅퀴를 내게 되었다(창 3:17-19). 그로써 하나님이 사람에게 주신 "땅을 정복하라"는 원래의 명령은 부담스럽고 힘든 일이 되고 말았다. 사람은 열매를 수확하기 위해서 언제나 필요이상의 노동을 해야만 한다. 인간은 오직 이마에 땀이 흘러야만 빵을 먹을 수 있다(3:19상). 이제 구약의 구속역사 결론부에서, 이 저주는 다시 한번 되풀이된다. "너희 곧 온 나라가…저주를 받았느니라"라고 그 선지자가 선언한다(말 3:9하). 백성에게 내려지는 저주가 매우 구체적으로 진술된다. 병충해가 그들의 곡물을 삼켜버리며, 포도나무는 그 열매를 떨어뜨리고 만다(3:11). 그들의 일상적 노동은 "헛되고 헛되니, 모든 것이 헛되도다"(전 1:2)라는 말씀으로 특징지을 수 있는 부담스럽고 힘든 일이 되어버렸다.

말라기 시대의 사람들은 여호와의 구속함을 받은 사람들, 즉 저주로부터 구원함을 받은 사람들로 간주된다. 그들은 땅으로 돌아가라는 여호와의 명령에 따랐던 사람들이다. 그런데 왜 그들은 여호와의 손에서 나오는 이 징계의 형벌을 겪어야만 하는가? 선지자의 솔직한 대답은 그 문제의 핵심을 찌른다. 그들은 노동자들을 속여 정당한 임금을 빼앗고, 고아와 과부를 압제하며, 외국인들에게서 정당한 권리를 박탈해 버리는 자들로서 유죄를 선고받았다. 그러므로 하나님이 그들을 심판하러 오신다(3:5). 여호와는 언약의 약속들을 성취하는 데 실패하지 않으셨다. 오히려, 그 백성이 그들 스스로에게 이 저주를 초래한 것이었다. 고용주들은 품꾼의 삯을 속여 빼앗는다. 사회의 기존 세력이 힘없는 자들을 압제한다. 그 결과로 하나님은 이 무자비하고 탐욕스러운 사람들에게 저주를 쏟아 부으신다.

그러나 여호와의 심판에도 불구하고, 미래에 대한 희망이 "여호와를 경외하는 자들"과 "피차에 말하는 자들"에게 제공된다(3:16상). 백성의 남은 자는 보편화된 부패에 대하여 안일하게 있을 수 없었다. 여호와는 이 신실한 자들의 행위를 기록한 "기념 책"(book of remembrance)을 간직하고 계신다(3:16하-17).

하나님 언약의 완성에 참여하는 자들에게 기대되는 변화는 말라기시대 사람들의 행위와 현저한 대조를 이룬다. 사도 바울은 초대교회 공동체에게 다음과 같이 훈계한다. "도적질하는 자는 다시 도적질하지 말고, 돌이켜 빈궁한 자에게 구제할 것이 있기 위하여 제 손으로 수고하여 선한 일을 하라"(엡 4:28). 뿐만 아니라 예수 그리스도를 믿는 신자는 하나님의 영광을 위해 최선을 다해 노동해야 한다. 구속함을 받은 삶의 그러한 본질적 측면 외에도, 그 사람은 빈궁한 자들에게 생활필수품을 나누어 가시는 것을 하나의 노동 목직으로 심아야 한다. 이러한 노동으로 인하여 그리스도 안에서 달성된 구속의 충만함이 실현될 것이다.

4) 종말적 성취를 향한 대망, 권고, 실현

말라기는 창조질서에 대해서도 중요하게 취급하고 있지만, 종말적 성취에 대한 대망을 그보다 더 강조한다. 이 세상의 궁극적 종말에 관한 말라기 선지자의 메시지는 꿈같이 막연한 것이거나 비현실적인 미래적 전망이 아니다. 그는 오히려 역사적 현실을 기대하는 진지한 용어로 말을 한다. 구약 예언 중에 마지막 목소리인 그의 말은 신약의 초기에서부터 메아리쳐 울리면서 성취된다.

말라기의 예언은 하나님과 그 백성 사이에 대화하는 형태로 꾸며진다. 먼저 백성이 여호와에 대해 고발적 질문을 제기한다. "공의의 하나님이 어디 계시냐"(말 2:17). 이 백성의 질문에 대한 하나님의 반응을 참조할 때에 그 질문은

"땅에서 정의를 세우실 성령으로 기름부음 받은 왕에 대한 언약적 약속이 도대체 실현되기나 하는 것입니까?"라는 의미로 읽어져야 한다.[43] 그 민족은 회복을 받았다고 하지만, 아직도 실망스럽기 그지없다. 그 중에서도 가장 큰 실망은 다윗에게 주어진 언약적 약속에 따라 세워지는 메시아적 인물이 없었다는 것이다. 이와 같이 악을 제압할 만한 권세를 가진 하나님의 대표자가 부재한 결과, 그 민족의 많은 사람들은 기승을 부리는 불의로 인해 계속 고난을 당해 왔다. 그래서 "공의의 하나님이 어디 계시냐?"라는 고발적 질문이 일어났던 것이다.

이 대담한 고발에 대하여, 하나님은 "보라!"라는 말로 주의를 환기시킨다(3:1, 또한 4:1을 보라). 사람들은 "하나님, 공의의 하나님이 어디 계시냐?"라고 질문했다. 이에 대해 하나님은 "너희들이 구하고 있는 여호와가 오실 것이다"라고 대답한다. 조금도 의심할 여지없이, 하나님은 그 땅에 정의를 세우실 그의 메시아적 대표자를 보내심으로써 자신의 말씀을 성취하실 것이다. 병행적 표현은 오직 말라기에서만 발견되는 독특한 명칭과 여호와 자신이 동일시된다는 것을 지지한다.

> 그 때 너희의 구하는 바
> 주가 홀연히 그의 전에 임하리니,
> 곧 너희의 사모하는 바
> 언약의 사자가
> 보라, 그가 임하신다(3:1하, NIV에 맞게 번역함)!

여기에 그들이 사모하는 언약의 사자는 여호와와 동일한 분이시다. 백성들이 정의를 세우실 메시아에 관한 여호와의 약속이 이루어지지 않고 있는 것에 대하여 실망하는 태도에 대한 응답으로, 여호와는 그들에게 그가 반드시 오실 것이라고 확신시키신다. 비록 그 언약의 사자가 하나님과 동일시되는 것이 말라기의 이 기사에서 독특하지만, 이것은 옛 광야에서 이스라엘 앞에서 그들을 가나안으로 인도하던 "사자"의 모습을 연상케 한다(출 23:20-23). 이제 다시 여

---

43) 말라기 2:17과 3:1사이에서 장이 분리된 것은 심히 유감스럽다. 백성의 질문에 대한 대답은 메시아에 대한 기대와 관련한 함축적 의미를 이해하는 데 도움이 된다.

호와로부터 보냄을 받은 "사자"는 그들을 종말론적 안식으로 이끌 것이다. 이전의 성경에서 자주 "사자"로부터 "여호와" 자신으로 쉽게 이동하는 본문들을 볼 수 있었다. 그래서 한 분(사자)이 다른 분(여호와)과 동일시되었다. 하나님의 이름이 그의 사자 안에 있으며, 그는 죄를 사하는 권세가 있고, 그 사자는 여호와께서 명하시는 것을 말한다. 여호와라는 그 칭호 가운데서 독특하지만, 언약의 이 사자는 곧 여호와이시다. 비록 여호와에 의해 보내심을 받았지만, 그가 곧 여호와이시다.

"공의의 하나님"이 계시지 않다고 백성이 불평한 것에 대해 명확한 대답이 주어졌다. 그들의 메시아에 대한 기대는 결코 좌절되지 않을 것이다. 여호와 자신이 직접 그들이 열망하는 공의를 세우는 언약의 사자의 인격 안에서 오실 것이다.

그의 오심은 "홀연히" 일어날 것이다(3:1하). 그러나 다른 사자가 그보다 앞서 올 것이다. "보라, 내가 내 사자를 보내리니, 그가 내 앞에서 길을 예비할 것이다"(3:1상, NIV).[44] 이 구절에 나타나는 것은 이전의 선지자들 예언에 있었던 일련의 사자들의 모습과 일치하거나 유사하지 않다. 여기서는 오히려 여호와 자신이 직접 임하실 길을 예비할 그 어떤 사람을 예고한다. 말라기는 이 어법을 통해, 뽀로에서부터 고토로 놀아올 때 여호와의 길을 예비하는 목소리에 관한 이사야의 언어를 반영한다(사 40:3). 이사야가 예견한 이전 포로에서의 회복이 성취된 것과 같이, 말라기는 여호와 자신이 몸소 임하는 또 다른 회복을 내다본다.

여호와께서 나타나실 때, 그는 성전에 임하실 것이다(말 3:1). 이 구절로 말미암아 회복기의 공동체는 용기를 낼 수 있다. 예루살렘 성전을 재건한 그들의 수고는 결코 헛되지 않았다. 이 회복된 성전은 여호와께서 방문할 그 중심지가 될 것이기 때문이다.

---

44) Petersen(*Zechariah 9-14 and Malachi*, 209)은 이 구절이 여러 인물이 복잡하게 얽혀 있는 것을 주목하면서, 이 구절들이 "일의 진전과정에서의 복잡성"이라고 결론짓는다. 그는 이 단원의 시작과 끝에는 원자료이지만, 중간 부분에서 편집자의 삽입이 있음을 발견한다. 그럼에도 불구하고 그는 이 단원의 두 부분 모두에서 종말론적 관점을 발견한다(212). 이러한 분석의 유형은 주석적 문제를 해결하는 하나의 편리한 방법이기는 하지만, 가상적인 편집자가 왜 명확한 기사를 이해하기 더 어려운 복잡한 문장으로 만들려고 하는지에 대한 이유를 설명하지 못한다.

아모스 시대 사람들이 여호와의 날의 강림에 대하여 열망을 가지고 있었지만, 그들은 기대한 것과 전혀 다른 결과를 만날 것으로 언급된 것처럼(암 5:18-20), 말라기 시대의 백성 역시 여호와의 강림이 깜짝 놀랄 일들을 만날 것으로 언급된다. "그의 임하는 날을 누가 능히 당하며, 그의 나타나는 때에 누가 능히 서리요?" 마치 금과 은이 불로 연단되듯이, 그들의 제사장들은 집중적으로 정결함을 받아야만 할 것이다. 그러나 결국, 백성이 드리는 제물은 의롭게 받아질 것이다(말 3:3-4). 언약의 여호와께서 간음하는 자들과 과부, 고아, 나그네를 압제하는 자들을 포함하여, 언약을 위반하는 모든 자들을 심판하기 위하여 직접 증언하실 것이다(3:5; 또한 신 24:14-17을 보라). 공의의 하나님이 계시지 않다는 그들의 항의는 단번에 자취를 감추고 말 것이다.

하나님에 대한 많은 불평이 오히려 종말론적 최종선언을 불러일으킨다. 백성은 여호와에 대하여 가혹한 말을 하였다(말 3:13). 비록 그들이 죄과를 부인할지라도, 여호와께서는 인정하지 않을 것이다. 왜냐하면 그들은 여호와를 섬기는 것이 무익하다고 결론 내렸기 때문이다(3:14).

여호와를 섬기기를 거부하는 것이 얼마나 큰 결과를 가져온다는 사실이 완전히 드러날 날이 오고 있다. 그때에는 백성들 중에 의인과 악인, 하나님을 섬기는 자와 섬기지 않는 자들 사이의 구분이 분명히 드러날 것이다(3:18). 하나님은 "기념 책"을 가지고 계시며(시 69:28; 87:6; 139:16; 계 20:12; 또한 사 4:3; 겔 13:9를 보라), 그분을 섬기는 자들을 "특별한 소유"로 인정할 것이다(말 3:16-17). 이 소중한 소유의 이미지는 시내산에서 먼저 나타났다. 그 때 여호와는 자신과 언약을 맺은 그 민족을 자신의 "소중한 소유"로 여겨질 것이라고 선언하셨다(출 19:5-6; 신 7:6; 14:2; 26:18-19; 시 135:4).

따라서 장차 임하는 심판의 날은 의인과 악인 사이의 구분을 분명하게 해줄 것이다. 악을 행하는 자들과 더불어 모든 오만한 자들이 불에 살라질 것이다. 여호와에 대한 반역을 일삼는 그 어떤 뿌리와 가지도 남지 않을 것이다(말 4:1).[45] 그러나 여호와를 경외하는 자들에게는 의의 태양이 떠올라 치유하는 날개(광선)를 발할 것이다. 태양 광선이 치유와 정결케 함으로 땅을 가득 채우는

---

45) 다시 한번 말하거니와, 장의 구분은 유감스럽다. 몇몇 주석가들은 말라기 4:1에 있는 "왜냐하면 보라"라는 어구가 앞 문맥과 분리되는 기능을 하는 것으로 보지만, 이 어구는 이전 사상과 연결시키는 것으로 이해하는 것이 자연스럽다.

것처럼, 의가 하나님의 참된 백성에게 축복으로 내려질 것이다(4:2).[46]

말라기의 마지막 메시지는 "기억하라"는 날카로운 훈계로 시작한다(4:4). 의인과 악인 사이에 구분이 지어질 것이라는 종말론적 선언이 선포되며, 백성은 이것을 "기억해야" 하는 중대한 책임을 갖게 된다. 이 책임은 그 백성이 단순히 이러한 것들을 마음속에 상기해야 한다는 것을 의미하지 않는다. 그들은 장차 임하는 이 큰 심판의 날을 준비하는 가운데, 전 구속사를 통해 그들에게 계시된 모든 것을 실행에 옮겨야만 한다. 이것은 이스라엘에게 주어진 하나님 계시의 다양한 부분들을 포함시킨다. "모세의 토라"는 오경을 지칭하고, 엘리야에 관한 언급은 이전의 선지자들을 암시하며, "여호와의 크고 두려운 날"은 그 이후 선지자들의 메시지를 대표하는 요일 2:11을 인용한 것이다(말 4:4-5). 그들은 언약관계의 기초가 된 이스라엘에게 주어진 모든 율례와 법도를 준수하기 위해 주의를 기울여야만 한다(4:4).

하나님은 "여호와의 크고 두려운 날"이 이르기 전에, 그들에게 선지자 엘리야를 보내실 것이다(4:5). 그는 회개의 메시지를 선포하여, 젊은이들과 늙은이들의 마음이 서로를 향해 동정심을 가지도록 하여 여호와께로 돌아오게 할 것이다(4:6상). 첫 번째 엘리야가 배교한 사회를 향하여 회개를 외쳤던 것처럼, 이 두 번째 엘리야 역시 사람들에게 마음을 돌이키라고 촉구할 것이다. 만약 그들이 그의 메시지에 귀를 기울이지 않는다면, 여호와께서 직접 오셔서 저주(히, 헤렘)로 땅을 치실 것이다(4:6하). 모든 것을 소멸해 버리는 하나님의 아나테마(저주)가 그 백성 위에 선언될 것이다.

그렇다면, 장차 올 이 엘리야가 도대체 누구이며, 이 예언의 성취를 어떻게 이해해야 할 것인가? 말라기서의 미래적인 예언의 문맥에서 볼 때에 이 엘리야는 앞장에 있었던 여호와의 강림 앞에 보냄을 받을 그 사자와 동일시되어야 한다(3:1상). 그는 또한 이사야서에 나타나는 이스라엘의 포로 귀환을 알리는 광야에서 외치는 자의 목소리(사 40:3)와 같이 회복을 알리는 전령자의 역할을 다시 완수할 자이다.

---

46) Petersen(Zechariah 9-14 and Malachi, 225)은 이 사상의 자취를 고대 메소포타미아와 이집트에 있던 신들의 이미지에서 찾는다. 양자의 관계가 가능하기는 하지만, 반드시 그런 것은 아니다. 햇빛 통증을 진정시키는 효과는 보편적으로 알려진 지식이며, 이것을 저자 자신이 의도하는 사상을 설명하기 위해 사용하고 있다.

엘리야가 돌아온다는 말라기의 말이 그 옛 선지자가 실제로 다시 생환한다는 의미인가? 불 수레를 타고 하늘로 올라간 그 옛 엘리야가 여호와의 강림을 알리는 완전한 선구자로 이 땅에 다시 올 것인가? 구약성경에서 그러한 사건이 발생했거나, 그러한 사건이 일어날 것에 대하여 예견한 곳은 없다. 여러 선지자들이 다윗이 이스라엘의 왕으로 돌아올 날을 예언한다(호 3:5; 겔 34:23; 37:24). 그러나 그 기대는 옛 다윗이 환생하여 다시 살아나서 그 위대한 메시아적 통치를 완성할 것을 말한 것이 결코 아니다. 오히려 이 예언들은 다윗의 후손으로서 다윗의 마음과 심령을 가지고 우주적으로 통치하실 왕적인 메시아의 도래를 내다본 것이다.

바로 이 구조에서 "엘리야" 예언도 이해해야 하며, 신약에서 세례 요한을 통하여 그 대망이 성취된 것으로 보아야 한다. 제자들이 예수님에게 "어찌하여 서기관들이 엘리야가 먼저 와야 하리라 하나이까?"라고 질문한다(마 17:10). 이것은 분명히 하나님께서 그의 종 엘리야를 보내신다는 말라기의 예언을 염두에 둔 질문이다(말 4:5-6). 예수님은 율법사들의 말이 옳다고 대답하신다. "엘리야가 과연 먼저 와서 모든 일을 회복하리라." 그리고 이어서 예수님이 말씀하신다. "엘리야가 이미 왔으되, 사람들이 알지 못하고 임의로 대우하였도다"(마 17:12, NIV 참조). 이 설명을 들은 후에 제자들은 예수님이 세례 요한을 지목하고 계신다는 사실을 깨달았다. 요한은 그의 사역을 통해, 엘리야의 귀환과 관련된 말라기의 예언을 성취하였다.

그러나 예수님의 이 설명을 어떻게 이해해야 하는가? 세례 요한이 문자적으로 엘리야였는가? 예수님은 성육신으로 다시 살아남에 대한 믿음을 주장하고자 하셨는가? 이러한 믿음은 예수님은 다른 곳에서 하신 말씀에서 더 확실시되는 것처럼 보인다. "만일 너희가 즐겨 받을진대, 오리라 한 엘리야가 곧 이 사람이니라"(마 11:14). 그러나 이러한 해석은 옳지 못하다. 또 다른 구절을 참조한다면 반드시 다른 결론에 도달하게 된다. 누가복음은 세례 요한이 "엘리야의 심령과 능력으로" 올 것이라고 지적한다(눅 1:17). 그는 옛 선지자가 환생하여 와야 하는 문자적인 엘리야가 아니다. 그는 엘리야의 "심령"과 "능력"으로 메시아의 강림 전에 앞서 길을 예비하는 사자라는 점에서, 엘리야에 관한 말라기의 예언을 성취한 것이다. 예수님은 세례 요한을 말할 때에 말라기 메시지를 완벽하게 인용함으로써 그 선지자의 말씀이 성취된 것으로 규정하신다. 그러나

그리스도의 선구자는 그 옛 선지자의 환생이 아니었다.[47]

구약에서 오랫동안 진행되어 온 예언운동의 최종적인 몇 말씀은 신약의 시작에 일어날 사건들을 적합하게 예견한다. 세례 요한의 메시지는 회개를 요청하는 것이었는데, 이는 여기에 응답하는 자에게 메시아 왕국의 축복을 받게 하기 위함이었다. 그러나 귀를 기울이지 않는 자들에게는 저주가 임할 것이다.

신약성경이 증언하는 세례 요한의 사역에 대하여 관찰해 볼 때에 말라기가 묘사한 것과 정확하게 들어맞는다. 따라서 예수님은 하나님이 보내신 언약의 사자와 동일시되어야 하며, 그는 또한 여호와 자신임도 인지되어야만 한다. 예수님은 세례 요한이 위해서 길을 예비한 바로 그 여호와이시다. 그는 동시에 "언약의 메시지"를 가져오신 언약의 사자이기도 하시다. 그 메시지 핵심은 많은 사람의 죄사함을 위해 쏟아 부어진 그의 피로 인하여 완성될 새 언약에 관한 것이다. 그의 오심을 통해 하나님의 참된 이스라엘의 진정한 회복이 마침내 성취된다.

---

[47] 미래의 재 성육신이라는 견지에서 엘리야의 두 번째 문자적 귀환을 주장하는 것은 철저하게 배척되어야 한다. 이러한 주장은 예수님이 그 기사를 세례 요한에게 적용하신 것이 잘못되었음을 인정하는 것이 된다. 신약은 여러 곳에서 구약의 세례 요한에 관련된 약속이 성취된 것으로 지적하고 있으며, 이러한 사실은 예수님의 말라기 예언에 대한 이해가 옳다는 사실을 강력히 뒷받침한다.

제13장

예언 속의 예고

　미래 사건에 대한 예고(prediction, 본 장에서 자주 등장하는 'prophecy'와 'prediction'은 사실상 큰 차이가 없는 '예언'이라는 의미로 통합할 수 있지만, 본서 저자의 의도를 고려할 때 전자는 하나님이 계시하신 말씀을 선지자가 대언하는 '예언'으로, 후자는 미래 사건을 예측하여 말하는 '예고'로 구분하여 번역함을 밝힌다-역주)는 사람들을 흥분시킨다. 간혹 어떤 교회가 요란하게 선전하면서 많은 사람들을 예언 콘퍼런스에 끌어 모으는 일을 벌이곤 한다. 그러나 그러한 예고(prediction)는 성경적인 관점에서 보면 예언(prophecy)의 본질이 아니다. 예언은 성경에서 미래에 대한 예측이 포함되었건, 포함되지 않았건 상관없이 하나님의 말씀을 대언해 말하는 것이다. 성경적 예언의 독특한 요소는 그것이 하나님으로부터 나온 계시라는 특징이다. 시내산에서 모세에게 전달된 율법은 성경에서 기본적 예언의 표본을 제시하지만, 십계명에는 미래 예고의 측면이 거의 발견되지 않는다. 따라서 미래에 대한 예고는 본질적인 예언에 대한 부차적인 것일 뿐이다.
　그러나 미래 사건들에 대한 예고는 논박할 여지없이 성경 예언의 독특한 특징 중의 하나이다. 구약 예언서의 상당한 부분이 미래에 관한 예고에 할애된다. 미래 사건에 대한 정확한 예고는 성경에서 참 예언과 거짓 예언을 구분하는 주된 기준 가운데 하나이다(신 18:21-22). 본 장에서, 예언 속의 예고 가운데 몇 가지 측면이 토론될 것이다.

1. 예언 속의 예고에 관한 중대한 시각들

구약의 예언에서 반복적으로 발견되는 미래의 사건에 대한 예고는 때로는 그것이 굉장한 내용을 담고 있음에도 불구하고, 비평학자들에 의해 그 어떤 다른 성경의 내용들보다 부정적이고 불신앙적인 평가를 받는다. 예언에 관한 성경의 완전한 자증(self-testimony)조차도 수용할 준비가 되어 있지 않은 비평가들은 이스라엘 선지자들을 오직 "고등 윤리를 가진 일신론 자"로 찬양하는 데 열광적인 것 같다. 그러나 이스라엘 선지자들의 작품에 두루 퍼져 있는 미래의 예고에 관한 일관된 주장은 부정적인 비평주의 사고방식이 얼마나 잘못되었음을 항변한다.

예언 속의 예고에 대하여 부정적인 반응은 아주 다양한 방식으로 나타난다. 한편으로는 "침묵의 음모"(conspiracy of silence)의 형태로 나타나는데, 그들은 예언 문학의 이 측면을 단순히 무시해 버림으로써 문제를 회피하고자 한다.[1] 성경 예언에 관한 다양한 방면의 연구들이 활발하게 이루어진다. 거기에는 예언의 기원, 예언의 역사적 배경, 문학적 형태, 자료의 신학적 본질 등에 관한 여러 문제들을 망라한다. 그럼에도 불구하고 선지자들이 말하는 미래의 예고는 종종 인식조차 되지 않으며, 전혀 다루어지지도 않고, 탐험되지 않는 채로 팽개쳐 버려진다.

다른 한편으로는 성경 예언 속에 예고의 존재를 인식하고 긴장하여, 이 예고들이 상호 모순되지는 않는지를 심각하게 심사하기도 하는 쪽에서 발생한다. 아이크로트(Eichrodt)는 예고란 "그 민족이 역사의 수수께끼를 통해 하나님의 길로 인도받게 한 매우 가치 있는 수단이며, 따라서 그것은 심지어 문자적으로

---

[1] Albright(*From the Stone Age to Christianity*, 17)는 대다수 성경학자들과 더불어 자신이 예언 속의 예고의 요소를 평가 절하했음을 솔직히 인정한다. Rowley(*Servant of the Lord*, 125-26) 역시 학자들 사이에서 성경예언속의 예고의 역할이 최소화되었으며, 이것은 잘못된 판단으로 규정한다. Barr(*Concept of Biblical Theology*, 20)는 성경 신학에 관한 근대적 관점과 관련하여 다음과 같이 진술한다. "예언서에서 축어적 예고의 신비는 사라진 것 같으며, 그것을 다시 되살릴 필요가 없었다."

성취되지 않는 때에도 내적 진리(inner truth)를 보유하고 있는 것"이라고 진술한다.[2] 아이크로트는 문자적 성취라는 개념을 하잘 것 없는 것으로 모독하며, 선지자의 내적 진리라는 것을 내세워 예언 속의 예고를 왜곡시킨다. 그러나 그는 자신이 성경 예고의 구체적 주장과 구별하여 성경 예고 속에 있는 "내적 진리"라고 부르는 것을 발견하기 위한 설득력 있는 기준을 제시하지 않는다. 예레미야가 자신의 대적 거짓 선지자가 금년에 죽을 것이라고 선언할 때(렘 28:15-17), 그는 하나냐의 일반적 도덕성에 대한 자신의 인식에 근거하여 예언한 것으로 볼 수 없다. 그는 오히려 지켜보고 있는 세상 앞에 그 거짓 선지자의 죽음이 최대한 몇 달 후에 일어날지를 감히 말함으로써, 자신이 받은 신적 계시의 지식에 대한 예언적 신빙성을 내거는 모험을 한다.

예고의 주제에 대하여 더 큰 긴장은 폰 라드(von Rad)의 변증법적 접근에서 나타난다. 한편으로 폰 라드는 "역사의 주(the Lord)는 미래가 미리 언급될 수 있도록 허락하시는 분"이며 "예고하는 능력은 우상들과 하나님의 구체적인 차이를 제공한다"고 선언한다.[3] 그러나 그는 또한 "시온에 관한 이사야의 위대한 말씀들이 모두 다 실현된 것은 아니다…여호와는 그의 성읍을 보호하지 않으셨다"고 주장한다.[4] 위의 두 주장을 동시에 견지하는 것은 스스로 자기모순에 빠져드는 우를 범하게 되는 것이든지, 아니면 이스라엘의 하나님은 실제로 이사야가 그토록 조롱하는 우상들과 별반 다를 것이 없는 존재라는 것 가운데 어느 하나를 의미한다.

예언 속의 예고 문제를 다룸에 있어서 이러한 긴장은 최근의 작품들 가운데에서도 계속 나타난다. 클레멘츠(Clements)는 "고대세계의 작품 가운데서 성경에 필적할 만한 것은 발견되지 않기 때문에" 성경 자료는 반드시 "현존하고 있는 두루마리 자체의 증거 안에서, 귀납적으로" 연구되어야만 한다고 주장함으로써 구약 예언의 독특성을 인정한다.[5] 그는 심지어 선지자들의 글은-선지자들 자신의 것이든 아니면 편집자의 것이든-영감을 주신 성령의 작품이라고 주장하기까지 한다.[6] 그러나 클레멘츠는 아모스 예언의 편집자를 묘사하면서,

---

2) Eichrodt, *Theology of the Old Testament*, 제1권, 505, 각주 1번.
3) Von Rad, *Old Testament Theology*, 제2권, 242.
4) Ibid., 167.
5) Clements, *Old Testament Prophecy*, 7.

편집자가 그 선지자의 예고를 "사건 후에 일어난(post eventum) 역사적 정보"에 통합시켰다고 주장한다.[7] 다시 말해서, 아모스는 이스라엘에 대한 하나님의 심판을 단지 일반적 견지에서 예견했지만, 그 후 편집자는 추후에 일어난 역사적 사실들을 삽입해 마치 그 역사적인 사실들이 원래 예고의 일부인 것처럼 보이게 했다는 것이다. 그 결과로, 독자들은 이러한 구체적인 역사적 사실들이 비록 실제로 예측된 것은 아니었지만 아모스에 의해 예고된 사실이었다는 인상을 받게 된다는 것이다. 클레멘츠는 "그러나 이러한 방법은 예언을 왜곡하는 것도 아니고, 그 진실성을 거짓으로 꾸며내는 것도 아니다. 다만 그 예언의 보다 충만한 의미를 끌어내는 수단인 것이다"라고 단언한다.[8]

클레멘츠가 제안하는 방법에는 두 방면의 긴장이 고조된다. 그는 선지자 예언의 기원을 성령의 영감으로 거슬러 올라가게 하면서까지 그 말씀들에게 중요한 종교적 가치를 부여하고자 한다. 그러나 예언 중에 예고에 들어가서는 애매한 태도를 보임으로써 양쪽 중 하나를 선택해야 하는 문제를 일으킨다. 즉 선지자들이 보여주는 미래의 구체적, 그리고 역사적 사건들에 대한 통찰력은 미래를 조종하시는 하나님으로부터 나온 직접적인 계시에 유래한 것임에 틀림없거나, 또는 편집자의 속임수에서 나온 것이든지 하나가 되어야 한다. 물론 클레멘츠는 후자의 경우를 강하게 부인할 것이다.

이와 유사한 방식으로, 고완(Gowan)은 하나님께서 "선택된 특정한 개인들과 의사소통하시는 수준에서, 그리고 세계 역사의 사건들에 실제적으로 참여하시는 수준에서" 이스라엘의 역사에 관여하셨다고 주장한다.[9] 이와 동시에, 그는 이사야가 "다른 어떤 사람(영감을 받은 사람이건 받지 않은 사람이건)과 전혀 다를 바 없이 미래가 어떻게 될 것인지 정확히 알지 못했다"고 주장하며, 또한 이사야가 "실현되지 않은 많은 것들을" 예고했다고 주장한다.[10] 만약 이사

---

6) Clements, *Prophecy and Covenant*, 128.

7) Clements, *Old Testament Prophecy*, 33.

8) Ibid., 34. 문학 장르는 상당히 다를 것이지만, 혹자는 Clements가 학생의 답안을 평가할 때에 한 학생이 다소 일반적인 견해로 답을 먼저 쓴 후에, 그 시험지를 제출하기 전에 그것을 다시 고찰하여 더 방대한 세부사항을 추가하는 학생에게 동일한 평가를 할 것인지에 대해 의아해한다.

9) Gowan, *Theology of the Prophetic Books*, 9.

10) Ibid., 161-62.

야 선지자가 다른 사람과 마찬가지로 미래에 관하여 알지도 못하면서 마치 하나님의 메시지인 것처럼 많은 예고를 제시한다면, 그가 하나님으로부터 받았다고 주장하는 말씀의 진실성에 관해서 의문을 품을 수밖에 없을 것이다.

선지자들에게 주는 예고의 문제에 관한 또 다른 시각들이 제시된다. 포러(Fohrer)는 종종 선지자들이 "막 발생하려는 시점에 있는" 사건들을 그들의 예고로 선언했다고 주장한다. 그들이 무슨 일이 일어나고 있었는지를 지적할 "시간을 충분히" 가지고 있었으며, 그래서 그들은 사람들이 "예언된" 사건의 의미에 관하여 타당한 결론을 가질 수 있도록 도울 수 있었다는 것이다.[11] 소여(Sawyer)는 선의의 편집자가 추후에 일어날 역사적 세부 사항들을 일반화된 예언에 추가했다고 주장하는 데 대한 하나의 대안으로서, 어떤 편집자들이 결코 발생하지 않은 기존의 예언적 예고를 마치 성취된 것처럼 확인하는 방식으로서 사건들을 고안해 냈다고 주장한다. 편집자들은 "사건을 고안하거나, 또는 적어도 이미 문서로 기록되어 존재하고 있는 예언을 이미 일어난 사건에 상응시키기 위하여 공교하게 윤색할 수 있었다."[12] 소여는 "그것이 아니라는 증거가 있는데도 불구하고 마치 예언이 성취된 것처럼 고안된 예언능력"을 예증하기 위하여, 에스라서의 한 기사를 인용한다.

아마 예언 속에 있는 예고에 관한 성경적 증언을 가장 노골적으로 배척하는 것 가운데 하나는, 선지자가 미래를 정확히 예측할 수 있는 능력이 불가능하다고 믿는 캐롤(Carroll)의 신념 가운데서 발견될 것이다. 그는 다음과 같이 주장한다.

> 예언의 진정성을 논하면서 예측이 참된 것이며, 또한 그릇될 수 없는 것으로 확고하게 믿는 몇몇 신학자들의 주장들을 염려할 필요가 없다. 그들은 비평적 논의에 문을 열지 않고 순전히 교의적 입장에 근거를 두고 있기 때문이다. 이 입장들은 하나님께서 미래를 알고 계시며, 그분은 그것을 여러 선지자들에게 계시하신다는 관념, 그래서 그렇게 계시된 말씀이 그릇될 수 없다는 관념을 포함한다. 이러한 낡은 개념은 이미 폐기된 신학의 형태에 속하며, 그것은 예언을 이해하기 위한 해결책보다는 훨씬 더 많은 문제만

---

11) Fohrer, *Introduction to the Old Testament*, 352.
12) Sawyer, "Prophecy and Interpretation," 564.

을 제기한다. 단순한 인간의 말을 하나님의 말씀과 동일시하는 것은 신성에 인간의 오류를 부과하는 것이다. 하나님을 미래에 관하여 아시는 분으로 말하는 것은 어떤 신학사상을 위해서도 불필요하다. 선지자들의 예고의 형태에서 하나님이 미래를 알고 계시하신다는 관념에 어떠한 일관성을 부여하기 위해 필요한 해석학적 훈련을 하는 것은 종교적 공동체에 어떠한 도움도 되지 못한다. 더욱이 그러한 사람들에 의해 제조된 예언의 기사는 점성술의 도표를 그리는 것과 같은 비합리성의 유희로 발판을 삼는 것 위에 있으며, 그리고 그것은 신앙을 넘어선 진부한 것이다.[14]

그토록 뻔뻔스러운 표현은 부정적인 비평학의 시각을 가진 한쪽편의 사람들에게만 도움이 될 것이다. 그의 요지는 분명하다. 심지어 하나님조차도 미래를 알지 못하며, 그래서 어느 누구도 그러한 지식을 소유할 가능성이 없다는 것이다. 이 입장은 어떠한 중도적인 의견도 허용하지 않는다. 아무리 선지자들이 반복적으로 하나님이 우주에 직접 개입하신다는 주장을 하고 있어도, 그 타당성을 긍정적으로 볼 수 없으며, 미래에 대한 예고는 어떠한 경우에도 인정할 수 없다.

하나님께서 하실 수 있는 것과 하실 수 없는 것에 관하여 뻔뻔스럽고도 거친 주장을 펴는 것은 매우 놀랄 만하다. 다른 곳에서 캐롤은 "하나님을 구원하는" 과정 신학의 가치를 긍정적으로 말한다.[15] 그러나 하나님은 스스로 자족하시며 절대적인 분이시므로 사람들에 의해 구조될 필요가 없다. 도대체 무슨 근거로 단지 인간에 불과한 자가 전능자께서, 영원하신 창조자께서 미래를 아시는 것이 불가능하다고 주장하는가? 이러한 주장을 펼치는 사람에 대해서는, "당신의

---

14) Carroll, *When Prophecy Failed*, 34-35.
15) Ibid., 227에 있는 각주 47번을 참조하라. Carroll은 Hartshorne, *Reality as Social Process*, 161-62을 다음과 같이 인용한다. "심지어 하나님의 예견조차도 개연성 가운데서 선택하시는 행동과 관련이 있을 것이다. 그는 무엇이 '일어날 것인지'를 보지는 못하지만, 발생하는 것 가운데 가능한 사건의 범위는 선택할 수 있다. 그리고 그는 어떤 종류의 일이 다른 것들보다 더 확률적으로 많이 일어나는 것을 보실 것이다. 즉 그는 개연성의 견지에서 보실 것이다. 이는 인간의 자유를 불가능한 것으로 만들지 않으시는 하나님의 지식, 또는 선함과 지혜에 있어서 완벽하신 하나님에 대한 종교적 지식을 파괴하지 않는 유일한 견해인 것으로 보인다." 그는 "다시 한번 말하거니와, 사람이 하나님께서 미래를 보시는 길을 정확히 안다고 주장하는 것은 상당히 놀랄 만한 일이다"고 말한다.

하나님은 너무나 작은 분이군"이라고 말해야만 한다. 성경에서 자기 자신을 계시하신 하나님은 미래를 알고, 통제하고, 예고하는 데 아무런 문제도 없다. 다니엘이 몹시 당황해진 느부갓네살 왕에게 말한 바와 같이 단언한다. "은밀한 것은 박사나 술객이나…점쟁이가 능히 왕께 보일 수 없으되, 오직 은밀한 것을 나타내실 자는 하늘에 계신 하나님이시라. 그가 느부갓네살 왕에게 후일에 될 일을 알게 하셨나이다"(단 2:27-28, NIV).

2. 예언 속의 예고에 관한 성경적 개념

예언 속의 예고에 관하여 성경에 충실하게 따라서 살필 때에 많은 요소들이 발견된다. 첫째로, 가장 우선되는 것은 미래의 예고는 전적으로 전능하신 하나님이 행하시는 초자연적인 역사이다. 여러 선지자들은 자신들이 하나님의 계시로 받은 미래의 예고들은 거짓 선지자들이 자기 마음에서 발동한 거짓 예언과는 대조적임을 거듭 강조한다(렘 28:2-4, 10-17). 선지자들이 말하는 미래의 예고는 하나님으로부터 나왔기 때문에 그것은 기적적이며, 초자연적인 일임을 명확히 지적한다.

예언 속의 예고에 있어서 이 초자연적인 차원은 구속역사에 나타난 기적적인 사건들과 비교되어 설명될 수 있다. 홍해가 갈라진 사건, 광야에서 만나가 공급된 사건, 여리고 성의 벽이 무너져 내린 사건 등은 모두 구속사에서 하나님이 일으킨 초자연적이고 기적적인 행동이었다. 선지자들은 이러한 초자연적 범주에 예언적 말씀을 포함시킨다. 미래에 대한 예고들은 여호와께서 모세의 영도 하에서 그의 백성을 속박과 죄로부터 구원해 내신 놀라운 행위들만큼이나 기적적이다. 이스라엘 백성은 이제 선지자들의 사역을 통해서 "예고의 기이한 일"을 경험한다.[16]

기적을 믿지 않는 자연주의적 관점을 가진 사람들에게 선지자들의 예고적 예언의 기록은 액면 그대로 받아들이기 어렵거나, 아예 받아들이기 불가능하다는 것은 조금도 이상한 일이 아니다. 그들은 미래의 예고 형태를 띠는 선언들을 어떻게 하든지 초자연적인 용어가 아닌 자연주의적인 용어로 이해하려고 한

---

16) Vos, Biblical Theology, 251.

다. 그들에게 본문은 마치 예고가 포함된 것처럼 보이도록 바뀌었든지, 아니면 이미 경험한 역사적 사실들을 마치 예고의 세부사항들에 적합하게 되도록 가장하여 기록하였든지 둘 중에 하나가 되어야 한다. 그러나 사람이 하나님을 유일하시고, 전능하시고, 전지하신 분으로 인정하려면, 하나님께서 예고적 예언을 할 수 있는 분으로 받아들일 때에만 가능하다.

진정한 예고적 예언의 두 번째 본질적 요소는 하나님께서 이 세상을 목적을 가지고 창조하셨다는 사실을 인정하는 것이다. 이스라엘의 선지자들은 바로 이 관점을 계속해서 상기시킨다. 하나님의 창조의 역할에 대한 예언적 자증이 예언의 궁극적 기원이라는 것을 앞에서 살펴보았다(제1장 2.를 보라). 산을 조성하는 자가 자신의 사상을 사람들에게 선포하신다(암 4:13). 땅의 기초를 놓으신 분인 언약의 여호와가 예루살렘에 관하여 선언을 하신다(슥 12:1-2). 만물의 창조자는 그의 종의 말씀을 실현시키신다(사 44:24-26).

예레미야는 또한 예언 속의 예고와 하나님의 창조 활동 사이의 관계를 강조한다. 예루살렘 주변의 다섯 나라가 바벨론의 느부갓네살 왕에 대항하여 연합하여 반역을 획책할 의도를 가지고 시드기야 왕에게 사절들을 파송했다(렘 27:1-3). 하나님은 선지자 예레미야를 통하여 이 사절들에게 메시지를 전달하였다. "나는 내 큰 능과 나의 든 팔로 땅과 그 위에 있는 사람과 짐승들을 만들고, 나의 소견에 옳은 대로 땅을 사람에게 주었노라"(27:5, NIV). 창조자이신 여호와께서는 이 반역에 참여하는 나라들을 그의 종 느부갓네살에게 넘겨주시기로 결단하셨고, "또 심지어 들짐승들을 그에게 주어서 부리게" 하셨다(27:6). 그가 이 모든 것들을 창조하셨기 때문에, 그것들은 하나님의 섭리와 뜻에 따를 것이다. 심지어 바벨론 대왕조차도 창조주 하나님의 종이며, 따라서 그 기한이 다 차면 하나님의 뜻에 따라 그도 "여러 나라와 큰 왕들"에 의해 정복당할 것이다(27:7).

이 경우들에서 선지자는 여러 나라들의 흥망성쇠에 관한 구체적인 예고의 확실성에 대한 근거를 창조 시에 드러났던 여호와의 권능에 두고 있다. 그는 바벨론에 대항하는 반역의 연합전선이 실패할 것이라고 담대하게 예고한다. 그리고 정해진 때에, 바벨론조차도 열방의 더 강력한 연맹에 의해 유린당할 것을 예고한다. 혹자는 이러한 예고들이 예레미야의 개인적인 세계정세에 관한 통찰력에서 나온 것이라고 추측할 것이다. 그러나 선지자 자신은 그것이 아님을 분명히 밝힌다. 그 미래에 대한 예고의 내용은 인간과 동물을 창조하신 하나님께로부터 기획되었으며, 선지자는 이 하나님에 대한 신앙의 확실한 토대 위에서 그 하나님의 메시지를 이 여러 나라의 대사들에게 확신 있게 전하였다.

더 나아가서 유일하시고 참되신 하나님께서 이 세상을 창조하셨을 뿐 아니라, 예언 속의 예고를 통하여 그 창조물에 대한 자신의 분명한 목적을 밝히셨다고 가정할 수 있다. 창조에 대하여 고려할 때, 다음과 같은 질문이 반드시 제기될 것이다. 즉 전능자께서는 아무 목적도 없이 창조사역을 이루셨겠는가? 만약 그가 창조 시에 어떤 목적을 가지셨다면, 오랫동안 진행된 역사의 과정이 그의 목적에 따라 진행되었을 것이라는 추정이 가능해진다. 그분이 창조 때에 분명한 목적을 가졌다면, 창조자 하나님께서는 그 목적의 실현을 위해 세상 역사의 과정 속에 긴밀히 개입하셨을 것이라는 가정이 가능해진다.

결과적으로, 목적이 있는 창조라는 사상은 두 가지 서로 긴밀한 요소를 내포한다. 즉 여호와께서 목적을 세우셨다는 것과, 그 목적을 이루기 위하여 경영하신다는 것이다. 하나님은 메데-페르시아 연합국의 통치자 고레스(Cyrus)가 바벨론을 정복할 때에 이스라엘의 회복을 위한 "나의 모든 목적(한글개역성경에는, '기쁨')을 성취하리라"고 선언하신다(사 44:28). 이 예언적 말씀이 어떤 상황에서 기록되었는지에 대한 논쟁이 일어나지만, 여호와께서 자신의 목적을 세우시는 시점은 영원한 과거라는 사실을 부인할 수 없다. 하나님이 영원한 창조자라고 할 때에 그가 또한 구속적 목적을 세우시는 것도 영원하다고 해야 한다. 바로 이 이유 때문에, 여호와는 사건이 발생하기 오래 전에 자신의 목적을 선지자들에게 계시하실 수 있는 것이다.

예언 속의 예고와 관련하여 나타나는 하나님의 목적에 관한 이 관점은 앗수르에 대해 장차 내리실 여호와의 심판의 선포 가운데서 확실히 드러난다.

> 나의 생각한 것이 반드시 되며, 나의 경영한 것이 반드시 이루리라.
> 내가 앗수르 사람을 나의 땅에서 파하며,
> 나의 산에서 발 아래 밟으리니…
> 이것이 온 세계를 향하여 정한 경영이며,
> 이것이 열방을 향하여 편 손이라 하셨나니
> 만군의 여호와께서 경영하셨은즉 누가 능히 그것을 폐하며,

그 손을 펴셨은즉 누가 능히 그것을 돌이키랴(사 14:24-27).

이 본문에 따르면, 여호와의 계획이 한 민족의 활동에 관해서만 세워진 것이 아니다. 오히려, 온 세상과 모든 나라들이 그의 계획에 따라 움직인다.

세상 나라들에 대한 하나님의 영원한 계획과 그의 선지자들의 예고적 발언들 사이의 직접적 연관성은 여호와의 회의에 관한 언급에서 발견된다. 여호와는 거짓 선지자들을 책망하시면서 "누가 여호와의 회의에 참예하여 그 말을 알아들었으며, 누가 귀를 기울여 그 말을 들었느뇨?"라고 선언하신다(렘 23:18). 이 거짓 선지자들은 자신의 예언을 마치 하나님으로부터 직접 받은 것처럼 행세했다. 여호와는 "그러나 그들이 만일 나의 회의에 참예하였더면, 내 백성에게 내 말을 들려서 그들의 악한 길과 악한 행위에서 돌이키게 하였으리라"고 말씀하신다(23:22, NIV).

여호와의 회의에 대한 이러한 언급들은 하나님께서 자신의 내재적인 제한성 때문에 그가 친히 만드신 하늘과 땅의 피조물들로부터 자문을 구해야만 하신다는 것을 의미하지 않는다. 오히려, 여호와는 천사들과 선지자들을 포함해서 자신의 종들에게 자신의 기이한 계획을 계시하기로 작정하신다. 여호와께서 아합 왕을 멸하고자 하시는 계획을 달성하기 위하여 회의를 소집하시는 것으로 나타나는 장면에서 미가야 선지자의 묘사는 일정한 양식에 맞춘 희곡으로 보아야 한다(왕상 22:19-23). 그 뒤에 일어난 사건의 과정을 보면 하나님께서 계획하신 각본에 따라 일이 진행됨을 확인할 수 있다. 해설가(the narrator)는 아합 왕이 가장하여 병거를 타고 전쟁터 한복판으로 들어갈 때 적이 우연히 쏜 화살이 그의 갑옷 솔기를 꿰뚫고 들어갔음을 묘사하며, 이것은 하나님 선지자의 예고가 어떻게 정확하게 성취되었는지를 드러낸다(22:34).

여호와의 이 회의는 참 선지자가 하나님의 비밀스런 계획을 전수받는 과정으로 나타난다. 세상 나라들은 여호와의 계획을 모르며, 그의 회의에 접근하지도 못한다(미 4:12). 그러나 여호와의 참 선지자는 여러 나라들에 대한 여호와의 계획을 집적 들을 수 있는 특권이 있다. 오직 그가 여호와의 회의에 들어가 그 토론을 들음으로써 그는 미래를 예고할 수 있다.

예고적 예언 가운데 세 번째 요소는 여호와의 선지자들이 하나님의 구속적 활동을 예고한다는 사실을 강조한다. 고대에서 현대에 걸친 모든 거짓 예언들과는 달리, 성경적 예고들은 결코 우발적이거나 개인적 예측에 의해 이루어지지 않는다. 여러 선지자들의 예고는 이스라엘로부터 시작해서 세상 모든 나라들에 이르기까지 광범위하게 이루어지지만, 항상 하나님이 자기 백성을 구원하시고자 하는 그 목적과 관계된다. 그리고 궁극적인 구원의 목적은 우주적 회복이다. 창조세계에 대한 저주가 제거될 것이고, 죄가 용서될 뿐만 아니라 그 뿌리까지 뽑힐 것이다. 또한 우주적 정의가 세워질 것이며, 평화가 하나님과 사람 사이, 사람과 사람 사이, 사람과 창조세계 사이가 회복될 것이다. 모든 성경적 예고는 "만물의 회복"을 위한 하나님의 계속 진행되는 목적(행 3:21, NASB를 참조할 것)으로 가득 찬 구조를 제공한다.

성경에 나타나는 예고적 예언 가운데 네 번째 요소는 하나님의 구속 목적이 여러 세대들을 통하여 연계성을 가지고 성취되어 간다는 것이다. 소돔과 고모라의 파멸에 대해 예견하면서, 여호와는 아브라함과 관련하여 다음과 같이 말씀하신다. "나의 하려는 것을 아브라함에게 숨기겠느냐…내가 그로 그 자식과 권속에게 명하여 여호와의 도를 지켜 의와 공도를 행하게 하려고 그를 택하였나니, 이는 나 여호와가 아브라함에게 대하여 말한 일을 이루려 함이니라"(창 18:17, 19, NIV).

언약을 통한 하나님의 구속의 진행은 세대들을 통하여 계속 이어진다는 요소를 내포한다. 노아는 그의 모든 가족과 더불어 방주 안으로 들어가야만 한다(창 7:1). 아브라함에게 주어진 하나님의 약속은 전 세대를 포함한다(시 105:8-9; 또한 창 17:10을 보라). 시내산에서 맺어진 언약은 아직 태어나지도 않은 여러 세대를 포함한다(신 5:2-3; 29:14-15). 다윗의 아들들은 그를 이어 보좌에 앉을 것이다(삼하 7:12). 하나님은 이스라엘 집 및 유다 집과 새 언약을 체결하신다(렘 31:31). 언약의 말씀이 현 세대를 넘어 멀리까지 확장되기 때문에, 그것은 필연적으로 미래의 사건들을 포함할 수밖에 없다.

언약적 구속이 여러 세대를 통해 이어져 나간다는 이 근본적 원리는 미래의 예언적 예고의 기초가 된다. 그것은 선지자가 미래의 어느 날에 일어날 어떤 사건을 신비적 통찰력에 의해 예고하는 그런 종류가 아니다. 오히려 선지자는 하나님의 언약에 대한 엄숙한 맹세 때문에, 세대에서 세대로 이어지는 미래의 결과를 절대적으로 확신할 수 있는 것이다. 하늘과 땅의 주권자이신 여호와는 사건들이 장차 올 여러 세대 가운데서 이루어질 그 백성을 위한 약속을 언약으로 맹세하셨으며, 따라서 그 약속은 반드시 성취될 것이다.

성경에 나타나는 예고적 예언의 다섯 번째 요소는 기록된 형태로 예언이 주어졌다는 특징이다. 예언적 예고가 글로 보존되었다는 것은 그 예언은 인간의 경험 영역 밖의 초자연적 현상이 개입한다는 사실을 증거한다. 왜냐하면 그만큼 확실성이 없으면 글로 남길 수 없기 때문이다. 이러한 예언들이 글로 쓰인 주요 목적은 타락한 세상을 위한 여호와의 은혜로운 구속 사역은 확실하게 진행될 것임을 증거하기 위함이다. 창조자이시며, 보존자이시고, 또한 유일한 세상의 구속자이신 전능의 하나님이 아니면 도대체 누가 선지서들에 나타나는 그러한 포괄적인 미래를 그토록 자신 있게 예견할 수 있겠는가? 만약 선지자들의 기록된 예고가 사실로 드러난다면, 그는 유일하신 하나님이심이 증명된다. 그 어떤 다른 신이 그것을 쓰고 또 그대로 이룰 수 없기 때문이다. 오직 하나님만이 인간과 나라들의 역사를 선지자들을 통하여 기록하게 할 수 있다.

선지자들은 예고를 기록하도록 여호와로부터 직접 지시받았다는 사실을 구체적으로 언급한다. 이사야는 자신의 초기 예언사역에서, 하나님으로부터 큰 서판에 "마헬살랄하스바스(노략이 심하고 빠르다)"라고 기록하라는 명령을 받는다(사 8:1). 이 기록된 말씀은 북 이스라엘 왕국이 시리아(아람)와 더불어 앗수르의 왕에 의해 멸망할 것을 예견하는 것이다(8:4). 그 선지자의 예고는 기록된 말씀으로 영원히 남는다. 다른 곳에서 여호와는 이사야에게 남 유다 왕국의 멸망에 관한 예고를 두루마리에 기록하라고 명령하신다(30:8). 이 경우에 이사야는 100년 후에 벌어질 사건을 예견한다. 그 예언을 기록한 이유는 다음과 같이 밝혀진다.

> 이제 가서
> 백성 앞에서 서판에 기록하며,
> 책에 써서
> 후세에 영원히 있게 하라(사 30:8).[17]

---

17) Von Rad(*Old Testament Theology*, 제2권, 40-45)는 선지자들의 저작 활동과 관련한 이전의 전통적인 비평학을 극복한다. 그러나 Von Rad는 이 기사는 이사야가 선지자 직분을 면직당하고 있다는 것을 보여준다고 결론을 맺는데, 그의 이러한 결론은 주석적 증거의 뒷받침을 받지 못한다.

미래에 대한 예고를 기록하게 한 목적은 미래의 모든 세대가 선지자가 전해 준 하나님 말씀의 진실성을 확인하도록 하는 것이다. 우주의 참되신 하나님은 이런 방식으로 자신의 신분을 명확하게 밝히신다.

이사야가 또한 "여호와의 책"에 대하여 언급한 것은(34:16), 선지자가 자신의 글이 하나님으로부터 영감 받은 것임을 인지하고 있음을 나타낸다. 그 문맥에 기록된 에돔에 대한 심판은 그 자신이 고안해 낸 예측이 아니다. 그것은 하나님이 자신에게 기록하도록 한 하나님의 책이다.

미래 사건들을 글로 쓰도록 지시받은 또 다른 경우는 또한 예레미야서에서 나타난다. "두루마리의 무용담"이라 불리는 드라마에서, 여호와는 예레미야에게 "내가 내게 말하던 날, 곧 …오늘까지 이스라엘과 유다와 열방에 대하여 나의 네게 이른 모든 말을 그것에 기록하라"고 명령하신다(렘 36:2). 이 예언적 글은 20년 이상의 예언적 선언을 포함한 것이다. 이 예레미야를 통하여 쓰인 원래의 글에는 단기간의 예측과 장기간의 예측을 포함한 다양한 예언이 보존되어 있을 것임이 확실하다. 그 민족의 미래에 대하여 쓰인 이 글들의 목적이 분명히 밝혀진다. "유다 족속이 내가 그들에게 내리려 한 모든 재앙을 듣고 각기 악한 길에서 돌이킬 듯하니라. 그리하면 내가 그 악과 죄를 사하리라"(36:3). 여호와께서 미래에 유다에 내릴 재앙에 대하여 방대하게 기록하신 목적은 그들이 그것을 읽고 회개하여 하나님이 명하신 재난으로부터 구원받게 할 의도가 있었다. 여호야김 왕이 이 예언 두루마리를 불태워 버렸을 때, 여호와는 예레미야에게 그 예언의 더 완전한 판을 기록하라고 명령하셨다(36:28). 그러나 이제, 그 글의 목적은 바뀌었다. 즉 그것은 이제 반역적인 왕과 그의 백성에 대한 조종(弔鐘)으로서 기능한다. 그들이 미래에 받을 심판은 여호와의 기록된 말씀에 의해 정해졌다(36:30-31).

여호와의 목적이 선지자의 기록된 말씀에 들어 있는 또 다른 경우를 보면 다음과 같다. 예레미야는 다음과 같은 명령을 받는다. "내가 네게 이른 모든 말을 책에 기록하라"(30:2, NIV). 그리고 선지자는 이스라엘과 유다가 그들의 포로 유배지로로부터 돌아올 것이라는 예고를 기록하라는 지시를 받는다(30:3). 이 서론적 진술은 예레미야의 다음 장에 기록되어 있는 새 언약을 포함하는 것이 분명한 것 같다(31:31-34). 만약 새 언약이 신약에서 성취된 것으로 믿는다면, 예레미야의 글은 약 600년 후에 성취된 사건들을 포함한다.

이 모든 예언적 예고의 기록이 만약 진실한 것으로 받아들여진다면, 온 세상에서 연속적으로 일어나는 사건들도 하나님이 일으키시는 기적으로 받아들일 수 있을 것이다. 이 예언적 글들은 하나님이 세계 역사에 초자연적으로 개입하심을 증언하는 것이 된다. 바로 이러한 이유 때문에 예언적 글들에 대한 현대의 비평적 작업은 믿음을 파괴하는 행위이다. 만약 예언의 글들을 있는 그대로 선지자가 쓴 것으로 받아들이지 못하면, 역사에 대한 하나님의 개입하심도 믿을 수 없다.

예언 속의 예고에 대한 여섯 번째, 그리고 결정적인 요소는 하나님이 정하신 마지막 목표를 향하여 역사가 자연스럽게 흘러간다는 것이다. 하나님의 목적은 최종적 목표 없이는 존재하지 않는다. 예고적 예언의 최고의 기적적 요소는 온 우주를 완전히 변화시킬 최종적이고 완성적인 목표가 성취될 때에 이루어질 것이다.[18] 현재와 같이 세계질서가 퇴보적인 모습으로 그 종말에 이르지 않을 것이며, 또한 이 세상이 다시 회복되는 것도 자연 스스로의 내재적 힘에 의하여 새로운 활력을 불어넣음으로써 이루어지지 않을 것이다. 모든 의의 대적이 소멸되는 것은 오직 부활하신 영광의 그리스도께서 재림하실 때 나타나는 완성적 기적에 의해서만 가능할 것이다. 우주가 그 필연적 변화를 일으키는 것은 오직 예수님을 죽은 자 가운데서 다시 살리신 그 동일한 초자연적 힘을 하나님께서 다시 풀어놓으시는 것을 통해서만 가능할 것이다. 예고적 예언에서 인정되는 기적은 온 우주의 이 초자연적 변화에서 최종적으로 표현될 것이다.

이 피조세계는 하나님의 초자연적인 사역들, 즉 미리 예고하시고 또 이루어 나가시는 가운데서 그분의 최종적 목적의 완성을 향하여 나아가고 있다. 인류의 많은 세대를 통하여 주신 하나님의 계시는 그의 종들인 선지자들에 의해 미리 예고된 여호와의 구속적 목적이 그 구심점을 이룬다.

예고를 예언에서부터 전혀 분리하여 설명하려는 자유주의 신학의 다양한 노력은 예수님이 행하신 이적을 무시하려는 그들의 노력과 비슷하다. 그들은 예수님이 물 위에서 걸으신 모습은 호수 표면 아래에 모래톱이 있었기 때문에 가능한 것이었다고 설명하기도 한다. 오천 명을 먹이신 기적은 한 어린아이의 이타적인 관대함이 다른 사람들로 하여금 자신들의 점심 도시락을 나누어 먹도록 고취시켰기 때문에 발생한 것으로 설명되기도 한다. 성경에서 이적이 부인되

---

[18] Vos, *Biblical Theology*, 251을 보라.

고 모든 것이 자연주의적으로 설명되어지는 것으로 방향이 잡히면, 구약에서 장차 오시는 그리스도, 또는 창조주를 부인하는 죄인들을 위해 그리스도가 대속적 죽음으로 구원을 이룰 것이라는 것이 전적으로 부정된다.

그러나 성경의 증언은 한결같다. 200년이 넘는 기간 동안 이스라엘의 선지자들은 그들이 미래 사건들을 예고하는 것이 하나님의 영감에 의해서 이루어졌다고 주장했다. 이스라엘의 모든 예언의 메시지와 사역은 오직 예언적 예고의 요소가 적절한 위치에 놓일 때에만 올바로 이해되고 그 가치가 인정될 수 있다. 성경의 자증과 함께 예고적 예언과 관련한 기적을 인정하면 창조, 구속, 완성의 과정이 모두 초자연적이며 경이로운 것들로 와 닿을 것이다. 그러나 만약 예언적 예고의 실체와 동떨어져 그것들을 이성적으로만 설명하려고 하면, 하나님의 초자연적 개입도 없을 것이며, 미래의 소망을 향한 믿음 또한 퇴보가 필연적으로 뒤따를 것이다.

3. 예언적 예고의 범주들

참 선지자들은 예언적 말씀이 하나님의 계시에 의해 그들에게 임했다는 사실을 알았기 때문에, 그들은 자신이 담대하게 선언한 예고에 대하여 자신감을 가졌을 것이다. 그들이 미래를 부정확하게 예고하는 자에게는 죽음의 형벌이 있을 것이라는 사실을 알고 있음에도 불구하고, 장기적 및 단기적인 미래의 예고를 담대하게 선포하였다. 때때로 그들은 자신의 예언을 극적인 행동으로 보강하였다. 때때로 그들은 그들이 말한 예언적 예견이 그렇게 일어날 수밖에 없는 조건들을 제시하기도 하였다. 때때로 그들은 주변의 크고 작은 여러 나라들의 운명에 관하여 담대하게 외쳤다. 때때로 그들은 먼 미래에 나타날 하나님의 궁극적 목적이 어떻게 실현될지에 대해 매우 충격적인 용어로 말하였다. 그러나 미래에 관련한 그들의 예고는 언제나 궁극적으로 여호와의 구속적 목적과 관련되어 있다.

선지자들의 미래에 대한 예고의 범위와 강조점을 잘 파악하기 위하여 예견의 주요한 범주들을 고려하는 것이 유용하다. 예고의 이 범주들은 다음의 것들을 포함한다. 가까운 미래에 관한 예고, 상황 조건적 예고, 나라들과 관련한 예고,

그리고 먼 미래에 속한 예고 등이다.

1) 가까운 미래에 관한 예고

실로 여호와의 참 선지자들은 종종 그들 자신의 생애 동안에 실현될 수 있는 가까운 미래의 예고에 자신의 목숨을 걸었다. 모세의 율법은 거짓으로 예고하는 거짓 선지자들이 죽임을 당해야 한다고 지적하였다(신 18:20-22). 아모스는 이스라엘이 포로로 추방되고, 여로보암 왕이 칼에 맞아 죽임을 당할 것이라고 예고한 것 때문에 생명의 위협을 받았다(암 7:11-16). 예레미야는 자신의 예고적 말이 성취될 것이라는 믿음에 기초하여 당대의 거짓 선지자들의 반대에 맞서야 했다(렘 28장). 따라서 가까운 미래에 관한 예고는 이스라엘 선지자들을 시험하는 토대였다.

가까운 미래에 대한 예고는 선지자의 예언이 진실함을 입증할 수 있는 좋은 증거가 되지만, 또 때로는 이로 말미암아 백성들로부터 조롱받기도 하였다. 에스겔 시대에 백성의 기대는 조롱으로 바뀌고 있었다. 백성들의 다음과 같은 비아냥거림은 유행하는 속담이 되었다. "날이 더디고, 모든 묵시가 응험이 없다"(겔 12:22). 물론 이 속담은 거짓 선지자들과 아첨하는 복술가들이 아직 이루어지지 않은 예고들에 대하여 정밀한 조사를 회피하고 참 선지자를 비난함으로써 더 널리 퍼졌을 것이다. 또한 거짓 선지자들이 거짓 예언들을 남발한 결과로 하나님의 참 선지자들마저도 백성들로부터 조롱의 독침으로 고난당하기도 하였을 것이다. 그러나 여호와는 이 상황을 너무 오랫동안 관용하지 않으실 것이다. 이 옛 속담 대신, 새로운 속담이 그 자리를 대체할 것이다. "날과 모든 묵시의 응함이 가깝다"(12:23).[19] 백성은 선지자의 예고가 너무 먼 미래에 속한 것이라고 불평한다(12:27). 그러나 여호와는 이제 그들이 예상하였던 것보다 그것이 더 가까운 것임을 밝힌다. "나의 말이 하나도 다시 더디지 않을지니, 나의 한 말이 이루리라"(12:28). 백성은 그 선지자의 예고에 대한 진가를 인지하지 못하고 더디게 성취된다고 불평하였지만, 이제 이 반역적 집에 대항하여 선포된 모든 심판은 조금도 지체 없이 성취될 것이다(12:25).

---

[19] 히브리 본문을 조금만 바꾸어도 두 속담 사이에 상당한 차이가 발생하며, 이러한 차이는 변화의 여지를 훨씬 더 쉽게 만든다.

가까운 미래에 예고가 성취되는 이 요소는 이스라엘 선지자직의 제정 때에 합법적인 선지자로 인정을 받기 위한 근거가 되었으며, 이것은 이스라엘 민족의 역사를 두루 걸쳐 계속 선지자직의 정당성을 부여하는 중요한 요소로 그 역할을 계속하였다. 만약 선지자의 말씀이 성취되지 않았다면, 여호와는 그 사람을 통해 말씀하지 않으셨다(신 18:22). 어린 사무엘에게 여호와께서 "그의 말 가운데 하나도 땅에 떨어지지 않게" 하셨다. 그 결과로, 모든 이스라엘은 "사무엘이 여호와의 선지자로서 세우심을 받았음"을 인정하였다(삼상 3:19-20). 예레미야는 거짓 선지자 하나냐와 한참 싸우는 동안, 참 선지자를 시험하는 이 오랜 전통을 가지고 자신을 시험대에 올려놓았다. 선지자는 "오직 그의 예언이 응한 후에야" 여호와로부터 참 선지자로 인정될 수 있다(렘 28:9). 이와 유사한 방식으로 에스겔은 이스라엘 땅이 황폐한다는 자신의 예고의 성취 여부에 자신의 명예를 건다. "그 말이 응하리니, 응할 때에는 그들이 한 선지자가 자기 가운데 있었던 줄을 알리라"(겔 33:33, NIV).

따라서 여호와의 참 선지자들이 말한 가까운 미래에 대한 예고는 매우 중대한 또 하나의 목적으로 사용되었다. 이 예고를 통하여 선지자 말씀의 진실함이 확증되었으며, 백성 편에서는 이것을 보고 믿음의 확신을 가지게 되었다. 이 예고의 효과는 성경 속에 기록된 먼 미래에 대한 백성들의 신뢰를 확고하게 하는 토대가 되었으며, 성경에서 발견되는 도덕적이고 구속적인 메시지의 진실성을 확증해 주는 기초가 되기도 하였다. 기록된 하나님 말씀의 진실성을 부인하는 사람은 이러한 결론들을 회피하게 되며, 그것은 그들의 신앙에 커다란 손실이 된다.

더욱이 선지자들의 가까운 미래에 대한 예고를 고려할 때, 예언적 예고는 여호와께서 계속 진행하시는 구속의 목적에 직접적으로 관련되었으며, 결코 우발적으로 일어나는 사건들이 아니라는 사실을 가장 먼저 인지하여야 한다. 성경적 선지자들은 어떤 말이 경주에서 승리할 것인지, 어떤 팀이 운동 경기에서 우승할 것인지, 또는 어떤 투자가 가장 커다란 이익을 남길 것인지를 구체적으로 예고하지 않는다. 오히려, 그들의 관심은 언제나 하나님이 자기 백성을 구속하기 위해 세우신 영원전의 계획에 집중한다. 이 관점이 선지자들로 하여금 가깝고 먼 미래 상황을 예견하도록 이끈다.

(1) 이스라엘 민족 역사의 중요한 순간들

이스라엘 역사를 다룸에 있어서 포로와 회복이 가장 중요하며, 또한 예고적 예언에서도 이 주제가 특별하게 취급되어진다. 이 주제에 관련하여 우선 가까운 미래의 사건으로 예고적 예언이 주어지는 몇 가지 예들을 먼저 살펴보는 것이 좋겠다. 호세아는 비록 북 왕국이 가장 번영할 시대에 활동했지만, 하나님께서 이스라엘 왕국을 멸망시키고, 반면에 유다 족속에게는 특별한 사랑을 보이실 것을 단호하게 예고한다(호 1:4하, 7). 보다 더 구체적으로 그는 벧아웬(벧엘)의 송아지 우상이 "큰 왕"에게 조공으로 바쳐져서 앗수르로 옮겨질 것이라고 선언한다(10:5-6). 이 예고는 대략 30년 안에 성취된다.

그로부터 얼마 지나지 않아, 이사야는 앗수르 왕의 "큰 하수"가 넘쳐흘러 유다 땅을 휩쓸고, "목에까지" 넘칠 것이라고 예고했다(사 8:5-8). 더 구체적으로 앗수르 군대가 시온산을 향하여 손을 흔들 것이라는 경고를 하였지만(10:32), 반면에 그들은 이 침략군을 두려워할 필요가 없다고 격려하기도 하였다(10:24). 이사야 선지자는 불안에 시달리는 히스기야 왕에게 위로의 말씀을 주면서, 비록 앗수르 왕이 이미 예루살렘 성문 밖에 서 있지만, 그들이 성 안으로 들어오지 못할 것이라고 예고했다. 그들은 왔던 길로 다시 돌아갈 것이다. 여호와께서 다윗 왕을 위해서, 그리고 또한 자신을 위해서 예루살렘을 방어하실 것이다(37:33-35). 이상의 예언들에서 이사야는 앗수르의 위협이 심각할 것을 먼저 말한다. 그러나 그 군대가 예루살렘 성을 유린하는 데에는 성공을 거두지 못할 것이라고 지적한다. 이사야는 이미 동일한 앗수르 군대에 의해 사마리아가 멸망한 것을 목격했다. 그런데도 예루살렘은 안전하다고 예언을 할 수 있었던 것은 오직 신적 계시를 통해서만 알 수 있었기 때문이다.

그로부터 1세기 후인 시드기야 통치 초기에 예레미야는 유다 민족이 바벨론에게 자발적으로 항복할 것을 경고하면서, 그렇지 않을 경우 유다와 그 주변 모든 민족이 바벨론의 느부갓네살 왕에 의해 잔인하게 멸망당할 것을 예언한다(렘 27:1-15). 그 성이 멸망하기 10년 전에 소위 선지자로 칭하는 거짓 선지자들은 반대의 예언을 하였다. 이에 맞서 예레미야는 그 거룩한 도성이 멸망할 것임을 단호하게 선언했다. 행여나 이러한 예언이 선지자의 선견지명적인 통찰력에서 나올 수 있다고 할지 모르나, 그것은 이전의 경험과는 전혀 다른 방향임이 분명하다. 하나님께서 다윗과 더불어 그 성을 영원히 보존하겠다는 언약을 체결하지 않으셨던가? 예루살렘은 강력한 앗수르 군대에게 공격을 당했을 때에, 난공불락의 성인 것이 입증되지 않았던가? 그렇다면, 하나님의 구원 외의 다른 어떤 것이 이 선택된 성에 대한 예조가 되어야 하는가?

하나님의 계시는 예루살렘의 임박한 멸망을 확실하게 밝혔다. 선지자는 하나님의 심판이 하나님의 종 느부갓네살의 손에 위임될 것을 미리 알았다. 그는 비극이 그 민족을 덮칠 것을 슬프게, 그러나 확신을 가지고 예고했다.

이러한 가까운 미래에 대한 예고들은 모두 그 선지자와 그의 동시대 사람들의 생애 동안에 성취되었다. 비록 그 당시 사람들이 오늘날 학자들처럼 합리화할 수 있는 능력이 있었지만, 미래 역사에 대한 성경의 기록들은 하나님의 참된 본성을 드러내는 신적 계시임이 증명되었다.

(2) 이스라엘 왕들의 흥망성쇠

유다와 이스라엘 왕들은 장차 임하는 메시아가 행할 직분을 현재 수행하고 있기 때문에 이 왕들의 삶은 선지자들의 예고에 주된 대상이 되었다. 그들의 본질적인 불완전성으로 인해 그들은 미래에 완전한 기름부음을 받은 구원자에 훨씬 못 미치거나, 정반대되는 삶의 모습을 종종 보였다.

아모스는 여호와께서 칼로 여로보암의 "집"을 치실 것이라고 예고하였다(암 7:9). 벧엘의 가짜이며 우상을 숭배하는 제사장 아마샤는 이 아모스의 말을 왜곡하여 그가 여로보암이 칼에 죽을 것을 예언했다고 고발하였다(7:11; 또한 왕하 14:29를 보라). 그러나 살룸의 칼에 의해 비참한 죽음을 당한 자는 여로보암의 아들 스가랴였고, 이것은 아모스가 여로보암 "집"에 예고했던 것이 정확하게 이루어진 것이었다(15:8-10).

남쪽 유다 왕국이 종말로 치닫기 시작하면서, 예레미야는 그들의 마지막 왕들에 관한 일련의 시리즈를 예고한다. 여호야긴은 그의 어머니와 함께 포로 유배지로 추방당해 다시는 돌아오지 못할 것이고, 그의 아들들 가운데 아무도 그를 이어 보좌에 오르지 못할 것이다(렘 22:24-30; 왕하 24:8, 12, 15). 비록 거짓 선지자들은 여호야긴이 바벨론으로부터 돌아온다고 약속함으로써 예레미야에게 반발했지만, 예레미야의 예언이 옳은 것으로 입증되었다(렘 28:4).

유다 왕 여호야김은 예레미야를 통하여 전달된 여호와의 메시지를 기록한 귀중한 두루마리를 파괴해 버린 악함 때문에, 특별한 심판의 말씀이 그에 대해 선포되었다. 그는 두루마리를 베어내 불살라 버림으로써, 여호와의 말씀에 대한 철저한 경멸감을 나타냈다. 그러므로 그의 몸은 버려질 것이고, 그의 후손들 가운데 그 어느 누구도 다윗의 보좌에 앉지 못할 것이다(렘 36:30-31). 이 예고는 두 가지 측면에서 어려움을 초래한다. 한편으로, 역대기서는 여호야김이 예루살렘 성문 밖에 묻히지 않고, 바벨론으로 끌려갔다고 지적한다(대하 36:6; 겔 19:9). 게다가, 여호야김의 아들 여호야긴이 그를 계승해 유다의 보좌에 올랐다(왕하 24:6).

후자를 먼저 고려할 때에 시드기야가 느부갓네살에 의해 "여호야김의 아들 고니야[여호야긴]를 대신하여" 왕이 되었다고 예레미야가 지적한 사실에 주목해야 한다(렘 37:1). 예레미야는 여호야김의 아들이 그를 계승해 유다의 왕 위에 올랐다는 사실을 충분히 알고 있었지만, 이 사실은 그가 전에 말한 예고와 모순된 것으로 생각하지 않았음이 분명하다. 예레미야가 앞에서 말한 것은 여호야긴이 단지 3개월 동안만 유다를 통치한 후 느부갓네살에 의해 보좌에서 쫓겨난다는 사실을 고려하고 있었음에 틀림없다. 이렇게 짧은 그의 통치기간은 보통 의미에서 "보위에 오르지" 않은 것으로 여겨질 수 있을 것이다.

여호야김의 불명예스런 매장과 관련하여 예레미야서는 그의 몸이 "예루살렘 성문 밖에 버려질" 것이라고 말한다. 그 어구는 그의 시체가 최종적으로 어떻게 처분될지에 대해 정확한 상황을 구체적으로 말하지는 않지만, 반역에 의한 불명예스런 죽음을 가리킨다. 무덤의 문제에 대하여는 사실이 어떠하든, 그 왕은 사망과 관련된 정상적인 영예를 받지 못했다.

예루살렘을 최종적으로 포위하고 있던 극적인 순간에, 느부갓네살과 그의 군대는 이집트 군대의 돌연한 습격 때문에 전열이 흐트러졌다(렘 37:5). 그 결과 예루살렘 사람들은 자연스럽게 과거 히스기야 시대에 경험했던 것과 같은 하나님의 구원에 대한 소망이 일어났을 것이다. 그러나 예레미야는 그 성읍이 느부갓네살에게 멸망당하고 시드기야 왕이 바벨론에 끌려갈 것이라고 이미 예고했었다(32:1-5; 34:1-7). 그는 이제 이집트의 바로 왕이 그의 군대와 함께 이집트로 돌아가고 바벨론 사람들이 그들의 포위망을 다시 좁혀 결국 예루살렘을 철저히 불살라 버릴 것이라고 선언한다(37:6-10). 시드기야 왕이 직접 예레미야에게 자신에 대하여 물어왔을 때에도 선지자의 메시지는 동일하였다. 즉 그 왕은 느부갓네살에게 넘겨질 것이라는 메시지였다(37:17).

이와 동시에 바벨론에서는, 에스겔 선지자가 예루살렘의 포위와 시드기야 왕의 사로잡힘에 관하여 예언활동을 수행하고 있었다. 그는 여호와의 명령에 따라 가재도구를 꾸려 망명을 떠나는 준비를 하였으며, 밤이 되자 벽에 구멍을 파서 그곳으로 빠져 나갔다(겔 12:3-7). 그런 다음 여호와는 선지자의 상징적 행위에 대해 해석을 제공하셨다. 눈이 먼 사람이라 할지라도 그 상징적 행위를 이해할 수 있었다. "왕은…어깨에 행구를 메고 나가며, 성벽에 구멍이 그를 위해 뚫릴 것이며…눈으로 땅을 보지 아니하려고 자기 얼굴을 가리우리라. 내가…그를 끌고 갈대아 땅 바벨론에 이르리니, 그가 거기서 죽으려니와 그 땅을 보지 못하리라. 내가 그 호위하는 자와 부대들을 다 사방으로 흩을 것이다…" (12:12-14, NIV 참조)

에스겔의 이 세밀한 예언은 예레미야의 기록에서 정확하게 실현되었음을 확인할 수 있다. 바벨론 사람들은 결국 예루살렘 성벽에 파열구를 만들었다. 시드기야 왕과 그의 군대는 야음을 틈타 성벽 구멍을 통해 도망쳤다. 그러나 그는 모든 군사들과 헤어졌으며, 그는 사로잡혔다. 시드기야는 느부갓네살 앞으로 끌려갔으며, 느부갓네살은 그가 보는 앞에서 그의 아들들을 살해한 후, 그의 두 눈을 다 뽑아버렸다. 그리고 그를 바벨론으로 끌고 가서 그가 죽을 때까지 감옥에 가두어 두었다(렘 52:4-11; 또한 왕하 25:4, 7을 보라). 에스겔이 예고한 그대로, 그 왕은 어두컴컴해진 시간에 벽을 통해 도망쳤으며, 그의 군사들은 뿔뿔이 흩어졌고, 그는 사로잡혀 바벨론으로 끌려갔으며, 결코 앞을 못 본채 거기에서 죽었다.

친히 역사를 주관하시는 하나님 외에 그 어느 누가 이 사건들이 발생하기 전에 미리 구체적으로 예견할 수 있단 말인가! 이성적으로 설명하려는 사람들은 선지자들의 예고를 다른 방식으로 설명하려고 노력하겠지만, 예레미야와 에스겔은 서로의 진실성을 확실하게 입증해 준다. 만약 이 예언들이 참이라면 오직 유일하신 하나님만이 자신의 정의와 자비의 영광을 위해 왕들의 진로를 정하시는 분이라는 사실이 분명해진다.

(3) 하나님의 선지자들의 삶의 행위

하나님의 특별한 종들, 즉 선지자의 삶의 행위도 하나님께서 주시고자 하는 예고의 구속적 메시지 프로그램의 일환이었다. 심지어 바벨론의 포위가 한창 진행 중이고, 예레미야가 가택 연금 상태에 있을 때에, 여호와의 말씀은 그의 삼촌이 그에게 부동산 한 자락을 팔기위해 올 것임을 알려주신다(렘 32:6-7). 삼촌이 나타나 그 제안을 할 때에 예레미야는 그의 삼촌의 요청이 여호와로부터 왔다는 사실을 확실히 인식한다(32:8). 세상에 어느 누가 침략군에 의해 이미 점령된 땅을 팔고, 또 사는 사람이 있겠는가? 이것은 하나님의 계획에 의해 이루어진 일이 아니고는 있을 수 없다.

예레미야는 여호와께서 지시하시는 것을 실행해야만 하지만, 그는 이 일의 엉뚱함과 부조화에 대해 놀라지 않을 수 없었을 것이다. 유다의 온 영토가 이제 막 바벨론 사람들의 손에 넘어가고 있는데, 왜 가택 연금 하에 있는 가난한 설교자인 그가 땅을 사야만 하는가? 여호와는 선지자의 정당한 질문에 대해 미래에 관한 자신의 목적을 드러내 보이심으로써 대답하신다. "나 여호와가 이같이 말하노라. 내가 이 백성에게 이 큰 재앙을 내린 것같이 허락한 모든 복을 그들에게 내리리라…이 땅에서 사람들이 밭을 사되, 베냐민 땅과…밭을 은으로 사고, 증서를 기록하여 인봉하고 증인을 세우리니, 이는 내가 그들의 포로로 돌아오게 함이니라. 여호와의 말이니라"(렘 32:42-44).

그 선지자의 행동은 미래의 희망에 대한 예언적 상징이 된다. 예레미야는 거룩한 성읍이 결코 멸망하지 않을 것이라고 계속해서 주장한 다른 많은 선지자들과 정반대로, 예루살렘이 바벨론에 의해 땅바닥까지 철저히 멸망할 것을 엄숙하게 선언하는 책임을 떠맡았다. 그리고 이제 최종 포위가 진행되고 있음에도 불구하고 그는 유다 땅에 있는 친척의 땅을 사는데, 그의 이러한 행위는 미래 회복을 위한 희망의 메시지를 주는 것이 분명하다. 행동으로 나타난 그의 예고는 당시로선 상상할 수 없는 일이었다. 그것은 포로 이후, 이스라엘이 그 땅으로 돌아와 재산을 다시 소유할 것이라는 사실이다.

이와 유사하게 에스겔도 삶의 행위를 통하여 예고적 예언을 준다. 바벨론에 살고 있는 동안, 그는 "그의 눈에 기뻐하는 것," 즉 그의 아내가 죽을 것이라는 말씀을 미리 듣는다. 그리고 그에게 어떠한 관행적인 애도 의식도 행하기를 금지하라는 명령을 받는다. 바로 그 다음 날 저녁에 그의 아내가 죽는다. 그러나 여호와의 지시에 따라, 그 선지자는 어떠한 관행적인 애도 의식도 하지 않고 슬픔을 억누른다(겔 24:15-18). 그때 여호와는 그의 선지자에게 이 사건의 의미에 관하여 백성에게 가르치라고 말씀하신다. 여호와는 이제 막 예루살렘에 있는 그의 성소, 즉 "그들의 눈에 기뻐하는 것"을 더럽히시려고 하신다. 그러나 백성은 큰 슬픔의 충격을 받지만, 어떠한 관행적 애도 의식도 할 수 없으며, 초상집의 음식도 먹지 못할 것이다. 에스겔의 행위는 상상할 수도 없는 비극이 예루살렘에서 곧 일어날 것을 내다보는 예고적 표징이 되며, 백성은 그것을 통하여 여호와만이 참이요 유일하신 하나님이심을 알게 된다(24:20-27).

선지자들의 삶의 어떤 행위가 때로는 중요한 예고적 예언의 역할을 하는 반면, 또 한편으로 많은 선지자들이 자신들이 핍박받는 중에 가까운 미래에 대한 예고적 예언을 하는 모습도 자주 나타난다. 아모스는 북 왕국이 앗수르 군대에 의해 멸망한다고 예언한 것 때문에 혹독한 반대에 부딪혔다. 그러나 벧엘의 제사장 아마샤의 핍박에 대응하여 아모스는 다섯 가지 구체적인 예고적 예언을 한다. 아마샤의 아내는 성 중에서 창기가 될 것이며, 그의 자녀들은 칼에 맞아 죽을 것이고, 그의 땅은 노략물로 나뉘일 것이며, 제사장인 그 자신은 이방 나라에서 죽을 것이며, 그리고 이스라엘은 유배지로 끌려갈 것이다(암 7:17). 이 다섯 가지 예고 가운데 마지막 것이 기록으로 입증되었지만, 다른 예고들도 책에 보존되어 있다는 사실을 비추어 볼 때에 역시 성취되었음이 분명하다.

예레미야는 스스로 선지자로 자청하는 거짓 선지자들과 충돌하면서 가까운 미래에 있을 세 가지 추가적 예고를 불러일으킨다. 첫째로, 하나냐가 예레미야 목에 감긴 상징적인 멍에를 부수어 버리면서 예언하기를 느부갓네살의 권세가 2년 내에 깨어질 것이고, 포로민들이 다시 돌아올 것이라고 선언하였다(렘 28:3-4, 10-11). 이에 대항하여 예레미야는 그 예언이 너무나 희망적이며 바람직하지만, 하나냐가 여호와의 참된 말씀을 반역했기 때문에 금년 내에 죽을 것이라고 예언한다. 그 해 칠월에 예레미야의 예언은 성취된다. 즉 그 거짓 선지자는 죽었다(28:16-17). 두 번째 사건에서, 예레미야는 거짓말하고 부도덕한 선지자인 아합과 시드기야가 느부갓네살에게 사로잡혀 불에 태워 죽임을 당하게 될 것이라고 예고한다(29:20-23). 세 번째 경우에, 스마야라는 이름의 거짓 선지자는 바벨론에서 예루살렘으로 보낸 편지에서 예레미야가 자칭 선지자로 사칭했다고 비난하며, 바벨론에 있는 백성의 포로 기간이 길 것이므로 거기서 정착해 살아야 한다는 예레미야의 말을 탄핵했다. 그는 예루살렘의 제사장들에게 미친 사람인 예레미야를 차꼬에 채우고 칼을 메우게 하라고 촉구했다(29:24-28). 예레미야는 스마야가 여호와께서 그의 포로 백성을 위해 행하실 좋은 것들을 조금도 보지 못할 것이며, 그의 자손 가운데 단 한 사람도 생존하지 못할 것이라는 예언으로 반응한다(29:29-32).

참 선지자들을 대적하는 사람에게 준 준엄한 예고들을 개인적 보복으로 간주해서는 안 된다. 미래에 대한 이러한 심판적인 예고들은 오직 미래를 통제하시는 하나님으로부터만 유래할 수 있다. 그렇다면 그들은 살아 계신 하나님의 말씀을 대항하는 심각한 행위를 한 것이 된다. 하나님의 참 선지자의 말씀을 반대해서 말하는 것은 곧 하나님 자신을 반대해서 말하는 것이다.

이 맥락에서 볼 때에 현대의 많은 비평적 연구들도 살아 계신 하나님의 기록된 말씀을 다루는 태도 역시 뻔뻔스럽고 놀라운 것으로 볼 수 있다. 만약 고대 세계의 거짓 선지자들에 대한 이러한 심판의 선언이 하나님으로부터 온 참된 계시의 말씀이었다면, 오늘날에도 "우리가 이같이 큰 구원을 등한히 여기면 어찌 피하리요? 이 구원은 처음에 주로 말씀하신 바요, 들은 자들이 우리에게 확증한 바니, 하나님도 표적들과 기사들과 여러 가지 능력과 및 자기 뜻을 따라 난 성령의 나눠주신 것으로서 저희와 함께 증거하셨느니라"라는 말씀에 귀를 기울여야 한다(히 2:3-4).

따라서 선지자들의 가까운 미래에 대한 예고들은 중요한 역할을 가지고 있었다. 특별히 미래에 관한 구체적 사건들에 대한 이러한 신적인 계시들은 선지자의 말씀의 진실성을 확증하는 것으로서 예언 사역의 중요한 측면이 있다. 특별히 시내산에서처럼 하나님의 눈부신 현현이 현재 시대에서는 기대할 수 없기 때문에, 옛날 선지자의 말씀은 오늘날 하나님의 백성에게 극히 중대하다.

2) 상황 조건적 예고

에스겔 선지자에 의해 제시된 파수꾼의 이미지는 이스라엘 선지자들의 메시지 가운데 나타나는 상황 조건적 예고의 사상을 요약한다.[20] 파수꾼은 적군의 임박한 공격을 나라에 경고하는 책임이 있었다. 그는 성읍에 가까이 다가오는 위협에 대하여 나팔을 불어 분명하게 경고해야 한다. 파수꾼의 경고에도 불구하고 백성이 응답하지 않으면 그는 책임을 면할 것이지만, 만약 경종을 울리지

---

20) 상황 조건적 예고에 관련된 질문들을 균형 있게 다루고 있는 Pratt, "Historical Contingencies"를 보라.

않아 그로 인해 피 흘림이 있다면 그가 그 책임을 져야 한다(겔 33:1-6).

여호와는 이 원리를 자신이 지명한 선지자 에스겔에게 적용하신다. 그는 악인에게 그 길의 결과에 대해 경고해야 한다. 만약 악인이 선지자의 말에 믿음으로 반응하고 회개한다면, 그의 목숨은 보존될 것이다. 그러나 만약 악인이 동일한 죄악을 계속 고집한다면, 하나님의 심판이 필연적으로 떨어질 것이다. 그러나 만약 선지자가 악인에게 그의 길에 대해 경고하지 않는다면, 여호와는 악인의 피에 대한 책임을 선지자에게 물으실 것이다(겔 3:17-21; 33:7-9).

그래서 이스라엘 선지자들이 개인에게나 민족에게 말한 심판의 예고는, 그 말을 듣는 백성의 반응에 따라 실현되기도 하고 실현되지 않기도 하였다. 물론, 여호와의 목적과 단호한 결심은 영원히 변치 않는 채로 남아 있다. 그러나 장차 임할 심판이 선지자에 의해 선언되었다 할지라도, 범죄한 죄인들이 만약 회개와 믿음으로 돌아선다면 여호와의 자비가 베풀어질 것이고, 그들의 죄는 용서받을 수 있다.

그러나 당장 심판을 말하는 선지자에게는 그러한 가변적인 상황이 전혀 고려되지 않는 직설적인 선포의 특징을 가지고 있다. 요나의 선언에 따르면, 니느웨는 40일 이내에 멸망할 것이다(욘 3:4). 그는 그 성읍이 회개함으로써 하나님의 자비가 베풀어질 수 있는 가능성에 관하여는 아무 말도 하지 않는다. 그러나 결국 그 성읍이 통회함으로써 용서를 받는다. 이와 유사한 방식으로, 이사야 선지자는 병중에 있는 히스기야 왕에게 분명히 선언한다. "언약의 여호와께서 이같이 말씀하시기를, '너는 네 집에 유언하라. 네가 죽고 살지 못하리라' 하셨나이다"(사 38:1). 그 선지자의 말씀은 확실하다. 그 왕의 병은 치명적인 것이다. 그러나 여호와는 그 왕의 기도에 응답하셔서 히스기야의 목숨을 15년 연장하신다(38:5). 미가 선지자는 예루살렘의 미래에 관하여 확실히 예고한다. "시온은 밭같이 갊을 당하고, 예루살렘은 무더기가 되고, 성전 산은 수풀의 높은 곳과 같게 되리라"(미 3:12). 그러나 그 성읍은 침략하는 앗수르 사람들에 의해 파멸당하지 않고 용서받았으며, 그 후로도 150년을 더 존재했다.

이 모든 예언에서는 어떠한 조건성과 거기에 따른 가변적인 상황의 예측이 발견되지 않는다. 선언은 조금도 모호하지 않다. 그 일들이 발생할 것에 대한 추호의 의심도 없다. 그러나 그것들이 발생하지 않기도 하기 때문에, 때때로 여호와의 참 선지자들의 예고는 실패했다고 주장될 수도 있다. 미래에 관한 그들의 예언은 실현되지 않았다.
 선지자들의 예고에서 실패했다고 단정하는 것은 하나님의 속성에 대한 이해가 부족하기 때문이다.[21] 성경에서 계시된 유일하신 하나님의 본성은 회개하는 죄인들을 받아들이고 은혜를 베푸신다는 것이다. 이러한 관점에서 볼 때에 그의 인격은 결코 변하지 않는다. 요나는 니느웨의 멸망에 대한 자신의 예고와 달리 니느웨가 건재하는 것에 대하여 불평하면서 다음과 같은 자신의 견해를 밝힌다. "내가 빨리 다시스로 도망하였사오니, 주께서는 은혜로우시며, 자비로우시며, 노하기를 더디 하시며, 인애가 크시사, 뜻을 돌이켜 재앙을 내리지 아니하시는 하나님이신 줄을 내가 알았음이니이다"(욘 4:2). 요나는 하나님의 변함없으신 그 인격을 알고 있었기 때문에, 회개하는 니느웨가 하나님의 심판을 모면할 것임을 이미 생각할 수 있었다. 소위 예루살렘 멸망에 관한 미가의 실패한 예언과 관련해서도 동일한 결론에 이를 수 있다. 1세기 후 예레미야 시대에 몇몇 장로들이 미가의 예고를 인용하지만(렘 26:18), 그들이 인용하는 목적은 미가가 예언을 잘못 말했다는 것을 보여주고자 함도 아니고, 미가를 거짓 선지자로 고발하고자 함도 아니다. 오히려, 그들이 그의 예언을 인용하는 것은 "미가의 예언의 결과, 히스기야 왕과 백성이 회개하였으며, 그래서 여호와께서 그들을 용서하시고 그 성읍을 구원하셨다는 사실을 논증하기 위함"이었다.[22]
 에스겔도 동일한 점을 말한다. 백성은 여호와께서 악인을 가만히 놓아두시고 오히려 의인에게 형벌을 내리신다고 불평하고 있었다. 그러나 여호와의 대답은 의인이 그의 의로부터 돌아서기 때문에 처벌되는 것이고, 악인이 그의 죄를 회개할 때 용서받는다는 점을 지적하신다. 하나님은 그 성품상 결코 부당하게 행동하지 않으신다. 비록 예언이 선포될 때에 그것이 직접 표현되지는 않지만, 여호와 인격의 본질은 그 백성이 선지자들의 예고에 대한 반응에 따라 분명히 드러날 것이다.
 제한성을 가진 인간은 정의로우신 여호와께서 언제까지 기다리셔서 사람이 돌아와서 선언된 심판을 모면하고 용서받을 것일지, 그리고 그들이 도저히 돌아올 수 없는 데까지 나아가버리게 되는 것이 어느 시점이 될지 감히 안다고 장담할 수 없다. 요엘은 "너희는…언약의 여호와께로 돌아올지어다…주께서 혹

---

21) 이 점에 대한 논의는 Fairbairn, *Interpretation of Prophecy*, 58-82를 보라.
22) Freedman, "Between God and Man," 61-62.

시 마음과 뜻을 돌이키실는지…누가 알겠느냐?"라고 호소한다(욜 2:12-13, NIV). 아모스는 "너희는 악을 미워하고 선을 사랑하라"고 권고한다. 왜냐하면 "만군의 하나님 여호와께서 혹시(perhaps)…긍휼히 여기실 것이기" 때문이다(암 5:15, NIV). 이러한 이유 때문에, 사람이 하나님의 심판에 대하여 속단하는 것을 삼가야 한다.

반면에 여호와의 자비하심에는 그들의 회개가 결코 늦은 것일 수 없다. 심지어 다니엘을 포함한 유다의 첫 번째 포로들이 바벨론으로 끌려갔던 여호야김 왕 제4년에 예레미야는 자신의 예언을 기록한 두루마리에서 백성이 악한 길에서 돌아설 것과 여호와 앞에 기도할 것에 대한 희망을 공개적으로 천명하고 있다(렘 36:7). 완악한 죄성에도 불구하고 그들은 여전히 용서받을 여지가 있다. 이와 유사한 방식이 심지어 느부갓네살 왕에게도 적용된다. 느부갓네살이 앞으로 당할 치욕에 관한 계시적인 꿈을 꾼 후에, 다니엘은 대왕에게 공의를 행하고 가난한 자에게 긍휼을 베품으로써 죄악을 속할 것을 충고했다. 왜냐하면 "그리하시면 왕의 평안함이 혹시 장구하실 것"이기 때문이다(단 4:27). 그러나 그 왕은 교만한 길로 계속 행하였으며, 결국은 들로 쫓겨나 짐승처럼 풀을 뜯는 신세가 되고 말았다.

예레미야가 70년 포로 후에 있을 그 땅의 회복에 대한 약속을 조건적으로 주고 있다. 백성은 여호와를 부르고, 그에게 기도하며, 마음을 다하여 그를 찾아야 한다. 오직 그렇게 할 때에만, 여호와께서 그들을 포로에서부터 불러내실 것이다(렘 29:12-14). 사실상 여호와의 자비에 근거한 그 계획은 비록 조건적이지만 그 칠십 년 기간이 다 지날 때 성취될 것이 보장된다(29:10-11). 그러나 성취를 위한 조건이 확실한 것도 사실이다.

따라서 선지자들이 예고한 미래의 축복과 저주는 분명히 사람들의 반응에 달려 있다. 인간은 자신의 행위에 대해 여호와께 반드시 설명해야 하는 책임이 있다. 그와 동시에, 선지자들이 예견한 여호와의 구속 목적은 최종적인 성취를 향하여 필연적으로 나아갈 것이다.

3) 여러 나라들에 관한 예고

만약 현대에 사는 세계 사람들이 이스라엘 주변나라들에 관한 선지자들의 메시지를 대충이라고 살펴본다면, 그것들이 상당히 주목할 만한 것임을 인식할 것이다. 여러 이웃 나라들에 관한 이스라엘 선지자들의 신탁에는 몇 가지 특징들이 있다. 첫째, 그 나라들은 그들의 잔인함, 우상숭배, 교만의 죄악 때문에 하나님께 심판을 당할 것이다. 둘째, 그 나라들이 이스라엘 나라를 대우한 것에 따라 하나님으로부터 그들도 대우를 받을 것이다(제6장 중 '열국에 대한 저주와 율법과의 관계'를 참조하라). 셋째, 그 나라들도 결국 이스라엘이 얻을 구속을 공유할 것이다.

여호와께서는 주변 여러 나라들에게 관심을 보이시어 선지자들을 통하여 미래에 대한 예고의 형태로 메시지를 전한다. 몇몇 예언서들은 이스라엘 주변 나라들에 관한 신탁들을 담고 있다. 이 예고들의 범위는 상당히 방대하다.

- 아몬(렘 49:1-6; 겔 21:28-32; 25:1-7; 암 1:13-15; 습 2:8-11)
- 앗수르(사 10:5-19; 14:24-27; 나훔; 습 2:13-15)
- 바벨론(사 13장; 14:3-23; 21:1-10; 47장; 렘 50-51장; 합 2:4-20)
- 구스(사 18장; 20:3-6; 습 2:12)
- 다마스쿠스(사 17:1-3; 렘 49:23-27; 암 1:2-5; 습 9:1-4)
- 에돔(사 21:11-12; 34:5-15; 렘 49:7-22; 겔 25:12-14; 35장; 암 1:11-12; 오바댜)
- 이집트(사 19장; 20:3-6; 렘 46:2-26; 겔 29-30장; 32장)
- 모압(사 15-16장; 렘 48장; 겔 25:8-11; 암 2:1-3; 습 2:8-11)
- 블레셋(사 14:28-32; 렘 47장; 겔 25:15-17; 욜 3:4-8; 암 1:6-8; 습 2:4-7; 슥 9:5-8)
- 두로와 시돈(사 23장; 겔 26-28장; 욜 3:4-8; 암 1:9-10; 슥 9:2-4)

나라들 중에 특히 바벨론에게 초점이 모아지는데, 신탁의 특징에서 하나님의 백성에 대한 적대감을 표출하는 전형으로서 바벨론에 특별한 관심이 집중된다(사 13:1-22; 14:3-23; 21:1-10; 47:1-15; 렘 50:1-46; 51:1-64; 합 2:4-20). 그러나 열국의 신탁들 중에 아마 가장 주목할 만한 점은 이 나라들이 이스라엘과 더불어 공유할 궁극적 구원에 관한 예고가 일관되게 주어진다는 것이다. 미래에 관한 예고적 예언 가운데 이 요소가 종종 간과된다. 그러나 이 예언적 메시지의 측면을 올바로 인지하는 것은 미래에 대한 그림을 이해하기 위해 필수적이다. 비록 이웃 나라들이 이스라엘을 학대하고 황폐케 하는 해를 끊임없이 가한다 할지라도, 그 나라들에 임할 새로운 역사에 대한 메시지는 계속 주어진다. 세상 나라들은 이스라엘에게 약속된 구속과 회복을 공유할 것이다. 예언적 예고의 이 측면은 포로기 이전, 포로기, 그리고 포로기 이후의 선지서들에서도 나타난다.

(1) 포로기 이전의 선지자가 본 이방인의 참여

놀랍게도 주변 나라들이 이스라엘에 가할 피해를 반복적으로 선언하는 와중에도, 포로기 이전의 여러 선지자들은 하나님으로부터 바로 그 나라들에 임할 축복을 정규적으로 선포한다. 요나의 경우에, 그는 자신의 민족에 대한 뜨거운 충성심에 의해 이스라엘 북 지파들을 황폐시킬 앗수르 왕국의 수도 니느웨에 가는 것을 거부한다. 그러나 그의 전파의 결과로, 온 성읍이 회개하였으며, 여호와는 그 백성을 용서하심으로써 자비를 보이신다(욘 3:6-10). 호세아는 이스라엘이 원래 상태였던 이방인으로 되돌아가는 모습으로 그들이 당할 가장 혹독한 심판을 묘사한다. 그들은 로암미(내 백성이 아님, 호 1:9)가 될 것이다. 그러나 그런 다음 하나님은 자신의 주권적 은혜로 이렇게 새롭게 형성된 이방인들을 암미(내 백성임, 2:1, 23)로 되돌리실 것이다. 이스라엘 사람이 이방인이 되고 다시 이방인이 이스라엘 사람이 된다는 이러한 호세아의 예언이 바울의 이방 나라들에 대한 사역의 기초가 되었다. 북 왕국을 구성한 열 지파는 거대한 이방의 세계에 삼킴을 당하고 동화되어 버렸다. 그러나 그리스도의 부르심을 통해 이방 민족들이 그에게 돌아오고, 하나님의 이스라엘에게 약속된 회복이 성취된다(롬 9:24-26). 아모스는 이스라엘의 머리 위를 장차 임하는 하나님의 심판의 메시지로 강타한다. 그러나 그는 마지막에 가서 다윗의 무너진 장막이 회복될 것과 이방인이었던 에돔 족속이 하나님의 이름으로 일컬음을 받는 백성으로 개종할 것임을 예고한다. 과거에 이스라엘과 동일한 방식으로 에돔이 선택되어 하나님의 은혜에 참여하게 될 것이다(암 9:12; 또한 이와 동일한 어구가 이스라엘의 선택을 지칭하는 신 28:9-10을 보라). 아모스가 선포한 이방인들이 구원에 참여한다는 이와 같은 선언은 궁극적으로 신약시대의 교회에서 성령을 받은 이방인들이 어떻게 새 언약의 공동체 안으로 수용될 수 있는지에 관한 의문을 해결하는 기초를 제공한다(행 15:15-19).

포로 이전의 선지서들 중에서 이방세계가 포함된다는 가장 영광스러운 묘사가 이사야서에서 발견된다. 이사야서의 여러 곳에서 장차 임하는 하나님의 왕국이 이방 여러 나라들의 엄청난 다수를 통합시키는 거대한 확장이 이루어질 것을 말한다. 이사야 예언의 첫 부분의 초두에서, 그는 "말일에," "많은 민족들이 언약의 여호와의 산으로 모여들 것이라"고 선언한다. 그는 "열방 사이에 판단하시며 많은 백성을 판결하시리니, 무리가 그 칼을 쳐서 보습을 만들고, 그 창을 쳐서 낫을 만들 것이다"(사 2:2-4).[23] 이사야서의 후반부는 새로운 엑소도스 때에 "여호와의 영광이 나타나고 모든 육체가 그것을 함께 보리라"는 선언으로 시작한다(40:5). 다윗 계열의 메시아 왕은 이방의 어두운 땅에 빛을 비추실 것이며(9:1-2), "만민의 기호로 설 것이다"(11:10). 열방이 그에게로 몰려들 것이다. 이는 그가 이스라엘의 포로들을 모으실 뿐 아니라, "열방을 위한 기호"로 세워질 것이기 때문이다(11:12; 또한 마 4:12-17을 보라). 회복된 다윗 계열의 통치자와 대비되는 이사야의 두 번째 큰 인물은 종의 노래를 통해 알려진다. 이 여호와의 종은 단지 이스라엘 백성을 회복시킬 뿐 아니라, 이방세계도 섬길 것이다. 그는 "이방에 공의를 베풀고," "섬들이 그의 교훈을 앙망할 것이다"(사 42:1, 4). 이 선택된 종이 "야곱 지파들을 회복시키는 것"은 "너무나 하찮은 일"이 될 것이며, 그에게는 수행해야 할 훨씬 더 큰 직무가 있다. 하나님은 그가 "[하나님의] 구원을 땅 끝까지 이르게 하도록" 그를 "이방인을 위한 빛"으로 삼으실 것이다(49:6). 비록 그의 존재가 지극히 비천하다 할지라도, "그는 지극히 존귀하게 될 것이며"(52:13), 그래서 그는 "열방에 (피를) 뿌릴 것이며, 열왕은 그를 인하여 (그들의) 입을 봉할 것이다(52:15, 한글개역성경의 난하주를 보라-역주). 이 종의 노래는 범 우주적 차원에서 타락한 세상을 회복시키는 하나님의 목적을 증언하며, 이것은 신약의 여러 문서들에서 다양하게 인용된다(마 12:13-21; 행 8:32-35; 13:46-48).

그러나 이것이 전부가 아니다. 이상을 보는 이사야는 당시에 자기 민족의 주적이었던 남쪽의 이집트와 북쪽의 앗수르를 똑바로 쳐다보면서, 감히 그 나라들을 자신의 민족 이스라엘과 더불어 여호와께 속할 민족으로 지칭한다. 당시에 어떻게 이것을 상상할 수 있었겠는가! "애굽 땅 중앙에 언약의 여호와를 위

---

23) 이 단락의 모든 성경 인용은 NIV를 참조하라.

하는 제단이 있을 것이다"(사 19:19). 이집트에서 앗수르로 직접 통하는 대로가 있어서, 이스라엘의 이 두 대적들은 예루살렘을 경유하면서 편리하게 서로 왕래하는 가운데, 그들 자신의 나라에서 함께 언약의 여호와를 경배할 것이다(19:23). 그 결과로서, "이스라엘이 애굽과 앗수르로 더불어 셋이 세계 중에 복이 되리니, 이는 만군의 여호와께서 복을 주어 가라사대, '나의 백성 애굽이여, 나의 손으로 지은 앗수르여, 나의 산업 이스라엘이여, 복이 있을지어다' 하실 것임이라"(19:24-25).

이사야의 이와 같은 범우주적 차원의 미래 지향적 기대에 대한 확증은 하나님의 집이 "만민의 기도하는 집"으로 일컬음을 받을 것이라는 선언에서 발견된다(사 56:7하; 또한 막 11:17을 보라). 새 시대에는 어떠한 이방인도 하나님의 백성에 속하는 것에서 배제되지 않을 것이다. 하나님은 자신의 이름을 사랑하는 모든 이방인들을 자신의 집으로 이끄시기 위해 주도적인 역할을 할 것이며, 그들에게 기도하는 자신의 집 안에서 즐거움을 주실 것이다(사 56:6-7상).

이방의 여러 나라들을 하나님의 백성으로 포함하는 이러한 예고들이 앗수르라는 잔인한 나라가 이스라엘 땅을 침공하고 있던 바로 그 때에 제시되어야 한다는 사실은 참으로 아연실색할 만한 일이다. 그러나 이방인들의 포함에 관한 이러한 예고들을 자의적으로 고대 이스라엘 역사의 후반부에 귀속시키는 것은 적절하지 못하다. 여하튼, 이사야의 여러 곳에서 나타나는 이러한 기사들은 이방세계가 선택된 백성으로 예배와 삶의 심장부에 받아들여지는 이스라엘 선지자들의 강한 기대를 증언하는 것이다.[24]

여호와께서 베푸시는 미래의 축복에 이방인이 포함된다는 이 전통은 7세기 선지자들의 증언 속에서만 끝나지 않고 그 뒤로 계속 이어진다. 유다 왕국은 이제 유배를 당할 직전에 놓여 있었다. 그 민족이 가장 고통스러운 때에 모압이 유다를 조롱했기 때문에 예레미야는 모압에 대한 여호와의 화를 선언한다(렘 48:27-46). 그러나 혹독한 저주 후에(46절 이하), 모압에 대한 관점이 갑작스럽게 변한다. 장차 오는 시대에 여호와께서 모압의 운명을 회복하실 것임을 예고한다(48:47). 미래에 있을 이러한 깜짝 놀랄 변화에 대한 선언이 암몬과 엘렘

---

24) 위에서 논의된 이사야의 구절들만 가지고 이방인의 참여에 관한 그의 예언을 다 논하였다고 할 수 없다. 역시 다음의 이사야 구절들도 취급되어야 한다. 14:1; 17:7-8; 18:7; 23:18; 24:14-16; 25:6-8; 27:6; 60:3-16; 66:19-21 등.

에 관한 여호와의 말씀 가운데서도 동일하게 나타난다(49:6, 39).
　비이스라엘 민족들에 대한 회복을 말할 때에 사용한 표현들은 예레미야가 이스라엘 백성의 회복을 묘사할 때에 통상적으로 사용하던 그것과 동일하다(렘 30:18; 32:44; 33:11; 33:25-26). 여호와께서는 이스라엘 민족에게 베푸신 그 어떠한 축복도 세상의 모든 민족과 사람들이 동등하게 누리도록 부어주신다.
　비이스라엘 민족들의 회복에 대한 기대가 어떤 특별한 경우에만 제한적으로 일어나는 것이 아님을 예레미야서에서 정규적으로 나타나는 주요 표현에서 발견할 수 있다. 예레미야가 이스라엘을 위해 주로 사용하는 '뽑는다'라는 용어를 이스라엘 땅을 "빼앗는 모든 악한 이웃들"에게도 적용한다. 언약의 여호와께서는 말씀하신다. "그러나 내가 그들을 뽑아낸 후에, 내가 돌이켜 그들을 긍휼히 여겨서 각 사람을 그 산업으로, 각 사람을 그 땅으로 다시 인도하리니, 그들이 내 백성의 도를 부지런히 배우며…내 이름으로 맹세하기를…하면, 그들이 내 백성 중에 세움을 입을 것이다"(렘 12:15-16).
　예레미야 선지자가 바라보는 미래에 있을 회복의 관점이 얼마나 놀라운가! 하나님의 선택된 백성이 그분의 은총으로 회복되고, 또한 그러한 기회가 모든 민족에게도 조금도 차별 없이 함께 주어진다. 하나님의 백성이 가장 고통스러워 할 때에 그들을 잔인하게 다룸으로써 가증스런 죄를 범한 나라들이 이러한 회복의 수혜자들로 선언된다. 이에 그치지 않고, 여호와는 어떤 나라든지 그리고 어느 때에라도 자기들의 악을 회개한다면, 그가 계획하신 재앙을 그들에게 내리지 않을 것임을 선언하신다(18:7-8). 여호와의 손에 마땅하게 멸망당해야 할 그들이 악에서 돌이키기만 한다면, 긍휼이 많으신 여호와께서는 그들을 언제든지 용서할 준비가 되어 있다. 예레미야는 그들이 하나님의 친 백성을 가혹하게 다룬 것을 개인적으로 목격했지만, 그가 이스라엘에 제시한 것과 동일한 구원을 여호와의 이름으로 그들에게도 제시한다.
　세상의 여러 나라에 대한 이러한 회복의 약속이 나훔과 하박국에서는 전혀 발견되지 않는다. 반면에 스바냐는 동시대 선지자 예레미야와 유사한 방식으로 여호와의 심판이 모압과 암몬 위에 떨어질 것임을 예고한 후에, 이방의 회복도 역시 예고한다. "이방의 모든 해변 사람들이 각각 자기 처소에서 여호와께 경배하리라"(습 2:11하). 스바냐는 심지어 가장 먼 지평을 바라보면서, 여호와의 철저한 심판 후에 여러 민족들의 입술이 정결케 되어 "그들로 다 나 여호와의 이름을 부르며 일심으로 섬기게" 될 날을 예견한다(3:9). 아프리카 대륙 깊숙한 곳에 자리 잡은 "구스 하수 건너편에서부터" 여호와를 진정으로 경배하는 자들이 그에게 나아와 예물을 드릴 것이다(3:10).

비록 포로기 이전의 선지자들은 잔인한 이웃 나라들이 하나님의 백성에게 끼친 피해를 직접 경험하기도 하고 예상하기도 하지만, 그럼에도 불구하고 바로 그 나라들을 회복하고자 하시는 하나님의 은혜를 한결같이 증언한다. 결코 이스라엘 민족만이 하나님의 심판 후에 회복되는 유일한 민족이 아닐 것이다. 이 약속의 소망은 세상의 모든 민족들, 심지어 가장 잔인한 민족조차도 얻어 누릴 수 있다.

(2) 포로기 선지자가 본 이방인의 참여

개인적으로 직접 민족의 유배를 경험한 선지자 에스겔과 다니엘은 세상 여러 나라에 대해 포로기 이전 선지자들의 관점과 다른 것을 본다. 여호와의 이 두 종들은 약속된 땅의 내부에서 세상 나라들을 바라보지 않고, 이방 나라의 영토 내에 살면서 예언 사역을 수행하였다. 사실상 그들은 그 시대의 가장 위대한 제국에 의해 삼킴을 당한 존재들이었다. 그렇다면 그들은 자기 조국 이스라엘보다 수십 배나 더 크고 훨씬 더 강력한 나라들이 하나님의 은혜에 포함되는 것을 어떻게 보는가?

포로기 이전의 선지자들이 했듯이, 에스겔도 이스라엘과 유사한 방식으로 이집트가 흩어졌다가 모이고, 그리고 포로로 잡혀갔다가 회복하는 미래를 예견한다. 이집트 사람들은 "이 강[나일]은 내 것이라. 내가 만들었다"라는 신성모독적인 교만함 때문에(겔 29:9, NIV), 여러 나라들 가운데로 흩어질 것이다(29:12). 그러나 40년 후에, 그들은 자신의 고토에 다시 모이게 될 것이다(29:13-14). 그러나 이집트 사람들은 영원히 "미약한 나라가 되어…다시는 열국 위에 스스로 높이지 못할 것이다"(29:14-15). 그 결과로 이집트는 다시는 이스라엘 백성이 의존할 대상이 되지 못할 것이며, 오히려 하나님보다는 인간의 힘을 바라보았던 옛적의 죄를 수치스럽게 여길 것이다(29:16).

이스라엘이 경험한 것과 같이 이집트에도 유배와 회복이 이루어진다면, 이스라엘이 새로운 땅을 분배받는 것과 그리고 새로운 성전에 대한 에스겔의 마지막 이상도 역시 이집트에게 예상될 수 있다. 그런 면에서 이상 중에 있었던 땅의 할당이 이스라엘 내부에 있는 외국인들에도 동등하게 이루어져야 한다. 그 땅은 이스라엘 사람들과 "너희 가운데 우거하는 외인, 곧 너희 가운데서 자녀를 낳은 자"에게 기업으로서 할당될 것이다(47:22상). 단지 일시적인 현상이 아니라, 장차 오는 여러 세대에까지도 이방인들은 이스라엘의 유업을 공유할 것이다. 훨씬 더 구체적으로 "너희는 그 외인을 본토에서 난 이스라엘 족속같이 여기고, 그들로 이스라엘 자파 중에서 너희와 함께 기업을 얻게 하라"고 말씀하신다(47:22하). 이스라엘 땅에서 이방인이 일종의 빈민가(ghetto) 같은 데서 사는 것이 아니라 그들이 사는 어떤 곳에서도 기업을 얻을 수 있다. "외인이 우거하는 어떠한 지파에서든지, 그 기업을 줄지니라"(47:23, NIV 참조). 외국인은 단지 회복된 하나님의 백성 가운데 사는 것을 허용받는 정도가 아니라, 오히려 회복된 이스라엘과 동등한 기업을 받아야 한다. 에스겔에 따르면, 마지막 상태는 이방인들이 이스라엘과 함께 나란히 참여하는 것이다. 미래에 대한 그의 예측은-옛 언약의 타입에 근거한 예측이긴 하지만-옛 언약이 틀(mold)을 깨뜨리고 옛 것과 전혀 다른 새 언약의 틀로 실재화되는 것이다. 새 언약의 틀에서 이방인들이 포함되는 것과 옛 언약의 틀이었던 이스라엘이 제외되는 것 사이의 긴장은 에스겔이 본 성전에 대한 환상에서 명백히 드러난다. 바벨론 영토 내에서 나타났던 하나님의 영광에 대한 에스겔의 초기 이상(1:1-2)에서는 여호와의 영광이 예루살렘의 시온산이라는 제한적인 공간 내에 담겨져 있을 수 없음을 보여준다. 그러나 마지막 이상(42:15-19)에서 그 영광이 회복된 성전으로 귀환함으로써 초기의 이상과 대조를 이룬다. 따라서 에스겔의 유배지 이상은 이스라엘의 옛 언약이 파기되는 것과 이방세계 위에 임할 하나님의 회복적 축복 사이의 과도기적인 역할을 하는 것으로 볼 수 있다.

다니엘이 앞으로 일어날 제국들을 짐승 같은(beastly)이라는 단어로 묘사하는데, 이것은 그가 바벨론과 같은 거대한 제국 안에서 포로로서 독재 권력에 대한 그의 경험을 반영한 것일 수 있다. 그는 꿈속에서 바다에서 올라오는 네 마리의 거대한 짐승을 보는데, 각 짐승은 서로 달랐다(단 7:3). 이 짐승들은 세상 권력을 묘사하는데, 그 빠르기는 표범과 독수리 같고, 그 흉악하기는 곰과 사자와 같다(7:4-6). 이 짐승들은 두렵고 무서우며, 부서뜨리며 게걸스럽게 먹는다(7:7). 그러나 옛적부터 항상 계신 자(the Ancient of Days)가 자신의 보좌에 앉으시고, 재판이 열렸다. 짐승들의 모든 권세는 제거되는데, 특히 그것들의 최종적인 대표인물이 죽임을 당하고 그 시체는 이글거리는 불 속에 던져진다 (7:9-12). 그런 다음 첫째 아담과 비교되는 인물("인자 같은 이")이 찬란하게 하늘 구름을 타고 임한다(7:13). 그는 의기양양하게 옛적부터 항상 계신 자에게 이끌려 그 앞으로 인도되고, "그에게 권세와 영광과 나라가 주어지고, 모든 백성과 나라들과 각 방언하는 자가 그를 섬기며, 그 권세는 영원한 권세라. 옮기지 아니할 것이요, 그 나라는 폐하지 아니할 것"이다(7:14).

포로 유민인 다니엘이 세상 나라들의 미래에 관해 미리 본 이상은 정확히 무엇이었는가? 그는 어떤 거대한 정치권력이 세상의 다른 나라들을 부수고, 먹어 치우고, 발 아래 짓밟아버리는 때를 예고하는 한편, 그와 동시에 그 권력이 하나님의 성도와 전쟁을 치러 그들을 물리치는 때를 예고한다(7:19, 21). 이렇게 고난당하는 성도는 "한 때와 두 때와 반 때" 동안 그 짐승에게 넘겨질 것이다(7:25). 그러나 결국, 이 모든 왕국의 주권과 권력과 위대함은 완전히 박탈당하여 지극히 높으신 자의 백성인 성도에게 넘겨질 것이다(7:26-27상). 이 최종적인 하나님의 왕국은 영원히 지속될 것이며, 모든 통치자들은 지극히 높으신 하나님을 경배하고 그에게 순종할 것이다(7:27하).

요한계시록처럼, 다니엘은 여러 세대를 거쳐 일어나서 하나님의 백성을 정복하고 환난을 주는 여러 민족의 왕국들을 예견한다(계 13:7). 그러나 결국에는, 하나님의 왕국이 승리하며, 모든 민족들은 첫째 아담과 비교될 수 있는 한 분("인자 같은 이")에게 복종한다(14:14). 궁극적으로 나라들은 하나님의 어린양과 동일시되는 빛을 따라 걸으며, 땅의 왕들은 그들의 보배들을 하나님의 성전으로 가져갈 것이다(21:22-24).

(3) 포로 후기 선지가가 본 이방인의 참여

"작은 일"(little things)은 포로 귀환 이후의 이스라엘 나라, 성전, 그리고 백성에 대한 묘사로서 아주 적합하다(슥 4:10). 나라는 이전 유다 왕국보다 훨씬 작은 부분으로만 구성되었고, 회복된 성전은 작고 초라하여 웅장한 솔로몬 성전을 본 사람들의 눈에 눈물을 흘리게 만들었으며, 백성의 숫자는 겨우 4만 9천 명 정도밖에 되지 않았다. 그들의 공동체는 위험을 무릅쓰고 돌아온 황폐한 땅에서 계속 페르시아, 헬라, 그리고 로마의 통치권 아래에서 괴뢰정부로 남아 있으면서 어려움을 겪을 수밖에 없었다. 마카비 형제들(the Maccabees)의 지도력 하에서 일어났던 반란과 그들이 세웠던 정부는 끝없이 지속되는 종속의 역사 속에 잠시 스쳐 지나간 굉음에 지나지 않았다. 그들 자신의 독특한 정체성 유지는 오직 그들이 합리적으로 투쟁할 수 있는 모든 것이었다. 포로 이후의 회복기는 포로 귀환에서 시작하여 육백 년을 지속하다가 주후 70년에 로마에 의해 예루살렘이 멸망함으로써 끝난다. 이 회복기에 활동했던 선지자들의 태도, 기대, 그리고 그들이 말한 예고는 무엇이었는가?

"작은 일"에 관한 스가랴의 유명한 진술 하나가 그 분위기를 말해 준다. 회복기의 백성은 작은 일의 날을 멸시해서는 안 된다(4:10). 오히려, 시온의 딸은 "소리쳐 노래하고 기뻐해야" 한다. 왜냐하면 여호와께서 임하고 계시기 때문이다. 그 결과, "많은 나라가 언약의 여호와께 속하여 [하나님의] 백성이 될 것이다"(2:10-11, NIV). 이방 민족들을 지칭하는 것이 분명한 "먼 데 사는 사람들"이 "와서 여호와의 전의 건축을 도울 것이다"(6:15). 스가랴와 동시대 사람인 학개가 설명하듯이 하나님은 모든 나라를 격렬하게 진동시키실 것이며, 많은 나라들의 보배가 예루살렘에 있는 여호와의 집을 영광으로 가득 채울 것이다(학 2:7).

도대체 무슨 황당한 이야기인가! 포로 후기, 즉 작은 일들의 시대에 살았던 선지자들이 내다보는 이런 미래의 모습이 얼마나 황당한가! 당시 이 선지자들이 세계 초강대국들의 통치권 한복판에 살면서 한 예고는 세계 모든 나라들이 이스라엘의 하나님께 충성을 맹세하여, 그들이 유대인들과 나란히 하나님의 백성이 될 것이라는 예언이다. 그러나 구약의 마지막 선지자 말라기는 비록 독특한 표현을 사용하기는 하지만, 동일한 메시지로 그 사실을 보완한다. 이스라엘의 여호와의 이름이 "해 뜨는 곳에서부터 해 지는 곳까지의 이방 민족 중에서 크게 될 것이다." 단지 예루살렘 뿐 아니라, 세계 어디에서나 여호와의 이름으로 "깨끗한 제물이 드려질 것이다. 왜냐하면 내 이름이 이방 민족 중에서 크게 될 것이기 때문이다"(말 1:11, NIV).

이 포로 후기 선지자들은 그들의 경계선을 넘어간 것이 아닌가? 그들은 결코 성취될 수 없는 사치스런 말로 예언한 것이 아닌가? 확실히 말하건대, 만약 이 예언들이 정치적, 인종적, 지리적으로 실현되어야 한다면, 지난 이천 오백 년이 넘는 역사는 실패한 것이 되고 말 것이다. 그러나 만약 하나님 나라의 어렴풋한 형태(the shadowy form)를 인정한다면, 이미 예수 그리스도의 초림으로 하나님의 왕국은 이루어졌으며, 그 이후 계속된 기간 동안 옛적에 예견되었던 하나님의 왕국은 점점 확장되고 있는 것을 볼 수 있다. 성령이 모든 육체에 부어짐으로써 세상의 모든 지역에서 정결케 된 사람들이 새 마음을 가지고 하나님을 섬기고 있다. 사도들의 시대에도 그들에게 알려진 세상에서 사역하였으며, 오늘날에도 본질적으로 모든 민족 출신의 사람들이 예수 그리스도의 인격 안에서 이스라엘의 언약의 여호와께 경배하고 있다.

이스라엘의 구속과 회복에 이방 나라들이 참여한다는 이 큰 그림을 좀더 숙고해 볼 때, 당연하게 다음과 같은 질문이 제기될 수 있다. 그렇다면, 바울이 언급하는 이방인들이 포함된다는 것에 관한 비밀은 도대체 무엇인가(엡 3:3-4)? 이 이방인들을 위해 세움을 입은 사도 바울은 자기 시대에 있을 이방인들의 참여와 관련한 일에 대하여 말하기를, "다른 세대에서는 사람의 아들들에게 알려지지 않았다"고 진술한다(3:5, NIV 참조). 그러나 구약의 다양한 시대에 활동하였던 여러 선지자들은 분명히 이방 나라들의 기이한 참여를 계속적으로 예고했다. 그렇다면 바울이 지칭하는 그 비밀은 무엇인가? 분명하건대, 이방인들이 이스라엘과 더불어 구속되고 회복될 것이라는 사실은 여러 선지자들에게 비밀이 아니었을 것이다.

바울은 여러 선지자들에게 알려지지 않았던 이 비밀의 본질을 삼중적으로 같은 개념을 반복해서 말함으로써 분명히 밝힌다. 그 비밀에 대한 바울 자신의 설명은 이방 신자들이 "이스라엘과 함께 후사가 되고, 함께 지체가 되고, 함께 약속에 참예한 자"가 되었다는 것이다(엡 3:6). 어떤 의미에서도 이스라엘이 받은 약속에 부분적으로 참여하는 것이 아니다. 이방인들은 오히려 하나님의 모든 약속 안에 유대인 신자들과 더불어 충만하고, 동등하고, 전적으로 하나가 되어 참여할 것이다. 이것은 옛 선지자들이 인지할 수 없었던 진리였다. 물론 이러한 실재의 씨앗이 그들의 예고 속에 내재되어 있기는 했지만 말이다. 그것은 심지어 예수님의 사도 자신들조차도 파악하기 힘들었던 새 언약의 가장 어려운 교리였다. 심지어 오늘날 교회조차도 복음이 이방세계를 두루 펴져나간다는 이 사실에 함축되어 있는 진정한 의미를 이해하는 데 큰 어려움을 겪는다. 구속과 회복의 약속 가운데 그 어느 것도 오직 유대 민족만 배타적으로 소유할 수 있는 것이 아니다. 유대인 신자들에게 속하는 미래의 그 어떠한 약속도 모두 이방인 신자들도 동등하게 그리고 똑같이 누린다.

비록 바울이 말한 후 이천년이 지났음에도 불구하고, 그 말을 읽는 오늘날의 독자들조차도 그 충만한 의미를 완전히 소화하는 데 어려움을 겪는다. 아직도 어떤 특별한 세대는 이스라엘 민족에만 속한다는 이 오래된 잘못된 사상이 계속 전파되고 있다. 그러나 영감을 받은 사도 바울의 선언은 분명하다. 이방인들은 유대 신자들과 더불어 하나님의 약속을 나누어 가지는 동료 상속자들이고, 동료 참여자들이며, 동료 소유자들이라는 사실이다(엡 3:6). 만약 새 언약의 위대한 복음을 세상 여러 나라에 바로 전달하고자 한다면, 이것은 오늘날 교회가 충분히 이해하고 납득해야 할 필요가 있는 신비이다.

이방인들이 포함된다는 이 터무니없어 보이는 묘사는 자연스럽게 선지자들의 예고적 예언의 마지막 범주인 먼 미래적 예고의 문제에 이르게 한다.

4) 먼 미래에 대한 예고들

미래와 관련된 이스라엘 선지자들의 관심은 결코 자신들 시대에만 국한되지 않았다. 현대 비평학자들은 오랫동안 선지자들이 자신의 시대만을 위해 배타적으로 일한 사람들이었다는 사상을 견지해왔지만, 그와는 반대로 그들은 보편적으로 이상을 통하여 본 어떤 정해지지 아니한 미래에 펼쳐질 사건들을 예건하였다. 미래에 대한 일은 당시 사람들 매일의 삶과는 무관한 것으로 보아야 한다고 주장하는 것은 다소 근시안적인 태도이다. 모든 사람의 양심은 자신이 한 모든 행동의 결과에 따라 미래에 일어날 수 있는 일을—즉 그것이 선한 것이건 악한 것이건—설명할 수 있어야만 할 것임을 스스로 느낄 수 있다. 현재 살아가고 있는 사람은 이러한 자기 심리의 내재적인 경고에 귀를 기울여야 할지, 혹은 무시할 것인지 선택할 수 있다. 자신이 계산할 수 있는 일이 미래의 어느 때에 현실이 될 수 있다는 사실은, 현재의 삶과 장차 다가오는 그 날이 무관할 수 없음을 증명한다. 로마 총독 벨릭스는 자신의 죄수 바울이 의와 절제와, 그리고 장차 다가올 심판에 대해 말할 때에 그 앞에서 떨었다(행 24:25). 기독교 메시지도 하나님 앞에서 결산해야 한다는 하나님의 심판에 대하여 언제인지 모르는 종말적 미래로 남겨두지만, 그 결정적인 날에 대한 개념은 사람들의 매일 매일의 행위에 강력한 영향을 미칠 수 있다. 뿐만 아니라 성도는 인간 행위를 결산할 심판이 곧 있을 것이라는 임박한 종말의 사상을 가지고 있어야 함도 역시 고려되어야 한다. 예언적 관점으로 볼 때, 최후의 날과 관련된 사건들이 펼쳐지기 시작할 날이나 시간에 대해 아는 사람은 아무도 없다. 사실상, 종말의 드라마는 이미 시작되었다(히 1:2; 9:26; 벧전 1:20). 이미 시작하였으므로 이 기간의 끝이 언젠가는 다가온다는 사실을 항상 기억해야 한다. 바로 이러한 이유 때문에 종말적 예고는 모든 세대와 관계가 있는 것이며, 심지어 이스라엘 선지자들의 시대에도 그런 관계는 있어야 하였다.

종말적 미래에 관한 예고는 구약시대의 예언에도 있었다고 보아야 한다. 그러한 예언 형태가 훨씬 이후에 발전된 묵시문학 장르라는 비평학자들의 일관된 사상은 선지자들의 실제 증거와 일치하지 않는다. 아주 초기의 기록 선지시대부터 그 사상이 있었다. 아모스는 정오에 해가 지고 대낮에 땅이 어두워지는 것을 이상으로 보았고(암 8:9), 이사야는 하나님께서 모든 나라들을 심판하시는 날에 하늘의 별들이 풀어지고 궁창이 두루마리처럼 말리는 모습을 묘사했으며(사 34:4), 요엘은 하나님께서 모든 육체에 그의 성령을 부어 주시는 날과 관련하여 피와 불과 연기를 보았다(욜 2:28-30). 이와 같이 천지를 진동할 만한 예고들은 종말적인 묘사이며, 세상에서 일어날 하나님의 구속 사역의 한 부분이다. 이스라엘 선지자들의 종말적 예고들이 비록 이스라엘의 기록 선지자들이 활동한 200년 전 기간을 통해 광범위하게 베풀어졌지만, 그것들은 많은 특징을 공유한다.

첫째로, 이 먼 미래에 대한 이 예언적 예견들은 언제나 종말론적이고, 종말적이며, 종종 본질상 천지를 진동케 하는 성격을 가지고 있다. 그것들은 현재 알려진 세상이 초자연적으로 변한다는 것을 포함한다. 이러한 예언들 가운데 자주 반복되는 하나의 특징은 천체들의 교란이다. 태양과 달과 별들이 그 빛을 잃어버린다(암 8:9; 사 13:10, 13 [또한 마 24:29; 막 13:24-25를 보라]; 사 24:23; 30:26; 34:4; 60:19-20; 욜 2:31; 3:15; 겔 32:7-8 [또한 벧후 3:10; 계 21:23을 보라]). 이와 동시에, 땅이 대격변을 일으키면서 크게 진동한다(사 2:19하, 21하; 5:25하; 욜 2:10; 학 2:6-7, 21-22; 슥 14:4-6). 땅의 비옥함이 증대하여 헤아릴 수 없을 만큼 많은 양의 양식을 생산해 낸다. 너무 큰 풍년이 들어서 거두어들이는 자가 다음 해 농사의 씨를 뿌리기 준비하기 전까지 일을 해도 수확을 위한 충분한 시간을 확보하지 못한다(암 9:13). 전에는 불모지였던 팔레스틴의 사막이 변하여 풀과 나무, 그리고 동물들로 번성한다(사 35:1-2,

6-7). 전에는 낮았던 시온산이 높아져서, 주변의 다른 모든 산보다 우뚝 서게 되며, 감람산은 양쪽으로 갈라져 골짜기를 만들어 시내가 예루살렘으로부터 사해까지 이르게 된다(사 2:2; 슥 14:4-5, 10). 강물이 예루살렘 성전으로부터 흘러 나와, 유다 광야를 적시며 지나고, 사해에 물고기가 가득 차게 될 정도로 깨끗케 된다(겔 47:1-12; 슥 14:8).

일반적으로 이런 형태의 예언을 '묵시적'(apocalyptic)이라고 부르지만, '대격변적'(cataclysmic)이라는 단어가 보다 더 적합한 용어가 될 수 있을 것이다. "묵시"라는 사상은 성경 선지자들이 실제로 기대했던 것에 잘 어울리지 않는 비현실적인 분위기를 띠었다.[25] 묵시라고 할 때에 그것은 단지 시적인 표현으로서, 거기에 담고 있는 많은 요소들이 그대로 성취될 것이라고 선지자들이 기대하지 않았음을 암시한다. 그러나 선지자들의 예언에는 대격변의 본질이 실체화될 것을 기대한 충분한 증거들(indicators)이 깊숙이, 그리고 고루 스며 있다. 요엘은 달이 실제로 피로 변할 것이라고 기대하지 않았을 것이지만, 그는 진정한 우주적 격변을 기대했다(욜 2:31). 에스겔은 회복된 성전에 대한 자신의 청사진이 그 세부적 내용대로 정확하게 이루어질 것이라고 결코 생각하지 않았을 것이지만, 미래에 하나님께서 과거와는 전혀 다른 방식으로 자기 백성 한가운데 거하실 것을 기대하였다(겔 48:35). 선지자들의 이러한 예고는 오직 전능자께서 창조 때에 활동하셨던 것과 유사한 방식으로 직접적으로 개입하셔야만 달성될 수 있는 참으로 초자연적인 사건들을 가리켰다(벧후 3:10, 13).

여호와의 날에 대한 예언적 기대는 이러한 맥락에서 평가될 수 있을 것이다. 여호와의 날이라는 개념의 기원은 계속해서 논쟁의 대상이 된다. 물론 그 뿌리를 전사이신 하나님의 이미지에 찾지 않고, 더 정확한 방법인 언약 제정자이시자 시행자이신 하나님에게서 찾는 보다 좋은 사례가 있기는 하다.[26] 사람, 짐

---

25) 예언적인 것과 묵시적인 것 사이의 차이를 규정하기는 사실상 어렵다. Childs(*Biblical Theology of the Old and New Testaments*, 182)는 "포로기의 예언에서 어떻게 원시적인 묵시문학이 시작되어 최절정을 이룬 묵시주의로 발전하였는지, 그 역사적 성장과정을 추적하려는" 최근의 노력들을 소개한다. 그는 다음과 같이 결론을 짓는다. "요컨대, 성경전통 자체는 예언으로부터 묵시로 성장한 것을 정확하게 추적하는 데 필요한 정보를 제공하지 않는다"(183). 일반적인 묵시문학에 대한 참고 도서에 관해서는, VanGemeren, *Interpreting the Prophetic Word*, 410-11, 523 각주 32번을 보라.

26) Von Rad, "Origin of the Concept of the Day of Yahweh"를 보라. Von Rad는 여호와의 날의 기원

승, 새, 물고기, 그리고 살아 움직이는 모든 창조물의 운명은 언약의 하나님에게 달렸다(호 2:18-23; 습 1:2-3). 이 언약적 책무들은 창조와 함께 시작되었고, 여호와께서 땅을 새롭게 하고 모든 인류를 그의 마지막 심판의 평결 아래 두시는 여호와의 날에 완전히 실현될 것이다. 이 날은 24시간으로서 하루가 아닌, 여호와께서 그의 언약의 축복과 저주를 시행하시는 한 시대로서 실현될 것이다.[27]

우주와 함께 인류 미래를 향한 전능하신 창조자 하나님의 최종적 목적은 하나님의 대격변적이고 초자연적인 개입에 의해 완전히 성취될 것이다. 선지자들은 하나님께서 모든 세대의 절정기 때마다 세상역사의 과정에 참여하심을 일관되게 대망하였다.

둘째로, 세상 질서의 격변에 대한 예고적 예언은 세상 역사적인 동시에 이전의 하나님의 구속적 사역의 구조 속에서 이루어진다. 에스겔과 다니엘은 꿈과 이상을 통해 거대한 이방 제국들의 영역 안에서 이루어 나가실 여호와의 구속적 목적을 직접 목격하였다. 그들이 바라 본 미래에 대한 기대는 하나님의 백성으로서의 이스라엘과 또 그 땅의 모습으로 되돌아간다. 에스겔이 이상에서 본 성전은 이스라엘 땅 높은 산 위에 위치해 있다(겔 40:2). 인간역사의 전 과정을 예견하는 칠십 주에 대한 다니엘의 이상은 그의 다음과 같은 인식으로 시작된다. 즉 예레미야에 의해 예고된 이스라엘 유배의 70년은 머지않아 끝날 것이며, 그래서 그 포로된 백성은 그들의 약속된 땅으로 곧 돌아갈 것이라는 인식이다. 땅과 하나님 백성으로서의 이스라엘을 향한 이러한 방향 설정은 선지자들

을 전사이신 하나님의 이미지에서 발견해야 한다고 주장하나, 그것은 온 우주를 변화시키는 여호와의 날의 측면을 다 망라하지 못한다. 여호와의 날의 기원이 언약이 체결되고 시행되는 순간에 시작되었다는 주장에 대해서는, Robertson, *Nahum, Habakkuk, and Zephaniah*, 266-69를 보라. 여호와의 날은 그가 자신의 주인 되심을 선포하고 시행하시는 때인데, 이는 그가 자기 백성, 인류, 그리고 세상과 맺는 언약적 관계를 개시하고 시행하는 날에 상응한다.

27) 구약에서 여호와의 날에 관한 중요한 구절들이 여러 세기를 걸친 선지서들에 두루 나타난다. 아모스 5:18-20과 이사야 2:12-21은 주전 8세기, 스바냐 1:7, 14-18은 주전 7세기, 말라기 4장은 주전 5세기에 나타난다. 때로는 그 시기를 요엘서보다 더 이른 날짜로 제시되기도 하지만, 요엘의 언급(1:15; 2:1-17)은 가장 이른 선지자, 혹은 가장 늦은 선지자로 그 날짜가 추정될 수 있다. 신약성경에 있는 구절은 사도행전 2:17-21(요엘 2:28-32를 인용), 데살로니가전서 5:2, 데살로니가후서 2:2, 고린도전서 1:8; 5:5, 고린도후서 1:14, 디모데후서 4:8, 베드로후서 2:9; 3:10 등을 포함한다.

이 미래적인 우주적 사건들을 예견할 때 일관되게 반영된다. 여호와의 초자연적이고 대격변을 일으킬 미래적 개입은 시간과 역사 안에서, 그리고 과거에 아브라함의 씨, 다윗의 후손들, 예루살렘 성읍, 그리고 이스라엘 땅 등과 맺은 언약적 약속과 밀접하게 연관되어 발생할 것이다.

옛 선지자들이 미래에 대한 기대를 이전의 것과 전혀 다른 방식의 구조로 말하였는가? 그들은 먼 미래에 대한 예언을 과거부터 알고 있던 것과 조화를 이루어 말하였다. 그들은 하나님이 오래 전에 세웠던 그 원래 목적을 미래에 완전히 실현하실 것으로 바라보았다. 하나님의 그 목표들은 그 민족이 과거에 체험했던 구속적 경험과 유사한 방식으로 실현될 것이다. 선지자들은 그 완성될 것을 옛 언약의 맥락과 분리해서 말할 수도 없고 말해서도 안 된다. 왜냐하면 새 언약의 확실한 언어는 아직 그들에게 알려지지 않았기 때문이다.

이와 동시에, 그들의 미래에 대한 기대는 옛 언약의 속박을 벗어난 것이었다. 에스겔의 성전은 그 어마어마한 크기 때문에 시온산 꼭대기에 맞지 않는다. 그 범위는 기드론 골짜기와 두로포에안 골짜기를 훨씬 넘어가는 것이다(겔 42:15-19; 또한 제10장 '마지막 성전에 대한 계획을 포함하는 회복'을 보라). 스가랴는 미래의 예루살렘을 그 거주민의 숫자가 너무 많기 때문에 벽이 없는 성읍이 될 것으로 묘사하며, 그 성읍을 둘러싸고 있는 불의 벽을 묘사한다(슥 2:2-5). 완성된 미래에 관한 바로 이와 같은 표현 방식을 볼 때에 다음과 같은 결론을 내릴 수 있다. 선지자들의 기대는 과거의 전통적 패턴인 하나님의 구속 사역에 근거하고 있지만, 또한 과거보다도 무언가 더 크고 위대한 일이 그들 앞에 기다리고 있음을 이해했다는 사실이다. "이미"(already)라는 제한적 특징과 "아직 아니"(not yet)라는 무한한 기대 사이의 긴장은 오직 새 언약 시대의 종말론의 전유물이 아니었음이 확인된다. 오히려 그 뿌리는 옛 언약 선지자들의 종말에 대한 기대에 깊이 박혀 있다.

이스라엘 선지자들이 가진 먼 미래의 기대 가운데 세 번째 요소는 그들 스스로도 그들 자신의 메시지의 범위를 완전히 다 파악할 능력이 없었다는 것이다. 예레미야 선지자는 이스라엘 포로 유배 후 그들의 회복에 관하여 받은 계시의 결론부분에서 다음과 같은 사실을 들어야 했다. "너희가 말일에 그것을 깨달으리라"(렘 30:24하). 이 말은 선지자가 스스로 말한 예고를 완전히 이해하기 위해서는 그 성취의 때까지 기다려야만 한다는 것이다. 가까운 미래에 대한 예언의 경우에도 예레미야는 바벨론 군대가 유다의 최후의 보루인 예루살렘을 함락하려는 와중에서 여호와께서 그의 삼촌의 토지를 구입하라고 지시하시는 그 말씀의 의미를 이해하지 못하였다. 그는 여호와의 비논리적인 명령의 근거가 무엇인지 몰라 당황한다. "주 여호와여, 주께서 내게 '은으로 밭을 사며 증인을 세우라' 하셨으나, 이 성은 갈대아인의 손에 붙인 바 되었나이다"(32:25, NIV 참조). 예레미야에게는 이 명령이 여호와께로부터 온 것이라는 데에는 추호의 의심도 없었다. 그러나 그는 그것을 이해할 수 없었다. 현재 가택 연금에 처해진 선지자로서, 더욱이 온 땅이 바벨론에게 점령당해 그 거주민들이 외국으로 막 이송되려고 하는 바로 그 순간에, 그는 도대체 왜 자신이 가지고 있던 적지만 거의 전 재산이라고 할 수 있는 은전을 땅을 위해 투자해야만 하는가! 그는 자신에게 주어진 그 예언의 요지를 파악하지 못하였다.

예레미야는 그것을 나중에야 깨닫게 된다. 여호와는 그 백성이 쫓겨나지만 결국에는 돌아올 것이라는 사실을 반복적으로 설명하신다. 그들은 땅을 다시 차지할 것이다. 기업도 다시 찾을 것이고, 그것이 다시 팔릴 것이다(32:42-44). 궁극적으로 예레미야는 자신의 토지 구입이 이스라엘의 미래 회복을 예견하는 상징적 행위라는 사실을 깨닫는다. 그러나 처음에는 자신의 예언적 행위의 의미를 파악하지 못했다.

한 선지자가 자신의 삶에서 겪었던 국내의 사소한 사건도 완전히 이해하지 못하였다면, 하나님 목적의 완성을 예견한 먼 미래의 예고들을 어떻게 모두 이해할 수 있겠는가? 이 원리는 다니엘이 말한 먼 미래의 예언들 속에서도 나타난다. 비록 다니엘은 젊어서 미래의 이상을 푸는 특별히 지혜의 은사를 받았다. 그러한 그가 종말에 관한 자신의 메시지를 이해하는 데 극심한 어려움을 겪었다. 네 마리의 짐승들, 옛적부터 항상 계신 자, 그리고 인자와 같은 이의 이상을 본 후에 다니엘은 "중심에 근심하였으며", 자기가 본 이상이 자신을 번뇌케 했다고 고백한다(단 7:15-16). 그는 본 이상에 대하여 많은 해석을 한 후에도 여전히 그 이상의 추가적 면의 진정한 의미를 알고자 원했다(7:19-20). 그리하여 그는 스스로 매우 번민하고, 그의 낯빛은 창백해졌다(7:28).

다른 예로, 다니엘이 두 개의 뿔이 달린 수양과 수염소의 이상을 본 마지막에, 그 이상이 참이라는 확신을 받는다. 그는 그 때 "그 이상을 봉함[간수]하라. 왜냐하면 그것은 먼 미래에 관한 것이기 때문이다"라는 말씀을 듣는다(8:26).

결국 다니엘은 여러 날 동안 혼절해 있었다. 그는 후에 자신이 "그 이상을 인하여 놀랐다"고 증언하는데, 이는 "그것이 도대체 깨달을 수 없는 것"이기 때문이었다(8:27, NIV 참조). 이 경우에, 그가 본 먼 미래에 관한 이상은 그에게 명확하지 않았다. 그는 더욱이 그 이상을 봉함하라는 지시를 받는데, 이는 그 자신의 시대에는 그 이상이 이해될 수 없으며, 그것은 오직 미래의 사람에게 이해하도록 주어진 것임을 암시한다.

다니엘은 그의 마지막 이상에서, "마지막 때까지 그 두루마리의 말씀들을 간수하고 봉함하라"는 지시를 받는다(12:4). 미래에 관한 이 계시를 올바로 이해하기 위한 다니엘의 많은 노력의 흔적이 그 이상의 이곳저곳에서 나타난다. 다니엘은 "이 놀라운 일들"이 "한 때, 두 때, 반 때"를 지나 성취될 것이라는 메시지를 들은 후에, 자신이 "듣고도 깨닫지 못한지라"라고 말한다(12:7-8, NIV). 다니엘은 더 명쾌하게 해석해 달라고 요청하였지만, "이 말은 마지막 때까지 간수하고 봉함할 것임이니라"는 말씀을 듣는다(12:9). 그러나 때가 되면 악인들은 단 한 사람도 그 메시지를 깨닫지 못하지만, 지혜로운 자들은 깨달을 것이라는 확신을 갖는다(12:10).

따라서 먼 미래에 관한 예고는 아주 독특한 특징을 지닌다. 하나님의 계획 안에 있는 그 예고들은 실제로 성취되는 과정에 이를 때까지 완전히 이해될 수 없을 것이다. 예언적 메시지의 일반적 취지는 이해할 수 있을지 몰라도, 그 세부사항들은 정해진 시간이 이를 때까지 봉함된 채로 남아 있을 것이다. 종말론적 예언에 관한 이 관점은 신약에 나타나는 한 논평에 의해 확인된다. "예언하던 선지자들이 연구하고 부지런히 살펴서, 자기[그들] 속에 계신 그리스도의 영이 그 받으실 고난과 후에 얻으실 영광을 미리 증거하여 어느 시, 어떠한 때를 지시하시는지 상고하니라"(벧전 1:10-11, NIV).

이 종말적 예고적 예언의 측면이 중요하게 고려되어야 할 요소임에는 틀림없지만, 결코 이러한 사실을 그 예언들이 이해하기가 불가능한 것으로 치부해도 좋다는 구실로 삼아서는 안 된다. 먼 미래에 관한 선지자들의 중심적 메시지는 정확히 무엇인가? 그의 예고들이 공통적으로 바라보는 핵심이 무엇인가? 선지자들의 예고적 메시지를 잘 분석해 보면 메시지의 중심점에 도달할 수 있다. 즉, 메시아로 더불어 그 백성이 포로에서 귀환하며, 황폐한 땅을 회복한다는 것이다. 예고적 예언에서 다루어진 많은 주제들 가운데서도 메시아와 그 백성의 포로에서 귀환이라는 주제가 가장 보편적이고, 가장 광범위하고, 가장 중요한 요소로 부각된다.

THE
Christ
OF THE
PROPHETS

제14장

이스라엘 예언 운동의 핵심적 사건

포로 유배 및 회복은 이스라엘 예언 운동에서 그 중심에 자리잡고 있다. 이스라엘이 경험할 가장 큰 사건은 황폐와 포로, 그리고 포로에서의 회복이다. 이 포로와 특히 메시아와 함께하는 회복의 주제는 이전에 이스라엘 민족에게서 일어났던 여러 사건들(예컨대, 아브라함의 소명, 출애굽, 시내산에서의 언약 제정 등)만큼이나 중요했다. 그들은 포로를 통해 황폐를 경험했으며, 귀환을 통해 이스라엘의 기름부음을 받은 왕, 즉 그의 백성과 함께한 그들의 메시아에 대한 기대를 가질 수 있었다.

이보다 더 중요한 사건이 있겠는가? 이스라엘에게서 이 사건들이 의미하는 것은 무엇이었을까? 선지자들의 가장 큰 임무는 예언적 선언을 통해 포로를 미리 알리는 것이었고, 따라서 이 상상할 수 없는 충격에 대비해 백성을 준비시키는 것이었다. 이와 동시에, 그들의 임무는 포로라는 깊은 구렁으로부터 귀환할 것을 예언함으로써, 여호와의 구속목적을 바라보는 소망을 가지게 하는 것이었다. 그러므로 포로와 회복이라는 이 커다란 두 개의 사건은 선지자들의 예언 가운데 중심점이 되었다.

1. 포로 및 회복과 관련된 예언의 중요성

선지자들의 예언들 중에 포로 및 회복에 관한 것들이 엄청나게 많다는 것은 이 예언들의 중요성을 잘 나타내어 준다. 예언들을 종류별로 비교해 본다면, 장차 오실 메시아에 관한 예언은 선지서 전체의 글에서 약 스물다섯 개의 구체적 예언들이 나타나는 반면, 이스라엘이 장차 겪을 포로 및 회복에 관한 예언들은 거의 이백 개나 나타난다. 이 예언들은 이사야로부터 다니엘까지, 그리고 호세아로부터 말라기까지 모든 선지서에 두루 흩어져 있다. 선지서들 가운데 포로 유배 및 회복에 대한 예견을 포함하고 있지 않는 책은 거의 없을 정도이다.[1]

포로 및 회복에 관한 이 예언들의 보편적인 특징은 구두로 전하는 것에 보강하기 위해 비유를 사용한다든지 혹은 행위로 표현함으로써 더 강력한 메시지를 전하는 것이다. 예를 들면, 예레미야는 힌놈의 골짜기에서 토기를 부순 후 백성에게 다음과 같이 선언한다. "만군의 여호와께서 이같이 말씀하시되, 사람이 토기장이의 그릇을 한번 깨뜨리면 다시 완전하게 할 수 없나니, 이와 같이 내가 이 백성과 이 성을 파할 것이다"(렘 19:11). 이 토기를 사람들 앞에서 공개적으로 부수는 행위는 포로 유배에 관한 메시지를 눈에 생생히 볼 수 있도록 함으로써 그들에게 생생한 인상을 심어주기 위함이었다. 하나님은 자기 백성의 잘못된 안전의식에도 불구하고 그들을 포로로 내쫓아 버리실 것이다. 그들의 그릇된 안전의식은 하나님의 임재가 항상 예루살렘의 성전 안에서 머물러 있을 것이라는 가정에 뿌리를 박고 있었다.

이와 유사한 방법으로서, 여호와께서는 예레미야에게 베띠를 사서 허리에 띠고 백성 앞에서 나타내 보이라고 명령하셨다. 그런 후 유브라데(아마 유프라테스 강으로 추정)로 가서 바위틈에 그 띠를 감추라는 명령하였다. 여러 날들이 지난 후, 여호와는 세 번째로 명령했는데, 그곳에 가서 그 허리띠를 회수하라고 하였다. 이때에 그 허리띠는 썩어서 전혀 쓸모없게 되었다(13:1-7). 많은 백성은 예레미야가 허리띠를 처음 허리에 띠었을 때의 단정한 모습을 보았을 것이고, 이제 그 동일한 허리띠가 "포로 유배지"에 버려진 후에 변한 그 썩은 모습

---

[1] 대충 훑어보아서 선지서들의 포로에 대한 예언이 83번, 그리고 회복의 예언이 91번이며, 합해서 174번으로 나타난다. 단지 선지서들 중에서 요나서와 말라기서만이 포로와 회복에 대한 예언이 전혀 들어있지 않다. 그러나 그들의 특별한 상황이 이 문제를 다룰 만한 것이 아니었음을 알 수 있다.

을 보았다. 이 예언적 행동은 유다가 그들의 땅에서 추방되는 것을 묘사했다. 그 선지자가 이 단정한 베띠를 자기 허리에 감은 것처럼, 언약의 여호와는 "이스라엘 온 집과 유다 온 집으로" 자신에게 "속하게 하셨다"(13:11, NIV 참조). 그들은 하나님의 백성으로서 명성과 칭찬을 받았다. 그러나 이제 하나님은 "유다와 예루살렘을 그들의 교만으로 인하여 썩게" 하실 것이다. 왜냐하면 그들은 다른 우상을 좇았기 때문이다(13:9-10, NIV). 그들은 예레미야의 썩은 허리띠처럼 전적으로 쓸모없게 될 것이다.

이스라엘의 포로 및 회복에 관한 행동적 예언의 세 번째 사례는 바벨론 왕 느부갓네살이 예루살렘 성문을 맹렬히 두드리고 있었을 바로 그때 땅을 구입한 사건이었다(32:1-2, 6-12). 그 가난한 선지자는 여호와께서 그에게 이 부적절한 때에 땅을 구입하라고 말씀하신 것에 대해 당황해 한다. 그러나 여호와는 즉각 대답하였다. "만군의 여호와, 이스라엘의 하나님 내가 이같이 말하노라. 사람이 이 땅에서 집과 밭과 포도원을 다시 사게 되리라"(32:15). 바로 그 때에 시드기야 왕은 장차 올 심판에 대해 예언한 것과 관련해서 그 선지자를 신문하고 있었다. 토지를 구입하는 예레미야의 예언적 행위는 비록 그 왕에게는 아닐지라도, 이스라엘에게 회복의 기대를 말보다 더 잘 전달해 주었을 것이다. 선지자가 유다에 있는 부동산을 구입한 그 투자의 행위는, 포로 이후 그 땅이 곧 회복될 것이라는 메시지가 선지자 자신이 아닌, 여호와로부터 왔다는 사실을 완전히 확실하게 입증해 주었다.

포로 및 회복에 관련된 중심적 예언들을 더 보강해 주기 위해 메시지가 생생한 비유로 표현되어 전달되고 있음도 발견한다. 하나님은 포로 유배를 땅의 창조 이전의 혼돈상태로 다시 돌아가게 하시는 것으로 비유하신다. "내가 땅을 본즉 혼돈하고 공허하며 하늘들을 우러른즉 거기 빛이 없으며, 내가 산들을 본즉 다 진동하며 작은 산들도 요동하며, 내가 본즉 사람이 없으며, 공중의 새가 다 날아갔으며, 내가 본즉 좋은 땅이 황무지가 되었으며, 그 모든 성읍이 여호와의 앞 그 맹렬한 진노 앞에 무너졌으니"(렘 4:23-26, NIV).

더 나아가 여호와는 투석기의 이미지를 사용하여 백성을 그 땅 밖으로 내던질 것이라고 선언하신다(10:18). 하나님은 이스라엘을 광야의 바람으로 마치 겨같이 흩어버리실 것이다(13:24). 그는 어부들과 사냥꾼들을 보내실 것이며, 그들은 유다를 사로잡힌 사냥감처럼 다룰 것이다(16:16). 하나님은 그러한 재앙을 내리심으로 백성의 귀를 진동케 하실 것이다(19:3). 예루살렘 성에 남아 있어서 앞으로 멸망당할 그 백성은 썩어서 악취가 나는 나쁜 무화과와 같다고 비유한다(24:8). 그러나 그 땅으로 되돌아 올 이미 포로에 가 있는 자들은 좋은 무화과로 비유된다(24:5). 포로 및 회복에 대한 기대는 예레미야의 마음속에 이러한 다양한 이미지들을 품게 했다.

포로 및 회복의 문제를 다루는 에스겔 역시 상징적 행동과 비유적 표현법을 다양하게 그리고 생동감 있게 사용한다. 에스겔은 비유적 표현에서, 휘어진 포도나무는 불에 태우는 것 외에는 아무 짝에도 쓸모가 없는 것처럼 예루살렘 역시 "불에 던질 땔감"으로 취급될 것으로 묘사한다(겔 15:1-6). 또 그는 예루살렘이 고기 조각으로 가득 찬 가마솥으로 비유한다(24:3-14). 그보다 더 극적인 표현으로 "사람이 은이나 놋이나 철이나 납이나 상납이나 모아서 풀무 속에 넣고 불을 불어 녹이는 것같이, 내가 노와 분으로 너희를 모아 거기 두고 녹일지라"라는 여호와의 말씀을 선포한다(22:20). 거룩한 성읍인 예루살렘은 갑자기 이글거리는 용광로가 되어 그 거민들을 녹이고, 그들의 모든 악을 정결케 할 것이다.

에스겔은 이스라엘과 유다를 간음하는 여인으로 비유한다(16, 23장). 다른 신들을 따라가는 그들의 간음하는 삶 때문에, 여호와는 과감한 조치를 취하실 것이다. "내가 간음하는 여인을 국문함같이 너를 국문하여…내가 너를 그들의 손에 붙이리니, 그들이 네 의복을 벗기고 네 장식품을 빼앗고 네 몸을 벌거벗겨 버려두며, 무리를 데리고 와서 너를 돌로 치며 칼로 찌를 것이다"(16:38-40). 여호와는 "그 땅에서 음란을 그치게 하실 것이며, [세상의] 모든 여인이 경성하여" 죄 가운데 있는 이스라엘을 "본받지 아니할 것이다"(23:48).

이와 같은 비유적 표현법 외에도, 에스겔이 상징적 행동을 통하여도 메시지를 전하는데, 이 방법은 다양하게 사용되고 있으며 그의 책 처음부터 끝까지 두루 나타난다. 이러한 상징들은 예언적 이상(환상)일 뿐 아니라, 예언적 행위의 형태로 나타난다. 에스겔의 예언은 하나님의 영광이 바퀴 속의 바퀴를 가진 생물들에 실려 다가오는 신비한 이상과 함께 시작한다(1:4-28). 그 이상이 에스겔 예언 가운데 가장 잘 알려진 것이지만, 그것은 또한 이해하기 가장 어려운 것이기도 하다. 그 의미는 나중에 쉐키나(Shekinah)의 영광이 점진적으로 예루살렘 성전을 떠나는 이상에서 더 분명히 드러난다(10-11장). 에스겔서의 첫 장의 그 이상에서 나타난 그 바퀴들의 의미는 이제 분명해진다. 하나님의 임재는 인간의 의도대로 영원히 한 지역에 머무를 수 없다. 하나님의 영광은 유동성이다. 그리고 그 영광이 예루살렘 성전을 떠나고 나면 한 때에 거룩했던 장소는 평범한 장소가 된다. 이제 그곳은 인간군대에 의해 황폐케 될 수 있는 어떠한 다른 종교의 신전들과 같이 되어버렸다. 따라서 에스겔 이상의 중심사상은 포로의 주제와 관련된다.

다음에 하나님은 그 선지자에게 점토판 표면에 예루살렘 성과, 그 성이 포위된 그림을 새기라고 명령하신다. 앞으로 예루살렘이 적군에 의해 포위될 것을 예견하는 실물교훈이다. 그 후에 하나님은 에스겔에게 1년이 넘게 옆으로 누워 있으라고 명령하고(4장), 또 선지자의 머리털과 수염을 깎으라고 말한다. 머리털 삼분의 일은 점토판에 새겨진 성 위에서 태우고, 삼분의 일은 칼로 자르고, 나머지 삼분의 일은 바람에 날려 보낸다. 이 상징적 행동들 역시 이스라엘이 장차 당할 포로에 대한 상징적 행위의 예언이다(5장). 다음에 에스겔은 모든 사람들이 보는 앞에서 짐을 꾸려, 어두컴컴할 때 성벽에 구멍을 뚫고 그 성읍을 빠져 나가는 연기를 하라고 지시를 받는다(12:1-20). 마지막으로, 그는 그의 눈에 기뻐하는 것, 곧 자신의 아내가 죽는 일을 당한다. 그러나 선지자는 눈물을 흘려서는 안 된다. 이 모든 경험은 예루살렘 포로유민들이 당할 충격적인 상황에 대한 예언을 구현한 것이다(24:15-27).

이렇게 에스겔이 직접 행동으로 전한 예언들 외에도, 그가 이상 중에서 경험하는 시리즈를 통하여 포로와 회복의 메시지를 전한다. 두 독수리의 이상(겔 17장), 두 갈래 길에 서 있는 바벨론 왕의 이상(21:18-23), 하나로 연합된 두 짝의 막대기 이상(37:15-28), 마른 뼈 골짜기의 이상(37:1-14), 그리고 회복된 성전의 이상(40-48장) 등이다. 이 모든 이상들은 포로 유배에 관련된 심판과 그리고 회복에 관련된 희망의 메시지를 확실하게 전달하는 기능을 한다. 이 이상들은 심지어 오늘날까지도 계속되는 하나님의 구속 계획에 따른 미래적 대망을 가지게 하는 메시지의 역할을 한다.

예언적 행동, 비유적 표현, 생생한 이상, 그 외에도 말로 선포하는 다양한 메시지들은 그 중심이 모두 포로 및 회복과 관련한 예언들이다. 예언 문학에서 다른 어떠한 주제도 이 중심적 예언과 비교될 수 없다. 예언에서 이 중심 사상의 중요성은 아무리 강조해도 지나치지 않는다. 이 이스라엘의 포로 및 회복에 관한 주된 개념들을 더 확실히 밝히기 위해 더 많은 분석이 필요하다.

2. 포로 및 회복의 예언에 관련된 주요한 개념들

1) 포로와 회복은 서로 밀접하게 연결되어 있다

선지자들은 일반적으로 포로와 회복을 한 단위로 묶어 예언하기 때문에 이 둘을 서로 분리하기는 쉽지 않다. 포로는 이스라엘 역사의 진행과정에서 끝이 아니다. 선지자들은 심판을 선포한 후에는 항상 회복의 희망을 제시한다.

호세아서는 실제로 책 전체가 포로와 회복에 관한 예언으로 가득 차 있다. 호세아는 심판과 회복, 이 두 주제를 결합시켜 반복하여 엮어간다. 하나님은 당시의 왕조인 예후의 집을 곧 벌할 것이다(호 1:4). 그러나 이스라엘과 유다는 연합하여 회복될 것이며, 한 지도자 아래에서 재건될 것이다(1:11). 언약의 주님은 이스라엘이 바알에게 분향함을 인하여 징계할 것이다(2:2-13). 그러나 여호와는 쫓겨난 광야에서 그들을 다시 사랑하며, 약속의 땅으로 인도할 것이다(2:14-23). 이스라엘은 많은 날 동안 왕도 없이, 그리고 희생제사도 없이 살 것이다. 그런 후 나라가 회복되며, 그들은 여호와 하나님과 그들의 왕 다윗을 찾을 것이다(3:4-5). 에브라임은 회개치 않음을 인하여 여호와의 땅에서 머물지 못하며, 이집트로 다시 돌아갈 것이다(9:3; 11:5). 그러나 언약의 주님의 인애가 그들을 결코 포기하지 않을 것이다.

> 저희가 애굽에서부터 새같이,
> 앗수르에서부터 비둘기같이 떨며 오리니
> 내가 저희로 각 집에 머물게 하리라(호 11:11).

사마리아 백성은 그들의 죄악 때문에 칼에 엎드려질 것이다. 그러나 여호와는 그들의 패역을 고치고, 그들을 사랑하며, 그들의 땅에는 레바논의 백향목이 뿌리를 내릴 것이다(13:16; 14:4-8). 가끔 심판과 축복의 예언이 결합된다는 것이 부정되기도 하지만, 이 두 주제가 서로 밀접하게 연관되어 있다는 것은 호세아서를 통하여 충분히 증명된다.

  이사야서에서도 포로와 회복의 주제가 이사야의 예언의 핵심이다. 젊은 선지자 이사야가 하나님의 삼중적 거룩에 대한 이상과 함께 소명을 받을 때에, 하나님에게 "어느 때까지니이까?"라고 물었다. 그것은 언제까지 완고한 자기 백성을 심판하시는 하나님의 메시지를 선포해야 하느냐의 질문이었다. 여호와께서 대답하셨다.

> 성읍들은 황폐하여 거민이 없으며
> 가옥들에는 사람이 없고
> 이 토지가 전폐하게 되며
> 사람들이 여호와께 멀리 옮기워서
> 이 땅 가운데 폐한 곳이 많을 때까지니라
> 그 중에 십분의 일이 오히려 남아 있을지라도
> 이것도 삼키운 바 될 것이나
> 밤나무, 상수리나무가 베임을 당하여도
> 그 그루터기는 남아 있는 것같이
> 거룩한 씨가 이 땅의 그루터기니라(사 6:11).

  이 극적인 진술은 이사야가 행할 선지자 직분이 어떠할 것임을 예상케 한다. 이 묘사에는 그 백성이 굳은 마음의 결과로 인해 멸망하고 포로로 잡혀갈 것에 대한 예언과, 하나님의 구속적 은혜의 결과로 인한 회복이 예고되어 있다. 여호와의 자비로우심에 의해 거룩한 씨는 남은 자, 곧 회복을 위한 그 땅의 그루터기 역할을 충실히 감당할 것이다.

  예레미야서에도 포로와 회복에 관한 예고는 구석구석에 스며 있으므로, 이 요소들이 결코 가볍게 취급되어서는 안 된다. 예레미야서 38장까지의 전반부에서 단지 두세 장만 빼고 거의 모든 장들에서 포로와 회복에 관련된 예언이 주어진다. 이 예언의 특성을 보면 예레미야는 여호와께서 예언하게 하심으로 자신이 이 주제들에 관하여 예언하고 있음을 밝힌다(렘 30:2). 예레미야서의 후반부에서는 실제 예루살렘의 함락과 그 이후에 대한 역사가 기록되었고(렘 39-45, 52장), 이와 관련하여 주변 나라들에 대한 예언이 주어진다(46-51장).

예레미야의 이 포로와 회복에 관한 예언은 주전 약 627년경에서 시작하여 (1:2), 실제 마지막 포로가 이루어지기까지 약 40년 동안 계속되었다. 이 예언은 바벨론이 마지막 공격에서 예루살렘을 에워싸고 있는 동안(주전 587)도 계속되었다(39:1-3). 이 요소들이 예레미야의 사역에 핵심이었음이 그가 선지자로 부름을 받을 때에 주어진 메시지에서 드러난다. "보라, 내가 오늘날 너를 열방 만국 위에 세우고 너를 뽑으며 파괴하며 파멸하며 넘어뜨리며 건설하며 심게 하였느니라…이는 내가 내 말을 지켜 그대로 이루려 함이니라"(렘 1:10, 12).

예레미야의 사역에 관한 이 묘사는 뽑고 또 심으며, 그리고 넘어뜨리며 건설하는 양면이 포함된다. 이 양면의 주제에 대한 예언은 이스라엘뿐만 아니라, 언약 백성의 한계를 넘어 세상나라들까지 확대된다. 이스라엘을 징계한 후, 언약의 하나님은 이스라엘의 악한 이웃들을 그 땅에서 뽑아버리고, 반대로 유다 집은 그들 중에서 뽑아내겠다고 선포한다(12:14). 그러나 하나님은 같은 자비하심을 그 나라들에게도 베푸셔서 그들도 자기 백성 중에 세움을 입게 하겠다고 하신다(12:15-16). 그러나 어떠한 백성도 언약의 여호와를 거절하면 그들을 뽑으며, 완전히 멸절시킬 것이다(12:17). 결론에 이르러서 선지자는 이스라엘을 위한 회복에 그 강조점을 둔다. 그리고 이 주제의 용어들이 다시 등장한다. "보라, 내가 사람의 씨와 짐승의 씨를 이스라엘 집과 유다 집에 뿌릴 날이 이르리니, 내가 경성하여 그들을 뽑으며 훼파하며 전복하며 멸하며 곤란케 하던 것같이 경성하여 그들을 세우며 심으리라"(렘 31:27-28).

가장 놀라운 것은 여호와께서 자기 백성의 회복을 위해 전심을 다할 것이라고 선포하시는 부분이다. "내가 기쁨으로 그들에게 복을 주되 정녕히 나의 마음과 정신을 다하여 그들을 이 땅에 심으리라"(렘 32:41). 전능의 하나님이 자기 백성의 회복을 그렇게도 기뻐하신 다는 것은 참으로 기쁜 소식이다. 자기 백성에 대한 파멸과 회복을 위한 이러한 하나님의 뜻은 선지학교에서 점진적으로 발전하여 이루어진 사상이 아니며, 또한 이미 포로가 발생한 후에 형성된 사상도 아니다. 예레미야의 서론에서 도입된 이 두 주제(포로와 회복)는 책 전체를 통하여 베를 짜나가듯이 서로 교차하며 엮어져 나간다. 실로 이 주제들은 이 책의 중심 메시지일 뿐만 아니라 하나님의 계획과 목적에서 핵심적인 역할을 한다.[2] 하나

---

2) 다른 선지서들의 구절들에서도 포로와 회복이 복합된 것을 확인할 수 있다. 호세아는 "이스르엘"이라

님의 심판 너머를 바라보는 회복의 희망은 선지자 메시지의 절대적 요소이다.

2) 포로와 회복을 일으키는 원인이 각각 다르다

포로와 회복을 일으키는 원인들은 완전히 서로 다르다. 포로는 이스라엘의 범죄 때문에 일어난다. 그들이 하나님의 명령을 어겼기 때문이다(렘 9:1-11). 이스라엘은 회개를 거절함으로써 포로로 잡혀갈 것이다(호 11:5하). 유다의 포로는 세상 나라들에서 우발적으로 발생하는 사건들과 같이 특별한 의미가 없는 것이 아니다. 백성의 죄가 그들에게 비극을 가져오게 했다. 이 메시지를 생동감 있게 표현하기 위해 하나님은 에스겔이 한쪽 편으로 390일 동안 누워 있게 하였는데, 이것은 그들의 "죄의 연한"을 반영한 햇수이다(겔 4:5). 비록 포로로 잡혀감을 면한 자들도 비둘기처럼 울면서 골짜기에 해맬 것인데, "자기의 죄악을 인함이다"(7:16). 에스겔은 환상 중에 예루살렘으로 옮겨가서 거기서 혐오스러운 우상숭배의 죄악들을 차례로 본다. 거기에 투기의 우상이 있었는데, 바로 하나님의 영광이 임재해 있는 그 앞에 놓여 있었다(8:3-5). 이러한 불경스러운 일은 하나님의 영광이 자신의 성전에서 떠날 수밖에 없도록 만들었다(8:6).[3] 하나님에 대항한 유다의 배반은 옛날 이집트에서 범하였던 죄와 광야에서 행하였던 반역 행위만큼이나 심각한 것이었다(20:1-29). 아마도 에스겔은 어떤 선지자들보다 더 많이 십계명을 유다의 죄를 규정하기 위한 근거로 사용하였을 것이다(22:6-12). 선지자는 유다 백성의 죄를 들추어냄으로써 그것이 바로 포로의 원인이 됨을 설명한다.

다른 나라들이 예루살렘 멸망을 바라보면서 보여준 반응을 묘사한 부분이 예레미야서에서 발견되는 아마도 가장 슬픈 표현이 될 것이다. 그들은 유다가 이

이름을 붙임으로써 이스라엘 포로의 날을 예고하는데(호 1:4), 왜냐하면 예후에 의해 이스르엘에 살육의 피가 흘려졌기 때문이다(왕하 10:1-14). 그러나 또 한편으로 "이스르엘"이라는 용어는 "하나님이 씨를 뿌리다"라는 의미로서, 그것은 다음과 같은 수확의 사상을 담고 있다. 즉 유다와 이스라엘 백성들이 다시 결합하여 포로에서부터 돌아올 것이며, 이스르엘의 날이 클 것이다(호 1:11). 다른 말로 하면, 씨앗을 뿌리는 것(포로)은 그 뿌린 때로 수확(회복)의 결과를 가져올 것이다. 이 경우에 포로와 회복의 두 가지 예상은 "이스르엘"이라는 용어 안에 융해되어 있다. 역시 렘 33:2-9; 겔 16장을 보라.
3) 성전이 더럽혀진 모습과 하나님의 영광이 떠나는 모습은 겔 8:7-9, 11에서 묘사되어 있다.

방 나라에 포로로 잡혀가는 이유를 잘 알고 있었다. "여러 나라 사람이 이 성으로 지나며 피차 말하기를 '여호와가 이 큰 성에 이같이 행함은 어찜인고' 하겠고, 그들이 대답하기는 '이는 그들이 자기 하나님 여호와의 언약을 버리고 다른 신들에게 절하고 그를 섬긴 연고라' 하리라"(렘 22:8-9). 이스라엘이 포로로 잡혀간 것은 그들이 여호와의 언약을 어겼기 때문인 것임을 이방 민족들까지도 알고 있었다.

회복의 원인은 포로의 원인과 완전히 다르게 나타난다. 쫓겨난 민족이 회복할 수 있는 것은 하나님의 눈에 충분히 인정받을 장점 때문이 결코 아니었다. 그들의 고난에 대한 여호와의 동정심 때문에 회복이 이루어지는 것도 아니다. 반대로, 여호와 자기 이름의 명예를 위해 그들의 회복을 일으킬 것이다. 에스겔은 말한다. "이스라엘 족속아, 내가 이렇게 행함은 너희를 위함이 아니요 너희가 들어간 그 열국에서 더럽힌 나의 거룩한 이름을 위함이라. 열국 가운데서 더럽힘을 받은 이름, 곧 너희가 그들 중에서 더럽힌 나의 큰 이름을 내가 거룩하게 할지라. 내가 그들의 목전에서 너희로 인하여 나의 거룩함을 나타내리니 열국 사람이 나를 여호와인 줄 알리라…(왜냐하면) 내가 너희를 열국 중에서 취하여 내고 열국 중에서 모아 데리고 고토에 들어가서…"(겔 36:22-24).

하나님이 자신의 명예를 위해 세상일들을 일으킨다는 개념은 세계역사가 하나님에 의해 주관된다는 것을 거의 인정하지 않는 현대인들에게는 낯선 개념이다. 그러나 하나님은 참 하나님이시기 때문에 그는 항상 존경의 대상이 되어야 한다. 그가 합당하게 존경을 받을 때에 인간사의 모든 일들은 정상적인 궤도를 유지할 수 있다. 그를 정의로우신 분이시며 거룩한 하나님으로 인정하고, 사람들 가운데 의가 유지될 때에, 그리고 그를 언약에 성실한 분으로 인식할 때에, 그는 인류를 건강하게, 행복하게, 그리고 건전하게 만들 것이다. 그러나 이러한 인류의 복지가 최선으로 간주되어서는 안 된다. 그것은 하나님이 마치 인간을 위해 존재하는 것으로 인식될 수 있기 때문이다. 그를 존경하는 첫째 이유는 그가 존경받기에 합당한 분이기 때문이며, 이것이 그가 이스라엘을 회복시키시는 바로 그 이유이다.

3) 포로와 회복이 출애굽, 광야여정, 가나안 정복과 연관되었다

포로와 회복의 주제는 고대의 출애굽, 광야여정, 그리고 가나안 정복의 전통과 연관하여 발전된다. 이 사실은 결코 과소평가될 수 없다. 왜냐하면 포로와 회복이 옛 구속사건과 같은 범주에서 그대로 재현되었기 때문이다. 이것은 옛 구속사건이 구속역사의 과정에서 구현되었기 때문이다. 구속역사는 앞의 것이 뒤의 것을 바라보고 있으며, 뒤의 것은 앞의 것을 돌이켜 보면서 발전해 나간다. 유월절 전날 밤에 이스라엘이 양의 피로 인하여 죄에서부터 깨끗함을 받은 것은 되돌아보면서, 오늘날 성도들이 예수 그리스도의 피로 인하여 정결함을 받는 것을 확인하는 것과 같다. 옛 이스라엘이 광야 여정을 통하여 약속의 땅을 향하여 가는 경험을 한 것같이, 오늘날 성도들도 같은 경험을 하고 있다. 만약 포로와 회복도 이스라엘이 구원을 경험한 사건이라면, 이것도 하나님께서 구속역사의 진행을 위하여 계획한 것임에 틀림없다.

선지자들의 포로와 회복에 대한 예언에서 새로운 탈출, 광야의 여정, 새로운 정복 등의 이미지가 있다는 것이 보편적으로 인정되어 왔다.[4] 특별히 선지자 호세아와 이사야는 이 이미지들을 발전시킨다. 북 왕국 이스라엘이 지중해 연안의 바알 우상에 빠져들었을 때에 하나님은 그들을 광야로 쫓아내고, 그들이 소유한 모든 물질을 박탈해 버릴 것이다. 그런 후 다시 회복시키는데, 첫 가나안 정복 때에 큰 실패를 안겨주었던 "아골 골짜기"가 "소망의 문"이 될 것이다(호 2:15). 하나님은 그들의 죄로 인하여 이스라엘을 이집트의 속박으로 다시 돌아가게 만들 것이며(8:13하; 9:3), 더 나아가 앗수르에게 지배를 받게 할 것이다(11:5). 그러나 여호와께서는 이스라엘을 사랑하기 때문에 그들이 멸절하게 놓아두지 않을 것이다.

> 저희가 애굽에서부터 새같이,
> 앗수르에서부터 비둘기같이
> 떨며 오리니,
> 내가 저희로 각 집에 머물게 하리라.
> 나 여호와의 말이니라(호 11:11).

선지자가 옛 주제를 재활용하는 것은 이사야에서도 찾을 수 있다. 이사야는

---

4) 다음을 참조하라. Anderson, "Exodus Typology in Second Isaiah"; Mauser, *Christ in the Wilderness*.

여호와께서 그의 백성에게 새로운 탈출과 새로운 광야를 경험하게 할 것임을 예언한다. 그들은 대적의 학대에서부터 극적으로 구출함을 받는 경험을 할 것이다. "너희는 이전 일을 기억하지 말며 옛적 일을 생각하지 말라. 보라, 내가 새 일을 행하리니 이제 나타낼 것이라! 너희가 그것을 알지 못하겠느냐 정녕히 내가 광야에 길과 사막에 강을 내리니…"(사 43:18-19). 양 왕국의 회복을 예상하면서 이사야는 새 출애굽과 새 광야-정복에 대한 경험의 이미지를 도입한다. 여호와는 이집트 바다를 마르게 할 것이고, 또한 유프라테스 강 위에 손을 흔들어 강을 나뉘게 하사 백성들이 발로 건너가게 할 것이다(11:15-16). 눈먼 자의 눈이 뜨일 것이고, 귀머거리의 귀가 열릴 것이고, 사막에서 샘이 솟아나 흐를 것이다. 구속함을 입은 자들이 돌아오며, 노래를 부르며 시온으로 들어갈 것이다(35:5-10). 광야에서 외치는 자의 소리가 들릴 것이니, 새 탈출이 일어날 것이기 때문이다(40:2-3). 여호와께서 바다를 마르게 하셔서 길을 낼 것이며, 옛 이집트의 군대와 말들과 병거가 삼켜지는 일이 다시 일어날 것이다(43:14-17; 또한 41:18-20; 49:9-12; 55:12-13; 렘 16:14, 15; 23:7-8도 보라).

이스라엘 역사의 마지막에 있을 포로와 회복은 놀랍게도 여호와께서 일으키신 옛 구속의 핵심적인 요소들을 그대로 담고 있다. 만약 탈출, 광야, 정복이 옛 구속의 진리를 그대로 반복한 것이라면, 죄와 압박으로부터의 구출도 그대로 재현된 것으로 보아야 한다. 그리고 오랜 광야의 노정을 거쳐서 마지막으로 회복된 낙원으로 들어가는 것도 보장된다. 이 모든 구속의 진리는 출애굽-광야-정복의 구속사건에서 담겨져 있었던 것으로서, 이제 그 진리가 포로와 회복의 사건에 그대로 재현된다. 그러나 이 뒤의 구속사건은 또다시 하나님께서 그의 백성을 구원하시기 위해 일으키시는 미래의 구속역사를 예상하게 한다.

4) 포로와 회복은 이스라엘 왕조를 끝내는 것이며, 메시아의 오심을 기대하게 한다

포로와 회복의 예고적 예언은 이스라엘의 당시 왕조가 종결되는 것을 포함하고 있으며, 또한 다윗 줄기의 새 후손으로 대치될 것을 내다보고 있다. 선지자들은 이스라엘 왕조 역사의 결말은 바로 포로라는 등식을 만들고 있다. 선지자들에 의하면 이스라엘의 악한 왕들은 그들의 자리에서 강압적으로 내려앉을 것이며, 결국 포로로 잡혀갈 것이다. 동시에 선지자들은 다윗과 맺은 언약에 따라 여호와에게 신실한 왕이 회복될 미래의 희망도 말한다.

호세아는 북 왕국 백성이 그들의 땅에서 쫓겨날 것을 예상하면서, "이스라엘 자손들이 많은 날 동안 왕도 없고"라고 말한다(호 3:4). 여호와께서는 "분노하므로 네게 왕을 주고 진노하므로 폐하였노라"고 선포한다(13:11). 호세아가 보여주는 포로의 결과는 이스라엘 왕조의 멸망이다.

호세아와 아모스는 북 왕국 이스라엘을 위한 회복의 예언을 제공하지 않는다. 반면에 백성들은 북 왕국의 회복을 위해 다윗을 그들의 왕으로 찾아야 할 것을 말한다. 다윗 왕의 무너진 장막을 일으키는 것이 북쪽 이스라엘의 희망으로 제시된다(호 3:5; 암 9:11). 북 왕국은 다윗 왕조의 통치를 배반하고 대대적인 반란을 일으켰다. 이것은 다윗 언약을 배반한 것이었다(왕상 12:16). 그 선지자들은 멸망한 북 왕국의 회복을 위해 다윗 왕조의 회복이 이루어져야 함을 내다보았다.

이사야는 유다 왕국의 역사에서 중요한 두 번의 시기에 왕국의 장래에 대한 중요한 메시지들을 왕들에게 전달한다. 첫째로 이사야는 북쪽 에브라임과 아람의 연합군이 남 왕국을 위협할 때에 아하스 왕에게 보냄을 받았다(사 7:1-3). 그러나 선지자의 메시지는 복수형태, 즉 "다윗의 집"에게 주어진다. "만일 너희(복수)가 믿지 아니하면 너희가(복수) 정녕히 굳게 서지 못하리라"(사 7:9하).[5] 이사야가 현재 아하스 왕에게 말하고 있지만, 선지자의 메시지는 북쪽 연합군이 다윗 왕조 전체를 위협하고 있음을 반영한다(7:6하). 아하스가 여호와께서 요구하신 믿음을 보이는 데 실패하였지만, 이사야는 처녀에게서 태어날 아이를 통하여 다윗 왕조가 계승될 것을 예언한다(7:14). 비록 사람의 실패로 왕조가 끊어지는 결과가 초래될 것이지만, 여호와는 다윗의 후손을 일으킴으로써 자신이 맺은 언약에 성실함을 보일 것이다.

이사야가 두 번째로 보냄을 받은 유다의 왕은 히스기야였다. 히스기야는 바벨론 사신을 맞이하여 나라의 무기와 보물들을 다 보여주었다. 그 결과 선지자는 왕궁의 모든 보물은 그 나라에 옮겨갈 것이고, 더욱이 다윗 왕위가 끊기고 그 후손들이 포로로 끌려갈 것을 예언하였다. "또 네게서 날 자손 중에서 몇이 사로잡혀 바벨론 왕궁의 환관이 되리라"(사 39:7). 앞서 이사야는 오는 메시아

---
5) NIV 성경은 "믿다"라는 단어의 원래 역할을 잘 반영한다.

왕이 영원히 다스릴 것이고, 다윗의 줄기가 더 이상 끊어지지 않을 것이라는 미래의 회복을 선포하였다(7:14; 9:6-7; 11:1-10). 그럼에도 불구하고 선지자는 계속하여 다윗 왕조가 끊어지고 포로로 잡혀갈 멸망을 준엄하게 선포한다.

예레미야는 포로와 회복을 예언하면서, 왕조의 멸망과 메시아 왕의 오심을 연결시킨다. 예레미야는 나라의 멸망과 포로를 또한 예언하면서 유다를 다스리는 여러 왕들을 향하여 심판을 시리즈로 예언한다. 이 왕들은 하나님이 다윗과 맺은 언약의 중보자로서 그 책임에 실패하였기 때문에 비참한 최후를 맞이할 것이다.[6]

- 여호아하스(살룸) 왕은 포로에서 죽을 것이고, 약속의 땅을 다시는 보지 못할 것이다(렘 22:11-12). 예레미야는 여호와의 명령을 받고 유다 왕의 집에 내려가서 말씀을 선포하였다. "다윗의 위에 앉은 유다 왕이여 너와 네 신하와 이 문들로 들어오는 네 백성은 여호와의 말씀을 들을지니라"(22:1-2). "너희가 참으로 이 말을 준행하면 다윗의 위에 앉을 왕들과 신하들과 백성이 병거와 말을 타고 이 집 문으로 들어오게 되리라"(렘 22:4). 이러한 예언을 받았지만 여호아하스는 결국 그 집 문으로 들어가지 못하고 말았다.
- 여호야김 왕은 성문 밖으로 끌려 나가 던져져서 나귀같이 매장함을 당할 것이다(22:19).
- 여호야긴 왕은 바벨론 왕 느부갓네살의 손에 넘겨져, 이방의 땅에 끌려 갈 것이다. 그는 약속의 땅으로 다시 돌아오지 못할 것이며, 다윗의 왕위에 오를 그의 후손이 없을 것이다(22:24-27, 30).
- 시드기야 왕은 느부갓네살이 예루살렘을 공격하고 있을 때에 예레미야에게 사신을 보내었다. 행여나 기적적인 구원의 소식이 있는지 묻기 위해서였다(21:2). 예레미야는 오히려 왕과 나머지 백성이 포로로 잡혀갈 것을 예언하였다. 그리고 유다의 집과 다윗의 집이 그 행악으로 인해 멸망할 것을 선포하였다(21:7, 11-12).

---

[6] 이 장에 나오는 왕들 중에 셋(여호아하스, 여호야김, 시드기야)은 요시야 왕의 아들이고, 하나(여호야긴)은 그의 손자이다.

예레미야는 다시 양떼를 흩어버린 목자와 같은 유다 왕들에 대하여 화를 선포한다. 그들은 양떼 볼보기를 완전히 실패했다. 그리하여 하나님 자신이 흩어진 백성들을 포로에서 데리고 오는 행동에 나설 것이다. 그리고 그들을 잘 보살펴 줄 목자를 그들 위에 세울 것이다(23:1-4).

유다 왕들이 사명을 실패한 것에 관한 이 예언들의 문맥에서 선지자는 자기 백성을 의로 다스릴 다윗의 후손인 단수의 왕을 예고한다. 하나님은 일찍이 그들에게 자신의 마음에 맞는 목자들을 줄 것을 약속했는데, 그 왕들은 다윗 왕과 비교될 수 있을 것이다(렘 3:15; 삼상 16:7). 그러나 이제 여호와는 선언하신다. "보라 때가 이르리니 내가 다윗에게 한 의로운 가지를 일으킬 것이라. 그가 왕이 되어 지혜롭게 행사하며 세상에서 공평과 정의를 행할 것이며, 그의 날에 유다는 구원을 얻겠고 이스라엘은 평안히 거할 것이며, 그 이름은 여호와 우리의 의라 일컬음을 받으리라"(렘 23:5-6).

이스라엘 왕국의 왕인 단수인 다윗의 후손이 우주적인 통치를 성취할 것이라는 개념을 처음 시작한 선지자는 예레미야가 아니다. 다윗 왕 자신은 법궤를 예루살렘으로 옮길 때에 여호와께서 왕으로서 예루살렘 도성에 자신의 보좌를 베푸시는 것으로 인식함으로써, 자신의 보좌를 하나님의 보좌에 병합시켰다(삼하 6:12-15, 17). 예레미야는 언젠가 예루살렘에서 옛 언약궤가 여호와의 보좌에 의해 대치될 것을 예언함으로써 하나님의 보좌가 다윗의 보좌에 병합되는 개념을 발전시킨다.

> 너희가 이 땅에서 번성하여 많아질 때에는 사람이 여호와의 언약궤를 다시는 말하지 아니할 것이요 생각지 아니할 것이요 기억지 아니할 것이요 찾지 아니할 것이요 만들지 아니할 것이며, 그 때에 예루살렘이 여호와의 보좌라 일컬음이 되며 열방이 그리로 모이리니 곧 여호와의 이름으로 인하여 예루살렘에 모이고 다시는 그들의 악한 마음의 강퍅한 대로 행치 아니할 것이며(렘 3:16-17).

이보다 100년 전, 이사야는 다윗의 줄기에서 나올 의로운 가지에 대한 기대를 표현하였다(사 4:2; 9:7; 11:1). 그러나 이제는 왕국이 멸망하고 바벨론에 포로로 잡혀갈 시점에서 다시 한번 그러한 기대가 되살아난다. 포로 후에 있을 회복은 다윗 후손의 출현과 연관되어 일어날 것이며, 그는 이전 왕들의 단점을 전혀 가지지 않을 것이다.

다윗 가문의 이 특별한 후손은 자기 백성이 하나님께로부터 받아들여질 수 있는 의로움을 가져다줄 것이다. 예레미야가 말하는 것처럼 그의 이름은 "여호와 우리의 의"라 불릴 것이다(렘 23:6). 그는 이전의 불의한 유다 왕들과 전혀 다르게 의로울 뿐만 아니라, 자신이 친히 그의 백성의 의가 되어줄 것이다.

유다의 회복을 바라보면서 예레미야는 이 인물에 관심을 돌리며 이사야의 말들을 그대로 사용한다. "그 날 그 때에 내가 다윗에게 한 의로운 가지가 나게 하리니 그가 이 땅에 공평과 정의를 실행할 것이라. 그 날에 유다가 구원을 얻겠고 예루살렘이 안전히 거할 것이며, 그 성은 여호와 우리의 의라 일컬음을 입으리라"(렘 33:15-16). 예레미야는 의로운 가지가 나타날 것이라는 이 예언을 한 후에, 이어서 "이스라엘 집 위에 앉을 사람이 다윗에게 영영히 끊어지지 아니할 것이라"고 덧붙인다(33:17). 낮과 밤에 대한 법칙을 정한 여호와의 언약이 변치 않는 것처럼 다윗과 세운 그 언약도 폐하지 않을 것이며, 그 위(位)에 앉을 자손이 끊어지지 아니할 것이다(33:20-21, 25-26).

이스라엘 회복과 관련하여 다윗의 왕위가 유지될 것이라는 예언은 예레미야서의 마지막 구절들에서 다시 나타난다. 이 경우에는 예고적 예언 형태가 아닌 역사적 사건의 보고로서 주어진다. 이 사건에서 예레미야는 앞에 한 예언처럼 다윗의 후손이 높임을 받을 것을 내다보고 있다. 바벨론에서 새로운 왕이 위에 오른 후에 유다 왕 여호야긴을 감옥에서 풀어 주었다. 그가 여호야긴을 유다로 돌려보내지는 않았다. 만약 그랬으면 그 왕에 대한 예레미야의 이전 예언과 어긋나는 결과가 되었을 것이다(렘 22:27). 바벨론 왕은 요시아 왕의 손자이며, 다윗 집에 최후의 왕이었던 여호야긴을, "그의 위를 바벨론에 있는 왕들의 위보다 높이고" 존귀케 하였다(52:32).

이 예레미야의 마지막 언급은 그다지 특별한 것이 없는 것처럼 보일 수 있다. 그러나 예레미야 예언에서 포로로 있는 이스라엘의 희망은 바로 다윗 계열의 회복에 직결되어 있다는 그 문맥에서 관찰해 볼 때에, 이 간단한 진술은 무엇인가 중요한 의미가 있음을 알아야 한다.[7] 여호야긴은 다윗의 메시아적 줄기에

---

7) 여기에 관한 토론은 다음을 보라. Provan, "Messiah in the Books of Kings."

관한 미래의 희망을 안고 있는 자이다. 바벨론 왕에 의해 그가 높임을 받는다는 것은 다윗의 줄기가 회복될 것이라는 하나님의 약속이 실패하지 않았다는 가능성을 보여주는 것이다.

마태복음에서 예수님의 족보에서 여호야긴을 발견하는 것이 놀라운 일이 아니다. 그 계보에서 그가 여고냐로 불리며(구약에서 그는 고니아 혹은 여호야긴으로 불렸다), 바벨론으로 옮겨간 자로 언급된다. 바벨론 포로에서부터 다시 시작하는 다윗의 줄기는 다윗 계보를 회복하여 예수 그리스도의 오심으로까지 연결된다. 예레미야가 유다의 포로와 회복을 다윗 줄기의 운명과 밀접하게 연관시킬 뿐만 아니라, 그 줄기를 통하여 궁극적으로 메시아가 오는 것까지도 관심을 가졌음을 알 수 있다. 예수 그리스도의 탄생, 생애, 죽음, 부활, 그리고 승천에서 이 다윗 줄기의 의로운 가지가 성취되었다. 오늘날 그는 하나님 보좌의 우편에 앉아서 다윗의 왕권을 시행하고 있다. 그의 통치는 결코 중단됨이 없을 것이다.

메시아 예언은 포로와 회복의 신학이 배어 있는 에스겔의 비유에서도 역시 나타난다. 그 비유에서 한 독수리(느부갓네살)가 백향목 높은 가지(아마도 시드기야일 가능성이 많다)를 취하여 상인들의 성읍(바벨론)에 심었다(겔 17:2-4). 이 후에 하나님은 다시 백향목 꼭대기의 가지를 꺾어 이스라엘 높은 산에 심었다. 그 가지가 무성하여 열매를 맺어 공중의 새들이 그 그늘에서 안식을 찾는다(17:22-24). 이 비유가 모호한 점이 있지만, 그 중심 메시지는 분명하다. 왕들이 포로로 잡혀간 후에 여호와 자신이 이스라엘을 다스릴 왕을 세울 것이다. 더 나아가서 하나님이 선택한 자가 유다의 타락한 왕 자리를 대신 앉을 것임을 선언하는 것이기도 하다.

너 극악하여 중상을 당할 이스라엘 왕아 네 날이 이르렀나니 곧 죄악의 끝 때니라. 나 주 여호와가 말하노라 관을 제하며 면류관을 벗길지라 그대로 두지 못하리니 낮은 자를 높이고 높은 자를 낮출 것이니라. 내가 엎드러뜨리고 엎드러뜨리려니와 이것도 다시 있지 못하리라. 마땅히 얻을 자가 이르면 그에게 주리라(겔 21:25-27).

이스라엘의 악한 왕이 넘어짐으로써 미래의 의로운 왕이 기대될 수 있다.

에스겔에서 메시아에 관한 다른 예언은 앞선 선지서들에게서 발견되는 희망의 메시지와 매우 유사하다. 하나님은 흩어진 양떼를 돌아오게 하여 그들을 돌볼 한 목자를 세울 것인데, 그는 그의 종 다윗으로 지명된다. 이 목자는 그들 중에 "왕"이 될 것이며, 그의 통치는 영원히 계속될 것이다(겔 37:23-25).[8]

에스겔에서 미래의 메시아에 대한 기대는 포로와 회복에 관한 예언과 밀접하게 연관되어 있다. 이 메시아적 인물은 에스겔 당시에 나타날 것으로 예상되는 것이 아니다. 이스라엘이 본국으로 돌아간다는 것은 의심할 여지가 없다. 다윗 자손인 메시아적 인물이 하나님의 백성을 통치한다는 개념은 새 언약의 구절들에서 중요한 요소를 차지한다.

바벨론 포로에서부터 회복된 후에도 놀랍게도 선지자는 미래의 멸망과 회복을 계속 예언한다. 종말론적인 천지의 진동에 관한 묘사에서 학개는 다윗 줄기의 회복을 예언한다(학 2:21-22). 여기에서 포로 귀환 후 총독으로 임명된 스룹바벨을 여호와께서 자신의 인으로 삼으리라고 선언하신다(2:20-23). 다른 성경구절에서 이 스룹바벨은 여호야긴의 직계 손으로서 다윗 가문의 계보를 계속 이어가는 자로 묘사된다(대상 3:18-19; 스 5:2). 그는 전능자의 권위에 의해 지도자로서 인정을 받았으며, 따라서 하나님께서 주시는 왕적인 권위를 상징하는 인장을 소유하는 자가 되었다. 비록 역사적으로 이스라엘에서 다윗 계열

---

8) 에스겔의 회복된 성전의 환상에서 "왕"(prince, 히브리어는 'Nasi'로 사용되었는데, 이것은 "지도자"라는 뜻이다–역주)이 반복적으로 나타나는데 그 의미가 명확하지 않다. Nasi라는 용어는 에스겔에서 37번 나타나는데, 대부분 "왕"과 동의어로 사용되었다(12:10, 12; 19:1; 21:12, 25 등). 44-48장에서는 17번 나타나는데, 모두 새롭게 건설되는 성전과 관련된 환상에서이다. 오직 이 왕만 하나님 면전에서 먹는 것이 허락되었다(44:3). 여호와는 그에게 특별한 땅을 분배했는데, 도시의 거룩한 지역에 접한 곳이다.(45:7). 왕은 절기에 제사를 지내는 임무가 부여되었다(45:17). 그는 백성에게 속한 어떤 산업을 취하면 안 된다(46:18). 이 용어는 때로는 복수로 사용되기도 한다(45:8-9). 여기에 해당되는 구절들은 메시아적 예언으로 보여진다. 그러나 다른 메시아적 예언 구절만큼 확실하지 않으며, 모호한 면이 없지 않다. Keil(Ezekiel, 2.300)이 이 왕은 "이스라엘의 대제사장이 아니며, 메시아 시대의 어떤 공공기관의 권위자를 위한 집합적 용어도 아니다"고 말하는 것은 정당하다. 반면에 이 "왕"(prince)은 34:23-24에 메시아적인 "다윗"에게 사용된 "왕"(prince)와 일치한다. Keil은 이 왕이 아들에게 기업을 물려주는 것에 대하여(46:16) 다음과 같이 설명한다. 에스겔은 이 왕을 이전의 이스라엘 왕들의 유형을 따라 생각하면서, 옛 언약의 유형의 일부를 새 언약의 성취에 그대로 반영시킨 것으로 볼 수 있다(431).

의 왕위가 다시 회복되지 않았지만, 스룹바벨에게 부여된 이러한 상징적인 권위는 포로에서 귀환한 백성들에게 큰 의미가 있는 것이었다. 이 예언적 선언은 미래에 백성을 통치할 다윗 자손의 출현을 예고한 것이다. 다윗에서부터 예수 그리스도에 이어지는 마태복음의 계보에서 스룹바벨은 다윗 왕위의 회복을 이끌어갈 중간적 역할에 위치하고 있다(마 1:12).

더 뒤에 있을 포로와 회복에 대한 기대는 스가랴서 마지막 부분에 다시 나타난다. 스가랴 9-14장에서 시온의 왕이 의와 겸손한 모습으로 자기 도성에 들어온다. 그가 도착해서 나라들에게 평화를 공포하고, 그의 통치는 "바다에서 바다까지, 그리고 강에서 땅 끝까지" 이를 것이다(9:9-10). 여호와께서는 "희망을 잃지 않은 갇힌 자들에게" 하나님의 요새로 돌아올 것을 호소한다. 하나님은 그런 자들에게 배나 보상해 줄 것이다(9:12). 그 날에 여호와께서 자기 백성을 위해 싸우실 것이며, 그들은 자기의 땅에서 면류관의 보석과 같이 빛나게 할 것이다(9:14-17). 비록 스가랴 당시에 회복이 이미 이루어졌지만 여호와는 그들이 앗수르와 이집트로부터 돌아오며, 다시는 버림을 받지 않을 것이라고 약속한다(10장).

이 모든 축복의 희망과 함께 선지자는 악한 목자들 때문에 백성이 다시 이웃 나라들에게 넘겨질 것임을 예언한다. 그 악한 목자들 대신 선한 목자가 세움을 입는다. 그러나 백성은 그의 품삯으로 은 삼십을 지불하고는, 오히려 어리석은 목자들에게 달라붙었다(11:4-17). 그런데 그 목자들은 살찐 자의 고기를 먹기만 할 것이다(11:16). 포로 이후 회복기의 선지자 시대에 선한목자-왕이 일어나지 않았다. 그러나 복음서는 마침내 그 선한 목자가 백성 중에 나타난 것으로 말한다(요 10:1). 그 선한 목자는 백성들로부터 배척을 받았으며, 양을 위하여 자기의 목숨을 내어놓았다(마 27:9-10; 요 10:11). 이러한 방법으로 칼이 목자를 치는 선지자의 예언도(13:7) 성취되었다.

5) 포로와 회복 예언의 특별한 유형

구약성경의 예언에서 이스라엘의 포로와 회복에 대한 것은 특별한 성격을 가진 것으로 나타난다. 구약에서 수백 개의 이 부분에 대한 미래적 예언 중에서 두 부분이 가장 특별하게 보인다. 첫째는 미래적 예언에 대한 이사야의 도전이요, 둘째는 이스라엘의 70년 포로에 대한 예레미야의 예언이다. 이 두 놀라운 예언은 모두 이스라엘의 포로와 회복에 연관된 것이며, 미래에 대한 예고이다.

(1) 미래적 예언에 대한 이사야의 도전

이사야 후반부에서 유일신론 사상에 대한 높은 윤리적인 개념이 잘 나타나고 있다는 것은 일반적으로 잘 알려졌다. 이사야는 생명이 없는 우상들을 조롱하며, 살아 계신 참 하나님과 비교하여 그것들의 무능력을 고발한다. 그러나 우상에 대한 이 조롱에서 참된 의미를 간과하기 쉽다. 우상은 말을 할 수 없는 벙어리이다. 선지자는 그것들에게 참 신이라면 미래에 대하여 말해 보라고 도전장을 던진다.[9]

> 장차 당할 일을 우리에게 진술하라.
> 또 이전 일의 어떠한 것도 고하라.
> 우리가 연구하여 그 결국을 알리라.
> 혹 장래사를 보이며 후래사를 진술하라.
> 너희의 신 됨을 우리가 알리라(41:22-23).

> 눈이 있어도 소경이요 귀가 있어도
> 귀머거리인 백성을 이끌어 내라.
> 열방은 모였으며 민족들이 회집하였은들
> 그들 중에 누가 능히 이 일을 고하며
> 이전 일을 우리에게 보이겠느냐(43:8-9).

> 나처럼 외치며 고하며 진술할 자가 누구뇨
> 있거든 될 일과 장차 올 일을 고할지어다(44:7).

> 너희는 고하며 진술하고
> 또 피차 상의하여 보라!

---

9) 인용구들은 모두 NIV를 참조하라.

이 일을 이전부터 보인 자가 누구냐
예로부터 고한 자가 누구냐
나 여호와가 아니냐
나 외에 다른 신이 없나니(45:21).

하늘을 살피는 자와
별을 보는 자와
월삭에 예고하는 자들로 일어나
네게 임할 그 일에서 너를 구원케 하여 보라.
저마다 도망칠 판인데
　누가 너를 구해주랴(47:13, 15).

　과거사를 돌아보아도 우상들이 우러러볼 만한 예언을 한 적이 없으며, 또 현재 그것들은 미래에 대하여 완전히 침묵한다. 아무리 살펴보아도 우상들이 미래에 대하여 정확하게 예언한 흔적이 없다. 그것들은 미래에 대하여 말할 수 없을 뿐만 아니라, 아예 말을 할 줄도 모른다. 왜냐하면 그것들이 미래를 컨트롤할 수 없기 때문이다.[10] 미래에 대하여 예언하는 신은 역시 스스로 미래를 결정

---

[10] 신학계에서 일반적으로 이사야 40-48장에서 선지자가 미래의 예언 문제로써 우상들에게 반복적으로 도전하고 있음을 인정한다. 이스라엘의 여호와는 이 도전을 스스로 받아들인다. 그는 이전에 예언했던 것들이 이미 성취된 것을 내세워 자신을 증명해 보인다. 그리고 이제는 선지자를 통하여 고레스를 일으켜서 세상을 정복하고 이스라엘을 구원하겠다는 예언으로 도전장을 던진다. Von Rad(*Old Testament Theology*, 2. 248)는 "하나님은 오래 전부터 미래에 대한 예언을 함으로써 자신의 메시지에 대한 정당성의 근거로 삼았다. 이제 그는 또 미래에 대한 예언을 계속함으로써 그 정당성을 확보하려고 한다." Von Rad는 진술을 이어간다. "가장 중요한 것은 구원역사의 사건들이 모두 미리 말해졌으며, 그대로 이루어졌다는 것이다"(246-47). 그러나 이것에 대하여 심각한 반대의견을 내는 사람들도 있다. 그들은 선지자가 미래적 예언에 도전하는 이 중요한 이슈에 대하여 논란을 일으킨다. 그들은 이사야 43:17에 기록된 "이전의 일"(Former things)을 이미 일어난 일인 "옛적 일"(the things of old)로 동일시하면서 이 문제를 풀어나가려 한다. North("Former Things")는 선지자가 포로에 대하여 말하는 것은 "이전의 일"(Former Things)로서, 이것은 고레스가 Sardis를 정복한 주전 547사건을 포함한 것이라고 결론짓는다. 그리고 바벨론이 망하고 포로들을 고향으로 돌아가라고 한 칙령은 그 "뒤의 일"(latter things)로 규정하면서, 이 글은 주전 547에서 536사이에 쓰였다고 본다. North의 이 주장은 해석학적으로 맞지 않는다. 왜 포로에 있는 선지자가 고레스의 초기 정복에 대한 이 예언들을 "시

할 수 있는 분임에 틀림없다.

이방 나라들에서 섬김을 받는 우상들은 미래에 대하여 예언해 보라는 이 도전에 응답하지 못함으로써 자신이 참 신임을 증명해 내지 못한다. 그러나 언약의 하나님은 그 예언을 할 능력이 있음을 과시해 보인다. 이스라엘 하나님은 자신이 그 도전장을 내며, 스스로 그것을 증명해 보인다. 소위 우상으로 불리는 신들과 달리 여호와는 미래를 컨트롤할 수 있는 능력을 가졌다. 이스라엘 하나님은 스스로 이 도전장을 던진다. 그는 이스라엘에게 지대한 영향을 미칠 대제국들의 등장에 관하여 생동감 있게 말해 준다. 그는 특별하게 다음의 세 가지 일들을 예언한다. ① 이스라엘이 포로에서 귀환할 것이다. ② 고레스의 이름이 이스라엘 구원자로 등장한다. ③ 여호와의 고난의 종이 올 것이다.

① 이스라엘의 포로 귀환
선지자는 과거 구원사건의 방법을 이용하여 다시 미래에 있을 구원을 설명한다. 이사야는 여호와께서 자기 백성에게 새 탈출과 광야의 행진을 경험하게 할 것이다. 포로들은 적의 압박에서부터 해방될 것이다.[11]

온"과 "예루살렘"을 향하여 주고 있는가?(41:27). 고레스의 초기에는 그곳에 실제로 이스라엘의 공동체가 존재하지 않았다. 만약 그 메시지가 주전 547-536사이에 주어졌다고 가정한다면, "이전 일"(former thing)이 겨우 몇 년 전에 일어났던 것인데, 어떻게 그것을 옛적(ancient, NIV 참조)으로 규정하는가(43:18; 44:7; 48:3-8)? North의 설명에도 불구하고 이런 어려운 문제들이 전혀 해소되지 않는다. Childs(*Isaiah*, 322)는 '여호와께서 실로 고레스를 이끌어 낼 것'이라는 제2이사야서의 예언 구절에 대하여 주석가들이 어려워하고 있는 문제를 취급하면서, 이 구절들을 고레스가 이미 현장에 나타난 상태에서 주어진 메시지로 설명한다. 그는 이 문제를 정경비평으로 해결할 것을 제안한다. 이사야서를 마지막 형태로 완성된 상태에서 보자는 것이다. 이 관점에 의하면 고레스에 관한 예언은 바벨론의 멸망을 예언하는 이사야 13장과 같은 편집자에 의해 이 책에 들어온 것이 된다. 그리고 이사야 41장에 하나님이 고레스를 일으킨다는 예언은, 그가 이미 나타난 상태에서 주어진 것으로 본다. 이 구조에 의하면 이스라엘 하나님을 위하여 만들어진 모든 메시지는 연극과 같이 꾸며진 이야기와 같은 것이 된다. 이 견해에 의하면 미래적 예언이란 실제로 있지 않은 것이 된다. 이사야의 예고적 예언에 대하여 Childs가 내어놓는 연구결과는 이사야의 하나님은 없는 신(a no-god)이며, "하나님이 참 신이라는 증거를 미래의 사건을 컨트롤할 수 있는 능력에서 찾을 수 있는 것도 아니며, 그것들이 일어나기 전에 예언이 주어진 것도 아닌 것"이 된다(321).

11) 영어성경으로는 NIV를 보라.

너희는 이전 일을 기억하지 말며
옛적 일을 생각하지 말라
보라, 내가 새 일을 행하리니
이제 나타낼 것이라
너희가 그것을 알지 못하겠느냐
정녕히 내가 광야에 길과
사막에 강을 내리니(43:18-19).

너희는 두려워 말며, 겁내지 말라.
내가 예로부터 너희에게 들리지 아니하였느냐
고하지 아니하였느냐
너희는 나의 증인이라(44:8).

나 여호와가 말하노라…
내 종의 말을 응하게 하며,
내 사자의 모략을 성취하게 하며,
예루살렘에 대하여는 이르기를,
"거기 사람이 살리라 하며"
유다 성읍들에 대하여는 이르기를,
"중건될 것이라,
내가 그 황폐한 곳들을 복구시키리라" 하며(44:24, 26).

내가 종말을 처음부터 고하며,
아직 이루지 아니한 일을 옛적부터 보이고 이르기를
"내가 나의 모든 기뻐하는 것을 이루리라" 하였노라(46:10).

내가 옛적에 장래사를 고하였고,
내 입에서 내어 보였고,
내가 홀연히 그 일을 행하여 이루었느니라…
그러므로 내가 이 일을 옛적부터 네게 고하였고,

성사하기 전에 그것을 네게 보였느니라(48:3, 5).

이 부분에서 이사야의 의도는 분명하다. 이사야의 하나님은 미래의 예언에 스스로 도전장을 던지며, 자신을 우상들과 구분한다. 그는 우상들이 할 수 없는 것을 할 수 있다. 왜냐하면 그는 홀로 참 신이기 때문이다. 자신만이 미래에 대하여 예언할 수 있다.

여호와 예언의 핵심은 이스라엘이 포로에서 회복될 것이라는 내용이다. 만약 이것들이 실제 사건이 발생한 후에 기록되었다면, 이 예언의 의도를 완전히 거스르는 것이 된다. 이 예언은 결코 발생하지 않는 미래의 놀라운 사건들을 다루고 있다. 첫째, 바벨론이 아직 알려지지 않는 외국 나라에 의해 정복될 것이다. 둘째, 그 외국 정권은 정복지 백성을 포로로 끌고 왔던 바벨론과는 완전히 다른 정책을 피정복지에 펼 것이다. 그리고 마지막으로, 이스라엘이 오랜 포로생활에서 익숙해졌음에도 불구하고 자원하여 포로에서부터 본국으로 귀환할 것이다. 그 때가 충분하게 이르렀을 때에 메데-페르시아 왕국이 일어났다. 바벨론을 정복한 후 고레스는 포로민들에게 본국으로 돌아갈 수 있도록 모든 도움을 주라고 칙령을 발표하였다. 비록 이스라엘 중에서 적은 인원이 이 칙령에 따라 나섰지만, 예언이 바로 이루어졌으며, 이스라엘은 약속의 땅에 다시 정착하게 되었다.

사건이 발생하기 100년 전에 예고적 예언 형태로 주어진 이 이사야서의 예언을 취급하는 데 있어서 극단적인 두 견해로 나뉜다. 한편에서 이 자료들은 이미 사건이 발생한 후에 작성되었고, 그것이 예언의 형태로 전환되어 소위 제2이사야로 불리는 편집된 책에 삽입되었다는 견해이다. 사건이 일어난 당시의 누군가가 이 자료들을 정치적 목적을 가지고 미래적 예언의 형태로 교묘하게 각색하였다는 것이다. 다른 편으로는, 이 자료들은 이사야가 성령의 영감으로 기록한 미래적 예언이라는 견해이다.

미래적 예언 구절들에 대한 이 양자의 상반되는 견해에는 근본적으로 인간의 역사와 그 경험에 대한 자연주의적 접근 방법에 대한 인식의 차이에서 발생한다. 만약 하나님이 인간역사의 영역에 초자연적으로 간섭하는 것이 불가능하다고 인식하면, 선지자가 미래에 대한 정확한 지식을 가지는 것도 불가능한 것이 된다. 그러나 미래적 예언의 진실성이 부인되는 이 견해는 많은 문제점을 가지고 있다. 특별히 구약성경이 하나님 자신께서 친히 말씀하신 것으로 믿는 사람이 볼 때에 그 문제가 심각하다. 만약 그렇다면, 우선적으로 포로 이전 시대의 선지서들(이사야를 포함한)에 있는 수많은 포로와 회복에 대한 미래적 예언에 대하여 합당한 설명을 할 수 있어야 한다(이 점은 앞에서도 다룬 바 있다). 미래에 대한 예언이 불가능하다는 전제하에, 이미 일어난 사건의 기록을 미래적 예언으로 전환시켰다는 설명에 대하여 그러한 확신을 줄 수 있는 증거가 부족하다. 이 견해는 더욱이 이사야의 미래적 예언들을 "위장된"(pretense)것으로 받아들이도록 강요한다. 만약 이 모든 예언들이 실제로 이사야에 의해 만들어진 미래적 예언이 전혀 아니라면, 이스라엘의 하나님은 최대의 사기극을 벌인 자로 조롱을 받아야 한다. 이사야서에 의하면 우상들은 말할 수도 없고 또한 미래에 대한 예언도 할 수 없기 때문에 조롱을 받아야 하였다. 그런데 이 이론에 의하면, 하나님은 꼭 같은 조롱거리가 됨에 더하여, 미래에 대한 예언에 도전한다고 큰소리치면서 우상들을 비난한 그 책임까지 덮어써야 한다.

이사야서의 자료들에 의하면 여호와는 영원의 하나님으로서 태초부터 오는 모든 세대에 걸친 구속의 목적을 가지셨던 분으로 영광을 받으시는데, 그러한 분이 미래에 대한 지식이 없으며, 그 목적을 실현할 중요한 일들을 일으킬 능력이 없겠는가? 성경은 한결같이 그는 세상의 작은 일에서부터 큰일까지 자신의 목적에 따라 이끌어 가신다고 증거하고 있지 아니한가? 이 성경의 하나님은 참으로 역사를 주관하기에 충분하신 분이시다.

② 고레스의 이름이 이스라엘의 구원자로 등장함

이사야의 이 미래적 예언의 진실성을 부정하는 자들은 특히 고레스의 이름이 이스라엘을 구원할 자로 등장하고 있는 것을 부각시킨다. 어떻게 그가 역사에 나타나기 100년 이전에 그의 이름이 언급될 수 있느냐는 것이다. 만약 그가 전지하시고(omniscient) 전능하신(omnipotent) 하나님으로 받아들여질 수 있다면 그가 그런 예언을 할 수 있는 것도 가능하다. 그렇더라도 '왜 미래의 일을 그렇게 구체적으로 예언하였을까?' 하는 의문이 남는다.

다시 한번 이 거대한 예언은 이사야의 책에서 제공되는 하나님의 구속적 목적들의 큰 그림과 분리하여 읽혀서는 안 됨을 강조할 필요가 있다. 하나님의 택한 백성을 본국으로 돌아가게 하는 그 인물의 이름이 단지 독립적으로 갑자기 등장한 것이 아니다. 자기 백성을 구속할 큰 계획을 이루기 위하여 그가 하나님의 선택된 도구로서 다양하게 그려지는 중에 그의 이름이 등장한다.[12]

내가 한 사람을 일으켜 북방에서 오게 하며
내 이름을 부르는 자를 해 돋는 곳에서 오게 하였나니
그가 이르러 방백들을 회삼물같이,
토기장이의 진흙을 밟음같이 밟을 것이니(41:25).

나는 만물을 지은 여호와라.
홀로 하늘을 폈으며 땅을 베풀었고…
내 종의 말을 응하게 하며
내 사자의 모략을 성취하게 하며…
고레스에 대하여는 이르기를
"그는 나의 목자라, 나의 모든 기쁨을 성취하리라!"
예루살렘에 대하여는 이르기를 "중건되리라" 하며
성전에 대하여는 이르기를 "네 기초가 세움이 되리라" 하는 자니라
(44:24, 26, 28).

나 여호와는 나의 기름 받은 고레스의 오른손을 잡고
열국으로 그 앞에 항복하게 하며…
내가 고레스에게 이르기를
내가 네 앞서 가서 험한 곳을 평탄케 하며…
너로 너를 지명하여 부른 자가
나 여호와 이스라엘의 하나님인 줄 알게 하리라.
내가 나의 종 야곱, 나의 택한 이스라엘을 위하여
너를 지명하여 불렀나니,
너는 나를 알지 못하였을지라도
나는 네게 칭호를 주었노라(45:1-4).

---

12) 영어성경으로는 NIV를 보라.

내가 동방에서 독수리를 부르며,
먼 나라에서 나의 모략을 이룰 사람을 부를 것이라.
내가 말하였은즉 정녕 이룰 것이요,
경영하였은즉 정녕 행하리라(46:11).

이 예언들은 사람들을 깜짝 놀라게 하는 우발적이고 갑작스러운 어떤 사건에 대한 예측이 아니다.[13] 이 예언들은 자기 백성을 향하여 계속 진행하는 하나님의 구속역사의 큰 틀 중에서 자기 백성을 포로에서 구출하는 한 부분에 해당한다. 고레스는 하나님의 구원계획을 이룰 목적으로 지명되었으며, 이스라엘이 약속의 땅으로 돌아가는 사건은 그 구원계획의 한 부분이었다. 이 구속의 사건이 일어나기 전에 미리 예언이 주어진 것은, 이것들이 우연히 발생한 것이 아님을 증명해 준다. 실로 그 사건들은 창조자이시요 구속자이신 하나님의 주권적인 간섭에 의해 이루어졌다.

고레스에 관한 예언이 하나님의 구속계획과 연관되어 있다는 것은 그것이 구속적 예언의 두 번째 시리즈인 여호와 고난의 종 예언의 장에 함께 등장하는 것에서도 확인할 수 있다. 이사야의 예언은 하나의 구속적 시리즈에서 다른 시리즈로 고리를 엮어 나가듯이 흘러가고 있는데, 후자의 것(고난의 종)은 전자(고레스)의 것보다 더욱 놀랍고 정밀할 뿐만 아니라, 세상에 대한 하나님 구원계획의 심장 부분에 해당한다. 어떤 학자들이 이스라엘의 회복과 고레스의 이름에 관한 예언들에 대하여서는 이성적인 관점에서 설명하면서도, 이 두 번째 예언의 부분은 참 미래에 대한 예언 중에 우선적 순위로 취급하는 것은 특이한 일이다. 이사야서의 다음의 예고적 예언의 세트는 두 번째 인물, 즉 오늘날 소위 알려진 "여호와 고난의 종"에게 초점을 맞춘다.

③ 여호와 고난의 종의 오심
여호와 종의 고난과 높아지심에 관한 예언들은 고레스의 예언이 담겨진 같은 장에서 소개되며, 이사야에 의해 그려지는 포로와 회복이라는 큰 그림 안에 들

---

13) 이 예언들의 충분한 토론을 위해 Allis, *Unity of Isaiah*, 51-80을 보라. Allis는 시의 구조로 이루어진 이 예언들은 어떻게 고레스의 이름이 등장하는 곳에서 그 절정을 이루는지를 잘 보여준다.

어 있다. 민족이 포로로 잡혀가며 또 회복되어 돌아오는 그 진행과정에서 이 특별한 여호와 종이 의인화되며, 또 고난을 받고 높아지는 묘사가 발견된다. 실로 이스라엘의 포로와 회복의 예언은 종의 고난과 높아지심이 묘사에서 그 정점을 이룬다. 따라서 종의 고난과 높아짐은 선민을 위한 대리적 그리고 대속적 성격을 가졌다는 데에 궁극적인 중요성이 있다.

집합적인 이스라엘과 개인적인 여호와의 종 사이의 상호 관계는 "종"이라는 용어가 양쪽에 똑같이 사용되었을 뿐만 아니라, 양자의 성격과 경험이 유사한 점에서도 확인할 수 있다. "종"은 먼저 집합적인 이스라엘 민족에게 사용되었다가, 그 뒤에 개인적인 종에게도 적용되었다(42:19; 44:1-2, 21; 42:1; 49:3; 52:13). 이 양자는 서로 경험을 공유한다. 하나가 경험하는 바는 다른 자의 경험의 예표적 역할을 한다. 개인적인 종의 고난과 높아짐은 집합적인 종의 고난과 구원을 성취하기 위해 대속적으로 봉사한다. 집합적 민족과 개인적 종 양자는 나라들과 민족들에 의하여 멸망하고 거절되는 참상을 당하는 경험을 공유한다. 하나는 망하여 포로로 잡혀가고, 다른 쪽은 개인적으로 공격을 당한다. 한쪽은 하나님의 진노가 그들 위에 부어짐으로써 사람들로부터 탈취와 약탈을 당하고(42:22, 25), 다른 쪽은 사람들로부터 거절과 모욕을 당하는데(53:3), 결과적으로는 하나님이 원하사 그 고난을 주신 것이었다(53:10). 민족과 개인적 종 양자가 최고의 존경과 높임을 받는 것도 공유하는 경험이다. 한쪽은 국가가 회복됨을 통하여 높임을 받고, 다른 쪽은 개인적인 높임과 영광을 차지한다. 여호와께서는 예루살렘과 유다 성읍들은 그 무너진 것을 회복하여 "건축될 것이다"(44:26). 그리고 여호와는 그의 종이 가장 높이 오르게 할 것이고(52:13), 그는 강한 자와 함께 몫을 나누는 기쁨을 가질 것이다(53:12).

집합적 민족과 개인적 종과의 이 통합된 이해는 이 예언적 구절들의 특성을 이해하기 위한 중요한 기초가 된다. 이사야 이상 중에서 보는 이 고난의 종의 대리적인 사역은 이미 일어난 사건에 대한 보고가 아니다. 비록 이사야 53장에서 언어가 완료형으로 사용되었다 할지라도 종의 낮아짐과 높아짐은 미래적인 문맥에서 이해되어야 한다. "그는 실로 우리의 죄악을 위해 채찍을 맞았다"고 묘사하지만, 그 상처입음은 이 말을 쓸 당시에 이미 이루어졌음을 의미하는 것이 아니다. 그 언어는 비록 이미 이루어진 사건인 것처럼(완료형) 쓰였지만, 오히려 가장 생생한 방법으로 미래의 사건을 말하고 있다. 개인적 종의 고난과 높아짐에 대한 이 예언적 말들은 그 특성에서 예고적이며, 선지자 스스로가 미래적이고 역사적인 사건으로 기대하고 있다.
 또한 미래적인 예고인데도 불구하고 얼마나 그 묘사가 생생한지 놀랍다.[14]

> 나를 때리는 자들에게 내 등을 맡기며…
> 수욕과 침 뱉음을 피하려고
> 내 얼굴을 가리우지 아니하였느니라(50:6)
>
> 그는 실로 병을 짊어지시고
> 우리의 연약함을 체휼하신 분이시다(53:4).
>
> 마치 도수장으로 끌려가는 어린양과
> 털 깎는 자 앞에 잠잠한 양같이
> 그 입을 열지 아니하였도다(53:7).
>
> 그는 강포를 행치 아니하였고
> 그 입에 거짓이 없었으나(53:9).
>
> 그가 많은 사람의 죄를 지며
> 범죄자를 위하여 기도하느니라(53:12).
>
> 내가 또 너로 이방의 빛을 삼아
> 나의 구원을 베풀어서 땅 끝까지 이르게 하리라(49:6).
>
> 보라, 내 종이…
> 받들어 높이 들려서 지극히 존귀하게 되리라(52:13).
> 섬들이 그 교훈을 앙망하리라(42:4).

---

14) 영어성경으로는 NIV를 보라.

이 예언들을 접할 때에 "이 종이 누구인가?"라는 의문이 자연적으로 일어난다(행 8:34). "선지자가 무엇에 대하여 말하는가?"라는 질문보다는-왜냐하면 선지자의 메시지는 너무나 단순하게 설명하기 때문에-"누구에 대하여 말하는가?"라는 질문이 일어나는 것이 당연하다.

개인화된 이 종은 분명히 민족적인 이스라엘이 아니다. 왜냐하면 그의 사역에서 많은 부분이 이스라엘에게 그리고 이스라엘을 위한 것이기 때문이다(사 49:5-6; 53:4-5). 오직 한 사람만 빼고는 인류 역사상 여호와의 종의 예언에 나타나는 다양한 양상을 충족시켜 줄 그 어떤 인물도 나타난 적이 없다. 그가 바로 유다의 자손으로서 이천년 전 팔레스틴에 살았던 예수이다. 종에 대한 모든 예언은 바로 그에게 초점이 맞추어져 있음이 드러난다. 그는 자신이 속한 유대 백성 대다수로부터 배척을 받았으며, 그들은 오늘날까지 그를 믿지 않는다(사 53:1; 요 12:38). 그의 사역의 방법에서 그는 자신의 반대자들에게 참고 견디었고, 어떠한 대항이나 다툼도 벌이지 않았다(사 42:2; 마 12:14-21). 그는 다른 사람의 연약함과 병을 자신이 직접 짊어짐으로써 그들의 병을 고쳤다(사 53:4; 마 8:17). 그는 스스로 포악 자들의 손에 넘겨져서, 침 뱉음과 때림과 조롱을 당하였다(사 50:6; 마 27:30; 26:67). 그는 재판 과정에서 도살장으로 끌려가는 어린양처럼 입을 열지 않았으며, 자신을 변호하지 않았다(사 53:7; 마 27:12-14). 그는 다른 사람에게 어떤 강포도 행치 않았고, 그의 입술에 어떠한 거짓도 없었다(사 53:9; 벧전 2:23). 그는 자신의 죄 때문이 아닌 다른 사람의 죄를 인하여 고난을 당하였다(사 53:12; 벧전 2:24). 그의 성실한 사역의 결과 그의 이름이 어떤 다른 이름보다 더 높임을 받았다(사 52:13; 빌 2:7, 9-11). 그는 오늘날 이방인의 빛이 되었으며, 세상 사람들에게 희망을 불어넣었다(사 42:4; 49:6; 행 13:47).

이러한 해석에 대하여 역시 많은 반대 의견이 발생한다. 이사야의 개인적인 종과 예수 그리스도를 대조시키는 것은 꾸며낸 허구라는 주장이 초대교회부터 계속 있어 왔다. 하지만 놀랍게도 이와 같은 불신자들의 배척이 바로 여호와 종 예언의 성취에 속한다는 것이다(사 53:1). 그들은 신약성경 저자들이 자신들의 문서에서 종의 예언을 예수에게 대입시킨 것을 임의적인 조작으로 간주한다. 그러나 분명한 것은 신약 저자들이 결코 구약성경의 기록들을 조작하지 않았다는 사실이다. 에티오피아 내시가 질문한 것처럼 "선지자가 누구에 대하여 말하고 있느냐? 자신인가 아니면 다른 사람인가?"라고 묻는다면, 그 대답은 명확하게 나올 수밖에 없다. 그같이 세밀한 묘사와 일치하는 분이 예수 그리스도 외에 어느 누가 될 수 있겠는가? 인간 역사에서 그러한 기대를 충족시킨 사람이 있는가?

이 질문에 대한 해답은 자연히 빌립이 그 내시에게 한 대답으로 갈 수밖에 없다. "빌립이 입을 열어 이 글에서 시작하여 예수를 가르쳐 복음을 전하니"(행 8:35). 예수의 생애와 사역에 부합되는 구약성경의 다른 예언들을 고려할 필요도 없이 이사야서에 있는 개인적인 종은 예수의 인격과 사역에 부합한다는 사실은 의심할 여지가 없다.

이 시점에서 고레스에 관한 예언들을 다시 살펴볼 필요가 있다. 자신을 복음주의자로 부르는 대부분의 성도들은 이사야의 개인적 종에 대한 예언의 말들이 예수 그리스도의 인격에서 성취되었다고 주장하기를 기뻐한다. 그들이 이사야의 이 예언들이 주전 8세기(예수님 탄생 700년 전)에 기원되었다고 믿든지, 혹은 주전 6세기(예수님 탄생 500년 전)에 쓰인 것으로 받아들이든지 간에 그 예언들을 예수님에게 적용하기를 즐겨한다는 것은 놀랄만한 일이다. 이 특별한 예언들의 특징을 볼 때에 이것이 선지자와 가까운 시대에 있을 어떤 일을 가리키든지 혹은 조금 더 먼 미래에 일어날 어떤 일을 말한 것으로 보기에는 불가능하다. 왜냐하면 이 개인적 종의 사역은 그의 백성의 죄를 담당하는 것으로서 오직 죄가 없으신 예수에게만 적용될 수 있기 때문이다. 복음주의자들은 일반적으로 이 특별한 구절들은 예수의 생애와 사역에서 이루어졌음을 확실하게 믿는다.

그러면 왜 고레스의 생애와 사역에 대한 예언들이 복음주의자들에게 넘어지는 걸림돌이 되어야 하는가? 왜 그들은 고레스의 예언은 순수한 미래적인 예고로 받아들이기를 꺼려하는가? 이스라엘의 포로와 영광스러운 회복, 그리고 그들의 구속자로 지명된 고레스에 대한 예언들이 분명히 예고적 예언의 문맥으로 주어졌는데도 불구하고, 어찌 그들은 그것에 대하여 비평적이며 부정적인가? 선지자의 관점에서는 하나님의 종으로서 고레스의 출현과 이스라엘을 포로에서 구출할 그의 사역에 대한 말들의 성격은 분명히 미래적 예언이며, 선지자가 앞으로 일어날 일들로 기대하고 있다. 그 자료들이 이사야의 책에서부터 분리되어 존재했음을 암시하는 어떤 증거도 나타나지 않는다. 고레스에 대한 자료들은 전적으로 미래 예언에 대한 도전의 문맥에서 주어지고 있다. 따라서 만약 고레스의 자료들이 미래에 대한 예언임이 부정된다면 하나님은 이사야가 그 무능함을 조롱하는 우상처럼 역시 조롱받아야 마땅하다. 이 자료들이 주전 8세기의 아모스의 아들 이사야보다 거의 200년 이후의 사람의 작품으로서, 그 저자는 고레스 시대에 살았던 단순한 정치적인 예보자라는 주장은 이 반복되는 예언의 문맥과 전혀 맞지 않다.

끝으로, 고레스에 대한 말들은 구약 문서에서 가장 확실하게 시종일관 예고적 예언으로 이루어져 있으며, 예고적 예언의 최절정인 여호와의 종의 오심에 대한 시리즈를 준비하는 구조로 설계되었다. 고레스에 의한 구속은 최종적으로 이루어질 여호와의 종에 의한 구속을 바라보도록 짜인 것이다.

최근에 학자들 세계에서 폭넓게 받아들여지고 있는 정경적 접근법은 이 예고적 예언들의 경동맥을 끊어버리는 위험을 안고 있다. 만약 성경해석학의 주 관심사가 현재 우리가 가지고 있는 성경책의 마지막 형태에만 있다면, 이스라엘의 포로와 회복에 관한 예고적 예언의 사상이 그 참 의미를 상실하게 될 위험에 놓일 것이다. 왜냐하면 그 방법은 예언들이 실제 사건이 일어난 후에 만들어졌다고 보기 때문이다. 만약 이사야에 미래에 대한 예고의 형태로 나타나는 이 예언의 자료들이 이미 포로와 회복이 일어난 후, 혹은 적어도 회복을 임박하게 앞두고 만들어진 것이라면 예언적 의미는 완전히 상실한다. 더 심하게 말하면 본문의 그 마지막 형태는 거짓으로 꾸며진 시나리오에 불과하다. 그 경우 하나님이 미래에 대하여 말할 수 없다는 것에 더하여, 그는 이방 우상들과 다를 바가 없는 것이 된다. 구약의 자료들에 대하여 옛 비평적 접근법 편에 섰던 사람들이 왜 정경적 접근법을 반대하는 사람을 이해할 수 없다는 태도로 보는지를 이제 충분히 이해하게 된다. 그것은 옛 비평학의 전제들이 보다 최근에 일어난 정경적 비평학에 그대로 살아 있기 때문이다.

2) 70년 포로에 대한 예레미야의 예언

예레미야의 포로와 회복에 대한 예언 중 가장 특별한 것은 이스라엘이 포로에서 70년간 머물러 있어야 한다는 선언일 것이다. 한편에서 그는 잡혀간 민족이 70년 동안 바벨론을 섬길 것이라고 예언한 반면(렘 25:11), 또 다른 편에서는 70년이 지나면 이스라엘이 본국으로 돌아올 것이라고 말한다(29:10). 양쪽의 진술은 꼭 같지 않다. 바벨론의 멸망은 이스라엘이 돌아오는 것과 상관없이 일어날 수 있기 때문이다. 그러나 이 두 특정적인 예언들이 합하여 이스라엘의 포로와 회복을 위한 하나님의 목적을 확증한다.

이 70년 기간에 대하여 여러 계산방법이 제안된다.[15] 이 계산을 위해 참고할 수 있는 날짜는, 요시야의 통치 13년부터 23년 동안 여호와의 예언이 자신에게 임하였다는 예레미야의 말에서 찾을 수 있다(렘 25:3). 요시야는 주전 640년에 통치를 시작했으므로 그의 통치 13년은 주전 627년이 된다. 그로부터 23년이 지났으면 연도는 주전 605년이 된다. 이 해는 느부갓네살의 첫 번째 침입이 있은 때이고, 그때에 최초의 포로가 발생했다(왕하 24:1-2; 대하 36:5-7; 단 1:1-6). 그 때부터 70년 후는 주전 536년이 되며, 이때는 대략 고레스가 바벨론에 포로로 와 있는 백성들에게 본국으로 돌아가라는 칙령을 발표한 즈음이 된다.[16]

이런 종류의 예언을 어떻게 취급해야 하는가? 예레미야가 이스라엘의 포로 기간을 70년이라는 특정적인 숫자를 준 것은 그의 정치적인 통찰력에 의해서인가? 그렇게 보기는 힘들다. 왜냐하면 어떤 정치적인 통찰력으로 그렇게 포로 기간의 정확한 연도를 주는 것은 불가능하다. 아니면 이미 사건이 발생한 후에 마치 사건 전에 하는 예언(vaticinium ex eventu)인 것처럼 꾸민 것일까? 이성주의자들은 하나님이 이 세상의 일을 간섭하실 수 있다는 생각을 배제하기 때문에, 자동적으로 이러한 결론을 내리게 된다. 그러나 이 주장에 강한 의문을 제기할 수밖에 없다. 왜냐하면 예레미야 책 전반을 통하여 포로와 회복에 대한 예언이 가장 중요한 주제로 다루어지고 있는데, 이 예언들은 미래적 예언의 구조 속에서 주어지고 있기 때문이다. 어떤 사람이 예레미야 전체 예언의 순정성을 훼손시키는 것은 자유이나, 그 결과는 포로와 회복에 연결되어 진행되는 하나님의 전 구속의 주제를 손상시킨다는 사실을 감안해야 한다. 따라서 하나님의 구원에 대한 메시지가 조작되어 전달되었거나, 마치 미래적 예언인 것처럼 꾸민 것이라고(결코 증명될 수 없는 데도 불구하고) 주장하는 것은 받아들여질

---

15) Thompson, Jeremiah, 513-14를 보라.
16) 성경에 주어진 많은 연도의 경우처럼, 이것도 어느 한 곳에 주어진 연도가 최종적인 것이라고 확정할 수 없다. 어떤 계산법도 의미 있는 것이 될 수 있다.

수 없다.

이 문제에 대하여 다른 선택의 길도 있다. 본문의 순정성을 인정할 때에, 이스라엘 70년 포로의 개념은 객관적인 역사적 사실과 일치할 뿐만 아니라, 역시 고대 안식년의 신학과도 조화가 이루어짐을 보게 된다. 역대기서는 이스라엘 포로 70년을 안식년으로 규정하는데, 이스라엘이 잘 시행하지 않았으므로 대신 하나님께서 70년 포로 기간을 땅에 대하여 주시는 안식년으로 이해한다(대하 36:21; 또한 레 26:34-35도 보라).[17] 성경은 전반적으로 믿음을 북돋운다. 이 책의 일관된 메시지는 인간 세상을 지배하는 하나님의 능력을 반복적으로 보여줌으로써 믿음을 유도한다.

3. 이스라엘 회복의 성경신학적 중요성

이스라엘 포로의 중요성은 이미 살펴보았다(제11장, 3. 을 보라). 이제는 이스라엘이 포로에서 회복되는 구속 사건의 신학적 의미를 다루어야 한다. 이 회복에 관하여 다음과 같은 네 가지 중요한 요소들을 고찰할 필요가 있다. 이스라엘의 회복은 죄 용서를 포함하고 있으며, 은혜의 새 생명을 포함하며, 이방인들의 참여를 포함하며, 땅의 갱신과 함께 죽은 자들의 부활이 그 정점을 이룬다.

1) 이스라엘의 회복은 죄 용서를 포함한다

선지자들의 글에서 이스라엘이 본국으로 돌아오는 사건을 단순히 기계적으로 취급하지 않는다. 출애굽 기사에서 유월절 어린양의 피가 백성들의 죄를 대

---

17) 이 본문을 접하면서 왜 부정적 비평학자들이 오경의 모세 저작설을 그렇게 부정해야 하는지에 대한 해답이 보인다. 자연주의자들의 눈으로 볼 때에 사건이 일어나기 800년 전 시대의 모세가 포로를 예상할 수 있다는 것은 전혀 불가능한 것이다. 또한 정경적 비평학도 더 좋은 제안을 내어놓는 것으로 보이지 않는다. 70년 포로에 관한 이 예언들의 참된 예고적 성격을 확인함 없이, 그 구절들의 "마지막 형태"를 강조하는 신학은 객관적인 진리를 거부하는 포스트모더니즘의 수중에 떨어지는 것이다. 만약 하나님이 예레미야에게 이스라엘의 포로와 회복에 대한 이 시야를 주지 않았다면, 이 책의 순정성은 결정적인 손상을 입어야 한다.

속하였던 것처럼, 포로에서의 회복에서도 고난의 종의 대속적 사역에 의해 죄 용서가 이루어짐이 포함된다. 만약 죄가 민족의 포로를 일으킨 원인이라면, 죄의 사함은 회복을 위한 필수적인 요소임에 틀림없다.

선지자 미가는 포로 이후 회복과 관련하여 죄의 용서를 주의 깊게 다룬다. 그는 다음과 같이 선포한다.

> 네가 애굽 땅에서 나오던 날과 같이
> 내가 그들에게 기사를 보이리라…
> 주와 같은 신이 어디 있으리이까
> 주께서는 죄악을 사유하시며,
> 그 기업의 남은 자의 허물을 넘기시며,
> 인애를 기뻐하심으로 노를 항상 품지 아니하시나이다.
> 다시 우리를 긍휼히 여기셔서
> 우리의 죄악을 발로 밟으시고
> 우리의 모든 죄를 깊은 바다에 던지시리이다.
> 주께서 옛적에 우리 열조에게 맹세하신 대로
> 야곱에게 성실을 베푸시며
> 아브라함에게 인애를 더하시리이다(미 7:15, 18-20).

예레미야도 이스라엘의 회복에서 이 요소를 강조한다. 그는 먼저 바벨론이 예루살렘 거민을 죽여 시체를 성에 채울 것인데, 그 이유는 그들의 악함 때문임을 지적한다(렘 33:5). 그러나 선지자는 곧 이스라엘이 포로에서 돌아올 것을 밝히면서, "내가 그들을 내게 범한 그 모든 죄악에서 정하게 하며 그들의 내게 범하며 행한 모든 죄악을 사할 것이라"고 말한다(렘 33:8). 예레미야는 먼저 앗수르가 이스라엘을 집어삼킨 것을 언급한 후, 마침내 바벨론의 느부갓네살이 그들의 뼈를 부러뜨릴 것임을 선언한다. 그러나 이제 예레미야는 여호와께서 앗수르를 벌하신 것처럼 바벨론을 벌하시고, 이스라엘을 자신의 목장으로 불러올 것임을 말한다.

나 여호와가 말하노라!
"그 날 그 때에는
이스라엘의 죄악을 찾을지라도 없겠고,
유다의 죄를 찾을지라도 발견치 못하리니
이는 내가 나의 남긴 자를 용서할 것임이니라"(렘 50:20).

다니엘은 예레미야가 예언한 70년 포로 기간이 끝나가고 있음을 깨닫고는 즉시 엎드려 죄에 대한 고백의 기도를 드린다(단 9:2, 4-19). 그리고 그 기도의 결론에서 그는 그들의 거룩한 성전과 그 성의 회복을 위해 호소한다.

우리의 황폐된 상황과
주의 이름으로 일컫는 성을 보옵소서!
우리가 주의 앞에 간구하옵는 것은
우리의 의를 의지하여 하는 것이 아니요,
주의 큰 긍휼을 의지하여 함이옵니다.
주여 들으소서
주여 용서하소서(단 9:18-19).

같은 유형으로 에스겔도 그 날에 주께서 그들의 모든 죄를 깨끗케 하신 후, 그들을 고향에 데리고 와서 안착하게 하시고, 무너진 성읍을 재건하게 하실 것으로 말한다(겔 36:33).

죄사함 없이 어떻게 회복이 이루어질 수 있겠는가? 만약 이스라엘의 포로가 죄와 범죄로 말미암아 일어났다면, 심판으로부터의 회복은 죄와 범죄를 먼저 제거하는 것이 필수적이다. 그러나 어떻게 이 죄에 대한 용서가 이루어질 수 있는가? 이 죄에 대한 용서가 옛적부터 있어왔던 규정과 전혀 다르게 이루어질 것인가?

예레미야가 이 심각한 질문에 대하여 특별히 답을 주는데, 바로 새 언약이 세워짐으로써 이루어진다는 것이다. 포로 이후에 있을 회복을 말하는 문맥에서 선지자는 하나님이 맺으실 새 언약을 말하는데, 그것은 옛 출애굽 시절에 시내산에서 맺으셨던 옛 언약과 전혀 다른 새로운 것임을 밝힌다. 새 언약에서 백성은 새로운 마음을 가질 것이고, 그들의 죄는 완전히 사해질 것이다. 하나님은 그들의 죄를 더 이상 기억하지 않을 것이다(렘 31:33-34). 옛 희생제사의 제도에서 백성은 자신들의 죄를 끊임없이 기억했어야만 하였다. 그들은 해마다 대속죄일에 희생제물을 가져와야 했으며, 그 때마다 그들은 자신의 죄가 사해져야 할 필요성을 기억해야만 했다. 이제 새 언약 아래에서 죄에 대한 회상은 더 이상 필요 없다.

이 새 언약은 어떻게 실현될 것인가? 한 번의 희생제사로 모든 죄가 사해지는 일이 언제 일어날 것인가? 이 언약의 최종적인 실현은 예수 그리스도께서 역사 속에 오셔서 유월절 어린양 대신 자신이 희생제물이 되어 몸을 바치고 피를 흘려주심으로써 이루어졌다(눅 22:20). 그가 모든 백성의 죄를 대속하는 피를 흘림으로써 새 언약이 성취되었다(히 9:25-28). 이 희생제물로 말미암아 완전하고 충분한 회복이 백성에게 실현되었다. 죄인의 회복은 이 희생제사를 통한 죄의 용서함 없이 불가능하다.

2) 이스라엘의 회복은 은혜의 새 생명을 포함한다

회복은 하나님께서 베푸시는 무조건적인 은혜로 이루어질 수 있음을 예레미야의 두 무화과 광주리의 환상에서 생생하게 보여준다(렘 24장). 여호야긴과 중요한 지도자들이 포로로 잡혀간 직후에 보인 이 환상에는 한 광주리에 매우 좋은 무화과가 담겼고, 다른 광주리에는 악하여 먹을 수 없는 무화과가 담겨 있었다. 좋은 무화과는 이미 포로로 잡혀가 있는 여호야긴과 그 백성들을 가리킨다. 그들의 죄로 말미암아 포로라는 징계를 받고 있음에도 불구하고 여호와는 그들을 하나님이 받으실 만한 좋은 열매로 간주하고 있으며, 따라서 결국 그들을 본국으로 돌아오게 할 것을 약속한다. 여호와는 그들을 건설하여 다시는 무너뜨리지 않을 것이며, 그들을 심되 뿌리를 뽑지 않을 것이며, 그들에게 여호와를 아는 마음을 줄 것이다(렘 24:5-7; 이 구절은 1:10에 나타난 이 책에 주제에 해당한다).

포로들에 대한 이 같은 대우는 오직 하나님의 은혜로 밖에 설명할 수 없다. 이미 그들은 하나님의 진노의 대상이었던 것이 본국에서부터 쫓겨난 것으로 증명된다. 그러나 이제 여호와께서 그들을 축복하여 번성케 할 것이며, 결국 본국으로 회복시킬 것을 약속한다. 받을 가치가 없는 사람에게 하나님을 아는 마음을 주어서 이러한 축복으로 이끄시는 것은 은혜이다. 이 주권적으로 베푸시는 은혜에 앞서 이 백성이 하나님을 사랑하는 마음을 먼저 보인 것이 아니다. 이 좋은 무화과의 특성은 원래 좋은 품종으로 나타나지 않는다. 그들이 원래 선하기 때문이 아니라 오직 여호와의 주권적인 역사하심을 통하여 그들의 타락한 마음을 변화시키는 것이다. 미래의 어느 날 사람의 마음 깊숙이 갱신이 일어날 것인데, 그것은 오직 하나님의 은혜에 의해서이다.

다른 한편으로 나쁜 무화과는 그들이 마땅히 지불해야 할 대가를 치른다. 이 나쁜 무화과는 시드기야와 그 땅에 아직 남아 있는 이스라엘 사람들이다. 첫 번째 무화과 광주리처럼 그들은 악한 행위와 악한 마음으로 인하여 하나님의 진노와 심판을 받아야 마땅한 사람이었다. 하나님의 공의로운 심판이 정확하게 그들의 행위대로 내려진다(렘 24:8-10). 하나님의 구원의 은혜는 신비이며, 하나님의 선택과 유기도 신비이다. 어떤 그릇은 영광을 위하여 준비되었고, 어떤 것은 멸하기로 예비되었다(롬 9:22-23). 이스라엘의 포로와 회복은 이 변함없는 원리에 의해 결정된다. 이스라엘의 포로에서 회복은 출애굽의 구원사건보다 훨씬 능가하는 하나님 은혜의 실현이 될 것이다.

> 그러므로 나 여호와가 말하노라. "보라 날이 이르리니 그들이 다시는 이스라엘 자손을 애굽 땅에서 인도하여 내신 여호와의 사심으로 맹세하지 아니하고 이스라엘 집 자손을 북방 땅, 그 모든 쫓겨났던 나라에서 인도하여 내신 여호와의 사심으로 맹세할 것이며 그들이 자기 땅에 거하리라" 하시니라(렘 23:7-8).

이스라엘의 포로에서부터 회복은 구속적 사건을 구현한 것이며, 그로 인하여 출애굽의 의미가 약화되었다. 하나님이 계획한 구속은 그의 은혜에 의해 확실히 시행될 것이다. "이스라엘과 유다가 이스라엘의 거룩한 자를 거역한 죄가 그 땅에 가득하나" 이스라엘과 유다는 하나님에 의해 버림을 당하지 않을 것이다(51:5). 하나님은 그의 은혜와 자비로 그 백성을 건져 시온산으로 데려올 것이다(3:14).

이 회복은 이스라엘이 배제된 상태에서 결코 일어나지 않을 것이다. 왜냐하면 하나님이 그들을 데리고 올 것을 분명히 말하기 때문이다. "그들은 울며 올 것이며, 그들은 내가 데리고 올 때에 기도할 것이며…"(렘 31:9). 여호와는 에브라임의 울부짖음을 들을 것이다.

> 내가 돌이킴을 받은 후에
> 뉘우쳤고,
> 내가 교훈을 받은 후에
> 내 볼기를 쳤사오니,
> 이는 어렸을 때의 치욕을 지고로
> 부끄럽고 욕됨이니이다(렘 31:19).

죄를 찾아 회개하며, 죄에 대해 슬퍼하는 것은 하나님의 심판으로부터 회복되기 위한 필수조건이다. 선지자는 포로들이 돌아오기 전에 있을 깊은 뉘우침과 고뇌를 묘사한다. 민족이 돌아올 때에 이스라엘과 유다는 "울며 그 길을 행하며 그 하나님 여호와께 구할 것"이다(렘 50:4). 그러나 그들의 눈물은 영원하지 않을 것이다. 회복의 결과 중의 하나는 기쁨과 즐거움으로 돌아오는 것이다.

> 여호와께서 야곱을 속량하시되
> 그들보다 강한 자의 손에서 구속하셨으니,
> 그들이 와서 시온의 높은 곳에서 찬송하며
> 여호와의 은사
> 곧 곡식과 새 포도주와 기름과 어린양의 떼와 소의 떼에 모일 것이라.
> 그 심령은 물댄 동산 같겠고
> 다시는 근심이 없으리로다.
> 그 때에 처녀는 춤추며 즐거워하겠고
> 청년과 노인이 함께 즐거워하리니
> 내가 그들의 슬픔을 돌이켜 즐겁게 하며
> 그들을 위로하여 근심한 후에 기쁨을 얻게 할 것임이니라(렘 31:11-13).

회복된 유다와 예루살렘에는 "즐거워하는 소리, 기뻐하는 소리, 신랑의 소리, 신부의 소리와 및 '만군의 여호와께 감사하라, 여호와는 선하시니 그 인자하심이 영원하다' 하는 소리와, 여호와의 집에 감사제를 드리는 자들의 소리가 다시 들리리니," 하나님께서 포로에서 돌아온 자들을 이전과 같이 되게 할 것이기 때문이다(33:10하-11).

예레미야는 하나님의 전능한 행위로 포로를 회복시킬 것을 예언하면서, 시편에서 잘 알려진 하나님의 영원한 사랑에 관한 구절을 인용한다(시 136:1; 대상 16:34). 이 큰 구원 사건으로 여호와는 그의 백성에게 영원한 기쁨을 가져다주었다. 그러나 이 은혜의 약속이 어떻게 성취되었는가? 포로민들이 70년 이후 본국으로 돌아오면서 그들의 마음이 새로워졌는가?

포로 후기 선지자들의 증거는 그들이 바벨론에서 돌아올 때에 백성의 마음속에 하나님의 은혜가 역사하고 있음을 보여준다. 학개의 권면이 있은 후 백성이 마음에 감동이 있어 성전을 재건하기 시작했다(학 1:14). 그러나 아직 그들의 반응에서 불완전함이 나타나고 있으며, 따라서 은혜의 역사가 보다 완전하게 이루어질 미래의 회복이 기대된다(슥 5:3-4; 말 1:6, 8, 13-14; 2:2; 3:8). 신약성경에 의하면 전령자와 함께 예수님이 오심으로 회복을 위한 은혜의 해가 도래했음을 증언한다(눅 4:18-21). 백성이 복음을 믿게 되는 것은 전적으로 하나님의 은혜에 의해서이다(행 18:27; 13:48; 16:14; 20:24, 32; 엡 2:8-9). 복음은 처음에 12명의 사도로부터 시작하여 이방인의 지역까지 급속하게 번졌으며, 이것은 하나님의 은혜에 의한 회복이 광범위하게 이루어짐을 보여준다. 이로써 이미 확립된 새 언약의 성취는 오늘날까지 계속 이루어지고 있다. 이방인의 참여는 선지자들이 묘사한 회복의 중요한 요소 중의 하나이다.

3) 이스라엘의 회복에 이방인들의 참여

예고적 예언의 중요한 요소로서 이방인들의 참여는 앞에서 이미 다룬 바 있다(제13장 중 '여러 나라들에 관한 예고'를 참조하라). 이방 민족들의 충만한 참여가 없는 이스라엘의 회복을 결코 생각할 수 없음을 인식하는 것이 중요하다. 유대주의자들이 그 땅에 이스라엘 국가를 재건하는 것과 자신들을 이방인과 분리하기 위해 벽을 쌓는 것은 선지자들의 글에서 묘사된 회복에 부합될 수 없다. 북 왕국의 선지자였던 호세아와 아모스의 예언이 초대교회에서 발생한 이방인 참여 문제를 해결할 수 있는 기본 원리를 제공하였다. 예루살렘 공회에 의장 역할을 한 야고보는 하나님께서 자기 이름을 위하여 이방 민족들 가운데서도 자기 백성으로 선택할 것에 대하여 이미 아모스에 기록되었음을 호소하였다(행 15:14-18). 어떤 사람이 여호와의 "이름으로 일컬음을 받는" 자가 되는 것은 하나님의 주권적인 은혜라는 사상이 확실한 성경적 개념이다. 이 개념은 먼저 이스라엘을 불러내어 자기 백성으로 택하심에서 나타났다(신 28:9-10). 그러나 이제 야고보는 아모스의 구절을 인용하여 같은 원리를 이스라엘과 이방인 양자에게 적용한다(암 9:11-12; 행 15:14하, 17하). 이와 유사한 방법으로 바울은 호세아서를 인용하는데, 이방인의 참여를 설명하기 위해 "나의 백성이 아닌" 자를 하나님 백성으로 전환시키는 원리를 설명한다(롬 9:24-25). 선지자들과 사도들의 일치되는 증언에 따르면 포로에서의 회복에 이방인들의 참여가 포함된다.

선지자 이사야의 글을 회상하면서 바울은 그의 이방선교에 대하여 놀라운 이미지를 묘사한다. 바울은 "이방인들을 위한 그리스도의 사역자가 되라"는 하나님의 특별한 은혜를 받았음을 고백하면서, 하나님께서 "이방인을 제물로 드리는 그것이 성령 안에서 거룩하게 되어" 받으심직하게 하려고 자신을 복음을 위한 제사장 직무를 행하게 하셨다고 말한다(롬 15:15-16). 바울은 그의 이방인을 향한 선교적 노력을 새 언약적인 제사장 직무로 본다. 그는 복음전파를 통하여 이방인들을 하나님께서 받으실 만한 희생제물로 드리는 것으로 생각하였다.

바울의 이 이미지는 이사야 책의 결론 부분과 정확히 일치한다. 하나님이 포로의 징벌에서 살아남은 사람들에게 특별한 임무를 부여하신다. 그들은 하나님의 영광을 이방 나라들에 선포할 것이다(사 66:19). 그리하여 이스라엘 사람들이 그들의 곡물제물을 가져오는 것과 같이 이 특별 임무를 부여받은 자들은 "모든 형제를 열방에서" 여호와의 거룩한 산 예루살렘으로 데려와서 여호와께 예물로 드릴 것이다(사 66:20). 이스라엘의 회복에 참여하는 이 이방인들 중에 약간은 "제사장과 레위인"으로서 여호와께 제물을 바치도록 할 것이다(66:21). 얼마나 파격적인 이미지인가? 이방인들이 형제로 명명되며, 예루살렘에서 거룩함을 받으며, 하나님을 섬기는 제사장과 레위인으로 선택되어 여호와 앞에서 제사 드리는 임무를 수행한다. 이 사실은 구약과 신약 모두의 증언에 의해 확인된다. 하나님 백성의 참된 회복은 이방 나라의 다양한 백성들이 참여함이 없이는 이루어질 수 없다. 신약성경의 많은 곳에서 수없이 강조하고 있으며, 바울이 지적한 것같이 이방인을 포함한 이 진정한 회복은 예수 그리스도에 대한 복음전파에 의해 완성된다. 오늘날 현재도 여기와 저기에서 하나님의 이스라엘의 회복은 실현되고 있다.

4) 이스라엘의 회복은 땅의 갱신과 함께 죽은 자의 부활이 그 정점을 이룬다

선지서들에서 말하는 회복의 예언은 유다의 남은 자가 바벨론에서 팔레스틴으로 돌아오는 단순한 사실보다 훨씬 더 나아간다. 선지자들은 회복에 대하여 훨씬 더 큰 결과인 땅의 갱신과 함께 죽은 자의 부활도 알고 있었다.

선지자들이 본 이상에서 국가의 회복은 완전한 파멸을 가져온 이스라엘 멸망에 상쇄할 우주적 갱신과 연결되어 있다. 예레미야는 여호와께서 포로에 의해 파괴된 산들과 목초들을 위해 슬피 우는 모습을 묘사한다(렘 9:10, 16). 땅은 "혼돈하고 공허한" 원래의 상태로 돌아갔고, 산이 진동하고, 언덕이 요동하며, 공중의 새가 도망갔다(렘 4:23-25; 참조, 창 1:2). 선지자 스바냐는 이스라엘에게 닥쳐올 심판을 묘사하면서, 노아 홍수 때와 같은 우주적인 파괴를 묘사한다(습 1:3; 창 6:7, 17; 7:21-23). 여호와께서 만국을 모을 것이고, 온 세계는 하나님의 질투의 분노에 소멸될 것이다(습 3:8).

이러한 묘사들은 단순히 가상의 영역에 속한 것이 아니다. 선지자들은 다가오는 국가의 멸망을 더 먼 미래에 있을 온 세상의 큰 심판에 대한 축소판으로 보았다. 만약 하나님이 자신의 백성에게 언약의 저주에 따른 정의로운 심판을 내린다면, 온 세상도 그와 같은 심판을 받는 것이 마땅하다(사 24:1, 4-6; 19-23; 렘 25:30-33; 욜 3:1-3, 12-16).

오늘날 세상 나라들은 이스라엘 멸망의 모습에서 자신들의 미래에 대한 교훈을 얻어야 한다. 만약 우주의 창조주이시요 운행자이신 그분이 자기의 사랑하는 백성에게 멸망의 심판을 내렸다면, 하물며 세상 나라들에게 그러한 심판이 없을 수 있겠는가?

선지자들의 예언은 이스라엘의 멸망과 연관시켜 미래의 우주적 심판을 말하면서 또한 미래의 우주적 회복을 내다보게 한다. 선지자는 미래에 예상되는 말할 수 없는 축복을 묘사하면서 비유적인 언어를 사용한다. "그 날에 산들이 단

포도주를 떨어뜨릴 것이며, 작은 산들이 젖을 흘릴" 것이다(욜 3:18). 회복된 땅은 에덴동산과 비교되는 목가적인 모습이 될 것이며, 궁극적으로 창조 때의 원래 모습과 비교될 수 있을 것이다(사 51:3; 겔 36:35). "모든 사람이 자기 포도나무와 무화과나무 아래에 앉는다"는 표현은 미래적 회복의 상태가 낙원과 같을 것임을 암시한다(미 4:4; 슥 3:10; 왕상 4:25; 사 36:16).

그러나 선지자들은 우주적인 갱신과 더불어 자신의 땅의 변형도 말한다. 여호와께서 이스라엘의 양식, 포도주, 그리고 양털을 다 빼앗은 후, 비로소 포도원을 도로 줄 것이다(호 2:9, 15). 그 날에 여호와께서 하늘에 응답하고 하늘은 땅에 응답하고, 땅은 곡식과 포도주와 기름에 응답할 것이다(2:21-22). 새로운 마음과 새로운 영을 가짐으로써 회복된 백성에게 여호와께서 많은 과실수와 충분한 곡식을 줄 것이다(겔 36:26, 29-30). 포로 전 선지자인 호세아와 포로기 선지자인 에스겔에 더하여 포로 후기 선지자 스가랴도 다음과 같이 증언한다. "곧 평안한 추수를 얻을 것이라. 포도나무가 열매를 맺으며 땅이 산물을 내며 하늘은 이슬을 내리리니, 내가 이 남은 백성으로 이 모든 것을 누리게 하리라"(슥 8:12). 이스라엘을 위한 회복의 기대는 분명히 관념적인 이상주의가 아니다. 오늘날 현대문명은 땅의 산물을 병과 봉지, 그리고 통조림에 담아서 사고파는 것을 필수적인 생활로 생각한다. 그러나 예언적 예고들은 새 언약 시대에 하나님의 은혜로 회복이 널리 성취될 것을 말해 준다. 더 나아가서 오는 시대에 관한 이사야의 예언에 의하면 "이스라엘에 움이 돋고 꽃이 필 것"이며, 그것들이 열매로 땅을 채울 것이다(사 27:6). 사막에서 꽃이 피고, 강이 메마른 땅을 적실 것이다(35:1-7; 41:18-20). 땅이 "소산의 곡식으로 살찌고 풍성할 것이며," 가축이 광활한 목장에서 먹을 것이다. "달빛은 햇빛 같겠고 햇빛은 칠 배가 되어 일곱 날의 빛과" 같을 것이며, 여호와께서 그 백성의 상처를 싸매시며 그들의 상처를 고치실 것이다(30:23-26). 위에서부터 성령이 부어져서, 광야가 아름다운 밭이 되며 아름다운 밭이 삼림으로 변할 것이다(32:15).

이상의 구절들에서 나타나는 바로는, 그 때에 성령이 부어질 것이며, 땅과 하늘의 것들이 새롭게 변화를 입을 것이다. 이러한 묘사가 과연 이 땅 위에서 현실화될지 의문이다. 그러나 성경은 육체적인 것과 영적인 것에서 함께 타락으로 인하여 주어진 모든 저주의 요소가 제거되고, 마지막 우주적 갱신이 일어날 것을 강조한다. 다음과 같은 선지자의 예언은 사물의 최종적인 상태를 정확하게 묘사한 것이다. "그 때에 이리가 어린양과 함께 거하며 표범이 어린 염소와 함께 누우며 송아지와 어린 사자와 살진 짐승이 함께 있어 어린아이에게 끌리며… 나의 거룩한 산 모든 곳에서 해됨도 없고 상함도 없을 것이니 이는 물이 바다를 덮음같이 여호와를 아는 지식이 세상에 충만할 것임이니라"(사 11:6-9). 여호와는 새 하늘과 새 땅을 창조할 것이고, 그 때에 (다시 나타나는 같은 종류의 묘사는 이사야 책의 두 번째 부분에 있다) 이리와 양이 함께 먹을 것이다(65:17, 25; 66:22). 이 구절들의 언어는 이 만물의 마지막 회복과 관계된 땅의 갱신 이외의 것으로 생각할 수 없다.

하나님 백성의 궁극적인 갱신의 골격에는 죽은 자의 부활이 포함된다. 땅이 갱신되는 것과 같이 그의 백성도 부활할 것이다. 호세아는 여호와께서 그들을 찢으셨으나 도로 낫게 하실 것이요, 그들을 치셨으나 싸매어 주실 것이며, 그들을 죽음에서 살리시며 일으키실 것이라고 말한다(호 6:1-2).[18] 이사야에서도 부활의 개념이 나타나는데, 이 구절이 후대에 삽입된 것으로 주장하는 부정적인 비평학자들 조차도 이것이 죽음에서부터 부활을 말하는 것임을 인정한다.

> 이 산에서 모든 민족의 그 가리워진 면박과
> 열방의 그 덮인 휘장을 제하시며,
> 사망을 영원히 멸하실 것이라.
> 주 여호와께서 모든 얼굴에서 눈물을 씻기시며
> 그 백성의 수치를 온 천하에서 제하시리라(사 25:7-8).

> 주의 죽은 자들은 살아나고
> 우리의 시체들은 일어나리이다.
> 티끌에 거하는 자들아
> 너희는 깨어 노래하라.

---

18) 호세아 13:14의 구절의 표현은 무덤의 권세로부터의 보상을 말하는 것은 부활에서 소망을 확인한 것이라기보다는 부정적인 대답을 예상하는 질문으로 해석하는 것이 최선이다. "내가 그들을 음부의 권세에서 보상하겠는가?" 아니다. "내가 그들은 사망에서 속량하겠느냐?" 아니다. Vos, *Biblical Theology*, 290을 보라. 예수 그리스도가 사망을 쳐부수고 사망의 저주를 없앨 것임을 바울이 부활의 희망을 제시하는 구절에서 증언한다(고전 15:55-56).

주의 이슬은 빛난 이슬이니,
땅이 죽은 자를 내어 놓으리로다(사 26:19).

죽은 자의 부활에 대한 개념은 에스겔과 다니엘서의 미래에 대한 예고적 예언에서도 나타난다. 죽은 자의 뼈로 가득 차 있는 골짜기 환상에서 에스겔은 포로들의 회복과 관련하여 새 생명을 일으키는 예언을 제공한다. 여호와는 그의 선지자에게 선언한다. "내 백성들아, 내가 너희 무덤을 열고 너희로 거기서 나오게 하고 이스라엘 땅으로 들어가게 하리라. 내 백성들아, 내가 너희 무덤을 열고 너희로 거기서 나오게 한즉 너희가 나를 여호와인 줄 알리라. 내가 또 내 신을 너희 속에 두어 너희로 살게 하고 내가 또 너희를 너희 고토에 거하게 하리니…"(겔 37:12-14). 어떤 주석자는 에스겔의 이 환상은 단지 포로에서의 귀환이라는 메시지를 죽은 자의 부활이라는 영상으로 표현한 것일 뿐이라고 말한다.[19] 그러나 이와 같은 부활에 대한 희망의 개념은 족장시대부터 있었으며, 에스겔은 단지 그것을 확대하여 포로에서의 회복에 적용한 것이다.[20]

다니엘도 주검의 부활에 관한 좋은 자료를 제공한다. "땅의 티끌 가운데서 자는 자 중에 많이 깨어 영생을 얻는 자도 있겠고 수욕을 받아서 무궁히 부끄러움을 입을 자도 있을 것이며"(단 12:2). 만약에 이스라엘이 포로에서 회복을 예상하면서 새로운 하늘과 새로운 땅에 대한 기대도 함께 가졌다면, 그 새로운 환경에서 인간도 새 생명으로 무장되는 것이 당연하다. 사람의 몸이 그 갱신된 환경에 적합하도록 생명을 주는 성령의 능력을 입어서 새로운 몸으로 부활하고

---

19) Taylor, *Exekiel*, 236을 보라. Taylor는 이 점을 매우 강조한다. 역시 Eichrodt, *Exelel*, 509; Zimmerli, *Exekiel*, 2. 264를 보라.

20) 구약성경에서 부활의 믿음이 있었다는 것을 예수님이 죽음의 부활에 대한 부정적인 견해를 가진 사두개인들과의 논쟁에서 확인된다. "예수께서 대답하여 가라사대 너희가 성경도, 하나님의 능력도 알지 못하는 고로 오해하였도다"(마 22:29). 에스겔의 이 구절들에 관하여 Block(*Ezekiel*, 2. 381-92)이 매우 세밀하게 다룬다. Block은 유대인들과 기독교인들이 모두 이 구절들이 부활을 믿는 것으로 이해함을 언급하면서, 그는 에스겔에 앞서는 부활에 관한 여러 성경구절들에 대하여 토론한다(386-87, 특히 n. 97). 그리고 그는 "새롭고 극적인 방법으로 묘사된 본문이 무덤에서의 나오는 것이 이스라엘의 회복을 선언하는 것만으로 끝났다고 생각해서는 안 된다"고 결론을 맺는다. 거기에 더하여 저주가 풀리고, 야훼께서 그의 백성에게 생명을 부여함을 보여준다. 여기에 대한 더 자세한 토론은 Robertson, *Israel of God*, 21-25를 보라.

거룩케 될 것이다. 선지자들의 미래적 예고에서 창조물의 갱신은 필수적인 요소이다. 땅의 갱신과 함께 몸도 부활하는 것은 이스라엘의 회복을 말하는 예언적 예고에서 중요한 요소로 제공된다.

멸망 뒤의 회복에서 만물의 회복과 거룩케 됨의 조망은 사도 베드로가 절름발이를 고친 후 성전에서 행한 설교에서 잘 드러난다. 베드로는 사람들에게 회개하여 죄 씻음을 받으라고 권면한다(이것은 선지자가 본 이스라엘의 회복에서 중요한 부분이다). 그러면 유쾌하게 될 날이 여호와 앞에서부터 올 것이다(이것도 구약에서 넓은 의미의 회복의 개념에 속한다). 마지막에 하나님이 그리스도를 다시 보내실 것인데, "하나님이 영원 전부터 거룩한 선지자의 입을 의탁하여 말씀하신 바, 만유를 회복하실 때까지는 하늘이 마땅히 그를 받아" 둘 것이다(행 3:19-21). 다른 말로 하면 선지자들이 회복에 대하여 말할 때에 땅 전체가 갱신될 것을 말하였으며, 또한 그것은 바로 메시아의 마지막 오심과 연관되어 있음을 알 수 있다.

결론

선지자들의 계속되는 경고에도 불구하고 이스라엘 백성은 자신들의 불신앙 때문에 포로로 잡혀간다는 사실을 도저히 받아들이지 못하였다. 그러나 그것은 현실로 드러났다. 여호와께서는 수십 년, 아니 수백 년 동안 그들의 완악함을 고통 중에 참고 견디셨다. 그러나 드디어 때가 이르렀고, 더 이상 미룰 수 없었다. 포로에 대한 모든 경고가 실현될 시간이 드디어 이르렀다.

선지자들 중에 특히 에스겔이 가장 긴급하게 포로 사건의 상황을 알린다. 에스겔은 예루살렘 멸망의 시간이 드디어 임박했음을 알고 부르짖기를 반복한다. "끝이 왔도다, 이 땅의 사방 구석구석에 끝이 왔도다!…재앙이로다, 재앙이로다! 이미 다가왔도다! 끝이 났도다, 끝이 났도다! 끝이 너를 치러 일어났나니 볼지어다, 임박했도다!"(겔 7:2-3, 5-7. NIV를 참조하여 번역함). 오래 기다렸으며, 많은 선지자들이 경고한 후에 드디어 유다의 멸망이 이르렀다. 여호와께서는 선지자에게 "날짜를 기록하라, 너는 곧 오늘 날짜를 기록하라"고 명령한다. 왜냐하면 "바벨론 왕이 바로 오늘 예루살렘을 칠" 것이기 때문이다(24:2, NIV 참조). 이스라엘 땅에 여러 번 침략군이 들어오고 나가고 하였다. 그러나 이제 그 끝이 실제로 이르렀다. 선지자들의 모든 예언이 성취되었으며, 그것은 여호와께서 선언하시는 바와 같다. "나 여호와가 말하였은즉 그 일이 이룰지라. 내가 돌이키지도 아니하며 아끼지도 아니하며 뉘우치지도 아니하고 행하리니, 그들이 네 모든 행위대로 너를 심판하리라. 나 주 여호와의 말이니라"(24:14). 오랫동안 여호와께서는 인내를 보이셨다. 그러나 드디어 때가 이르러 그가 행동에 옮기신다. 여호와께서 자신의 의로 백성을 심판할 것이다.

이 사건에서 이해하기 가장 힘든 것은 의로운 자나 악한 자가 함께 이 재앙을 경험한다는 것이다. 침략자인 바벨론 군대는 의로운 자의 가치를 인정하여 악한 자와 구분하여 징벌하지 않는다. 선지자는 허리가 끊어지듯 슬피 탄식하며 여호와의 말씀을 선포한다. "재앙이 닥쳐오고 있다. 반드시 이루어질 것이다" (21:3, 6-7).

이와 유사한 것을 예수 그리스도 이후의 거의 모든 세대도 경험한다. 성도들은 환난을 겪으며 그의 다시 오심을 고대한다. 심지어 마지막 때에 이르러서도 조롱하는 자들은 "그가 다시 오신다는 약속이 어디 있느냐? 만물이 처음 창조한 모습 그대로 그냥 있느니라"고 비난한다(벧후 3:4). 오늘의 세대에도 다른 것이 전혀 없다. 그가 곧 오실 것을 믿는 사람이 거의 없다. 그러나 그는 사람들이 전혀 예상치 못하는 그 때에 반드시 오실 것이다.

선지자들이 포로와 회복의 메시지에서 강조하는 것들을 다음과 같이 요약할 수 있다.

- 예루살렘 성과 인격체인 메시아가 나라의 회복에서 중요한 역할을 한다. 성과 메시아 양자는 다윗 언약의 약속에서 매우 중요한 위치를 차지한다.[1] 이 마지막 언약의 두 약속-예루살렘 성의 보호와 다윗계통의 왕권 유지-은 옛 이스라엘 역사의 진전 과정에서 중심적인 역할을 하였다. 그러나 이 두 요소는 회복이 이루어진 이래로 이스라엘의 세속적인 역사에서 더 이상 어떤 역할을 하지 않았다. 예수 그리스도가 메시아로 오셨고 그가 하늘 예루살렘에서 보좌에 앉으신 것을 통하여 선지자들의 예언이 오히려 최종적인 단계에서 성취될 것을 내다보게 한다.
- 이스라엘의 포로와 회복은 세상 모든 나라들에게 중요한 영향을 미친다. 이스라엘에게 내려진 심판과 회복은 이방 나라들의 운명을 결정짓게 할 것이며, 그들도 꼭 같은 경험을 할 것이다. 하나님이 자기 백성을 공의로 심판하신 것처럼 모든 민족들도 그렇게 심판하실 것이다. 그뿐만 아니라 이스라엘이 멸망에서 회복된 것처럼, 회개하고 여호와의 이름을 부르는 모든 이방인들도 구원받을 것이다.
- 포로와 회복의 이스라엘 역사는 미래의 더 큰 회복을 위한 예표가 된다.

---

1) 다윗 언약에서의 예루살렘과 메시아사상에 관한 토론은 Robertson, Christ of the Covenants, 236-43을 보라.

선지자들은 이스라엘의 포로와 회복을 옛 출애굽의 구원을 재현하는 것으로 묘사할 뿐만 아니라, 포로와 회복을 근거로 삼아—특히 이사야와 호세아에—미래의 종말적인 탈출(exodus)의 경험을 내다보게 한다. 이러한 방법으로 구속역사에서 예언적인 모형론이 구축된다. 출애굽 때의 탈출, 광야여정, 땅의 정복은 하나님이 어떻게 자기 택한 백성을 구원하시를 보여주는 기본원리를 제공한다. 포로와 회복은 하나님이 앞에 세웠던 그 기본원리를 이용하여 자기 백성에 대한 심판과 구원을 위해 어떻게 일하시는지를 잘 보여준 구원역사의 한 부분이며, 동시에 미래에 있을 그러한 구원을 내다보게 한다.

이스라엘 포로와 회복의 주제는 이스라엘 모든 선지자들의 사역에 속속들이 배어 있다. 그 예언들은 그 당시뿐만 아니라, 오늘 현 세대에도 어떻게 성취되는지를 살펴야 하는 메시지들이다. 그 성취의 핵심은 예수 그리스도의 인격에서 찾을 수 있다. 여호와의 종은 고난을 통하여 하나님의 면전에서 포로를 경험한다. 그는 죽음에서 부활하고, 승천하여 아버지의 오른 편에 앉으심으로써 역시 회복을 경험한다. 믿는 성도는 믿음으로써 그와 함께 죽고 다시 생명으로 살아나는 경험에 동참한다. 동시에 하나님의 백성은 예수 그리스도의 재림 때에 있을 마지막 회복을 기다린다. 선지서들에서 포로에서의 회복에 종말론적인 기대가 함께 섞여 있으며, 새 언약 안에서 같은 주제들이 자연스럽게 연합되어 있다. 포로후의 회복을 말하는 선지자들의 메시지에 자연의 회복도 묘사되는데, 이것은 메시아의 통치가 마지막으로 확립됨과 함께 이루어지는 것으로 나타난다.

선지자들의 예고적 예언에서는 포로와 회복의 주제를 새 언약 시대로 전이시킴으로써 그 예언의 중요성을 한층 더 높인다. 그리스도의 고난과 죽음은 포로의 신학을 더 가치 있게 만든다. 예수 그리스도의 부활과 승천으로 이루어진 그의 승리는 하나님의 심판 후에 따라오는 회복의 가치를 더 증가시킨다. 그의 부활로 인한 승리는 만물의 회복을 위한 기초가 된다. 그가 영광 중에 다시 오실 때에 최종적인 회복이 완성될 것이다.

THE
Christ
OF THE
PROPHETS

참고문헌

Achtemeier, Elizabeth. *Nahum-Malachi*. Interpretation. Atlanta: John Knox, 1986.

Ackroyd, Peter R. Exile and Restoration: *A Study of Hebrew Thought of the Sixth Century B. C.* London: SCM, 1968.

Ahlstrom, Gösta W. *Joel and the Temple Cult of Jerusalem.* Vetus Testamentum Supplement 21. Leiden: Brill, 1971.

Albright, W. F. *From the Stone Age to Christianity: Monotheism and the Historical Process.* New York: Doubleday, 1957.

Alexander, J. A. *Isaiah: Translated and Explained.* 2 vols. Philadelphia: Presbyterian Board, 1851.

Alexander, T. Desmond. "Jonah and Genre." *Tyndale Bulletin* 36(1985): 35-59.

Allen, Leslie C. *The Books of Joel, Obadiah, Jonah, and Micah.* New International Commentary on the Old Testament. Grand Rapids: Eerdmans, 1976.

Allis, O. T. *The Unity of Isaiah.* Philadelphia: Presbyterian & Reformed, 1955.

Alt, Albrecht. *Essays on Old Testament History and Religion.* Oxford: Blackwell, 1966.

Andersen, Francis I., and David Noel Freedman. *Amos: A New Translation with Introduction and Commentary.* Anchor Bible 24A. New York: Doubleday, 1989.

_____. *Hosea: A New Translation with International Commentary.* Anchor Bible

24. Garden City: Doubleday, 1980.

Andersen, Bernhard W. "Exodus Typology Second Isaiah." Pp. 177-95 *in Israel's Prophetic Heritage: Essays in Honor of James Muilenburg*. Edited by Bernhard W. Anderson and Walter Harrelson. New York: Harper, 1962.

Ashley, Timothy R. *The Book of Numbers*. New International Commentary on Old Testament. Grand Rapids: Eerdmans, 1993.

Baker, David W. *Nahum, Habakkuk, and Zephaniah: An Introduction and Commentary*. Leicester: Inter-Varsity, 1988.

Baldwin, Joyce G. Daniel: *An Introduction and Commentary*. Tyndale Old Testament Commentaries, Leicester: Inter-Varsity, 1978.

_____. *Haggai, Zechariah, Malachi: An Introduction and Commentary*. Tyndale Old Testament Commentaries. London: Tyndale, 1972.

Baltzer, Klaus, "Consideration regarding the Office and Calling of the Prophets." *Harvard Theological Review* 61 (1968): 567-81.

Barr, James. *The Concept of Biblical Theology: An Old Testament Perspective*. London: SCM, 1999.

Barton, John. "Ethics in Isaiah of Jerusalem." Pp. 80-97 *in The Place Is Too Small for Us*. Edited by Robert P. Gordon. Winona Lake, Ind.: Eisenbrauns, 1995.

_____. *Joel and Obadiah: A Commentary*. Old Testament Library. Louisville: Westminster John Knox, 2001.

_____. *Oracles of god: Perception of ancient prophecy in Israel after the Exile*. London: Darton, Longman & Todd, 1986.

Blenkinsopp, Joseph. Ezekiel. Interpretation. Louisville: John Knox, 1990.

_____. *A History of Prophecy in Israel*. Revised edition. Louisville: Westminster John Knox, 1996.

_____. "Introduction to the Pentateuch." Vol. 1 / pp. 305-18 *in The New Interpreter's Bible*. Edited by Leander E. Keck et al. Nashville: Abingdon, 1994.

_____. *Isaiah: A New Translation with Introduction and Commentary*. 3 vols.

Anchor Bible 19. New York: Doubleday, 2000-2003.

Block, Daniel I. *The Book of Ezekiel*. 2 vols. New International Commentary on the Old Testament. Grand Rapids: Eerdmans, 1997-98.

Bright, John. *Covenant and Promise*. London: SCM, 1977.

_____. *A History of Israel*. 4th edition. Louisville: Westminster John Konx, 2000.

_____. *Jeremiah: A New Translation with Introduction and Commentary*. Anchor Bible 21. Garden City: Doubleday, 1965.

Brownlee, William H. *Ezekiel 1-19*. Word Biblical Commentary 28. Waco: Word, 1986.

Brueggemann, Walter. *A Commentary on Jeremiah: Exile and Homecoming*. Grand Rapids: Eerdmans, 1998.

_____. *Isaiah*. 2 vols. Westminster Bible Companion. Louisville: Westminster John Konx, 1998.

_____. *Theology of the Old Testament: Testimony, Dispute, Advocacy*. Minneapolis: Fortress, 1997.

Calvin, John. *Commentaris on the Book of the Prophet Jeremiah and the Lamentations*. Reprinted Grand Rapids: Baker, 1993.

_____. *Commentaries on the Twelve Minor Prophets*. 5 vols. Reprinted Grand Rapids: Baker, 1993.

_____. *Commentary on the Book of the Prophet Isaiah*. Edinburgh: Calvin Tract Society, 1850.

_____. *Ezekiel, vol. 1: Chapters 1-12*. Grand Rapids: Eerdmans, 1994.

Carroll, Robert P. *When Prophecy Failed: Reactions and Responses to Failure in the Old Testament Prophetic Traditions*. London: SCM, 1979.

Carson, D. A. (ed.). *From Sabbath to Lord's Day: A Biblical, Historical, and Theological Investigation*. Grand Rapids: Zondervan, 1982.

Childs, Brevard S. *Biblical Theology of the Old and New Testaments: Theological Reflections on the Christian Bible*. London: SCM, 1992.

_____. "The Enemy from the North and the Chaos Tradition." Pp. 151-61 in *A*

Prophet to the Nations: Essays in Jeremiah Studies. Edited by Leo G. Perdue and Brian W. Kovacs. Winona Lake, Ind.: Eisenbrauns, 1984.

_____. *Introduction to the Old Testament as Scripture*. London: SCM, 1979.

_____. *Isaiah*. Old Testament Library. Louisville: Westminster John Konx, 2001.

_____. *Old Testament Theology in a Canonical Context*. London: SCM, 1985.

Clements, Ronald E. "Beyond Tradition-History: Deutero Isaianic Development of First Isaiah's Themes." *Journal for the Study of the Old Testament* 31 (1985): 95-113.

_____. "The Book of Deuteronomy: Introduction, Commentary, and Reflections." Vols. 2 / pp. 269-90 in *The New Interpreter's Bible*. Edited by Leander E. Keck et al. Nashville: Abingdon, 1998.

_____. *A Century of Old Testament Study*. London: Lutterworth, 1976.

_____. *Ezekiel*. Louisville: Westminster John Knox, 1996.

_____. Jeremiah. Interpretation. Atlanta: John Konx, 1988.

_____. *Old Testament Prophecy: From Oracles to Canon*. Louisville: Westminster John Knox, 1996.

_____. *Prophecy and Covenant*. London: SCM, 1965.

_____. *Prophecy and Tradition*. Oxford: Blackwell, 1978.

Coggins, Richard J. "Prophecy - True and False." Pp. 80-94 in *Of Prophets' Vision and the Wisdom of sages: Essays in Honour of R. Norman Whybray on His 70th Birthday*. Edited by Heather A. Mckay and David J. A. Clines. Sheffield: Sheffield Academic Press, 1993.

Coggins, Richard, Anthony Phillips, and Michael Knibb (eds.). *Israel's Prophetic Tradition: Essays in Honour of Peter R. Ackroyd*. Cambridge: Cambridge University Press, 1982.

Collins, John J. *Daniel: A Commentary on the Book of Daniel*. Hermeneia. Minneapolis: Fortress, 1993.

Craigie, Peter C., Page H. Kelley, and Joel F. Drinkard Jr. *Jeremiah 1-25*. Word Biblical Commentary 26. Dallas: Word, 1991.

Crenshaw, James L. *Joel: A New Translation with Introduction and*

Commentary. Anchor Bible 24C. New York: Doubleday, 1995.

_____. *Prophetic Conflict: Its Effect upon Israelite Religion.* Berlin: de Gruyter, 1971.

Cullmann, Oscar. *The Christology of the New Testament.* London: SCM, 1959.

Dahood, Mitchell. Psalms: Introduction, *Translation, and Notes.* 3 vols. Anchor Bible 16-17A. New York: Doubleday, 1965-70.

Deistm Ferdinand E. :"The Prophets: Are We Heading for a Paradigm Switch?" Pp. 582-99 *in The Place Is Too Small for Us.* Edited by Robert P. Gordon. Winona Lake, Ind.: Eisenbrauns, 1995.

Dillard, Raymond B., and Tremper Longman Ⅲ. *An Introduction to the Old Testament,* Leicester: Apollos, 1995.

Driver, S. R. *A Critical and Exegetical Commentary on Deuternomy.* International Critical Commentary. Third edition. Edinburgh: Clark, 1902.

Driver, S. R., and W. Sanday. *Christianity and Other Religions: Three Short Sermon.* London: Longmans, Green, 1908.

Durand, Jean-Marie. *Archives epistolaires de Mari,* vol. 1. 1. Archives royales de Mari 26. Paris: Recherche sur les Civilizations, 1988.

Eichrodt, Walther. *Ezekiel: A Commentary.* Translated by Cosslett Quinn. Old Testament Library. London: SCM, 1970.

_____. *Theology of the Old Testament.* Translated by J. A. Baker. 2 vols. Old Testament Library. London: SCM, 1961-67.

Eissfeldt, Otto. *The Old Testament: An Introduction.* Translated by Peter R. Ackroyd. Oxford: Blackwell, 1965.

_____. "The Prophetic Literature." Pp. 115-61 in *The Old Testament and Modern Study: A Generation of Discovery and Research.* Edited by H. H. Rowley. Oxford: Clarendon, 1951.

Fairbairn, Patrick. *Ezekiel and the Book of His Prophecy: An Exposition.* Edinburg: Clark, 1963.

_____. *The Interpretation of Prophecy.* London: Banner of Truth, 1964.

_____. *The Typology of Scripture,* vol. 1. Edinburgh: Clark, 1870.

Feinberg, Charles Lee. The Prophecy of Ezekiel. Chicago: Moody, 1969.
Fischer, Thomas. "Maccabees, Books of." Translated by Frederick Cryer. Vol. 4 / pp. 439-50 in *The Anchor Bible Dictionary*. Edited by David Noel Freedom et al. New York: Doubleday, 1992.
Fohrer, Georg. *Introduction to the Old Testament*. Translated by David E. Green. London: SPCK, 1970.
Foster, R. S. *The Restoration of Israel*. London: Darton, Longman & Todd, 1970.
France, R. T. *The Gospel of Mark: A Commentary on the Greek Text*. Grand Rapids: Eerdmans, 2002.
Freedman, David Noel. "Between God and Man: Prophets in Ancient Israel." Pp. 57-87 in *Prophecy and Prophets: The Diversity of Contemporary Issues in Scholarship*. Edited by Yehoshua Gitay. Atlanta: Scholars Press, 1997.
_____. *Pottery, Poetry, and Prophecy: Studies in Early Hebrew Poetry*. Winona Lake, Ind.: Eisenbrauns, 1980.
Fretheim, Terence E. *The Message of Jonah: A Theological Commentary*. Minneapolis: Augsburg, 1977.
Gesenius, Wilhelm. *Hebrew Grammar*. Edited by E. Kautzsch. Translated by A. E. Cowley. 2d edition. Oxford: Clarendon, 1910.
Goldingay, John E. *Approaches to Old Testament Interpretation*. Leicester: Apollos, 1990.
_____. *Daniel*. Word Biblical Commentary 30. Dallas: Word, 1989.
Goldworthy, Graeme. *Gospel and Kingdom: A Christian Interpretation of the Old Testament*. Exeter: Paternoster, 1981.
Gordon, Robert P. "From Mari to Moses: Prophecy at Mari and in Ancient Israel." Pp. 63-79 in *Of Prophets' Vision and the Wisdom of Sages: Essays in Honour of R. Norman Whybray on His 70th Birthday*. Edited by Heather A. Mckay and David J. A. Clines. Sheffield: Sheffield Academic Press, 1993.
Gowan, Donald E. *Theology of the Prophetic Books: The Death and Resurrection of Israel*. Louisvillle: Westminster John Knox, 1998.
Grintz, Yehoshua M. "Jew." Vol. 10 / pp. 21-23 in *Encyclopaedia Judaica*.

Jerusalem: Keter, 1972.

Grudem, Wayne. *The Gift of Prophecy in the New Testament and Today.* Eastbourne: Kingsway, 1988.

Gunkel, Hermann. "The Prophets as Writers and Poets," Translated by James L. Schaaf. Pp. 22-73 in *Prophecy in Israel.* Edited by David L. Petersen. Philadelphia: Fortress, 1987.

Habel, Norman. "The Form and Significance of the Call Narratives," *Zeitschrift fur die Alttestamentliche Wissenchaft* 77 (1965): 297-323.

Hagner, Donald A. *Matthew.* 2 vols. Word Biblical Commentary 33A-B. Dallas: Word, 1993-95.

Harrison, R. K. *Introduction to Old Testament.* London: Tyndale, 1970.

Hartshorne, C. *Reality as Social Process: Studies in Metaphysics and Religion.* New York: Hafner, 1971.

Hengstenberg, E. W. *Christology of the Old Testament.* 2 vols. 1854. Translated by Reuel Keith. Reprinted MacDill AFB, Fla.: MacDonald, 1972.

Hermann, Siegfried. "Overcoming the Israelite Crisis: Remarks on the Interpretation of the Book of Jeremiah." Translated by Leo G. Perdue. Pp. 299-312 in *A Prophet to the Nations: Essays in Jeremiah Studies.* Edited by Leo G. Perdue and Brian W. Kovacs. Winona Lake, Ind.: Eisenbrauns, 1984.

Hobbs, T. R. "Some Remarks on the Composition and Structure of the Book of Jeremiah." Pp. 175-91 in *A Prophet to the Nations: Essays in Jeremiah Studies.* Edited by Leo G. Perdue and Brian W. Kovacs. Winona Lake, Ind.: Eisenbrauns, 1984.

Holladay, William L. *Jeremiah: A Commentary on the Book of the Prophet Jeremiah.* 2 vols. Hermeneia. Philadelphia: Fortress, 1986-89.

Hubbard, David Allan. *Joel and Amos: An Introduction and Commentary.* Leicester: Inter-Varsity, 1989.

Huffmon, Herbert B. "A Company of Prophets: Mari, Assyria, Israel." Pp. 47-70 in *Prophecy in Its Ancient Near Eastern Context: Mesopotamian, Biblical, and Arabian Perspectives.* Edited by Martti Nissinen. Atlanta: Society of

Biblical Literature, 2000.

_____. "The Origins of Prophecy." Pp. 171-86 in *Magnalia Dei, the Mighty Acts of God: Essays on the Bible and Archaeology in Memory of G. Ernest Wright.* Edited by Frank Moore Cross, Werner E. Lemke, and Patrick D. Miller Jr. Garden City, N. Y.: Doubleday, 1976.

Hyatt, J. Philip. "Jeremiah and Deuteronomy." Pp. 113-27 in *A Prophet to the Nations: Essays in Jeremiah Studies.* Edited by Leo G. Perdue and Brian W. Kovacs. Winona Lake, Ind.: Eisenbrauns, 1984.

Jerome. *Commentary on Daniel.* Translated by Gleason L. Archer Jr. Grand Rapids: Baker, 1958.

Johnson, A. R. *The Cultic Prophet in Ancient Israel.* Cardiff: University of Wales Press, 1962.

Kaiser, Walter C., Jr. *The Messiah in the Old Testament.* Grand Rapids: Zondervan, 1995.

Keil, C. F. *Biblical Commentary on the Prophecies of Ezekiel.* Translated by James Martin. 2 vols. Edinburgh: Clarkm 1876.

_____. *Biblical Commentary on the Twelve Minor Prophets.* Translated by James Martin. 2 vols. Edinburgh: Clarkm 1871.

_____. *The Books of the Prophet Daniel.* Translated by M. G. Easton. Edinburgh: Clarkm 1872.

_____. *The Books of the Chronicles.* Translated by Andrew Harper. Edinburgh: Clarkm 1872.

_____. *Introduction to Old Testament.* Translated by G. C. M. Douglas. Reprinted Peabody, Mass.: Hendrickson, 1988.

Kidner, Derek. *The Message of Hosea: Love to the Loveless.* Leicester: Inter-Varsity, 1981.

_____. *The Message of Jeremiah: Against Wind and Tide.* Leicester: Inter-Varsity, 1986.

Kitchen, Kenneth A. *Ancient Orient and the Old Testament.* London: Tyndale, 1966.

_____. "Ark of the Covenant." Vol. 1 / pp. 110-11 in *The Illustrated Bible Dictionary*. Edited by J. D. Douglas et al. Leicester: Inter-Varsity, 1980.
Klein, Ralph W. *Ezekiel: The Prophet and His Message*. Columbia: University of South Carolina Press, 1988.
Kline, Meredith G. "Anathema." *Kerux* 10. 3 (Dec. 1995): 3-30.
_____. "By My Spirit [Ⅱ]." Kerux 9. 2 (Sept. 1994): 3-22.
_____. "The Covenant of the Seventieth Week." Pp. 452-69 in *The Law and the Prophets*. Edited by John H. Skilton. Nutley, N. J.: Presbyterian & Reformed, 1974.
_____. "Evangel of the Messianic Angel [Ⅰ]." *Kerux* 7. 2 (Sept. 1992): 15-25.
_____. "Evangel of the Messianic Angel [Ⅱ]." *Kerux* 7. 3 (Dec. 1992): 39-61.
_____. "The Exaltation of Christ." *Kerux* 12. 3 (Dec. 1997): 3-29.
_____. "How Long [Ⅰ]?" *Kerux* 6. 1 (May. 1991): 16-31.
_____. "How Long [Ⅱ]?" *Kerux* 6. 2 (Sept. 1991): 23-42.
_____. "Marana tha." *Kerux* 11. 3 (Sept. 1996): 10-28.
_____. "Messianic Avenger." *Kerux* 7. 1 (May. 1992): 20-36.
_____. "The Rider of the Red Horse [Ⅰ]." *Kerux* 5. 2 (Sept. 1990): 2-20.
_____. "The Rider of the Red Horse [Ⅱ]." *Kerux* 5. 3 (Dec. 1990): 9-28.
_____. "The Servant and the Serpent [Ⅰ]." *Kerux* 8. 1 (May. 1993): 30-37.
_____. "The Servant and the Serpent [Ⅱ]." *Kerux* 8. 2 (Sept. 1993): 10-34.
_____. "The Structure of the Book of Zechariah." *Journal of the Evangelical Theological Society* 34. 2 (June 1991): 179-93.
_____. *Treaty of the Great King*. Grand Rapids: Eerdmans, 1963.
Kraus, Hans-Joachim. *Psalms: A Commentary*. Translated by Hilton C. Oswald. 2 vols. Minneapolis: Augsburg, 1988-93.
Kuhl, Curt. *The Prophets of Israel*. Edinburg: Oliver & Boyd, 1960.
Limburg, James. *Jonah: A Commentary*. Louisville: Westminster / John Konx, 1993.
Lincoln, A. T. "From Sabbath to Lord's Day: A Biblical and Theological Perspective." Pp. 343-412 in *From Sabbath to Lord's Day: A Biblical,*

Historical, and Theological Investigation. Edited by D. A. Carson. Grand Rapids: Zondervan, 1982.

Lindblom, Johannes. *Prophecy in Ancient Israel*. Oxford: Blackwell, 1962.

Malamat, Abraham, "Exile, Assyrian." Vol. 6 / pp. 1034-36 in *Encyclopaedia Judaica*. Jerusalem: Keter, 1972.

_____. "A Forerunner of Biblical Prophecy: The Mari Documents." Pp. 33-52 in *Ancient Israelite Religion: Essays in Honor of Frank Moore Cross*. Edited by Patrick D. Miller Jr., Paul D. Hanson, and S. Dean McBride. Philadelphia: Fortress, 1987.

_____. "Prophecy at Mari." Pp. 50-73 in *The Place Is Too Small for Us*. Edited by Robert P. Gordon. Winona Lake, Ind.: Eisenbrauns, 1995.

Martin, R. L. "The Earliest Messianic Interpretation of Genesis 3:15." *Journal of Biblical Literature* 84 (1965): 425-27.

Mauser, Ulrich W. *Christ in the Wilderness*. Naperville: Allenson, 1963.

McComiskey, Thomas E. "Zechariah." Vol. 3 / pp. 1003-1244 in *The Minor Prophets: An Exegetical and Expository Commentary*. Edited by Thomas Edward McComiskey. Grand Rapids: Baker, 1998.

McConville, J. Gordon. *Law and Theology in Deuteronomy*. Sheffield: JSOT Press, 1984.

McNeile, A. H. *The Book of Numbers*. Cambridge: Cambridge University Press, 1911.

Mendenhall, George E. "Ancient Oriental and Biblical Law." *Biblical Archaeologist* 17 (1954): 26-46.

Merrill, Eugene H. *Kingdom of Priest: A History of Old Testament Israel*. Grand Rapids: Baker, 1987.

Montgomery, James A. *A Critical and Exegetical Commentary on the Book of Daniel*. International Critical Commentary. Edinburgh: Clark, 1927.

Motyer, J. Alec. *The Message of Amos: The Day of the Lion*. Downers Grove, Ill.: InterVarsity, 1974.

_____. *The Prophecy of Isaiah: An Introduction and Commentary*. Downers

Grove, I ll.: InterVarsity, 1993.

Mowunckel, Sigmund. *Prophecy and Tradition: The Prophetic Books in the Light of the Study of the Growth and History of the Traditions.* Oslo: Dybwad, 1946.

_____. "The 'Spirit' and the 'word' in the Pre-exilic Reforming Prophets." *Journal of Biblical Literature* 53 (1934): 199-227.

Murray, John. *Principles of Conduct: Aspects of Biblical Ethics.* London: Tynadale, 1957.

Nicol, T. "Molech, Moloch," Vol. 3 / pp. 2074-75 in *The International Standard Bible Encyclopedia.* Edited by James Orr. Grand Rapids: Eerdmans, 1939.

Niehaus, Jeff. "Amos." Vol. 1 / pp. 315-494 in *The Minor Prophets: An Exegetical and Expository Commentary.* Edited by Thomas Edward McComiskey. Grand Rapids: Baker, 1992.

Nissinen, Martti. "The Socioreligious Role of the Neo-Assyrian Prophets." Pp. 89-114 in *Prophecy in Its Ancient Near Eastern Context: Mesopotamian, Biblical, and Arabian Perspectives.* Edited by Martti Nissinen. Atlanta: Society of Biblical Literature, 2000.

_____. (ed.). *Prophecy in Its Ancient Near Eastern Context: Mesopotamian, Biblical, and Arabian Perspectives.* Atlanta: Society of Biblical Literature, 2000.

North, C. R. "The 'Former Things' and the 'Nes Things' in Deutero-Isaiah." Pp. 111-26 in *Studies in Old Testament Prophecy Presented to Professor Theodore H. Robinson.* Edited by H. H. Rowley. Edinburgh: Clark, 1950.

North, Martin. *The Deuteronomistic History.* Journal for the Study of the Old Testament Supplement 155. Sheffield: JSOT Press, 1981.

Oded, Bustenay. *Mass Deportation and Deportees in the Neo-Assyrian Empire.* Wiesbaden: Reichert, 1979.

_____. The Settlements of the Israelite and Judean Exiles in Mesopotamia in the 8th-6th Centuries BCE." Pp. 91-103 in *Studies in Historical Geography and Biblical Historiography.* Edited by Gershon Galil and Moshe Weinfeld.

Leiden: Brill, 2000.

Oehler, Gustav F. *Theology of the Old Testament*. Translated by Sophia Taylor. 2 vols. Edinburugh: Clark, 1974-75.

Oesterley, W. O. E., and Theodore H. Robinson. *An Introduction to the Books of the Old Testament*. London: SPCK, 1934.

Oswalt, John N. *The Book of Isaiah*. 2 vols. New International Commentary on the Old Testament. Grand Rapids: Eerdmans, 1986-98.

Parker, Simon B. "Official Attitudes toward Prophecy at Mari and in Israel." *Vetus Testament* 43 (1993): 50-68.

Parpola, Simo. *Assyrian Prophecies*. State Archives of Assyria 9. Helsinki: Helsinki University Press, 1997.

Perdue, Leo G. "Jeremiah in Modern Research: Approaches and Issues." Pp. 1-32 in *A Prophet to the Nations: Essays in Jeremiah Studies*. Edited by Leo G. Perdue and Brian W. Kovacs. Winona Lake, Ind.: Eisenbrauns, 1984.

Petersen, David L. "Defining Prophecy and Prophetic Literature." Pp. 33-44 in *Prophecy in Its Ancient Near Eastern Context: Mesopotamian, Biblical, and Arabian Perspectives*. Edited by Martti Nissinen. Atlanta: Society of Biblical Literature, 2000.

_____. "Introduction to Prophetic Literature." Vol. 6 / pp. 1-23 in *The New Interpreter's Bible*. Edited by Leander E. Keck et al. Nashville: Abingdon, 2001.

_____. *Zechariah 9-14 and Malachi: A Commentary*. Old Testament Library. London: SCM, 1995.

Phillips, Anthony. "Prophecy and Law." Pp. 217-32 in *Israel's Prophetic Tradition: Essays in Honour of Peter R. Ackroyd*. Edited by Richard Coggins, Anthony Phillips, and Michael Knibb. Cambridge: Cambridge University Press, 1982.

Porter, J. R. "The Origins of Prophecy in Israel." Pp. 12-31 in *Israel's Prophetic Tradition: Essays in Honour of Peter Ackroyd*. Edited by Richard Coggins, Anthony Phillips, and Michael Knibb. Cambridge: Cambridge University

Press, 1982.

Poythress, Vern Sheridan. "Hermeneutical Factors in Determining the Beginning of the Seventry Weeks (Daniel 9:25)." *Trinity Journal* n. s. 6 (1985): 131-49.

Pratt, Richard L., Jr. "Historical Contingencies and Biblical Prediction." Pp. 180-203 in *The Way of Wisdom: Essays in Honor of Bruce K. Waltke*. Edited by J. I. Packer and Sven K. Soderlund. Grand Rapids: Zondervan, 2000.

Prinsloo, Willem S, *The Theology of the Book of Joel*. Berlin: de Gruyter, 1985.

Pritchard, James B. (ed.). *Ancient Near Eastern Texts Related to the Old Testament*. 3rd edition. Princeton: Princeton University Press, 1969.

Provan, Iain W. "The Messiah in the Books of Kings." Pp. 67-85 in *The Lord's Anointed: Interpretation of Old Testament Messianic Texts*. Edited by Philip E. Satterthwaite, Richard S. Hess, and Gordon J. Wenham. Carlisle: Paternoster, 1995.

Rabinowitz, Louis Issac. "Ten Lost Tribes." Vol. 15 / pp. 1003-6 in *Encyclopaedia Judaica*. Jerusalem: Keter, 1972.

Rad, Gerhard von. *Deuteronomy: A Commentary*. Translated by Dorothea Barton. Old Testament Library. London: SCM, 1966.

_____. *Genesis: A Commentary*. Translated by John H. Marks. Revised edition. Old Testament Library. London: SCM, 1963.

_____. *Old Testament Theology*, vol. 2: *The Theology of Israel's Prophetic Traditions*. Translated by David M. G. Stalker. Edinburgh: Oliver & Boyd, 1965.

_____. "The Origin of the Concept of the Day of Yahweh." *Journal of Semitic Studies* 4 (1959): 97-108.

_____. *Studies in Deuteronomy*. Translated by David M. G. Stalker. Studies in Biblical Theology 9. London: SCM, 1953.

Roberts, J. J. M. *Nahum, Habakkuk, and Zephaniah: A Commentary*. Louisville: Westminster / John Knox, 1991.

Robertson, O. Palmer. *The Books of Nahum, Habakkuk, and Zephaniah*. New International Commentary on the Old Testament. Grand Rapids: Eerdmans,

1990.

_____. *The Christ of the Covenants*. Phillipsburg, N. J.: P&R, 1980.

_____. "Cirrent Critical Questions concerning the 'Curse of Ham' (Gen. 9:20-27)." *Journal of the Evangelical Theological Society* 41.2 (June 1998): 177-88.

_____. *The Final Word: A Biblical Response to the Case for Tongues and Prophecy Today*. Edinburgh: Banner of Truth Trust, 1993.

_____. "Hermeneutics of Continuity." Pp. 89-108 in *Continuity and Discontinuity: Perspectives on the Relationship Between the Old and New Testaments: Essays in Honor of S. Lewis Johnson Jr.* Edited by John S. Feinberg. Westchester, Ill.: Crossway, 1988.

_____. *The Israel of God: Yesterday, Today, and Tomorrow*. Phillipsburg, N. J.: P&R, 2000.

_____. "A People of the Wilderness: the Concept of the Church in the Epistle to the Hebrews." Doctoral dissertation, Union Theological Seminary, Richmond, Va., 1966.

_____. *Prophet of the Coming Day of the Lord: The Message of Joel*. Durham: Evangelical Press, 1995.

Rowley, H. H. *Men of God: Studies in Old Testament History and Prophecy*, London: Nelson, 1963.

_____. *The Servant of the Lord and Other Essays on the Old Testament*. London: Lutterworth, 1952.

_____ (ed.) *Studies in Old Testament Prophecy Presented to Professor Theodore H. Robinson*. Edinburgh: Clark, 1950.

Sanders, James A. "Hermeneutics in True and False Prophecy/" Pp. 21-41 *in Canon and Authority: Essays in Old Testament Religion and Theology*. Edited by George W. Coats and burke O. Long. Philadelphia: Fortress, 1977.

Sawyer, John F. A. "A Change of Emphasis in the Study of the Prophets." Pp. 233-49 in *Israel's Prophetic Tradition: Essay in Honour of Peter R. Ackroyd*. Edited by Richard Coggins, Anthony Phillips, and Michael Knibb. Cambridge: Cambridge University Press, 1982.

_____. "Prophecy and Interpretation." Pp. 563-75 in *The Place Is Too Small for Us*. Edited by Robert P. Gordon. Winona Lake, Ind.: Eisenbrauns, 1995.

Seitz, Christopher R. "The Book of Isaiah 40-66: Introduction, Commentary, and Reflections." Vol. 6 / pp. 307-552 in *The New Interpreter's Bible*. Edited by Leander E. Keck et al. Nashville: Abindon, 2001.

_____. *Isaiah* 1-39. Interpretation. Louisville: John Knox, 1993.

_____. *Theology in Conflict: Reactions th the Exile in the Book of Jeremiah*. Berlin: de Gruyter, 1989.

Seow, C. L. "Ark of the Covenant." Vol. 1 / pp. 386-93 in *The Anchor Bible Dictionary*. Edited by David Noel Freedman et al. New York: Doubleday, 1992.

Silverman, Godfrey Edmond. "British Israelites." Vol. 4 / pp. 1381-32 in *Encyclopaedia Judaica*. Jerusalem: Keter, 1972.

Stolper, Matthew W. "Murashû, Archive of." Vol. 4 / pp. 927-28 in *The Anchor Bible Dictionary*. Edited by David Noel Freedman et al. New York: Doubleday, 1992.

Taylor, John B. *Ezekiel: An Introduction and Commentary*. Leicester: Inter-Varsity, 1969.

Thompson, J. A. *The Book of Jeremiah*. New International Commentary on the Old Testament. Grand Rapids: Eerdmans, 1980.

VanGemeren, Willem A. *Interpreting the Prophetic Word*. Grand Rapids: Zondervan, 1990.

Vawter, Bruce. "Introduction to Prophetic Literature." Pp. 186-200 in *The New Jerome Biblical Commentary*. Edited by Raymond E. Brown, Joseph A. Fitzmyer, and Roland E. Murphy. London: Champman, 1989.

Verhof, Pieter A. *The Book of Haggai and Malachi*. New International Commentary on the Old Testament. Grand Rapids: Eerdmans, 1987.

Vos, Geerhardus. *Biblical Theology: Old and New Testaments*. Grand Rapids: Eerdmans, 1948.

Walker, Peter. *Jesus and the Holy City: New Testament Perspectives on*

Jerusalem. Grand Rapids: Eerdmans, 1996.

Walvoord, John F. *Daniel, the Key to Prophetic Revelation: A Commentary*. Chicago: Moody, 1971.

Warfield, Benjamin Breckinridge. *Christology and Criticism*. New York: Oxford University Press, 1929.

Watts, John D. W. *Isaiah*. 2 vols. Word Biblical Commentary 24-25. Waco: Word, 1985-87.

Weinfeld, Moshe. "Deuteronomy: The Present State of Inquiry." Pp. 21-35 in *A Song of Pawer and the Power of Song: Essays on the Book of Deuteronomy*. Edited by Duane L. Chrisensen. Winina Lake, Ind.: Eisenbrauns, 1993.

Weiser, Artur. *The Psalms: A Commentary*. Translated by Herbert Hartwell. Old Testament Library. London: SCM, 1962.

Wellhausen, Julius. *Propegomena to the History of Israel*. Translated by John S. Black and Allan Menzies. Edinburgh: Black, 1885.

Wenham, Gordon J. *Numbers: An Introduction and Commentary*. Tyndale Old Testament Commentaries. Leicester: Inter-Varsity, 1981.

Westermannm Claus. *Isaiah 40-66: A Commentary*. Translated by David M. G. Stalker. Old Testament Library. Philadelphia: Westminster, 1966.

_____. *Prophetic Oracles of Salvation in the Old Testament*. Edinburgh: Clark, 1991.

Whitehorne, John, "Antiochus (person)." Vol. 1 / pp. 269-72 in *The Anchor Bible Dictionary*. Edited by David Noel Freedman et al. New York: Doubleday, 1992.

Whitny, Charles Francis. *The Exilic Age*. London: Longmans, Green, 1957.

Wildberger, Hans. *Isaiah: A Commentary*. Translated by Thomas H. Trapp. 3 vol. Minneapolis: Fortress, 1991-2002.

Williamson, H. G. M. *King, Messiah, and Servant in the Book of Isaiah*. Carlisle: Paternoster, 1998.

Wilson, Robert R. *Prophecy and Society in Ancient Israel*. Philadelphia: Fortress, 1980.

_____. *Sociological Approaches to the Old Testament.* Philadelphia: Fortress, 1984.

Wiseman, D. J. *Chronicles of the Chaldaean Kings (626-556 B. C.) in the British Museum.* London: British Museum, 1956.

Wolff, Hans Walter. Hosea: *A Commentary on the Book of the Prophet Hosea.* Translated by Gary Stansell. Hermeneia. Philadelphia: Fortress, 1974.

_____. *Joel and Amos: A Commentary on the Books of the Prophets Joel and Amos.* Translated by Waldemer Janzen, S. Dean McBride Jr., and Charles A. Muenchow. Hermeneia. Philadelphia: Fortress, 1977.

_____. *Obadiah and Jonah: A Commentary.* Translated by Margaret Kohl. Hermeneia. Minneapolis: Augsburg, 1986.

Woude, A. S. van der. "Micha in Dispute with the Pseudo-prophets." *Vetus Testamentum* 19 (1969): 244-60.

Woundstra, Martin. "Recent Translations of Genesis 3:15." *Calvin Theological Journal* 6 (1971): 194-203.

Wright, Christopher J. H. *The Message of Ezekiel: A New Heart and a New Spirit.* Leicester: Inter-Varsity, 2001.

Young E. J. *The Book of Isaiah.* 3 vols. New International Commentary on the Old Testament. Grand Rapids: Eerdmans, 1965-72.

_____. "Daniel's Vision of the Son of Man." Pp. 425-51 in *The Law and the Prophets.* Edited by John H. Skilton. Nutley, N. J.: Presbyterian & Reformed, 1974.

_____. *An Introduction to the Old Testament.* London: Tyndale, 1964.

_____. *My Servants the Prophets.* Grand Rapids: Eerdmans, 1952.

_____. *The Prophecy of Daniel: A Commentary.* Grand Rapids: Eerdmans, 1949.

_____. *Studies in Isaiah.* London: Tyndale, 1954.

Zadok, Ran. *The Jews in Babylonia during the Chaldean and Achaemenian Periods according to the Babylonians Sources.* Haifa: University of Haifa Press, 1979.

Zimmerli, Walther. *Ezekiel: A Commentary on the Book of the Prophet Ezekiel.* Translated by Ronald E. Clements and James D. Martin. Hermeneia.

Philadelphia: Fortress, 1979-83.

_____. "From Prophetic Word to Prophetic Book." Pp. 419-42 in *The Place Is Too Small for Us*. Edited by Robert P. Gordon. Winona Lake, Ind.: Eisenbrauns, 1995.

_____. *The Law and the Prophets: A Study of the Meaning of the Old Testament*. Oxford: Blackwell, 1965.

성구색인

창세기
1:1 _ 416
1:2 _ 260, 512
1:11 _ 260
1:24 _ 260
1:26 _ 260
1:27-28 _ 352
2:3 _ 409
2:7 _ 260, 321
2:10-14 _ 334
3:1 _ 110
3:4-5 _ 110
3:15 _ 400
3:17-19 _ 417
3:18 _ 192, 193
5:28-29 _ 400
6:7 _ 194, 282, 512
6:17 _ 512
7:1 _ 435
7:11 _ 193
7:21-23 _ 512
8:17 _ 194
8:19 _ 194
8:22 _ 194
9:2 _ 194
9:5 _ 71
9:11 _ 194
9:24-27 _ 324
10장 _ 324
10:2-3 _ 324
10:6-8 _ 324
12:1 _ 214, 373
12:3 _ 260
15장 _ 41
15:9-11 _ 282
15:10 _ 195
15:13 _ 365
15:16 _ 365
15:17-18 _ 195
17:10 _ 435
17:12-13 _ 49
17:12-14 _ 323
18:17 _ 435
18:17-19 _ 321
18:19 _ 435, 57
19:26 _ 391
20:7 _ 49
22:5 _ 320
22:15-18 _ 404
22:18 _ 83
25:23 _ 262
26:5 _ 148
27:29 _ 187
46:27 _ 57
48:15 _ 317
49:24 _ 317
50:25 _ 320

출애굽기
2:23-3:1 _ 88
3-4장 _ 86
3:2 _ 404
3:5 _ 404
3:6 _ 320
3:14 _ 404
4:14-16 _ 51
4:15-16 _ 64
7:1-2 _ 65
7:1-5 _ 51
8:18-19 _ 118
8:25-28 _ 65
10:11 _ 65
10:24 _ 65
12:13 _ 373
12:48 _ 323
15:2 _ 240
15:20 _ 55
15:26 _ 148
16:31 _ 57
19:3 _ 57
19:5-6 _ 414, 421
20-24장 _ 146
20:3 _ 166
20:4 _ 166
20:6 _ 182
20:7 _ 167
20:8 _ 168
20:10 _ 178
20:12 _ 170
20:13 _ 171
20:14 _ 172
20:15 _ 172
20:16 _ 174

20:17 _ 175
20:18-21 _ 45
20:21 _ 282
21:1-3 _ 195
21:12 _ 141
21:17 _ 171
21:24 _ 264
21:32 _ 403
22:21 _ 178
23:9 _ 178
23:20-23 _ 419
25:1-8 _ 402
25:17-22 _ 311, 382
25:30 _ 409
25:40 _ 327
28:30 _ 55
28:36-38 _ 405
31:13 _ 168
32:26-29 _ 412
33:18-19 _ 58
35:30-31 _ 395
38:36-28 _ 405
40:33 _ 402
40:34-38 _ 409
40:38 _ 57

레위기
8:8 _ 55
10:6 _ 57
16:11-17 _ 382
17:3 _ 57
19:3 _ 171
19:10 _ 178
19:18 _ 181
19:34 _ 182, 178
20:9 _ 171
21:7 _ 220
21:13-15 _ 220
23:15-17 _ 262
23:20 _ 262
23:22 _ 178

23:26-32 _ 382
23:29 _ 82
25장 _ 169-70
25:1-7 _ 359
25:10 _ 327
26장 _ 139, 301
26:3 _ 148
26:13-45 _ 139
26:15 _ 148
26:33-34 _ 139
26:33-39 _ 302
26:34 _ 327, 357
26:34-35 _ 504
26:35 _ 357
26:40-42 _ 139

민수기
1:46 _ 380
4:3 _ 92
4:30 _ 306
6:24-27 _ 412
8:16 _ 96
8:19 _ 96
8:24 _ 306
10:35 _ 391
10:36 _ 391, 409
11:11-12 _ 60
11:13-14 _ 66
11:17 _ 395
11:21-30 _ 51
11:24-25 _ 66
11:25 _ 60, 74
11:25하 _ 62
11:26 _ 60
11:26-27 _ 74
11:28 _ 60
11:29 _ 61
12장 _ 53, 58
12:1 _ 54
12:1-8 _ 51, 78
12:2 _ 54, 56

12:3 _ 55
12:3-4 _ 56
12:4 _ 77
12:6 _ 56, 128, 63
12:6하 _ 61
12:7 _ 57, 128, 63
12:7-8 _ 77
12:7b _ 57
12:8 _ 57
12:10 _ 54
21:4-9 _ 318
27:21 _ 55

신명기
1:1 _ 145
1:3 _ 145
1:5 _ 145
4:2 _ 62
4:8 _ 48, 151
4:15-18 _ 151
4:19 _ 151
4:20 _ 151
4:25-26 _ 304
4:26 _ 229
4:27-28 _ 304
5:2-3 _ 435
5:22 _ 62
5:22-27 _ 45
6:4-5 _ 182
6:6-8 _ 182
6:20-24 _ 140
7:6 _ 414, 421
7:9 _ 182
10:12 _ 183
10:18-19 _ 179
10:19 _ 182
11:1 _ 182, 183
11:13 _ 183
11:22-23 _ 183
11:22-25 _ 182
12:1-7 _ 146-47

12:2-3 _ 147
12:4-7 _ 147
12:5 _ 148
12:13-14 _ 147
12:32 _ 62
13:1 _ 118
13:1-3상 _ 118
13:1-5 _ 51
13:2b _ 119
13:3 _ 183, 127
13:4 _ 125
13:4b-5상 _ 73
13:5 _ 63, 131
14:2 _ 414, 421
14:28-29 _ 179,
16:11 _ 179
16:14 _ 179
17:14-20 _ 59
18장 _ 53, 58, 79
18:1-8 _ 59
18:9 _ 67
18:9-11 _ 59
18:9-22 _ 51, 58
18:10-11 _ 67, 69
18:12 _ 69
18:14 _ 70
18:15 _ 78
18:15-16 _ 46
18:18 _ 60, 286
18:19 _ 71, 82
18:20 _ 72
18:20-22 _ 72, 440
18:21 _ 118
18:21-22 _ 425
18:22 _ 35, 73, 120, 441
19:9 _ 183
24:14-17 _ 421
24:19-21 _ 179
25:9 _ 57
26:12 _ 179
26:18-19 _ 414, 421

27:16 _ 171
27:19 _ 179
28:9-10 _ 266, 453, 511
28:15-68 _ 304
29:14-15 _ 435
29:21-28 _ 135
30:4 _ 139
30:6 _ 183
30:15-16 _ 183
30:19 _ 229
30:19-20 _ 229, 183
31:28 _ 229
32:1 _ 229
32:4 _ 211
32:45-47 _ 178
33:8 _ 55
34:10 _ 58, 179
34:12 _ 58, 79

여호수아
23:13 _ 304
24장 _ 140
24:2 _ 214

사사기
2:1 _ 404
2:16 _ 265
2:18 _ 265
3:9 _ 265
3:15 _ 265
3:31 _ 265
6:2 _ 88
6:6 _ 88
6:11-12 _ 88
6:11b-17 _ 86
6:14 _ 97
6:15 _ 265
10:1 _ 265
12:2 _ 265
13:5 _ 265
18:31 _ 57

19:18 _ 57

사무엘상
1:3 _ 394
1:7 _ 57
1:24 _ 57
3:1 _ 44
3:1-4:1상 _ 86
3:19-20 _ 441
4:4 _ 394
16:7 _ 485
19:23-24 _ 30

사무엘하
6:12-15 _ 485
6:17 _ 485
6:18 _ 394
7:1-5 _ 47
7:10-16 _ 23
7:11b-13 _ 402
7:12 _ 435
7:13 _ 198
7:25-29 _ 93
7:26 _ 394
12:7-8 _ 172
12:20 _ 57

열왕기상
2:3-4 _ 156, 383
4:25 _ 513
6-8장 _ 409
7:13-22 _ 390
8:10-11 _ 314
12:16 _ 197, 483
17:17-24 _ 320
19:10 _ 147
21:8 _ 401
22장 _ 86
22:19-22 _ 86
22:22 _ 111
22:28 _ 128

22:34 _ 434

열왕기하
4:18-37 _ 320
10:1-14 _ 479
13:20-21 _ 320
14:23-27 _ 267
14:25 _ 235
14:29 _ 443
15:8-10 _ 443
17:13 _ 304
17:24-33 _ 273
17:28 _ 274
19:20-37 _ 229
19:22 _ 94
22:1-13 _ 281
22:8-23:3 _ 228
22:18-20 _ 124
23:1-15 _ 146
23:19-20 _ 146
24:1 _ 338
24:1-2 _ 503, 299
24:6 _ 444
24:7 _ 338
24:8 _ 443
24:8-17 _ 307
24:10-17 _ 299
24:12 _ 443
24:15 _ 443
25:4 _ 445
25:6-21 _ 308
25:7 _ 302

역대상
3:18-19 _ 488
16:34 _ 510
25:1 _ 33
25:3 _ 33
28:18 _ 312
29:22-23 _ 93
29:23 _ 406

역대하
2-7장 _ 409
6:27 _ 261
20:1-30 _ 189
20:14 _ 33
24:20 _ 33
26:16-21 _ 89
29:30 _ 33
32:20-21 _ 229
34:3-7 _ 91
35:15 _ 33
36:5-7 _ 338, 503, 299
36:6 _ 444
36:9-10 _ 299-300
36:21 _ 327, 357, 359, 504
36:22-23 _ 245

에스라
1:2-4 _ 360
2:2 _ 274
2:63 _ 55
2:64 _ 380
3:1-3 _ 378
3:1-4 _ 410
3:8-13 _ 378
4:24 _ 378
5:2 _ 488
6:8-12 _ 392
6:14-15 _ 379
7:6-10 _ 379
7:7-8 _ 379
9:1-2 _ 408

느헤미야
1:1 _ 360
1:3 _ 360
2:3 _ 360
2:5 _ 360
2:8 _ 360
2:17 _ 360
7:7 _ 274

7:65 _ 55
9:20 _ 395
10:35-40 _ 408
13:2-3 _ 408
13:10-12 _ 408
13:23-24 _ 408

시편
2편 _ 23
2:2 _ 374
2:8-9 _ 374
16:9-11 _ 321
16:10-11 _ 318
17:15 _ 321
18:10-11 _ 352
23:1 _ 317
46:4 _ 334
51:7 _ 10
68:17 _ 390
68:18 _ 76
68:30 _ 390
69:28 _ 421
71:22 _ 94
72편 _ 40
72:1-3 _ 261
72:1-17 _ 23
72:6 _ 261
72:8 _ 402
72:16 _ 261
78:41 _ 94
78:67-72 _ 198
80:15 _ 81
87:6 _ 421
89:18 _ 94
89:19-37 _ 23
95:10-11 _ 373
97:2-4 _ 352
104:3 _ 352
105:8-9 _ 435
115:4-8 _ 68
118:22 _ 348

118:22-23 _ 354
132:1-18 _ 23
135:4 _ 421
136:1 _ 510
139:16 _ 421

전도서
1:2 _ 417

이사야
1-39장 _ 86, 89, 94, 102, 234, 239, 240, 247, 252, 253, 255, 256, 535
1:1 _ 63, 89, 203
1:4 _ 234, 236
1:16-17 _ 203
1:17 _ 180
1:19 _ 203
1:23 _ 173, 184
2-11장 _ 232
2:1-4 _ 232
2:2 _ 464
2:2-3 _ 198
2:2-4 _ 454
2:3 _ 241
2:12-21 _ 465
2:19하 _ 463
2:21하 _ 463
4:2 _ 485, 405
4:3 _ 235, 240, 421
4:3-5 _ 195
5:6 _ 192
5:13 _ 239
5:16 _ 234, 95
5:18 _ 236
5:19 _ 234
5:20 _ 111
5:24 _ 234
5:25b _ 463
6장 _ 86, 89, 231
6:1 _ 89, 93, 231, 243

6:1-6 _ 394
6:3 _ 234, 235
6:5 _ 31, 99, 236
6:8 _ 93, 101, 102
6:9 _ 236, 97
6:9-11 _ 101
6:9-13상 _ 102
6:10 _ 237, 244, 252
6:11-12 _ 238
6:11-13 _ 102
6:13 _ 103, 105, 195, 240
6:13b _ 239
7:1-3 _ 483
7:3 _ 239
7:5-6 _ 232
7:6b _ 483
7:6-7 _ 198
7:9 _ 203
7:9b _ 483
7:11 _ 232
7:14 _ 94, 198, 232, 400, 483, 484
7:16 _ 233
7:17-20 _ 239
7:24-25 _ 192
8:1 _ 436
8:4 _ 239, 436
8:5-8 _ 442
8:11 _ 93
8:13 _ 235
8:14 _ 211, 347, 348
8:18 _ 285
8:20 _ 125
8:22 _ 237
9:1 _ 244
9:1-2 _ 454
9:2 _ 237
9:6 _ 234, 198
9:6-7 _ 67, 198, 400, 484
9:7 _ 237, 234, 244, 485
10:1-2 _ 173

10:5 _ 372
10:5-19 _ 452
10:17 _ 235
10:20 _ 234, 204
10:20-22 _ 240
10:20-23 _ 239
10:21 _ 234
10:24 _ 442
10:32 _ 442
11:1 _ 485, 94, 405
11:1-10 _ 198, 400, 484
11:2 _ 244
11:4-5 _ 244
11:5 _ 234
11:6-9 _ 514
11:9 _ 235, 244
11:10 _ 234, 241, 454
11:11 _ 240
11:11-12 _ 240, 454
11:15-16 _ 240, 482
11:16 _ 240, 315
12:2 _ 240
12:6 _ 234
13장 _ 452, 492
13-14장 _ 286
13:1 _ 63, 247
13:1-22 _ 452
13:10 _ 463
13:13 _ 463
14:1 _ 241, 455
14:3-23 _ 452
14:12 _ 263
14:13 _ 263
14:13-14 _ 186
14:24 _ 235
14:24-27 _ 434, 452
14:25 _ 235
14:26 _ 235
14:28-32 _ 452
14:31 _ 325
16:5 _ 198

16:6 _ 186
16:8 _ 186
17:1-3 _ 452
17:6 _ 240
17:7 _ 234, 235
17:7-8 _ 455
17:8 _ 187
17:10 _ 211
18장 _ 452
18:7 _ 241, 455
19장 _ 452
19:1 _ 187, 352
19:3 _ 187
19:19 _ 455
19:23 _ 455
19:24-25 _ 455
20:3-6 _ 452
21:1-10 _ 452
21:3-4 _ 93
21:11-12 _ 452
22:11 _ 204
22:11b _ 204
22:20-25 _ 198, 232
23장 _ 452
23:9 _ 186
23:18 _ 455
24-27장 _ 193
24:1 _ 512
24:4-6 _ 512
24:6 _ 240
24:14-16 _ 455
24:18 _ 193
24:19-23 _ 512
24:20 _ 190
24:21 _ 195
24:23 _ 195, 231, 463
25장 _ 195
25:6-12 _ 198
25:6-8 _ 455, 321
25:7-8 _ 236, 514
26:3-4 _ 204

26:4 _ 211
26:19 _ 515, 321
27:6 _ 432, 455
27:9 _ 236
27:11 _ 235
27:13 _ 235
28:1 _ 239
28:4 _ 239
28:5 _ 240
28:11 _ 239
28:16 _ 204, 354
28:18-19 _ 239
29:10 _ 237
29:18 _ 237
29:22 _ 195
29:23 _ 235
30:7 _ 168
30:8 _ 121, 309
30:10 _ 121
30:11-12 _ 234
30:15 _ 234, 204
30:18 _ 204
30:20-23 _ 261
30:23-26 _ 513
30:26 _ 242, 463
30:29 _ 211
31:1 _ 204, 234
31:5 _ 195
31:8-9 _ 195
32:1-2 _ 232
32:13 _ 192
32:15 _ 513
32:15-20 _ 193
33:14 _ 161
33:15-17 _ 161
33:17 _ 237, 231
33:20-21 _ 198
33:22 _ 231
33:24 _ 236, 195
34:4 _ 463
34:5-15 _ 452

34:16 _ 437
35:1-2 _ 463
35:1-7 _ 513
35:5 _ 237
35:5-10 _ 482
35:6-7 _ 464
35:8 _ 235
35:10 _ 235
36:16 _ 513
37장 _ 229
37:4 _ 240
37:23 _ 234
37:31-32 _ 198, 240
37:33-35 _ 442
38:1 _ 449
38:5 _ 449
38:7-8 _ 233
39장 _ 245
39:5-7 _ 249
39:6-7 _ 239
39:7 _ 483
40장 _ 245
40-48장 _ 167, 251, 256, 491
40-55장 _ 245-46, 249, 253
40-66장 _ 246, 247, 248, 249
40:1-2 _ 249
40:2 _ 195, 236
40:2-3 _ 482
40:5 _ 241, 454
40:9 _ 195, 248, 249
40:28 _ 235
41장 _ 492
41:8 _ 195, 240
41:8-10 _ 195
41:14 _ 234
41:16 _ 234
41:18-20 _ 482, 513
41:20 _ 234
41:21 _ 231
41:22-23 _ 490

41:25 _ 496
41:27 _ 248, 492
42:1 _ 81, 244, 401, 454, 498
42:1-9 _ 244, 248
42:2 _ 500
42:3-4 _ 244
42:4 _ 244, 499, 500
42:4하 _ 162
42:5 _ 42
42:6 _ 241
42:7 _ 237
42:17-19 _ 329
42:19 _ 237, 498
42:21 _ 161
42:22 _ 498
42:24-25 _ 161, 239
42:25 _ 498
43:3 _ 195, 234
43:5 _ 240
43:8-9 _ 490
43:14-15 _ 231
43:14-17 _ 482
43:18 _ 492
43:18-19 _ 482, 493
43:24 _ 236
43:25 _ 236
44:1-2 _ 498
44:3 _ 240
44:6 _ 231
44:7 _ 344, 490, 492
44:8 _ 211, 493
44:21 _ 498
44:24 _ 493, 496
44:24-26 _ 43
44:26 _ 496, 498
44:28 _ 195, 199, 378, 433, 496
45:1 _ 378
45:1-4 _ 496
45:11 _ 234
45:12-13 _ 235
45:13 _ 199

45:19 _ 195, 240
45:21 _ 491
45:25 _ 240
46:3 _ 240
46:10 _ 493
46:11 _ 496
46:13 _ 248
47장 _ 452
47:1-15 _ 452
47:4 _ 234
47:6 _ 188
47:8 _ 186
47:12 _ 187
47:13 _ 491
47:15 _ 168
48:1b _ 168
48:2 _ 235
48:3 _ 494
48:3-8 _ 492
48:5 _ 494
48:17 _ 234
48:18-19 _ 240
48:19 _ 195
49:1-6 _ 86
49:3 _ 498
49:5-6 _ 500
49:6 _ 454, 456, 499, 500
49:7 _ 234
49:9-12 _ 482
49:21 _ 240
50:4-5 _ 205
50:4-9 _ 86
50:6 _ 499, 500
50:10 _ 204
51:1 _ 204
51:2 _ 195
51:2-3 _ 191
51:3 _ 513
51:4 _ 204
51:5 _ 204
51:7 _ 204

51:11 _ 195, 199
51:16 _ 248
52:1 _ 195, 199, 235
52:7 _ 277
52:7-8 _ 248
52:10 _ 235
52:13 _ 81, 243, 454, 498, 499
52:14 _ 243
52:15 _ 454
53장 _ 498
53:1 _ 244, 252, 500
53:2 _ 81
53:2하 _ 243
53:3 _ 498
53:4 _ 499
53:4-5 _ 500
53:5 _ 236
53:7 _ 499
53:8하-9 _ 243
53:9 _ 175, 499, 500
53:10 _ 195, 240, 243, 498
53:11 _ 236
53:11-12 _ 243
53:12 _ 498, 499, 500
54:3 _ 195, 199, 240
54:5 _ 234, 235
54:5-10 _ 200
54:9-10 _ 193
54:11-12 _ 195, 199
55:3 _ 204
55:3하-4 _ 198
55:5 _ 234, 242
55:6 _ 204
55:12-13 _ 482
56-57장 _ 253
56-66장 _ 246, 253
56:6 _ 184
56:6-7 _ 169
56:6-7상 _ 455
56:7 _ 235, 195
56:7하 _ 455

56:7-8 _ 242
56:10 _ 184
56:11 _ 175
57:5-7 _ 248
57:8-9 _ 184
57:13 _ 204, 235
57:15 _ 235, 243
57:17 _ 175
58:2-5 _ 179
58:3-12 _ 168
58:6-7 _ 179
58:13 _ 235
58:13-14 _ 168
59:2 _ 236
59:10 _ 237
59:20 _ 199
59:21 _ 195, 200
60:3 _ 242
60:3-16 _ 455
60:9 _ 234
60:10 _ 242
60:10-14 _ 195
60:14 _ 234
60:19-20 _ 463
61:1 _ 327
61:3 _ 195
61:9 _ 195, 240
62:1 _ 195
62:6 _ 248
62:12 _ 195, 235
63:10-11 _ 235
63:11하 _ 395
63:14 _ 395
63:15 _ 235
63:18 _ 235
64:10 _ 235
64:11 _ 235
68:2-7 _ 248
65:9 _ 195, 240
65:11-12 _ 248
65:12 _ 239

65:17-18 _ 243
65:18 _ 195
65:23 _ 195, 240
65:25 _ 235, 243, 514
66:1 _ 231, 248
66:1-4 _ 248
66:6 _ 239, 248
66:12 _ 195
66:15-16 _ 248, 390
66:18-21 _ 413
66:19 _ 511
66:19-21 _ 455
66:20 _ 235, 511
66:20-21 _ 195
66:21 _ 511
66:22 _ 240
66:22-23 _ 243
66:24 _ 216

예레미야
1장 _ 287
1:2 _ 91, 478
1:5 _ 87, 96, 97, 286
1:6 _ 99, 284
1:7 _ 286
1:9 _ 286
1:10 _ 87, 97, 98, 286, 478, 507
1:11 _ 286
1:11-12 _ 294, 478
1:12 _ 97, 478
1:13 _ 286
1:14 _ 286, 325
1:17 _ 100
1:18 _ 101
2:10-11 _ 166
2:13 _ 166
2:25 _ 184
2:33 _ 184
3:14 _ 508
3:15 _ 485
3:16-17 _ 485

4:6 _ 325
5:1-2 _ 175
5:6 _ 97
5:12 _ 168
5:12-14 _ 115
5:14 _ 112
6:1 _ 325
6:13 _ 126
6:22 _ 325
7:4 _ 292
7:5-10 _ 163
7:6-7 _ 180
7:23 _ 205
8:7 _ 162
8:8 _ 162
8:9 _ 162
9:1-11 _ 479
9:3-6 _ 175
9:8-9 _ 175
9:10 _ 512
9:11 _ 175
9:13-14 _ 162
9:1 _ 512
9:25-26 _ 162
10:18 _ 473
10:22 _ 325
11-12장 _ 288
11:2 _ 288
11:3 _ 288
11:3-5 _ 196
11:17 _ 288
11:18-23 _ 116
12:2상 _ 288
12:2하 _ 288
12:7 _ 288
12:10 _ 288
12:14 _ 288, 478
12:15 _ 288
12:15-16 _ 456, 478
12:16 _ 289
12:17 _ 478

13:1–7 _ 473	23:7–8 _ 508, 482, 306	26:13 _ 205
13:9–10 _ 473	23:9 _ 135	26:17–19 _ 135
13:11 _ 473	23:9–40 _ 116	26:18 _ 230, 450
13:20 _ 325	23:10하 _ 114	26:20–23 _ 135
13:24 _ 473	23:10–11 _ 126	26:24 _ 135
14:10 _ 184	23:12상 _ 134	27:1–3 _ 432
14:13–16 _ 116	23:13–14 _ 126, 133	27:1–15 _ 116, 440
15:17 _ 106	23:14 _ 114	27:2–4 _ 33
16:2 _ 91	23:15 _ 133	27:5 _ 432
16:14 _ 482	23:16 _ 114	27:6 _ 432
16:14–15 _ 306	23:16–17 _ 133	27:7 _ 432
16:15 _ 482	23:18 _ 434	27:9–10 _ 33
16:16 _ 473	23:21 _ 114, 106	28장 _ 116, 440
17:19–27 _ 469	23:22 _ 114	28:1 _ 117
18–19장 _ 289, 290	23:25 _ 114	28:1–4 _ 307
18:1–10 _ 289, 290, 291	23:25–28 _ 128	28:2–4 _ 431
18:7 _ 291	23:26 _ 114	28:4 _ 443
18:7–8 _ 456	23:28하 _ 135	28:9 _ 35, 121, 441
18:18 _ 163	23:29 _ 134	28:10–11 _ 447
19장 _ 290	23:39–40 _ 133	28:10–17 _ 431
19:1 _ 291	24장 _ 507	28:15–17 _ 427
19:3 _ 474	24:2 _ 292	28:16 _ 123
19:4하 _ 291	24:3 _ 374	28:16–17 _ 447
19:6–7 _ 291	24:5 _ 292, 474	28:17 _ 117
19:11 _ 472, 473	24:5–7 _ 507	29:5–7 _ 341
20:8하–9 _ 105	24:6하 _ 292	29:10 _ 365, 378, 503
21:2 _ 484	24:7 _ 293	29:10–11 _ 451
21:7 _ 484	24:8 _ 292, 474	29:12–14 _ 451
22:1–2 _ 484	24:8–10 _ 508	29:20–23 _ 447
22:4 _ 484	24:9–10 _ 292	29:21 _ 126
22:8–9 _ 480	25:1–3 _ 358	29:23 _ 126, 134
22:11–12 _ 484	25:3 _ 503	29:24–28 _ 447
22:19 _ 484	25:9 _ 325	29:29–32 _ 448
22:24 _ 401	25:11 _ 358, 502	29:32 _ 134
22:24–27 _ 484	25:11–12 _ 378	30:2 _ 437, 477
22:24–30 _ 443	25:12 _ 365	30:3 _ 437
22:27 _ 486	25:29 _ 389	30:9 _ 156
22:30 _ 484	25:30–33 _ 515	30:10 _ 195
23:1–4 _ 485	26:1–24 _ 116	30:18 _ 456
23:5–6 _ 485, 198, 405	26:3 _ 204	30:24하 _ 466
23:6 _ 486	26:11 _ 135	31장 _ 293

31:9 _ 509
31:11–13 _ 509
31:19 _ 509
31:27 _ 294, 295
31:27–28 _ 478
31:28 _ 294
31:31 _ 275, 434
31:31–34 _ 200, 294, 437
31:33 _ 275
31:33–34 _ 294, 295, 507
31:36–37 _ 195
31:40상-중 _ 295
31:40하 _ 295
32:1–2 _ 473
32:1–5 _ 444
32:6–12 _ 473
32:8 _ 446
32:15 _ 473
32:25 _ 466
32:40 _ 200
32:41 _ 478
32:42–44 _ 446, 467
32:44 _ 456
33:2–9 _ 479
33:5 _ 505
33:6–9 _ 199
33:8 _ 505
33:10하–11 _ 509
33:11 _ 456
33:14–16 _ 156
33:14–17 _ 405
33:14–26 _ 156
33:15–16 _ 486
33:17 _ 486
33:20 _ 192, 194
33:20–21 _ 486
33:22 _ 191, 195
33:25–26 _ 456, 486
34장 _ 195
34:1–7 _ 444
34:12–17 _ 195

34:18–19 _ 195
35:4 _ 32
36장 _ 296
36:2 _ 437
36:3 _ 437
36:6 _ 296
36:7 _ 451
36:9 _ 269
36:16 _ 297
36:26 _ 297
36:28 _ 437
36:30–31 _ 437, 444
37:1 _ 444
37:5 _ 444
39–45장 _ 477
39:1–3 _ 478
39:18 _ 204
41:1–3 _ 295
42장 _ 295
42:10 _ 296
43:4–13 _ 300
43:8–44:30 _ 284
44:10 _ 163
44:15 _ 166
45장 _ 116, 296
45:3 _ 297
45:4 _ 297
45:5 _ 297
45:5상 _ 297
46–51장 _ 477
46:2–26 _ 452
46:7–8 _ 350
46:20 _ 325
46:24 _ 325
46:27 _ 195
47장 _ 452
47:2 _ 325
48:27–46 _ 455
48:47 _ 455
49:1–6 _ 452
49:6 _ 455

49:7–22 _ 452
49:16상 _ 263
49:23–27 _ 452
49:39 _ 455
50–51장 _ 286, 452
50:1–46 _ 452
50:4 _ 509
50:4–5 _ 200
50:20 _ 506
50:29 _ 94, 234
50:41 _ 325
51:1–64 _ 452
51:5 _ 94, 234, 508
52장 _ 477
52:4–11 _ 445
52:32 _ 486

예레미야애가
2:14 _ 133

에스겔
1장 _ 391
1–3장 _ 310
1–24장 _ 308
1:1 _ 91, 306
1:1–2 _ 458
1:2–3 _ 91
1:4–28 _ 311
1:4–2:8 _ 95
1:4–3:11 _ 86
1:15–21 _ 311
2:3 _ 97
3:4 _ 97
3:7 _ 101
3:15 _ 30, 93, 99
3:16–21 _ 101, 312
3:17 _ 98
3:17–21 _ 449
3:18 _ 100
3:22–23 _ 311
4장 _ 475

성구색인 549

4:5 _ 479
5:5-7 _ 164
5:8 _ 164
7:2-3 _ 517
7:5-7 _ 517
7:16 _ 479
8-11장 _ 310, 313, 326
8:1-4 _ 313
8:3 _ 313
8:3-5 _ 479
8:4 _ 311
8:5 _ 313
8:6 _ 313, 314, 479
8:7-12 _ 313
8:14 _ 313
8:16 _ 313
9:3 _ 95
10-11장 _ 474
10:6-7 _ 312
10:13 _ 95
10:16-19 _ 314
11:12 _ 164
11:14-21 _ 316
11:15 _ 315
11:16 _ 315
11:17 _ 316
11:18-19 _ 95, 316
11:20 _ 316
11:22-23 _ 95
11:23 _ 114, 393
12:1-20 _ 475
12:3-7 _ 445
12:10 _ 488
12:12 _ 488
12:12-14 _ 445
12:22 _ 440
12:23 _ 440
12:25 _ 440
12:28 _ 440
13:8-9 _ 134
13:9 _ 421

13:15-16 _ 134
13:19 _ 113
13:22 _ 132
14:3-4 _ 152
14:7 _ 152
15:1-6 _ 474
16장 _ 474
16:38-40 _ 474
16:59-63 _ 200
17장 _ 475
17:2-4 _ 487
17:22-23 _ 339
17:22-24 _ 405, 487
17:23 _ 341
18-19장 _ 289
19:1 _ 488
19:9 _ 444
20:1-29 _ 479
20:5 _ 195
20:12 _ 169
20:13 _ 163
20:16 _ 163
20:25 _ 163
20:35-36 _ 304
21:3 _ 518
21:6-7 _ 518
21:12 _ 488
21:18-23 _ 475
21:25 _ 488
21:25-27 _ 487
21:28-32 _ 452
22:1-12 _ 171
22:3-12 _ 163
22:6-12 _ 479
22:7 _ 171
22:20 _ 474
23장 _ 474
23:14 _ 184
23:17 _ 184
23:47 _ 172
7423:48 _ 474

24:2 _ 517
24:3-14 _ 474
24:14 _ 517
24:15-18 _ 285, 446
24:15-27 _ 475
24:20-27 _ 447
25-32장 _ 309
25:3 _ 309
25:6하-7상 _ 189
25:7 _ 309
25:8 _ 309
25:11 _ 309
25:12 _ 189, 309
25:12-14 _ 452
25:15 _ 189, 309
25:15-17 _ 452
26-28장 _ 452
26:2 _ 309
26:6 _ 309
28:2 _ 309
28:5 _ 309
28:17 _ 309
28:22 _ 309
28:24 _ 189, 309
28:24-26 _ 309
28:26 _ 189, 309
29-30장 _ 452
29:3 _ 309
29:6 _ 309
29:9 _ 457
29:12 _ 457
29:13-14 _ 457
29:14-15 _ 457
29:15 _ 309
29:16 _ 309, 457
29:21 _ 309
30:8 _ 309
31:3 _ 338
31:5-6 _ 338
31:10 _ 309
31:10-12 _ 339

31:18 _ 339
32:7-8 _ 463
32:15 _ 309
33-48장 _ 309
33:1-6 _ 449
33:1-20 _ 312
33:7-9 _ 449
33:11 _ 312
33:20 _ 312
33:21 _ 316
33:21-22 _ 91
33:32 _ 121
33:33 _ 121
34장 _ 317
34:1-10 _ 317
34:11 _ 317
34:13 _ 317
34:16 _ 317
34:23 _ 423
34:23-24 _ 317, 488
34-37장 _ 309, 326
34-48장 _ 310
35장 _ 452
35:5 _ 189
35:8 _ 189
35:10-11 _ 189
35:15 _ 189
36:22-24 _ 480
36:24 _ 318
36:24-28 _ 200, 318
36:24-38 _ 200
36:26 _ 318, 513
36:26-27 _ 323
36:27 _ 318
36:28 _ 318
36:29-30 _ 513
36:33 _ 506
36:35 _ 513
37:1-14 _ 318, 475
37:12 _ 200
37:12-14 _ 319, 515

37:14상 _ 321
37:15-23 _ 275
37:15-28 _ 322, 475
37:16-17 _ 322
37:16-22 _ 274
37:18-28 _ 200
37:21 _ 318
37:22 _ 322
37:23-25 _ 488
37:24 _ 318, 423
37:24-25 _ 318
37:24-26 _ 190
37:24-28 _ 275, 318
37:25 _ 318
37:26 _ 318
37:28 _ 392
38:2 _ 324
38:5 _ 324
38:6 _ 324
38:8 _ 324
38:13 _ 324
38:14 _ 324
38:15 _ 325
38:16 _ 324
38:18-19 _ 324
38:19-20 _ 325
38:21 _ 324
38-39장 _ 324
39:2 _ 324, 325
39:4 _ 324
39:7 _ 324
39:9 _ 324
39:12 _ 324
39:17 _ 324
39:17-18 _ 325
39:20 _ 325
39:22 _ 324
39:23 _ 324
39:25 _ 324
39:29 _ 324
40-48장 _ 309, 326, 327, 475

40:2 _ 327
40:5 _ 329
40:21 _ 329
40:46 _ 328
42:15-19 _ 458
42:15-20 _ 95
42:16 _ 329
42:17-19 _ 329
43:1-5 _ 330
43:2 _ 95
43:3 _ 311, 330
43:4-5 _ 330
43:5 _ 95
43:7 _ 331
43:18-27 _ 328
43:19 _ 328
44:3 _ 488
44:4 _ 330
44-48장 _ 488
45:8-9 _ 488
45:17 _ 488
46:16 _ 488
46:17 _ 327
46:18 _ 488
47:1-12 _ 328, 334, 464
47:22상 _ 458
47:22하 _ 458
47:23 _ 458
48:1-29 _ 328
48:35 _ 464

다니엘
1장 _ 348
1-6장 _ 348
1:1-4 _ 338, 299
1:1-6 _ 503
1:21 _ 338
2장 _ 346, 349, 350, 354, 357, 362
2-7장 _ 348
2:27-28 _ 431

2:29 _ 342	7:25 _ 351, 363, 459	9:24상 _ 361
2:31-45 _ 342	7:26-27 _ 351, 352	9:24하 _ 361
2:34-35 _ 342, 347	7:26-27상 _ 459	9:24-27 _ 342, 356, 363, 371
2:35 _ 342	7:27 _ 340	9:25 _ 360
2:37-38 _ 343	7:27상 _ 353	9:26상 _ 364
2:37-40 _ 343	7:27하 _ 353, 459	9:26하 _ 364
2:44 _ 320, 343, 347	7:28 _ 467	9:27 _ 363
2:45 _ 342	8장 _ 346, 371	9:27상 _ 364
2:47 _ 342	8-12장 _ 348	9:27하 _ 364
4:11-12 _ 339	8:3 _ 350	10-12장 _ 371
4:22 _ 339	8:8 _ 350	10:1 _ 368
4:27 _ 451	8:9 _ 369	10:7 _ 396
4:29-30 _ 186	8:11 _ 369	10:8 _ 93
4:31-33 _ 350	8:13-14 _ 369	10:9 _ 367
4:33 _ 186	8:20 _ 346, 350	10:14 _ 369
4:34-35 _ 339	8:21 _ 346, 350	10:16-17 _ 367
5:22-23 _ 186	8:23 _ 342, 365, 370	11장 _ 369
5:30 _ 186	8:23-25 _ 370	11:2 _ 366
6:26 _ 34	8:24 _ 369	11:3-4 _ 366
7장 _ 349, 350, 351, 352, 354, 357, 362, 363	8:26 _ 467	11:6 _ 366
	8:27 _ 93, 468	11:7-8 _ 366
7-12장 _ 348	9장 _ 357, 358, 359	11:9-10 _ 366
7:2-3 _ 348	9:1-2 _ 365	11:11-32 _ 366
7:2-28 _ 348	9:1-19 _ 383	11:16 _ 369
7:3 _ 458	9:2 _ 41, 357, 371	11:19 _ 369
7:4 _ 350	9:4 _ 184	11:31-32 _ 370
7:4-6 _ 351, 458	9:5 _ 361	11:31-35 _ 369, 370
7:5 _ 350	9:5-6 _ 165	11:35 _ 368
7:6상 _ 350	9:6 _ 361	11:36 _ 340, 365, 370
7:6하 _ 350	9:7 _ 361	11:40 _ 368
7:7 _ 458	9:8 _ 361	11:40-45 _ 366
7:8 _ 351	9:9 _ 361	11:41 _ 369
7:9-12 _ 459	9:10 _ 361	11:45 _ 369
7:11-14 _ 352	9:10-11 _ 165	12:1 _ 371
7:13 _ 459	9:11 _ 361, 375	12:1-3 _ 371
7:14 _ 352, 353, 459	9:13 _ 165	12:1-4 _ 371
7:15-16 _ 467	9:14 _ 361	12:2 _ 515
7:19 _ 459	9:15 _ 361	12:2-3 _ 371
7:21 _ 351, 459	9:16 _ 361	12:4 _ 368, 468
7:21-22 _ 340	9:18-19 _ 506	12:6 _ 363, 367
7:22 _ 352	9:24 _ 357	12:7 _ 363, 367, 371

12:7-8 _ 468
12:8 _ 367
12:8-9 _ 358
12:9 _ 368
12:10 _ 468
12:11 _ 371
12:11-12 _ 364, 371
12:13 _ 368, 371

호세아
1:1 _ 220
1:2 _ 220
1:2-3 _ 220
1:4하 _ 442
1:7 _ 442
1:9 _ 214, 221, 224, 373, 453
1:10 _ 222
1:11 _ 222, 476, 479
2:2-13 _ 221
2:9 _ 513
2:14-3:5 _ 221
2:15 _ 221, 481, 513
2:18 _ 194
2:18-23 _ 200, 465
2:21-22 _ 513
2:21-23 _ 194
3장 _ 285
3:1 _ 184-85
3:4 _ 222
3:4-5 _ 275
3:5 _ 223, 423, 483
4:1 _ 221
4:2 _ 222
4:2-3 _ 160
4:6 _ 160
4:12-14 _ 222
4:13 _ 167
4:14 _ 220
4:18 _ 185, 222
5:3 _ 222
5:4 _ 222

5:7 _ 222
5:9 _ 222
5:14 _ 222
5:15 _ 223
6:1 _ 202
6:1-2 _ 514
6:1-3 _ 223
6:5 _ 44
6:7 _ 192
7:1하-7 _ 160
7:4 _ 222
8:4 _ 167
8:6 _ 167
8:9 _ 222
8:12-13 _ 160
8:13하 _ 481
9:1 _ 185, 222
9:3 _ 481
9:5 _ 160
9:7-8 _ 44
9:10 _ 68
9:15 _ 222
10:4 _ 174
10:5-6 _ 222, 442
10:6 _ 174
10:7 _ 222
10:8 _ 193
10:12 _ 184, 261
11:5 _ 481
11:5하 _ 479
11:8 _ 223
11:9하 _ 223
11:10-11 _ 223
11:11 _ 481
12:4-5 _ 45
12:6 _ 184
12:10 _ 44
12:13 _ 44
13:4 _ 166
13:11 _ 483
13:14 _ 514

13:16 _ 476
14:3 _ 180
14:4 _ 223
14:4-8 _ 476
14:5 _ 223

요엘
1:2-2:27 _ 260
1:4-2:11 _ 259
1:8 _ 223
1:10 _ 261
1:13-14 _ 202
1:15 _ 465
2:1-17 _ 465
2:10 _ 259, 463
2:11 _ 422
2:14 _ 203
2:23 _ 260, 261
2:23하 _ 260
2:25 _ 259
2:28 _ 259
2:28-30 _ 463
2:28-32 _ 465
2:28하-29 _ 259
2:28-3:21 _ 260
2:31 _ 259, 463, 464
2:32 _ 259
3:1-3 _ 512
3:2 _ 189
3:4-8 _ 452
3:12-16 _ 512
3:14 _ 259
3:15 _ 259, 261, 463
3:18 _ 512
3:19 _ 190

아모스
1:1 _ 63
1:2 _ 198
1:2-5 _ 452
1:3 _ 185, 188

1:3–5 _ 225
1:6 _ 185, 188
1:6–8 _ 225, 452
1:9 _ 185, 188, 227
1:9–10 _ 225, 452
1:11 _ 185, 188
1:11–12 _ 452
1:11–2:3 _ 225
1:13 _ 185, 188
1:13–15 _ 452
2:1 _ 185, 187
2:4 _ 185
2:4–5 _ 225
2:6–8 _ 185
2:6–16 _ 225
2:6하 _ 176
2:7 _ 172
2:11–12 _ 44
3:1–2 _ 226
3:8 _ 105
3:12 _ 176
3:15 _ 176
4:1 _ 176, 185
4:4 _ 168, 185
4:13 _ 42, 432
5:4 _ 202
5:5 _ 185, 226
5:6 _ 202
5:10 _ 185
5:11 _ 176
5:12 _ 185
5:14 _ 202
5:15 _ 225
5:26 _ 185
5:27 _ 226, 378
6:4–7 _ 177
6:7 _ 378
7:9 _ 443
7:10 _ 35, 90
7:10상 _ 90
7:10하 _ 90

7:10–13 _ 225
7:10–15 _ 90, 91
7:10–17 _ 86
7:11 _ 90, 378
7:11–16 _ 440
7:12 _ 219
7:12–13 _ 135
7:13 _ 90
7:14 _ 90
7:15 _ 90
7:17 _ 226, 447
8:4 _ 185
8:4–7 _ 177
8:5 _ 185
8:9 _ 463
8:14 _ 185
9:11 _ 199, 378, 483
9:11–12 _ 198, 227, 266, 511
9:12 _ 228, 453
9:13 _ 463
9:14–15 _ 378

오바댜

1:1 _ 262
1:3상 _ 263
1:3하 _ 263
1:4상 _ 263
1:4하 _ 263
1:10 _ 188, 264
1:11 _ 264
1:12–14 _ 264
1:15하 _ 264
1:17 _ 264, 265
1:18 _ 264
1:19–20 _ 266
1:19상 _ 265
1:19중 _ 265
1:19하 _ 265
1:20하 _ 265
1:21 _ 265, 266

요나

1:1 _ 267
1:4 _ 269
1:9 _ 269
1:17 _ 269
2장 _ 267
2:4 _ 199
3:1–2 _ 270
3:4 _ 270, 449
3:6–10 _ 453
3:7 _ 269
3:8상 _ 269
3:8하 _ 187, 269
3:10 _ 270
4:2 _ 450
4:6–7 _ 269

미가

1:1 _ 63, 229
1:6 _ 230
2:11 _ 113, 114
2:12 _ 230
3:2 _ 185
3:5 _ 219
3:6 _ 134
3:7 _ 134
3:8 _ 114
3:11 _ 219
3:12 _ 133, 230, 378, 449
4:1–3 _ 230
4:1–5 _ 199
4:4 _ 513
4:6 _ 230
4:7 _ 230
4:9–5:1 _ 128
4:10 _ 230
4:12 _ 434
4:13하 _ 230
5:2 _ 198, 220
5:2–4 _ 229
5:4–5 _ 229

5:7-8 _ 230
6:1-2 _ 229
6:4 _ 55
6:4-5 _ 229
6:6-8 _ 180
6:9 _ 203
6:12 _ 172
7:5-6 _ 171
7:15 _ 229, 505
7:18 _ 230
7:18-20 _ 505
7:20 _ 195, 229

나훔
1:3 _ 352
1:7 _ 204
1:11-12 _ 189
1:15 _ 276
3:1 _ 187
3:8 _ 276

하박국
1:1 _ 63
1:2 _ 278, 279
1:2-4 _ 171
1:3-4 _ 279
1:5-11 _ 279
1:6 _ 278
1:12 _ 211
1:12-13 _ 278
1:13 _ 279
2:1 _ 278
2:2 _ 280
2:3 _ 280
2:4 _ 280, 281
2:4-20 _ 452
2:6-20 _ 185
2:20 _ 280
3장 _ 280
3:16 _ 93
3:17-18 _ 278

스바냐
1:1 _ 281
1:2-3 _ 282
1:3 _ 512
1:4하-5 _ 120. 166
1:5 _ 374
1:7 _ 282
1:12 _ 168
1:15-16 _ 282
1:18 _ 283
2:3 _ 203
2:4-7 _ 452
2:8-10 _ 186
2:8-11 _ 452
2:11하 _ 456
2:12 _ 452
2:13-15 _ 281, 452
2:15 _ 187
3:2 _ 204
3:8 _ 512
3:9 _ 204, 284
3:10 _ 284
3:11 _ 284
3:12 _ 204
3:13 _ 175
3:14 _ 284
3:14-17 _ 199
3:17 _ 283, 284
3:18-20 _ 282
3:19-20 _ 284

학개
1:1 _ 378
1:2 _ 394
1:4 _ 385
1:6 _ 385
1:9 _ 385
1:12 _ 135
1:13-14 _ 135
1:14 _ 510

2:4하 _ 395
2:5 _ 395
2:6-7 _ 463
2:6-9 _ 199, 362
2:7 _ 460
2:7-9 _ 396
2:8 _ 392
2:20-23 _ 401, 488
2:21-22 _ 463, 488

스가랴
1:1 _ 379
1:8 _ 404
1:8-11 _ 388
1:11 _ 398, 404
1:11하 _ 413
1:12 _ 388, 399, 404
1:16 _ 394
1:18-21 _ 389
2:1-13 _ 199
2:2-5 _ 466
2:4-5 _ 393
2:6 _ 389, 396
2:6-7 _ 390, 369
2:7 _ 391
2:10-11 _ 460
2:11 _ 397
3:1-2 _ 399
3:1-10 _ 398
3:2-4 _ 399
3:4 _ 399
3:5-6 _ 405
3:8 _ 405
3:9 _ 399, 405
3:10 _ 513
4:1-14 _ 199
4:6 _ 395, 402
4:7 _ 402
4:7-9 _ 395
4:9 _ 402
4:9-10 _ 394

4:10 _ 379
5:1-4 _ 385
5:1-11 _ 384
5:3-4 _ 173
5:5-11 _ 386
6:1-8 _ 390
6:5 _ 390
6:6 _ 390
6:8 _ 390
6:9-15 _ 198
6:11 _ 405
6:11-12 _ 408
6:12 _ 405, 407
6:12-13 _ 407
6:13 _ 408
6:14 _ 407
6:15 _ 397, 407
7:3 _ 385
7:5 _ 385
7:9-10 _ 180
8:7-8 _ 396
8:12 _ 513
8:17 _ 168
8:19 _ 184, 385
8:22 _ 397
9:1-4 _ 452
9:2-4 _ 452
9:5-8 _ 452
9:6 _ 187
9:7하 _ 397
9:9 _ 402, 403
9:9-10 _ 489
9:10 _ 396
9:10상-중 _ 402
9:10하 _ 402
9:12 _ 489
9:13 _ 396
9:14-17 _ 489
10장 _ 89
10:2 _ 384
10:6 _ 396

10:7 _ 396
10:9 _ 195
10:10 _ 396
11:4 _ 403
11:4-17 _ 489
11:7 _ 403
11:10 _ 403
11:11-13 _ 290
11:12-13 _ 404
11:14 _ 403
11:15-17 _ 384
11:16 _ 392, 486
12:1-2 _ 43, 199
12:1-9 _ 199
12:10 _ 387
12:10-11 _ 399
12:10상 _ 386
12:10하 _ 387
13:1 _ 199, 387
13:2-6 _ 384
13:7 _ 403, 404
13:9 _ 403
14:1-21 _ 199
14:4-5 _ 464
14:4-6 _ 463
14:8 _ 464
14:9 _ 391
14:10 _ 464
14:16 _ 397
14:16-19 _ 191
14:21 _ 413

말라기
1:2 _ 409
1:2하 _ 409
1:2-3 _ 325
1:2-5 _ 263, 410
1:4 _ 410
1:6 _ 411
1:6하 _ 409
1:7 _ 409

1:7-10 _ 379
1:10 _ 411
1:11 _ 412
1:11하 _ 413
1:12-13 _ 409
1:13 _ 410
1:13하 _ 411
1:14 _ 411
2:2 _ 412
2:4 _ 412
2:5-6 _ 412
2:7 _ 412
2:10 _ 409, 416
2:10-11 _ 408, 416
2:10-12 _ 379
2:14 _ 409
2:14상 _ 416
2:14하 _ 416
2:15 _ 409
2:15하 _ 415
2:16 _ 416
2:17 _ 409, 410, 418, 419
3:1 _ 419, 420
3:1상 _ 420, 422
3:2 _ 409
3:2-4 _ 379
3:3-4 _ 421
3:5 _ 418, 421
3:5-7 _ 161
3:6-9 _ 173
3:7하 _ 409
3:8 _ 379, 409, 414
3:8-12 _ 408
3:9하 _ 417
3:10 _ 173
3:11 _ 417
3:13 _ 409, 421
3:13-14 _ 413
3:14 _ 410, 421
3:16-17 _ 413
3:16상 _ 418

3:16하-17 _ 418, 421
3:18 _ 421
4장 _ 465
4:1 _ 419, 421
4:2 _ 422
4:4 _ 422
4:4-5 _ 422
4:5 _ 421
4:5-6 _ 423
4:6 _ 412
4:6상 _ 422
4:6하 _ 422

마태복음
1:5 _ 325
1:12 _ 489
3:16 _ 96
3:17 _ 96, 107
4:12-17 _ 237, 454
4:18-22 _ 107
8:17 _ 500
11:5-6 _ 237
11:14 _ 423
12:6 _ 393
12:13-21 _ 454
12:14-21 _ 500
12:15-21 _ 248
12:39-40 _ 268
12:40 _ 270, 285
13:13-15 _ 102
13:32 _ 341
16:18 _ 325
17:10 _ 423
17:12 _ 423
17:22-23 _ 355
19:6 _ 417
19:9-10 _ 417
21:4-5 _ 403
22:23-32 _ 320
22:29 _ 320, 515
22:32 _ 320

24:3 _ 314, 371
24:24 _ 119
24:29 _ 463
24:30-31 _ 355
26:14-16 _ 404
26:27-29 _ 318
26:31 _ 404
26:61 _ 99
26:67 _ 500
27:4 _ 290
27:6-8 _ 290
27:9 _ 404
27:9-10 _ 290, 489
27:30 _ 500
28:18-20 _ 107, 270

마가복음
2:27 _ 170
4:10-12 _ 102
4:32 _ 341
9:38 _ 75
9:38-39 _ 75
9:39 _ 75
9:47-48 _ 216
11:17 _ 455
12:10 _ 348
13:24-25 _ 463
14:61-62 _ 355

누가복음
1:17 _ 423
3:4 _ 251
4:18-21 _ 510
8:9-10 _ 102
10:18 _ 263
11:29-30 _ 268
11:49-51 _ 71
13:18-19 _ 341
17:32 _ 391
20:18 _ 348
21:20-24 _ 314

22:20 _ 318, 507
23:27-28 _ 399

요한복음
1:1 _ 77
1:14 _ 333
1:21 _ 80
1:23 _ 88
1:25 _ 80
1:32-34 _ 107
1:33-50 _ 107
2:19 _ 98, 393
2:19-22 _ 334
2:21 _ 98
2:22 _ 98
3:5 _ 321
3:10 _ 321
3:16 _ 283
4:21-24 _ 316
5:28-29 _ 321
6:14 _ 80
6:15 _ 80
7:37 _ 80
7:40 _ 80
10:11 _ 317, 489
10:16 _ 318
12:38 _ 244
12:38-40 _ 252
12:39-41 _ 102
12:41 _ 94, 252
12:48-49 _ 72
19:23-24 _ 264
19:34 _ 3887
19:34-37 _ 399
19:37 _ 387

사도행전
2:16-21 _ 262
2:17 _ 61
2:17-21 _ 465
2:21 _ 260

2:24-32 _ 321
2:24-33 _ 318
2:29-36 _ 374
3:13 _ 81
3:19-21 _ 516
3:19-26 _ 80
3:20 _ 82
3:21 _ 82, 372, 435
3:22 _ 80, 81
3:23 _ 82
3:24 _ 80
3:25 _ 83
3:26 _ 81, 83
7:37-88 _ 80
8:32-35 _ 454
8:34 _ 500
9:1-9 _ 107
10:10 _ 30
12:21-23 _ 187
13:46-48 _ 454
13:47 _ 500
13:48 _ 510
15:14-18 _ 511
15:14하 _ 511
15:15-19 _ 228, 454
15:17하 _ 511
16:14 _ 500
18:27 _ 510
20:24 _ 500, 510
20:32 _ 500, 510
24:25 _ 462
28:25-29 _ 102

로마서
1:24-32 _ 171
2:28-29 _ 188
3:2 _ 48
8:21 _ 76
9:22-23 _ 508
9:23-25 _ 323
9:24-25 _ 275, 511

9:24-26 _ 453
10:15 _ 277
11:1 _ 280
11:1-2 _ 280
11:5 _ 103
11:7-8 _ 102
11:17 _ 188
11:19 _ 188
11:23 _ 188
15:15-16 _ 511
16:20 _ 325

고린도전서
1:8 _ 465
3:16-17 _ 333
5:5 _ 465
6:19 _ 333
7:25-27 _ 91
15:4 _ 262
15:22-25 _ 372
15:44 _ 262
15:55-56 _ 514

고린도후서
1:14 _ 465
12:2-4 _ 96

갈라디아서
3:20 _ 49
3:26 _ 188
4:24-26 _ 200
6:16 _ 275

에베소서
1:14 _ 414
2:8-9 _ 510
2:21-22 _ 513
3:3-4 _ 461
3:5 _ 461
3:6 _ 188, 397, 461, 462
4:7-13 _ 395

4:8 _ 76
4:11 _ 77
4:28 _ 418
6:1-3 _ 171

골로새서
2:14 _ 277
3:5 _ 152

데살로니가전서
5:2 _ 465

데살로니가후서
2:2 _ 465
2:4 _ 352
2:9 _ 118

디모데전서
2:5 _ 4

디모데후서
4:3 _ 163
4:8 _ 465

히브리서
1:1-2 _ 49
1:2 _ 463
2:3-4 _ 448
3:2 _ 77
3:3-6 _ 77
4:3 _ 373
4:9 _ 358
4:9-11 _ 373
8:5 _ 327
8:7-13 _ 295
9:12 _ 361
9:25-28 _ 507
9:26 _ 463
10:15-18 _ 275
10:18 _ 332
10:26 _ 363

11:9-10 _ 318
11:10 _ 320, 321
11:16 _ 318, 320, 321
11:19 _ 320
11:22 _ 320
12:22-24 _ 200
12:6 _ 375
13:11-13 _ 376

야고보서
1:27 _ 181

베드로전서
1:10-11 _ 468
1:20 _ 463
2:5 _ 395
2:8 _ 348
2:9 _ 414
2:22 _ 175
2:22-25 _ 376
2:23 _ 500
2:24 _ 500

베드로후서
2:9 _ 465
3:4 _ 518
3:10 _ 463, 464, 465
3:11 _ 123
3:13 _ 464

요한일서
3:2 _ 321

요한계시록
1:7 _ 387
1:9-20 _ 107
6:10 _ 388
11:2-3 _ 364
12:1-2 _ 224
12:6 _ 364
12:8-9 _ 263

12:9 _ 110
12:14 _ 364
13장 _ 351
13:1 _ 350
13:1-2 _ 351
13:3 _ 352
13:5 _ 351, 364
13:7 _ 351
13:10 _ 351
14:7 _ 352
14:14 _ 352, 459
17:3-6상 _ 224
17:5-6 _ 325
18:1-24 _ 325
18:3 _ 224
19:17-18 _ 325
20:8 _ 325
20:12 _ 421
21:2 _ 224
21:4 _ 321
21:16 _ 330
21:22 _ 332, 334
21:22-24 _ 459
21:23 _ 463
21-22장 _ 334
22:1-2 _ 334

기타

에녹 1서
37-71장 _ 354

에스라 4서
13장 _ 354

바벨론 탈무드
tractate Megillah
14a _ 138

미드라시
Exodus Rabbah
42.8 on 32:7 _ 138

요세푸스
Antiquities
14. 71-72 _ 381
Jewish War
1. 152-53 _ 381
5. 219 _ 381

주제색인

가까운 미래의 예언   391, 439-443, 447-48, 466
가나안   324-25
가사   188, 228
가시와 엉겅퀴   193, 417
가족   37, 45, 53-54, 57, 65, 116, 302, 315, 327, 435
가증한   67, 69-70, 78, 83, 313, 364, 414
가지(싹)   103, 186, 239, 241, 421, 485-87
간격 이론(다니엘)   362-63
간음(음행)   126, 160, 167, 172, 222, 421, 474
갈대아인   467
갈릴리   237
감람산   314, 329, 393, 464
감람산 강화   314
강(생명의)   334
강(성전으로부터 흐르는)   328
거룩   111, 123, 126, 137
거짓 맹세   174, 384-85
거짓 선지자   62-63, 70, 72-73, 90, 92, 105-6, 109-22, 125-35, 155, 184, 308, 384, 412, 427, 431, 434, 440-43, 447-48, 456
거짓말(거짓 증언)
게하시   36
결의론적인 율법   141
결혼   49, 54, 85, 91, 126, 196, 221-22, 230, 233, 273, 285, 379, 409, 415-17
고난   53, 79, 81-83, 116, 151, 213, 229, 243-45, 249, 251, 254, 285, 351, 355, 363, 375-76, 383, 403-404, 419, 440, 459, 468, 480, 492, 497-500, 519
고난의 종   244, 254, 375, 492, 497-98, 505
고대 근동지방의 계약문서   145
고대 근동지방의 예언   39
고레스   123, 199, 235, 250-51, 256-57, 331, 359, 371, 378, 433, 492, 494-97, 501-3
고레스 석주   360
고멜   221, 324
고백   383
고아   160, 163, 173, 178-81, 417, 421
곡과 마곡   309, 324-25
과부   161, 163, 173, 177-181, 417, 421
과정 신학   430
관찰   30, 32, 46, 61, 79, 97-98, 122, 143, 278, 287, 303, 329, 359, 368, 388, 424, 486
광야   45-46, 57, 65, 67, 80, 88, 147, 151, 162, 191, 221, 304, 327, 380, 391, 395, 414, 419, 422, 431, 464, 473, 476, 479-82, 492-93, 513, 519
교만   89, 186-87, 263, 309, 338, 389, 451-52, 457, 473
구름   352
구속   23, 25, 43, 49, 69, 75, 89, 129, 131, 150, 156, 161, 170, 178, 185, 192, 202, 215, 227, 248, 262, 453, 461
구속(보상, 속죄)   302, 328, 361, 363, 371, 382, 398-99, 406
구속역사   24-25, 49, 75-76, 131, 207, 216, 227,

262, 280, 294-95, 321, 324, 359, 368, 373, 409, 417, 431, 481, 497, 519
구스   284, 324, 452, 457
구스 여인   54
구제(가난한 자를 돌봄)
권징(교회의 징계)   132
귀환자   385
그룹   311
그리스(헬라)   343-44, 346, 349-50, 357, 368-70, 459
금송아지   313
금식   179, 202, 385
기드온   86, 88, 265
기초석   381
길르앗   188, 265, 396
꿈   45, 56, 63, 110, 128, 339, 342-43, 348, 357, 451, 465
끓는 가마   286

나귀   35, 403
나그네   168, 178-82, 241, 421
나무 이상   294, 334, 338-41, 395
나훔   188, 216-17, 275-77, 299, 372, 452, 456
남 왕국   90-91, 175, 198, 216, 219, 225, 238-39, 245, 247, 271, 273, 281, 283-84, 322, 372, 483
남은 자   27, 103, 173, 175, 198, 202-3, 230, 238-40, 264, 266, 280-81, 283, 295, 298
납달리   231
네 왕국들   351, 368, 343, 348-49
네게브   265-66, 380
노아   71, 97, 193-94, 282, 324-25, 400, 435, 512
노아의 언약   193-94, 282
노아몬   276
높아짐   243-44, 498
누가   102, 251, 423

느부갓네살   117, 134, 186, 299, 307-8, 314, 331, 337, 339-40, 342-43, 347, 350, 357, 431-32, 442-45, 447, 451, 473, 484, 487, 503, 505
느부갓네살이 본 신상   340, 342
느헤미야   359-60, 377, 380
니고데모   321
니느웨   37, 187-88, 219, 267-70, 276-77, 281, 299, 449-53

다니엘   337
　다니엘서의 단일성   337-38
　다니엘의 환상들   344
　먼 미래의 예언들   467
　미래의 왕국들   343
　부활   360-61, 372
　제국들에 관한 조망   337
　회개   164
다리오 1세   340, 378, 392
다리오(메데 나라의)   346
다마스쿠스   188, 225, 452
다시스   268, 450
다신론   39, 94
다윗   77, 190, 196
다윗 언약   93, 154-57, 191, 197-99, 227, 232, 271, 318, 381, 483-84, 518
다윗 왕   156, 172, 221, 230, 232-33, 235, 307, 317, 325, 353, 483, 489
다윗 왕적인 메시아   244
다윗의 집   232, 386
닫힌 성전   411
달   463-64
대속죄일   382, 398-99, 507
대적(북쪽에서부터 오는)   264, 277, 324-25
대적(적, 적군)   37, 228, 239, 277

대제사장   55, 89, 332, 355, 386, 398, 403, 405-8
도갈마   324
도덕적(윤리적) 율법   126
도적   160, 173, 385
도적질   172-73, 221, 414, 418
돌라   265
동성애   171
동정녀   94, 198, 232-33
두 번째 귀환   377, 379
두 번째 성전   392, 396, 410
두 뿔 달린 수양   346, 350, 367
두로   2
두루마리의 전설   173, 296, 437
두발   324
드단   324

라합   168, 325
레위   59, 332, 379, 381, 412-13
레위인   96, 179, 191, 199, 511
로루하마   221
로마   81, 244, 314, 330, 343-44, 346, 349, 357, 362, 368-70, 381, 459-60, 462
로암미   221, 223-24, 453
롯의 아내   391
르호보암   227

마곡   309, 324-25
마른 뼈   22, 317-18, 475
마른 뼈 골짜기   475
마리   34-37, 39, 67
마법   69
마술사   118,160
마지막 성전(종말적 성전)   317, 326, 392, 466
마차-보좌   95

마카비   353, 369, 381, 459
말라기   408-424
말씀을 발함(forth-telling)   47-48
마소라 성경의 순서(선지서들의)   258
맹세   23, 119-20, 165, 174-75, 177, 229, 363, 374-75, 384-85, 435-36, 460, 505, 508
먼 미래적 예언   122-23, 440-41, 462-63, 466-68
메닷   74-75
메데-페르시아 왕국   235, 346, 349-50, 433, 494
메뚜기 재앙   259-61
메섹   324
메시아   23-24
  낮아지심   498
  오심   27-28, 234, 516
  전능의 하나님   94, 234, 436
  통치권   82, 519
  포로와 회복   245, 518
멜기세덱   332
멸망케 하는 미운 물건   364, 370-71
모세   26, 45, 47-49, 51-67, 71-75, 77-83, 86, 88-89, 97, 99, 101, 107, 118, 125-27, 134, 136, 138-39, 141-42, 144-47, 149, 151, 153-57, 164-66, 180-81, 183-84, 190-91, 195-97, 200, 216, 227, 246-47, 281-82, 286, 304, 310, 318, 320, 326-27, 374-75, 380-81, 425, 431, 440
모세의 언약   154-55, 157, 190-91, 196, 227, 281-82
모세의 율법   51-52, 60, 73, 89, 125-26, 156, 164-65, 375, 381, 398, 440
모압   145, 150, 162, 164, 186, 225, 414, 452, 455-56
모형론   519
목자   90-91, 104, 190, 288, 290-91, 317-18, 384, 402-4, 485, 488-89, 496
몰렉   68, 120, 184
무당(혹은 샤머니즘)   69

무라슈 문서(Murashu documents)
무화과　291-92, 374, 474, 507-8, 513
묵시문학　463
문서비평　207
문서설.　149
미가　44, 63, 71, 86, 112-14, 135, 148, 170, 202, 216-17, 219, 229-30, 449-50
미가야　86, 111, 121, 434
미래　391-92, 396, 399-408
미래의 후손　121
미리암　53-57, 77
믿음　137, 483, 504

바로　23, 64-65, 67, 186, 337, 339, 444
바룩　116, 296-98
바벨론　92, 103, 115-16, 123, 139, 150, 173, 184-86, 195, 230, 240, 247-51, 263, 271, 278-80
바벨론 포로(포로, 혹은 유수를 보라)　99, 103, 116, 212, 239, 247
바알　43, 111, 119-20, 162, 194, 219-20, 223, 476, 481
바울　48-49, 76, 96, 102, 112, 188, 223-24, 262, 275, 280-81, 323, 351, 397, 418, 453, 461-62, 511-12
바퀴달린 마차의 보좌　95
박해(핍박)　115, 364-65, 369, 371-72
반역(혹은 배반)　98, 164, 202, 305, 307, 375-76, 421, 432, 437, 440, 447, 479
배반　73, 169, 221, 227, 290-91, 294, 296, 479, 483
백향목(레바논의 백향목)　338-39, 476, 487
번성(번영)　186, 191, 194, 219, 222, 230, 240, 341, 464, 485, 507
법궤(언약궤)　381-82, 391, 401, 485
법정(혹은 재판)　111, 160, 174, 399

베냐민　274
베드로　30, 80-83, 123, 262, 516
베들레헴　229-30
벨　38
벨사살　186, 346
별들　259, 263, 463
보좌(혹은 왕좌)　234, 390
복수에 대한 법(lex talionis)　264
복음(광야에서 외치는)　422, 482
부도덕한　126, 186
부활　170, 228, 243-44, 268-70, 285, 305, 318-22, 360-61, 371-72, 393, 438, 487, 504
북 왕국　26, 88, 90, 97, 167, 174-75, 177, 180, 197, 219, 225, 229, 238, 245, 322-23, 442, 452, 483, 510
북 왕국의 잃어버린 지파들　322-23
불순종　70-71, 192, 227, 270, 288, 357, 374
불신앙　27, 133, 188, 221-22, 232, 285, 347, 374, 388, 426, 517
불타는 떨기나무　320
붓　24, 162, 324, 393
블레셋　149, 187, 189, 265, 397, 452
빌립　501
빛　24-25, 131, 198-99, 237, 243-44, 248, 259, 282, 316, 395-96, 454, 463, 467, 473, 489, 499-500, 513
뿔(네 뿔)　389
　장인(네 뿔의)　389

사독　328
사두개인　320
사랑　410, 442, 456
　이웃에 대한　181, 184
　하나님에 대한　182, 184-85, 508
사마리아, 사마리아인　133, 167, 176, 230, 239,

247, 265, 273, 279, 316, 378, 380, 442, 476
사무엘   24, 30, 44, 52, 80, 86, 441
사사들   265
사악한   110
사울   24, 30
사자   105, 222-23, 236, 242, 340, 349, 351, 458, 514
사탄   67, 76, 110-11, 115, 136, 263-64, 277
사탄적 활동   111
사해   328, 330, 464
사회적 개혁   391
산헤립   229, 302
삼갈   265
삼손   265
상대론   21, 138
새 예루살렘   330
새 탈출(Exodus)   485, 492
새 하늘과 새 땅   27, 242-43, 514
새 생명   321, 504, 507, 515
새 언약   27, 49, 74, 76, 156, 181, 190-91, 200-1, 223-24, 228, 262, 275, 293-95, 316, 318, 321-22, 332-33, 413-14, 424, 437, 453, 461-66, 506-7, 510-11, 519
새 창조   27, 243, 245
샤마("들으라 이스라엘")   182
선지자(혹은 예언자)   21, 24-28, 30, 34, 44, 57, 70, 77, 80, 96, 104, 111, 122, 129, 140, 178, 213, 258, 333, 404, 435, 447, 463, 511
  강요   68, 111, 117, 144, 147, 181, 370, 495
  거절   70-72, 81, 98, 116, 160, 280, 291, 478, 498
  고난의 분   21
  동기   112-13, 117, 142, 255
  모세와 같은   58-59, 72, 78-80, 82-83
  부도덕성   70, 150, 172
  부적절   63, 127, 375, 473

사명   26, 91-94, 104, 106, 237, 239, 267, 270, 306, 312, 355, 388, 402, 485
선지자와 율법   146
성공   106, 129, 232, 366, 370, 442
소명(혹은 부르심)   26, 85-86, 93, 99, 106, 231, 236, 284, 291, 296, 312, 477
중보자(혹은 중재자)   49, 236, 388, 404, 484
직분   46, 49, 54-55, 85, 96, 104, 131, 230, 404-6, 443, 477
타락   26, 88, 97, 103, 137, 144, 192-93, 213, 219-20, 248, 284, 313, 348
특성   33-34, 39, 48, 59, 78, 152, 181, 233, 257, 316, 358, 406, 413, 427, 508
합법적   47, 131, 406, 441
선지자의 기록 활동
선한 목자   317, 403-4, 489
성경비평학   21, 30, 52, 143
  예고적 예언에 대한 비평   431-42, 501-2
성령   66
  거주하심   394
  새 언약에서의   453
  성령과 예언   60-61, 66, 494
  영감   428, 494
성령의 은사   259, 395
성막   56, 96, 147, 259, 327, 395, 402, 409
성적 타락   144, 219, 248, 513
성전   23, 26-27, 32, 52, 59, 71, 80, 87, 89, 92, 95, 98, 116, 133, 142, 147-48, 164, 176, 180, 198, 210, 230, 261, 280, 292, 297, 301, 307, 309, 312, 326, 328, 333-34, 369, 373, 377, 390, 393, 410, 438, 458, 478, 496, 512
성취   356, 361, 372, 384
성취되지 않은 예언   123
세대   458-59, 461-62, 495, 518-19
세례   61, 76, 80
셀류키드 왕국   368

셈   324
셈족   324-25
소돔과 고모라   175, 435
소명   26, 85-96, 99, 101-7, 115, 129, 225, 231, 234-39, 243, 284, 286-87, 289, 291-98, 308, 310
소유(보배로운)   164, 167, 173, 177, 214, 227, 263, 265, 328, 361, 365, 374, 403, 414, 446, 481
속죄소   382
솔로몬   23, 156, 261, 307, 314, 326, 378, 379-80, 392, 402, 459
솔로몬 성전   312, 326, 379, 381, 459
수사학적 비평   207
순종(복종)   70-71, 73, 91, 135, 161-62, 171, 195, 200, 203-5, 227, 278, 316, 353, 386, 459
쉐키나   314, 326, 382, 391, 393, 474
스가랴   72, 173, 180, 184, 191, 216, 290, 377, 380, 384, 388, 391, 396, 398, 401, 489, 513
  구제   418
  다윗의 왕   23, 93, 234, 401, 484, 486-87
  도적   48, 59-60, 96, 160, 172, 221, 359, 372, 385, 414, 430, 455
  사랑   387, 410, 451, 476
  악한 목자   489
  언약   317, 381, 414, 435, 466, 506
  예루살렘 재건   360
  예루살렘의 미래(미래의 예루살렘)   449
  환상들   31, 95, 286
  회복   295, 308, 356, 381, 408, 456, 472-73, 489, 503, 516
스랍   22, 89, 94, 234-35
스룹바벨   381, 386, 395, 401, 406
스바   97, 120, 168, 216, 275, 281, 283, 324, 372, 436, 456, 512
스바냐   281, 283-84
스불론   237
스알-야숩   239

승리주의(교회사에서)   244-45
시내산   23, 40, 47, 53, 73, 139, 284, 310, 414, 421, 425, 448, 471, 506
시돈   265, 452
시드기야   116, 134, 195, 292, 299, 307, 326, 442, 473, 487, 508
시리아   198, 279, 347, 369, 436
시온   27, 134, 156, 189, 192, 199-200, 236, 248, 266, 403, 428, 450, 461, 483, 490, 510
시편   24, 40, 76, 100, 354, 402, 414, 510
신 앗수르의 예언   36
신(하나님)의 현현   45
신명기   52, 246, 281
  모세의 저작   142-49
신전통주의   129
신정정치   24, 27, 51, 132, 311, 383
실로   116
실패한 예언   123-24, 450
심고 뽑음   116, 287-89, 292, 294-98
심판   25, 27, 44, 71, 83, 90, 103, 138, 140, 161, 174, 186, 188, 194, 216, 264, 293, 376, 418, 450, 476, 513
십계명   23, 47, 63, 72, 164, 187-79, 281, 426, 480
십보라   55
십일조   174, 180, 186, 415

아골 골짜기   482
아닥사스다   360
아담의 언약   97, 192
아론   53-58, 64-65, 77, 412
아마샤   90, 231, 443, 447
아모스   44, 63, 86
  가까운 미래에 대한 예언   467
  개인적인 자질   104

주제색인 **565**

먼 미래에 대한 예언　90
북 왕국에 대하여　168, 198
소명　88–91, 105
십계명　166, 178, 186
안식일　164, 169–70, 179, 236
언약　225, 227
여호와의 이름　167, 184, 205, 242, 260, 284
오바댜와의 관계　266
음행　172
이방인　228
하나님의 심판　225
회개　202
회복　202
아몬드 나무　286–87, 294
아브라함　25, 45, 48–49, 57, 69, 83, 97, 117, 154, 175, 187, 190–91, 194–95, 200, 214–16, 224, 229, 271, 282, 297, 318, 320, 365, 373, 376, 435, 466, 471
아브라함 언약　83, 154, 190–91, 194–95, 282, 318, 365
아브라함의 자손　187, 466
아프리카　173, 274, 284, 457
아하스　483–84, 203–220, 229, 232–33
아합　25, 111, 121, 134, 434, 447
안식　164, 169–70, 196, 340, 358, 371, 375, 391, 410, 420, 488, 505
안식일　164, 169, 179, 197, 236, 244, 302, 371, 410
안티오커스 4세 에피파네스　344, 369–70
알렉산더　350, 369
암몬　162, 188–89, 225, 455–56
암미(*ammi*, "내 백성")　453
앗수르　26, 34, 36, 41, 67, 139, 145, 150, 174, 222–23, 267, 270–71, 281, 296, 302–3, 372, 396, 442–43, 452–54, 476, 481, 489, 505
앗수르 계약　40

앗수르 예언문서　36–40
앗수르인들　36, 39
야고보　181, 228, 511
야곱　115, 117, 168, 177, 231, 235–36, 263, 320, 325, 400, 505, 509
양식사 비평　141
어린양(하나님의)　334, 459
언약　23, 40, 51, 59, 74, 85, 98, 132, 139, 145, 147, 154, 189, 191, 195, 228, 275, 296, 333, 404, 436, 459, 493, 503
언약과 율법　137–38, 148, 150, 204–5
언약의 조건성　202, 449
언약의 통일성과 다양성　157
언약적 심판과 회복　476, 518
언약갱신　195
언약의 사자　420–21, 425
언약의 성취　49, 275, 418, 510
언약적 저주　282, 357
에덴　191, 339, 513
에돔　150, 162, 188–90, 225, 228, 262–66, 410, 411, 437, 452, 453
에브라임　198, 203, 222, 232, 265, 347, 396, 402, 476, 483, 509
에살핫돈　37, 41
에서　262–63, 265–66, 325
에서의 산　265–67
에스겔　300, 307, 323, 333
상징　328
소명　311
아내의 죽음　285
예언의 성취　324
포로　300
환상(이상)　475
회개　479–80
회복된 성전　310, 327, 329, 332, 337
에스더　138, 379

에스라   360, 377, 379-80
에티오피아 내시   500
에훗   265
엘닷   74-75
엘리사   24-25, 35, 44, 107
엘리야   24-25, 44, 80, 107, 165, 219, 422-23
여로보암   440, 443
여로보암 2세   90, 267-68
여자의 씨   400
여호사밧 골짜기   190
여호수아   52, 60, 107, 143, 326
여호수아(대제사장)   386, 399, 401, 404-5, 408
여호아하스   485
여호야긴   92, 118, 292-93, 300, 308, 327, 402, 444, 487, 508
여호야김   280, 297, 300, 438, 444, 452
여호와의 날   259, 261, 264, 282-83, 421, 464-65
여호와의 사자   388, 398-99, 404, 412
여호와의 종   82-83, 163, 205, 237, 244, 249, 286, 376, 455, 499, 501, 520
여호와의 회의   92, 114, 434
역대기서   245
역사비평(역사적 비평적 방법)   209
역사의 목표점   368
영광(여호와의)   98, 164, 241, 309, 312-14, 454, 458
영국   166, 273-74
영국인 이스라엘 이론   273-74
예고(미래에 대한 예언)   251, 254, 284, 425-55
예고적 예언(혹은 예언적 예고)   431-32, 434-36, 438-39, 442, 446-47, 452, 462, 465, 468, 482, 486, 494, 497, 501-2, 510, 515, 519
예레미야   25, 33, 87, 90, 98, 102, 116, 123, 136, 163-64, 169, 181, 197, 236, 285, 291-92, 294, 302, 375, 410, 438, 448, 468, 485, 508, 511
예루살렘   369-70, 392-94

로마에 의한 멸망   460
멸망   362, 385, 443
재건   360, 371, 390-91
예루살렘 공회   228, 511
예배   23, 32, 66, 91, 120, 129, 147, 168, 184, 216, 293, 327, 410, 414
예배적 선지자   32
예수   51, 56, 72, 74, 116, 269, 317, 342, 356, 398, 404, 424, 501-2
계보   326, 330, 344, 488, 499
고난   54, 80, 152, 214, 230, 244, 255, 376, 481, 499
구속적 사역   466
높아지심   498-99
대제사장   56, 90, 33, 356, 387, 399, 400, 406
돌   25, 27, 56, 63, 83, 101, 132, 179, 198, 224-43, 281, 294, 314, 347, 386, 419, 450, 482, 503
부활   77, 81, 99, 109, 170, 229, 244-45, 269-70, 319, 362, 394, 488, 505, 513
사명   26, 94, 107, 268, 314, 356, 389, 403, 486
선한 목자   490
성전으로서의   98
신성   95, 107, 134, 210, 221, 315, 334, 357, 394, 412, 430, 458
신실하심   195
십자가   245, 278, 362, 376, 388, 394
여호와의 종   82-83, 163, 205, 237, 244, 249, 286, 376, 455, 499, 501
이적   25, 119-20, 230, 439
인자   22, 78, 164, 185, 204, 271, 341, 349, 353, 363, 460, 511
재림   83, 124, 362, 439, 520
죽음과 부활   109, 244, 271, 286, 361
중보자   51, 237, 389, 405, 485
희생제물   32, 90, 383, 411-12, 508, 512

주제색인 **567**

예언 22, 24, 32, 41, 57, 62, 73, 80, 90, 98, 107, 110, 127, 144, 189, 198, 201, 224, 244–45, 251, 326, 337, 345, 355, 360, 370, 373, 386, 399, 405, 425, 431, 436, 447, 450, 463, 467, 471, 482, 485, 488, 494, 452, 467, 477, 488, 490, 499–500, 511, 518–19
  다양성 154–55, 157, 210, 285, 364
  단일성 65–67, 146, 153, 191, 240, 252, 254, 298
  본질 36, 47–49, 58, 65, 78, 86, 129, 142, 155, 181, 200, 211, 312, 327, 333, 357–59, 362–63, 384, 394, 397–98, 409, 418, 425–46, 432, 443, 450, 461, 463–64
  진화 30–31, 51, 53
  형식 32, 37, 159, 178–79, 181, 229, 308, 374, 397
옛 언약 25, 53, 75–79, 131, 1365, 200, 224, 249, 275, 282, 294–95, 316–18, 360, 414, 458, 466, 485, 506
옛적부터 계신 자 340, 352, 357, 362, 458–59, 467
오경 22, 51–53, 57–58, 72, 142–43, 145–46, 149, 178, 246, 357, 422
오바댜 188, 258, 262–66, 452
오순절 61, 259, 262
완악한 마음 134, 451
왕, 왕권 23–24, 27, 34, 40, 60, 87, 90, 92, 148–49, 157, 178, 198, 221, 230, 232, 243, 274, 283, 299, 326, 341, 370, 403, 432, 460, 484, 519
왕조 23, 156, 292, 354, 369, 433, 477, 484
  왕조의 멸망 483–84
요나 266–67
  역사성 268
  조건적 예언 267
요나의 표적 269
요담 220, 229

요세푸스 381
요셉 45, 177, 203, 322
요시야 28, 51, 91, 142, 279, 284, 288, 399, 503
요엘 22, 167
  먼 미래의 예언 189
  우주적 격변 259, 261, 464
  우주적 반란
  제2요엘 260
  하나님의 심판 259
요한(사도) 251–52
  밧모섬에서 334
요한(세례) 80, 423–24
욥바 268
우림과 둠밈 56, 61
우상들(다른 신들) 43, 94, 151, 167, 174, 184, 231, 256, 373, 427, 490–92, 494–95, 502
우상숭배 70, 147, 151–52, 167, 171, 185, 220, 248
우주적 갱신 512–13
움직이는 성소 311
웃니엘 265
웃시야 90, 178, 221, 230, 232
웨스트민스터 대 요리 문답 178
유다 378, 381, 397, 403
유다(남 왕국) 90, 225, 239, 271, 273
유다(마카비) 353
유대의 선지자 그룹 58, 109, 219
유대인 48, 96, 138, 187–88, 223–24, 275, 281, 317, 322, 355, 414, 460–61
유산(abortion) 68
유월절 어린양 373, 504
유일신론 491
율법 23, 47, 51, 127, 139, 143, 147, 182, 207, 289, 316, 376, 399, 428, 441
  율법과 선지자 53, 138–39, 142, 146, 151
  율법과 언약 138–39, 146–47, 151, 202

은혜　46, 100, 102, 228, 262, 305, 324
음행(음란)　126, 160, 163, 171-72, 184-85, 220-22, 230, 285, 474
의로운 비　261
의로운 자(스스로)　114, 518
의식(혹은 제의식)　31, 62, 69, 196, 229, 399, 447
의의 선생　261-62
E 문서　148
이미-아직 아니(already-not yet)　466
이방 나라들　165, 187-88, 190, 289, 397, 454, 493, 519
이방 제단　147
이방인　96, 164, 169, 180, 183, 224, 228, 242, 263
이방인들과 결혼　54, 85, 273, 379
이사야　22, 54, 82, 94, 127, 163, 194, 213, 239, 247, 252
　구속　252
　금식　386
　믿음　258, 281
　바벨론　249, 264
　사랑　265
　사명　238, 240, 268, 271
　소명　231, 234-39, 243
　아모스의 아들　230, 247, 249, 253, 256
　언약　231-33, 235, 237, 239, 241, 246, 249, 257, 262, 266, 271, 274-75, 277-81
　예언에 도전　251
　유다 왕　278
　율법　263, 279, 281
　이방인들　240, 242, 244, 248, 259, 263, 275, 280
　이상(환상)　232-33, 244-45, 265, 277
　저작설　246, 250, 252, 254
　제1이사야　252-53
　제2이사야　250, 255

제3이사야　253
　포로와 회복　243, 283
　회복　238-40, 242-43, 245, 247-49, 254, 259-61, 270, 275-76, 283
이삭　45, 117, 179, 320
이상들(환상들)　348, 362, 367, 393, 405, 475
이성주의　233, 503
이쉬탈　38-39
이스라엘　21, 26, 29-30, 32, 36, 39, 43, 48, 53, 57, 73, 90, 111, 123, 134, 146, 157, 167, 178, 192, 209, 225, 245, 276, 317, 373, 406, 453, 476, 500, 513
　선택　44-45
　육체적　49
　특별성　48
　하나님의 은혜　46
이스라엘 집　101, 134, 275, 294, 435, 478, 486, 508
이스르엘　478
이스마엘　295
이신론　39, 94
이적　25, 118-19, 229, 438
이집트　22, 26, 45, 53, 64, 88, 118-19, 149, 151, 160, 163, 168, 182, 186, 189, 191, 223, 227, 240, 250, 276, 284, 295, 370, 373, 380, 444, 452, 454, 457, 476, 482
이탈(참 선지자로부터)　70-72, 132
이혼　415-16
인간을 제물로 바침　68
인자　22, 77, 163, 184, 203, 270, 340, 348, 352, 355, 362, 400, 459, 467, 510
일부다처　54
임마누엘　153, 205, 232, 347
입다　265
입에서 입으로　64, 208

자서전적 자료 89
자연적인 법 159
자연주의 59, 431, 439, 494
자유주의 신학 438
작은 뿔 342, 348-49, 351, 363
작은 일들 379, 460
적그리스도 364
전승사 비평 207
점성술 430
점술가(점쟁이) 69
정결 398-99
정결케 하는 샘 399
정경비평학(정경적 접근법) 211-12, 254-57, 502
정복 251, 350, 417, 480-82, 494, 519
정의 23, 44, 55, 115, 144, 150, 152, 161, 167, 184, 203, 261, 282, 339, 360, 419, 445, 480, 512
정죄 67, 69, 90, 105, 126, 141, 152, 172, 179, 188, 264, 318, 414, 417
제단 71, 93, 100, 147, 236, 328, 370, 378, 410, 455
제롬(Jerom) 353
제사 32, 146, 149, 168, 222, 303, 332-33, 363-65, 369, 371, 379, 395, 408, 414-15, 511
제사장 90-91, 101, 105, 116, 131, 135, 160, 163, 168, 179, 199, 202, 225, 231, 290, 306-7, 326, 328, 332-33, 337, 355, 379, 381-82, 384, 386, 398, 399, 400, 402-4, 405, 412, 421, 447, 511
제우스 370
J 문서 148
조각한 상 212
조건적 예언 154, 439, 448
족장(들) 45, 101, 117-18, 138, 157, 187, 222, 227, 229, 320, 356, 365, 369, 515
종교 역사 142, 209
종말론 275, 324-25, 334, 351, 373, 391, 420-22, 463, 466, 468, 488, 519

죄(죄악) 23, 54, 71, 104, 112, 134, 167, 187, 231, 249, 290, 361, 382, 399, 449, 479, 501
정죄 67, 90, 105, 152, 172, 187, 269, 309, 414, 417
죄사함(죄 용서) 199, 504-5
주의 날 261
죽음과 부활(포로와 회복) 107, 243, 270, 283, 285, 293, 298, 337, 360-61, 442, 471, 475-90, 497, 502, 508, 518-19
중보자 49, 236, 388, 404, 484
지진 325
지혜 43, 60, 71, 156, 162, 468, 485
직업 59, 87, 129, 173, 219, 303
진리 39, 70, 81, 109, 131, 165, 184, 211, 306, 312, 397, 427, 482
진화(이스라엘 종교의) 51, 53
  예언의 30-31
질투 54, 55, 189, 283, 512
짐승들(네 짐승) 340, 342
징계(징벌) 229, 375, 385, 399, 443, 511, 518

찬양 24, 93, 211, 371, 426
참 선지자 67, 72, 91, 109, 110, 114, 120, 127, 135, 155, 164, 434, 441, 449
참 이스라엘 127, 187, 201, 375, 382
창조 24, 36, 41, 44, 66-67, 87, 96, 129, 142, 169, 235, 242, 260, 412, 433, 513
  창조 기사에서의 저주 44, 83, 97, 117, 133, 153, 165, 188, 263, 374, 412, 465, 513
  창조에서의 회복 514-16, 518-19
  창조의 목적 43
천년 왕국 362
천사들 94, 234, 434
천지개벽(대격변) 193, 280, 401, 463-66
철학자, 추상적인 철학자 88, 92, 104

초자연주의　431
축복　23, 82–83, 128, 134–35, 137, 153, 187–88, 200, 214
출애굽　40, 54, 67, 216, 227, 229, 240, 316, 373, 395, 471, 480, 482, 504, 506, 508, 519
충성　57, 70, 77, 119–20, 183, 297, 453, 460
70년 포로　295, 378, 451, 490, 502, 504, 506
70명 장로　60, 313, 395
칠십 이레　342, 356–58, 362, 371
칭의　280
카스딤　278

태양(혹은 해)　261, 313, 427, 463
토기와 진흙　129, 289–91, 472, 496
톨레미(이집트)　22, 26, 45, 53, 64, 88, 118, 149, 151, 160, 168, 182, 189, 223, 240, 276, 368–70, 373, 380, 444, 452, 454–55, 457, 476, 479, 481–82, 489

파수꾼　91, 98, 100, 184, 312, 448
판결의 골짜기　189
팔레스틴　69, 91, 141, 279, 287, 295, 299, 369–70, 378–79, 392, 414, 464, 500, 512
페르시아(혹은 바사)　235–36, 274, 343–44, 346, 349–50, 357, 366, 368, 378–79, 381, 385, 392, 407, 433, 459, 494
편집사 비평　207
편집자　21, 103, 207–9, 255–56, 289, 415, 427–29
포로(유수)　331, 333
　다니엘서　337–41, 347, 351, 354, 356–60, 365, 368, 371
　스바냐서　281, 283
　신학적 중요성　372–76

에스겔서　299–310, 312–16, 318–19, 323, 325–27, 335
예레미야서　284, 286, 291–96, 357–58
요나서　270–71
이사야서　230–31, 238–40, 242–43, 245–50, 253, 255
하박국서　278–79
포로 귀환　217, 239, 242, 319, 321, 360, 373, 383, 396, 402, 408, 410, 422, 459, 492
포로와 회복　149, 215–16, 230, 243, 283, 293, 298, 337, 442, 471, 475–82, 484, 487–90, 495, 497–98, 502–3, 508, 518–19
포스트모던　152, 210–11
포피리(Porphyry)　353, 368
포필리우스 라에나스　370
폭행　26
폼페이　381
표범　97, 350–51, 458, 514
표적과 기사　118–19, 125
P 문서　149
필연적 율법(apodictic law)　141

하나냐　116–17, 122–23, 129, 134, 427, 441, 447
하나님　22–23, 49
　거룩　234, 313
　거처로 돌아옴　326
　거처에서 떠나심　314
　구속의 목적　44, 360, 441, 495
　놀라우심　99
　말씀을 성취하심　419
　반석　211, 347
　보좌　93, 95, 186, 231, 263, 311–12, 458, 485, 487
　사랑　411, 264
　신실하심　191, 194

심판   192, 203, 236-37, 259, 261, 263-65, 271, 391, 410, 428, 449, 457
역사의 마지막 목표   438
영광   24, 74, 308, 310, 312-14, 326, 330, 458
왕   231, 276
은혜   100, 224, 261, 280, 386-87, 389, 414, 453, 507, 510
이름   71, 109, 120, 228, 266
자비   449, 451, 477
자연을 지배하심   194-269, 504
전능하심   283, 334, 350, 378, 436, 464-65, 478, 495
전지하심   432, 495
정의(공의)   418-21
진노(노하심)   112, 161, 171, 187, 372, 390, 498
통치권   93-94, 235-36, 245, 277, 338-41, 357, 362, 459
포로민들에게 성소가 되심   315-16, 391
하나님의 나라   96, 237, 245, 277, 341-43, 369, 382
하나님의 뜻   47, 55, 59, 62, 67, 70, 82-83, 111, 132, 162, 201, 213, 262, 270, 432, 478
하나님의 말씀   27, 44-49, 55, 58, 62-67, 70-75, 78, 81, 93, 95, 97, 99, 104, 106, 112-15, 118, 121, 126, 208-10, 285, 425, 448
하나님의 목소리   88
하나님의 백성   25, 53, 58, 73, 103, 117, 136, 169, 263-65, 277, 288-89, 293, 324-26, 341
하나님의 영광이 떠남   313-14
하나님의 집   57, 93, 455
하박국   63, 171, 275, 277-90
　바벨론을 정죄함   185
　사명   279-80
학개   169, 216-17, 377-78, 380, 384, 386, 392, 394-96, 401, 408
　다윗의 줄기   488

회복   488
할례   162, 183, 228, 322, 301, 370
함   324
허리띠   472-73
현대 비평학   48, 58, 146, 208, 251, 257, 462
혐오스러운   67-70, 479
호세아   221-24
혼합주의   73, 120, 220, 374
홍수(범람)   193-94, 325, 512
홍해   240, 431
화해   153, 323, 392
환상(이상)   22, 45, 63, 92-96, 100, 128, 215, 286, 319, 398, 450, 474, 479, 507, 515
환생   423-24
황폐   90, 102, 111, 471, 475, 477
황홀경   30-31, 128
회개   26-27, 80, 82, 114, 153, 165, 202, 204, 261, 269, 289-90, 386, 412, 437, 451, 476, 516, 518
회당   300
회복   223-24, 227-28, 230, 238-40, 242-43, 245, 247, 254, 260, 262, 270, 277, 305, 308-10, 315-18, 321, 322, 326, 331, 335, 337, 339, 341, 350, 354, 356, 368, 371
훌다   124
희년   327
희망(소망)   175, 190, 198, 215, 219, 229, 243, 265, 271
희생제사   294, 318, 328, 332, 333, 363, 365, 370, 381, 398, 403, 411-14, 476
히스기야   220, 229, 233, 238, 302, 442, 444, 449, 483
히타이트   145-46
힌놈의 아들 골짜기   290

저자색인

Achtemeier, Elizabeth _ 282
Ackroyd, Peter R. _ 301
Ahlström, Gösta W. _ 261
Albright, W. F. _ 426
Alexander, T. Desmond _ 102, 269
Allis, O. T. _ 497
Alt, Albrecht _ 141
Andersen, Francis I. _ 223
Anderson, Benhard W. _ 42
Baker, David W. _ 279
Baldwin, Joyce G. _ 344
Barr, James _ 426
Barton, John _ 159
Blenkinsopp, Joseph _ 36, 86, 88, 92, 93, 95, 148
Block, Daniel I. _ 306, 307, 310, 313, 316, 319
Brown, William P. _ 379
Brueggemann, Walter _ 29, 94, 98, 99, 103, 122, 127, 140, 209, 210, 215, 301
Calvin, John _ 54, 55, 67, 94, 106, 132, 139, 227
Carroll, Robert P. _ 429, 430
Carson, D. A. _ 170
Channing, W. H. _ 152

Childs, Brevard S. _ 29, 31, 94, 103, 120, 124, 140, 202, 211, 252, 253, 255, 286, 300, 308, 464, 492
Clements, Ronald E. _ 21, 86, 124, 125, 140, 143, 151, 153, 159, 186, 197, 212, 213, 214, 226, 227, 237, 245, 246, 248, 253, 292, 427, 428
Crenshaw, James L. _ 110, 119, 122, 123, 124, 126, 127, 262
Dahood, Mitchell _ 40
Dillard, Raymond B. _ 246, 247, 248, 250, 268, 269
Drinkard, Joel F., Jr. _ 289
Driver, S. R. _ 79, 413
Duhm, Bernhard. _ 245, 285
Eichrodt, Walter _ 306, 307, 311, 319, 426, 427, 515
Eissfeldt, Otto _ 207, 208, 344
Emerson, Ralph Waldo _ 152
Fairbairn, Patrick _ 79, 101, 125, 200, 224, 330, 335, 450
Feinberg, Charles Lee _ 321
Fischer, Thomas _ 353
Fohrer, Georg _ 22, 25, 429

Foster, R. S. _ 248
France, R. T. _ 355
Freedman, David Noel _ 42, 56, 223, 227, 228, 450
Fretheim, Terence E. _ 268, 269, 270
Goldingay, John E. _ 344, 345, 354
Gowan, Donald E. _ 428, 102, 200, 202, 214, 216, 228
Graf, K. H. _ 52
Gunkel, Herman _ 208
Habel, Norman _ 86, 88, 99
Harrison, R. K. _ 32, 33, 258, 337, 347
Hine, Edward. _ 274
Huffmon, Jerbert B. _ 33, 34, 35, 36, 37
Hyatt, J. Phillip _ 285
Johnson, A. R. _ 32, 33, 56
Kaiser, Walter C. _ 363
Keil, C. F. _ 26, 33, 315, 329, 344, 345, 348, 368, 382, 488
Kidner, Derek _ 96, 220, 293
Kitchen, K. A. _ 145, 348, 381
Kline, Meredith G. _ 145, 147, 359, 364, 383, 384, 394, 398, 402, 404
Kraus, Hans-Joachim _ 40
Kuhl, C. _ 409
Kutscher, E. Y. _ 348
Lewis, C. S. _ 269
Limburg, James _ 267, 269
Lincoln, Andrew _ 170
Lindblom, Johannes _ 22, 29, 85, 102, 106, 196, 203, 208, 238, 416
Longman, Tremper _ 246, 247, 248, 250, 251, 268, 269
Malamat, Abraham _ 34, 35, 36, 273, 274
McComiskey, Thomas E. _ 402
McConville, J. Gordon _ 146
Montgomery, James A. _ 356
Motyer, J. Alec _ 203, 204, 226, 248, 253, 254
Mowinckel, Sigmund _ 21, 128, 214, 285
Nissinen, Martti _ 34, 36, 38
North, C. R. _ 286, 308, 491, 492
Noth, Martin _ 144, 145, 147
Osswald, E. _ 123
Oswalt, John N. _ 213, 252
Parpola, Simom _ 37, 38, 39, 40, 41
Perdue, Leo G. _ 285, 286
Petersen, David L. _ 402, 409, 415, 420, 422
Phillips, Anthony _ 160, 165, 185
Rabinowitz, Louis Isaac _ 274
Rad, Gerhard von _ 21, 22, 25, 41, 44, 79, 87, 104, 106, 121, 139, 140, 144, 147, 148, 149, 159, 161, 164, 165, 200, 208, 225, 257, 416, 427, 436, 464, 491
Roberts, J. J. M. _ 276, 278, 280, 281
Rowley, H. H. _ 21, 33, 220, 348, 426
Sadler, John _ 274
Sanders, James A. _ 109
Sawyer, John F. A. _ 255, 429
Seitz, Christoph R. _ 86, 89, 102, 239, 253, 285, 291

Silverman, Godfrey Edmond _ 274
Skinner, John _ 320
Stolper, Matthew W. _ 304
Thompson, J. A. _ 286, 503
VanGemeren, Willem A. _ 92, 109, 200, 464
Vawter, Bruce _ 33
Verhoef, Pieter A. _ 108, 411, 413
Vos, Geerhardus _ 24, 31, 39, 157, 221, 383, 431, 438, 514
Walker, Peter _ 321
Warfield, B. B. _ 139, 234
Weinfeld, Moshe _ 145
Wellhausen, Julius _ 51, 52, 142, 143, 405
Whitney, Charles Francis _ 308
Wilson, Robert R. _ 128, 129, 130
Wiseman, D. J. _ 276, 338
Wolff, Hans Walter _ 90, 91, 220, 225, 260, 265, 266, 269
Woude, A. S. van der _ 128
Young, E. J. _ 22, 56, 62, 69, 89, 220, 245, 276, 337, 346, 351, 356
Zimmerli, Walter _ 22, 29, 52, 86, 87, 138, 142, 306, 312, 319, 322, 326, 327, 329, 334, 515

선지자와 그리스도
The Christ of the Prophets

2007년 12월 20일 초판 발행
2013년 2월 28일 초판 3쇄

지은이 | 팔머 로벗슨
옮긴이 | 한 정 건

펴낸곳 | 개혁주의신학사
등록 | 제21-173호(1990. 7. 2)
주소 | 서울시 서초구 방배로 68
전화 | 02) 588-8546(본사) 031) 942-8761(영업부)
팩스 | 02) 597-1642(본사) 031) 942-8763(영업부)
홈페이지 | www.clcbook.com
이메일 | prpkor@gmail.com
온라인 | 기업은행 073-073466-01-010
　　　　　예금주: 개혁주의 신학사

ISBN 978-89-7138-001-7(93230)

* 낙장 · 파본은 교환해 드립니다.

총판 | 사)기독교문서선교회 clckor@gmail.com